BAC 2021

NOUVEAU PROGRAMME

Sous la direction de
Marie-Hélène Laburthe-Tolra
Agrégée de philosophie
Classes préparatoires littéraires
Lycée Blanche-de-Castille (Le Chesnay)

TERMINALE VOIE GÉNÉRALE

Philosophie

Caroline Forgit
Agrégée de philosophie
Lycée Geoffroy-Saint-Hilaire (Étampes)

Marie-Hélène Laburthe-Tolra
Agrégée de philosophie
Lycée Blanche-de-Castille (Le Chesnay)

Pierre Soubiale
Certifié de philosophie
Lycée Blanche-de-Castille (Le Chesnay)

Hélène Vuillermet
Certifiée de philosophie
Lycée Geoffroy-Saint-Hilaire (Étampes)

Avec la collaboration de **Pauline Gaschignard**

Nathan

PRÉSENTATION DU MANUEL

Un manuel complet, accessible, conforme au nouveau programme de philosophie en Terminale : les perspectives, les notions, la préparation méthodologique aux épreuves du Bac, les repères, les auteurs.

1 Les perspectives

Pour chacune des 3 perspectives, une **présentation** évoquant les enjeux et introduisant les **passerelles** possibles entre les **notions**. Par ailleurs, au sein des chapitres, ces perspectives sont constamment mises en relation avec les notions, les textes et les sujets de bac.

2 Les notions

L'ensemble des notions est traité dans les chapitres, présentés par ordre alphabétique conformément aux Instructions officielles. Des **cheminements** sont aussi proposés pour articuler les notions.

■ Dans chaque chapitre, l'élève trouvera :

Une ouverture de chapitre

La rubrique « **Le mot et ses idées** » propose les bases lexicales pour une entrée dans la réflexion ; un encadré **Perspectives** met en valeur les différentes questions ouvertes par la notion.
Un **document iconographique fort** permet d'entrer dans la notion et introduit le « Cas pour l'étude ».

Un cas pour l'étude

Cette double-page a pour vocation de **stimuler la réflexion** et le **désir de penser par soi-même**. Emprunté à l'expérience, **un cas concret** et **ancré dans le monde contemporain** permet de dégager des tensions et d'exercer son raisonnement.

Questions clés

Adossée au « cas pour l'étude », cette double-page guide l'élève vers un travail plus **conceptuel** et constitue **une préparation au cours** en privilégiant l'**analyse** et la **problématisation**.

Textes

- Les textes, organisés par **questions**, concernent **tous les auteurs du programme**. Ils permettent à l'élève de **traiter les problèmes dégagés** dans les « Questions clés », mais aussi de construire **une solide culture philosophique**.
- Pour chaque texte, une **brève introduction contextualisante**, 3 ou 4 **questions**, des **outils** de compréhension (définition, concept, culture générale...), des **renvois** aux repères, des **prolongements** (« Pour aller plus loin ») et des **débats** pour un travail en classe ou à la maison.

Focus sur...

Des **zooms** présentent des **œuvres** qui font date et des **auteur(e)s** à découvrir.

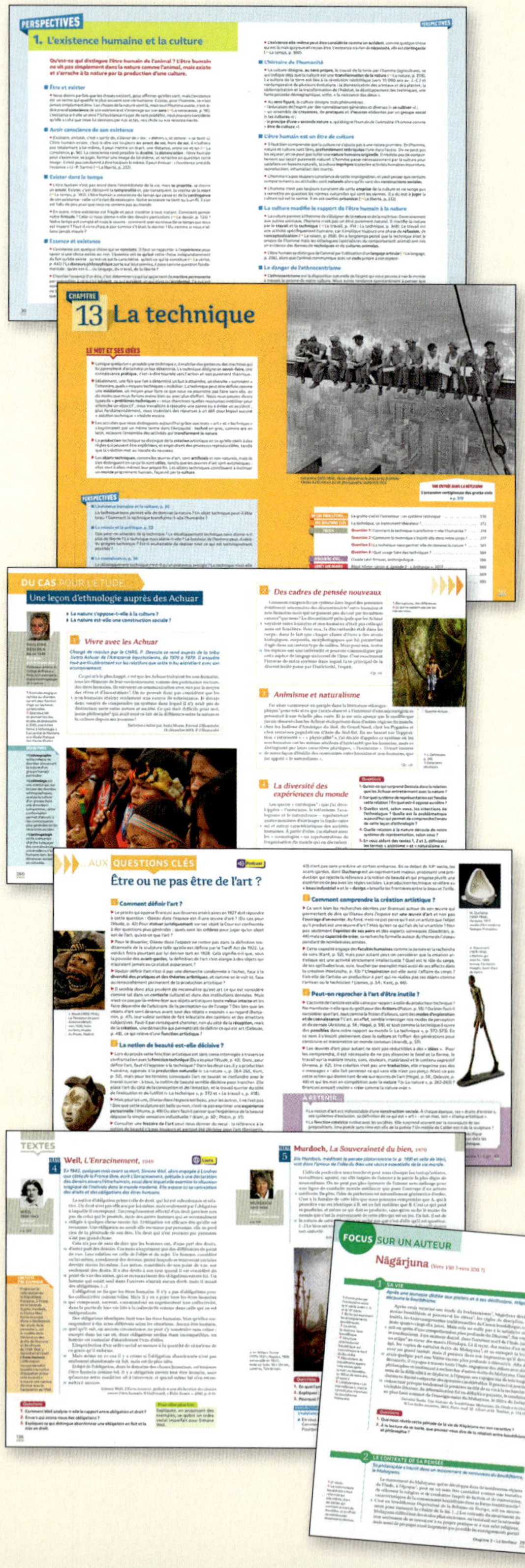

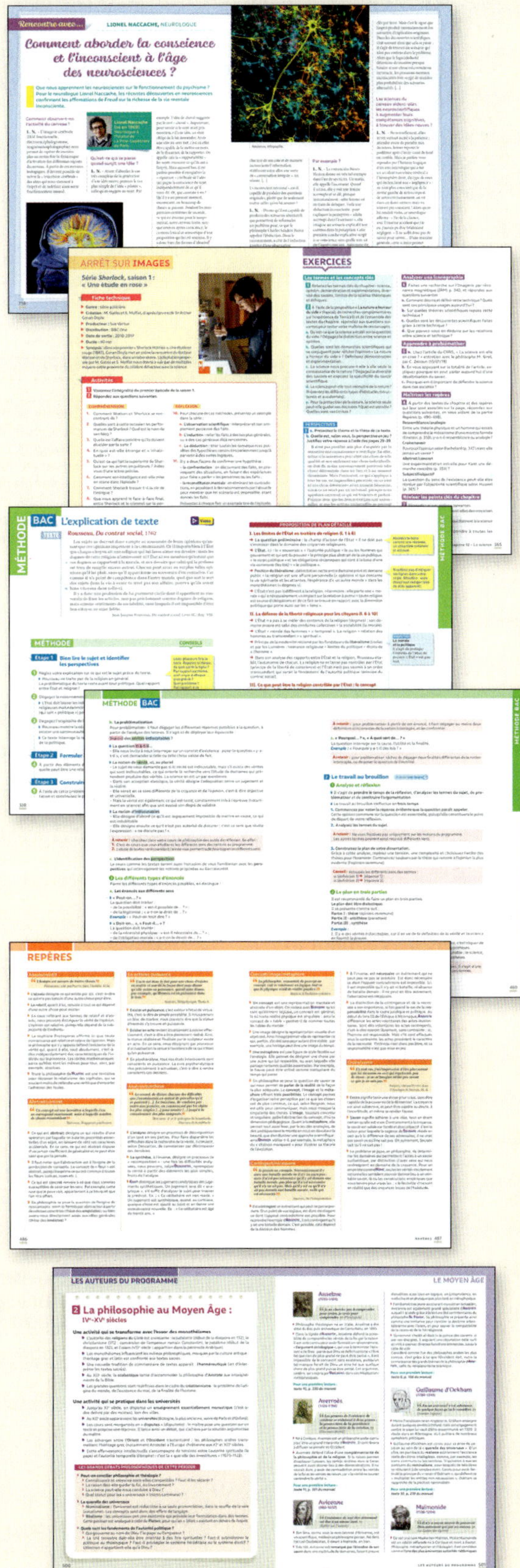

▶ Rencontre avec…

Il s'agit du témoignage d'une **personnalité engagée dans la notion par sa pratique ou par son histoire**. Cette ouverture sur les autres disciplines (**sciences humaines**, **littérature**) **nourrit la réflexion** de l'élève, **ouvre son horizon culturel** et le **sensibilise aux questions contemporaines**.

▶ Arrêt sur images

Cette page offre une **ouverture** pour une éducation du regard et de la réflexion artistique.

▶ Exercices

En fin de chapitre, une page complète dédiée à des **activités** de **révision** sur la **notion** et de propositions de **recherches** autour des **perspectives** et des **repères** mis en jeu dans le chapitre.

3 La méthode BAC

- **En fin de chaque chapitre : un sujet de dissertation ou une explication de texte**, en lien avec la notion, sont analysés dans un parcours guidé, étape par étape, pour montrer à l'élève comment procéder.
  L'élève trouvera des **conseils** et des **exercices** ainsi qu'une **proposition de plan détaillé ou de paragraphe rédigé** (introduction, conclusion…) et **des sujets de dissertation**.
- **En fin d'ouvrage : un bloc de 20 pages** explique comment réussir les épreuves du Bac et propose **des sujets développés et des exemples de devoirs entièrement rédigés**.

4 Les repères

- Les repères sont très présents dans les **textes** et dans les **sujets de dissertation**.
- Ils sont **définis** dans cette partie sur la base d'une **citation**, pour **mieux les comprendre en contexte**.
- Ils sont aussi présents sous forme de **renvois dans tous les chapitres**.

5 Les auteurs du programme

Cette partie propose, pour chacune des périodes historiques :

- une **présentation générale** : les faits importants et les grands débats philosophiques ;
- la **présentation des auteurs** : une citation marquante, une notice biographique, les positions de l'auteur dans ces débats. L'élève est invité à lire dans le manuel un texte particulièrement représentatif de cet auteur.

Les auteurs

ISBN : 978 209 172798-1

LA TERMINALE VERS LE BAC

Vos disciplines

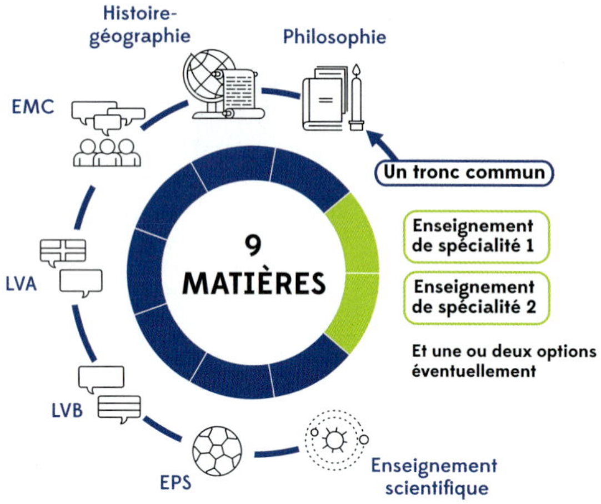

Votre calendrier*

Fin Mars	Deux épreuves écrites de spécialité
3e trimestre *Dates au choix de votre lycée*	Épreuves communes de contrôle continu (E3C)
Juin	Épreuve écrite de Philosophie et « Grand Oral »

* Informations mises à jour en mars 2020

Toutes importantes, les disciplines seront évaluées et compteront dans votre note du Bac*

Le bulletin
10 % DE LA NOTE

Vos bulletins pour valoriser votre travail régulier de première et terminale — **Coefficient 10**

Les épreuves communes de contrôle continu (E3C)
30 % DE LA NOTE

Dont épreuve de spécialité arrêtée en première
Coefficient 5

Histoire-Géographie et Enseignement scientifique
Épreuves écrites
Coefficient 5
pour chaque matière
y compris E3C de première

LVA et LVB
Épreuves écrites et orales
Coefficient 5
pour chaque langue
y compris E3C de première

EPS
Évaluation tout au long de l'année
Coefficient 5

Les épreuves terminales
60 % DE LA NOTE

Dont notes des Épreuves anticipées de français passées en première
Coefficient 10

Une épreuve écrite de 3 ou 4 heures pour **vos deux enseignements de spécialité**

+ Numérique et Sciences Informatiques, Physique-Chimie Biologie et écologie et SVT
Une épreuve pratique de 1 heure

+ Arts, Langues littérature et cultures étrangères et régionales
Une épreuve orale

Coefficient 16
pour chaque enseignement de spécialité

Philosophie
Épreuve écrite de 4 heures
Coefficient 8

Le « Grand Oral »
20 minutes de préparation + 20 minutes d'épreuve

- Sur une question adossée à l'une de vos spécialités
- Échange sur votre projet d'orientation

Coefficient 10

Total des coefficients 100

* Informations mises à jour en mars 2020

... PUIS VERS LE SUPÉRIEUR

Les grands itinéraires de l'Enseignement supérieur

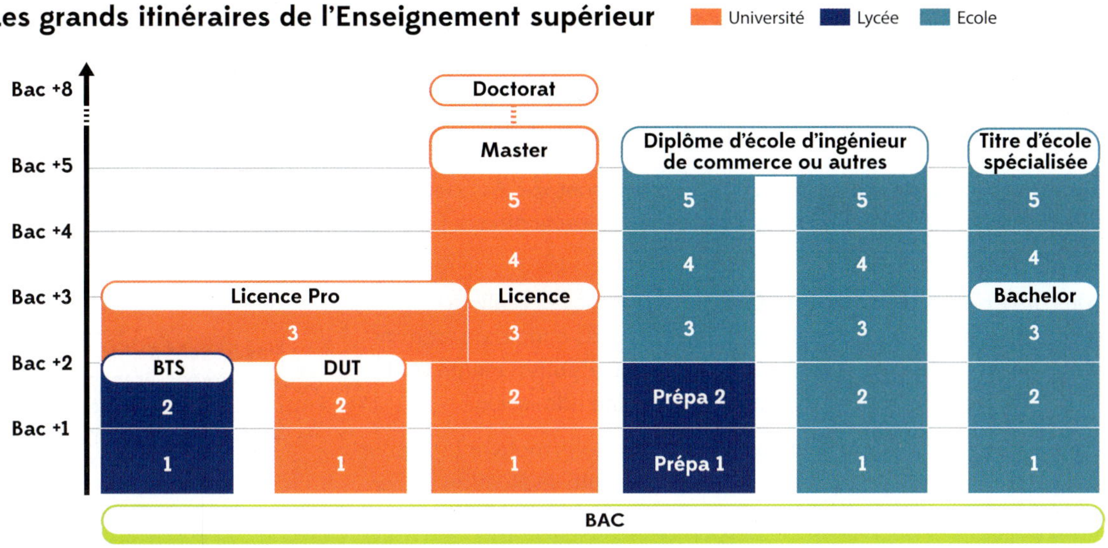

Ils témoignent de leur première année après le Bac

THÉO,
Première année de licence de Sciences de la Vie

« J'ai choisi l'Université car elle offre plusieurs parcours d'études et des matières nouvelles pour moi. Même si nous sommes plus encadrés que je ne l'imaginais, il faut travailler en autonomie et bien s'organiser entre les cours théoriques et les TP. J'espère partir en échange à l'étranger dès la L3. »

ZINEB
Première année de Prépa économique et commerciale

« Je voulais faire une école de commerce. Je craignais la prépa, j'en ai discuté avec des profs pendant les Portes Ouvertes qui m'ont convaincue que je pouvais y arriver. Chaque semaine, 31 heures de cours, des colles orales, des devoirs sur table, et beaucoup de boulot à la maison pour assimiler des contenus volumineux très vite. Mais je ne regrette pas ! Il y a beaucoup de solidarité dans la classe. C'est stimulant. »

MAELLE,
IUT Info-Comm

« Grâce à mon dossier, j'ai pu entrer en IUT : un cursus court à l'Université, bien encadré avec la possibilité de poursuivre mes études. Je découvre des disciplines théoriques (marketing, droit...) et pratiques (graphisme, infographie...). C'est passionnant. J'ai hâte de débuter mon premier stage ! »

DIMITRI,
IFSI

« J'ai toujours voulu être infirmier en bloc opératoire. Mon dossier était un peu juste mais ma motivation et mes activités associatives m'ont permis de réussir l'entretien d'entrée. On alterne les cours théoriques et cliniques à la Fac ou dans l'IFSI et on a beaucoup de travail. J'ai effectué un premier stage et je suis encore plus motivé ! »

SARAH,
École d'ingénieur

« J'aimais les sciences et les TP au lycée, je voulais devenir ingénieure sans savoir dans quel domaine. J'ai réussi à intégrer une école généraliste qui me permettra de me spécialiser plus tard. Dans l'école, j'apprécie les projets en groupe, l'accès permanent à un matériel de pointe et la vie associative. »

Un lien ONISEP utile pour votre orientation onisep.fr

onisep

PARCOURSUP, QU'EST-CE QUE C'EST ?

C'est la plateforme nationale de préinscription à l'enseignement supérieur pour tous les élèves de terminale. En 2019, 97% des bacheliers généraux ont reçu au moins une proposition.

1 UN LARGE CHOIX DE VŒUX NON HIÉRARCHISÉS ET DES INFORMATIONS

- **Quasiment toutes les formations du supérieur** sont sur Parcoursup (15.000 formations !) avec de très **nombreuses informations** et des possibilités de contacts directs pour **poser vos questions** sur les contenus, les critères d'examen des vœux, les débouchés.
- Vous disposez de **10 vœux (et 20 sous-vœux)** : soyez **réaliste** et **ambitieux** (tentez des filières sélectives !). Tous les candidats, comme vous, déposent de nombreuses candidatures : les établissements vont très loin dans leurs classements pour proposer une admission.
- **Les attendus nationaux et locaux** sont là pour vous motiver (pas pour vous inquiéter), tout comme les questionnaires d'auto-évaluation en lien avec une formation spécifique.

Astuce

Pas besoin de hiérarchiser vos vœux : l'établissement de la formation que vous demandez n'est pas informé de vos autres vœux.

- Enfin, vous avez **le droit à l'erreur** : il existe de nombreuses passerelles en cours de formation et un changement d'orientation est possible pour tous les Bac + 1 qui sont accueillis sur Parcoursup.

2 UNE PROCÉDURE AVEC UN CALENDRIER PRÉCIS ET DES OBLIGATIONS

Calendrier et check-list

- **Un calendrier**

Ce calendrier vous laisse du temps de réflexion, coordonné avec le Bac et adapté à votre intégration dans le Supérieur.

- **Des modalités d'inscription**

▸ Pour constituer votre dossier personnel à partir de votre INE, vous fournissez :
  - des informations sur votre état civil,
  - vos coordonnées, celles de vos représentants légaux (si vous êtes mineurs),
  - des informations sur votre scolarité passée en complément de celles fournies par votre lycée (bulletins de 1re et Term, Fiche Avenir avec les appréciations de vos enseignants et l'avis du chef d'établissement).
  - Vous rédigez un **Projet de formation motivé** personnalisé adapté à chaque formation.
  - Vous remplissez soigneusement la rubrique « **Mes activités et centres d'intérêt** » qui peut renforcer vos candidatures.

▸ Vous envoyez les documents complémentaires que demandent parfois certaines formations.

À savoir

Le respect de la procédure par tous les élèves et les établissements est la condition de son bon fonctionnement.

3 DES ENSEIGNANTS QUI ÉTUDIENT VOTRE DOSSIER ET VOUS RÉPONDENT

- **Parcoursup n'est pas un robot ni un algorithme qui déciderait de votre orientation !**
Toutes les formations vous répondront, mais pas forcément en même temps : **surveillez les réponses** (sms, mail...) et votre compte Parcoursup.
- **N'oubliez pas de répondre** à chaque proposition dans les délais indiqués. Si plusieurs propositions vous sont faites, il vous faudra choisir puis valider votre choix final et **vous inscrire définitivement**.

UNE DÉMARCHE À ANTICIPER

Votre démarche d'orientation ne doit évidemment pas attendre l'ouverture de Parcoursup. Peut-être ne savez-vous pas vraiment ce que vous voulez faire, ou vous avez plusieurs idées, ou encore vous avez une idée assez nette de ce que vous voulez faire. Dans tous les cas, **vous devrez vous informer sur les formations, leurs contenus, leurs modalités** (durée, sélective/non sélective, privée/publique, possibilité d'alternance ou de poursuite d'études, proximité...) et **leurs débouchés**.

S'INFORMER AVEC L'ONISEP

Dans tous les cas, **vous devrez vous informer sur les formations, leurs contenus, leurs modalités** (durée, sélective/non sélective, privée/publique, possibilité d'alternance ou de poursuite d'études, proximité...) et **leurs débouchés**.

L'ONISEP (**Office national d'information sur les enseignements et les professions**) vous fournit toute l'info sur les métiers et les formations :

- Le site onisep.fr, notamment la rubrique *Ma première année en...*
- monorientationenligne.fr vous met en contact avec un conseiller par téléphone, mail ou par tchat.
- Le site *Terminales* à retrouver sur orientation-lycees.fr
- Des revues, des guides, des Salons...
- Vous disposez de beaucoup de sources d'informations potentielles : contacts sur Parcoursup, Journées Portes Ouvertes, salons, forums, sites, Semaines de l'orientation et bien entendu vos enseignants, et les conseillers près de chez vous...

Notez bien que vos motivations pour une formation ou des débouchés ainsi que vos démarches d'orientation vous seront aussi utiles lors du Grand Oral.

VOTRE CALENDRIER PARCOURSUP

- **Novembre** – **Janvier** : Recherche des informations sur Parcoursup
- **Janvier** – **Février** : Inscription sur Parcoursup (voir votre check-list ci-contre)
- **Février** – **Avril** : Constitution de votre dossier complet, saisie et confirmation de vos vœux
- **Mai** – **Juillet** : Propositions des établissements : vous devez y répondre !
- **Juillet** – **Septembre** : Éventuellement, phase complémentaire

Pensez à vous inscrire dans votre futur établissement !

VOTRE CHECK-LIST POUR VOUS INSCRIRE SUR PARCOURSUP

- **Une adresse électronique** que vous utiliserez jusqu'à la fin de la procédure.
- **Votre numéro INE** : il est composé de 11 caractères (1 ou 2 lettres, 10 ou 9 chiffres). Vous le trouverez sur vos bulletins scolaires. Si besoin, demandez-le à votre établissement.
- **Votre relevé de notes** aux épreuves anticipées du baccalauréat.
- **Le dernier avis d'imposition** de votre (vos) parents(s) ou tuteur(s) si vous demandez une classe préparatoire avec internat ou si vous souhaitez simuler une attribution de bourse.
- **Vos bulletins** de première et terminale.
- **Votre Projet de formation** motivé en 1 500 caractères, pour chaque formation.

PENSEZ AUSSI À :

- **Remplir les questionnaires d'auto-évaluation** demandés par certaines formations universitaires. Ils sont anonymes et vos résultats ne sont pas communiqués.
- **Remplir la rubrique « Mes activités et centres d'intérêts »**
- **Fournir dans les temps les documents complémentaires** que certaines filières peuvent vous demander (CV, lettres de motivation...).

BAC

RÉUSSIR LE GRAND ORAL : SE PRÉPARER

En fin d'année, vous allez passer la nouvelle épreuve du Grand oral.
Cette épreuve ne doit pas vous stresser : votre préparation vous mettra en confiance.
- **C'est vous qui choisissez des questions qui vous intéressent.**
- **Vous avez l'appui de vos professeurs, des autres élèves, du CDI...**
- **Vous pouvez compter sur la bienveillance du jury qui est là pour écouter, vous encourager et échanger avec vous.**

ÉTAPE 1 CHOISIR ET FORMULER SA QUESTION

Les deux questions doivent vous intéresser : c'est la clé de votre réussite !

- Ces questions doivent « mettre en lumière un des grands enjeux du programme » et « sont adossées à tout ou partie du programme de Première et Terminale ».
- Il est fondamental de choisir une question qui vous intéresse.
Elle doit vous inspirer des idées, des arguments, des exemples, des sources... qui rendront votre présentation attractive et convaincante.
- Établissez des liens entre les questions et votre projet d'orientation.
- Demandez-vous s'il est réaliste d'y répondre en 5 minutes.
- Ne choisissez pas un sujet trop vaste, ni trop pointu. Plus votre question sera personnelle, plus vous serez à l'aise.

Conseil

Quelques types de questions : *Comment ? Pourquoi ? Depuis quand ? Peut-on ? Doit-on ? Dans quelle mesure ? Et si ? Est-il souhaitable ? Est-il vrai que ? Faut-il ? Pour quelles raisons ? Quelles sont ? Quelles seraient les conséquences ?...*

ÉTAPE 2 PRÉPARER SON EXPOSÉ

Vous n'êtes pas seul(e) pour préparer. Vos professeurs sont là pour vous aider !

VOUS DOCUMENTER

- Élargissez et variez vos sources d'information : ouvrages documentaires (manuels scolaires, revues, essais...), personnes (votre professeur(e) de spécialité, le ou la professeur(e) documentaliste, vos camarades...), ressources numériques (internet, ressources numériques du manuel...).
- Sélectionnez vos sources en fonction de leur fiabilité et de leur pertinence par rapport à votre sujet.
- Conservez et classez vos sources afin de les citer lors du Grand oral.

ORGANISER VOTRE RÉPONSE

En introduction :
- Expliquez pourquoi vous avez choisi cette question.
- Éveillez la curiosité du jury par une accroche bien choisie.

Vous êtes libre du choix de votre plan.
- Dégagez 2 ou 3 idées qui éclairent votre question. Chaque idée est soutenue
par plusieurs arguments qui sont illustrés par un exemple ou un fait.
- Recherchez des exemples, des liens qui vous concernent personnellement ou avec l'actualité...

En conclusion :
- Suggérez des pistes, faites le lien avec l'actualité, votre orientation, avec un autre point de programme d'une de vos spécialités...
- Montrez que la question posée reste ouverte.

Conseil

Pensez à l'actualité : créez un dossier dans lequel vous regrouperez toutes les actualités qui se rapportent à votre sujet.

Conseil

Vous pouvez choisir entre plusieurs types de plan : thématique, analytique, chronologique, dialectique...

Les différents types de plan

Conseil

Vous pouvez profiter de la conclusion pour « tendre une perche au jury », en posant une autre question par exemple. Réfléchissez à ce que vous pourriez répondre.

BAC

ÉTAPE 3 PRÉPARER UN SUPPORT À REMETTRE AU JURY

Même s'il n'est ni obligatoire ni évalué, prenez le temps de remettre un support au jury. Il prouvera la qualité de votre préparation.

▸ Vous devez préparer ce support manuscrit à l'avance et le reproduire durant la préparation. Cela clarifiera vos idées avant la présentation.
▸ Faites apparaître votre plan, les mots-clés, vos arguments, vos exemples, vos sources les plus originales, vos choix d'orientation...
▸ Écrivez, dessinez, soulignez proprement, relisez et évitez les fautes d'orthographe.

Conseil

Toutes les formes sont possibles : plan détaillé, fiche mémo, carte mentale, organigramme, tableau, schéma...

Des exemples de support

ÉTAPE 4 PRÉPARER SA PRISE DE PAROLE

Le jour J, vous devrez parler debout, sans note, pendant 5 minutes. Ce n'est pas un exercice facile, mais avec un peu d'entraînement, vous allez rapidement progresser.

ÉTAPE 5 PRÉPARER LA DISCUSSION AVEC LE JURY

Vous pouvez anticiper une partie des questions du jury et de vous y préparer. Ici encore, tout est une question d'entraînement ! Multipliez les séances de travail à plusieurs et alternez les rôles : candidat, jury...

▸ Lors de vos entraînements en public : notez les questions, contre-arguments, objections, discussions, demandes de précisions qui reviennent le plus souvent... et préparez-vous à y répondre !
▸ Apprenez les définitions de toutes les notions que vous utilisez.
▸ Tout au long de l'année, surveillez l'actualité liée à votre question.
▸ Si vous ne connaissez pas une réponse : ne restez pas muet, essayez de faire le lien avec ce que vous savez.

Conseil

N'oubliez pas de réviser le programme de vos deux spécialités !

Grille d'évaluation pour l'entretien

Liste de questions à anticiper

ÉTAPE 6 ÉCHANGER SUR SON PROJET D'ORIENTATION

Vous savez que le jury vous demandera : « En quoi la question que vous avez choisie éclaire vos choix d'orientation, voire votre projet professionnel ? » Soyez prêt(e) à répondre à cette question.

▸ Au moment du Grand oral, en juin, vous connaîtrez vos choix d'orientation. Entraînez-vous à les exprimer précisément : intitulé exact et lieu de la formation, mode d'accès (non sélectif, sélectif, concours...).
▸ Le jury ne vous demandera pas nécessairement de savoir quel métier vous voulez faire, mais quelle voie vous emprunterez après le Bac.
▸ Rappelez comment vous êtes informé(e) (infos fournies par Parcoursup, ONISEP, salons, rencontres, Portes ouvertes, sites...), faites le lien entre la spécialité et les attendus de la formation.
▸ Enfin, utilisez vos activités associatives, sportives, artistiques, engagements, jobs, stages... pour mettre en avant certaines de vos qualités en phase avec vos choix d'orientation, voire votre projet professionnel.

Conseil

Exprimez votre motivation en vous appuyant sur votre Projet de formation motivé.

Conseil

Vous devez connaître le contenu des formations visées : consultez les plaquettes, sites internet, allez aux Journées Portes Ouvertes...

Grille d'évaluation du Grand oral

Rendez-vous sur le site Nathan.fr/grand-oral

SOMMAIRE

PERSPECTIVES

CHAPITRE 1 L'art

SOMMAIRE

SOMMAIRE

SOMMAIRE

CHAPITRE 10 La raison 288

CHAPITRE 11 La religion 316

SOMMAIRE

SOMMAIRE

MÉTHODE BAC

REPÈRES

En jaune, les nouveaux repères

LES AUTEURS DU PROGRAMME

En jaune, les nouveaux auteurs

SOMMAIRE

MÉTHODE BAC

→ voir aussi MÉTHODE BAC p. 466 à 485

Les sujets de dissertation et les textes expliqués dans les chapitres

1 La dissertation

Des sujets expliqués

2 L'explication de texte

Des textes expliqués

FOCUS SUR...

Une œuvre

Un(e) auteur(e)

PROPOSITIONS DE CHEMINEMENT DANS LES NOTIONS DU PROGRAMME

CHEMINEMENT 1

I. Y a-t-il un propre de l'homme ?

1 La conscience et l'inconscient → Chapitre 3, p. 96

- L'animal a-t-il une conscience ?
- Comment distinguer la conscience de l'homme de la conscience animale ?
- Quelles sont les différentes conceptions de l'inconscient ?
- L'une de ces conceptions est-elle spécifiquement humaine ?

2 Le temps → Chapitre 14, p. 392

- En quel sens peut-on dire que seul l'homme est mortel ?
- Quelles conséquences devons-nous tirer de notre finitude ?
- Comment notre identité personnelle se construit-elle tout au long de notre existence ?

3 Le langage → Chapitre 7, p. 206

- Qu'est-ce qui distingue la communication animale du langage humain ?
- En quel sens le langage nous permet-il d'analyser notre vie intérieure ?

4 Le bonheur → Chapitre 2, p. 68

- Qu'est-ce qui distingue le plaisir du bonheur ?
- Pourquoi le bonheur suppose-t-il la conscience d'un état durable ?
- La conscience du bonheur est-elle fragile ?

TRANSITION **L'homme n'habite pas le monde comme les autres animaux.**

II. Comment l'homme transforme-t-il la nature ?

1 Le travail → Chapitre 15, p. 414

- Comment l'homme parvient-il à créer les conditions de son existence ?
- Le travail est-il un moyen ou une fin en soi ?

2 La technique → Chapitre 13, p. 368

- Comment la technique rejaillit-elle sur la nature de l'homme lui-même ?

3 L'art → Chapitre 1, p. 40

- Pourquoi l'homme éprouve-t-il le besoin de créer des œuvres ?
- Y a-t-il un travail de l'artiste ?

4 La nature → Chapitre 9, p. 258

- Pouvons-nous maîtriser la nature ?

TRANSITION **Ces diverses activités nous mettent en relation avec autrui.**

III. Comment vivre ensemble ?

1 L'État → Chapitre 5, p. 152

- Comment l'État peut-il garantir la liberté des citoyens ?
- Qu'est-ce qu'un État juste ?

2 La justice → Chapitre 6, p. 18

- Les lois sont-elles toujours justes ?

3 La liberté → Chapitre 8, p. 232

- Est-il difficile d'être libre ?
- La loi rend-elle libre ?

4 Le devoir → Chapitre 4, p. 124

- D'où viennent nos devoirs ?

5 La religion → Chapitre 11, p. 316

- D'où vient la force des religions ?
- Quel rôle les religions jouent-elles dans la société ?

TRANSITION **L'homme cherche également à connaître le monde qui l'entoure.**

IV. Peut-on connaître la vérité ?

1 La raison → Chapitre 10, p. 288

- Pourquoi la raison nous permet-elle de parvenir à la vérité ?

PERSPECTIVES

1. L'existence humaine et la culture

Qu'est-ce qui distingue l'être humain de l'animal ? L'être humain ne vit pas simplement dans la nature comme l'animal, mais existe et s'arrache à la nature par la production d'une culture.

Être et exister

- Nous disons parfois que les choses existent, pour affirmer qu'elles sont, mais l'existence est un terme qui qualifie le plus souvent une vie humaine. Exister, pour l'homme, ce n'est jamais simplement être. Les choses de la nature sont là, mais seul l'homme existe, c'est-à-dire prend **conscience** de son existence et s'interroge sur son **sens** (→ La conscience, p. 96). L'existence a-t-elle un sens ? Si l'existence n'a pas de sens prédéfini, nous pouvons considérer qu'elle a celui que nous lui donnons par nos actes, nos choix ou nos renoncements.

Avoir conscience de son existence

- *Exsistere*, en latin, c'est « sortir de, s'élever de » (*ex* : « dehors », et *sistere* : « se tenir »). L'être humain existe, c'est-à-dire est toujours **en avant de soi**, **hors de soi**, il n'adhère pas totalement à lui-même, il peut mettre un écart, une distance, entre soi et soi (→ La conscience, p. 96). La conscience rend possible la **dualité**, la **distanciation** : l'être humain peut s'examiner, se juger, former une image de lui-même, et remettre en question cette image : il n'est pas condamné à être toujours le même, il peut évoluer : « l'existence précède l'essence » (J.-P. Sartre) (→ La liberté, p. 232).

Exister dans le temps

- L'être humain n'est pas ancré dans l'immédiateté de la vie, mais **se projette**, se donne un **avenir**. Exister, c'est découvrir la **temporalité** et, par conséquent, la crainte de la **mort** (→ Le temps, p. 392). L'être humain a conscience du temps qui passe et de la **contingence** de son existence : celle-ci n'a rien de nécessaire. Notre existence ne tient qu'à un fil, il s'en est fallu de peu pour que nous ne venions pas au monde.

- En outre, notre existence est fragile et peut s'arrêter à tout instant. Comment penser notre **finitude** ? Celle-ci nous donne-t-elle des devoirs particuliers (→ Le devoir, p. 124) ? Notre temps est compté et nous le savons : comment user au mieux de ce temps qui nous est imparti ? Faut-il vivre chaque jour comme s'il était le dernier ? Ou comme si nous n'allions jamais mourir ?

Essence et existence

- L'existence est quelque chose qui se **constate**. Il faut se rapporter à l'**expérience** pour savoir si une chose existe ou non. L'essence est **ce qu'est** cette chose indépendamment du fait qu'elle existe : qu'est-ce qui la caractérise, qu'est-ce qui la constitue (→ La vérité, p. 442) ? Le **discours philosophique** porte sur les essences, il pose comme question fondamentale : qu'en est-il… du langage, du travail, de la liberté ?

- Chercher l'essence d'un être, c'est déterminer ce qui lui appartient de **manière permanente** par opposition à ce qui lui **advient**, ce qui **survient**, et qui n'est qu'**accidentel**. Ce qui est essentiel en Socrate, c'est qu'il soit un homme. Ce qui est accidentel, c'est qu'il soit jeune ou vieux, beau ou laid, assis ou debout. Un attribut accidentel, c'est une caractéristique que nous pourrions ne pas avoir.

- **L'existence elle-même peut être considérée comme un accident**, comme quelque chose qui est là mais qui pourrait ne pas être. L'existence n'a rien de **nécessaire**, elle est **contingente** (→ Le temps, p. 392).

L'histoire de l'humanité

- La culture désigne, **au sens propre**, le travail de la terre par l'homme (agriculture), ce qui indique déjà que la culture est une **transformation de la nature** (→ La nature, p. 258). La culture de la terre est liée à la révolution néolithique (vers 10 000 ans av. J.-C.) et contemporaine de plusieurs évolutions : la domestication des animaux et des plantes, la sédentarisation et la transformation de l'habitat, le développement des techniques, une forte poussée démographique, enfin, « la naissance des dieux ».

- Au **sens figuré**, la culture désigne trois phénomènes :
– l'éducation de l'esprit par des connaissances générales et diverses (« **se cultiver** ») ;
– un ensemble de **croyances**, de **pratiques** et d'**œuvres** élaborées par un **groupe social** (« **les cultures** ») ;
– le **principe d'une « seconde nature »**, qui éloigne l'humain de l'animalité (l'homme comme « **être de culture** »).

L'être humain est un être de culture

- Il faut bien comprendre que la culture ne s'ajoute pas à une nature première. En l'homme, nature et culture sont liées, **profondément imbriquées** l'une dans l'autre. On ne peut pas les séparer, on ne peut pas isoler une **nature humaine originelle**. Il n'existe pas de comportement qui serait purement naturel. L'homme passe nécessairement par la culture pour satisfaire ses besoins naturels, la culture **imprègne** toutes les activités humaines (nourriture, reproduction, inhumation des morts).

- L'homme n'a pas toujours conscience de cette imprégnation, et peut penser que certains comportements ou attitudes sont **naturels** alors qu'ils sont des **constructions sociales**.

- L'homme n'est pas toujours conscient de cette **emprise** de la culture et ne songe pas à remettre en question les normes culturelles qui sont les siennes. Il a du mal à **juger** la culture qui est la sienne. Il en est parfois **prisonnier** (→ La liberté, p. 232).

La culture modifie le rapport de l'être humain à la nature

- La culture permet à l'homme de s'éloigner de la **nature** et de la maîtriser. Contrairement aux autres animaux, l'homme n'est pas un être purement naturel. Il modifie la nature par le **travail** et la **technique** (→ Le travail, p. 414 ; La technique, p. 368). Le travail est une activité spécifiquement humaine, car il implique toujours une phase de **réflexion**, de **conceptualisation** (→ La raison, p. 288). On a longtemps pensé que la technique était le propre de l'homme mais les éthologues (spécialistes du comportement animal) ont mis en évidence des formes de **techniques** et de **cultures animales.**

- L'être humain se distingue de l'animal par l'utilisation d'un **langage articulé** (→ Le langage, p. 206), alors que l'animal communique avec un **code** propre à son espèce.

Le danger de l'ethnocentrisme

- **L'ethnocentrisme** est la disposition naturelle de l'esprit qui nous pousse à voir le monde à travers le prisme de notre culture. Nous avons tendance spontanément à penser que notre culture est supérieure aux autres et à dévaloriser celles que nous ne connaissons pas. Ce qui relève de notre culture nous semble naturel, normal. L'habitude est une seconde nature. Ce qui appartient à une autre culture nous semble étrange, voire « **barbare** ».

Le danger du relativisme culturel

- Il est important de lutter contre l'ethnocentrisme qui conduit facilement au **racisme**. Il peut être tentant alors de prôner le relativisme culturel qui est au départ un discours de **tolérance** : toutes les cultures se valent, nous devons tolérer toutes les pratiques culturelles au nom du droit à la différence. Cependant, ce principe est **contradictoire** dans les faits : si on l'applique aveuglément, il peut conduire à accepter des **comportements** qui sont eux-mêmes **intolérants.**

- Face à cette intolérance qui est parfois le produit de la culture, il semble important de continuer à défendre l'idée d'une **nature humaine commune** et donc de **droits communs à tous** (→ La justice, p. 180). Tous les hommes, quelle que soit leur culture, font partie de la même humanité. La **diversité des cultures** n'est pas un obstacle à l'**unité du genre humain**.

À RETENIR

LA PERSPECTIVE de l'existence humaine et de la culture

▶ **engage une réflexion sur le sens de l'existence :**
- L'existence a-t-elle un sens ?
- L'existence n'a-t-elle que le sens que nous lui donnons ?

voir chapitres :
8. La liberté (p. 232)
10. La raison (p. 288)
11. La religion (p. 316)

▶ **engage une réflexion sur la mort :**
- Faut-il souhaiter être immortel ?
- Peut-on ne pas craindre la mort ?
- Notre finitude nous donne-t-elle des devoirs particuliers ?

voir chapitres :
4. Le devoir (p. 124)
11. La religion (p. 316)
14. Le temps (p. 392)

▶ **engage une réflexion sur la liberté :**
- Sommes-nous maîtres de notre existence ?
- Comment l'homme transforme-t-il la nature ?
- Sommes-nous prisonniers de notre culture ?
- La culture est-elle libératrice ?

voir chapitres :
8. La liberté (p. 232)
9. La nature (p. 258)
13. La technique (p. 368)
15. Le travail (p. 414)

▶ **engage une réflexion sur l'altérité :**
- Un autre homme m'est-il totalement étranger ?
- Peut-on vaincre la peur de l'autre ?
- La diversité des cultures est-elle un obstacle à l'unité du genre humain ?

voir chapitres :
3. La conscience et l'inconscient (p. 96)
4. Le devoir (p. 124)
6. La justice (p. 180)

▶ **engage une réflexion sur le propre de l'homme :**
- Y a-t-il un propre de l'homme ?
- Le travail est-il une activité spécifiquement humaine ?
- Y a-t-il une culture animale ?

voir chapitres :
3. La conscience (p. 96)
9. La nature (p. 258)
13. La technique (p. 368)
15. Le travail (p. 414)

PERSPECTIVES

2. La morale et la politique

Comment agir ? Comment se conduire, à la fois dans notre vie personnelle et avec les autres ?

La morale est une réflexion sur les principes de nos actions et les valeurs qui doivent nous guider.

Une sagesse pratique

- Le philosophe est, comme l'indique l'étymologie, l'**ami** (*philos*) de la **sagesse** (*sophia*). Or, la sagesse ne consiste pas uniquement en un ensemble de connaissances théoriques, mais engage un mode de vie, une **pratique** (du grec *praxis* : l'action).

- La **morale** désigne la réflexion sur notre action, sur les **principes** qui la guident ou qui permettent de la **juger.** Elle règle les **mœurs** (*ethos* en grec, *mores* en latin), les manières de vivre.

Le conflit des valeurs

- Les mœurs varient d'une région à une autre, d'une époque à une autre. Existe-t-il des **normes universelles** auxquelles nous référer ? Existe-t-il des **valeurs universelles de justice** ou bien faut-il se résoudre à admettre que ce qui est juste dans un pays ne l'est pas dans un autre (→ La justice, p. 180) ?

- La morale se fonde-t-elle sur la **raison** ou sur les **sentiments**, la pitié, la sympathie envers autrui (→ La vérité p. 442, La raison p. 288) ?

- Sommes-nous dotés d'une **conscience morale innée** (→ La conscience, p. 96) ou bien les valeurs morales nous sont-elles transmises par la société dans laquelle nous vivons ?

- **Comment bien vivre** ? S'examiner soi-même est nécessaire pour choisir son mode de vie (→ La liberté, p. 232), mais ce choix réclame un **exercice** constant. En effet, c'est en s'exerçant que l'on développe des **vertus**, dispositions à faire le bien que l'on acquiert par l'habitude. Mais bien vivre, est-ce faire le bien, ou est-ce être heureux ? Devons-nous préférer d'autres valeurs à notre bonheur (→ Le bonheur, 68, La vérité, p. 442) ?

- **Que dois-je faire ?** On peut distinguer cette éthique immanente des vertus d'une morale du devoir, qui s'efforce d'identifier les prescriptions impératives, les principes transcendants selon lesquels juger notre action (→ Le devoir p. 124, la raison, p. 288). Cependant le problème moral n'est pas seulement celui de la définition et de l'application des principes, mais aussi celui de leur contradiction : que faire en cas de conflit de devoirs ?

- Le devoir constitue-t-il une **limite pour la liberté** (car lorsque nous faisons notre devoir, nous ne suivons pas généralement ce que nous désirons) ou au contraire une forme de liberté plus exigeante (car nous décidons nous-mêmes de la conduite que nous devons tenir, faisant acte d'**autonomie**) ? Sommes-nous **contraints** ou **obligés** de suivre la morale ?

Les conséquences incertaines de nos actions

- Faut-il apprécier si une action est moralement juste en fonction de ses conséquences (**conséquentialisme**) ou devons-nous faire ce que nous estimons être notre devoir, quelles que soient les conséquences (**morale déontologique**) ? Le devoir moral est-il inconditionnel ou devons-nous examiner ses conditions d'application dans telle situation particulière ?

- Comment agir en situation d'**incertitude** ? En règle générale, nous ne connaissons ni ne maîtrisons entièrement les conséquences de nos actions : ainsi, plus particulièrement, nous ne connaissons pas l'ensemble des conséquences de notre usage actuel des énergies nucléaires ni celles du clonage des êtres humains (→ La technique, p. 368). De telles décisions, si elles requièrent une information aussi précise que possible, ne doivent pas être abandonnées aux experts, car elles engagent notre liberté et notre vie : elles constituent des problèmes moraux et politiques, qui engagent également notre responsabilité de citoyens.

- Si la morale nous fait réfléchir sur les principes de nos actions et sur nos devoirs envers autrui, la politique nous invite à penser les conditions de possibilité de la vie en société.

Pourquoi se soumettre à un pouvoir politique ?

- Du grec *polis* (« cité »), la politique désigne l'art de gouverner la cité, de diriger l'État, mais aussi l'art de prendre et de conserver le pouvoir.

- L'homme ne vit pas seul mais en société, cette société peut être conçue comme **naturelle** ou **conventionnelle** (→ L'État, p. 152). Nous pouvons faire l'hypothèse que les hommes se sont mis d'accord pour vivre en société sous la conduite des lois.

- La fiction d'un **état de nature** permet de comprendre pourquoi les hommes veulent vivre en société et acceptent de se soumettre à un pouvoir politique : afin de faire cesser la **violence**, afin de gagner la **paix** et la **sécurité** mais aussi l'**égalité** de tous devant la loi (→ L'État, p. 152).

- Mais le pouvoir politique est **coercitif** (il a le pouvoir de contraindre) et peut lui-même devenir violent, les régimes totalitaires nous le rappellent trop bien. Le pouvoir peut toujours abuser du pouvoir.

- La politique est donc l'art de jouer avec la violence. Elle doit à la fois contenir celle des hommes et poser des garde-fous afin d'encadrer son propre pouvoir.

- Les questions politiques sont aussi des questions morales : à quelles conditions un pouvoir est-il **légitime** ? Comment penser les relations d'**autorité** et d'**obéissance** afin de préserver les libertés des citoyens ? (→ L'État, p. 152).

Les lois sont-elles toujours justes ?

- Pourquoi obéissons-nous aux lois ? D'où vient l'autorité des lois ? L'idéal serait que nous obéissions aux lois parce que nous nous soumettons librement à un **contrat social** qui implique des droits et des devoirs (→ L'État, p. 152). En vertu de ce contrat fictif, les hommes décident d'instaurer une société politiquement organisée.

- Ainsi les hommes obéiraient par **obligation** (en adhérant pleinement au principe des lois) et non par **contrainte** (→ La liberté, p. 232). Mais, pour cela, il faudrait que les lois soient fondées en raison. Ce n'est pas toujours le cas : ce qui est **légal** n'est pas toujours **légitime** (→ La justice, p. 180). Peut-on toujours distinguer le droit de la force (→ L'État, p. 152, La justice, p. 180) ? Qu'en est-il alors de notre responsabilité de citoyen ? Face à une loi manifestement injuste, avons-nous le **droit** et même le **devoir** de désobéir (→ La justice, p. 180, Le devoir, p. 124) ? Y a-t-il une désobéissance civique légitime ?

Quels sont les fondements d'une société juste ?

- L'idée d'une **égalité juridique** est bien établie dans les États démocratiques : tous les citoyens ont les mêmes droits et les mêmes devoirs. Mais la question des **inégalités sociales et économiques** est plus difficile à résoudre.

- John Rawls (→ La justice, p. 195) ne pense pas qu'on puisse totalement les faire disparaître, c'est pourquoi il aborde la question sous un autre angle : comment rendre les inégalités supportables ? À quelles conditions les inégalités sont-elles justes ?

- Dans sa *Théorie de la justice*, il apporte une double réponse. Les inégalités sociales et économiques sont justes, à condition qu'elles soient avantageuses pour chacun (y compris pour les plus défavorisés), et à condition que les postes et fonctions soient ouverts à tous. Tous doivent pouvoir prétendre aux mêmes responsabilités dans la société en fonction de leur mérite et de leur travail personnels. On peut encourager cette émulation égalitaire : c'est le principe de la *discrimination positive* et de l'*égalité des chances*.

À RETENIR

LA PERSPECTIVE de la morale et de la politique

▸ engage une réflexion sur les principes et les valeurs :

- Comment agir ?
- Quels sont nos devoirs ?
- Que faire en cas de conflit de devoirs ?
- Nos devoirs sont-ils inconditionnels, absolus, ou peuvent-ils souffrir des exceptions ?
- A-t-on parfois le droit, dans des circonstances exceptionnelles, de désobéir à la loi ?

▸ voir chapitres :
4. Le devoir (p. 124)
5. L'État (p. 152)
6. La justice (p. 180)
8. La liberté (p. 232)

▸ engage une réflexion sur la liberté :

- Qu'est-ce qu'être libre ?
- Peut-on désirer ne pas être libre ?
- Comment préserver les libertés des citoyens ?
- Peut-on être libre tout en obéissant à la loi morale ou à la loi politique ?
- Comment distinguer l'obéissance de la soumission ?

▸ voir chapitres :
4. Le devoir (p. 124)
6. La justice (p. 180)
10. La raison (p. 288)

▸ engage une réflexion sur la justice :

- Qu'est-ce qu'être juste ?
- Pouvons-nous nous mettre d'accord sur ce qui est juste ?
- Comment distinguer l'égalité de l'équité ?
- Ce qui est légal est-il toujours légitime ?
- À quelles conditions un État est-il juste ?

▸ voir chapitres :
4. Le devoir (p. 124)
6. La justice (p. 180)
10. La raison (p. 288)

PERSPECTIVES

3. La connaissance

La connaissance est-elle le propre des humains ? N'y a-t-il pas chez tous les êtres vivants des formes variées de connaissance ? Qu'est-ce qui caractérise la connaissance scientifique ? Que peut-on espérer d'elle ?

La connaissance concerne tous les êtres vivants

- Parce qu'ils sont en débat avec leur milieu, les êtres vivants **reçoivent, organisent et interprètent des informations**.

- L'**information** constitue la forme fondamentale de la connaissance. Il est donc possible de parler d'une **intelligence animale** ou même **végétale**, car tous les organismes vivants déploient une activité de prise d'information et de réponse adaptée.

- La **connaissance** est une activité qui s'enracine dans les **interactions** entre un être vivant et son **environnement**. En ce sens, la connaissance ne désigne pas une activité intellectuelle, mais une activité de **perception** qui repose sur un jeu de **stimuli** et de **réponses** (→ Merleau-Ponty, p. 358). On parlera ainsi d'**activités cognitives**.

- Aujourd'hui, de nombreux chercheurs s'intéressent à l'**intelligence végétale**, ce qui permet d'élargir la connaissance à des vivants non pourvus de systèmes nerveux.

- En revanche, on ne dira pas d'une pierre qui tombe qu'elle a une connaissance : la condition minimale pour parler de connaissance est la **faculté** qu'ont les êtres vivants d'être **agents**, d'avoir un comportement dans leur milieu de vie. La notion de connaissance ne s'applique pas à tout ce qui relève du mécanisme.

La question de l'intelligence artificielle

- Les machines, les **robots** ont-ils des connaissances ? Dans la mesure où ils traitent des informations, où ils font des opérations logiques, la notion de connaissance s'applique. Mais l'intelligence artificielle est une œuvre des humains : les robots n'ont d'autres connaissances que celles qui sont permises par notre programmation.

- Reste que la possibilité pour les robots de développer ces programmes bien au-delà de nos facultés à nous pose la question de **connaissances propres aux machines** (→ La technique, p. 368). C'est une source d'**inquiétude** largement relayée par les œuvres de science-fiction. Avec l'**intelligence artificielle**, les catégories du mécanisme et du vital semblent se complexifier.

La diversité des connaissances

- Les humains partagent donc avec les autres vivants des formes de connaissances qui ne nécessitent pas un « esprit », un « intellect ». Dans nos interactions avec notre environnement naturel et social, nous développons des connaissances que nous nommons souvent « **instinct** », par exemple quand nous produisons la bonne réaction face à un danger, ou « **sens** », quand nous engageons ce qu'il faut faire sans même y réfléchir (« le sens du devoir »).

- Connaître ne revient donc pas toujours à analyser, raisonner. Mais cela ne signifie pas que les connaissances qui nous paraissent immédiates soient « **innées** » : elles peuvent aussi être **acquises**.

- Le cas de ce que nous appelons « **l'expérience** » est particulièrement intéressant ici : la répétition des sensations, la mémoire des situations nous permettent de savoir des choses sans même y réfléchir. Ainsi, on dira : « c'est l'expérience ! », par exemple dans l'exercice d'un métier. L'expérience constitue bien une **forme de connaissance**, mais qui n'est pas pour autant de l'ordre de la « science ».

- Parce qu'elle est un **savoir incorporé**, l'expérience constitue souvent une forme de **connaissance plus rapide** à mobiliser et plus efficace dans l'urgence **que le raisonnement**.

La connaissance intellectuelle

- Aristote, dans son ouvrage *De l'âme,* remarque que les humains, grâce à leur faculté de langage et de pensée (« *logos* »), ont une **activité de connaissance spécifique** : porter des **jugements** sur la réalité, faire des **affirmations** et des **négations**.

- La connaissance intellectuelle, contrairement à la connaissance perceptive et interprétative des autres vivants, s'exprime dans des « **prédications** » qui consistent à dire quelque chose à quelqu'un au sujet de quelque chose (→ Wolff, p. 218).

- La connaissance intellectuelle se déploie ainsi dans des énoncés qui établissent des **liens entre des faits ou des idées**. Elle consiste donc pour Aristote dans la faculté de « se faire une **opinion** » (*De l'âme*). Avec la connaissance intellectuelle se pose la question du **vrai** et du **faux** : d'une certaine manière, les humains sont les seuls êtres vivants à s'interroger sur leurs représentations et à dissocier **opinion** et **savoir véritable** (→ Descartes, p. 346 ; Platon, p. 448-450). Non seulement ils ont des connaissances, mais ils **s'interrogent sur leurs propres connaissances**, au lieu de les vivre simplement comme le font les autres vivants. C'est à l'intérieur de cette interrogation qu'ils dissocient **ignorance**, **erreur**, **illusion** : ils cherchent à **distinguer apparence de savoir** et **savoir véritable**.

L'idée de science

- Cette faculté critique permet aux humains de désirer le **savoir**, d'en faire un **objet de quête**.

- La notion de « science » désigne cet **idéal de connaissance**, qui, contrairement à la simple opinion, dépasse les apparences.

- Pour Aristote, dans *La Métaphysique* (p. 458), c'est l'étonnement qui est la source de la science. Les premiers penseurs se sont interrogés sur les phénomènes naturels : loin de rester à la perception des faits, la science cherche le « pourquoi », les causes qui expliquent les faits. La science, contrairement aux autres formes de connaissance, est essentiellement **démonstrative**.

- Ainsi, elle interroge aussi bien les autres savoirs, comme la **sensation**, l'**expérience**, les **savoir-faire** (→ Simon, p. 350) pour en éprouver les contenus et les démarches. La science ne porte pas seulement sur la nature, elle étend ses enquêtes à tous les **objets du savoir humain (social, logique, technique)**.

- La **science** est **fille de la raison,** entendue comme la faculté humaine qui vise l'intelligence de ce que l'on sait (→ La vérité, p. 442).

- La notion de science est donc indissociable des démarches d'**argumentation** qui permettent de justifier et valider des énoncés (→ La raison, p. 288). La science est étroitement liée à l'**enseignement**, à ce que l'on peut transmettre grâce à la présence de **méthodes** qui permettent de reproduire le savoir acquis.

À RETENIR

LA PERSPECTIVE de la connaissance

▶ **engage la question de la diversité des formes de savoirs :**

- La connaissance n'est-elle qu'intellectuelle ? N'a-t-elle pas aussi un enracinement biologique ?
- Quel savoir nous donnent la sensation, l'habitude ou l'expérience ?
- Le savoir scientifique est-il la seule forme de savoir ?
- Y a-t-il des savoirs innés ou tout savoir est-il le fruit d'un apprentissage ?

voir chapitres :
12. la science, p. 340
13. la technique, p. 368
14. le temps, p. 392

voir chapitres :
1. L'art, p. 40
3. La conscience et l'inconscient, p. 96
4. Le devoir, p. 124
6. La justice, p. 180
9. La nature, p. 258

▶ **engage une réflexion sur le savoir intellectuel :**

- Quelles sont les conditions pour pouvoir dire que l'on connait quelque chose ?
- Qu'est-ce que l'ignorance, l'erreur, l'illusion ?

voir chapitres :
7. Le langage, p. 206
10. La raison, p. 288
16. La vérité, p. 442

▶ **engage une analyse des méthodes scientifiques :**

- Qu'est-ce que démontrer ?
- Qu'est-ce qu'une expérimentation ?
- Comment les théories scientifiques progressent-elles ?

voir chapitres :
10. La raison, p. 285
12. La science, p. 340

▶ **engage une réflexion sur les limites de la connaissance intellectuelle :**

- Peut-on tout connaitre ?
- Quelle valeur faut-il accorder aux croyances ?

voir chapitres :
10. La raison, p. 288
11. La religion, p. 316
12. La science, p. 340

▶ **engage une réflexion sur les relations entre la connaissance intellectuelle et la vie :**

- Pourquoi vaut-il mieux savoir que ne pas savoir ?
- La connaissance rend-elle heureux ?
- La science peut-elle être le guide de la vie ?

voir chapitres :
2. Le bonheur, p. 68
4. Le devoir, p. 124
8. La liberté, p. 232
12. La science, p. 340
16. La vérité, p. 442

LES NOTIONS

DU CAS POUR L'ÉTUDE...

L'affaire Brancusi

- **À quoi reconnaît-on une œuvre d'art ?**
- **Faut-il des compétences pour juger la valeur artistique d'un objet ?**
- **Qu'est-ce qui distingue un artiste qui crée, d'un ouvrier qui fabrique, et par là même l'art de la technique ?**

BRANCUSI
1876-1957
Sculpteur d'origine roumaine, résidant à Paris, considéré comme l'un des précurseurs de l'abstraction en sculpture.

1 *Incident aux douanes américaines en octobre 1926*

L'auteur, avocat et philosophe, rappelle les faits.

1er octobre 1926

Le paquebot *Paris* débarque au port de New York. Il transporte une vingtaine d'œuvres de Brancusi qui doivent être exposées à la galerie Brunner. Parmi elles, *Oiseau dans l'espace*, acheté par un vieil ami du sculpteur, Edward Steichen[1], qui vit aux États-Unis.

Un inspecteur des douanes examine ces étranges « objets » d'un œil méfiant. À la stupéfaction narquoise[2] de Marcel Duchamp[3] qui accompagne la « cargaison », il décide de leur appliquer l'article 399 du Tariff Act de 1922 qui prévoit une taxation à l'importation d'objets utilitaires ou manufacturés, en fonction de leur composition et/ ou de leur poids [...]. Comme, visiblement, l'*Oiseau dans l'espace* n'était pas une table, un ustensile ménager ou hospitalier[4], il convenait de le ranger dans la catégorie indéterminée des « articles ou objets manufacturés », et comme il était composé de bronze – sans placage de platine, d'or ou d'argent ou de laque dorée –, l'inspecteur, dans la rigueur du règlement, taxa l'objet à 40 % de son prix d'achat, soit 240 dollars. Et à Duchamp, qui en avait vu d'autres et qu'on imagine toujours narquois, qui lui demandait – suppose-t-on – pourquoi il n'appliquait pas l'article 1704 de la même loi qui exonère de toute taxe les sculptures, l'inspecteur – suppose-t-on toujours – répondit : « ceci n'est pas de l'art ».

Bernard Edelman, *L'Adieu aux arts*, © Alto Aubier, 2001.

1. Peintre et photographe (1879-1973) rencontré par Brancusi en 1907 chez Rodin.
2. Moqueuse.
3. Peintre, artiste (1887-1968), inventeur des *readymade* (*Fontaine* en 1917), acteur majeur des avant-gardes au XXe siècle.
4. Utilisé dans un hôpital.

Brancusi, *Oiseau dans l'espace*, 1925, bronze poli, Metropolitan Museum of Art, New York.

Les phases du procès

- **21 octobre 1927** : interrogatoire des témoins cités par Brancusi.
- **21 novembre 1927** : interrogatoire et contre-interrogatoire de Brancusi à Paris.
- **23 mars 1928** : interrogatoire des témoins cités par les États-Unis.
- **26 novembre 1928** : jugement.

2 Lors du procès de 1927 : deux parties en conflit

Première attaque : premier contre-interrogatoire de Jacob Epstein, sculpteur, témoin de Brancusi.

Question : « En vous fondant sur votre formation et sur l'expérience acquise dans les différentes écoles et académies, considérez-vous que ceci est une œuvre d'art ? »

Réponse : « Oui, très certainement. »

Q : « Vous déclarez que vous tenez ceci pour une œuvre d'art. Voulez-vous avoir l'amabilité de nous dire pourquoi ? »

R : « Eh bien, elle flatte mon sens de la beauté, me procure un sentiment de plaisir, elle est l'œuvre d'un sculpteur, elle a, à mes yeux, un très grand nombre de qualités [...], elle constitue en soi, un très bel objet. Pour moi, c'est une œuvre d'art... »

Contre-interrogatoire de Thomas Jones, sculpteur « réaliste ».

Q : « Pourquoi considérez-vous que la pièce à conviction n° 1 n'est pas une œuvre d'art ? »

R : « Elle est trop abstraite et constitue une perversion de la sculpture formelle. »

Q : « Est-ce la seule raison pour laquelle vous considérez qu'elle n'est pas une œuvre d'art ? »

R : « Je ne crois pas qu'elle exprime le sentiment de la beauté. »

Bernard Edelman, *L'Adieu aux arts*, © Alto Aubier, 2001.

3 Le verdict en 1928

En conséquence, dira la Cour :

« Il nous apparaît que l'objet sur lequel nous devons statuer n'a d'autres fins que décoratives, que sa finalité est la même que n'importe quelle sculpture des maîtres anciens. Il est beau et de lignes symétriques, et en dépit d'une certaine difficulté de pouvoir l'assimiler à un oiseau, il n'en demeure pas moins agréable à regarder et d'une grande valeur ornementale. Et considérant sur la foi des témoignages qu'il s'agit de la production originale d'un sculpteur professionnel, d'une sculpture et d'une œuvre d'art selon les experts mentionnés ci-dessus, nous recevons la plainte et jugeons que l'objet a titre à l'entrée en franchise en vertu de l'article 1704 ci-dessus. »

Bernard Edelman, *L'Adieu aux arts*, © Alto Aubier, 2001.

Questions

1. Sous quel angle la question de l'art est-elle posée dans le texte 1 ?
2. En confrontant les deux points de vue dans le texte 2, que peut-on en déduire sur la notion de beauté ?
3. Quels sont les critères retenus dans le verdict (texte 3) ?

Pour aller plus loin

Vidéo

Recherche documentaire

Consultez, sur le site du Centre Georges-Pompidou, le dossier pédagogique consacré à Brancusi. Quels sont les aspects fondamentaux de sa démarche artistique (techniques utilisées, conceptions de l'art et de l'artiste, amitiés artistiques) ?

...AUX QUESTIONS CLÉS

Podcast

Être ou ne pas être de l'art ?

1 Comment définir l'art ?

▶ Le procès qui oppose Brancusi aux douanes américaines en 1927 doit répondre à cette question : *Oiseau dans l'espace* est-il une œuvre d'art ? (Du cas pour l'étude, p. 42) Pour **statuer juridiquement** sur cet objet la Cour est confrontée à des questions plus générales : quels sont les **critères** pour juger qu'un objet est de l'art, qu'est-ce que l'art ?

J. Bosch (1450-1516), *La Tentation de saint Antoine* (détail), vers 1500, huile sur bois, musée du Prado, Madrid.

▶ Pour le douanier, *Oiseau dans l'espace* ne rentre pas dans la définition traditionnelle de la sculpture telle qu'elle est définie par le Tariff Act de 1922. Le verdict finira pourtant par lui donner tort en 1928. Cela signifie-t-il que, sous la poussée des **avant-gardes**, la définition de l'art s'est élargie à des objets qui n'auraient jamais eu ce statut auparavant ?

▶ Vouloir définir l'art n'est-il pas une démarche condamnée à l'échec, face à la **diversité des pratiques et des théories artistiques**, et comme on le voit ici, face au renouvellement permanent de la production artistique ?

▶ Il semble donc plus prudent de reconnaître qu'est art ce qui est considéré comme tel dans un **contexte** culturel et dans des institutions données. Mais n'est-ce pas par là-même ôter aux objets artistiques toute **valeur interne** et les faire dépendre de l'arbitraire de la perception ou de l'usage ? Dès lors que les objets d'art sont devenus avant tout des objets « exposés » au regard (Benjamin, p. 47), leur valeur semble de fait tributaire des opinions et des émotions subjectives. Faut-il par conséquent chercher, non du côté de la **réception**, mais de la **création**, une démarche qui permettrait de définir ce qui est art (Deleuze, p. 48), ce qui relève d'une **fonction artistique** ?

2 La notion de beauté est-elle décisive ?

▶ Lors du procès cette fonction artistique est sans cesse interrogée à travers sa confrontation avec la **fonction technique** (Du cas pour l'étude, p. 42). Donc, pour définir l'art, faut-il l'opposer à la technique ? Dans les deux cas, il y a production humaine, opposée à la **production naturelle** (« La nature », p. 264-265, Kant, p. 52), mais pour les témoins convoqués l'art ne saurait se confondre avec le travail ouvrier : à tous, la notion de beauté semble décisive pour trancher. Elle place l'art du côté de la conception et de l'émotion, et le travail ouvrier du côté de l'exécution et de l'utilité (« La technique », p. 372 et « Le travail », p. 418).

▶ Mais pour les uns, *Oiseau dans l'espace* est beau, pour les autres, il ne l'est pas ! Dire que cette sculpture est belle ou non, n'est-ce pas exprimer une **expérience personnelle** ? (Hume, p. 49) Ou alors faut-il penser que l'expérience de la beauté dépasse la simple sensation individuelle ? (Kant, p. 50 ; Plotin, p. 51).

Masque punu, Gabon, XIXᵉ s.

▶ Consulter une **histoire de l'art** peut nous donner du recul : la référence à la notion de beauté n'a pas toujours et partout été décisive pour l'art (Benjamin, p. 47). Ce n'est pas une clé pour aborder les peintures de Jérôme Bosch au XVIᵉ siècle ni pour regarder un masque punu du Gabon au XIXᵉ siècle. D'ailleurs, la référence des témoins à la notion de beauté lors du procès Brancusi (v. p. 42-

43) n'est pas sans produire un certain embarras. En ce début de XXe siècle, les avant-gardes, dont **Duchamp** est un représentant majeur, proposent une production qui rejette la référence à la notion de beauté et qui propose plutôt une expérience de **jeu** avec les règles sociales. La production technique se réfère au **« beau industriel »** et le « **design** » brouille les frontières entre le beau et l'utile.

M. Duchamp (1887-1968), *Fontaine*, 1917, musée d'Art moderne Georges-Pompidou.

3 Comment comprendre la création artistique ?

▶ Ce sont bien les recherches décrites par Brancusi autour de son œuvre qui permettent de dire qu'*Oiseau dans l'espace* est **une œuvre d'art** et non pas **l'ouvrage d'un ouvrier.** Au fond, n'est-ce pas parce qu'il est un artiste que l'objet qu'il produit est une œuvre d'art ? Mais qu'est-ce qui fait de lui un artiste ? Non pas seulement **l'opinion de ses pairs** et des experts convoqués (Goodman, p. 46) mais sa **capacité de créer**, sa recherche formelle autour du thème de l'oiseau pendant de nombreuses années.

▶ Cette capacité engage des **facultés humaines** comme la pensée et la recherche de sens (Kant, p. 52), mais pour autant peut-on considérer que la création artistique est une activité strictement intellectuelle ? Quel est le rôle du **corps**, de ses aptitudes (vue, ouïe, toucher par exemple) mais aussi de ses affects dans la création (Nietzsche, p. 53) ? **L'inspiration** est-elle aussi l'affaire du corps ? Fait-elle de l'artiste un producteur à part qui ne réalise pas ses objets comme l'artisan ou le technicien ? (James, p. 54 ; Kant, p. 66).

A. Giacometti (1901-1966), *L'Homme qui marche*, 1960, bronze, Fondation Maeght, Saint-Paul de Vence.

4 Peut-on reprocher à l'art d'être inutile ?

▶ L'activité de l'artiste est-elle vaine par rapport à celle du producteur technique ? Ne manifeste-t-elle que du goût pour des **fictions** (Platon, p. 55) ? Ou bien faut-il considérer que l'art, tout comme la fiction d'ailleurs, sont des **modes d'exploration et de connaissance** ? L'art, en effet, semble interroger nos modes de perception et de pensée (Aristote, p. 56 ; Hegel, p. 58), et tout comme la technique il ouvre des **possibles** dans notre rapport au monde (« La technique », p. 372-373). En ce sens il s'inscrit pleinement dans la **culture** et l'effort des générations pour construire et transmettre un monde commun (Arendt, p. 57).

▶ Les œuvres d'art pour autant ne sont pas réductibles à des « **idées** ». Pour les comprendre, il est nécessaire de ne pas dissocier le fond et la forme, le travail sur la matière (mots, sons, couleurs, matériaux) et le contenu expressif (Arasse, p. 62). Une création n'est pas une **traduction,** elle n'exprime pas des « messages » : elle fait percevoir ce qui sans elle n'est pas perçu. N'est-ce pas cette action qui donne tant de **vie** aux œuvres de l'art (Hegel, p. 58 ; Deleuze, p. 48) et qui les met en compétition avec la **nature** ? (« La nature », p. 262-263) ? Brancusi avouait vouloir « créer comme la nature crée » (v.p. 53).

À RETENIR...

- La notion d'**art** est indissociable d'une **construction sociale.** À chaque époque, ses « droits d'entrée », ses systèmes d'exclusion, sa définition de ce qui est « art » : en un mot, son « champ artistique ».
- La **fonction créatrice** évolue avec les sociétés. Elle surprend souvent par la nouveauté de ses propositions. Une poésie sans rime est-elle de la poésie ? Un mobile de Calder est-il de la sculpture ?
- L'art est aussi une **fonction universelle et permanente de l'humanité,** une capacité spécifique de **produire du sens** et de **faire percevoir,** qui permet aux hommes de communiquer par-delà les frontières et les époques. Cette fonction doit être pensée dans sa **parenté avec la technique.**

QUESTION

1 Comment définir l'art ?

TEXTE 1 Goodman, « Quand y a-t-il art ? », 1977

Depuis le XXe siècle, les avant-gardes ne cessent d'interroger et de problématiser nos jugements sur l'art.

GOODMAN
1906-1998
Époque contemporaine
Philosophe logicien américain.

REPÈRES
Objectif/subjectif/intersubjectif
▸ p. 491

DÉFINITION
Symbole : le terme désigne, en grec ancien, un objet coupé en deux qui permettra à ceux qui doivent se séparer de se reconnaître.

Une aile d'automobile écrasée dans une galerie d'art est-elle une œuvre d'art ? Qu'en est-il de quelque chose qui n'est même pas un objet, et n'est pas exposé dans une galerie ou un musée – par exemple, creuser et combler un trou dans Central Park[1], comme cela fut prescrit par Oldenburg[2] ? Si ce sont là des œuvres d'art, alors toutes les pierres de la route, tous les objets et événements, sont-ils des œuvres d'art ? Sinon, qu'est-ce qui distingue ce qui est de ce qui n'est pas une œuvre d'art ? Qu'un artiste l'appelle œuvre d'art ? Que ce soit exposé dans un musée ou une galerie ? Aucune réponse de ce genre n'apporte de conviction.

Comme je le remarquais en commençant, une partie du problème réside en ceci que l'on ne pose pas la bonne question – en ceci qu'on ne reconnaît pas qu'une chose peut fonctionner comme œuvre d'art à certains moments et pas à d'autres. Pour les cas cruciaux[3], la vraie question n'est pas « Quels objets sont (de façon permanente) des œuvres d'art ? » mais « Quand un objet est-il une œuvre d'art ? » – ou plus brièvement, comme dans mon titre, « Quand y a-t-il art ? ».

Ma réponse est que tout comme un objet peut être un symbole – par exemple, un échantillon – à certains moments et dans certaines circonstances et non à d'autres, de même un objet peut être une œuvre d'art à certains moments et non à d'autres. En effet, c'est précisément en vertu du fait qu'il fonctionne comme symbole d'une certaine manière qu'un objet devient, quand il fonctionne ainsi, un œuvre d'art. Normalement, la pierre n'est pas une œuvre d'art tant qu'elle est sur la route, mais elle peut l'être, exposée dans un musée d'art. Sur la route, elle ne remplit habituellement pas de fonction symbolique. Dans le musée d'art, elle exemplifie certaines de ses propriétés – par exemple des propriétés de forme, de couleur, de texture. L'action de creuser-et-combler-un-trou fonctionne comme œuvre d'art dans la mesure où notre attention est dirigée sur elle en tant que symbole qui exemplifie. D'autre part, un Rembrandt[4] peut cesser de fonctionner comme une œuvre d'art si on l'utilise pour remplacer une fenêtre cassée ou comme couverture.

Nelson Goodman, « Quand y a-t-il art ? », dans *Philosophie analytique et esthétique*, © Lories, Klincksieck, 1988, p. 206.

1. Parc de New York.
2. Artiste suédois, né en 1929, installé aux États-Unis, inspiré par l'art brut et le pop art.
3. Importants, décisifs.
4. Peintre et graveur néerlandais (1606-1669).

Questions

1. **Quelle distinction établissez-vous entre les deux questions « qu'est-ce que l'art ? » et « quand y a-t-il art ? » ?**
2. **Comment comprendre « fonction symbolique » dans le texte ? Aidez-vous des *ready-made* de Duchamp.**
3. **La remarque sur Rembrandt (l. 29) est-elle acceptable, selon vous ?**

PERSPECTIVES

La connaissance
- Qu'est-ce que définir quelque chose ?
- En quoi est-ce un travail comparatif ?

TEXTE 2 Benjamin, *L'Œuvre d'art à l'ère de sa reproductibilité technique*, 1935

La définition de l'art est une question relativement récente qui suppose une évolution dans notre rapport aux œuvres : nous les interrogeons à partir de notre sensibilité et sous l'angle de leurs qualités formelles, comme la beauté, le style. L'auteur s'efforce de dégager les étapes qui conduisent à cette modernité.

BENJAMIN
1892-1940
Époque contemporaine
▸ p. 513

REPÈRES
Origine/fondement
▸ p. 492

La réception des œuvres d'art se fait avec divers accents, et deux d'entre eux, dans leur polarité[1], se détachent des autres. L'un porte sur la valeur cultuelle[2] de l'œuvre, l'autre sur sa valeur d'exposition. La production artistique débute par des images qui servent au culte. On peut admettre que la présence même de ces images a plus d'importance que le fait qu'elles soient vues. L'élan que l'homme figure sur les parois d'une grotte, à l'âge de pierre, est un instrument magique. On l'expose sans doute aux regards des autres hommes, mais il est destiné avant tout à des esprits. Plus tard, c'est précisément cette valeur cultuelle, comme telle, qui pousse à garder l'œuvre d'art au secret ; certaines statues de dieux ne sont accessibles qu'au prêtre dans la *cella*[3]. Certaines Vierges[4] restent couvertes presque toute l'année, certaines sculptures de cathédrales gothiques sont invisibles lorsqu'on les regarde du sol. À mesure que les œuvres d'art s'émancipent de leur usage rituel[5], les occasions deviennent plus nombreuses de les exposer. Un buste peut être envoyé ici ou là ; il est plus exposable par conséquent qu'une statue de dieu, qui a sa place assignée à l'intérieur d'un temple. Le tableau est plus exposable que la mosaïque ou la fresque qui l'ont précédé. Et s'il se peut qu'en principe une messe fût aussi exposante qu'une symphonie, la symphonie cependant est apparue en un temps où l'on pouvait prévoir qu'elle deviendrait plus exposante que la messe.

Les diverses techniques de reproduction ont renforcé ce caractère dans de telles proportions que, par un phénomène analogue à celui qui s'était produit aux origines, le déplacement quantitatif entre les deux formes de valeur propres à l'œuvre d'art est devenu un changement qualitatif, qui affecte sa nature même. Originairement la prépondérance absolue de la valeur cultuelle avait fait avant tout un instrument magique de cette œuvre d'art, qui ne devait être, jusqu'à un certain point, reconnue comme telle que plus tard, de même aujourd'hui la prépondérance absolue de sa valeur d'exposition lui assigne des fonctions tout à fait neuves, parmi lesquelles il se pourrait bien que celle dont nous avons conscience – la fonction artistique – apparût par la suite comme accessoire. Il est sûr que, dès à présent, la photographie et, plus encore, le cinéma témoignent très clairement en ce sens.

Walter Benjamin, *Essais*, trad. M. de Gandillac, 1983, Bibliothèque Médiations, © Denoël-Gonthler, p. 98-99.

1. Opposition.
2. Le culte est la pratique religieuse qui rend hommage à un élément sacré.
3. À l'origine, lieu du temple romain, partie fermée (en latin *celare*, « cacher ») : la statue du dieu y demeure, invisible au public, sauf pendant certaines cérémonies.
4. Statue représentant la mère de Jésus dans la religion chrétienne.
5. Relatif aux rites, aux cérémonies religieuses.

Questions

1. Quelle est l'origine de la production artistique, selon l'auteur ?
2. Quelle est l'évolution décrite par le texte ? Quel en est le facteur décisif ?
3. Quelles sont les conséquences de cette évolution dans notre rapport aux œuvres d'art, selon vous ?
4. Quel est l'impact de la photographie et du cinéma sur notre rapport aux œuvres d'art ?

Pour aller plus loin

▷ Image

Établissez le lien entre ce texte et ce propos d'André Malraux (faites une recherche sur les œuvres citées) : « Un crucifix roman n'était pas d'abord une sculpture, la Madone de Cimabue n'était pas d'abord un tableau, même la Pallas Athénée, de Phidias n'était pas d'abord une statue. » (*Les Voix du silence*, Gallimard, 1951, p. 11).

TEXTE 3 Deleuze, *Logique de la sensation*, 1981

Le peintre allemand Paul Klee (1879-1940) est une figure majeure de l'art abstrait au XXe siècle. En abolissant la référence à l'imitation de la nature, cette forme d'art permet, selon l'auteur, de mieux comprendre en quoi consistent la création et l'art en général.

DELEUZE
1925-1995
Époque contemporaine
Philosophe français, enseignant à l'université l'histoire de la philosophie, auteur de nombreux ouvrages sur l'art (littérature, peinture, cinéma).

DÉFINITION

Art figuratif : souvent opposé à l'art **« abstrait »**, l'art figuratif propose une représentation du réel proche de notre perception et ressemblant aux choses.

Il y a une communauté des arts, un problème commun. En art, et en peinture comme en musique, il ne s'agit pas de reproduire ou d'inventer des formes, mais de capter des forces. C'est même par là qu'aucun art n'est figuratif. La célèbre formule de Klee, « non pas rendre le visible mais rendre visible », ne signifie pas autre chose. La tâche de la peinture est définie comme la tentative de rendre visibles des forces qui ne le sont pas. De même la musique s'efforce de rendre sonores des forces qui ne le sont pas. C'est une évidence. La force est en rapport étroit avec la sensation : il faut qu'une force s'exerce sur un corps, c'est-à-dire sur un endroit de l'onde, pour qu'il y ait sensation. Mais si la force est la condition de la sensation, ce n'est pourtant pas elle qui est sentie, puisque la sensation « donne » tout autre chose à partir des forces qui la conditionnent. Comment la sensation pourra-t-elle suffisamment se retourner sur elle-même, se détendre ou se contracter, pour capter dans ce qu'elle nous donne des forces non données, pour faire sentir des forces insensibles et s'élever jusqu'à ses propres conditions ? C'est ainsi que la musique doit rendre sonores des forces insonores, et la peinture, visibles, des forces invisibles. Parfois ce sont les mêmes : le Temps, qui est insonore et invisible, comment peindre ou faire entendre le temps ? Et des forces élémentaires comme la pression, l'inertie, la pesanteur, l'attraction, la gravitation, la germination ? Parfois au contraire, la force insensible de tel art semble plutôt faire partie des « données » de tel autre art : par exemple le son, ou même le cri, comment les peindre ?

Gilles Deleuze, *Logique de la sensation*, © La Différence, 1996, p. 39-40.

Questions

1. **Qu'est-ce qui définit la fonction artistique pour Deleuze, au-delà de la distinction des arts ?**
2. **Pourquoi le cas de la musique est-il particulièrement intéressant pour penser la création artistique ?**
3. **Qu'est-ce qui oppose, selon vous, ce texte au texte 1 ?**

PERSPECTIVES

L'existence humaine et la culture

- Que nous apprend l'art sur notre existence ?
- Quel est le rapport de l'homme au monde ?

La connaissance

- Quelle distinction établissez-vous entre la connaissance artistique et la connaissance technique ?

Pour aller plus loin ▷ Animation

Examinez la question : « le son, ou même le cri, comment les peindre ? » (l. 33-34), en vous appuyant sur le tableau ci-contre, *Le Cri* (1893), du peintre norvégien Edvard Munch (1863-1944).

QUESTION

2 La notion de beauté est-elle décisive ?

TEXTE 4 Hume, « La règle du goût », 1757

HUME
1711-1776
Époque moderne
▸ p. 507

REPÈRES
Objectif/subjectif/intersubjectif
▸ p. 491

CONCEPT

Hume est un philosophe empiriste qui souhaite donner au **sentiment** une place qui lui est souvent refusée dans la philosophie classique, rationaliste. Cet auteur a su néanmoins aussi problématiser l'élévation du sentiment au rang de critère, comme le montre bien ce texte.

Hume veut laisser une place plus grande aux sens et donc aussi aux sentiments dans l'analyse des facultés humaines. C'est dans cette perspective qu'il s'intéresse à la beauté.

Tout sentiment est juste, parce que le sentiment ne se rapporte à rien qui le dépasse et qu'il est toujours réel, dès lors qu'on en a conscience. Mais toutes les déterminations de l'entendement ne sont pas justes, parce qu'elles se rapportent à quelque chose qui les dépasse, à savoir la réalité des faits, et qu'elles ne sont pas toujours conformes à ce modèle [standard : « étalon » ou « norme » au sens ordinaire]. De mille opinions différentes qui sont formées sur le même sujet par des hommes différents, il y en a une, et une seule, qui est juste et vraie ; la seule difficulté est de l'établir et de la rendre certaine. Au contraire, les mille sentiments différents que cause un même objet sont tous justes, puisqu'aucun ne représente ce qui est réellement dans l'objet. Chaque sentiment exprime seulement une certaine conformité, un certain rapport, entre l'objet d'une part, les organes et facultés de l'esprit d'autre part ; et sans une telle conformité le sentiment ne pourrait jamais avoir de réalité. La beauté n'est pas une qualité qui est dans les choses elles-mêmes ; elle existe seulement dans l'esprit qui les contemple ; et tout esprit perçoit une beauté différente. L'un peut même percevoir de la laideur là où l'autre perçoit de la beauté ; et chacun doit se ranger à son propre sentiment sans prétendre régler celui d'autrui. Vouloir chercher la beauté réelle, la laideur réelle, est une étude aussi vaine que de prétendre déterminer avec certitude ce que sont en réalité le doux et l'amer. Selon la disposition des organes, le même objet peut être doux et amer ; et le proverbe a justement fixé la vanité des disputes sur les goûts. Il est très naturel et même absolument nécessaire d'étendre cet axiome, du goût corporel au goût mental. […] Mais il y a certainement une espèce de sens commun qui lui est contraire, ou qui du moins pousse à le modifier et à le restreindre. Affirmer qu'il y a autant de génie d'élégance dans Ogilby et dans Milton, dans Bunyan et dans Addison[1], ce serait, de l'avis général, défendre une extravagance, comme si l'on voulait prétendre qu'une taupinière est aussi haute que le Ténériffe[2] ou une mare aussi vaste que l'océan. Certes, il peut se trouver des gens qui donnent la préférence aux premiers de ces auteurs ; mais nul ne prête attention à ce genre de goût, et nous déclarons sans ambages que le sentiment de ces pseudo-critiques est absurde et ridicule. Le principe de l'égalité naturelle des goûts est alors totalement oublié ; nous l'admettons en quelques occasions, quand les objets eux-mêmes paraissent presque à égalité, mais c'est un paradoxe extravagant, que dis-je : une absurdité manifeste, quand des objets si disproportionnés sont comparés ensemble.

David Hume, « La règle du goût », cité dans *Qu'est-ce que le jugement esthétique ?*, © Vrin, trad. J. Zeimbekis, 2006, p. 77-79.

1. Ogilby (1600-1676), Milton (1608-1674), Bunyan (1628-1688), Addison (1672-1719) : la comparaison des hommes de lettres souligne la supériorité objective des poètes Milton et Addison.
2. La plus grande île de l'archipel des Canaries, en Espagne.

Questions

1. **Notez les expressions qui suggèrent que la beauté relève de l'opinion subjective.**
2. **Relisez les lignes 11-18, puis les lignes 31-35 : le sentiment permet-il toujours, pour Hume, de mesurer la valeur des œuvres d'art ? En quoi la fin du texte est-elle paradoxale si on la compare à « Tout sentiment est juste » (l. 1) ?**

TEXTE 5 Kant, *Critique de la faculté de juger*, 1790

Pour Kant, « il n'y a pas de science du beau », car dire « c'est beau » relève du jugement de goût : un plaisir personnel et subjectif. Néanmoins, l'auteur remarque que dire « c'est beau », c'est aussi vouloir partager une expérience avec d'autres, voire convaincre, comme le montrent les débats passionnés sur ce que nous trouvons beau. La beauté ne se résume donc pas au plaisir des sens.

KANT
1724-1804
Époque moderne
▸ p. 507

Les arts d'agrément sont ceux qui ont pour seule fin la jouissance ; au nombre de ceux-ci sont tous les attraits qui ont le pouvoir, à une table, de contenter la société : par exemple, raconter de façon distrayante, amener la société à une conversation franche et vivante, la disposer par la plaisanterie et le rire à un certain ton de gaieté […] (Ce dont relève aussi la manière dont la table est dressée pour le plaisir, ou encore, dans les grands banquets, la musique de table – chose singulière qui, constituant simplement comme un bruit agréable, doit entretenir la disposition des esprits à la joie et qui, sans que personne accorde jamais la moindre attention à sa composition, favorise la conversation libre entre voisins.) À quoi viennent s'ajouter tous les jeux, qui n'ont d'autre intérêt que de faire s'écouler le temps sans qu'on s'en aperçoive.

Les beaux-arts, en revanche, sont un mode de représentation qui présente en lui-même un caractère finalisé et qui, bien que sans fin, contribue pourtant à la culture des facultés de l'esprit en vue de la communication sociale.

La communicabilité universelle d'un plaisir implique déjà en son concept qu'il ne saurait s'agir d'un plaisir de jouissance procédant de la simple sensation, mais d'un plaisir de la réflexion ; et en ce sens l'art esthétique[1], en tant qu'il est constitutif des beaux-arts, est un art qui a pour mesure la faculté de juger réfléchissante et non pas la sensation des sens.

Emmanuel Kant, *Critique de la faculté de juger*, paragraphe 44, © Flammarion, « GF », trad. A. Renaut, 2015.

CONCEPT

Le terme ***beaux-arts*** devient omniprésent au XVIIIe siècle : il reflète la distinction opérée dans la société de l'époque entre ce qui, dans la production humaine, relève du « beau » et ce qui relève de l'utile (la technique).

REPÈRES

Principe/cause/fin
▸ p. 492

1. Esthétique vient d'un mot grec signifiant « sensation ».

Michel Barthélémy Ollivier (1712-1784), *Souper du prince Louis-François de Conti, Palais du Temple* (détail), [1766], huile sur toile 56 x 71 cm, musée du château de Versailles.

Questions

1. Qu'est-ce qui distingue les « arts d'agréments » des « beaux-arts » ? Reprenez l'exemple de « la musique de table » (l. 7).
2. Expliquez : « communicabilité universelle d'un plaisir » (l. 16) et « plaisir de la réflexion » (l. 18). Aidez-vous du texte d'Arasse, p. 62-63.

PERSPECTIVES

L'existence et de la culture

- Que nous enseigne la recherche de l'agrément ou du beau dans nos façons de vivre ?
- L'existence humaine est-elle rivée aux besoins fondamentaux ?

TEXTE 6 Plotin, *Ennéades*, 254-270

Pour comprendre ce qu'est la beauté, l'auteur nous propose une expérience de pensée qui met en scène deux blocs de pierre, un artiste, une statue. Dans le passage de la pierre à la statue, la production artistique apparait dans sa grandeur, mais aussi dans ses limites.

PLOTIN
205-270
Antiquité
▸ p. 498

Prenons, si l'on veut, deux masses de pierre placées l'une à côté de l'autre ; l'une est brute et n'a pas été travaillée ; l'autre a subi l'empreinte de l'artiste, et s'est changée en une statue de dieu ou d'homme, d'un dieu comme une Grâce ou une Muse[1], d'un homme qui est non pas le premier venu mais celui que l'art a créé en combinant tout ce qu'il a trouvé de beau ; il est clair que la pierre, en qui l'art a fait entrer la beauté d'une forme, est belle non parce qu'elle est pierre (car l'autre serait également belle), mais grâce à la forme que l'art y a introduite. Cette forme, la matière ne l'avait point, mais elle était dans la pensée de l'artiste, avant d'arriver dans la pierre ; et elle était dans l'artiste non parce qu'il a des yeux ou des mains, mais parce qu'il participe à l'art. Donc cette beauté était dans l'art, et de beaucoup supérieure ; car la beauté qui est passée dans la pierre n'est pas celle qui est dans l'art ; celle-ci reste immobile, et d'elle en vient une autre, inférieure à elle ; et cette beauté inférieure n'est pas même restée intacte et telle qu'elle aspirait à être, sinon dans la mesure où la pierre a cédé à l'art. Si l'art rend son produit pareil à ce qu'il est et à ce qu'il possède (il le rend beau en le conformant à l'idée de ce qu'il veut créer), il est lui-même d'une beauté bien supérieure et bien plus réelle ; il possède la beauté de l'art, beauté bien plus grande que toute celle qui est dans l'objet extérieur. Car plus elle va vers la matière en s'étendant dans l'espace, plus elle s'affaiblit, plus elle est au-dessous de celle qui reste dans l'unité : tout ce qui s'éparpille, s'écarte de soi-même, qu'il s'agisse de la vigueur physique, de la chaleur, de la force en général et aussi de la beauté ; et le premier agent, pris en lui-même, doit toujours être supérieur au produit: ce n'est pas l'absence de musique, c'est la musique qui fait le musicien ; et la musique dans les choses sensibles est créée par une musique qui leur est antérieure. Méprise-t-on les arts parce qu'ils ne créent que des images de la nature, disons d'abord que les choses naturelles, elles aussi, sont des images de choses différentes ; et sachons bien ensuite que les arts n'imitent pas directement les objets visibles, mais remontent aux raisons d'où est issu l'objet naturel ; ajoutons qu'ils font bien des choses d'eux-mêmes : ils suppléent aux défauts des choses, parce qu'ils possèdent la beauté : Phidias[2] fit son Zeus[3], sans égard à aucun modèle sensible ; il l'imagina tel qu'il serait, s'il consentait à paraître à nos regards.

Plotin, *Ennéades*, V, 8, © Les Belles Lettres, trad. É. Bréhier, 1963.

REPÈRES
Formel/matériel
▸ p. 489

1. Dans la mythologie grecque, déesses.
2. Sculpteur grec (vers 490-430 av. J.-C.).
3. Divinité grecque, dieu du ciel et souverain des dieux de l'Olympe.

Questions

1. **En quoi consiste la production artistique ? Aidez-vous de l'exemple de la masse de pierre qui devient statue.**
2. **À l'aide de l'exemple de Phidias (l. 31-33), comment définir la beauté ? est-elle dans les choses elles-mêmes ? ou est-elle subjective ? Cernez la position complexe de l'auteur.**
3. **Comparez ce texte avec le texte 4 de Hume p. 49 : quelle approche différente de la beauté ici ?**
4. **Comparez ce texte avec le texte 10 de Platon p. 55 : quelle approche différente de l'art ?**

Pour aller plus loin

▷ Image

Faites une recherche sur la statue de Phidias, Zeus.

TEXTE 9 James, *Les Dépouilles de Poynton*, Préface, 1897

JAMES
1843-1916
Époque contemporaine.
Écrivain américain, naturalisé britannique en 1915.

Dans la préface de son roman Les Dépouilles de Poynton, *H. James compare l'artiste inspiré à un « chien flairant la présence d'un os enterré ». Si « l'instinct » est donc crucial dans la création, il n'est rien sans le travail de l'esprit et du style pour dévoiler ce que la vie nous fait ressentir.*

C'était, il m'en souvient, il y a des années, un soir de Noël où je dinais avec des amis. Dans le courant de la conversation, une dame, près de moi, fit une de ces allusions où je reconnais aussitôt « un germe ». Ce germe, d'où qu'il provienne, a toujours été pour moi l'embryon d'une « histoire », et la plupart des histoires auxquelles je me suis efforcé de donner une forme sont issues d'une unique petite graine [...]. Ce qui par-dessus tout me revient avec ce souvenir, c'est le sentiment de la petitesse de la précieuse particule réduite à sa seule essence féconde, en ces occasions heureuses. Telle est l'intéressante vérité sur les suggestions qu'éveillent le hasard, le mot errant, le vague écho au contact duquel l'imagination du romancier tressaille comme à la piqûre d'une pointe aiguë. Toute sa vertu réside dans sa qualité d'aiguillon, sa faculté de s'enfoncer aussi finement que possible. C'est cette finesse qui nous communique le virus de la suggestion, et tout ce qui excéderait le strict minimum la rendrait inopérante. [...]. Notre sujet tient dans la simple graine, la goutte de vérité, de beauté, de réalité, à peine visible à l'œil du vulgaire, car, j'en suis persuadé, rien n'est moins commun qu'un œil perspicace, capable de discerner un sujet.

Henry James, *Les Dépouilles de Poynton*, préface citée dans *Carnets*, © Denoël, trad. L. Servicen, 1954.

CONCEPT

L'**imagination** désigne la faculté de se représenter quelque chose sous la forme d'une image. Pour Aristote, elle associe sensation et mémoire. Elle est souvent comparée à l'**entendement**, qui désigne, au contraire, la faculté de se représenter quelque chose de façon abstraite, non par une image mais par un concept. C'est surtout au XVIIIe siècle que l'imagination sera au cœur d'une réflexion plus spécifique sur l'art (v. Kant, p. 66).

Piotr Konchalowsky (1876-1956), *Portrait du poète russe Alexandre Pouchkine à sa table de travail*, huile sur toile, musée de l'Ermitage, Saint-Petersbourg.

Questions

1. Quelles sont les différentes images pour penser la création ? Expliquez leur efficacité.
2. En quel sens la création artistique est-elle paradoxalement, pour l'auteur, le fruit du hasard et du jugement ?
3. Que nous révèle le texte sur la faculté d'imagination ?

Pour aller plus loin

Atelier d'écriture
Choisissez dans l'ensemble du manuel, une œuvre d'art (peinture, photographie, sculpture...) et essayez d'imaginer le « germe », « la suggestion » qui a pu inspirer l'artiste. Vous rédigerez un texte que vous pourrez présenter et discuter avec vos camarades.

QUESTION

4 Peut-on reprocher à l'art d'être inutile ?

TEXTE 10 Platon, *La République*, IVe s. av. J.-C.

Platon fait dialoguer Socrate sur les conditions d'une société plus juste et plus unie. Contre la culture de son époque, il veut chasser les poètes de sa cité idéale.

PLATON
Vers 427 av. J.-C.-
Vers 347 av. J.-C.
Antiquité
▸ p. 498

– Pourrais-tu me dire ce qu'est l'imitation en général ?

– Eh bien, veux-tu que nous commencions notre examen en partant de ce point-ci, selon notre méthode habituelle ? Nous avons, en effet, l'habitude de poser en quelque sorte une forme unique[1], chaque fois, pour chaque ensemble de choses multiples auxquelles nous attribuons le même nom. Ou alors ne comprends-tu pas ?

– Je comprends.

– Prenons donc encore une fois, si tu le veux bien, l'un de ces ensembles multiples. Par exemple, tu es d'accord, il existe de nombreux lits (596b) et de nombreuses tables.

– Oui.

– Or, n'avons-nous pas aussi l'habitude de dire que chacun des artisans qui fabrique ces meubles réalise l'un des lits, l'autre des tables dont nous nous servons, le regard tourné en direction de la forme, et ainsi pour tous les autres objets ? Car pour ce qu'il en est de la forme elle-même, sûrement aucun des artisans ne la fabrique, (596c) comment le pourrait-il, en effet ?

– Il ne le pourrait aucunement.

– Mais vois maintenant comment tu appelles cet artisan que voici[2] ?

– Lequel ?

– Celui qui produit tous les objets que tous les artisans manuels font chacun pour son compte.

– Tu parles là d'un homme habile et admirable ?

– Un instant, tu vas bientôt le déclarer encore plus admirable. Car ce même artisan manuel est non seulement en mesure de produire tous ces meubles, mais encore produit-il tous les végétaux qui proviennent de la terre, et il façonne tous les êtres vivants – les autres êtres aussi bien que lui-même – et en plus de cela il fabrique la terre et le ciel, les dieux, et tout ce qui existe dans le ciel, et tout ce qui existe sous la terre dans l'Hadès.

– Tu parles, dit-il, (596d) d'un expert tout à fait admirable ! [...]

– Il n'y a là rien de difficile, répondis-je [...] si seulement tu consens à prendre un miroir et à le retourner de tous côtés. Très vite tu produiras le soleil (596e) et les astres du ciel, et aussi rapidement la terre, rapidement toujours toi-même et les autres animaux, et les meubles et les plantes, et tout ce dont on parlait à l'instant.

– Oui, dit-il, des apparences, mais certainement pas des êtres qui existent véritablement.

Platon, *La République*, X, © Garnier-Flammarion, trad. G. Leroux, 2016.

CONCEPT

La notion d'**imitation**, « *mimesis* » en grec ancien, vient du théâtre (« mimer ») : l'imitation rend présent, « représente ». Ce terme est associé à la notion d'illusion chez Platon. Mais il lui sert aussi à penser la production technique : l'objet fabriqué suit un « patron », il imite un modèle donc.

1. Référence à la théorie des « Idées » : les choses belles (multiples et sensibles) sont issues de « la beauté » (l'idée, l'essence).
2. Il s'agit de l'artiste imitateur, poète ou peintre.

Questions

1. Quelle différence entre l'artisan manuel et le poète ou le peintre ?
2. Quelle influence l'art exerce-t-il sur nous, selon Platon ?
3. Qu'en concluez-vous sur la valeur de l'art, pour Platon ?

TEXTE 11 Aristote, *La Poétique*, IVe s. av. J.-C.

Le terme poiesis *pour les Grecs anciens désigne l'action de fabriquer. Aristote dans* La Poétique *analyse l'origine du besoin de produire des œuvres et suit tout particulièrement l'histoire du théâtre.*

ARISTOTE
Vers 384 av. J-C.-322 av. J.-C.
Antiquité
▸ p. 496

L'art poétique dans son ensemble paraît devoir sa naissance à deux causes, toutes deux naturelles. Dès l'enfance, les hommes ont, inscrites dans leur nature, à la fois une tendance à représenter – et l'homme se différencie des autres animaux parce qu'il est particulièrement enclin à représenter et qu'il a recours à la représentation dans ses premiers apprentissages – et une tendance à éprouver du plaisir aux représentations. Nous en avons une preuve dans l'expérience pratique : nous avons plaisir à regarder les images les plus soignées des choses dont la vue nous est pénible dans la réalité, par exemple les formes d'animaux parfaitement ignobles ou de cadavres ; la raison en est qu'apprendre est un plaisir non seulement pour les philosophes, mais également pour les autres hommes (mais ce qu'il y a de commun entre eux sur ce point se limite à peu de chose) ; en effet, si l'on aime à voir des images, c'est qu'en les regardant on apprend à connaître et on conclut ce qu'est chaque chose comme lorsqu'on dit : celui-là, c'est lui. Car si on n'a pas vu auparavant, ce n'est pas la représentation qui procurera le plaisir, mais il viendra du fini dans l'exécution, de la couleur, ou d'une autre cause de ce genre.

Aristote, *La Poétique*, IV, 48b, © Le Seuil, trad. R. Dupont-Roc et J. Lallot, 2011.

CULTURE GÉNÉRALE

C'est dans *La Poétique* d'Aristote que l'on trouve les définitions de la **tragédie** et de la **comédie**, qui seront appliquées dans le théâtre classique (Molière, Corneille, Racine). La **tragédie**, par « la crainte et la pitié », opère la « purgation » (purification) des passions. La **comédie** « corrige » les mœurs par « le rire ».

Questions

1. **Quelles sont les deux causes de l'art poétique pour Aristote ?**
2. **En quoi ce texte donne-t-il une fonction positive aux images et s'oppose-t-il au texte 10 de Platon, p. 55 ?**

PERSPECTIVES

La connaissance

- Y a-t-il en l'homme un désir de savoir ?
- Quelle distinction entre le désir de savoir qui s'exprime dans l'art et celui qui se manifeste dans les sciences ?
- La vie des humains a-t-elle une dimension seulement biologique ?
- Pourquoi chercher à représenter le monde et à transmettre ces représentations ?
- Pourquoi les œuvres d'art sont-elles si précieuses dans notre société ?
- Comment expliquer l'émotion qui nous saisit quand des œuvres d'art sont détruites ?

Pour aller plus loin — Texte à télécharger

En quel sens le documentaire *La Grotte des rêves perdus* (p. 64) confirme-t-il les analyses d'Aristote ? Lisez le texte de Lévi-Strauss, *La Pensée sauvage : l'art et la connaissance*.

Débat

Comment Aristote peut-il nous aider à examiner la question des images dans notre société actuelle ?

TEXTE 12

Arendt, *Condition de l'homme moderne,* 1961

Avec la société de consommation et son rapport « dévorant » aux objets, Arendt juge primordial de rappeler le principe même de la culture chez les hommes : édifier un monde stable. L'art joue donc un rôle de tout premier plan : loin d'être un divertissement, il est une assise de la vie humaine.

ARENDT
1906-1975
Époque contemporaine
▸ p. 512

Les rapports que l'on a avec une œuvre d'art ne consistent certainement pas à « s'en servir » ; au contraire, pour trouver sa place convenable dans le monde, l'œuvre d'art doit être soigneusement écartée du contexte des objets d'usage ordinaires. Elle doit être de même écartée des besoins et des exigences de la vie quotidienne, avec laquelle elle a aussi peu de contacts que possible. Que l'œuvre d'art ait toujours été inutile, ou qu'elle ait autrefois servi aux prétendus besoins religieux comme les objets d'usage ordinaires servent aux besoins ordinaires, c'est une question hors de propos ici.

Même si l'origine historique de l'art était d'un caractère exclusivement religieux[1] ou mythologique, le fait est que l'art a glorieusement résisté à sa séparation d'avec la religion, la magie et le mythe.

En raison de leur éminente permanence, les œuvres d'art sont de tous les objets tangibles les plus intensément du monde ; leur durabilité est presque invulnérable aux effets corrosifs des processus naturels, puisqu'elles ne sont pas soumises à l'utilisation qu'en feraient les créatures vivantes, utilisation qui, en effet, loin d'actualiser leur finalité – comme la finalité d'une chaise lorsqu'on s'assied dessus – ne peut que les détruire. Ainsi leur durabilité est-elle d'un ordre plus élevé que celle dont tous les objets ont besoin afin d'exister ; elle peut atteindre à la permanence à travers les siècles.

Hannah Arendt, *Condition de l'homme moderne*, chapitre IV « L'œuvre »,

REPÈRES
Origine/ fondement
▸ p. 492

1. Voir le texte de Benjamin, p. 47.

CONCEPT

Même si un **objet artistique** peut avoir une utilité (vases grecs, tapisseries médiévales, objets de culte), il possède une « intensité » que n'a pas l'objet purement technique : c'est son lien avec la pensée qui en fait un objet à part, « indémodable » et intemporel.

Questions

1. **Quelle est la fonction spécifique des œuvres d'art ?**
2. **L'art est-il une forme de « divertissement » pour Arendt ? Comparez avec le texte 10 de Platon, p. 55.**
3. **L'art vise-t-il toujours l'intemporel selon vous ?**

PERSPECTIVES

L'existence humaine et la culture

- Pourquoi peut-on associer la culture aux idées de durabilité et de permanence ?
- Quels liens entre culture et tradition ?

Pour aller plus loin — Liens

Faites des recherches sur des formes d'art contemporain : *body art*, performance, *land art*, installations.

Débat

L'art donne-t-il nécessairement lieu à des œuvres ?

1 POUR ENTRER DANS L'ŒUVRE

Définition de l'esthétique

Hegel choisit restreindre le champ de l'esthétique, par rapport à Baumgarten ou à Kant, en posant qu'elle a pour objet le « bel art ».

REPÈRES
Idéal/réel
▸ p. 490

Ces cours sont consacrés à l'*esthétique* ; leur objet est le vaste *royaume du beau*, et ils ont plus précisément l'art, et même le *bel art* pour domaine. [...] La formule qui, en toute rigueur, convient à notre science, est « philosophie de l'art », et plus exactement « philosophie du bel art ». Or, par cette expression, nous excluons d'emblée le *beau naturel.* [...] Bien sûr, dans la vie courante, on parle communément d'une *belle* couleur, d'un *beau* ciel, d'un *beau* fleuve, on dit familièrement que des fleurs, des animaux, enfin surtout des hommes sont beaux ; mais [...] nous pouvons dores et déjà affirmer que le beau de l'art occupe un rang *plus élevé* que le beau de la nature. Car la beauté artistique est la be*auté née de l'esprit et renaissant toujours à partir de l'esprit*, et dans la mesure même où l'esprit et ses productions sont supérieurs à la nature et à ses manifestations, le beau artistique est lui aussi supérieur à la beauté de la nature.

G. W. F. Hegel, *Cours d'esthétique*, « Introduction », trad. J.-P. Lefebvre et V. von Schenck, © Aubier, T. I, 2009, p. 60-62.

Questions

1. **Comment Hegel définit-il l'esthétique ?**
2. **Qu'est-ce qui fonde la supériorité du beau artistique sur le beau naturel ?**

2 POUR COMPRENDRE SA PROBLÉMATIQUE

Une imitation de la nature

Hegel critique la thèse selon laquelle l'art aurait pour fin d'imiter la nature.

Cette définition ne contient d'abord qu'une fin visée purement formelle, à savoir que l'homme referait une deuxième fois, dans la mesure de ses moyens, un fac-similé de tout ce qui existe déjà dans le monde extérieur et sans y apporter la moindre modification. Or une telle répétition peut d'emblée être considérée comme une entreprise *superflue* [...]. Et, à y regarder de plus près, cette entreprise superflue peut même être considérée comme un jeu présomptueux qui reste très en-deçà de la nature. Car l'art est limité dans ses moyens d'exposition et ne peut produire que des illusions partielles, du fait par exemple que l'apparence d'effectivité qu'il propose ne s'adresse qu'à *un seul* sens : s'il en reste à cette fin formelle de la simple imitation, l'art ne peut fournir, en fait, quelque chose d'effectivement vivant, mais seulement un faux-semblant singeant la vie. [...]

Depuis les temps anciens, on cite toujours les raisins de Zeuxis[1] pour vanter le triomphe de l'art et en même temps celui du principe d'imitation de la nature, parce que des colombes vivantes, dit-on, s'y seraient laissé prendre et auraient commencé à les picorer. [...] Toutefois, ces exemples et d'autres du même genre ne peuvent manquer de nous inspirer au moins la réflexion suivante : au lieu de louer des œuvres d'art parce qu'elles ont *même* abusé des colombes et des singes, mieux vaudrait se contenter de blâmer justement ceux qui s'imaginent encenser l'œuvre d'art en ne lui attribuant, comme fin suprême

1. Peintre grec (464-398 av. J.-C.).

et ultime, qu'un si médiocre effet. Mais, de toute façon, il suffit de dire que, du point de vue de la simple imitation, l'art ne pourra jamais rivaliser avec la nature et se donnera l'allure d'un ver de terre rampant derrière un éléphant.

G. W. F. Hegel, *Cours d'esthétique*, « Introduction », *op.cit.*, p. 5-6.

Questions

1. **Quelles sont les deux critiques qu'adresse Hegel à la conception de l'art comme imitation ?**
2. **Comment Hegel interprète-t-il l'histoire des raisins de Zeuxis ? (v. p. 440)**

3 POUR COMPRENDRE SA MÉTHODE

Comment l'esprit se manifeste-t-il dans sculpture classique ?

Hegel cherche à définir l'essence de chaque art comme une manifestation sensible (et donc particulière) du spirituel. La sculpture classique grecque, parvient selon lui à exprimer le divin dans un corps fini, grâce à une stylisation des formes qui nous met en présence de l'idéal.

REPÈRES
Idéal/réel
▸ p. 490

La sculpture en général comprend ce prodige que l'esprit coule son empreinte dans ce qui est entièrement matériel, et qu'il forme cette extériorité de telle manière qu'il devient, en elle, présent à soi-même et y reconnaît la figure adéquate de son propre intérieur. Ce qu'il nous faut considérer sous ce rapport concerne :

premièrement, la question de savoir quelle modalité de la spiritualité est capable de se représenter dans ce matériau qu'est la figure spatiale simplement sensible ;

deuxièmement, celle de savoir comment les formes de la spatialité doivent être configurées pour donner à connaître le spirituel en une belle figure corporelle.

Ce que nous devons voir, de manière générale, est l'unité de l'*ordo rerum extensarum*[1] et de l'*ordo rerum idearum*[2], la première belle unification de l'âme et du corps, dans la mesure où l'intérieur spirituel ne s'exprime, dans la sculpture, que dans son existence corporelle.

Cette unification, *troisièmement*, correspond à ce que nous avons déjà rencontré en l'espèce de l'idéal de la forme d'art classique, en sorte que la plastique sculpturale va se révéler comme l'art proprement dit de l'idéal classique.

G. W. F. Hegel, *Cours d'esthétique*, IIIe partie, section II, chap. 1, *op. cit.*, t. II, 2009, p. 344.

1. L'ordre des choses qui tendent à être étendues.
2. L'ordre des choses qui tendent à être pensées.

Questions

1. **Quels sont les matériaux de la sculpture ? Pourquoi, en comparaison avec d'autres, peut-on considérer que cet art est particulièrement matériel ?**
2. **Comment une statue réalise-t-elle « la belle unification de l'âme et du corps » ?**
3. **Quel est selon Hegel le principe de la sculpture ? Expliquez.**

LES OBJECTIFS DE L'AUTEUR

- Dégager l'essence de chaque art, ses formes excellentes.
- Ordonner la diversité des œuvres d'art.
- Articuler l'art avec d'autres manifestations spirituelles (religion et philosophie).
- Comprendre comment se réalise l'unité du matériel et du spirituel.

Rencontre avec… **DANIEL ARASSE,** HISTORIEN D'ART

Comment comprendre une œuvre d'art ?

Podcast

L'admiration ou la fascination peuvent donner de l'élan pour mieux comprendre comment l'œuvre produit un tel effet. Suivons D. Arasse dans son enquête sur *La Joconde*… Quelles sont les règles de sa méthode ?

Finalement, *La Joconde* est un de mes tableaux préférés, il a fallu pour l'aimer beaucoup plus de temps que les cinq ans pris par Léonard de Vinci pour la peindre. […] C'est l'un des tableaux qui ont eu le plus de commentaires enthousiastes, jusqu'à la folie, de la part des gens qui l'aimaient, et cela montre qu'il touche. Moi, j'étais dans l'état d'esprit d'un spectateur de la deuxième moitié du XXe siècle, c'est-à-dire qu'on avait tellement vu *La Joconde,* on la connaissait tellement, qu'elle était devenue plus une plaisanterie qu'autre chose, d'autant que, Duchamp l'ayant reproduite avec cette inscription en bas du tableau : « L.H.O.O.Q. », on ne pouvait plus la prendre au sérieux. Il m'a fallu remonter ce handicap duchampien, non pas pour retrouver le regard de Léonard de Vinci ou de l'un de ses contemporains sur ce tableau, mais simplement pour comprendre comment celui-ci, peint dans des circonstances tout à fait particulières, pouvait avoir encore un tel effet, à bientôt cinq cents ans de distance […].

D'abord, la Joconde est assise dans une loggia, c'est-à-dire qu'il y a des colonnes de part et d'autre, sur les bords droit et gauche, jointes par le muret, derrière elle. Elle tourne le dos au paysage, qui est très lointain. Ensuite, elle est assise dans un fauteuil, je le sais uniquement parce que le bras gauche de la figure est appuyé, parallèlement au plan de l'image, sur un accoudoir. Mais cet accoudoir est l'unique trace du fauteuil, il n'y a pas de dossier, ce qui est étrange. Et puis le paysage à l'arrière-plan est curieux puisqu'il est composé uniquement de rochers, de terre et d'eau. Il n'y a pas une seule construction humaine, pas un arbre, il y a seulement dans ce paysage quasiment pré-humain un pont, et c'est cela qui m'a posé beaucoup de problèmes d'interprétation. Ce pont enjambe ce qui doit être une rivière, mais qu'on ne distingue pas. Or, comment se fait-il que dans ce paysage des origines il y ait déjà un pont alors que toute présence humaine a disparu ? […]

J'ai essayé de mieux voir comment était peinte cette figure. Si vous la regardez bien, elle a le bras parallèle au plan de l'image, appuyé sur l'accoudoir. Elle est proche de nous, puisqu'on ne voit pas d'espace entre ce bras et une zone plus basse qui inscrirait une distance. En fait, elle est passée devant le parapet qui traditionnellement à l'époque séparait la figure peinte du spectateur, comme dans ces portraits d'origine flamande où le personnage est visible, mais où la base du tableau est faite d'un petit parapet, situé devant lui et devant lequel il place éventuellement sa main. Petit trait de génie de Léonard : mettre la Joconde dans l'espace du spectateur en faisant passer le parapet derrière elle, tandis qu'en même temps son bras fait barrière, bloquant la pénétration. Ensuite, le buste est de trois quarts, elle se tourne donc légèrement vers nous, le visage presque de face, et les yeux, perpendiculaires au plan, nous regardent directement où que

Léonard de Vinci (1452-1519), *La Joconde*, 1503-1504, huile sur bois, 77 x 53 cm, musée du Louvre, Paris.

nous nous trouvions par rapport à elle. Donc, depuis le bas du tableau jusqu'aux yeux, il y a une torsion de la figure qui fait qu'elle vous fixe. On est sous son regard, ce qui constitue un élément de fascination de ce tableau [...].

Et puis il y a le sourire... En fait, c'est Léonard qui a inventé l'idée de faire un portrait avec un sourire. Il n'y a pas de portrait souriant avant la Joconde, à l'exception du tableau d'Antonello de Messine, *l'Homme qui rit* conservé à Cefalù en Sicile [...].

En revanche, la Joconde, elle, sourit parce que son mari, Francesco del Giocondo, a commandé son portrait au plus grand peintre du temps, Léonard de Vinci. Et pourquoi le mari a-t-il commandé son portrait ? Parce qu'il lui a fait deux beaux enfants, deux héritiers mâles, et qu'ils ont dû suite à cela changer de maison dans Florence. [...]

Mais ce n'est pas ce qui fait que ce sourire est fascinant. Je crois que la raison est plus profonde et il m'a fallu du temps pour percevoir ce qu'il en est ou, plus modestement, pour percevoir ce que j'en percevais.

Daniel Arasse (1944-2003)
Historien de l'art, Arasse s'est spécialisé dans l'art de Renaissance et dans l'art italien. Il fut apprécié du grand public pour ses qualités de vulgarisateur et ses analyses d'œuvres dans lesquelles il se défend de « sur-interpréter » le contenu : il met en valeur ce qui est visible par tous et nous incite à regarder par nous-mêmes.

En fait, ce qui me fascine, c'est ce qui lie profondément la figure au paysage de l'arrière-plan. Si vous regardez bien ce dernier, vous vous rendrez compte qu'il est incohérent, c'est-à-dire que dans la partie droite, du point de vue du spectateur, vous avez des montagnes très hautes, et tout en haut un lac, plat, comme un miroir, qui donne une ligne d'horizon très élevée. Dans la partie gauche, au contraire, le paysage est beaucoup plus bas, et il n'y a pas moyen de concevoir le passage entre les deux parties. En réalité, il y a un hiatus, caché, transformé par la figure elle-même et par le sourire de la Joconde. C'est du côté du paysage le plus haut que sourit la Joconde. La bouche se relève très légèrement de ce côté-là, et la transition impossible entre les deux parties du paysage se fait dans la figure, par le sourire de la figure. [...]

Restait ce pont, dont je ne comprenais pas la présence [...] c'est le symbole du temps qui passe ; s'il y a pont, il y a une rivière, qui est le symbole banal par excellence du temps qui passe. C'est un indice donné au spectateur que l'étrangeté du rapport entre ce paysage chaotique et cette grâce souriante est le temps qui passe. Le thème du tableau c'est le temps. C'est aussi pour cette raison que la figure tourne sur elle-même, car un mouvement se fait dans le temps... Et l'analyse peut repartir à ce moment-là. Le tableau est fascinant parce que sa densité et sa sobriété font qu'il n'arrête pas de renvoyer la réflexion et le regard au regard [...].

Marcel Duchamp (1887-1968), *L.H.O.O.Q.*, 1919, 19,7 x 12,4 cm, musée d'Art moderne Georges-Pompidou, Paris.

Ce qui m'a aussi beaucoup frappé quand je travaillais sur *La Joconde,* c'est que je travaillais en même temps sur tout Léonard de Vinci et donc sur les cartes géographiques qu'il a réalisées à la même époque et un soir j'ai eu une sorte d'illumination, peut-être une sorte de folie, en regardant ces cartes : j'ai perçu que le paysage de *La Joconde* en arrièreplan, avec son lac très élevé et son val aquatique et marécageux dans la partie gauche, était pratiquement la prise en vue cavalière d'une carte de la Toscane que Léonard de Vinci réalise aussi en 1503-1504, et l'un des problèmes qu'il se pose dans cette carte est de savoir comment le lac Trasimène a pu jadis, dans un temps immémorial, expliquer les marécages du Val d'Arno, qui se trouve au sud d'Arezzo, en Toscane. On voit sur sa carte qu'il a dessiné un cours d'eau qui n'existe pas dans la réalité, allant du lac Trasimène au Val d'Arno. Ce qui m'a frappé, c'est de voir que la construction de *La Joconde* s'accordait pleinement à une réflexion cartographique et géologique de Léonard de Vinci, si bien que le paysage représenté derrière elle, c'est la Toscane immémoriale, celle qui existait avant que l'humanité n'y crée la grâce de ce pays, car la Toscane est très belle et c'est *La Joconde*. Ce cours d'eau qui relie le lac Trasimène au Val d'Arno, c'est le sourire de la Joconde. On pourrait continuer [...].

Daniel Arasse, *Histoires de peintures*, chap. II,

ARRÊT SUR **IMAGES**

La Grotte des rêves perdus, de W. Herzog, 2011

Liens

Fiche technique

- **Genre :** documentaire.
- **Réalisateur :** Werner Herzog
- **Scénario :** Werner Herzog et Judith Thurman, Nelson et A. Ciuffo.
- **Distribution :** W. Herzog, D. Baffier, J. Clottes...
- **Date de sortie :** août 2011 (France)
- **Durée :** 90 min.
- **Synopsis :** une équipe de scientifiques, J.-M. Chauvet, É. Brunet, C. Hillaire, découvre en 1994 en Ardèche, dans le sud de la France, une grotte avec de remarquables peintures rupestres réalisées il y a plus de 30 000 av. J.-C., par nos ancêtres lointains. Muni d'une caméra 3D le cinéaste Werner Herzog nous fait entrer dans cette grotte inaccessible au public en 2011, pour nous inviter à une méditation sur l'art et sur l'humanité...

Activités

1 **Visionnez l'intégralité du documentaire de Werner Herzog.**

2 **Répondez aux questions suivantes.**

COMPRÉHENSION

1. Pour quelle raison la grotte Chauvet est-elle restée si longtemps inexplorée ?
2. Quelles sont les équipes qui ont eu l'autorisation d'y pénétrer ?
3. Pourquoi le temps de leurs investigations est-il si limité ?
4. Comment les scientifiques ont-ils pu identifier la période historique concernée ?
5. Quel est le premier dessin découvert dans la grotte ? Comment a-t-il été exécuté ?
6. Où se trouvent toutes les autres œuvres ? Quelles sont les conséquences sur leur perception ?
7. Que représentent-elles ?
8. Quels sont les effets visuels voulus ? Quelles sont les techniques utilisées à cette fin ?
9. Comment les scientifiques parviennent-ils à comprendre leur sens ? Quelles sont leurs méthodes ?

RÉFLEXION

10. En quel sens la grotte est-elle comme un « musée » ?
11. Pourquoi le lieu lui-même est-il propice à l'émotion ? Quel rôle jouent les conditions d'accès ?
12. À quelles œuvres du XXe ces dessins peuvent-ils vous faire penser ?
13. Peut-on dire qu'il y a un progrès en art ?
14. Pour comprendre les œuvres d'art quelles connaissances sont-elles utiles ?
15. Quelle hypothèse est-elle avancée sur l'origine de l'art ? Aidez-vous des mots clés « âme humaine » et « invention de la représentation ».
16. L'art s'oppose-t-il à la technique ?
17. Quelle est la fonction du post-scriptum à la fin du documentaire ?
18. Pourquoi ce documentaire est-il un œuvre d'art ? En quel sens confirme-t-il les hypothèses sur la naissance et la fonction de l'art ?

EXERCICES

Les termes et les concepts-clés

1 Retenez les termes clés du chapitre : définition de l'art ; statut juridique de l'art ; beauté ; fonction technique et fonction artistique ; artiste et inspiration ; esprit et connaissance ; art et nature.

2 **À l'aide du vase attique** (p. 53), de recherches complémentaires sur cette production dans l'antiquité grecque, et de l'ensemble des textes du chapitre, répondez aux questions suivantes pour tester votre maîtrise de ces concepts :

a. Pourquoi peut-on se demander si des vases peuvent-être des œuvres d'art ?
Justifiez le besoin **d'une définition de l'art**.

b. Quelles sont les conséquences pour ce vase ? Expliquez la notion de **statut juridique.**

c. Qu'est-ce qui semble donner à ce vase une valeur artistique ? Référez-vous à la notion de **beauté.**

d. Peut-on opposer dans ce vase **la fonction technique** à **la fonction artistique** ? Présentez les notions associées à chacune de ces deux fonctions.

e. En quel sens peut-on dire que les peintures sur ce vase sont l'œuvre d'un **artiste** ? Référez-vous à la notion d'**inspiration et de style**.

f. En quel sens ces œuvres s'adressent-elles à notre **esprit** ? Associez l'art à la **connaissance** du réel.

g. Pourquoi peut-on confronter art et nature ? Présentez l'idée d'une concurrence entre l'art et la **nature.**

PERSPECTIVES

3 **À l'aide des pages Perspectives (p. 29-38) et du chapitre, identifiez les perspectives dans les sujets suivants et justifiez vos propos par la présentation des concepts ou débats en jeu.**

a. Qu'est-ce qui distingue une œuvre d'art d'un objet quotidien ?

b. L'art nous éloigne-t-il de la réalité ?

c. Pour apprécier une œuvre d'art, faut-il être cultivé ?

Analyser une œuvre

4 Examinez la sculpture de Giacometti, *L'Homme qui marche* (p. 45) : pourquoi suppose-t-elle une grande maîtrise technique ? Cela se voit-il au premier abord ? Comment le travail du matériau fait-il sens ici ? L'opposition art et technique a-t-elle vraiment du sens ? Justifiez votre réponse.

Produire un texte écrit

5 Choisissez dans le manuel ou dans votre culture personnelle une œuvre d'art. Voici la liste des beaux-arts en France : dessin, peinture, sculpture, architecture, musique, poésie, théâtre, danse. Ajoutez aujourd'hui la photographie, le cinéma, la bande dessinée. Proposez à la façon de D. Arasse (p. 62-63) une « critique » artistique. Vous suivrez le déroulé proposé par D. Arasse : Introduction / Description de l'œuvre / Contextualisation et clés d'interprétation à l'aide de recherche dans une Histoire de l'art.

Apprendre à problématiser

6 **a.** Lisez l'entretien avec les commissaires de l'exposition *Artistes et Robots* (5-9 juillet 2018), L. Bertrand Dorléac et J. Neutres sur le site grand-palais.fr artistes-robots-le-dossier-pedagogique

b. Quelles sont les trois séquences proposées dans cette exposition ?

c. Les robots sont-ils des artistes ? Vous justifierez votre réponse en citant et en expliquant le texte.

d. Choisissez et commentez à l'oral ou à l'écrit une œuvre présentée lors de cette exposition.

Maîtriser les repères

7 **Répondez aux questions suivantes.**

a. Objectif/subjectif/intersubjectif ▸ **p. 491**
Le fait pour un objet d'être désigné comme œuvre d'art repose-t-il sur des critères objectifs ou subjectifs pour Goodman ?

b. Origine/fondement ▸ **p. 492**
Quelle est, historiquement, l'origine de l'art selon Benjamin ?

c. Principe/cause/fin ▸ **p. 492**
Que signifie pour les beaux-arts, avoir un caractère finalisé et être sans fin ? Quels sont les sens de « fin » pour Kant ?

d. Formel/matériel ▸ **p. 489**
D'où vient la beauté d'une statue pour Plotin ?

e. Ressemblance/analogie ▸ **p. 493**
Pourquoi n'y a-t-il pas, selon Kant (p. 52), de ressemblance entre la production des abeilles et celle des hommes ?

Réviser les points clés du chapitre

8 **Répondez aux questions suivantes.**

a. Pourquoi il peut être nécessaire dans une société de définir l'art ?

b. Quelles sont les difficultés rencontrées dans une telle démarche ?

c. La référence à la notion de beauté est-elle une solution ?

d. Faut-il opposer l'art et la technique ?

e. Qu'est-ce qui fait de l'artiste un producteur à part ?

BAC L'explication de texte

Podcast

TEXTE

Kant, *Critique de la faculté de juger,* 1790

Le génie est un *talent* consistant à produire ce pour quoi aucune règle déterminée ne se peut indiquer – il ne correspond pas à une disposition qui rendrait apte à quoi que ce soit qui puisse être appris d'après une règle quelconque ; par voie de conséquence l'*originalité* doit être sa première propriété… Il en résulte en outre que, puisqu'il peut aussi y avoir une originalité de l'absurde, les produits du génie doivent également constituer des modèles, ce qui veut dire qu'ils doivent être *exemplaires* ; par conséquent, bien qu'eux-mêmes ne procèdent point d'une imitation, ils doivent cependant servir à d'autres de mesure ou de règle d'appréciation […]. Le génie est donc incapable de décrire lui-même ou d'indiquer scientifiquement comment il donne naissance à son produit, mais c'est au contraire en tant que *nature* qu'il donne la règle de ses productions ; et dès lors l'auteur d'un produit qu'il doit à son génie ne sait pas lui-même comment se trouvent en lui les Idées qui l'y conduisent, et il n'est pas non plus en son pouvoir de concevoir à son gré ou selon un plan de telles Idées, ni de les communiquer à d'autres à travers des préceptes les mettant en mesure de donner naissance à des produits comparables.

Emmanuel Kant, *Critique de la faculté de juger,* § 46, © Garnier-Flammarion, trad. A. Renaut, p. 293-294, 2015.

MÉTHODE

Étape 1 Interroger le sens du texte et identifier les perspectives

1. Commencez par **lire le texte en entier**, « comme un roman », pour bien vous imprégner de son contenu. Relisez-le **deux ou trois fois** dans cet esprit.
2. Déterminez ce qui constitue le **sujet d'étude central** du texte : **le génie.**
3. Déterminez la ou les **notions du programme** qui sont concernées par le texte : si le mot *art* ne figure pas dans le texte, l'impossibilité de donner les règles de ce que l'on fait élimine le génie scientifique ou technique. Dans le langage courant, on parle de ***génie*** pour un « ingénieur » ou pour un savant, mais pour Kant le génie concerne **l'artiste *inspiré*, les beaux-arts.**
4. Déterminez ce que l'auteur veut faire passer comme **message** : le **génie** est un « **créateur** », ce qu'il produit n'a jamais été fait avant lui. Identifiez la perspective : le génie inspiré n'a pas le savoir théorique de ce qu'il fait. **C'est la perspective de la connaissance.**
5. Déterminez la **démarche de l'auteur**, sa façon de procéder, son angle d'attaque : Kant aborde le génie sous l'angle de la **définition**. Le texte expose les **caractéristiques** du génie : originalité, exemplarité, inspiration.

CONSEILS

Donnez-vous du temps pour que les choses se mettent en place.

Réglez votre explication sur le cœur du texte et non sur un thème secondaire ou périphérique : Kant ne traite pas de la connaissance en général.

Attention à bien vous adapter au lexique de l'auteur. Soyez attentif à la logique du texte.

PERSPECTIVES Avec la notion d'exemplarité, la perspective de l'existence humaine et de la culture peut être convoquée : le génie transmet, il fait école.
V. p. 30.

6 Déterminez la **subtilité du texte** : Kant propose une définition, mais loin de décrire simplement et d'énumérer des éléments, il dégage des tensions, il construit un paradoxe qui est au fond celui de tout artiste. Le texte montre qu'on ne peut « expliquer » le génie.

7 Formulez la problématique du texte : **quelles sont les facultés à l'œuvre chez l'artiste-génie qui crée ?**

PERSPECTIVES Nouveauté (originalité) et tradition (exemplarité) : première tension autour de « l'imitation ». Puissance (créer à partir de rien)/incapacité à rendre raison de ce qu'il fait pour lui-même et pour les autres : deuxième tension autour de la notion d'imitation.

Étape 2 Construire son explication

8 À l'aide de la **problématique**, relisez le texte et dégagez les étapes de l'argumentation = **le plan**.

Considérez **le texte comme une démonstration** : soyez sensible à sa **progression**, à l'**enchaînement** logique des idées, aux **procédés** pour justifier les **idées**.

Étape 3 Rédiger le plan détaillé

9 Soyez précis dans votre **plan détaillé** : il guidera la rédaction de votre devoir.

Attention : pas de plan apparent dans votre copie !

PROPOSITION DE PLAN DÉTAILLÉ

I. C'est un don personnel qui est à l'œuvre dans les productions du génie-artiste (l. 1-5)

Le « talent », et non l'apprentissage, dirige la production du génie. Ce que produit le génie ne relève pas de la « technique » (application de règles, suivi d'un mode d'emploi), mais de « l'originalité » : surgissement de quelque chose de nouveau. Du coup, la production artistique n'est plus un « art » comme les autres = artiste / artisan.

Originalité : « origine » = début radical = « originaire » = spontanéité pure par opposition avec « imitation » de quelque chose qui existe déjà.

La production de l'artiste n'a pas de « cause ». Kant ne parle pas pour autant de « puissance surnaturelle », d'inspiration divine (mythe de l'artiste « possédé », *cf. Ion* de Platon) : le talent ici est un don naturel. Le génie est ici une qualité humaine// notion de surnaturel dans l'Antiquité (*daimon* grec ou *genius* latin).

Nature comme source du génie : nature ici par opposition avec raison = « ce qui pousse tout seul » (*phusis* en grec). Le génie est un être singulier et son talent est un « fait » inexplicable.

II. Néanmoins, il y a chez le génie la capacité de « faire école » (l. 5-9)

Le génie n'est pas « excentrique » : ce qu'il produit est nouveau mais a du sens pour d'autres = son originalité n'est pas « absurde » (comme dans le délire du fou) mais elle est « exemplaire ». L'artiste peut communiquer. Ce qu'il produit peut servir de « modèles » pour d'autres artistes.

« Exemplaires » : « être cité en exemple » = avoir de l'influence, donner une leçon, être « force de proposition » pour un autre artiste. Mais « exemplaire » ne contredit pas « original » : le génie ouvre la voie à de nouveaux modèles ; ces modèles ne seront pas comme des « patrons » tout préparés à l'usage = ils seront la source d'inspiration de recherches artistiques personnelles pour d'autres artistes. Ex : la sculpture étrusque ancienne pour Giacometti (*L'Homme qui marche*, p. 45).

III. Cependant, d'une certaine manière le génie-artiste ne sait pas ce qu'il fait : c'est un être inspiré (l. 9-17)

Le génie est « créateur », mais ce n'est pas un sujet tout-puissant, un « dieu ». Il est hors du commun mais il est « incapable » de rendre « raison » de ce qu'il produit, de donner sa « méthode », comme pourrait le faire un savant ou un « ingénieur ».

« Ses Idées » = son imagination, sa façon d'associer les choses (mots, matériaux, sons) est comme une « nature » qui s'impose. Ce n'est ni avec sa raison, ni avec sa « volonté » que l'artiste crée. Il est comme une sorte de « médium » : non pas du dieu mais de la « nature » dans le texte. La notion de génie sert donc à dire un certain mystère (origine religieuse du terme), mais ce mystère n'est pas attribué au surnaturel. L'artiste est-il libre ? L'art s'oppose-t-il à la nature ?

DU CAS POUR L'ÉTUDE…

Le bonheur à l'ère des réseaux sociaux

Liens

- De quoi dépend notre bonheur ?
- Quelle incidence la société a-t-elle sur notre bonheur ?
- Comment nos conditions de vie influent-elles sur notre bonheur ?

En 2016, les Français âgés de 13 à 19 ans passent en moyenne 15 h 11 mn par semaine sur internet. Plus de 80 % d'entre eux sont inscrits sur les réseaux sociaux. (Source : Ipsos, *Junior Connect*, 2017)

1 *Être ou ne pas être connecté*

La journaliste Olivia Blair réfléchit sur l'influence des réseaux sociaux sur notre bonheur. Devons-nous renoncer à l'adage : « pour vivre heureux, vivons cachés » ?

La première et la dernière chose que je fais chaque jour, dans mon lit, c'est de consulter Facebook et Instagram pour regarder les informations et savoir ce que font mes amis. Les réseaux sociaux m'accompagnent également tout au long de la journée : je regarde Twitter sur mon trajet et je lis toutes les notifications qui illuminent sans cesse mon téléphone. Les réseaux sociaux sont devenus une seconde nature pour nous, génération du millénaire ; mais le fait de ne jamais se déconnecter nous fait-il du mal ?

Le souci de la popularité est un premier motif de préoccupation. Par exemple, quand vous partagez une photographie soigneusement filtrée sur Instagram et que vous attendez – en croisant les doigts –, d'engranger des *likes*, votre inquiétude vous conduit à identifier votre popularité et votre valeur dans la vraie vie avec le nombre de personnes qui ont apprécié les oeufs Bénédicte dont vous avez posté l'image ce week-end.

De même, que vous ayez un grand nombre d'adeptes sur Twitter ne signifie pas que vous avez autant de véritables amis. Cependant, la frontière entre les deux peut être floue pour ceux qui sont sur les réseaux sociaux, car le nombre d'adeptes peut être perçu comme un indice du degré auquel vous êtes drôle, spirituel ou intéressant. Et si vous avez de nombreux adeptes, la peur de faire une gaffe ou de faire un scandale devient également omniprésente.

Nous pensons que les réseaux sociaux nous servent simplement à tenir des conversations avec des amis. En fait, nous passons un temps considérable à mater des inconnus riches, beaux et apparemment parfaits, à comparer notre vie et notre apparence avec la leur, ce qui ne fait qu'alimenter notre sentiment d'insécurité. De même, ce récit sur Snapchat de la soirée où tous vos amis se retrouvent mais où vous n'avez pas pu aller et qui, à vrai dire, était sans doute minable, à part précisément au moment où ils ont tous posé pour un *selfie*.

Olivia Blair, « Se déconnecter des réseaux sociaux : la clé du bonheur de la génération du millénaire ? », *The Independent*, 19 janvier 2017, trad. H. Vuillermet.

Des élèves d'une école primaire découvrent la réalité virtuelle, Xiangxi, Chine, 2018.

2 Le bonheur sans Twitter

Ben Jacobs, un DJ qui a plus de 5 000 adeptes sur Twitter, a décidé en janvier 2016 d'interrompre son flux de messages et, jusqu'à présent, il n'est pas revenu sur cette décision.

« J'ai arrêté notamment parce que je me suis retrouvé passer une part démesurée de mon temps libre sur Twitter », a-t-il affirmé à *The Independent*. « J'étais l'une de ces personnes qui se réveillent à 3 heures du matin avec des sueurs froides et font glisser le petit rectangle lumineux pour voir s'ils ont reçu des réponses à leur dernière proclamation lapidaire[1]. En fait, j'étais effectivement angoissé par Twitter de temps à autre et j'ai progressivement pris conscience du fait que je me souciais des sentiments de milliers d'inconnus qui me suivaient, alors qu'ils ne savaient pas nécessairement qui j'étais. Depuis que j'ai suspendu l'usage de mon compte Twitter, j'ai les idées plus claires, et beaucoup de temps à consacrer à d'autres choses comme, par exemple, me réveiller en sueur à 3 heures du matin et lire un livre ! », dit cet homme de 42 ans. Jacobs se demande s'il recommencera à utiliser Twitter ; il est probable qu'il le fasse quand il aura un projet musical à annoncer.

Olivia Blair, *op.cit.*

1. Brève, concise.

MICHEL SERRES
1930-2019
Philosophe et historien des sciences, il s'intéresse aux nouvelles compétences développées avec l'usage de l'informatique (telle la capacité que possède « Petite Poucette » d'écrire des messages avec ses deux pouces).

3 Tisser des liens virtuels

Michel Serres célèbre les liens pacifiques créés par les utilisateurs d'internet.

Éloge des réseaux

Sur ce point précis, Petite Poucette apostrophe ses pères : Me reprochez-vous mon égoïsme, mais qui me le montra ? Mon individualisme, mais qui me l'enseigna ? [...]

Vous vous moquez de nos réseaux sociaux et de notre emploi nouveau du mot « ami ». Avez-vous jamais réussi à rassembler des groupes aussi considérables que leur nombre approche celui des humains ? N'y a-t-il pas de la prudence à se rapprocher des autres de manière virtuelle pour moins les blesser d'abord ? Vous redoutez sans doute qu'à partir de ces tentatives apparaissent de nouvelles formes politiques qui balaient les précédentes, obsolètes.

Obsolètes, en effet, et tout aussi virtuelles que les miennes, reprend Petite Poucette, soudain animée : armée, nation, Église, peuple, classe, prolétariat, famille, marché... [...]

À ces appartenances nommées par des virtualités abstraites, dont les livres d'histoire chantent la gloire sanglante, à ces faux dieux mangeurs de victimes infinies, je préfère notre virtuel immanent, qui, comme l'Europe, ne demande la mort de personne.

Michel Serres, *Petite Poucette*, © Le Pommier, 2012, p. 60-62.

Questions

1. Pourquoi les réseaux sociaux peuvent-ils devenir une source d'angoisse ?
2. La source du malaise réside-t-elle dans les réseaux sociaux ou dans notre attitude par rapport à eux ?
3. Notre bonheur dépend-il de l'opinion des autres ? Justifiez votre réponse.

Oral

Les réseaux sociaux peuvent-ils contribuer à améliorer les relations entre les êtres humains ?

...AUX **QUESTIONS CLÉS**

Podcast

Comment faire pour être heureux ?

King Vidor (1894-1982), image du film *La Foule*, 1928.

▶ « Le bonheur est une idée neuve en Europe. » Afin de l'atteindre, affirme le révolutionnaire Saint-Just[1] dans un discours célèbre prononcé en 1794, il faut **abolir la pauvreté**. Selon lui, l'État doit assurer le bonheur de tous les citoyens et peut employer la violence pour parvenir à cet objectif.

▶ Aujourd'hui, on continue de chercher à réaliser cette « idée neuve » : si l'on en croit les publicités, les journaux, et plus simplement les conversations, qui peuvent être considérées comme des expressions de l'idéologie[2] de notre temps, le bonheur constitue certainement un **idéal** pour notre époque.

▶ Pour y parvenir, nous pouvons bien avoir l'impression de poursuivre des valeurs éternelles (l'amour, l'amitié, la gloire...), mais nous le faisons à travers des moyens particuliers à notre siècle, comme les réseaux sociaux, dont on peut se demander s'ils servent effectivement notre bonheur (p. 70-71).

REPÈRES
Idéal/réel
▶ p. 490

1 Est-il difficile d'être heureux ?

▶ Si chacun cherche à être heureux, comment se fait-il que tous n'y parviennent pas ? On peut s'accorder pour définir le bonheur comme un état de satisfaction durable et complète, comme le **but ultime de nos actions** (Aristote, p. 85). Cependant, il est beaucoup plus difficile – et peut-être impossible (Kant, p. 74) – de déterminer comment être heureux : par quels moyens atteindre la fin qu'est le bonheur ? En effet, ces moyens varient selon les individus : ainsi, l'un fait l'expérience que la vie en famille et au contact de la nature le rend heureux, tandis que l'autre s'épanouit dans la solitude et apprécie les grandes villes... On peut expliquer partiellement ces préférences (par des valeurs instituées par la société, l'histoire de chacun...), mais non pas totalement.

▶ En outre, les goûts changent avec le temps, et ce qui réjouissait un individu, enfant, ne lui plaira plus nécessairement à 17 ou 70 ans : l'expérience l'aura transformé. C'est parce que le bonheur est un **concept empirique**[3] qu'il n'y a pas de méthode universelle pour être heureux : on ne peut pas savoir à l'avance ce qui nous rendra heureux ni déterminer ce qui fera le bonheur d'un autre ; chacun fait l'expérience de ce qui lui convient et de ce qui au contraire le fait souffrir.

Giovanni di Paolo (1398-1482), *Le Paradis*, 1445, tempera et or sur bois, 44,5 x 38,4 cm, Metropolitan Museum of Art, New York.

1. Saint-Just est l'un des plus jeunes élus de la Convention nationale. Il participe à la Terreur avant d'être lui-même guillotiné, le 28 juillet 1794. On considère que la Révolution française marque le début de la période contemporaine.
2. Ensemble des croyances d'un groupe social qui sont considérées comme évidentes et ne sont par conséquent pas remises en cause.
3. Qui relève de l'expérience (v. Kant, p. 74).

2 Le désir nous rend-il heureux ?

▶ Si le désir se définit comme un état de manque, il semble que le bonheur réclame la **satisfaction**, c'est-à-dire la **fin du désir** (Platon, p. 77). Toutefois il est possible de distinguer entre des désirs vains, qui ne peuvent être satisfaits car ils sont illimités, et des désirs limités (Épicure, p. 81). Comment savoir ce qui me rend heureux ? D'après Épicure, nous disposons d'un critère naturel pour savoir ce qui est bon pour nous : nous recherchons naturellement le plaisir, car c'est un « bien primitif », et nous fuyons la souffrance. L'épicurisme est un **hédonisme** (du grec ancien *hēdonḗ*, « plaisir ») : le bonheur est un état de plaisir. Plus précisément, le bonheur est défini comme un état d'ataraxie, une **absence de trouble pour l'âme et pour le corps**.

Jacques Tati (1907-1982), image du film *Mon oncle*, 1958.

▶ Cette absence de souffrance n'est pas un état neutre, mais un état agréable, qu'Épicure nomme le « **plaisir en repos** », par différence avec le « **plaisir en mouvement** » qui consiste à combler un manque (boire quand on a soif, par exemple). Épicure lui-même affirme cependant que tous les plaisirs ne doivent pas être recherchés, car certains d'entre eux entraînent des souffrances plus grandes que la satisfaction initiale (Nāgārjuna, p. 78).

▶ Nous ne sommes pas toujours conscients de notre bonheur. Il semble même que l'on ne peut jamais être heureux au **présent** : on espère être heureux (Rousseau, p. 82), ou bien on réalise après coup que l'on a été heureux (Schopenhauer, p. 75), mais le bonheur nous échappe pendant que nous le vivons (Pascal, p. 401).

▶ Si on refuse cette conception pessimiste de la condition humaine, on comprend qu'il faut **faire des efforts** pour atteindre le bonheur. Le bonheur suppose une **conquête**, un **accomplissement de soi**, et il est toujours le **résultat d'une volonté** (Alain, p. 76 ; Nāgārjuna, p. 79 ; Descartes, p. 296).

3 Le bonheur est-il le souverain bien ?

▶ D'après Aristote (p. 85), nous recherchons le bonheur à travers des activités diverses et même contradictoires : dans les travaux comme dans les loisirs, par la constance comme par la dispersion. Le bonheur est le « souverain bien », c'est-à-dire le bien suprême et la fin en vue de laquelle nous accomplissons chacune de nos actions.

▶ Cependant, il n'est pas évident qu'il faille tout faire pour être heureux, car cela nous conduirait à choisir l'illusion plutôt que la vérité. Nous pouvons **affirmer d'autres valeurs**, telles que la vertu, la vérité ou la liberté, même si elles se révèlent incompatibles avec le bonheur (Mill, p. 87 ; Descartes, p. 89). Peut-être ne faut-il donc pas chercher à être heureux, mais à être **digne** du bonheur.

À RETENIR...

- Pour les philosophies **eudémonistes** (du grec *eudaimonía*, « béatitude »), le bonheur est la **fin** suprême des actions humaines.
- Cependant, il est difficile de savoir par quels **moyens** nous pouvons atteindre le bonheur, car ces moyens varient selon les individus.
- Le **plaisir** semble un critère pour savoir ce qui nous rend heureux. Néanmoins, le plaisir est éphémère, et souvent il s'émousse avec le temps. Peut-être le bonheur suppose-t-il un **accomplissement** irréductible au plaisir, un effort pour faire exister ce qui a de l'importance pour nous.

TEXTES

QUESTION **1**

Est-il difficile d'être heureux ?

TEXTE 1 Kant, *Fondements de la métaphysique des mœurs*, 1785

KANT
1724-1804
Époque moderne
▸ p. 507

REPÈRES

- Universel/général/particulier/singulier ▸ p. 494
- Absolu/relatif ▸ p. 486

DÉFINITION

La **finitude** est une caractéristique de la condition humaine : l'homme est un être fini, c'est-à-dire limité sous divers aspects (il est mortel ; ses connaissances sont imparfaites ; il a tendance à faire le mal, etc.).

Comment faire pour être heureux ? Pour le savoir, il faudrait d'abord connaître ce qu'est le bonheur. Or, c'est un concept empirique : nous découvrons ce qui nous rend heureux en en faisant l'expérience. Il n'y a donc pas de règle universelle qui puisse nous rendre heureux.

Le malheur est que le concept du bonheur soit un concept tellement indéterminé que, même si tout homme désire d'être heureux, nul ne peut jamais dire pourtant avec précision et en restant cohérent avec soi-même ce que vraiment il souhaite et veut. La cause en est que tous les éléments qui appartiennent au concept du bonheur sont globalement empiriques, c'est-à-dire doivent nécessairement être empruntés à l'expérience, et que pourtant se trouve requis pour l'idée du bonheur un tout absolu, un maximum de bien-être dans mon état actuel et dans tout état qui pourrait être le mien à l'avenir. Or, il est impossible que l'être fini, quand bien même il serait l'esprit le plus pénétrant et en même temps le plus puissant de tous, se fasse un concept déterminé de ce qu'ici il veut véritablement. S'il veut la richesse, combien de soucis, quelle envie et que d'embûches ne risque-t-il pas d'attirer ainsi sur sa tête ! S'il veut beaucoup de connaissances et de discernement[1], peut-être cela ne pourra-t-il que se transformer en un regard d'autant plus aiguisé pour lui montrer d'une façon seulement d'autant plus effrayante les maux qui jusqu'ici restent encore dissimulés à ses yeux et qui ne sauraient pourtant être évités, à moins que cela ne fasse que charger d'encore plus de besoins ses désirs, qu'il a déjà bien assez de difficultés à satisfaire. S'il veut une longue vie, qui va lui soutenir que ce ne serait pas là une longue misère ? S'il veut du moins la santé, combien de fois les ennuis physiques l'ont-ils préservé d'excès où l'aurait fait tomber une pleine santé, etc. ? Bref, il est incapable de déterminer selon un principe avec une complète certitude ce qui le rendrait vraiment heureux – car pour cela l'omniscience[2] serait indispensable. On ne peut donc pas agir d'après des principes[3] déterminés, pour être heureux, mais seulement en fonction de concepts empiriques comme, par exemple, ceux qui incitent à faire la diète, à être économe, courtois, réservé, etc., tout comportement dont l'expérience apprend qu'en moyenne il favorise dans la plupart des cas le bien-être. Il en résulte que les impératifs de la prudence, à parler avec précision, ne peuvent en fait nullement commander, c'est-à-dire présenter des actions de façon objective comme pratiquement *nécessaires*, qu'ils doivent être considérés bien davantage comme des conseils que comme des commandements de la raison, et que le problème de déterminer de manière sûre et universelle quelle action favoriserait le bonheur d'un être raisonnable est totalement insoluble : de ce point de vue, nul impératif n'est donc possible qui soit susceptible de commander, au sens strict du terme, de faire ce qui rend heureux, parce que le bonheur est un idéal, non pas de la raison, mais de l'imagination, qui repose uniquement sur des principes empiriques, dont il est vain d'attendre qu'ils

1. Faculté d'apprécier exactement les choses, sens critique.
2. Connaissance de toutes choses. L'omniscience est une propriété traditionnellement attribuée à Dieu.
3. Propositions fondamentales, lois qui régissent la réflexion ou la conduite.

parviennent à déterminer une action à la faveur de laquelle serait atteinte la totalité d'une série, en réalité infinie, de conséquences.

Emmanuel Kant, *Fondation de la métaphysique des mœurs*, Introduction, © Flammarion, « GF », trad. A. Renaut, 1994, p. 93-94.

Questions

1. **Comment les êtres humains déterminent-ils « les éléments qui appartiennent au concept du bonheur » ?**
2. **À l'aide des exemples de Kant, expliquez en quoi la condition humaine diffère de celle d'un être omniscient.**
3. **Pourquoi les êtres humains ne peuvent-ils pas savoir comment être heureux ?**
4. **Pourquoi le bonheur n'est-il pas un idéal de la raison, mais de l'imagination ?**

Texte à télécharger

TEXTE 2 Schopenhauer, *Le Monde comme volonté et comme représentation*, 1818

SCHOPENHAUER
1788-1860
Époque contemporaine
▸ p. 522

Lorsqu'un bien nous manque, nous en ressentons une vive privation. En revanche, quand nous le possédons, nous n'y sommes pas attentifs ; sa présence devient habituelle et nous ne la remarquons plus. Schopenhauer met en évidence cette dissymétrie entre la souffrance et le bonheur.

Nous sentons la douleur, mais non l'absence de douleur ; le souci, mais non l'absence de souci ; la crainte, mais non la sécurité. Nous ressentons le désir, comme nous ressentons la faim et la soif ; mais le désir est-il rempli, aussitôt il en advient de lui comme de ces morceaux goûtés par nous et qui cessent d'exister pour notre sensibilité, dès le moment où nous les avalons. Nous remarquons douloureusement l'absence des jouissances et des joies, et nous les regrettons aussitôt ; au contraire, la disparition de la douleur, quand même elle ne nous quitte qu'après longtemps, n'est pas immédiatement sentie, mais tout au plus y pense-t-on parce qu'on veut y penser, par le moyen de la réflexion. Seules, en effet, la douleur et la privation peuvent produire une impression positive[1] et par là se dénoncer d'elles-mêmes. Le bien-être, au contraire, n'est que pure négation.

Aussi n'apprécions-nous pas les trois plus grands biens de la vie, la santé, la jeunesse et la liberté, tant que nous les possédons ; pour en comprendre la valeur, il faut que nous les ayons perdus, car ils sont aussi négatifs. Que notre vie était heureuse, c'est ce dont nous ne nous apercevons qu'au moment où ces jours heureux ont fait place à des jours malheureux. Autant les jouissances augmentent, autant diminue l'aptitude à les goûter : le plaisir devenu habitude n'est plus éprouvé comme tel. Mais par là même grandit la faculté de ressentir la souffrance ; car la disparition d'un plaisir habituel cause une impression douloureuse. Ainsi la possession accroît la mesure de nos besoins, et du même coup la capacité de ressentir la douleur.

Arthur Schopenhauer, *Le Monde comme volonté et comme représentation*, Supplément au livre IV, chap. XLVI, © PUF, trad. A. Burdeau, 2008, p. 1337.

1. Manifeste, réel.

COURANT DE PENSÉE

Le **pessimisme** est une doctrine philosophique d'après laquelle, dans le monde et dans la vie, le mal l'emporte sur le bien. Elle s'oppose à l'**optimisme**, envers lequel Schopenhauer ne cache pas son hostilité : « l'optimisme [...] est une façon de penser réellement impie, une odieuse moquerie, en face des inexprimables douleurs humaines ».

Questions

1. **Expliquez : « Le bien-être [...] n'est que pure négation » (l. 11-12) en montrant pourquoi cette affirmation est paradoxale.**
2. **Pourquoi n'apprécions-nous pas la santé, la jeunesse et la liberté pendant que nous les possédons ?**
3. **Expliquez l'affirmation : « le plaisir devenu habitude n'est plus éprouvé comme tel » (l. 18-19), en proposant un exemple.**

TEXTE 3 Alain, *Propos sur le bonheur,* 1925

Depuis la fin du XVIIIe siècle, le bonheur, ou du moins la recherche du bonheur, est souvent considérée comme un droit que les États doivent garantir à leurs citoyens. Or, Alain affirme paradoxalement que le bonheur est un devoir.

ALAIN
1868-1951
Époque contemporaine
▸ p. 512

Le bonheur est beau à voir ; c'est le plus beau spectacle. Quoi de plus beau qu'un enfant ? Mais aussi il se met tout à ses jeux ; il n'attend pas que l'on joue pour lui. Il est vrai que l'enfant boudeur nous offre aussi l'autre visage, celui qui refuse toute joie ; et heureusement l'enfant oublie vite, mais chacun a pu connaître de grands enfants qui n'ont point cessé de bouder. Que leurs raisons soient fortes, je le sais ; il est toujours difficile d'être heureux ; c'est un combat contre beaucoup d'événements et contre beaucoup d'hommes ; il se peut que l'on y soit vaincu ; il y a sans aucun doute des événements insurmontables et des malheurs plus forts que l'apprenti stoïcien ; mais c'est le devoir le plus clair peut-être de ne point se dire vaincu avant d'avoir lutté de toutes ses forces. Et surtout, ce qui me paraît évident, c'est qu'il est impossible que l'on soit heureux si l'on ne veut pas l'être ; il faut donc vouloir son bonheur et le faire.

Ce que l'on n'a point assez dit, c'est que c'est un devoir aussi envers les autres que d'être heureux. On dit bien qu'il n'y a d'aimé que celui qui est heureux ; mais on oublie que cette récompense est juste et méritée ; car le malheur, l'ennui et le désespoir sont dans l'air que nous respirons tous ; aussi nous devons reconnaissance et couronne d'athlète à ceux qui digèrent les miasmes[1], et purifient en quelque sorte la commune vie par leur énergique exemple. Aussi n'y a-t-il rien de plus profond dans l'amour que le serment d'être heureux. Quoi de plus difficile à surmonter que l'ennui, la tristesse ou le malheur de ceux que l'on aime ? Tout homme et toute femme devraient penser continuellement à ceci que le bonheur, j'entends celui que l'on conquiert pour soi, est l'offrande la plus belle et la plus généreuse.

Alain, *Propos sur le bonheur*, propos du 16 mars 1923,

1. Émanations provenant de matières organiques en décomposition.

CULTURE GÉNÉRALE

La Déclaration d'indépendance des États-Unis (1776) affirme : « [...] parmi [l]es droits [inaliénables des hommes] se trouvent la vie, la liberté et la recherche du bonheur. Les gouvernements sont établis parmi les hommes pour garantir ces droits [...] Toutes les fois qu'une forme de gouvernement devient destructrice de ces fins, le peuple a le droit de la changer ou de l'abolir et d'établir un nouveau gouvernement. »

Questions

1. **Pourquoi est-il difficile d'être heureux ?**
2. **Pourquoi Alain affirme-t-il que c'est un devoir d'être heureux ?**

PERSPECTIVES

La morale et la politique

- Le bonheur est-il une affaire privée ?
- Le bonheur est-il un droit ?
- Entre-t-il dans les attributions de l'État de faire le bonheur des citoyens ?

Pour aller plus loin

Texte à télécharger

1. Comparez ce texte avec le texte de Kant, p. 74 : pour Kant, y a-t-il un devoir d'être heureux ?
2. D'après la Déclaration d'indépendance des États-Unis (ci-contre), que peuvent faire les citoyens si le gouvernement ne leur permet pas de rechercher le bonheur comme ils l'entendent ?

QUESTION

2 Le désir nous rend-il heureux ?

TEXTE 4 Platon, *Gorgias*, IVe s. av. J.-C.

Socrate propose à Calliclès une comparaison pour juger du meilleur genre de vie.

PLATON
Vers 427 av. J.-C. – Vers 347 av. J.C
Antiquité
▸ p. 498

Socrate. – Regarde bien si ce que tu veux dire, quand tu parles de ces deux genres de vie, une vie d'ordre et une vie de dérèglement, ne ressemble pas à la situation suivante. Suppose qu'il y ait deux hommes qui possèdent, chacun, un grand nombre de tonneaux. Les tonneaux de l'un sont sains, remplis de vin, de miel, de lait, et cet homme a encore bien d'autres tonneaux, remplis de toutes sortes de choses. Chaque tonneau est donc plein de ces denrées liquides qui sont rares, difficiles à recueillir et qu'on n'obtient qu'au terme de maints travaux pénibles. Mais, au moins, une fois que cet homme a rempli ses tonneaux, il n'a plus à y reverser quoi que ce soit ni à s'occuper d'eux ; au contraire, quand il pense à ses tonneaux, il est tranquille. L'autre homme, quant à lui, serait aussi capable de se procurer ce genre de denrées, même si elles sont difficiles à recueillir, mais comme ses récipients sont percés et fêlés, il serait forcé de les remplir sans cesse, jour et nuit, en s'infligeant les plus pénibles peines. Alors, regarde bien, si ces deux hommes représentent chacun une manière de vivre, de laquelle des deux dis-tu qu'elle est la plus heureuse ? Est-ce la vie de l'homme déréglé ou celle de l'homme tempérant ? En te racontant cela, est-ce que je te convaincs d'admettre que la vie tempérante vaut mieux que la vie déréglée ? Est-ce que je ne te convaincs pas ?

Calliclès[1]. – Tu ne me convaincs pas, Socrate. Car l'homme dont tu parles, celui qui a fait le plein en lui-même et en ses tonneaux, n'a plus aucun plaisir, il a exactement le type d'existence dont tu parlais tout à l'heure : il vit comme une pierre. S'il a fait le plein, il n'éprouve plus ni joie ni peine. Au contraire, la vie de plaisirs est celle où on verse et on reverse autant qu'on peut dans son tonneau !

Platon, *Gorgias*, 493 d - 494 b, © Flammarion, « GF », trad. M. Canto, 2018.

1. Personnage probablement inventé par Platon, Calliclès tient tête à Socrate sans jamais se laisser convaincre.

Pierre Bonnard (1867-1947), *L'Enfant au pâté de sable*, 1894, huile sur toile (167 x 50 cm), musée d'Orsay, Paris.

Questions

1. **À qui l'homme tempérant est-il comparé ?**
2. **À qui l'homme intempérant est-il comparé ?**
3. **D'après Socrate, lequel est le plus heureux ? Et d'après Calliclès ? Expliquez.**

Débat

Qui, de l'homme tempérant et de l'homme intempérant, est, selon vous, le plus heureux ? Appuyez-vous sur les arguments de Socrate et de Calliclès. Aidez-vous du chapitre 10, « La raison », p. 288.

TEXTE 5 Nāgārjuna, *La Lettre à un ami*, IIIe s. ap. J.-C.

Le penseur bouddhiste Nāgārjuna recommande de se détacher des désirs et du devenir pour atteindre le nirvana.

NĀGĀRJUNA
Vers 150 ?-
Vers 250 ?
Antiquité
▸ p. 497

13. Le Puissant proclama l'attention comme source de l'immortalité
Et l'inattention comme celle de la mort.
C'est pourquoi afin d'accroître les facteurs positifs
Cultive sans relâche l'attention avec respect. [...]

26. Sache que le lépreux infesté de vermine
S'approche du feu pour trouver quelques rémissions
Et ne gagne aucun repos.
De même s'agripper aux plaisirs n'apporte aucune paix. [...]

104. Même si un feu prenait soudain dans tes vêtements ou sur ta tête
Plutôt que de te préoccuper de l'éteindre
Efforce-toi de mettre fin au devenir.
Il n'y a pas de dessein plus excellent.

Nāgārjuna, *La Lettre à un ami*, stances 13, 26 et 104,
© Dharma, trad. G. Driessens assisté de M. Zaregradsky, 1981, p. 52, 62 et 122.

CULTURE GÉNÉRALE

Dans le bouddhisme, le **nirvana** est un état d'éveil, de béatitude extrême, par lequel le sage, qui n'éprouve plus aucun désir ni aucune souffrance, s'émancipe du cycle des réincarnations.

DÉFINITION

Les bouddhistes croient à la **réincarnation.** Tant que nous passons d'une vie à l'autre, nous vivons dans l'inquiétude. Seule la sagesse, « l'attention », permet de s'affranchir du devenir, du passage, de tout ce qui est éphémère, pour accéder à l'immortalité.

Questions

1. **Pourquoi l'obtention du plaisir n'apporte-t-elle pas la paix ?**
2. **Pourquoi chercher à échapper au devenir ?**

La Roue de la vie (Mandala) : une divinité bouddhiste porte une roue représentant le cycle de la Vie et de la Mort, XIXe ou XXe s., collection du Wereldmuseum, Rotterdam.

FOCUS SUR UN AUTEUR

Nāgārjuna (Vers 150 ?-vers 250 ?)

1 SA VIE

Après une jeunesse dédiée aux plaisirs et à ses désillusions, Nāgārjuna découvre le bouddhisme.

Après avoir terminé son étude du brahmanisme[1], Nāgārjuna devint un moine bouddhiste et parcourut les sûtras[2], les règles de discipline, et les traités, les trois composantes traditionnelles du Canon bouddhique, en tout juste quatre-vingt-dix jours. Mais cela ne suffit pas à le satisfaire et il se mit en quête d'une compréhension plus profonde du *Dharma*[3]. Ses voyages le conduisirent, à un moment donné, dans l'extrême nord de l'Inde, jusqu'à un stûpa[4] au coeur des monts Himalaya. Là il reçut, des mains d'un moine âgé, les copies de certains écrits du Mahayana[5], et en entreprit la lecture avec un grand intérêt, mais il persista dans son impression qu'il devait y avoir quelque part une Vérité encore plus profonde à découvrir. Afin de la découvrir, il voyagea à travers toute l'Inde, engageant des débats avec divers philosophes et continuant à rechercher d'autres écrits du Mahayana. Compte tenu de la difficulté à se déplacer, à l'époque, ses voyages sur de très longues distances durent comporter des épreuves considérables. Il poursuivit pourtant, consacrant presque totalement la première moitié de sa vie à la recherche du véritable *Dharma*. Sa détermination fut en définitive payante, le conduisant au plus haut sommet de l'enseignement du Mahayana, le Sûtra du Lotus[6].

Daisaku Ikeda, *Une histoire du bouddhisme Mahayana, De l'Inde à la Chine*, © Les Indes savantes, 2011, Paris, trad. M. Albert et M. Tardieu, p. 112-113.

1. Forme prise par l'hindouisme entre le Ve siècle avant J.-C. et le VIe siècle.
2. Écrits qui expriment les enseignements bouddhiques.
3. La vérité, la doctrine, la loi bouddhique.
4. Structure architecturale bouddhique qui commémore la mort du Bouddha.
5. Mouvement du bouddhisme apparu cinq siècles après la mort du Bouddha, au début de notre ère, cf texte 2.
6. Littéralement « Loi merveilleuse », c'est le texte le plus important du bouddhisme Mahayana.

Questions

1. **Que nous révèle cette période de la vie de Nāgārjuna sur son caractère ?**
2. **À la lecture de ce texte, que pouvez-vous dire de la relation entre bouddhisme et philosophie ?**

2 LE CONTEXTE DE SA PENSÉE

Sa philosophie s'inscrit dans un mouvement de renouveau du bouddhisme, le Mahayana.

Le mouvement du Mahayana, qui se développa dans de nombreuses régions de l'Inde, à l'époque[1], peut en un sens être considéré comme une tentative de réformer la religion et de combattre l'esprit de faction et de contestation, caractéristiques de la communauté bouddhiste dans sa forme traditionnelle[2]. C'est en bouddhisme l'équivalent de la Réforme en Europe, soit un mouvement pour restaurer la vitalité de la foi. [...] Les croyants du mouvement du Mahayana différaient des écoles plus anciennes, en insistant sur la nécessité non seulement de se consacrer à sa propre pratique et à son salut religieux, mais aussi de propager aussi largement que possible les enseignements parmi

1. Ier siècle.
2. La communauté bouddhiste s'était refermée sur elle-même, dans les siècles qui suivirent la mort du Bouddha, et souffrait de nombreuses dissensions internes.

les populations qui avaient sombré dans la misère et l'illusion. C'était cela, disaient-ils, agir en accord avec le véritable esprit de Shakyamuni[3].

Op. cit., p. 68-70.

3. Autre nom du Bouddha.

Questions

1. **Commentez le rapprochement entre la Réforme en Europe et le mouvement Mahayana en Inde. Quels sont leurs points communs ?**
2. **Que nous apprend ce texte sur « le véritable esprit de Shakyamuni » (l. 11) ?**

3 SA PHILOSOPHIE

Dans son ouvrage central, le Traité du milieu, *Nāgārjuna développe le concept de kû, qu'on peut traduire par « vacuité », qui est un état de potentialité.*

[A]ucun être ou événement n'existe entièrement séparé du reste du monde[1] [...]. Nagarjuna démontre cet aspect d'interdépendance dans la dixième partie de son Traité du Milieu, à travers l'exemple du feu et du bois de chauffage. [...] Le raisonnement de Nagarjuna est le suivant : le feu ne peut pas brûler s'il n'a pas de branchages ou de bûches pour se nourrir, et, en ce sens, il a besoin de bois de chauffage pour exister. De même, le bois de chauffage ne peut pas être appelé bois de chauffage sans l'existence d'un feu – sinon, il ne peut être qualifié que de « morceau de bois ». Autrement dit, on ne peut dire ni du feu ni du bois de chauffage qu'ils ont une existence absolue, indépendante l'une de l'autre. Mais on ne peut pas dire non plus qu'ils n'existent pas du tout. Ils existent à l'état de « vide » ou de potentialité, ils s'attendent l'un l'autre pour parvenir à exister de manière concrète.

Tous les êtres ont en commun cette nature dépendante, [...] et c'est ce que décrit le concept de *kû* ou de « vacuité ». Ce n'est ni l'être ni le non-être, mais un état qui transcende les deux.

Op. cit., p. 116.

1. Principe établi par le Bouddha.

Questions

1. **En quoi le feu et le bois de chauffage sont-ils interdépendants ?**
2. **Quelle est la différence entre le concept de *kû* tel que le présente Nāgārjuna et celui de non-être ?**
2. **Faites une recherche sur le concept de puissance chez Aristote : quel lien pouvez-vous faire avec le concept de *kû* de Nāgārjuna ?**

À RETENIR

- Nāgārjuna est un philosophe emblématique de l'école bouddhique du Mahayana, mouvement initié au début de notre ère, en Inde, pour raviver et répandre la doctrine du Bouddha, mort au Ve siècle avant J.-C.
- Nāgārjuna a réfléchi à l'interdépendance entre tous les êtres en utilisant le concept de vacuité, *kû*. La vacuité n'est pas le néant, c'est un état de potentialité dans lequel tout être se trouve toujours : aucun être ne possède des caractéristiques individuelles isolées du reste des êtres.

TEXTE 6 Épicure, *Lettre à Ménécée*, IVe-IIIe s. av. J.-C.

Épicure définit le bonheur comme l'absence de douleur pour l'âme et pour le corps. Le bonheur peut être atteint, car il suffit de satisfaire les désirs naturels et nécessaires pour l'obtenir. Or, « tout ce qui est naturel est aisé à se procurer ». En outre, la nature nous a dotés d'un critère pour reconnaître ce qui est bon pour nous : le plaisir, « bien primitif », grâce auquel nous sentons spontanément ce qui convient à notre nature.

ÉPICURE
341 av. J.-C.
270 av. J.-C.
Antiquité
▸ p. 497

Il faut se rendre compte que, parmi nos désirs, les uns sont naturels, les autres vains, et que, parmi les désirs naturels, les uns sont nécessaires et les autres naturels seulement. Parmi les désirs nécessaires, les uns sont nécessaires pour le bonheur, les autres pour la tranquillité du corps, les autres pour la vie même. Et en effet une théorie non erronée des désirs doit rapporter tout choix et toute aversion à la santé du corps et à l'ataraxie[1] de l'âme, puisque c'est là la perfection même de la vie heureuse. Car nous faisons tout afin d'éviter la douleur physique et le trouble de l'âme. Lorsqu'une fois nous y avons réussi, toute l'agitation de l'âme tombe, l'être vivant n'ayant plus à s'acheminer vers quelque chose qui lui manque, ni à chercher autre chose pour parfaire le bien-être de l'âme et celui du corps. Nous n'avons en effet besoin du plaisir que quand, par suite de son absence, nous éprouvons de la douleur ; et quand nous n'éprouvons pas de douleur nous n'avons plus besoin du plaisir.

Le plaisir est le commencement et la fin de la vie heureuse. En effet, d'une part, le plaisir est reconnu par nous comme le bien primitif et conforme à notre nature, et c'est de lui que nous partons pour déterminer ce qu'il faut choisir et ce qu'il faut éviter ; d'autre part, c'est toujours à lui que nous aboutissons, puisque ce sont nos affections qui nous servent de règles pour mesurer et apprécier tout bien quelconque si complexe qu'il soit.

Mais, précisément parce que le plaisir est le bien primitif et conforme à notre nature, nous ne recherchons pas tout plaisir, et il y a des cas où nous passons par-dessus beaucoup de plaisirs, savoir lorsqu'ils doivent avoir pour suite des peines qui les surpassent ; et, d'autre part, il y a des douleurs que nous estimons valoir mieux que des plaisirs, savoir lorsque, après avoir longtemps supporté les douleurs, il doit résulter de là pour nous un plaisir qui les surpasse. Tout plaisir, pris en lui-même et dans sa nature propre, est donc un bien, et cependant tout plaisir n'est pas à rechercher ; pareillement, toute douleur est un mal, et pourtant toute douleur ne doit pas être évitée.

Épicure, *Lettre à Ménécée*, § 127-129 © Nathan, trad. O. Hamelin revue par J. Salem, 1998, p. 78.

1. Absence de trouble, paix.

DÉFINITION

Le mot ***fin*** peut signifier l'achèvement, le terme temporel ou le but, l'objectif (notamment quand la fin est opposée aux moyens).

Questions

1. Comment Épicure classe-t-il les désirs ? Quelle attitude devons-nous adopter à l'égard de chaque catégorie ?
2. Expliquez « le plaisir est le commencement et la fin de la vie heureuse » (l. 15). Quel est ici le sens du mot « fin » ? Comment Épicure justifie-t-il cette affirmation ?
3. Doit-on rechercher tous les plaisirs ? Doit-on fuir toutes les douleurs ? Pourquoi ?

Pour aller plus loin

1. Appuyez-vous sur le texte d'Épicure pour élaborer une thèse sur le sujet de dissertation suivant : « La vie heureuse est-elle une vie de plaisirs ? »
2. Lisez la *Lettre à Ménécée*, qui condense en quelques pages la morale épicurienne.

TEXTE 7 Rousseau, *Julie ou la Nouvelle Héloïse*, 1761

ROUSSEAU
1712-1778
Époque moderne
▸ p. 509

On pense souvent que le désir est un manque, et donc une souffrance, tandis que le bonheur résiderait dans l'obtention de l'objet du désir. Dans ce roman épistolaire, Julie, qui écrit à Saint-Preux, l'homme qu'elle aime mais qu'elle n'a pu épouser, défend une autre conception du bonheur.

Tant qu'on désire, on peut se passer d'être heureux ; on s'attend à le devenir ; si le bonheur ne vient point, l'espoir se prolonge, et le charme de l'illusion dure autant que la passion qui le cause. Ainsi cet état se suffit à lui-même, et l'inquiétude qu'il donne est une sorte de jouissance qui supplée[1] à la réalité. Qui vaut mieux, peut-être. Malheur à qui n'a plus rien à désirer ! il perd pour ainsi dire tout ce qu'il possède. On jouit moins de ce qu'on obtient que de ce qu'on espère, et l'on n'est heureux qu'avant d'être heureux. En effet, l'homme avide et borné[2], fait pour tout vouloir et peu obtenir, a reçu du ciel une force consolante qui rapproche de lui tout ce qu'il désire, qui le soumet à son imagination, qui le lui rend présent et sensible, qui le lui livre en quelque sorte, et pour lui rendre cette imaginaire propriété plus douce, le modifie au gré de sa passion. Mais tout ce prestige[3] disparaît devant l'objet même ; rien n'embellit plus cet objet aux yeux du possesseur ; on ne se figure point ce qu'on voit ; l'imagination ne pare[4] plus rien de ce qu'on possède, l'illusion cesse où commence la jouissance. Le pays des chimères[5] est en ce monde le seul digne d'être habité et tel est le néant des choses humaines, qu'hors l'Être existant par lui-même[6], il n'y a rien de beau que ce qui n'est pas.

Jean-Jacques Rousseau, *Julie ou la Nouvelle Héloïse*, 6e partie, lettre VIII, © Gallimard, « Bibliothèque de la Pléiade », *Œuvres complètes*, t. 2, 1964, p. 693-694.

1. Remplace.
2. Limité.
3. Enchantement, charme (vocabulaire de la magie).
4. Orne, embellit.
5. Créatures imaginaires.
6. L'Être existant par lui-même : Dieu.

Questions

1. **Qu'est-ce que la « force consolante » (l. 9) ? Comment agit-elle ?**
2. **Expliquez : « On jouit moins de ce qu'on obtient que de ce qu'on espère, et l'on n'est heureux qu'avant d'être heureux. » (l. 6-7)**

Oral

Faut-il assouvir tous ses désirs pour être heureux ?

TEXTE 8 Pascal, *Pensées*, 1670 (posthume)

PASCAL
1623-1662
Époque moderne
▸ p. 509

Nous rendons-nous malheureux à force de nous disperser ? Pascal constate que le malheur des hommes vient de cette agitation, mais reconnaît ensuite une raison profonde au « divertissement » : cette fuite éperdue semble nous consoler de la misère de la condition humaine.

Divertissement.

Quand je m'y suis mis quelquefois à considérer les diverses agitations des hommes et les périls et les peines où ils s'exposent dans la Cour, dans la guerre, d'où naissent tant de querelles, de passions, d'entreprises hardies[1] et souvent mauvaises, etc., j'ai dit souvent que tout le malheur des hommes vient d'une seule chose, qui est de ne savoir pas demeurer en repos dans une chambre. Un homme qui a assez de bien[2] pour vivre, s'il savait demeurer chez soi avec plaisir, n'en sortirait pas pour aller sur la mer ou au siège d'une place. On n'achète une charge à l'armée si cher, que parce qu'on trouverait insupportable de ne bouger de la ville. Et on ne recherche les conversations et les divertissements des jeux que parce qu'on ne peut demeurer chez soi avec plaisir, etc.

Mais quand j'ai pensé de plus près et qu'après avoir trouvé la cause de tous

1. Risquées.
2. Qui est assez riche.

CONTEXTE

Pour Pascal, la condition humaine est marquée par une **disproportion** entre l'infinité dont, par opposition avec les animaux, l'homme a conscience, et ses forces qui sont limitées. L'homme est donc misérable parce qu'il désire ce qu'il ne peut atteindre : « c'est être malheureux que de vouloir et de ne pouvoir ». Seul Dieu peut nous délivrer de cette misère.

nos malheurs j'ai voulu en découvrir la raison, j'ai trouvé qu'il y en a une bien effective[3] et qui consiste dans le malheur naturel de notre condition faible et mortelle, et si misérable que rien ne peut nous consoler lorsque nous y pensons de près.

Quelque condition qu'on se figure[4], où l'on assemble tous les biens qui peuvent nous appartenir, la royauté est le plus beau poste du monde. Et cependant, qu'on s'en imagine accompagné de toutes les satisfactions qui peuvent le toucher[5]. S'il est sans divertissement et qu'on le laisse considérer et faire réflexion sur ce qu'il est, cette félicité languissante ne le soutiendra point[6]. Il tombera par nécessité dans les vues qui le menacent des révoltes qui peuvent arriver et enfin de la mort et des maladies, qui sont inévitables. De sorte que s'il est sans ce qu'on appelle divertissement, le voilà malheureux, et plus malheureux que le moindre de ses sujets[7] qui joue et qui se divertit.

De là vient que le jeu et la conversation des femmes, la guerre, les grands emplois sont si recherchés. Ce n'est pas qu'il y ait en effet du bonheur, ni qu'on s'imagine que la vraie béatitude[8] soit d'avoir l'argent qu'on peut gagner au jeu ou dans le lièvre qu'on court[9], on n'en voudrait pas s'il était offert. Ce n'est pas cet usage mol[10] et paisible et qui nous laisse penser à notre malheureuse condition qu'on recherche ni les dangers de la guerre ni la peine des emplois, mais c'est le tracas qui nous détourne d'y penser et nous divertit.

Raison pourquoi on aime mieux la chasse que la prise.

De là vient que les hommes aiment tant le bruit et le remuement. De là vient que la prison est un supplice si horrible. De là vient que le plaisir de la solitude est une chose incompréhensible. Et c'est enfin le plus grand sujet de félicité de la condition des rois de ce qu'on essaie sans cesse à les divertir et à leur procurer toutes sortes de plaisirs.

Le roi est environné de gens qui ne pensent qu'à divertir le roi et à l'empêcher de penser à lui. Car il est malheureux, tout roi qu'il est, s'il y pense.

Voilà tout ce que les hommes ont pu inventer pour se rendre heureux. Et ceux qui font sur cela les philosophes et qui croient que le monde est bien peu raisonnable de passer tout le jour à courir après un lièvre qu'ils ne voudraient pas avoir acheté, ne connaissent guère notre nature. Ce lièvre ne nous garantirait pas de la vue de la mort et des misères qui nous en détournent, mais la chasse nous en garantit. [...]

Et ainsi, quand on leur reproche que ce qu'ils recherchent avec tant d'ardeur ne saurait les satisfaire, s'ils répondaient comme ils devraient le faire s'ils y pensaient bien, qu'ils ne recherchent en cela qu'une occupation violente et impétueuse[11] qui les détourne de penser à soi et que c'est pour cela qu'ils se proposent un objet attirant qui les charme et les attire avec ardeur, ils laisseraient leurs adversaires sans repartie[12]...

Blaise Pascal, *Pensées*, éd. Lafuma, 136.

3. Qui produit des effets réels.
4. Parmi toutes les situations sociales que l'on peut imaginer.
5. Imaginons un roi qui possède tous les objets de satisfaction auxquels on puisse penser.
6. Cette satisfaction calme, tranquille, ne suffira pas à le rendre heureux.
7. Individus soumis à une autorité souveraine.
8. Félicité extrême et éternelle.
9. Qu'on chasse.
10. Variante de « mou » ; tranquille.
11. Qui les entraîne avec force, avec fougue.
12. Sans réponse.

Questions

1. **Dégagez les étapes de l'argumentation de Pascal.**
2. **Pour quelle raison les hommes ne savent-ils pas « demeurer en repos dans une chambre » (l. 5) ?**
3. **Un roi sans divertissement est-il heureux ? Pourquoi ?**
4. **Que signifie : « on aime mieux la chasse que la prise » (l. 32) ? Pourquoi la chasse illustre-t-elle le divertissement ?**

PERSPECTIVES

L'existence humaine et la culture

- La condition humaine est-elle essentiellement angoissante ? Pourquoi ?
- Le but de l'art est-il de nous divertir ?
- Peut-on vivre heureux dans la solitude ?

Oral

Doit-on déplorer que les êtres humains se divertissent ? Aidez-vous du chapitre 14, « Le temps », p. 392.

TEXTES

TEXTE 9 Spinoza, *Éthique*, 1677

*Dans la troisième partie de l'*Éthique *« démontrée selon l'Ordre géométrique », laquelle est consacrée aux Affects, Spinoza définit la Joie comme un progrès en perfection. Ce perfectionnement n'est pas apprécié d'après une norme extérieure, mais d'après le sentiment intérieur du déploiement du « conatus », l'effort que chacun fait pour persévérer dans son être.*

SPINOZA
1632-1677
Époque moderne
▸ p. 510

Proposition VI. Chaque chose, autant qu'il est en elle, s'efforce de persévérer dans son être. […]

Proposition VII. L'effort par lequel chaque chose s'efforce de persévérer dans son être n'est rien à part l'essence actuelle de cette chose. […]

Proposition IX. *L'Esprit, en tant qu'il a tant des idées claires et distinctes que des idées confuses, s'efforce de persévérer dans son être pour une certaine durée indéfinie, et est conscient de cet effort qu'il fait.*

Scolie[1]. Cet effort, quand on le rapporte à l'Esprit seul, s'appelle Volonté ; mais, quand on le rapporte à la fois à l'Esprit et au Corps, on le nomme Appétit, et il n'est, partant[2], rien d'autre que l'essence même de l'homme, de la nature de qui suivent nécessairement les actes qui servent à sa conservation ; et par suite l'homme est déterminé à les faire. Ensuite, entre l'appétit et le désir il n'y a pas de différence, sinon que le désir se rapporte généralement aux hommes en tant qu'ils sont conscients de leurs appétits, et c'est pourquoi on peut le définir ainsi : *le Désir est l'appétit avec la conscience de l'appétit.* Il ressort donc de tout cela que, quand nous nous efforçons à une chose, quand nous la voulons, ou aspirons à elle, ou la désirons, ce n'est jamais parce que nous jugeons qu'elle est bonne ; mais au contraire, si nous jugeons qu'une chose est bonne, c'est précisément parce que nous nous y efforçons, nous la voulons, ou aspirons à elle, ou la désirons.

Définition des affects

I. Le Désir est l'essence même de l'homme, en tant qu'on la conçoit comme déterminée, par suite d'une quelconque affection d'elle-même, à faire quelque chose. […]

II. La Joie est le passage de l'homme d'une moindre perfection à une plus grande.

III. La Tristesse est le passage de l'homme d'une plus grande perfection à une moindre. […]

VI. L'Amour est une Joie qu'accompagne l'idée d'une cause extérieure.

VII. La Haine est une Tristesse qu'accompagne l'idée d'une cause extérieure.

Baruch Spinoza, *Éthique*, IIIe partie « Des affects »,
© Seuil, « Points », trad. B. Pautrat, 2014, p. 217-221, 305-311.

REPÈRES
- Transcendant/immanent ▸ p. 494
- Essentiel/accidentel ▸ p. 488

1. Remarque à propos d'un théorème ou d'une proposition.
2. Par conséquent.

DÉFINITION

En latin, l'« **effort** » se dit « ***conatus*** ». Pour Spinoza, tout être cherche à se maintenir dans l'existence, à augmenter sa puissance d'agir en éprouvant de la joie, comme lorsqu'il rencontre quelque chose (par exemple, un aliment) ou quelqu'un (un ami) qui lui convient.

Questions

1. **Le désir est-il défini comme un manque ? En quoi la conception spinoziste du désir est-elle positive ?**
2. **Pourquoi affirmer que « chaque chose s'efforce de persévérer dans son être » (l. 1-2) ?**
3. **Expliquez la dernière phrase du scolie de la proposition IX (l. 16-20).**
4. **Expliquez la définition de l'Amour donnée par Spinoza en vous appuyant sur un exemple.**

QUESTION

3 Le bonheur est-il le souverain bien ?

TEXTE 10 Aristote, *Éthique à Nicomaque*, IVe s. av. J.-C.

ARISTOTE
Vers 384 av. J.-C.-322 av. J.-C.
Antiquité
▸ p. 496

Aristote recherche, par-delà la diversité des actions humaines, quel est le but que nous poursuivons. Ce but, le « Souverain Bien », est le bonheur, qu'il définira comme « l'activité de l'âme conforme à la vertu », c'est-à-dire comme un accomplissement de l'excellence proprement humaine.

Dans toute action, dans tout choix, le bien c'est la fin, car c'est en vue de cette fin qu'on accomplit toujours le reste. Par conséquent, s'il y a quelque chose qui soit fin de tous nos actes, c'est cette chose-là qui sera le bien réalisable, et s'il y a plusieurs choses, ce seront ces choses-là. [...] Puisque les fins sont manifestement multiples, et que nous choisissons certaines d'entre elles (par exemple la richesse, les flûtes et en général les instruments) en vue d'autres choses, il est clair que ce ne sont pas là des fins parfaites alors que le Souverain Bien est, de toute évidence, quelque chose de parfait. Il en résulte que s'il y a une seule chose qui soit une fin parfaite, elle sera le bien que nous cherchons, et s'il y en a plusieurs, ce sera la plus parfaite d'entre elles. Or, ce qui est digne d'être poursuivi par soi, nous le nommons plus parfait que ce qui est poursuivi pour une autre chose, et ce qui n'est jamais désirable en vue d'une autre chose, nous le déclarons plus parfait que les choses qui sont désirables à la fois par elles-mêmes et pour cette autre chose, et nous appelons parfait au sens absolu ce qui est toujours désirable en soi-même et ne l'est jamais en vue d'une autre chose. Or le bonheur semble être au plus haut degré une fin de ce genre, car nous le choisissons toujours pour lui-même et jamais en vue d'une autre chose : au contraire, l'honneur, le plaisir, l'intelligence ou toute vertu quelconque, sont des biens que nous choisissons assurément pour eux-mêmes (puisque, même si aucun avantage n'en découlait pour nous, nous les choisirions encore), mais nous les choisissons aussi en vue du bonheur, car c'est par leur intermédiaire que nous pensons devenir heureux. Par contre, le bonheur n'est jamais choisi en vue de ces biens, ni d'une manière générale en vue d'autre chose que lui-même. [...]

En ce qui concerne le fait de *se suffire à soi-même*, voici quelle est notre position : c'est ce qui, pris à part de tout le reste, rend la vie désirable et n'ayant besoin de rien d'autre. Or tel est, à notre sentiment, le caractère du bonheur. [...] On voit donc que le bonheur est quelque chose de parfait et qui se suffit à soi-même, et il est la fin de nos actions.

Aristote, *Éthique à Nicomaque*, I, 5, 1097a15-1097b22, © Vrin, « Bibliothèque des textes philosophiques », trad. J. Tricot, p. 54-57.

REPÈRES
- **Principe/cause/fin** ▸ p. 492
- **Absolu/relatif** ▸ p. 486

DÉFINITION

Une action **parfaite** est une action achevée et excellente (du latin *perficere*, « achever, accomplir »). Une action qui est faite pour atteindre un objectif autre qu'elle-même est alors moins parfaite qu'une action désirée pour elle-même. Ainsi, si l'on veut être riche pour acheter une maison afin d'héberger sa famille, la protection de la famille est une fin plus parfaite que la richesse.

Questions

1. **Pourquoi Aristote affirme-t-il que « les fins sont manifestement multiples » (l. 4-5) ? Que signifie le mot « fin », ici ?**
2. **Expliquez l'expression « Souverain Bien » (l. 8). À quelle réalité fait originairement référence le terme « souverain » ?**
3. **Pourquoi, d'après Aristote, le bonheur est-il le « Souverain Bien » ?**
4. **Pourquoi affirmer que le bonheur est le fait de se suffire à soi-même ?**

TEXTE 11 Bentham, *Introduction aux principes de la morale et de la législation,* 1780

Bentham fait du « principe d'utilité » la norme unique des actions humaines et fonde ainsi l'utilitarisme.

BENTHAM
1748-1832
Époque moderne
▸ p. 506

CONTEXTE

Le **principe d'utilité** est à la fois **descriptif** et **normatif** : d'après Bentham, la recherche du plaisir et l'évitement de la douleur gouvernent **de fait** les actions des hommes, mais il s'agit aussi d'un principe qui doit les gouverner **en droit**, c'est-à-dire d'une norme qui permet de choisir quelle décision prendre au niveau individuel comme au niveau collectif.

1. La nature a placé l'humanité sous le gouvernement de deux maîtres souverains, la douleur et le plaisir. C'est à eux seuls d'indiquer ce que nous devons faire aussi bien que de déterminer ce que nous ferons. À leur trône, sont fixés, d'une part, la norme du bien et du mal, de l'autre, l'enchaînement des causes et des effets. Ils gouvernent dans tout ce que nous faisons, dans tout ce que nous disons, dans tout ce que nous pensons : tout effort que nous pouvons faire pour secouer le joug ne servira jamais qu'à le démontrer et à le confirmer. Quelqu'un peut bien prétendre en paroles renier leur empire mais il leur restera en réalité constamment soumis. Le *principe d'utilité* reconnaît cette sujétion et la tient pour le fondement du système dont l'objet est d'ériger l'édifice de la félicité au moyen de la raison et du droit. [...]

2. Par principe d'utilité, on entend le principe qui approuve ou désapprouve toute action, quelle qu'elle soit, selon la tendance qu'elle semble avoir à augmenter ou à diminuer le bonheur de la partie dont l'intérêt est en jeu ou, en d'autres termes, à promouvoir ce bonheur ou à s'y opposer. Je parle de toute action quelle qu'elle soit, et par conséquent, non seulement de toute action d'un individu privé, mais aussi de toute mesure de gouvernement.

4. [...] [L]a communauté est un *corps* fictif, composé de personnes individuelles dont on considère qu'elles en constituent en quelque sorte les *membres*. Qu'est-ce donc que l'intérêt de la communauté ? La somme des intérêts des divers membres qui la composent.

Jeremy Bentham, *Introduction aux principes de la morale et de la législation,* I, 1, 2 et 4 © Vrin, trad. du Centre Bentham, 2011, p. 25-27.

Questions

1. Qu'est-ce que le principe d'utilité ? À quoi sert-il ?
2. Pour Bentham, le bonheur est-il le souverain bien ? Peut-on dire que l'utilitarisme est un hédonisme (voir p. 73) ?

PERSPECTIVES

La morale et la politique

- Le bonheur est-il une affaire publique ? ■ L'intérêt public est-il la simple somme des intérêts particuliers ? ■ Le bonheur du plus grand nombre doit-il être le critère de l'action publique ? ■ L'État a-t-il pour attribution de faire le bonheur des citoyens ?

TEXTE 12 Mill, *L'Utilitarisme,* 1863

Pour atteindre le bonheur, doit-on se contenter de plaisirs simples à obtenir, comme ceux des animaux, plutôt que de poursuivre des objectifs plus difficiles à atteindre, comme bien agir, s'instruire ? Mill affirme que le bonheur ne peut pas être réduit à la simple satisfaction.

Peu de créatures humaines accepteraient d'être changées en animaux inférieurs sur la promesse de la plus large ration de plaisirs de bêtes ; aucun être humain intelligent ne consentirait à être un imbécile, aucun homme

MILL
1806-1873
Époque contemporaine
▸ p. 519

COURANT DE PENSÉE

L'**utilitarisme** est un courant philosophique, inauguré par Jeremy Bentham et John Stuart Mill, qui fait de la maximisation de l'utilité, c'est-à-dire de la recherche du plus grand bonheur pour le plus grand nombre, le but suprême. Cette doctrine, qui pose comme possible la comparaison de l'utilité de différents individus, est très influente en théorie économique.

instruit à être un ignorant, aucun homme ayant du coeur et une conscience à être égoïste et vil, même s'ils avaient la conviction que l'imbécile, l'ignorant ou le gredin sont, avec leurs lots respectifs, plus complètement satisfaits qu'eux-mêmes avec le leur. Ils ne voudraient pas échanger ce qu'ils possèdent de plus qu'eux contre la satisfaction la plus complète de tous les désirs qui leur sont communs. S'ils s'imaginent qu'ils le voudraient, c'est seulement dans des cas d'infortune si extrême que, pour y échapper, ils échangeraient leur sort pour presque n'importe quel autre, si indésirable qu'il fût à leurs propres yeux. Un être pourvu de facultés supérieures demande plus pour être heureux, est probablement exposé à souffrir de façon plus aiguë, et offre certainement à la souffrance plus de points vulnérables qu'un être de type inférieur, mais, en dépit de ces risques, il ne peut jamais souhaiter réellement tomber à un niveau d'existence qu'il sent inférieur. Nous pouvons donner de cette répugnance l'explication qui nous plaira ; nous pouvons l'imputer à l'orgueil – nom que l'on donne indistinctement à quelques-uns des sentiments les meilleurs et aussi les pires dont l'humanité soit capable ; nous pouvons l'attribuer à l'amour de la liberté et de l'indépendance personnelle, sentiment auquel les stoïciens faisaient appel parce qu'ils y voyaient l'un des moyens les plus efficaces d'inculquer cette répugnance ; à l'amour de la puissance, ou à l'amour d'une vie exaltante, sentiments qui tous deux y entrent certainement comme éléments et contribuent à la faire naître ; mais, si on veut l'appeler de son vrai nom, c'est un sens de la dignité que tous les êtres humains possèdent, sous une forme ou sous une autre, et qui correspond – de façon nullement rigoureuse d'ailleurs – au développement de leurs facultés supérieures. Chez ceux qui le possèdent à un haut degré, il apporte au bonheur une contribution si essentielle que, pour eux, rien de ce qui le blesse ne pourrait être plus d'un moment objet de désir.

Croire qu'en manifestant une telle préférence on sacrifie quelque chose de son bonheur, croire que l'être supérieur – dans des circonstances qui seraient équivalentes à tous égards pour l'un et pour l'autre – n'est pas plus heureux que l'être inférieur, c'est confondre les deux idées très différentes de bonheur et de satisfaction. Incontestablement, l'être dont les facultés de jouissance sont d'ordre inférieur a les plus grandes chances de les voir pleinement satisfaites ; tandis qu'un être d'aspirations élevées sentira toujours que le bonheur qu'il peut viser, quel qu'il soit – le monde étant fait comme il l'est – est un bonheur imparfait. Mais il peut apprendre à supporter ce qu'il y a d'imperfections dans ce bonheur, pour peu que celles-ci soient supportables ; et elles ne le rendront pas jaloux d'un être qui, à la vérité, ignore ces imperfections, mais ne les ignore que parce qu'il ne soupçonne aucunement le bien auquel ces imperfections sont attachées. Il vaut mieux être un homme insatisfait qu'un porc satisfait ; il vaut mieux être Socrate insatisfait qu'un imbécile satisfait. Et si l'imbécile ou le porc sont d'un avis différent, c'est qu'ils ne connaissent qu'un côté de la question : le leur. L'autre partie, pour faire la comparaison, connaît les deux côtés.

John Stuart Mill, *L'Utilitarisme*, © Flammarion, « Champs classiques », trad. G. Tanesse, 1988, p. 52-54.

Questions

1. **Quels exemples Mill donne-t-il d'êtres disposant de facultés supérieures ?**
2. **Pourquoi un être doté de facultés supérieures souffre-t-il davantage qu'un être qui en dispose moins ?**
3. **Pourquoi ne renonçons-nous pas à des facultés qui nous font souffrir ?**
4. **Quelle différence Mill propose-t-il entre le bonheur et la satisfaction ?**

TEXTE 13 Nietzsche, *Seconde Considération intempestive*, 1874

Contre le jugement traditionnel qui veut que l'oubli soit un défaut, Nietzsche en fait une faculté positive, une force vitale qui permet d'être heureux, comme seules le sont les bêtes.

NIETZSCHE
1844-1900
Époque contemporaine
▸ p. 520

COURANT DE PENSÉE

Les philosophes **cyniques** (du grec *kuon* : « chien »), dont le plus célèbre est **Diogène de Sinope** (v.p. 444), revendiquent une totale liberté par rapport aux conventions sociales afin de vivre selon sa nature.

Jacob Jordaens (1593-1678), *Le roi boit*, vers 1640, huile sur toile, 1,56 × 2,10 m, musées royaux des Beaux-Arts de Belgique, Bruxelles.

Si c'est un bonheur, un besoin avide de nouveau bonheur qui, dans un sens quelconque, attache le vivant à la vie et le pousse à continuer à vivre, aucun philosophe n'a peut-être raison autant que le cynique : car le bonheur de la bête, qui est la forme la plus accomplie du cynisme, est la preuve vivante des droits du cynique. Le plus petit bonheur, pourvu qu'il reste ininterrompu et qu'il rende heureux, renferme, sans conteste, une dose supérieure de bonheur que le plus grand qui n'arrive que comme un épisode, en quelque sorte par fantaisie, telle une idée folle, au milieu des ennuis, des désirs et des privations. Mais le plus petit comme le plus grand bonheur sont toujours créés par une chose : le pouvoir d'oublier, ou, pour m'exprimer en savant, la faculté de sentir, abstraction faite de toute idée historique, pendant toute la durée du bonheur. Celui qui ne sait pas se reposer sur le seuil du moment, oubliant tout le passé, celui qui ne sait pas se dresser, comme le génie de la victoire, sans vertige et sans crainte, ne saura jamais ce que c'est que le bonheur, et, ce qui pis est, il ne fera jamais rien qui puisse rendre heureux les autres.

Friedrich Nietzsche, *Seconde Considération intempestive. De l'utilité et de l'inconvénient des études historiques pour la vie* (1874), © Flammarion, « GF », trad. H. Albert, 1988, p. 77.

Questions

1. Pourquoi les bêtes seraient-elles heureuses ?
2. Quel lien peut-on établir entre le « pouvoir d'oublier » (l. 10) et la « faculté de sentir » (l. 10-11) ?
3. Expliquez la dernière phrase (l. 12-15).
4. Comparez ce texte avec celui de Mill (p. 86-87). Quel constat leur est commun ? Nietzsche et Mill en tirent-ils la même conclusion ?

PERSPECTIVES

La connaissance

- Faut-il s'abstenir de penser pour être heureux ?
- L'oubli peut-il être fécond ?

TEXTE 14

Descartes, *Lettre à Élisabeth du 6 octobre 1645*

Faut-il chercher le bonheur à tout prix ou certaines valeurs sont-elles plus importantes ? Descartes examine ce dilemme dans sa correspondance avec la princesse Élisabeth de Bohême. La recherche de la vérité, par exemple, ne paraît pas toujours servir notre bonheur : elle nous coûte de la peine et nous révèle parfois des faits difficiles à accepter. En cas de conflit entre la vérité et le bonheur, quel but devons-nous poursuivre ?

DESCARTES
1596-1650
Époque moderne
▸ p. 506

Je me suis quelquefois proposé un doute : savoir s'il est mieux d'être gai et content, en imaginant les biens qu'on possède être plus grands et plus estimables qu'ils ne sont, et ignorant ou ne s'arrêtant pas à considérer ceux qui manquent, que d'avoir plus de considération et de savoir, pour connaître la juste valeur des uns et des autres, et qu'on devienne plus triste. Si je pensais que le souverain bien fût la joie, je ne douterais point qu'on ne dût tâcher de se rendre joyeux, à quelque prix que ce pût être, et j'approuverais la brutalité[1] de ceux qui noient leurs déplaisirs dans le vin ou les étourdissent avec du pétun[2]. Mais je distingue entre le souverain bien, qui consiste en l'exercice de la vertu, ou, ce qui est le même, en la possession de tous les biens dont l'acquisition dépend de notre libre arbitre, et la satisfaction d'esprit qui suit de cette acquisition. C'est pourquoi, voyant que c'est une plus grande perfection de connaître la vérité, encore même qu'elle soit à notre désavantage, que l'ignorer, j'avoue qu'il vaut mieux être moins gai et avoir plus de connaissance. Aussi n'est-ce pas toujours lorsqu'on a le plus de gaieté, qu'on a l'esprit plus satisfait ; au contraire, les grandes joies sont ordinairement mornes et sérieuses, et il n'y a que les médiocres et passagères, qui soient accompagnées du ris[3]. Ainsi je n'approuve point qu'on tâche à se tromper, en se repaissant de fausses imaginations ; car tout le plaisir qui en revient, ne peut toucher que la superficie de l'âme, laquelle sent cependant une amertume intérieure en s'apercevant qu'ils sont faux.

René Descartes, *Lettre à Élisabeth du 6 octobre 1645*, in *Œuvres philosophiques*, éd. F. Alquié, © Classiques Garnier, t. 3, 2010, p. 610-611.

1. Grossièreté, manque de raffinement.
2. Tabac.
3. Rire.

DÉFINITION

Le **dilemme** est l'obligation de choisir entre deux options qui présentent chacune des avantages et des inconvénients.

Rembrandt (1606/7-1669), *Philosophe en méditation*, 1632, huile sur toile, 28 x 34 cm, musée du Louvre, Paris.

Questions

1. Pourquoi la recherche de la vérité peut-elle entrer en contradiction avec le bonheur ? Donnez des exemples. Aidez-vous des pages 446-447.
2. Quel est le souverain bien, d'après Descartes ? Pourquoi ?
3. Dégagez le plan du texte, en expliquant les transitions entre les différentes parties.

Pour aller plus loin — Texte à télécharger

Lisez la lettre de Descartes à Élisabeth du 4 août 1645, dans laquelle il explique que chacun peut être heureux et expose comment atteindre ce but.

Le bonheur, noces de l'homme et du monde ?

Dans un essai de jeunesse, Albert Camus célèbre les noces du ciel et de la mer à Tipasa, en Algérie, le pays où il est né.

Nous arrivons par le village qui s'ouvre déjà sur la baie. Nous entrons dans un monde jaune et bleu où nous accueille le soupir odorant et âcre de la terre d'été en Algérie. Partout, des bougainvillées[1] rosat dépassent les murs des villas ; dans les jardins, des hibiscus[2] au rouge encore pâle, une profusion de roses thé[3] épaisses comme de la crème et de délicates bordures de longs iris bleus. Toutes les pierres sont chaudes. À l'heure où nous descendons de l'autobus couleur de bouton d'or, les bouchers dans leurs voitures rouges font leur tournée matinale et les sonneries de leurs trompettes appellent les habitants.

À gauche du port, un escalier de pierres sèches mène aux ruines, parmi les lentisques[4] et les genêts[5]. Le chemin passe devant un petit phare pour plonger ensuite en pleine campagne. Déjà, au pied de ce phare, de grosses plantes grasses aux fleurs violettes, jaunes et rouges descendent vers les premiers rochers que la mer suce avec un bruit de baisers. Debout dans le vent léger, sous le soleil qui nous chauffe un seul côté du visage, nous regardons la lumière descendre du ciel, la mer sans une ride, et le sourire de ses dents éclatantes. Avant d'entrer dans le royaume des ruines, pour la dernière fois nous sommes spectateurs.

Au bout de quelques pas, les absinthes[6] nous prennent à la gorge. Leur laine grise couvre les ruines à perte de vue. Leur essence fermente sous la chaleur, et de la terre au soleil monte sur toute l'étendue du monde un alcool généreux qui fait vaciller le ciel. Nous marchons à la rencontre de l'amour et du désir. Nous ne cherchons pas de leçons, ni l'amère philosophie qu'on demande à la grandeur. Hors du soleil, des baisers et des parfums sauvages, tout nous paraît futile. Pour moi, je ne cherche pas à y être seul. J'y suis souvent allé avec ceux que j'aimais et je lisais sur leurs traits le clair sourire qu'y prenait le visage de l'amour. Ici, je laisse à d'autres l'ordre et la mesure. C'est le grand libertinage de la nature et de la mer qui m'accapare tout entier. Dans ce mariage des ruines et du printemps, les ruines sont redevenues pierres, et perdant le poli imposé par l'homme, sont rentrées dans la nature. […]

Que d'heures passées à écraser les absinthes, à caresser les ruines, à tenter d'accorder ma respiration aux soupirs tumultueux du monde ! Enfoncé parmi les odeurs sauvages et les concerts d'insectes somnolents, j'ouvre les yeux et mon

Camus à l'île Saint-Honorat, 1946, collection Catherine et Jean Camus, Fonds Albert Camus, bibliothèque Méjanès, Aix-en-Provence.

Albert Camus (1913-1960)
Son œuvre met en lumière l'absurdité de la condition humaine et tente d'y répondre par une morale de la révolte et un appel au bonheur. Homme engagé dans les combats de son temps, il prit part à la Résistance contre le nazisme, dénonça, l'un des premiers, les dangers de l'arme atomique et lutta toute sa vie contre la peine de mort.

le sable, abandonné au monde, rentré dans ma pesanteur de chair et d'os, abruti de soleil, avec, de loin en loin, un regard pour mes bras où les flaques de peau sèche découvrent, avec le glissement de l'eau, le duvet blond et la poussière de sel.
Je comprends ici ce qu'on appelle gloire : le droit d'aimer sans mesure. Il n'y a qu'un seul amour dans ce monde. Étreindre un corps de femme, c'est aussi retenir contre soi cette joie étrange qui descend du ciel vers la mer. Tout liberté : elle me donne l'orgueil de ma condition d'homme. Pourtant, on me l'a souvent dit : il n'y a pas de quoi être fier. Si, il y a de quoi : ce soleil, cette mer, mon coeur bondissant de jeunesse, mon corps au goût de sel et l'immense décor où la tendresse et la gloire se rencontrent dans le jaune et le bleu. C'est à conquérir cela qu'il me faut appliquer ma force et mes ressources. Tout ici me laisse intact, je n'abandonne rien de moi-même, je ne revêts aucun masque : il me suffit d'apprendre

cœur à la grandeur insoutenable de ce ciel gorgé de chaleur. Ce n'est pas si facile de devenir ce qu'on est, de retrouver sa mesure profonde. Mais à regarder l'échine solide du Chenoua, mon cœur se calmait d'une étrange certitude. J'apprenais à respirer, je m'intégrais et je m'accomplissais. Je gravissais l'un après l'autre des coteaux dont chacun me réservait une récompense, comme ce temple dont les colonnes mesurent la course du soleil et d'où l'on voit le village entier, ses murs blancs et roses et ses vérandas vertes. […]

Ici même, je sais que jamais je ne m'approcherai assez du monde. Il me faut être nu et puis plonger dans la mer, encore tout parfumé des essences de la terre, laver celles-ci dans celle-là, et nouer sur ma peau l'étreinte pour laquelle soupirent lèvres à lèvres depuis si longtemps la terre et la mer. Entré dans l'eau, c'est le saisissement, la montée d'une glu froide et opaque, puis le plongeon dans le bourdonnement des oreilles, le nez coulant et la bouche amère – la nage, les bras vernis d'eau sortis de la mer pour se dorer dans le soleil et rabattus dans une torsion de tous les muscles ; la course de l'eau sur mon corps, cette possession tumultueuse de l'onde par mes jambes – et l'absence d'horizon. Sur le rivage, c'est la chute dans

Ruines de Tipasa, avec, au fond, le Chenoua.

à l'heure, quand je me jetterai dans les absinthes pour me faire entrer leur parfum dans le corps, j'aurai conscience, contre tous les préjugés, d'accomplir cette vérité qui est celle du soleil et qui sera aussi celle de ma mort. Dans un sens, c'est bien ma vie que je joue ici, une vie à goût de pierre chaude, pleine de soupirs de la mer et des cigales qui commencent à chanter maintenant. La brise est fraîche et le ciel bleu. J'aime cette vie avec abandon et je veux en parler avec pratiquement la difficile science de vivre qui vaut bien tout leur savoir-vivre.

Albert Camus, « Noces à Tipasa », *Noces* (1938) suivi de *L'Été*, © Gallimard, « Folio », 1999, p. 11-17.

1. Arbustes grimpants aux couleurs vives.
2. Arbustes cultivés autour de la Méditerranée depuis la haute Antiquité.
3. Espèce de roses à l'odeur de thé.
4. Arbrisseaux méditerranéens.
5. Arbrisseaux à fleurs jaunes.
6. Plantes vivaces, aux fleurs jaunes.

ARRÊT SUR **IMAGES**

Chronique d'un été, de J. Rouch et E. Morin, 1961

Fiche technique

- **Genre :** documentaire.
- **Réalisateur :** Jean Rouch et Edgar Morin.
- **Scénario :** Jean Rouch et Edgar Morin.
- **Distribution :** Marceline Loridan, Régis Debray (étudiant), Jean-Pierre Sergent, Marilù Parolini (Mary Lou), Angelo, Jacques (ouvriers), Jean (ouvrier), Nadine Ballot (étudiante)...
- **Date de sortie :** 1961
- **Durée :** 86 min
- **Synopsis :** « Et si on vous demandait d'aller dans la rue et de poser à des inconnus la question : "Êtes-vous heureux ?", vous iriez ? ». À Paris, dans l'été 1960, le sociologue Edgar Morin et le cinéaste Jean Rouch demandent à ceux qui les entourent, pour la plupart ouvriers et étudiants : « Comment vis-tu ? », interrogeant notamment leur rapport au travail. Premier documentaire réalisé en son direct, c'est un film inaugural du « cinéma-vérité ».

Activités

1 **Visionnez l'intégralité du documentaire.**

2 **Répondez aux questions suivantes.**

COMPRÉHENSION

1. Comment les réalisateurs interviennent-ils dans le film ? Quels effets cette intervention produit-elle ? A-t-on beaucoup d'informations sur la manière dont le film a été réalisé ?
2. Quel est le contexte politique en Algérie et au Congo en 1961 ? Comment les personnages du film sont-ils concernés par ces conflits ?
3. Pourquoi Marceline porte-t-elle un numéro sur le bras ? Que raconte-t-elle en marchant dans Paris ?
4. D'après vous, pourquoi les réalisateurs montrent-ils le film à ceux qu'ils ont filmés ? Quelles sont les réactions ?
5. En quoi ce film recherche-t-il une forme de « cinéma-vérité » ? Comment le définir d'après la conversation finale entre Jean Rouch et Edgar Morin dans les salles du musée de l'Homme ?

RÉFLEXION

6. La question : « Êtes-vous heureux ? » est-elle objective ou subjective ?
7. Les personnes interrogées justifient-elles leurs réponses par des arguments subjectifs ou objectifs ?
8. Les réponses recueillies portent-elles à penser que notre bonheur dépend de nous ou des circonstances extérieures ? Relevez des exemples pour chacune de ces positions.
9. Quelle différence faites-vous entre les questions : « Êtes-vous heureux ? » et « Êtes-vous satisfaits de vos conditions de vie ? » ?
10. Pourquoi peut- on dire qu'être heureux réclame un certain courage (voir Alain, p. 76) ? Appuyez-vous sur un personnage du film.
11. Le bonheur vous paraît-il être un sentiment spontané ? Expliquez.
12. Peut-on être heureux dans la solitude ? Appuyez-vous sur le témoignage d'un des personnages du film.

EXERCICES

Les termes et les concepts-clés

1 Retenez les mots-clés de ce chapitre : hédonisme, ataraxie, plaisir, idéal, souverain bien, subjectif, empirique.

2 En réfléchissant sur les *Noces à Tipasa*, d'Albert Camus (p. 90-91), répondez aux questions suivantes pour tester votre maîtrise des concepts.

a. À quels sens font appel les **plaisirs** décrits ici par Camus ?

b. Le bonheur est-il un état d'**ataraxie** ?

c. Est-ce un état **idéal** ou peut-on en faire l'expérience **réelle** ?

d. En quoi cette expérience est-elle singulière ? Qu'est-ce qui lui donne cependant un caractère universel ? Commentez le titre de cet essai.

PERSPECTIVES

3 Quelles perspectives sont en jeu dans les questions suivantes ? Aidez-vous des pages 29 à 38.

a. Faut-il s'abstenir de penser pour être heureux ?

b. Le bonheur est-il un idéal inaccessible ?

c. Le bonheur est-il une affaire privée ?

Analyser un tableau

4 Observez *Le Paradis* peint par Giovanni di Paolo en 1445 (p. 72).

a. À quoi voit-on que ce tableau représente le paradis ?

b. Que remarquez-vous à propos des couples ou des groupes de personnes qui se retrouvent ?

Apprendre à problématiser

5 Distinguez bonheur et plaisir.

a. Quelles sont les raisons d'identifier bonheur et plaisir ?

b. Le plaisir est-il généralement durable ?

c. Une action peut-elle être agréable sans être bonne ?

d. Le plaisir suppose-t-il un accomplissement de soi ou peut-il survenir par hasard ?

e. Rédigez un paragraphe qui expose la différence entre bonheur et plaisir, par exemple pour l'introduction d'une dissertation sur le sujet : « La vie heureuse, est-ce une vie de plaisirs ? »

Maîtriser les outils

6 Vérifiez que vous avez compris les encadrés en répondant aux questions suivantes.

a. En quoi l'homme est-il un être fini ?

b. Quelle est l'étymologie du mot « parfait » ? Parmi nos actions, lesquelles sont les plus parfaites d'après Aristote ?

c. Donnez un exemple de phrase utilisant chacun des deux sens du mot « fin ».

d. Donnez un exemple de dilemme.

e. En quoi consiste la « misère humaine » d'après Pascal ?

Maîtriser les repères

7 À partir des textes du chapitre et des repères qui leur sont associés, répondez aux questions suivantes, en vous aidant de la partie Repères (p. 486-494).

a. Essentiel/accidentel ▸ p. 488

Parmi vos propres qualités, lesquelles vous paraissent être essentielles ? Lesquelles sont seulement accidentelles ?

Justifiez votre réponse en expliquant comment vous les avez acquises.

b. Absolu/relatif ▸ p. 486

L'expérience du bonheur est-elle absolue, ou apprécions-nous notre bonheur relativement à ce que nous pensons être la situation des autres ?

Vous pouvez vous appuyer sur le texte de Schopenhauer.

c. Objectif/subjectif/intersubjectif ▸ p. 491

Peut-on évaluer objectivement le bonheur de quelqu'un ? Vous pouvez vous appuyer sur le texte de Schopenhauer.

d. Principe/cause/fin ▸ p. 492

Dans quel sens prend-on le mot *fin,* lorsque l'on affirme, avec Aristote, que le bonheur est la fin de toutes nos actions ?

Réviser les points clés du chapitre

8 Répondez aux questions suivantes.

a. Pourquoi n'existe-t-il pas de règle universelle pour être heureux ?

b. Exposez de manière synthétique la définition du bonheur pour l'un des auteurs suivants : Aristote, Épicure, Schopenhauer, Alain.

c. D'après Schopenhauer, sentons-nous le plaisir et la douleur avec la même vivacité ?

d. Être heureux peut-il être un devoir ?

e. Quels auteurs affirment que le bonheur requiert de maîtriser ses désirs ?

f. Qu'est-ce que le principe d'utilité ?

g. Quels auteurs affirment que le bonheur est le souverain bien ? Quelles autres valeurs peuvent prétendre à ce titre ?

BAC La dissertation

SUJET Le bonheur est-il un idéal inaccessible ?

MÉTHODE

CONSEILS

Étape 1 Analyser le sujet

1 Définissez les termes du sujet de manière à éclairer leurs relations.

« Le bonheur »

En première analyse, on peut définir le bonheur comme un *état de satisfaction durable et complète.*

– *état de satisfaction :* le bonheur est valorisé positivement, ce qui s'accorde avec le caractère laudatif, positif, de la notion d'idéal.

– *durable :* par différence avec le plaisir, souvent éphémère, le bonheur désigne généralement un état qui s'étend pendant une longue période, ou même durant toute une vie. Or, cette continuité peut justement contribuer à rendre le bonheur inaccessible : si de nombreuses choses peuvent être sources de plaisir instantané (une après-midi avec des amis, un bon repas, par exemple), il est plus difficile de penser que l'on peut être heureux longtemps sans être affecté par des événements douloureux.

– *complète :* l'exigence de plénitude semble faire du bonheur un idéal.

« idéal »

Un idéal est quelque chose de parfait qui existe dans la pensée (comme l'indique l'étymologie : « idéal » vient de « idée »). On oppose couramment « idéal » à « réel », ce qui suggère une difficulté : peut-être l'idéal existe-t-il seulement pour l'esprit, mais non dans la réalité. On comprend alors pourquoi le bonheur pourrait être « inaccessible » : ce serait un objectif que l'on se donne toujours sans jamais l'atteindre parce qu'il ne décrit pas un état réel.

> Quels sont les liens entre les différents termes du sujet ? Exercez-vous à **développer** l'analyse. Ne vous contentez pas d'énoncer une définition toute faite, mais analysez chaque terme en rapport avec les autres termes du sujet.

> PERSPECTIVES L'idéal joue un rôle ambivalent en morale et en politique : s'il est inatteignable, il peut paraître inutile, et même nocif, puisqu'il nous conduit à être perpétuellement insatisfaits. Mais on peut soutenir qu'il est préférable d'aspirer au bien, même si on ne l'atteint pas, plutôt que de se contenter de n'importe quelle réalité. Voir **la morale et la politique**, p. 33-35.

Étape 2 Comprendre le problème posé par le sujet

2 Trouvez quelle expérience pose problème.

Il semble que tous les êtres humains recherchent le bonheur. Pourquoi ne l'ont-ils pas trouvé, s'ils y emploient toute leur énergie ?

> Quelle expérience justifie que l'on se pose cette question ? > p. 72-73 et 74-76.

3 Examinez le présupposé du sujet.

On peut expliquer de plusieurs manières le fait que de nombreuses personnes sont malheureuses, alors que toutes cherchent le bonheur, cependant l'intitulé propose une hypothèse particulière : si les hommes ne parviennent pas à atteindre le bonheur, c'est peut-être parce qu'il est en fait impossible de l'atteindre : le bonheur serait un idéal imaginé par l'esprit mais non une réalité.

Si cette hypothèse est vraie, nous ferions mieux de reconnaître que nous ne pouvons pas l'obtenir et de concentrer notre énergie sur d'autres objectifs, sinon nous serons toujours malheureux.

> Quelle piste d'explication l'intitulé du sujet suggère-t-il ? > Kant, p. 75. L'analyse du sujet sert à identifier le présupposé et à construire la problématique.

4 Énoncez explicitement la problématique.

Les hommes se rendent-ils malheureux parce qu'ils se font une idée trop haute, trop parfaite du bonheur ?

> Exposez les enjeux du sujet, les difficultés qu'implique la question posée.

Étape 3 Identifier trois grandes thèses

PROPOSITION DE PLAN

I. Le bonheur est un idéal inaccessible, que nous présente notre imagination.

II. Cependant, l'imagination nous offre une satisfaction qui est ce que nous appelons le bonheur.

III. Mais cette satisfaction imaginaire est illusoire. Pour atteindre le bonheur, il faut sans doute renoncer à certains désirs irréalistes, pour se concentrer sur le plaisir et les satisfactions présentes.

Cherchez des thèses opposées, pour envisager plusieurs points de vue.

Élucidez le présupposé du sujet en 1re partie.

Plusieurs plans sont possibles. L'important est d'organiser un plan progressif, dans lequel les différentes parties s'enchaînent logiquement, et qui aboutit en 3e partie à la thèse que l'on souhaite défendre.

→ **Exercice 1 :** Cherchez dans le chapitre deux textes pour appuyer chacune des trois thèses proposées ci-dessus.

Étape 4 Utiliser une référence

5 **Utilisez une référence dans le développement de la dissertation : Rousseau, *Julie ou la Nouvelle Héloïse*** (texte 7, p. 392).
Nous vous proposons ici un exemple qui sert à développer la thèse de la IIe partie, à savoir : le bonheur est bien un idéal de l'imagination, mais cela n'implique pas que nous ne puissions pas être heureux.

6 **Rédigez un paragraphe de dissertation.**

Cherchez les références les plus pertinentes.

PROPOSITION DE PARAGRAPHE

Le bonheur est bien un idéal, mais nous éprouvons une satisfaction paradoxale à l'imaginer. Comme l'écrit Madame de Wolmar à Saint-Preux dans la lettre VIII de la 6e partie de *Julie* ou la *Nouvelle Héloïse* de Jean-Jacques Rousseau, l'attente du bonheur est déjà une expérience du bonheur. En effet, lorsque nous imaginons une situation heureuse, nous avons l'espoir qu'elle se réalise. Lorsque nous désirons, nous sommes donc heureux, grâce à l'espoir et à l'imagination qui embellit l'objet désiré. Obtenir cet objet nous procurerait un bonheur parfait, idéal. Or, cette perfection n'existe que dans l'imagination : le vrai bonheur est donc celui que nous éprouvons lorsque nous désirons, et non un état que nous pourrions atteindre dans la réalité. La satisfaction que nous procure l'imagination est cependant paradoxale, parce qu'elle repose sur la représentation d'une satisfaction à venir que nous n'atteignons jamais. On peut par conséquent en dénoncer le caractère illusoire.

Un argument = un paragraphe !
Énoncez l'argument avant de faire référence à un auteur.
Cherchez toujours à être très précis dans l'exposition des références et des exemples. Si vous rédigez votre dissertation à la maison, vérifiez la référence exacte.
Terminez le paragraphe en récapitulant ce qu'apporte la référence à l'argument et en proposant une transition vers l'argument suivant.

→ **Exercice 2 :** Rédigez un paragraphe du développement en vous appuyant sur l'un des textes identifiés dans l'exercice 1 et en vous aidant des conseils et de l'exemple ci-dessus.

DU CAS POUR L'ÉTUDE...

Les images subliminales

- L'existence de l'inconscient : hypothèse ou certitude ?
- N'exprime-t-on que ce dont on a conscience ?
- L'inconscient implique-t-il une remise en cause de ma liberté ?

DÉFINITION

Une **image subliminale**, également appelée « image de la vingt-cinquième seconde » est une technique créée par les spécialistes de la publicité, aux États-Unis en 1957. Elle consisterait à émettre pendant une fraction de seconde un plan de très faible intensité, qui marquerait le subconscient des téléspectateurs. Cette pratique concernerait également les grandes surfaces et les salles de cinéma.

1 *Des perceptions inconscientes*

Quelques faits marquants, rapportés dans la presse écrite française de ces quinze dernières années, donnent au lecteur le sentiment qu'il est possible de manipuler les comportements et les attitudes des individus à leur insu afin de les amener à acheter un produit qu'ils n'auraient pas acheté de leur propre chef, à voter pour un candidat pour lequel ils n'auraient pas voté en toute liberté ou à adopter des opinions qu'ils rejettent habituellement. Il s'agit de faits qui concernent différents domaines de la vie sociale : la consommation, les élections, la manipulation des opinions, etc. Ces faits impliquent l'utilisation de techniques qui consistent en une présentation subliminale, c'est-à-dire en dessous du seuil de perception consciente, d'une information qui, sans que le sujet en ait conscience, aurait une influence sur la façon dont il pensera ou se comportera par la suite. [...] S'ils sont avérés, ces faits sont graves dans la mesure où ils représentent une atteinte à la liberté de penser et d'agir.

Ahmed Channouf, *Les Images subliminales*, © PUF, 2000, p. 7.

Salvador Dalí (1904-1989), *Afghan invisible avec apparition sur la plage du visage de García Lorca en forme de compotier aux trois figures*, 1938, huile sur toile, 19 x 24 cm, coll. privée.

2 Le cas de l'élection de F. Mitterrand en 1988

Ça y est ! La victoire écrasante de François Mitterrand, le 8 mai, s'expliquerait : depuis huit mois, les téléspectateurs d'Antenne 2 auraient été soumis à un matraquage diabolique. Le générique du journal télévisé dissimulerait une image du président de la République. Selon le journaliste Jean Montaldo il s'agit, ni plus ni moins, d'un « bourrage de crâne », sous forme de « publicité clandestine subliminale ». En publiant ce « scandale », le 13 mai, *Le Quotidien de Paris* dénonce cette pratique. [...] La direction d'Antenne 2 qualifie cette accusation de « grotesque ». Alerté par le ministère de l'intérieur, Élie Vannier, directeur de l'information de la chaîne, s'est fait « visionner » le générique incriminé, au ralenti. « Même avec le matériel le plus sophistiqué, dit-il, j'ai eu beaucoup de mal à repérer cette image. Nous avions demandé au concepteur du générique, l'agence David Niles, de superposer le sigle A 2 sur des reflets d'images d'actualité. » Ainsi, en l'espace de dix secondes, une cinquantaine d'images défilent, invisibles à l'œil nu. « Pendant un dixième de seconde, poursuit Élie Vannier, apparaissent, très pâles, les trois quarts du visage d'un homme... Quant à savoir si c'est celui du président Mitterrand... »

« Big Tonton vous regarde ! »,
© *Le Monde*, article du 14 mai 1988.

François Mitterrand, le jour de son élection, le 8 mai 1988.

3 Polémique autour d'une image

La CNCL examine le générique d'Antenne 2.

La Commission nationale pour la communication et les libertés (CNCL) va examiner, le lundi 16 mai, le générique d'Antenne 2 dans lequel apparaîtraient de manière quasi imperceptible des photographies de personnalités, dont celle du président de la République (*Le Monde* du 14 mai). La CNCL a indiqué, dans un communiqué paru vendredi, qu'elle « a demandé copie de la bande mère de ce générique réalisé en septembre 1987 à la demande de la rédaction de la chaîne et diffusé depuis 2 949 fois ». Elle a également reçu un rapport établi par la direction technique d'Antenne 2 sur la composition de ce générique. La Commission est en mesure de constater qu'une cinquantaine d'images défilent dans un délai de huit secondes dans le chiffre « 2 » du sigle de la chaîne. [...]

© *Le Monde*, 17 mai 1988.

Questions

1. **Comment certaines informations peuvent-elles être perçues sans que l'on en ait conscience ?**
2. **Pourquoi la possibilité des images subliminales remettrait-elle en cause notre liberté ?**

Pour aller plus loin

En vous aidant d'internet, faites des **recherches** sur les cas d'utilisation d'images subliminales à des fins commerciales. Ces dernières ont-elles réellement influencé le comportement des individus ?

...AUX **QUESTIONS CLÉS**

Podcast

Grandeurs et misères de la conscience humaine

1 De quelle connaissance la conscience est-elle le nom ?

Photographie du film *L'Enfant sauvage*, de François Truffaut, 1970.

▶ Suggérée par le problème des images subliminales, l'idée selon laquelle il pourrait exister en nous des pensées dont nous ne nous apercevons pas semble heurter le sens commun. La **conscience de soi**, en effet, n'est-elle pas ce qui nous rend transparents à nous-mêmes, en nous permettant d'accéder à tout ce qui se passe en nous ? L'être conscient, c'est celui qui, accédant au sentiment de soi, parvient à s'appréhender lui-même, en même temps qu'il s'ouvre au monde (Descartes, p. 102, Avicenne, p. 106). Conformément, donc, à son étymologie (*cum scientia* signifie « avec savoir »), la conscience apparaît comme une **connaissance** : **de soi, du monde**, mais aussi, parce qu'elle prend parfois la figure d'un véritable instinct moral, **du bien et du mal** (Rousseau, p. 105).

2 Peut-on vraiment connaître le moi ?

▶ Mais si la conscience paraît délivrer toutes ces connaissances, on peut, à bon droit, interroger leur valeur. La morale, en effet, n'est-elle qu'une affaire de sentiment ? Quant au « **sentiment de soi** », celui-ci constitue-t-il une connaissance certaine ? Pourra-t-on, par exemple, viser l'**objectivité** si l'on est à la fois l'observateur et l'observé ? Bien plus, l'expérience que nous faisons de notre vie intérieure, avant d'être celle d'un **moi** stable, n'est-elle pas d'abord celle d'une juxtaposition de sensations variées, multiples, et sans continuité ? À ce compte, l'unité du moi serait une illusion, et nous pourrions aller jusqu'à remettre en cause l'idée même d'**identité personnelle** (Hume, p. 107).

3 La conscience : grandeur ou misère de l'homme ?

▶ Mais alors, comprendra-t-on toujours ce qui sépare l'homme de l'animal ? Songeons au cas de **Victor de l'Aveyron** qui, ayant grandi indépendamment de tout contact humain, n'avait pas développé de conscience de soi authentique (on rapporte qu'il était, par exemple, incapable de se reconnaître dans un miroir). Ce dernier se trouvait plus proche de l'état d'animalité que l'état d'homme (p. 100) ! La grandeur de l'homme ne réside-t-elle donc pas malgré tout dans la capacité qu'a ce dernier d'accéder, à la différence de l'animal, à une certaine représentation de lui-même (Feuerbach, p. 104), voire à la possibilité de dire « Je » (Kant, p. 108 ; Condillac, p. 213 ; Wolff, p. 248) ?

▶ Mais si grandeur il y a, celle-ci n'en demeure pas moins paradoxale. En effet, la conscience de soi procure à l'homme le savoir de sa condition. Or, cette condition n'est-elle pas celle d'un **être fini**, mortel, faible, et soumis à toutes les vicissitudes ?

▶ Nous comprenons donc que si la **conscience de l'homme** fait sa **grandeur**, cette grandeur est toute **relative** : l'homme est grand en ce qu'il se sait petit.

L'homme est grand, parce qu'il a conscience de sa finitude (Pascal, p. 109). Ne vaudrait-il pas mieux, parfois, être un imbécile heureux ? (Nietzsche, p. 88)

4 L'hypothèse d'un inconscient psychique est-elle légitime ?

▶ Enfin, peut-on réellement identifier **la pensée** et **la conscience** sans difficulté ? Peut-il exister des pensées qui ne soient pas conscientes ? Un simple rappel des nuances du langage courant semble le suggérer : en distinguant, par exemple le fait de « voir » du fait de « regarder » (ou le fait d'« entendre » du fait d'« écouter »), nous sous-entendons qu'il est possible de percevoir une chose sans y prêter attention (Merleau-Ponty, p. 358).

▶ Bien plus, notre **champ perceptif** n'est-il pas composé d'une multitude de données, dont nous ne retenons que certaines en fonction de ce qui nous occupe ? Pour reprendre la terminologie de Leibniz, percevoir, ce n'est pas nécessairement **apercevoir**, c'est-à-dire percevoir avec conscience… (Leibniz, p. 110) Notons cependant qu'il suffira d'un simple effort d'attention pour écouter le professeur que nous ne faisions qu'entendre : de ce qui est conscient à ce qui ne l'est pas, il n'y a ici qu'un pas. Mais y a-t-il toujours continuité entre la conscience et l'inconscient ?

▶ Un simple effort d'**attention** ne suffit pas toujours à connaître certaines de nos pensées. Les travaux de **Freud** ont permis de mettre en évidence l'existence d'une force qui maintient hors de la conscience certains éléments de notre vie psychique. Ces dernières sont dites **refoulées**, tant leur contenu pourrait, s'il réussissait à franchir la barrière de la conscience, venir menacer l'intégrité psychique de l'individu (Freud, p. 111). Dans cette optique, n'est-ce pas une différence de nature, et non pas simplement de degré, qui distingue ce qui est conscient de ce qui ne l'est pas ? Ne faut-il pas envisager une véritable thérapie (la cure psychanalytique) pour permettre à l'individu de mieux se connaître lui-même ?

▶ Mais alors, si la pensée ne se réduit pas à la conscience, c'est la liberté de l'homme qui est menacée. Plutôt que **sujet** souverain, ce dernier se voit potentiellement déterminé par des pensées dont il ne soupçonne même pas l'existence. La notion d'**inconscient psychique** remet-elle en cause la liberté ? (Alain, p. 116)

▶ Dans l'optique freudienne, ce serait oublier la **visée cathartique** de la cure psychanalytique : en prenant conscience de ce qu'il a refoulé, le sujet se libère de l'emprise de l'inconscient (Freud, p. 112). Dès lors, ne relève-t-il pas de la **responsabilité du sujet**, avec l'aide du psychanalyste, de chercher à se connaître lui-même ?

Jérôme Bosch (1450-1516), *L'Enfer* (détail), 1500, Palais ducal, Venise.

À RETENIR…

- La **conscience** désigne la **connaissance que nous avons de nous-mêmes et du monde**. Mais elle est également **conscience morale** : elle nous permet d'évaluer nos actions en fonction du bien et du mal. Nous faisons ainsi de **la conscience le propre de l'homme**.
- Mais la conscience n'en comporte pas moins sa part d'ombre et de misère, car le savoir qu'elle délivre à l'homme est d'abord celui de sa **finitude**. Dès lors, celui-ci n'est-il pas condamné à fuir dans le **divertissement** ?
- **L'hypothèse de l'inconscient**, qui conduit à dissocier le champ de la conscience de celui de la pensée, remet en cause l'idéal d'un sujet souverain, libre et autonome. **L'inconscient psychique** serait donc ce qui nous détermine. Pour autant, l'inconscient n'est inaccessible qu'à celui qui n'entreprend pas d'accéder à soi, par la médiation des autres et du monde.

QUESTION

1 De quelle connaissance la conscience est-elle le nom ?

TEXTE 1 Descartes, *Méditations métaphysiques*, 1641

DESCARTES
1596-1650
Époque moderne
▸ p. 506

Descartes propose de présenter le parcours du sujet connaissant qui, du doute absolu, en vient à acquérir ses premières certitudes. Le mouvement par lequel la pensée s'assure de sa propre existence constitue alors un moment essentiel, puisqu'il s'agit de la première vérité, indubitable. La conscience de soi est ainsi le socle de toute connaissance.

Archimède, pour tirer le globe terrestre de sa place et le transporter en un autre lieu, ne demandait rien qu'un point qui fût fixe et assuré. Ainsi j'aurai droit de concevoir de hautes espérances si je suis assez heureux pour trouver seulement une chose qui soit certaine et indubitable. Je suppose donc que toutes les choses que je vois sont fausses ; je me persuade que rien n'a jamais été de tout ce que ma mémoire remplie de mensonges me représente ; je pense n'avoir aucun sens ; je crois que le corps, la figure, l'étendue, le mouvement et le lieu ne sont que des fictions de mon esprit. Qu'est-ce donc qui pourra être estimé véritable ? Peut-être rien autre chose, sinon qu'il n'y a rien au monde de certain. Mais que sais-je s'il n'y a point quelque autre chose différente de celles que je viens de juger incertaines, de laquelle on ne puisse avoir le moindre doute ? N'y a-t-il point quelque Dieu, ou quelque autre puissance, qui me met en l'esprit ces pensées ? Cela n'est pas nécessaire, car peut-être que je suis capable de les produire de moi-même. Moi donc à tout le moins ne suis-je pas quelque chose ? Mais j'ai déjà nié que j'eusse aucun sens ni aucun corps. J'hésite néanmoins, car que s'ensuit-il de là ? Suis-je tellement dépendant du corps et des sens que je ne puisse être sans eux ? Mais je me suis persuadé qu'il n'y avait rien du tout dans le monde, qu'il n'y avait aucun ciel, aucune terre, aucuns esprits, ni aucuns corps ; ne me suis-je donc pas aussi persuadé que je n'étais point ? Non certes, j'étais sans doute, si je me suis persuadé, ou seulement si j'ai pensé quelque chose. Mais il y a un je ne sais quel trompeur très puissant et très rusé, qui emploie toute son industrie à me tromper toujours. Il n'y a donc point de doute que je suis, s'il me trompe ; et qu'il me trompe tant qu'il voudra, il ne saurait jamais faire que je ne sois rien, tant que je penserai être quelque chose. De sorte qu'après y avoir bien pensé, et avoir soigneusement examiné toutes choses, enfin il faut conclure, et tenir pour constant que cette proposition : « Je suis, j'existe » est nécessairement vraie, toutes les fois que je la prononce ou que je la conçois en mon esprit.

René Descartes, *Méditations métaphysiques, Méditation seconde*, in *Œuvres et Lettres*, © Gallimard, « Bibliothèque de la Pléiade », 1966, p. 274-275.

REPÈRES
Médiat/immédiat ▸ p. 491

DÉFINITION

On parle de ***cogito***, terme latin qui signifie « je pense », pour désigner l'opération par laquelle la pensée prend connaissance de soi et du monde. Par extension, une philosophie du *cogito* désigne une réflexion qui débute par la description de l'expérience consciente du sujet. (v. Husserl, p. 103).

Questions

1. **Énumérez ce que Descartes met en doute.**
2. **Pourquoi Descartes écrit-il que la proposition « Je suis, j'existe » (l. 28) est nécessairement vraie toutes les fois qu'elle est prononcée ?**
3. **Comment définir la pensée à partir de ce texte ?**

TEXTE 2 Husserl, *Méditations cartésiennes*, 1929

Husserl expose ici sa conception du « cogito » (voir p. 102) : toute conscience est toujours conscience de quelque chose. C'est ce qu'il nomme la dimension « intentionnelle » de la conscience, signifiant par là son constant mouvement vers autre chose qu'elle-même. La conscience se définit par son rapport à un monde qui, en retour, ne saurait exister indépendamment de celle-ci.

HUSSERL
1859-1938
Époque contemporaine
▸ p. 516

Il faut dire que tout *cogito* ou encore tout état de conscience « vise » quelque chose, et qu'il porte en lui-même, en tant que « visé » (en tant qu'objet d'une intention) son *cogitatum*[1] respectif. Chaque *cogito,* du reste, le fait à sa manière. La perception de la « maison » « vise » (se rapporte) à une maison – ou, plus exactement, telle maison individuelle – de la manière perceptive ; le souvenir de la maison « vise » la maison comme souvenir ; l'imagination, comme image ; un jugement prédicatif ayant pour objet la maison « placée là devant moi » la vise de la façon propre au jugement prédicatif[2] ; un jugement de valeur surajouté la viserait encore à sa manière, et ainsi de suite. Ces états de conscience sont aussi appelés intentionnels. Le mot *intentionnalité*[3] ne signifie rien d'autre que cette particularité foncière et générale qu'a la conscience d'être conscience *de* quelque chose, de porter, en sa qualité de *cogito*, son *cogitatum* en elle-même.

Edmund Husserl, *Méditations cartésiennes*, « Deuxième méditation », © Vrin, trad. G. Pfeiffer et E. Levinas, nouvelle édition, 1947, p. 28.

1. Chose pensée.
2. Jugement qui attribue un prédicat (un attribut ; ici : « placée là devant moi ») à un sujet (ici : « la maison »).
3. Mouvement de la conscience vers autre chose qu'elle-même.

CONCEPT

L'**intentionnalité** est ce qui permet de caractériser les faits psychiques, qui, à la différence des faits physiques, contiennent toujours quelque chose à titre d'objet. Théorisé au XIXe siècle par le psychologue Franz Brentano, puis repris par Husserl, ce concept en vient ainsi à désigner le mode d'être spécifique de la conscience, qui, loin d'être une substance close sur elle-même qui n'accède qu'à ses représentations, se définit plutôt comme une ouverture, un « éclatement vers » ce qui n'est pas elle. C'est pourquoi la phénoménologie, selon Husserl, peut se définir comme un « retour aux choses mêmes ».

COURANT DE PENSÉE

La **phénoménologie** est un courant de pensée qui s'attache à décrire les phénomènes, c'est-à-dire les contenus de pensée (perceptions, images, souvenirs...) tels qu'ils apparaissent à la conscience du sujet. C'est ainsi qu'apparaît ce que l'on oublie spontanément, c'est-à-dire le rôle actif de la conscience dans la constitution de nos expériences.

Questions

1. **Quel rapport peut-on établir entre la conscience et le monde ?**
2. **Quelle différence faites-vous entre le *cogito* cartésien et le *cogito* husserlien ?**
3. **À quel terme pourriez-vous opposer celui d'intentionnalité ?**

PERSPECTIVES

L'existence humaine et la culture

- L'homme est-il simplement un être qui se situe « dans » le monde ?
- Le monde constitue-t-il une simple extériorité pour l'homme ?
- Peut-on concevoir la conscience sans le monde, et le monde sans la conscience ?

TEXTE 3 Feuerbach, *L'Essence du christianisme*, 1841

La conscience différencie-t-elle l'homme de l'animal ? Oui pour Feuerbach, mais à condition de bien définir ce terme, car on ne saurait refuser aux animaux la possibilité d'accéder à une représentation d'eux-mêmes. Mais la conscience humaine, à la différence de celle de l'animal, possède la singularité de produire une représentation de soi, non pas en tant qu'individu, mais en tant que genre.

FEUERBACH
1804-1872
Époque contemporaine
▸ p. 515

« Quelle est donc la différence essentielle entre l'homme et l'animal ? La plus simple et la plus générale des réponses à cette question est aussi la plus populaire : c'est la conscience. Mais la conscience au sens strict, car la conscience entendue comme sentiment de soi, capacité de distinguer les objets sensibles, de percevoir et même de juger des choses extérieures d'après des caractères sensibles déterminés, une telle conscience ne peut être refusée à l'animal. Mais la conscience au sens le plus strict n'existe que pour un être qui a pour objet son propre genre, sa propre essence. L'animal est sans doute objet pour lui-même en tant qu'individu (et c'est pourquoi il possède le sentiment de soi) – mais non en tant que genre (et c'est pourquoi il lui manque la conscience dont le nom vient de science). Là où il y a conscience, il y a capacité de science. La science est la conscience des genres. Dans la vie, nous avons affaire à des individus, dans la science à des genres. Or seul un être qui a pour objet son propre genre, sa propre essence, est susceptible de constituer en objets, selon leur signification essentielle, des choses et des êtres autres que lui. C'est pourquoi l'animal n'a qu'une vie simple, tandis que l'homme a une vie double : chez l'animal la vie intérieure ne fait qu'un avec la vie extérieure ; l'homme au contraire a une vie intérieure et extérieure. La vie intérieure de l'homme, c'est celle qu'il entretient avec son genre, son essence. L'homme pense, c'est-à-dire il converse, il parle avec lui-même. L'animal ne peut accomplir aucune fonction générique sans un autre individu extérieur à lui ; l'homme au contraire peut accomplir, sans personne d'autre, la fonction générique de la pensée, de la parole – car penser et parler sont de véritables fonctions génériques. L'homme est pour lui-même simultanément Je et Tu. S'il peut se mettre à la place de l'autre, c'est précisément parce qu'il a pour objet, non pas son individualité, mais son genre, son essence. »

Ludwig Feuerbach, *L'Essence du christianisme*, Introduction, Chapitre 1, « Conscience et genre », © La Découverte, trad. J.-P. Osier et J.-P. Grossein, 1992.

REPÈRES
Genre/espèce/individu
▸ p. 489

Questions

1. Quel est le propre de la science pour Feuerbach ?
2. Pourquoi les animaux ne sont-ils pas capables de science ? Aidez-vous des pages « Perspectives », p. 36-38.
3. Quel lien peut-on faire entre la capacité de parler et celui de posséder une conscience « au sens strict » (l. 3) ? (Voir aussi Wolff, p. 218)

Pour aller plus loin

Faites des recherches sur les travaux récents d'éthologie (science qui étudie le comportement des animaux). Trouvez des exemples de comportements qui permettent de montrer que les animaux accèdent à une certaine représentation d'eux-mêmes. Qu'est-ce qui permet alors de prouver que la conscience animale diffère de celle de l'homme ?

TEXTE 4

Rousseau, *Émile ou De l'éducation*, 1762

Le bien et le mal sont-ils le fruit d'un apprentissage, d'une éducation ? Il n'en est rien pour Rousseau : selon lui, notre capacité d'évaluer certaines actions en fonction des critères du bien et du mal n'a rien d'un acquis, mais réside plutôt dans un guide inné, la conscience.

ROUSSEAU
1712-1778
Époque moderne
▸ p. 509

Conscience ! conscience ! instinct divin, immortelle et céleste voix ; guide assuré d'un être ignorant et borné, mais intelligent et libre ; juge infaillible du bien et du mal, qui rend l'homme semblable à Dieu, c'est toi qui fais l'excellence de sa nature et la moralité de ses actions ; sans toi je ne sens rien en moi qui m'élève au-dessus des bêtes, que le triste privilège de m'égarer d'erreurs en erreurs à l'aide d'un entendement sans règle et d'une raison sans principe. Grâce au ciel, nous voilà délivrés de tout cet effrayant appareil de philosophie : nous pouvons être hommes sans être savants ; dispensés de consumer notre vie à l'étude de la morale, nous avons à moindres frais un guide plus assuré dans ce dédale immense des opinions humaines. Mais ce n'est pas assez que ce guide existe, il faut savoir le reconnaître et le suivre. S'il parle à tous les cœurs, pourquoi donc y en a-t-il si peu qui l'entendent ? Eh ! c'est qu'il nous parle la langue de la nature, que tout nous a fait oublier. La conscience est timide, elle aime la retraite et la paix ; le monde et le bruit l'épouvantent : les préjugés dont on la fait naître sont ses plus cruels ennemis ; elle fuit ou se tait devant eux : leur voix bruyante étouffe la sienne et l'empêche de se faire entendre ; le fanatisme ose la contrefaire, et dicter le crime en son nom. Elle se rebute[1] enfin à force d'être éconduite[2] ; elle ne nous parle plus, elle ne nous répond plus, et, après de si longs mépris pour elle, il en coûte autant de la rappeler qu'il en coûta de la bannir.

Jean-Jacques Rousseau, *Émile ou De l'éducation* (1762), Livre IV, © Flammarion, coll. « GF », 1966, p. 378-379.

1. Elle se détourne de l'individu par dégoût.
2. Repoussée.

REPÈRES
- Intuitif/discursif ▸ p. 491
- Médiat/immédiat ▸ p. 491

Frontispice pour *Émile ou De l'éducation*, 1762, gravure, Bibliothèque Sainte-Geneviève, Paris.

Questions

1. Pourquoi Rousseau écrit-il que la conscience nous délivre de « tout cet effrayant appareil de philosophie » (l. 7-8) ?
2. Quelles sont les raisons pour lesquelles si peu d'hommes sont capables d'écouter leur conscience ? (Voir chapitre 10 « La raison », p. 288-315)

CONCEPT

La **morale** est-elle une affaire de **sentiments** ? Les philosophes se sont opposés quant à savoir si la connaissance du bien pouvait être intuitive, ou s'il fallait **raisonner** pour connaître son devoir. En dénonçant « l'étude de la morale » au profit de la conscience (assimilée à un « instinct divin »), Rousseau prend position pour la première option.

PERSPECTIVES

L'existence humaine et la culture

- Peut-on dire que la morale est fondée en nature ?
- Quels semblent être les effets de la culture sur la conscience morale ?

La morale et la politique

- Comment l'homme, d'après Rousseau, se rapporte-t-il au bien et au mal ?
- Peut-on dire que la morale n'est qu'une affaire de sentiment ?
- Comment peut-on expliquer que les hommes se comportent mal, s'ils disposent tous d'une conscience morale ?

TEXTES

QUESTION 2 Peut-on vraiment connaître le moi ?

TEXTE 5 Avicenne, *De anima*, début du XIe siècle

AVICENNE
980-1037
Moyen Âge
▸ p. 501

Qu'est-ce qui fait le propre de l'homme ? Pour Avicenne, le fait que l'homme puisse affirmer son existence indépendamment de toute référence aux organes des sens prouve que celui-ci se définit d'abord par son âme, qui ne possède absolument rien de commun avec le corps.

Imaginons qu'un homme soit créé subitement et qu'il soit créé adulte, mais que ses yeux soient voilés et qu'il ne puisse rien voir du monde extérieur. Imaginons qu'il soit créé de telle façon qu'il se déplace dans l'air – ou plutôt dans le vide, pour qu'il ne puisse percevoir la résistance de l'air qui l'affecterait. Enfin, imaginons que ses membres soient disjoints au point qu'ils ne puissent ni se rencontrer ni se toucher. Supposons maintenant que cet homme se demande s'il peut affirmer l'existence de son essence individuelle[1] : il n'affirmera pas l'existence de ses membres extérieurs, ni celle de ses organes internes, ni celle de son cerveau et des esprits vitaux qu'il contient, ni celle d'aucune réalité qui lui soit étrangère. Non, ce qu'il affirmera, c'est qu'il est, lui, et d'une existence dont on ne pourra affirmer ni longueur, ni largeur, ni profondeur.

Supposons même qu'à ce moment il lui soit possible d'imaginer une main ou un membre quelconque, il ne se figurera pas pour autant que ce sont des parties de lui-même ou des choses qui sont nécessaires à son essence. Or ce que l'on affirme et ce que l'on n'affirme pas ne sauraient être identiques et ce dont on est certain ne peut être identique à ce dont on n'est pas certain. Donc – dès lors que l'essence dont il affirme l'existence lui est propre, puisque c'est elle qui est lui-même, et qu'elle est indépendante de ce corps et de ces membres dont il n'affirme pas l'existence – s'il fait abstraction de ce qui n'est pas lui, notre homme saura voir de lui-même que l'être de l'âme n'est pas la même chose que l'être du corps. Bien mieux, il saura qu'il n'a pas besoin d'un corps pour percevoir son âme et savoir qu'elle existe.

Avicenne, *De anima*, livre I, chapitre 1, in « Philosophes et philosophie »,
© Nathan ; trad. Alain de Libera, pp. 212-213, 1992.

1. Identité propre ; ce qui fait qu'une chose est ce qu'elle est, et pas une autre.

Questions

1. Qu'est-ce qui, selon Avicenne, est essentiel à l'homme ?
2. Qu'est-ce qui permet à Avicenne d'affirmer que l'homme peut se sentir exister sans affirmer l'existence du corps ?
3. Par quels attributs l'auteur définit-il le corps ?
4. Quelle est la nature de l'âme, selon l'auteur ?

PERSPECTIVES

L'existence humaine et la culture

- En quel sens peut-on dire que l'homme possède une nature métaphysique ?
- Comment l'argumentation d'Avicenne permet-elle de sauver l'immortalité de l'homme ?

Pour aller plus loin

Faites un parallèle entre l'argumentation d'Avicenne et celle que propose Descartes dans ses *Méditations métaphysiques* (texte 1, p. 102). Quels points communs et quelles différences relevez-vous ?

TEXTE 6 Hume, *Traité de la nature humaine*, 1739

Descartes a-t-il raison lorsqu'il pose l'existence du moi comme certaine ? Pour répondre à cette question, le philosophe empiriste Hume s'attache à décrire ici ce que nous percevons réellement quand nous procédons par introspection, c'est-à-dire quand nous analysons nos états de conscience.

HUME
1711-1776
Époque moderne
▸ p. 507

Il est des philosophes qui imaginent que nous sommes à chaque instant intimement conscients de ce que nous appelons notre MOI, que nous en sentons l'existence et la continuité d'existence, et que nous sommes certains, avec une évidence qui dépasse celle d'une démonstration, de son identité et de sa simplicité parfaites. [...]

Pour moi, quand je pénètre le plus intimement dans ce que j'appelle *moi-même*, je tombe toujours sur une perception particulière ou sur une autre, de chaleur ou de froid, de lumière ou d'ombre, d'amour ou de haine, de douleur ou de plaisir. Je ne parviens jamais, à aucun moment, à me saisir *moi-même* sans une perception et je ne peux jamais rien observer d'autre que la perception. Quand mes perceptions sont absentes pour quelque temps, quand je dors profondément, par exemple, je suis, pendant tout ce temps, sans conscience de *moi-même* et on peut dire à juste titre que je n'existe pas. Et si toutes mes perceptions étaient supprimées par la mort, si je ne pouvais plus penser, ni éprouver, ni voir, ni aimer ou haïr après la destruction de mon corps, je serais entièrement anéanti et je ne conçois pas du tout ce qu'il faudrait de plus pour faire de moi une parfaite non-entité. Si un homme, après une réflexion sérieuse et dénuée de préjugés, pense qu'il a une notion différente de *lui-même*, je dois avouer que je ne peux plus discuter avec lui. Tout ce que je peux lui concéder, c'est qu'il peut, tout autant que moi, avoir raison et que nous différons essentiellement sur ce point. Il se peut qu'il perçoive quelque chose de simple et de continu qu'il appelle *lui-même*, encore que je sois certain qu'il n'y a pas un tel principe en moi.

David Hume, *Traité de la nature humaine*,
© Garnier-Flammarion, trad. Ph. Baranger et Ph. Saltel, 1995, p. 342-344.

COURANT DE PENSÉE

L'**empirisme** désigne un courant de pensée pour lequel toute connaissance dérive de l'expérience. On lui oppose souvent le **rationalisme**, qui pose le principe d'idées innées et d'un savoir indépendant de l'expérience.

Questions

1. **Quelles sont les propriétés du « moi » qui sont ici réfutées ? Justifiez votre réponse.**
2. **En quoi l'auteur met-il ici à l'œuvre sa méthode « empiriste » ?**
3. **Quelle thèse peut-on avancer pour critiquer l'auteur, quand il assimile un sommeil profond au fait de ne pas exister ?**

PERSPECTIVES

L'existence humaine et la culture

- Pourquoi est-il paradoxal de parler « d'identité humaine » ?
- Quel rôle vous paraît jouer le langage dans l'idée que nous nous faisons de l'identité ?

La morale et la politique

- Quel risque y-a-t-il à affirmer que l'identité humaine n'existe pas ?

Oral

Tout changement ne suppose-t-il pas la permanence de ce qui change ?

TEXTE 11 Freud, *Métapsychologie,* 1915

Freud souhaite ici démontrer la légitimité de ses travaux, car ils ont suscité de nombreuses objections : sans l'hypothèse d'un inconscient psychique, c'est tout un ensemble de phénomènes qui demeureraient inexplicables.

FREUD
1856-1939
Époque contemporaine
▸ p. 515

On nous conteste de tous côtés le droit d'admettre un psychique inconscient et de travailler scientifiquement avec cette hypothèse. Nous pouvons répondre à cela que l'hypothèse de l'inconscient est nécessaire et légitime, et que nous possédons de multiples preuves de l'existence de l'inconscient. Elle est nécessaire parce que les données de la conscience sont extrêmement lacunaires ; aussi bien chez l'homme sain que chez le malade, il se produit fréquemment des actes psychiques qui, pour être expliqués, présupposent d'autres actes qui, eux, ne bénéficient pas du témoignage de la conscience. Ces actes ne sont pas seulement les actes manqués et les rêves, chez l'homme sain, et tout ce qu'on appelle symptômes psychiques et phénomènes compulsionnels chez le malade. [...] Tous ces actes conscients demeurent incohérents et incompréhensibles si nous nous obstinons à prétendre qu'il faut bien percevoir par la conscience tout ce qui se passe en nous en fait d'actes psychiques ; mais ils s'ordonnent dans un ensemble dont on peut montrer la cohérence, si nous interpolons[1] les actes inconscients inférés[2]. Or nous trouvons dans ce gain de sens et de cohérence une raison, pleinement justifiée, d'aller au-delà de l'expérience immédiate. Et s'il s'avère de plus que nous pouvons fonder sur l'hypothèse de l'inconscient une pratique couronnée de succès[3], par laquelle nous influençons, conformément à un but donné, le cours des processus conscients, nous aurons acquis, avec succès, une preuve incontestable de l'existence de ce dont nous avons fait l'hypothèse. L'on doit donc se ranger à l'avis que ce n'est qu'au prix d'une prétention intenable que l'on peut exiger que tout ce qui se produit dans le domaine psychique doive aussi être connu de la conscience.

Sigmund Freud, « L'inconscient », in *Métapsychologie*, 1915,
© Gallimard, « Folio essais », trad. J. Laplanche et J.-B. Pontalis, 1968, p. 66.

1. Introduisons.
2. Déduits à partir de ce qui est donné.
3. La cure psychanalytique.

DÉFINITIONS

▸ Un **acte manqué** est un acte que nous réalisons sans le vouloir consciemment. Ainsi en va-t-il, par exemple, des lapsus : nous révélons ce que nous avons en tête en employant un mot pour un autre.

▸ Un **phénomène compulsionnel** est une tendance irrépressible à agir, même si nous sommes conscients du caractère absurde de ce que nous faisons. Il peut s'agir, par exemple, des différents « tocs ».

Questions

1. **Pourquoi l'hypothèse de l'inconscient est-elle nécessaire d'un point de vue théorique et pratique ?**
2. **Pourquoi la psychanalyse serait-elle une « pratique couronnée de succès » ?**

PERSPECTIVES

La connaissance

- Quelles peuvent-être les objections que la science adresse à la théorie freudienne ?
- La science n'admet-elle l'existence que de ce qu'elle peut observer ?
- Suffit-il de constater qu'une hypothèse possède une validité pratique pour en déduire sa vérité objective ?

Pour aller plus loin

Faites une recherche sur les doutes envers le caractère scientifique de la psychanalyse qui sont émis par K. Popper et présentez-les en vous aidant du texte, p. 351.

FOCUS SUR UNE ŒUVRE

Sur la psychanalyse. Cinq leçons, de Freud

CLÉS DE LECTURE

▶ **Date de composition :** 1909-1910

▶ **Titre :** *Sur la psychanalyse. Cinq leçons données à la Clark University*

▶ **Genre :** conférences

▶ **Question posée :** qu'est-ce que la psychanalyse ?

▶ **Contexte :** l'inventeur de cette nouvelle discipline présente la genèse de la psychanalyse à un public américain.

▶ **Le témoignage de Freud :** « Je n'avais à l'époque que cinquante-trois ans, je me sentais juvénile et bien portant, ce bref séjour dans le Nouveau Monde fut d'une manière générale bénéfique pour mon amour-propre ; en Europe je me sentais en quelque sorte proscrit, ici je me voyais accueilli par les meilleurs comme un de leurs pairs. Ce fut comme l'accomplissement d'un rêve diurne invraisemblable, lorsque je montais à la chaire de Worcester afin d'y donner les « Cinq leçons sur la psychanalyse ». La psychanalyse n'était donc plus une formation délirante, elle était devenue une part précieuse de la réalité. » *(Freud, Sigmund Freud présenté par lui-même* [1925], Gallimard, « Folio », trad. F. Cambon, 2001, p. 88)

STRUCTURE DE L'ŒUVRE

LEÇON I Le traitement de l'hystérie et l'invention de la psychanalyse
Freud expose le problème posé par l'hystérie aux médecins : les hystériques présentent des symptômes très variés, à la fois psychiques et physiques, sans qu'aucune cause physiologique ne puisse être identifiée. Il présente le cas d'Anna O., une patiente que Joseph Breuer a soignée grâce à une « cure par la parole », appuyée sur l'hypnose en 1880-1882 : le récit d'événements traumatiques et la libération des affects qui y sont liés délivrent Anna O. de ses symptômes. À travers les cas publiés dans les *Études sur l'hystérie* en 1895, Freud et Breuer comprennent que « les malades hystériques souffrent de réminiscences » : ils font une fixation sur un événement douloureux du passé.

LEÇON II Le refoulement
L'hypnose a montré que des événements dont nous n'avons pas de souvenir conscient ne sont pas supprimés. Freud fait l'hypothèse que les traumatismes ou les désirs incompatibles avec notre personnalité consciente, avec ce que nous jugeons beau et bon, sont refoulés, c'est-à-dire rejetés dans l'inconscient. Le refoulement est lui-même un processus inconscient, dont l'existence ne peut donc pas être attestée empiriquement : il se manifeste dans la résistance, le refus que le patient oppose, en présence de ce qu'il a refoulé. Les motifs de la résistance sont inconscients, mais ses manifestations sont conscientes.

LEÇON III Les moyens de la psychanalyse pour accéder à l'inconscient
Par hypothèse, l'inconscient est ce qui nous échappe, ce à quoi nous n'avons pas directement accès. Néanmoins, la cure psychanalytique a pour but de porter à la conscience certains traumatismes ou désirs refoulés. Elle repose sur la règle fondamentale de la libre association, d'après laquelle le patient parle en s'efforçant d'éviter toute censure morale ou logique. Elle s'appuie aussi sur l'interprétation des rêves, des actes manqués et des lapsus.

LEÇON IV La sexualité infantile et le complexe d'Œdipe
À l'aide de ces moyens, la psychanalyse découvre que les désirs refoulés sont souvent de nature sexuelle et prennent leur origine dans la petite enfance.

LEÇON V Les transformations du désir
À l'issue de l'analyse, que deviennent les désirs ramenés à la conscience ? Le sujet peut les rejeter consciemment, les assumer et tenter de les accomplir, ou les sublimer, c'est-à-dire les détourner vers d'autres buts. Néanmoins, tous les désirs ne peuvent pas être sublimés : certains d'entre eux doivent être satisfaits sur un plan sexuel.

1 POUR ENTRER DANS L'ŒUVRE

Le symptôme, symbole de la fixation

Dans la première leçon, Freud explique les symptômes dont souffrent les hystériques, comme la fixation sur un événement douloureux passé.

Nos malades hystériques souffrent de réminiscences[1]. Leurs symptômes sont des restes et des symboles mnésiques[2] de certaines expériences vécues (traumatiques). [...] Les mémoriaux et les monuments dont nous décorons nos grandes villes sont aussi de tels symboles mnésiques[3]. Si vous faites une promenade à travers Londres, vous trouverez devant une des plus grandes gares de la ville une colonne gothique richement ornementée, la *Charing Cross*. L'un des derniers rois Plantagenêt du XIIIe siècle, qui fit transporter la dépouille de sa reine bien-aimée Éléonore à Westminster, dressa des croix gothiques à chacune des stations où le cercueil était déposé ; et Charing Cross est le dernier des monuments qui devaient conserver le souvenir de ce parcours funèbre. [...] [Q]ue diriez-vous à un Londonien qui s'arrêterait encore aujourd'hui, en proie à la mélancolie, devant le mémorial du parcours funèbre de la reine Éléonore, au lieu de vaquer à ses affaires avec la hâte qu'exigent les conditions modernes du travail ou s'éjouir de[4] la reine de son cœur à lui, dans la fleur de sa jeunesse ? [T]ous les hystériques et névrosés se comportent comme ce [...] Londonien apragmatique[5] ; non contents de se remémorer des expériences douloureusement vécues depuis longtemps passées, ils y sont encore attachés par des affects puissants, ne se détachent pas du passé et négligent pour lui la réalité et le présent.

Sigmund Freud, *Sur la psychanalyse. Cinq leçons données à la Clark University*, 1910, leçon I, © Flammarion, « Champs classiques », trad. F. Cambon, 2010, p. 85-87.

1. Retours d'un événement passé.
2. Qui appartiennent à la mémoire.
3. Relatifs à la mémoire.
4. Se réjouir de.
5. Dénué de sens pratique.

Questions

1. **Que montre la comparaison avec le Londonien ?**
2. **À quelle condition l'attachement au passé est-il pathologique ?**

2 POUR COMPRENDRE SA PROBLÉMATIQUE

Le refoulement

Dans la deuxième leçon, Freud explique que l'hypnose a permis d'établir l'existence de l'inconscient.

J'avais donc trouvé la confirmation que les souvenirs oubliés n'étaient pas perdus. Le patient en gardait la possession et ils étaient prêts à surgir en association avec ce qui était encore su de lui ; mais il y avait une force qui les empêchait de devenir conscients et les contraignait à rester inconscients. On pouvait supposer avec certitude l'existence de cette force, car on éprouvait un effort qui lui correspondait quand on tâchait d'introduire dans la conscience du malade les souvenirs inconscients en s'opposant à elle. Cette force qui maintenait l'état pathologique se faisait sentir comme *résistance* du malade.

Or, c'est sur cette idée de résistance que j'ai fondé ma conception des processus psychiques dans l'hystérie. La suppression de ces résistances s'était avérée nécessaire au rétablissement du patient ; à partir du mécanisme de la guérison, on pouvait à présent acquérir des représentations tout à fait déterminées du cheminement qui avait conduit à la maladie. Il fallait que ces mêmes forces qui s'opposaient aujourd'hui sous la forme de la résistance à la prise de conscience de l'oublié eussent provoqué en leur temps l'oubli et poussé hors de la conscience les expériences vécues pathogènes concernées. Ce processus par moi supposé, je l'ai nommé *refoulement*, et je l'ai considéré comme avéré par l'existence indéniable de la *résistance*.

Sigmund Freud, *Sur la psychanalyse*, leçon II, *op. cit.*, p. 99-100.

Questions

1. **Comment expliquer la présence en nous de souvenirs non conscients ?**
2. **Comment Freud définit-il le refoulement ? Quelles sont les relations entre refoulement et résistance ?**

3 POUR COMPRENDRE SA MÉTHODE

L'interprétation du rêve, « voie royale pour la connaissance de l'inconscient »

Le psychisme d'une personne névrosée ne diffère pas en nature de celui d'une personne saine : les rêves, les actes manqués et les lapsus sont formés de manière analogue aux symptômes hystériques.

L'interprétation du rêve est en réalité la *Via Regia*[1] pour la connaissance de l'inconscient, le fondement le plus sûr de la psychanalyse et le domaine dans lequel chaque travailleur doit acquérir sa conviction et s'acheminer vers sa formation. Quand on me demande comment on peut devenir psychanalyste, je réponds : par l'étude de ses propres rêves. [...]

En premier lieu, tous les rêves ne sont pas pour le rêveur étrangers à son essence, incompréhensibles et confus. [...] Le petit enfant rêve toujours l'accomplissement de souhaits que la journée précédente a éveillé en lui et n'a pas satisfait. [...] Or, on tiendrait sans doute la solution la plus satisfaisante de l'énigme du rêve si les rêves des adultes n'étaient, eux non plus, rien d'autre que ceux des enfants, des accomplissements de motions de souhaits qu'a suscité en eux le jour du rêve.

Sigmund Freud, *Sur la psychanalyse*, leçon III, *op. cit.*, p. 116-119.

1. Voie royale.

DÉFINITION

- **Névrose** : affection caractérisée par des troubles affectifs et émotionnels sans cause anatomique, et intimement liée à la vie psychique du sujet.
- **Actes manqués et lapsus** : voir p. 112.

Questions

1. **Pourquoi néglige-t-on ordinairement d'étudier les rêves ?**
2. **Pour quelle raison Freud affirme-t-il que les rêves ne sont pas « étrangers à [l'] essence » du rêveur ? Que nous révèle leur interprétation ?**
3. **D'où vient l'importance de l'interprétation des rêves pour la psychanalyse ?**

LES OBJECTIFS DE L'AUTEUR

- **Un objectif existentiel** : permettre à chacun de devenir plus lucide, d'accéder à une relative vérité sur soi-même. La connaissance des désirs qui nous animent, même si elle reste toujours imparfaite, est la condition d'un progrès en liberté.
- **Un objectif thérapeutique** : aider les hystériques, et plus généralement les névrosés, à guérir, en ramenant à la conscience les traumatismes et les désirs qu'ils ont refoulés. Freud définit la guérison comme la capacité à aimer et à travailler.
- **Un objectif épistémologique** : fonder une nouvelle science en s'appuyant sur le principe du déterminisme psychique.

TEXTE 12 Alain, *Éléments de philosophie*, 1914

Écrits durant la Première Guerre mondiale, les Éléments de philosophie *se présentent comme une série de réflexions relatives à différents problèmes. Dans ce texte, Alain s'attache à critiquer l'hypothèse de l'inconscient formulée par Freud, en montrant que celle-ci conduit à postuler l'existence d'un « autre Moi » en Moi, ce qui n'est pas sans conséquence sur le plan moral.*

ALAIN
1868-1951
Époque contemporaine
▶ p. 512

Il y a de la difficulté sur le terme d'inconscient. Le principal est de comprendre comment la psychologie a imaginé ce personnage mythologique. Il est clair que le mécanisme échappe à la conscience, et lui fournit des résultats (par exemple, j'ai peur) sans aucune notion des causes. En ce sens la nature humaine est inconsciente autant que l'instinct animal et par les mêmes causes. On ne dit point que l'instinct est inconscient. Pourquoi ? Parce qu'il n'y a point de conscience animale devant laquelle l'instinct produise ses effets. L'inconscient est un effet de contraste dans la conscience [...]. En fait l'homme s'habitue à avoir un corps et des instincts. Le psychiatre contrarie cette heureuse disposition ; il invente le monstre ; il le révèle à celui qui en est habité. Le *freudisme*, si fameux, est un art d'inventer en chaque homme un animal redoutable, d'après des signes tout à fait ordinaires ; les rêves sont de tels signes ; les hommes ont toujours interprété leurs rêves, d'où un symbolisme facile. Freud se plaisait à montrer que ce symbolisme facile nous trompe et que nos symboles sont tout ce qu'il y a d'indirect. Les choses du sexe échappent évidemment à la volonté et à la prévision ; ce sont des crimes de soi, auxquels on assiste. On devine par-là que ce genre d'instinct offrait une riche interprétation. L'homme est obscur à lui-même ; cela est à savoir. Seulement il faut éviter ici plusieurs erreurs que fonde le terme d'*inconscient*. La plus grave de ces erreurs est de croire que l'inconscient est un autre Moi ; un Moi qui a ses préjugés, ses passions et ses ruses ; une sorte de mauvais ange, diabolique conseiller. Contre quoi il faut comprendre qu'il n'y a point de pensées en nous sinon par l'unique sujet, Je ; cette remarque est d'ordre moral.

Alain, *Éléments de philosophie*, © Gallimard, « Folio essais », 1990, p. 154-155.

CULTURE GÉNÉRALE

L'interprétation des rêves
Freud écrivait que les rêves constituaient « la voie royale vers l'inconscient ». Par un travail de déguisement, le rêve permet aux désirs refoulés de trouver une voie de satisfaction. Il revient alors au psychanalyste d'interpréter le rêve pour en délivrer le « sens caché ».

Questions

1. **Peut-on dire qu'Alain nie l'existence de phénomènes qui échappent à la conscience ?**
2. **Expliquez « le freudisme [...] est un art d'inventer en chaque homme un animal redoutable » (l. 11-12).**

PERSPECTIVES

La morale et la politique

- Admettre l'hypothèse de l'inconscient, est-ce retirer à l'homme toute forme de responsabilité ?

Débat

Pourquoi l'identification de l'inconscient à « un autre Moi » pose-t-elle un problème moral ? Aidez-vous des pages « Perspectives », p. 36-38.

TEXTE 13 Sartre, *L'Être et le Néant*, 1943

Sartre s'attaque ici aux thèses de Freud. Il s'intéresse tout particulièrement au langage de la psychanalyse pour en traquer les contradictions.

SARTRE
1905-1980
Époque contemporaine
▶ p. 521

Si en effet nous repoussons le langage et la mythologie chosiste[1] de la psychanalyse nous nous apercevons que la censure, pour appliquer son activité avec discernement, doit connaître ce qu'elle refoule. Si nous renonçons en effet à toutes les métaphores représentant le refoulement comme un choc de forces aveugles, force est bien d'admettre que la censure doit choisir et, pour choisir, se représenter.

D'où viendrait, autrement, qu'elle laisse passer les impulsions sexuelles licites[2], qu'elle tolère que les besoins (faim, soif, sommeil) s'expriment dans la claire conscience ? Et comment expliquer qu'elle peut relâcher sa surveillance, qu'elle peut même être trompée par les déguisements de l'instinct[3] ? Mais il ne suffit pas qu'elle discerne les tendances maudites, il faut encore qu'elle les saisisse comme à refouler, ce qui implique chez elle à tout le moins une représentation de sa propre activité[4].

En un mot, comment la censure discernerait-elle les impulsions refoulables sans avoir conscience de les discerner ? Peut-on concevoir un savoir qui serait ignorance de soi ? Savoir, c'est savoir qu'on sait, disait Alain. Disons plutôt : tout savoir est conscience de savoir.

Jean-Paul Sartre, *L'Être et le Néant*, © Gallimard, « Tel », 1943, p. 88.

1. Manière de transformer en choses des réalités qui sont de l'ordre de l'esprit.
2. Autorisées.
3. Les désirs refoulés, pour passer la barrière de la conscience, peuvent se déguiser pour devenir compatibles avec les exigences morales de l'individu. C'est le cas du travail du rêve.
4. Une forme de conscience.

Image du film *Freud, passions secrètes*, de John Huston, 1962, avec M. Clift et S. York, sur un scénario de W. Reinhardt, Ch. Kaufman et J.-P. Sartre (v. p. 120).

CULTURE PHILOSOPHIQUE

Le choix de la censure
En supposant que certaines représentations sont refoulées, Freud sous-entend que l'instance de censure est en mesure de « faire le tri », parmi les représentations du psychisme. Mais tout choix suppose une forme de conscience. Dès lors, la notion d'inconscient psychique apparaît comme contradictoire.

Questions

1. **Pourquoi l'idée d'une censure inconsciente est-elle contradictoire ?**
2. **Quel point commun y a-t-il entre ce texte et celui d'Alain, ci-contre ?**

Comment aborder la conscience et l'inconscient à l'âge des neurosciences ?

Que nous apprennent les neurosciences sur le fonctionnement du psychisme ? Pour le neurologue Lionel Naccache, les récentes découvertes en neurosciences confirment les affirmations de Freud sur la richesse de la vie mentale inconsciente.

Lionel Naccache (né en 1969)
Neurologue à l'hôpital de La Pitié-Salpêtrière de Paris.

Comment observe-t-on l'activité du cerveau ?

L. N. – L'imagerie cérébrale (IRM fonctionnelle, électroencéphalogramme, magnétoencéphalographie) nous permet de repérer de manière plus ou moins fine la dynamique d'activation des différentes régions du cerveau. À partir de ces mesures biologiques, il devient possible de suivre la « trajectoire cérébrale » des idées qui nous viennent à l'esprit et de redéfinir ainsi notre fonctionnement mental.

Qu'est-ce qui se passe quand surgit une idée ?

L. N. – Avant d'aborder le cas très complexe de la génération d'une idée neuve, prenons le cas plus simple de l'idée « pilotée », celle qu'on suggère au sujet. Par exemple, l'idée de cheval suggérée par le mot « cheval ». Auparavant, pour savoir si le sujet avait pris conscience d'une idée, on était obligé de le lui demander. Avoir une idée au sens fort, c'est en effet être capable de la mettre en mots, de la discerner, de la rapporter. On appelle cela la « rapportabilité » : les sujets énoncent ce qu'ils ont à l'esprit. Mais aujourd'hui, il est parfois possible d'enregistrer la « signature » cérébrale de l'idée qui gagne la conscience du sujet, indépendamment de ce qu'il nous dit. Or, que constate-t-on ? Qu'il y a un premier moment, inconscient, où beaucoup de choses se passent. Pendant les trois premiers centièmes de seconde, ce qui est énorme pour le tempo mental, notre cerveau traite, sans que nous en ayons conscience, le contenu lexical et sémantique d'une proposition qui lui est soumise. Il y a donc bien des formes d'idéation[1] inconscientes.

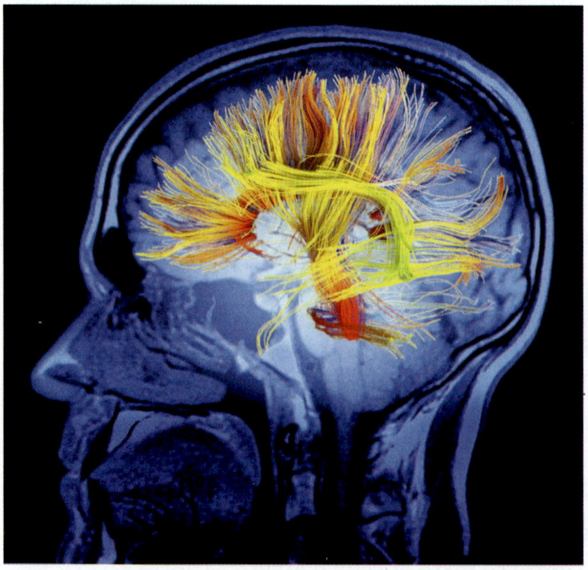

Fibres de la substance blanche, qui permet la transmission entre les neurones, IRM.

Comment s'opère la prise de conscience, alors ?

L. N. – La prise de conscience est un événement tardif à l'échelle du temps mental. Elle survient lorsque les régions éloignées les unes des autres qui ont commencé par traiter

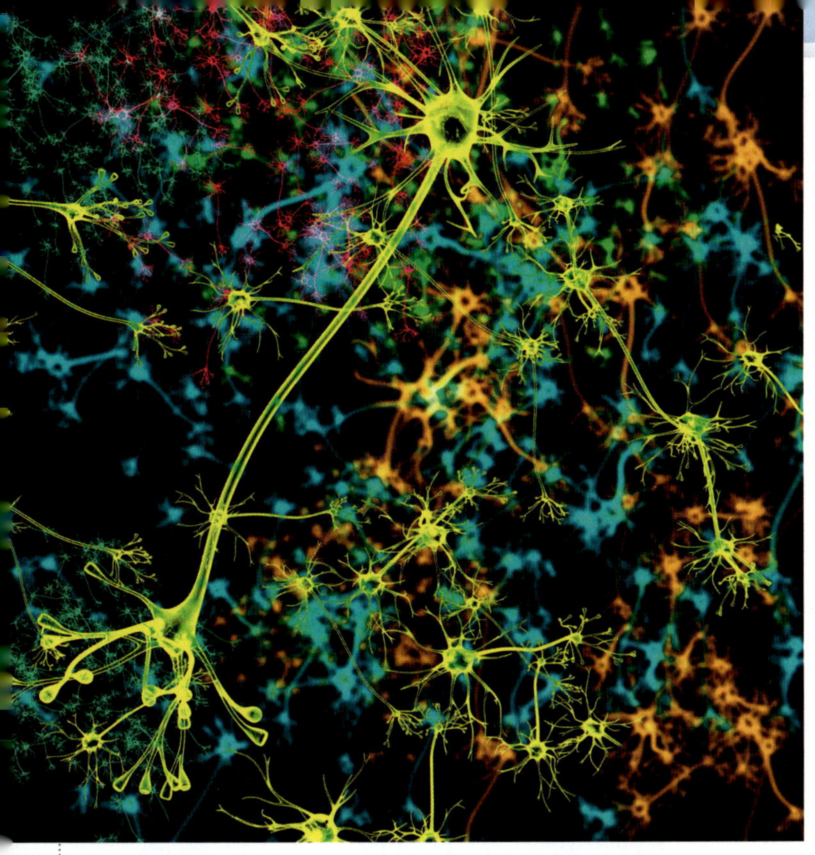

Neurones, infographie.

chacune de son côté et de manière inconsciente l'information, établissent entre elles une sorte de « conversation intégrée », un réseau. [...]

L'« inconscient neuronal » est-il capable de produire des questions originales, plutôt que de seulement traiter celles qu'on lui soumet ?

L. N. – Disons qu'il est capable de produire des scénarios alternatifs qui permettent de reformuler un problème posé, ce que le philosophe Charles Sanders Peirce appelait l'abduction. Dans le raisonnement, à côté de l'induction à partir d'une observation empirique et de la déduction à partir de l'analyse d'un concept, il y a aussi l'abduction : la possibilité de redéfinir la situation ou le problème, pour faire surgir une solution qui n'y est pas incluse. Créer une solution qui n'est pas directement inscrite dans l'énoncé du problème !

Par exemple ?

L. N. – La romancière Nancy Huston donne un très bel exemple dans l'un de ses récits. Un matin, elle appelle l'ascenseur. Quand il arrive, elle y voit une femme accroupie et se dit, presque instantanément : cette femme est en train de déféquer. Voilà une abduction inconsciente : pour expliquer la perception « adulte accroupi dans l'ascenseur », elle imagine un scénario explicatif non contenu dans la perception. Cette première couche explicative surgit à sa conscience sans qu'elle n'en ait été l'agent conscient. Autrement dit, cette première explication dont elle prend conscience n'est pas le fruit de son activité consciente. Ensuite, seulement, elle peut recourir au logico-déductif, prendre en compte les données matérielles disponibles et déduire d'autres scénarios jusqu'à se rendre compte que cette femme a tout bêtement perdu ses clés par terre. Mais c'est le signe que l'esprit produit inconsciemment des scénarios d'explication originaux. Dans les découvertes scientifiques, c'est souvent ainsi que cela se passe : il s'agit de trouver un scénario qui n'est pas contenu dans le problème. Alors que le logicodéductif détermine de manière presque binaire si une chose est correcte ou incorrecte, les processus mentaux inconscients font surgir de manière plus probabiliste des scénarios alternatifs. [...]

Les sciences du cerveau aident-elles les neuroscientifiques à augmenter leurs compétences cognitives, à trouver des idées neuves ?

L. N. – Personnellement, elles m'ont surtout incité à la patience : attendre avant de prendre mes décisions, laisser reposer le problème après l'avoir visité de fond en comble. Mais je préfère vous répondre par l'histoire tragique d'un ami neurologue qui a fait un accident vasculaire cérébral à l'hémisphère droit, du type de ceux qui déclenchent une « négligence » : on n'est plus conscient que de la moitié gauche de notre corps et de notre environnement, on vit dans un demi-univers mais on n'en est pas conscient ! Alors qu'on lui rendait visite, ce neurologue affirma : « J'ai de la chance, avec l'énorme accident que j'ai eu, j'aurais pu être totalement négligent. » Il ne suffit donc pas de savoir pour savoir... D'une manière générale, cette science permet surtout de mesurer avec humilité toutes les contraintes qui s'exercent sur le petit règne de la conscience.

Entretien pour *Philosophie magazine*, 11 juillet 2012.

1. Mécanisme de formation d'une idée.

ARRÊT SUR **IMAGES**

Freud, Passions secrètes, de J. Huston, 1962

Liens

Fiche technique

- **Genre :** biographie
- **Réalisateur :** John Huston
- **Scénario :** Jean-Paul Sartre, Wolfgang Reinhardt et Charles Kaufman
- **Distribution :** Montgomery Clift, Susannah York, Larry Parks, Susan Kohner...
- **Date de sortie :** 12 décembre 1962
- **Durée :** 139 min
- **Synopsis :** en 1885, Sigmund Freud, jeune médecin viennois, entre en désaccord avec le docteur Meynert. Il se rend alors à Paris pour assister aux séances d'hypnose de Charcot où il fait la connaissance de celui qui deviendra son ami, le docteur Joseph Breuer : avec l'appui de ce dernier, Freud se penche alors sur différents cas pathologiques qui défient les paradigmes médicaux de l'époque. C'est alors à ses propres rêves que sera confronté celui que l'on voit devenir, petit à petit, le père de la théorie de l'inconscient...

Activités

1 **Visionnez l'intégralité du film.**

2 **Répondez aux questions suivantes.**

COMPRÉHENSION

1. Comment le docteur Meynert analyse-t-il les hystériques ? Quel argument donne-t-il pour justifier son point de vue ?
2. Quelle méthode le docteur Charcot utilise-t-il pour étudier les hystériques ?
3. Pourquoi les médecins de l'époque considèrent-ils, dans leur grande majorité, que les hypothèses de Freud sont irrecevables ?
4. Qui est Joseph Breuer ? Quel rôle joue-t-il dans la genèse des idées de Freud ?
5. De quel trouble Cecily souffre-t-elle ?
6. Que découvre Freud à travers l'analyse de Carl von Schlosser ?
7. Quel enseignement Freud tire-t-il de l'analyse de ses propres rêves ?

RÉFLEXION

8. En quel sens les hypothèses de Freud peuvent-elles être considérées comme révolutionnaires, mais également comme immorales ?
9. Quel parallèle peut-on dresser entre la théorie de l'inconscient et les découvertes de Copernic puis de Darwin ?
10. Quelle fonction peut-on attribuer au langage dans la cure psychanalytique ?
11. La conscience et l'inconscient diffèrent-ils par nature, ou bien seulement par degrés ?
12. Quelles sont les objections que la science se trouve en droit d'adresser à Freud ? Comment pourrait-on cependant défendre la dimension scientifique de la psychanalyse ?
13. Peut-on dire que l'hypothèse de l'inconscient remet définitivement en cause l'idée de liberté ?
14. Quel vous semble devoir être le rapport du psychanalyste à son propre inconscient ?

EXERCICES

Les termes et les concepts-clés

1 Retenez les concepts clés du chapitre : conscience de soi, connaissance de soi, pensée, identité, conscience morale, inconscient, percevoir, apercevoir, le psychisme. Reprenez le cas de **l'enfant sauvage** (p. 100) et répondez aux questions suivantes.

a. Quelles sont les conditions qui permettent l'apparition de **la conscience** ? Peut-on dire que **la conscience de soi** est naturelle ?

b. Peut-on dire que Victor **se connaît lui-même** à l'état de nature ? A-t-il une **identité** ? Possède-t-il une **conscience morale** ?

c. De quoi Victor n'a-t-il pas conscience à l'état de nature ? Peut-on parler d'« **inconscient** » pour caractériser son cas ?

d. Victor n'est pas strictement sensible à tous les bruits qu'il perçoit. Trouvez, dans le film, un exemple qui vous permette d'utiliser la distinction **percevoir/apercevoir**.

e. Quels indices vous paraissent montrer que le **psychisme** de Victor évolue, dès lors qu'il est recueilli par le docteur Itard ?

PERSPECTIVES

2 À l'aide des pages 29-38 et du chapitre, identifiez les perspectives dans les sujets suivants et justifiez votre propos par la présentation des concepts et débats en jeu.

a. Prendre conscience de soi, est-ce devenir étranger à soi ?

b. Toute prise de conscience est-elle libératrice ?

c. Le moi s'identifie-t-il à la conscience ?

d. Suis-je responsable de ce que je suis ?

e. Peut-on ne pas être soi-même ?

Analyser un tableau

3 À propos de son tableau *L'Homme au chapeau melon* (p. 97), Magritte a déclaré dans une interview donnée à Jean Neyens (*Les Mots et les Images*, 1965) : *« Chaque chose que nous voyons en cache une autre, nous désirons toujours voir ce qui est caché par ce que nous voyons. Il y a un intérêt pour ce qui est caché et que le visible ne nous montre pas. »*

a. Par quel procédé ce tableau figure-t-il l'idée de Magritte ?

b. Trouvez un exemple concret permettant d'illustrer ce propos.

c. Quel lien faites-vous entre cette idée et la thèse de l'inconscient psychologique ?

Interprétez les symboles du rêve

4 Lisez le court texte de Freud, disponible en ligne (http://classiques.uqac.ca/classiques/freud_sigmund/reve_et_son_interpretation/reve_et_son_interpretation.html), intitulé *Le Rêve et son interprétation*.

a. Dégagez les grandes lois de ce que Freud nomme « *le travail du rêve.* »

b. Tâchez d'interpréter l'un des rêves proposés par Freud, sans lire son interprétation. Comparez ensuite votre interprétation à la sienne.

Apprendre à problématiser

5 Lisez la déclaration de Cambridge (www.cahiers-antispecistes.org/declaration-de-cambridge-sur-la-conscience/) relative à la conscience, puis l'article « Qu'est-ce que la conscience ? », disponible sur le site www.fondation-droit-animal.org.

En vous appuyant sur ces deux articles, répondez aux questions suivantes.

a. Pourquoi refuse-t-on le plus souvent la conscience à l'animal ?

b. Quel risque y a-t-il à supposer une trop grande fracture entre l'homme et l'animal ?

c. Quel risque y a-t-il à vouloir, inversement, rapprocher de trop près l'homme de l'animal, et réciproquement ?

Maîtriser les repères

6 À partir des textes du chapitre et des repères qui leur sont associés, répondez aux questions suivantes.

a. Médiat/immédiat ▸ p. 491

La conscience de soi est-elle médiate ou immédiate pour Descartes ? À qui s'oppose-t-il sur ce point ?

b. Intuitif/discursif ▸ p. 491

Ai-je besoin, pour Rousseau, de mobiliser la raison discursive pour distinguer le bien du mal ou bien puis-je y parvenir par intuition ?

c. Genre/espèce/individu ▸ p. 489

Pourquoi l'homme est-il une espèce générique selon Feuerbach ?

Réviser les points clés du chapitre

7 Répondez aux questions suivantes.

a. Quel type de connaissance la conscience apporte-t-elle ?

b. Peut-on se connaître soi-même ?

c. En quel sens peut-on dire que la conscience est le propre de l'homme ?

d. Pourquoi la conscience est-elle une notion ambivalente ?

e. Peut-on réduire la pensée à la conscience ?

BAC La dissertation

SUJET La conscience de soi est-elle une connaissance de soi ?

MÉTHODE

Étape 1 Interroger le sens du texte et identifier les perspectives

1 Définissez les termes du sujet de manière à éclairer leurs relations.

« la conscience de soi »
C'est la capacité de l'homme à penser sa propre existence. La conscience constitue donc un **savoir** qui est le propre de l'homme : les autres êtres vivants n'ont pas cette capacité de pouvoir dire « je ». C'est la raison pour laquelle nous faisons de la conscience de soi *le propre de l'homme*.

« la connaissance de soi »
Le terme de « connaissance » a différents sens.
– **Sens faible** : une connaissance renvoie à tout ce dont on fait l'expérience.
– **Sens fort** : la connaissance est un savoir qui répond aux critères de la lucidité et de l'objectivité. Dans cette optique, nous connaissons une chose à partir du moment où nous pouvons l'expliquer.
Ici, connaître revient à accéder au vrai, en déjouant les puissances trompeuses qui peuvent venir nous illusionner.

« le soi »
Formé à partir d'un pronom réfléchi, le mot renvoie à l'identité personnelle.

Étape 2 Comprendre le problème posé par le sujet

2 Dégagez :

l'opinion commune : si la conscience se définit comme la faculté que nous avons de pouvoir connaître le monde et nous-mêmes, il semble bien à première vue que conscience de soi et connaissance soient équivalentes.

le paradoxe (= expérience qui justifie que la question se pose) : mais suffit-il de s'apercevoir pour se connaître réellement ? Pour déterminer l'opinion commune, nous avons mobilisé *une conception* générale de la connaissance (= sens faible). Le paradoxe s'appuie sur une définition plus précise du terme.
Thèse : il existe de nombreuses expériences qui montrent que nous sommes obscurs à nous-mêmes.

3 Énoncez explicitement la problématique.
Suffit-il de s'apercevoir soi-même pour accéder à une authentique connaissance de soi ?
Ce sujet peut se lire dans la perspective de l'existence humaine et **de la culture (p. 30)** : la conscience, dont l'homme se réclame pour

CONSEILS

Trouvez les liens entre les différents termes du sujet. Étymologie : *cum scientia* = « avec savoir » : « avoir la connaissance de »

PERSPECTIVES L'existence humaine et la culture, p. 30

Exposez la thèse qui paraît la plus évidente. Pour trouver le paradoxe, cherchez dans l'expérience ce qui vient contredire l'opinion commune. En dégageant l'opinion commune, puis le paradoxe, on justifie la question posée, en montrant qu'elle n'admet pas de réponse simple.

PERSPECTIVES La connaissance, p. 36

La teneur problématique de la question peut résider dans les termes du sujet qui ne renvoient pas explicitement à une notion du programme. D'où l'importance de bien définir les termes.

PERSPECTIVES En quel sens ce sujet peut-il également être lu sous l'angle d'une perspective morale ?

MÉTHODE BAC

se distinguer de l'animal, ne s'illusionnerait-elle pas sur ses propres capacités ? N'est-elle pas déterminée en profondeur par des mécanismes qui lui échappent ?

Étape 3 Identifier trois grandes thèses

4 **Formulez vos thèses pour répondre à la question posée.**
I. On ne peut échapper au savoir de sa propre existence. La conscience engendre donc une forme immédiate de connaissance de soi.
II. Mais la conscience de soi ne permet pas d'accéder immédiatement à la vérité sur soi.
III. Un ensemble de médiations s'avère nécessaire pour réussir à se connaître.

Notez l'importance des repères (ici : médiat/immédiat, v. p. 491), qui peuvent servir à passer d'une thèse à l'autre.

Étape 4 Rédiger une introduction

5 **Dans l'introduction**, révélez la dimension problématique de la question posée. L'essentiel est de montrer qu'il n'existe **pas de réponse simple**.
Ce faisant, vous justifiez la **nécessité d'une réflexion**, qui se concrétisera dans la rédaction de la dissertation.

PROPOSITION D'INTRODUCTION RÉDIGÉE

Dans ses *Pensées*, Pascal écrit « qu'il n'est pas permis au plus équitable homme du monde d'être juge en sa propre cause ». Est-ce à dire que la conscience de soi, qui constitue le propre de chaque homme, n'engage pas toujours la connaissance de soi ?

L'**accroche**, située en début d'introduction, a pour fonction d'intéresser au sujet.

On peut définir la conscience comme la capacité qu'a l'homme de pouvoir se représenter le monde et lui-même.

Définition 1

C'est donc que la conscience, comme le suggère son étymologie (*cum scientia*, qui signifie « avec savoir ») est une connaissance, c'est-à-dire un savoir qui nous permet d'identifier que nous sommes, mais aussi qui nous sommes.

Définition 2

Nous procurant la capacité à dire « Je », la conscience nous confère une identité, soit la possibilité de nous identifier comme étant le même à travers tous les changements qui nous affectent. Puisqu'il est donc impossible d'échapper au savoir de sa propre existence, il semble bien d'abord que conscience de soi et connaissance de soi soient strictement équivalentes.

Dans la **première partie de l'introduction**, formulez l'**opinion commune**, à partir d'une première définition des termes.

Mais suffit-il de se savoir exister pour prétendre à une authentique connaissance de soi ? Ce serait certainement demeurer aveugle aux obstacles qui se dressent face à la prétention de porter un regard objectif sur soi. Comme le suggère Pascal, l'amour-propre ne vient-il pas toujours, par exemple, travestir le regard que nous portons sur nous-mêmes ? Bien plus, ne sommes-nous pas parfois capables de nous mentir à nous-mêmes, en tâchant de fuir les multiples responsabilités qui nous incombent ? Tout se passe en effet comme si la connaissance de soi, pour aboutir, nécessitait des médiations : le temps, les obstacles, les échecs, les autres, etc. Suffit-il donc de s'apercevoir soi-même pour se connaître ?

Dans la **seconde partie de l'introduction** :
– Formulez le **paradoxe** à partir d'**exemples** qui viennent contredire l'opinion commune ;
– Terminez par la formulation de la **problématique**.

DU CAS POUR L'ÉTUDE…

Les devoirs du médecin

- **À quels devoirs envers son patient le médecin est-il tenu ?**
- **Le médecin doit-il suivre des règles strictes ou adapter son action aux circonstances ?**
- **Ces devoirs peuvent-ils entrer en conflit ?**
- **Un devoir peut-il primer sur un autre ? Sont-ils également impératifs ?**

Le **Code de déontologie médicale**, qui régit les devoirs du médecin, s'inscrit dans le Code de la santé publique et prend ainsi une valeur juridique.

1 Le serment d'Hippocrate

Le serment d'Hippocrate (médecin grec du IVe siècle av. J.-C.) est traditionnellement prêté par les médecins, en Europe, avant de commencer à exercer.

Mon premier souci sera de rétablir, de préserver ou de promouvoir la santé dans tous ses éléments, physiques et mentaux, individuels et sociaux. […] Admis dans l'intimité des personnes, je tairai les secrets qui me seront confiés. Reçu à l'intérieur des maisons, je respecterai les secrets des foyers et ma conduite ne servira pas à corrompre les mœurs.

Serment d'Hippocrate (dans la formulation retenue par l'Ordre des médecins en 2012).

Odilon Redon (1840-1916), *Le Silence*, vers 1895-1900, huile sur toile, Palais des Beaux-Arts, Lille.

2 Le secret médical

Le médecin doit respecter le secret professionnel : notamment, il ne doit pas révéler à d'autres des informations sur la santé de ses patients. Mais jusqu'où s'étend cette obligation ?

Le secret professionnel, institué dans l'intérêt des patients, s'impose à tout médecin dans les conditions établies par la loi. Le secret couvre tout ce qui est venu à la connaissance du médecin dans l'exercice de sa profession, c'est-à-dire non seulement ce qui lui a été confié, mais aussi ce qu'il a vu, entendu ou compris.

Article 4 du Code de déontologie médicale.

3 Un dilemme moral

Un médecin doit-il révéler aux partenaires sexuels d'une personne séropositive le risque de contamination, si le patient se refuse à le faire ?

L'infection au VIH et le sida ont renouvelé et rendu plus aiguë encore la contradiction entre les impératifs de respect des droits de la personne concrétisé par l'obligation de secret professionnel et les impératifs de protection de la collectivité représentée ici par le partenaire d'une personne séropositive. Cette grave contradiction est illustrée par les situations où une personne séropositive refuse d'informer son partenaire. [...]

Le Conseil national du sida, considérant que ce débat ne se pose pas d'abord en termes juridiques mais en termes de morale et de responsabilité des comportements, estime nécessaire d'évaluer les avantages et les inconvénients de la levée du secret à l'égard des partenaires sexuels d'une personne touchée par le VIH, sans son consentement.

Affiche de prévention, 2016.

Les avantages de la levée du secret médical seraient de protéger les intérêts de tiers dans un certain nombre de cas.

La levée du secret médical comporte des dangers et des inconvénients :

– l'impossibilité de vérifier la fiabilité des déclarations du patient sans recourir à un système d'enquête quasiment policier ;

– l'inefficacité des stratégies de prévention liée à la perte de confiance dans la relation entre le patient et le médecin [...] ;

– des risques de dérive : envisager de façon ouverte une rupture du respect strict et absolu du secret professionnel, même à titre exceptionnel pour le sida, expose à d'autres ruptures qui, à terme, mettraient gravement en cause son principe même. [...]

En définitive, il ne peut y avoir, de la part du médecin, recherche des partenaires sexuels pour notification qu'en abolissant gravement et sans doute définitivement le contrat de confiance qu'établit le secret professionnel. En outre, cette recherche implique un cortège de mesures répressives et de contraintes difficilement acceptables sur le plan éthique.

Le Conseil national du sida estime que les inconvénients d'accepter pour le sida une rupture du secret médical l'emportent sur les avantages. Il importe de tout faire pour que les membres du corps médical contribuent à aider les personnes séropositives à assumer leur responsabilité envers leurs partenaires. [...] Il estime que placer les avantages supposés de la société avant celui de la personne constituerait une grave injustice pour tous ceux, les plus nombreux, qui s'efforcent sans contrainte de garder leur dignité d'individus responsables.

Avis du 16 mai 1994 par le Conseil national du sida sur la question du respect du secret professionnel appliqué aux soignants des personnes atteintes par le VIH.

Questions

1. **Dans quel but le secret médical est-il institué ?**
2. **Quel conflit de devoirs peut se présenter aux médecins dans le cas du VIH ?**
3. **Comment la loi, conformément à l'avis du Conseil national du sida, a-t-elle tranché le conflit ?**
4. **Cette disposition supprime-t-elle tout conflit de devoirs pour les médecins ?**

Pour aller plus loin

1. Quelles sont les recommandations du Conseil de l'ordre des médecins belges sur ce conflit de devoirs d'après son avis du 21 mars 2009 ? Qu'est-ce que l'état de nécessité ? La loi belge est-elle identique à la loi française ?
2. Recherchez ce que signifie le mot *déontologie*.
3. Quels changements entraîne l'inscription d'un devoir dans la loi ? Qu'est-ce qui justifie l'institution du Code de déontologie médicale ?

Podcast

Que faire en cas de conflit de devoirs ?

REPÈRES
Obligation/contrainte
▸ p. 492

1 Le caractère impératif du devoir

▶ Le devoir est une prescription impérative qui nous est parfois donnée par une institution extérieure, mais qui est toujours respectée en vertu d'un sentiment d'obligation intérieure. Ainsi, les devoirs du médecin sont inscrits dans le Code de déontologie médicale au respect duquel veille le conseil de l'ordre. Cependant, au sens strict, le devoir est un acte d'**autonomie**.

▶ Le devoir n'est pas une contrainte, mais une **obligation**, obligation juridique dans le cas du Code de déontologie, et morale lorsque nous nous donnons à nous-mêmes notre loi. Ainsi le médecin s'oblige-t-il à ne jamais révéler à des tiers ce qu'il a appris dans une consultation. Mais il peut être tiraillé entre plusieurs obligations, par exemple, entre respecter le secret médical et préserver la santé d'une personne ayant des relations sexuelles avec une personne séropositive qui refuse d'informer son partenaire des risques de contamination (voir p. 127). Afin d'éviter le conflit entre différentes obligations juridiques, la loi s'efforce de préciser les circonstances dans lesquelles elle s'applique, mais jamais elle ne supprimera les dilemmes moraux.

REPÈRES
Absolu/relatif
▸ p. 486

2 Quel est le fondement du devoir ?

▶ Comment identifier **les règles** à suivre ? Faut-il nous fier à la **nature**, à l'ordre du monde ? (Marc Aurèle, p. 130) À la **coutume**, qui nous montre, par exemple, que le meurtre ou le mensonge sont désapprouvés dans la plupart des sociétés ? À ce que prescrivent les **autorités** religieuses ou les lois de notre pays ? (Descartes, p. 296)

Annibal Carrache (1560-1609), *Hercule à la croisée des chemins*, 1595-1596, huile sur toile, 167×237 cm, musée de Capodimonte, Naples.

▶ Mais ce serait renoncer au caractère **absolu** du devoir et abandonner notre capacité à juger et à agir par nous-mêmes. Puisque nous cherchons ce qu'il faut faire indépendamment de notre intérêt personnel et des circonstances, nous devons nous demander si l'action que nous envisageons resterait valable **dans n'importe quelles circonstances**, pour n'importe quel sujet. Pour reconnaître nos devoirs, Kant propose le critère formel de l'**universalisation**. Par exemple, que se passerait-il si tout le monde mentait ? Nous ne pourrions plus nous fier à la parole et les relations entre les hommes perdraient toute valeur et tout sens.

▶ Certes, il n'est pas facile de se tenir à la règle que l'on s'est donnée à soi-même. Il est même extrêmement difficile d'agir toujours **par devoir**. Cela suppose en effet d'ignorer toutes nos préférences personnelles, tous nos penchants spontanés, pour considérer de manière purement **rationnelle** ce qu'il faut faire et le réaliser effectivement. Kant affirme que le devoir est un « **impératif catégorique** », c'est-à-dire qu'aucune condition ne peut être apportée à son exécution (Kant, p. 132-135 ; Weil, p. 136).

▶ La considération des conséquences n'entre donc pas en jeu dans l'établissement de ce qu'il est de notre devoir de faire : seule compte la pureté de l'**intention**.

▶ Lorsque nous agissons par devoir, notre **volonté** fait taire nos penchants naturels à la paresse, au plaisir… Mais est-il légitime, et même simplement possible, de réprimer ainsi notre sensibilité ? Notre nature sensible n'est-elle pas au contraire la source de notre compassion et de notre bienveillance envers autrui ? Et comment justifier une telle **violence** exercée contre soi-même ? (Nietzsche, p. 143)

REPÈRES

Origine/ fondement ▶ p. 492

3 Quelle est l'origine du devoir ?

▶ Ériger le devoir au rang d'un commandement inconditionné peut conduire à méconnaître l'origine empirique du devoir. La **socialisation** repose sur **l'intériorisation de normes sociales** qui tirent leur force du fait qu'elles sont relayées par de multiples instances, telles que la famille, le milieu professionnel ou les lois de l'État (Bergson p. 138).

▶ Ainsi le serment d'Hippocrate est prononcé par les jeunes médecins qui viennent de soutenir la thèse qui fait d'eux des « docteurs » (« Cas pour l'étude », p. 126). Nos devoirs sont **constitutifs** de notre **identité sociale et morale** ; c'est pourquoi il peut être si difficile d'y manquer. Il faut toutefois mettre en question l'estime que nous accordons à ce sentiment de **dette morale** (Nietzsche p. 143).

Domenico Ghirlandaio (1449-1494), *Francesco Sassetti et son fils Teodoro*, vers 1487, 84,5 x 63,8 cm, Metropolitan Museum of Art, New York.

4 Peut-on désobéir par devoir ?

▶ Dans certaines circonstances, ne sommes-nous pas obligés de mentir pour ne pas trahir un autre devoir ? C'est le problème que pose Constant à Kant[1]. Si un assassin me demande si je cache l'homme qu'il poursuit, dois-je le lui avouer ? Le devoir de **véracité** me commande de dire la vérité, tandis que le devoir de **protéger la vie d'autrui** me commande de ne pas livrer un homme à son assassin.

▶ Les circonstances nous pressent : nous sommes condamnés à choisir. Que devons-nous donc faire ? Constant affirme avoir trouvé une solution qui lui permet de ne pas abandonner le principe selon lequel « la vérité est un devoir ». Il faudrait ajouter une précision – autrement dit, une **condition** : la vérité n'est un devoir « qu'envers ceux qui ont **droit à la vérité** ». Or, l'assassin ne respecte pas le devoir qui nous impose de protéger autrui et nous interdit d'attenter à sa vie. Et nous n'avons pas de devoir envers qui ne respecte pas le devoir.

▶ Cette solution revient à affirmer qu'il y a une **hiérarchie entre les devoirs** : le devoir de protéger autrui serait plus important que le devoir de dire la vérité. Mais reconnaître une telle hiérarchie impose de renoncer au caractère absolu du devoir. En outre, qui est en position de décider qui a droit à la vérité ? Sur quoi repose un tel droit ? Comme l'écrit Weil, les droits ne précèdent pas les devoirs, mais au contraire les droits n'ont d'existence qu'à condition d'affirmer que le devoir existe (Weil, p. 136).

1. B. Constant, *Des Réactions politiques*, VII, « Des principes », 1796 ; Kant, *D'un prétendu droit de mentir par humanité*, 1797.

Texte à télécharger

À RETENIR…

- Le **devoir** est une **obligation** qui prend la forme d'un commandement impératif (« Il faut toujours dire la vérité » ou « Tu ne tueras point »). C'est un acte d'**autonomie**.
- **Envers qui** avons-nous des devoirs ? Avons-nous des devoirs envers nous-mêmes ? Déterminer envers qui nous sommes obligés engage une définition du devoir.

QUESTION

1 Quel est le fondement du devoir ?

TEXTE 1 Marc Aurèle, *Pensées pour moi-même*, 180

MARC AURÈLE
121-180
Antiquité
▸ p. 497

Dans les Pensées pour moi-même, *le philosophe stoïcien Marc Aurèle s'exhorte à faire « la besogne de l'homme », à bien agir plutôt que de se complaire dans l'oisiveté et le plaisir. Agir moralement, c'est se conformer à l'ordre du monde, à la nature universelle.*

À l'aurore, lorsque tu te réveilles péniblement, aie toute prête cette pensée : « C'est pour faire œuvre d'homme que je m'éveille. » Vais-je donc encore m'irriter, si je m'en vais faire ce pour quoi je suis né et ai été amené au monde ? Est-ce pour rester au chaud, couché dans mes couvertures, que j'ai été formé ? – Mais c'est plus agréable ! – Est-ce donc pour le plaisir que tu es né ? N'est-ce pas pour agir ? Ne vois-tu pas les plantes, les moineaux, les fourmis, les abeilles faire leur besogne propre, apportant leur part à l'ordre du monde ? Alors, ne veux-tu pas faire la besogne de l'homme ? Ne vas-tu pas te presser d'agir conformément à ta nature ? – Mais il faut aussi prendre du repos. – Je le dis aussi ; mais la nature a fixé sa mesure, comme elle a fixé celle du manger et du boire ; pourtant tu dépasses cette mesure, tu vas au-delà de ce qui suffit ; tandis qu'en agissant, il n'en est plus ainsi, mais tu restes en deçà du possible. Ce n'est pas toi en effet que tu aimes ; sans quoi tu aimerais ta propre nature et ses exigences. D'autres aiment tellement leur métier qu'ils s'absorbent dans leur tâche, sans se baigner et sans manger. Ta nature a-t-elle pour toi moins de prix que la ciselure pour le ciseleur[1], la danse pour le danseur, l'argent pour l'avare, ou la vaine gloire pour le vaniteux ? Et ceux-ci, lorsqu'ils se passionnent, préfèrent ne pas manger et ne pas dormir plutôt que de ne pas faire avancer leur tâche. Les activités sociales te paraissent-elles d'un moindre prix et moins dignes de tes soins ?

Comme il est facile d'écarter et d'effacer toute idée gênante ou convenant mal, et d'être immédiatement dans un calme complet !

Juge-toi digne de dire toute parole, d'accomplir tout acte conforme à la nature ; que les reproches ou les propos qui parfois les suivent ne t'en détournent pas ; quand il est bien de parler ou d'agir, juge-toi digne de le faire. Ceux-là ont leur propre pensée et leurs propres inclinations ; n'en tiens pas compte ; va droit ton chemin, en te conformant à ta nature propre et à la nature universelle ; il n'y a qu'une route pour l'une et pour l'autre.

Marc Aurèle, *Pensées pour moi-même*, livre V, § 1-3, dans *Les Stoïciens*, © Gallimard, « Bibliothèque de la Pléiade », trad. Bréhier et P. M. Schul, 1962, p. 1169-1170.

1. Artisan qui orne des métaux de motifs décoratifs en y imprimant des reliefs.

CONCEPT

Pour les Anciens, la **nature** n'est pas seulement l'ensemble de ce qui est ; c'est aussi la norme de ce qui doit être.

Questions

1. La nature doit-elle nous servir de modèle ?
2. Existe-t-il une opposition entre notre nature singulière et l'ordre du monde ?

Pour aller plus loin

Quel est le fondement de la morale d'après le texte de Marc Aurèle ? Comparez avec celui de Kant, p. 132.

TEXTE 2 Platon, *Apologie de Socrate*, IVe s. av. J.-C.

Comment connaissons-nous nos devoirs ? Le devoir se manifeste à Socrate sous la forme d'une voix intérieure, d'un daïmon *qui lui interdit certaines actions mais qui ne lui commande jamais positivement de faire quelque chose.*

PLATON
Vers 427 av. J.-C.-
Vers 347 av. J.-C.
Antiquité
▸ p. 498

SOCRATE. – Une chose pourra toutefois sembler étrange : alors que, bien sûr, je prodigue à tout vent mes conseils en privé et que je me mêle des affaires de tout le monde, je n'ai pas l'audace de m'occuper des affaires publiques et de monter à la tribune de l'Assemblée du peuple, dont vous êtes les membres, pour donner des conseils à la cité. Cela tient à ce que, comme vous l'avez maintes fois entendu dire, se manifeste à moi quelque chose de divin, de démonique, dont précisément fait état Métélos[1] dans l'accusation qu'il a intentée, en se comportant comme un auteur de comédie. Les débuts en remontent à mon enfance. C'est une voix qui, lorsqu'elle se fait entendre, me détourne toujours de ce que je vais faire, mais qui jamais ne me pousse à l'action. Voilà ce qui s'oppose à ce que je me mêle des affaires de la cité, et c'est là – pour ma part je le crois – une opposition particulièrement heureuse. Car sachez-le, Athéniens, si j'avais entrepris de me mêler des affaires de la cité, il y a longtemps que je serais mort et que je ne serais plus d'aucune utilité ni pour vous ni pour moi-même.

Platon, *Apologie de Socrate*, 31c-31e,

1. Métélos est, avec Anytos et Lycon, un des trois accusateurs de Socrate, dans le procès qui aboutira à la condamnation à mort de celui-ci, en 399 avant J.-C.

L'Acropole, Athènes.

DÉFINITION

Un ***daïmon***, en Grèce, est un être intermédiaire entre les dieux et les hommes. Ce terme n'a pas la connotation négative que prendra le mot *démon* dans certaines religions.

Questions

1. **Les autres peuvent-ils connaître les devoirs qui m'incombent ? Peuvent-ils me prescrire comment agir ?**
2. **Que Socrate ne prenne pas part au débat politique dans l'Assemblée implique-t-il qu'il ne se soucie pas du sort de ses concitoyens ?**

PERSPECTIVES

La morale et la politique

- Comment Socrate est-il utile à ses concitoyens s'il ne se mêle pas des affaires de la cité ?
- Comment comprenez-vous que le *daïmon* de Socrate ne le pousse jamais à une action, mais lui en interdise certaines ?

TEXTE 3 Kant, *Fondements de la métaphysique des mœurs*, 1785

Pour Kant, le devoir est un « impératif catégorique » (v. p. 128). Ce commandement absolu se distingue des autres impératifs qui sont seulement « hypothétiques », c'est-à-dire qu'ils permettent d'établir qu'une action est bonne relativement à une fin que l'on se propose d'accomplir.

KANT
1724-1804
Époque moderne
▸ p. 507

La représentation d'un principe objectif, en tant que ce principe est contraignant pour une volonté, s'appelle un commandement (de la raison), et la formule du commandement s'appelle un impératif. […]

Or tous les impératifs commandent ou *hypothétiquement* ou *catégoriquement*. Les impératifs hypothétiques représentent la nécessité pratique d'une action possible, considérée comme le moyen d'arriver à quelque chose que l'on veut (ou du moins qu'il est possible qu'on veuille). L'impératif catégorique serait celui qui représenterait une action comme nécessaire pour elle-même, et sans rapport à un autre but, comme objectivement nécessaire. […]

On peut donner le nom de *prudence*, en prenant ce mot dans son sens le plus étroit, à l'habileté dans le choix des moyens qui nous conduisent à notre plus grand bien-être. Aussi l'impératif qui se rapporte au choix des moyens en vue de notre bonheur propre, c'est-à-dire la prescription de la prudence, n'est toujours qu'*hypothétique* ; l'action est commandée, non pas absolument, mais simplement comme moyen pour un autre but.

Enfin, il y a un principe qui, sans poser en principe et comme condition quelque autre but à atteindre par une certaine conduite, la commande immédiatement. Cet impératif est catégorique. Il concerne, non pas la matière de l'action, mais la forme et le principe dont elle résulte elle-même ; et l'essentiellement bon en elle consiste dans l'intention, quelles que soient les conséquences. Cet impératif peut être nommé celui de la moralité.

L'acte de vouloir selon ces trois sortes de principes est encore clairement spécifié par la *différence* qu'il y a dans le genre de contrainte qu'ils exercent sur la volonté. Or, pour rendre cette différence sensible, on ne pourrait, je crois, les désigner dans leur ordre de façon plus appropriée qu'en disant : ce sont ou des *règles* de l'habileté, ou des *conseils* de la prudence, ou des *commandements* (des lois) de la moralité. Car il n'y a que la loi qui entraîne avec soi le concept d'une nécessité *inconditionnée*, universellement valable, et les commandements sont des lois auxquelles il faut obéir, c'est-à-dire se conformer même à l'encontre de l'inclination. L'*énonciation des conseils* implique, il est vrai, une nécessité, mais une nécessité qui ne peut valoir que sous une condition subjective contingente, selon que tel ou tel homme fait de ceci ou de cela une part de son bonheur ; en revanche, l'impératif catégorique n'est limité par aucune condition, et comme il est absolument, quoique pratiquement nécessaire, il peut être très proprement appelé un commandement.

Emmanuel Kant, *Fondements de la métaphysique des mœurs*, IIe section, © Vrin, « Bibliothèque des textes philosophiques », trad. V. Delbos revue par A. Philonenko, 1992, p. 84-88.

REPÈRES

- Contingent/nécessaire ▸ p. 487
- Objectif/subjectif/intersubjectif ▸ p. 491
- Formel/matériel ▸ p. 489

CONCEPT

Pour Kant, une action n'est pas morale si elle correspond à une valeur donnée (courage, honnêteté…), qui est la **matière** de la moralité. Elle est morale si elle peut être **universalisée**, c'est-à-dire si je peux vouloir que tous agissent comme moi. L'universalisation est un critère **formel**.

Questions

1. **Quelles sont les deux grandes catégories d'impératifs pour Kant ? Quelles sont les subdivisions de l'une des deux ?**
2. **D'après Kant, devons-nous chercher à tout prix notre bien-être ?**

FOCUS SUR UNE ŒUVRE

Fondements de la métaphysique des mœurs, de Kant

CLÉS DE LECTURE

▶ **Date de composition :** 1785.

▶ **Titre :** *Fondements de la métaphysique des mœurs*

Un fondement, du latin *fundamentum* (« fondation »), désigne ce qui sert de base, comme les fondations qui soutiennent un édifice en architecture.

▶ **Genre :** ouvrage de philosophie morale.

▶ **Question posée :** d'où vient et en quoi consiste la faculté morale des humains ?

▶ **Contexte :**

1. **Une réflexion sur les pouvoirs de la raison :** exaltée par les philosophes des Lumières, mais critiquée à la fin du XVIIIe siècle en Allemagne, notamment au nom de la foi.
2. **Une réaction au développement de la philosophie populaire :** le souci, chez Kant, de promouvoir une éducation morale fondée sur une conception claire de l'obligation.
3. **La confrontation avec des idées nouvelles** concernant le rôle des sentiments dans la morale (Hume) et la place à donner au bonheur (Bentham).

▶ **Le témoignage de Kant :** « Deux choses remplissent le cœur d'une admiration et d'une vénération toujours nouvelles et toujours croissantes, à mesure que la réflexion s'y attache et s'y applique : le ciel étoilé au-dessus de moi et la loi morale en moi » (> p. 150).

STRUCTURE DE L'ŒUVRE

PRÉFACE

▶ Kant présente l'objet de son étude, la morale, et la méthode choisie pour l'étudier, la métaphysique. Il oppose **approche empirique** (à partir des données de l'observation) et **approche métaphysique** (à partir d'une déduction de concepts). Kant justifie son **choix de la seconde approche** : elle seule est capable de saisir les notions de devoir et d'obligation absolue, principes de toute moralité.

▶ Il annonce qu'il suivra un double mouvement dans son analyse : du concept de l'action désintéressée à la faculté de la raison (**voie analytique**), puis du concept de raison à la déduction de l'action par devoir (**voie synthétique**).

PREMIÈRE SECTION

▶ L'auteur expose la notion de « **bonne volonté** » : il s'agit de la volonté de faire le bien, quels que soient les résultats et les conséquences de l'action. Kant associe **bien moral et indépendance** par rapport aux **penchants** (recherche du plaisir, v. p. 245).

▶ Il montre pourquoi la bonne volonté n'est pas une illusion, en la déduisant de notre faculté de raison. C'est l'existence de la **raison** qui fonde la possibilité de la **bonne volonté**, et donc du principe de la **moralité**.

▶ Kant analyse la notion de **devoir** comme expression de la bonne volonté et de la loi morale. Il distingue **l'action faite par devoir** et **l'action faite conformément au devoir**.

DEUXIÈME SECTION

▶ Kant rapporte la tradition de **scepticisme** envers la faculté morale de l'homme : le doute envers notre capacité d'agir par devoir, le poids des passions et de l'égoïsme. Il montre que seule une méthode métaphysique peut établir la possibilité de cette faculté : ce sont les données de l'expérience qui entretiennent le doute.

▶ De la raison humaine, on peut déduire **l'autonomie de la volonté par rapports aux penchants**. Parce que notre volonté doit résister aux penchants, la **morale** est pour nous de l'ordre de la **contrainte**.

▶ Kant présente le devoir à l'intérieur d'une théorie de « l'impératif » (en latin, « ce qui commande »). Il distingue impératifs catégoriques et hypothétiques. C'est dans l'**homme**, dans sa **capacité de raison**, qu'il faut chercher le **fondement de la morale**.

TROISIÈME SECTION

▶ Kant montre le **lien entre moralité et libert**é : par sa raison seule, l'homme est capable de se donner des lois. Kant souligne la **double nature de l'homme** : à la fois « sensible » (nature animale) **et « intelligible »** (raison). Il définit la **liberté** comme une **Idée** : si elle ne peut être prouvée par l'expérience, elle peut être pensée et postulée.

1 POUR ENTRER DANS L'ŒUVRE

Le seul bien, c'est le bien moral

Kant nous invite à réfléchir dans ce texte à ce que nous tenons pour « bien ».

De tout ce qu'il est possible de concevoir dans le monde, et même en général hors du monde, il n'est rien qui puisse sans restriction être tenu pour bon, si ce n'est une *bonne volonté*. L'intelligence, la finesse, la faculté de juger, et les autres *talents* de l'esprit, de quelque nom qu'on les désigne, ou bien le courage, la décision, la persévérance dans les desseins[1], comme qualités du *tempérament*, sont sans aucun doute à bien des égards choses bonnes et désirables ; mais ces dons de la nature peuvent devenir aussi extrêmement mauvais et funestes[2] si la volonté qui doit en faire usage, et dont les dispositions propres s'appellent pour cela *caractère*, n'est point bonne. Il en est de même des dons de la fortune[3]. Le pouvoir, la richesse, la considération, même la santé ainsi que le bien-être complet et le contentement de son état, ce qu'on nomme le *bonheur* engendrent une confiance en soi qui souvent aussi se convertit en présomption[4] dès qu'il n'y a pas une bonne volonté pour redresser et tourner vers des fins universelles l'influence que ces avantages ont sur l'âme, et du même coup tout le principe de l'action ; sans compter qu'un spectateur raisonnable et impartial ne saurait jamais éprouver de satisfaction à voir que tout réussisse perpétuellement à un être que ne relève aucun trait de pure et bonne volonté, et qu'ainsi la bonne volonté parait constituer la condition indispensable même de la dignité à être heureux.

Emmanuel Kant, *Fondements de la métaphysique des mœurs*, Première section, trad. V. Delbos, © Vrin, 2015, p. 78-79.

1. Projets.
2. Qui apporte la mort.
3. Les hasards de la vie.
4. Ici, prétention.

Questions

1. **Qu'est-ce qui oppose la bonne volonté à tout ce qui est habituellement tenu pour un « bien » par la plupart des humains ?**
2. **Comment définir la « bonne volonté » (l. 3) ?**
3. **Quelle distinction y a-t-il entre le bonheur et « la dignité à être heureux » (l. 19), selon vous ?**

2 POUR COMPRENDRE SA PROBLÉMATIQUE

La source des obligations

L'auteur nous propose ici une explication de notre capacité à agir par devoir, sans considération d'intérêts personnels.

Si donc il doit y avoir un principe pratique[1] suprême, et au regard de la volonté humaine un impératif catégorique[2], il faut qu'il soit tel que, par la représentation de ce qui, étant *une fin en soi*[3], est nécessairement une fin pour tout homme, il constitue un principe *objectif*[4] de la volonté, que par conséquent il puisse servir de loi pratique universelle. Voici le fondement de ce principe : *la nature raisonnable existe comme fin en soi*. L'homme se représente nécessairement ainsi sa propre existence ; c'est donc en ce sens un principe *subjectif*[5] d'actions humaines. Mais tout autre être raisonnable se présente également ainsi son existence, en conséquence du même principe rationnel qui vaut aussi pour moi ; c'est donc en même temps un principe *objectif* dont doivent pouvoir être déduites, comme d'un principe pratique

1. Qui concerne l'action.
2. Qui oblige de manière absolue, inconditionnelle (par opposition à l'impératif hypothétique).
3. Ce qui tient sa propre valeur de soi-même.
4. Qui vaut pour tous.
5. Qui vaut pour le sujet.

6. Un moyen est au service d'une autre fin que lui-même.

suprême, toutes les lois de la volonté. L'impératif pratique sera donc celui-ci : *Agis de telle sorte que tu traites l'humanité aussi bien dans ta personne que dans la personne de tout autre toujours en même temps comme une fin, et jamais simplement comme un moyen*[6].

Deuxième section, op. cit., p. 142-143.

Questions

1. **Pourquoi les humains sont-ils capables d'agir par devoir : quel est le fondement de l'impératif catégorique ?**
2. **Que pouvons-nous en déduire sur la relation que nous devons avoir avec les autres ?**

3 POUR COMPRENDRE SA MÉTHODE

La thèse : la capacité morale se déduit de la raison et de sa liberté.

C'est dans la faculté de raison que réside la possibilité de l'autonomie et donc de l'action désintéressée pour Kant.

Et je soutiens qu'à tout être raisonnable, qui a une volonté, nous devons attribuer nécessairement aussi l'idée de la liberté, et qu'il n'y a que sous cette idée qu'il puisse agir. Car dans un tel être nous concevons une raison qui est pratique[1], c'est-à-dire qui est douée de causalité[2] par rapport à ses objets. Or il est impossible de concevoir une raison qui en pleine conscience recevrait pour ses jugements une direction du dehors ; car alors le sujet[3] attribuerait, non pas à sa raison, mais à une impulsion, la détermination de sa faculté de juger. Il faut que la raison se considère elle-même comme l'auteur de ses principes, indépendamment de toute influence étrangère ; par suite, comme raison pratique ou comme volonté d'un être raisonnable, elle doit se regarder elle-même comme libre ; c'est-à-dire que la volonté d'un être raisonnable ne peut être une volonté lui appartenant en propre que sous l'idée de la liberté, et qu'ainsi une telle volonté doit être, au point de vue pratique, attribuée à tous les êtres raisonnables.

Troisième section, op. cit., p. 174-175.

1. Pratique : qui concerne les actions (*praxis* en grec : « l'action »).
2. Pouvoir être cause, avoir l'initiative de ses actions.
3. Le terme sujet désigne en philosophie l'être doué de conscience.

Questions

1. **Pourquoi la faculté de la raison nous permet-elle de penser que nous pouvons être libres ?**
2. **Qu'est-ce qui peut empêcher notre volonté d'être libre ?**

LES **OBJECTIFS** DE L'AUTEUR

- S'interroger sur la **capacité morale** des humains, poser la question de sa réalité et de sa possibilité.
- Poser que **la raison est le seul fondement** de cette capacité.
- Montrer que, grâce à la raison, les humains peuvent se donner des **devoirs** les uns envers les autres et envers eux-mêmes.
- Souligner **l'importance du devoir** pour comprendre notre faculté morale.
- Dégager le **lien entre morale et liberté.**
- Réfléchir sur la vocation des humains appelés à un **autre destin** que l'animalité.
- Souligner l'importance de la **notion de dignité** dans notre vie morale.

***Fondements de la métaphysique des mœurs* dans le manuel**

▸ **Introduction, p. 74**

QUESTION 2 Quelle est l'origine du devoir ?

TEXTE 6 Bergson, *Les Deux Sources de la morale et de la religion*, 1932

BERGSON
1859-1941
Époque contemporaine
▸ p. 513

REPÈRES
- Obligation/contrainte ▸ p. 492
- Transcendant/immanent ▸ p. 494

Les devoirs ne sont-ils que le résultat de l'intériorisation de normes sociales ?

En temps ordinaire, nous nous conformons à nos obligations plutôt que nous ne pensons à elles. S'il fallait chaque fois en évoquer l'idée, énoncer la formule, il serait beaucoup plus fatigant de faire son devoir. Mais l'habitude suffit, et nous n'avons le plus souvent qu'à nous laisser aller pour donner à la société ce qu'elle attend de nous. Elle a d'ailleurs singulièrement facilité les choses en intercalant des intermédiaires entre nous et elle : nous avons une famille, nous exerçons un métier ou une profession ; nous appartenons à notre commune, à notre arrondissement, à notre département ; et, là où l'insertion du groupe dans la société est parfaite, il nous suffit, à la rigueur, de remplir nos obligations vis-à-vis du groupe pour être quittes envers la société. Elle occupe la périphérie ; l'individu est au centre. Du centre à la périphérie sont disposés, comme autant de cercles concentriques de plus en plus larges, les divers groupements auxquels l'individu appartient. De la périphérie au centre, à mesure que le cercle se rétrécit, les obligations s'ajoutent aux obligations et l'individu se trouve finalement devant leur ensemble. L'obligation grossit ainsi en avançant ; mais, plus compliquée, elle est moins abstraite, et elle est d'autant mieux acceptée. Devenue pleinement concrète, elle coïncide avec une tendance, si habituelle que nous la trouvons naturelle, à jouer dans la société le rôle que nous y assigne notre place. Tant que nous nous abandonnons à cette tendance, nous la sentons à peine. Elle ne se révèle impérieuse, comme toute habitude profonde, que si nous nous écartons d'elle.

C'est la société qui trace à l'individu le programme de son existence quotidienne. On ne peut vivre en famille, exercer sa profession, vaquer aux mille soins de la vie journalière, faire ses emplettes, se promener dans la rue ou même rester chez soi, sans obéir à des prescriptions et se plier à des obligations. Un choix s'impose à tout instant ; nous optons naturellement pour ce qui est conforme à la règle. C'est à peine si nous en avons conscience ; nous ne faisons aucun effort. Une route a été tracée par la société ; nous la trouvons ouverte devant nous et nous la suivons ; il faudrait plus d'initiative pour prendre à travers champs. Le devoir, ainsi entendu, s'accomplit presque toujours automatiquement ; et l'obéissance au devoir, si l'on s'en tenait au cas le plus fréquent, se définirait un laisser-aller ou un abandon. D'où vient donc que cette obéissance apparaît au contraire comme un état de tension, et le devoir lui-même comme une chose raide et dure ? C'est évidemment que des cas se présentent où l'obéissance implique un effort sur soi-même. Ces cas sont exceptionnels ; mais on les remarque, parce qu'une conscience intense les accompagne, comme il arrive pour toute hésitation ; à vrai dire, la conscience est cette hésitation même, l'acte qui se déclenche tout seul passant à peu près inaperçu. Alors, en raison de la solidarité de nos obligations entre elles, et parce que le tout de l'obligation est immanent à chacune de ses parties, tous les devoirs se colorent de la teinte qu'a prise exceptionnellement tel ou tel d'entre eux. Du point de vue pratique, il n'y a aucun inconvénient, il y a même certains avantages à envisager ainsi les choses. Si naturellement, en effet, qu'on fasse son devoir, on peut rencontrer en soi de la résistance ; il est utile de s'y attendre, et de ne pas prendre pour accordé qu'il soit facile de rester bon époux, bon citoyen, travailleur consciencieux, enfin honnête homme. Il y a d'ailleurs une forte part de vérité dans cette opinion ; car s'il est relativement aisé de se maintenir dans le cadre social, encore a-t-il fallu s'y insérer, et l'insertion exige un effort. L'indiscipline naturelle de l'enfant, la nécessité de l'éducation, en sont la preuve. Il n'est que juste de tenir compte à l'individu du consentement virtuellement donné à l'ensemble de ses obligations, même s'il n'a plus à se consulter pour chacune d'elles. Le cavalier n'a qu'à se laisser porter ; encore a-t-il dû se mettre en selle. Ainsi pour l'individu vis-à-vis de la société. En un certain sens il serait faux, et dans tous les sens il serait dangereux, de dire que le devoir peut s'accomplir automatiquement. Érigeons donc en maxime pratique que l'obéissance au devoir est une résistance à soi-même.

Henri Bergson, *Les Deux Sources de la morale et de la religion*, chap. 1, « L'obligation morale », © PUF, « Quadrige », p. 11-14.

Questions

1. **Grâce à quoi obéissons-nous d'ordinaire à nos obligations ? Cela nous coûte-t-il beaucoup d'efforts ? Que montre l'image des cercles concentriques ?**
2. **Est-il facile d'intérioriser les normes sociales ?**
3. **L'obéissance au devoir résulte-t-elle d'un laisser-aller ou d'un effort ?**

TEXTE 7 Anscombe, « La philosophie morale moderne », 1958

ANSCOMBE
1919-2001
Époque contemporaine
▸ p. 512

Anscombe critique la thèse kantienne selon laquelle un sujet moral serait son propre législateur, en expliquant que seul Dieu peut formuler des commandements auxquels il faut obéir de manière inconditionnelle.

Avoir une conception légaliste de l'éthique revient à soutenir que ce dont on a besoin pour se conformer aux vertus – y échouer est la marque du fait d'être mauvais en tant qu'homme (et non pas seulement en tant qu'artisan ou en tant que logicien) – donc que ce qui est impliqué par cela est requis par la loi divine. Naturellement il n'est pas possible d'avoir une telle conception à moins de croire dans un Dieu qui donne des lois, comme les Juifs, les Stoïciens et les Chrétiens. Mais, si une telle conception est dominante pendant des siècles puis est abandonnée, il en résulte naturellement que les concepts d'« obligation », d'être tenu ou requis comme par une loi doivent rester, bien qu'ils aient perdu leurs racines, et si le mot « doit » a été investi dans certains contextes du sens d'« obligation », il continuera aussi à être dit avec une emphase spéciale et un sentiment spécial dans ces contextes.

C'est comme si la notion de « criminel » devait rester alors que le droit pénal et les tribunaux pénaux auraient été abolis et oubliés.

Elizabeth Anscombe, « La philosophie morale moderne », trad. G. Ginvert et P. Ducray, in revue *Klesis* (revue-klesis.org), 2008.

Question

Sur quoi se fonde la « conception légaliste de l'éthique » (l. 1) ?

FOCUS SUR UNE AUTEURE

Elizabeth Anscombe

(1919-2001)

1 L'INTELLIGENCE HUMAINE

Anscombe s'est attachée à décrire comment l'homme devient homme.

Pensons au jeu qui se joue avec de très jeunes enfants, où plusieurs joueurs empilent leurs mains les unes sur les autres. Dans ce jeu, si l'un des joueurs ne retire pas sa main du bas, vous dites : « Tu dois mettre ta main dessus », et s'il retire sa main trop tôt, vous dites : « Non, tu ne peux pas encore la retirer, un tel doit d'abord retirer la sienne ». « Tu dois » et « tu ne peux pas » sont d'abord utilisés par quelqu'un qui vous fait faire quelque chose (ou vous en empêche), et ils deviennent eux-mêmes rapidement les instruments pour obtenir ou empêcher des actions. [...] Au début, les adultes vont empêcher physiquement l'enfant de faire ce dont ils disent qu'il « ne peut pas » le faire. Mais, peu à peu, l'enfant apprend. Dans certaines circonstances, cette activité fait partie de l'acquisition du concept de règle. [...] Cela fait partie de l'intelligence humaine d'être capable d'apprendre à réagir à ces termes modaux d'interruption[1], sans quoi ces termes n'existeraient pas en tant qu'instruments linguistiques, et sans quoi ces choses : les règles, la politesse, les droits, les infractions, les promesses, le sacré et l'impie n'existeraient pas non plus.

Elizabeth Anscombe, *in Agir et penser, Essais sur la philosophie d'Elizabeth Anscombe*, © Publications de la Sorbonne, 2015, p. 178-179.

1. « Tu ne peux pas » ou « tu ne dois pas », par exemple.

Questions

1. **Comment se fait l'acquisition du concept de règle ?**
2. **Quel lien y a-t-il entre les « termes modaux d'interruption » (l. 13) et « les règles, la politesse, les droits, les infractions, les promesses, le sacré et l'impie » (l. 14-15) ?**

2 LES VERTUS HUMAINES

Anscombe cherche à refonder la philosophie morale, à partir des vertus humaines.

Il pourrait rester à chercher des « normes » dans les vertus humaines : de même que l'*homme* a tant de dents, ce qui n'est certainement pas le nombre moyen de dents que les hommes ont, mais est le nombre de dents pour l'espèce, de même peut-être l'espèce *homme*, pas seulement considérée biologiquement mais du point de vue de l'activité de la pensée et du choix en ce qui concerne les différents aspects de la vie – les pouvoirs, les facultés et l'usage des choses dont on a besoin – « a » telles et telles vertus et cet « homme » avec l'ensemble complet des vertus est la « norme », de même que, par exemple, l'homme avec un ensemble complet de dents est une norme.

Mais en *ce* sens, « norme » a cessé d'être en gros équivalent de « loi ». [...] Il n'y a, je pense, pas de mal à cela ; mais si quelqu'un regardait dans cette direction pour donner un sens à « norme », alors il devrait reconnaître ce qui est arrivé au terme « norme » [...] : il a cessé complètement de vouloir dire « loi » ; *aussi* il vaut mieux mettre à l'index, s'il peut y arriver, les expressions comme « l'obligation morale », le « droit moral », « le devoir ».

Elizabeth Anscombe *in* « La philosophie morale moderne », trad. G. Ginvert et P. Ducray, in revue *Klesis* (revue-klesis.org), 2008.

Questions

1. **Quel lien Anscombe établit-elle entre le fait que les hommes, en tant qu'espèce, aient le même nombre de dents, et le concept de norme ?**
2. **Anscombe écrit plus loin : « essentiellement l'épanouissement d'un homme en tant qu'homme consiste dans le fait qu'il est bon (par exemple, dans les vertus) ». Quel lien peut-on établir entre cette affirmation et la définition de l'homme normal que donne la philosophe dans ce texte ?**
3. **Pourquoi, à partir d'une compréhension de la norme comme intrinsèque à l'homme, distincte d'une « loi », doit-on mettre à l'index des expressions comme « obligation morale », « droit moral », « devoir » ?**

3 LE VOLONTAIRE ET L'INVOLONTAIRE

L'intentionnel, auquel s'est beaucoup intéressée Anscombe, doit être distingué du volontaire.

Le volontaire ne nécessite la présence d'aucun acte de la volonté, d'aucune formation d'intention, d'aucun choix de ce qui est volontaire, ni même d'aucun acte volontaire positif. Si, par distraction ou par paresse, vous omettez de faire ce que vous pouviez et deviez faire, en vous endormant peut-être, ratant ainsi le moment où vous auriez dû le faire, alors votre omission est volontaire. À moins bien sûr que vous ne vous soyez endormi parce que vous avez été drogué sans y consentir.

Elizabeth Anscombe, « *Action, Intention and Double-Effect* », cité et trad. V. Aucouturier *in Elizabeth Anscombe, L'Esprit en pratique,* © CNRS éditions, 2012.

Questions

1. **Omettre une action qu'on devait faire en s'endormant, est-ce intentionnel ? Est-ce volontaire ?**
2. **En quoi l'intentionnel se distingue-t-il du volontaire ?**

LES **OBJECTIFS** DE L'AUTEUR

- Anscombe a renouvelé la **philosophie de l'esprit**, en s'interrogeant sur la manière dont l'homme apprend à devenir homme.
- Cela lui a permis d'offrir une **nouvelle compréhension** de ce qu'est l'**action humaine.**
- Le terme de son travail philosophique a été **l'élaboration d'une philosophie morale novatrice**, redonnant une place centrale aux vertus humaines.

TEXTE 8 Platon, *Criton*, IVe s. av. J.-C.

Le dialogue se déroule dans la cellule de Socrate, condamné à mort par la cité d'Athènes en 399 avant J.-C. À son ami Criton qui vient lui annoncer qu'il a organisé son évasion, Socrate répond en invoquant la dette qui le lie à la cité, à travers une prosopopée par laquelle les Lois s'adressent à lui.

PLATON
Vers 427 av. J.-C.-
Vers 347 av. J.-C.
Antiquité
▸ p. 498

REPÈRES
Obligation/contrainte
▸ p. 492

DÉFINITION
Prosopopée : figure de style par laquelle un écrivain fait parler une chose, un mort, un animal ou une abstraction, ici les Lois.

Bien, et une fois que tu as été mis au monde, que tu as été élevé et que tu as été éduqué, tu aurais le culot de prétendre que vous n'êtes pas toi, aussi bien que tes parents, à la fois nos rejetons et nos esclaves ? Et s'il en va bien ainsi, t'imagines-tu qu'il y ait entre toi et nous égalité de droits, t'imagines-tu que ce que nous pouvons entreprendre de te faire, tu puisses, toi, en toute justice entreprendre de nous le faire en retour ? Quoi, tu serais égal en droit à ton père et à ton maître, si par hasard tu en avais un, et cela te permettrait de lui faire subir en retour ce qu'il t'aurait fait subir, de lui rendre injure pour injure, coup pour coup, etc. À l'égard de la cité et à l'égard des Lois, en revanche, cela te serait permis, de sorte que, si nous entreprenons de te faire périr parce que nous estimons que cela est juste, tu pourrais, toi, entreprendre, dans la mesure de tes moyens, de nous faire périr, nous, les Lois, et ta cité, et, en agissant de la sorte, tu pourrais dire que ce que tu fais est juste, toi qui as de la vertu un souci véritable ! Posséderais-tu un savoir qui te ferait oublier que, en regard d'une mère et d'un père et de la totalité de tes ancêtres, la patrie est chose plus honorable, plus vénérable, plus digne d'une sainte crainte et placée à un rang plus élevé, tant aux yeux des dieux qu'à ceux des hommes sensés, qu'il faut donc vénérer sa patrie, lui obéir et lui donner des marques de soumission plus qu'à un père, en l'amenant à changer d'idée ou en faisant ce qu'elle ordonne et en supportant sans se révolter le traitement qu'elle prescrit de subir, que ce soit d'être frappé, d'être enchaîné, d'aller au combat pour y être blessé ou pour y trouver la mort ; oui, cela, il faut le faire, car c'est en cela que réside la justice et on ne doit ni se dérober, ni reculer, ni abandonner son poste, mais il faut, au combat, au tribunal, partout, ou bien faire ce qu'ordonne la cité, c'est-à-dire la patrie, ou bien l'amener à changer d'idée en lui montrant en quoi consiste la justice. N'est-ce pas au contraire une chose impie que de faire violence à une mère, à un père, et l'impiété serait-elle moindre quand il s'agit de la patrie ?

Platon, *Criton*, 50e-51c, in *Œuvres complètes*, © Flammarion, trad. L. Brisson, 2008, p. 281-282.

Questions

1. À qui la cité est-elle comparée ?
2. Pourquoi Socrate a-t-il une dette envers la cité ?
3. À quoi cette dette l'oblige-t-elle ?

Pour aller plus loin

Confrontez ce texte au tract n° 1 de la Rose Blanche (v. p. 149). Quand cesse notre obligation envers l'État ?

TEXTE 9 Nietzsche, *Généalogie de la morale*, 1887

Nietzsche entreprend d'éclairer l'origine – qui n'est pas nécessairement glorieuse ni altruiste – de nos valeurs morales. Contrairement à ce que veulent croire ceux qui soutiennent que le sens du devoir est inhérent à la nature humaine, Nietzsche montre que le devoir est un sentiment tardif, qui prend son origine dans une pratique sociale : la dette du débiteur envers le créancier.

NIETZSCHE
1844-1900
Époque contemporaine
▸ p. 520

REPÈRES
Origine/ fondement
▸ p. 492

Le sentiment de la faute, de l'obligation personnelle [...] tire son origine, comme nous l'avons vu, du rapport le plus ancien et le plus primitif qui soit entre personnes, du rapport entre acheteur et vendeur, créancier et débiteur : c'est là que, pour la première fois, la personne affronte la personne, c'est là que pour la première fois la personne *se mesure* avec la personne. À notre connaissance, il n'est pas jusqu'au niveau de civilisation le plus bas, qui ne révèle quelque chose de ce rapport. Établir des prix, mesurer des valeurs, inventer des équivalences, échanger – tout cela a préoccupé à tel point la toute première pensée de l'homme que ce fut en un sens la pensée *tout court* : c'est là qu'apprend à s'exercer la plus ancienne espèce de perspicacité, là que pourrait se situer la naissance de la fierté humaine, du sentiment de la préséance de l'homme sur les autres animaux. Peut-être le mot allemand « *Mensch*[1] » (*manas*) exprime-t-il précisément quelque chose de *cet* amour-propre : l'homme se désigne comme l'être qui mesure des valeurs, qui évalue et qui mesure, l'« animal estimateur par excellence ». Achat et vente, y compris leurs accessoires psychologiques, sont plus anciens que les débuts de n'importe quelle forme d'organisation sociale ou d'association que ce soit : c'est bien plutôt de la forme la plus rudimentaire du droit personnel que les collectivités les plus grossières et les plus primitives (dans leurs relations avec des collectivités semblables) *reçoivent* le sens de l'échange, du contrat, de la dette, du droit, de l'obligation et de la compensation en même temps qu'elles en reçoivent l'habitude de comparer puissance à puissance, de calculer, de mesurer. L'œil s'était dès lors accommodé à cette perspective : par cette logique grossière caractéristique de la pensée primitive, lente à s'ébranler, mais obstinée à suivre ensuite toujours la même direction, on en vint bientôt à cette généralisation : « toute chose a son prix, *tout* peut être payé », au plus ancien et plus naïf canon moral de la *justice*, au début de toute « bonté », de toute « équité », de toute « bonne volonté », de toute « objectivité » sur terre. La justice à ce premier stade, c'est la bonne volonté des hommes à puissance à peu près égale de s'accommoder les uns des autres, de retrouver l'« entente » par un compromis – et quant aux hommes moins puissants, c'est de les *contraindre* à un tel compromis entre eux.

Friedrich Nietzsche, *Généalogie de la morale*, 2e dissertation, § 8, © Gallimard, « Folio », trad. I. Hildenbrand et J. Gratien, 1992, p. 75-77.

1. *Homme*, en allemand.

DÉFINITION

Dettes
Nietzsche remarque que le mot allemand *Schuld*, qui désigne la « faute » morale, est dérivé de *Schulden*, qui signifie « dettes » : ce concept immatériel a donc une origine très matérielle.

CONCEPT

Nietzsche examine la morale selon une **méthode généalogique** : il recherche l'origine et la « valeur de nos valeurs », qui résultent d'instincts et d'affects. Ces valeurs ne sont pas éternelles ; au contraire, elles sont perpétuellement réinterprétées.

Questions

1. **Expliquez comment on passe de la relation débiteur-créditeur au sentiment du devoir.**
2. **Qu'est-ce qui, d'après ce texte, distingue l'homme des animaux ?**

PERSPECTIVES

La morale et la politique

- Existe-t-il une morale indépendante de toute situation historique ?
- Pour agir moralement, faut-il agir de manière désintéressée ?
- La morale peut-elle résister au dévoilement de ses origines ?

TEXTES

QUESTION

3 Peut-on désobéir par devoir ?

TEXTE 10 Sophocle, *Antigone,* 441 av. J.-C.

Les deux frères d'Antigone, Étéocle et Polynice, se sont entretués pour régner sur Thèbes. Créon, roi de Thèbes et oncle d'Antigone, ordonne que Polynice soit laissé sans sépulture, parce qu'il a trahi la cité. Antigone décide d'enterrer son frère malgré l'interdiction légale *(v. p. 191)**.*

SOPHOCLE
495 av. J.-C.-
406 av. J.-C.
Antiquité
Poète tragique grec. Auteur de très nombreuses pièces dont seulement sept nous sont parvenues, il est considéré, avec Eschyle et Euripide, comme l'une des figures fondatrices du théâtre antique. Ses oeuvres les plus connues (*Œdipe Roi*, *Œdipe à Colone*, *Antigone*) mettent en scène le destin tragique de la famille des Labdacides.

REPÈRES
Légal/légitime
▸ p. 491

CRÉON. – Connaissais-tu la défense que j'avais fait proclamer ?

ANTIGONE. – Oui, je la connaissais : pouvais-je l'ignorer ? Elle était des plus claires.

CRÉON. – Ainsi tu as osé passer outre à ma loi ?

ANTIGONE. – Oui, car ce n'est pas Zeus qui l'avait proclamée ! Ce n'est pas la Justice, assise à côté des dieux infernaux ; non, ce ne sont pas là les lois qu'ils ont jamais fixées aux hommes, et je ne pensais pas que tes défenses à toi fussent assez puissantes pour permettre à un mortel de passer outre à de telles lois, aux lois non écrites, inébranlables, des dieux ! Elles ne datent, celles-là, ni d'aujourd'hui ni d'hier, et nul ne sait le jour où elles ont paru. Ces lois-là, pouvais-je donc, par crainte de qui que ce fût, m'exposer à leur vengeance chez les dieux ? Que je dusse mourir, ne le savais-je pas ? et cela, quand bien même tu n'aurais rien défendu. Mais mourir avant l'heure, je le dis bien haut, pour moi, c'est tout profit : lorsqu'on vit comme moi, au milieu des malheurs sans nombre, comment ne pas trouver de profit à mourir ? Subir la mort, pour moi, ce n'est pas une souffrance. C'en eût été une, au contraire, si j'avais toléré que le corps d'un fils de ma mère n'eût pas, après sa mort, obtenu un tombeau. De cela, oui, j'eusse souffert ; de ceci je ne souffre pas. Je te parais sans doute agir comme une folle. Mais le fou pourrait bien être celui même qui me traite de folle.

LE CORYPHÉE. – Ah ! qu'elle est bien sa fille ! la fille intraitable[1] d'un père intraitable. Elle n'a jamais appris à céder aux coups du sort.

Sophocle, *Antigone*, © Gallimard, « Folio classique », trad. P. Mazon, 2016, p. 99-100.

Le théâtre de Dionysos (Ve s. av. J.-C., Athènes), où ont été créées certaines pièces de Sophocle.

1. Qui refuse tout compromis.

CULTURE GÉNÉRALE

Tragédie : au théâtre, pièce mettant en scène des personnages souvent empruntés à l'histoire ou à la mythologie, qui sont confrontés à des épreuves difficiles et semblent victimes d'un destin implacable.

Questions

1. **Décrivez la position d'Antigone à l'aide de la distinction entre légal et légitime.**
2. **Antigone hésite-t-elle entre deux devoirs contradictoires ?**
3. **Si elle sait que son action n'a aucune chance de réussir, Antigone y renoncera-t-elle ?**

Pour aller plus loin

Faites une recherche pour tracer l'arbre généalogique d'Antigone.

TEXTE 11

Thoreau, *Résistance au gouvernement civil*, 1849

THOREAU
1817-1862
Époque contemporaine
Poète et essayiste américain.

REPÈRES

Légal/légitime ▸ p. 491

En 1846, Thoreau est emprisonné pour avoir refusé de payer ses impôts afin de protester contre la répression des révoltes d'esclaves et contre la guerre impérialiste que les États-Unis mènent au Mexique. Pour expliquer son refus, il publie ce texte, qui deviendra au XXe siècle le manifeste des militants qui défendront, selon un terme forgé par Thoreau, la « désobéissance civile ».

Il existe des lois injustes[1] : devons-nous simplement nous contenter de leur obéir, devons-nous nous efforcer de les amender[2] tout en continuant à leur obéir jusqu'à l'accomplissement de nos projets, ou bien encore devons-nous immédiatement les transgresser[3] ? En règle générale, les hommes qui vivent sous un tel gouvernement estiment qu'il convient d'attendre jusqu'à ce qu'ils aient réussi à persuader la majorité de modifier les lois. Ils pensent que s'ils faisaient acte de résistance, le remède pourrait être pire que le mal. [...]

Tant qu'elle se conforme à la majorité, la minorité est impuissante et n'est même plus elle-même. En revanche, elle est irrésistible quand elle met toute sa force à faire de l'obstruction[4]. S'il doit choisir entre emprisonner tous les hommes de bien ou mettre un terme à la guerre et à l'esclavage, l'État n'hésitera pas longtemps devant une telle alternative. Si mille citoyens décidaient de ne pas payer leurs impôts cette année, ils ne commettraient pas là une action aussi violente et sanglante que celle dont ils se rendent coupables en versant leur contribution pour permettre à l'État de faire acte de violence et de répandre le sang innocent. Telle est, en fait, la définition d'une révolution pacifique, si tant est qu'une telle chose soit possible. Si, comme ce fut le cas, le collecteur d'impôts ou tout autre fonctionnaire vient me demander : « Mais que dois-je donc faire ? », je lui répondrai : « Si vous souhaitez réellement faire quelque chose, alors démissionnez. » Lorsque le sujet a refusé son allégeance et que les fonctionnaires ont démissionné, la révolution est accomplie.

Henry David Thoreau, *Résistance au gouvernement civil*, © L'Herne, trad. S. Rochefort-Guillouet, 1994, p. 33-34.

1. v. p. 184-185.
2. Modifier en vue d'améliorer.
3. Les enfreindre, ne pas les respecter.
4. Manœuvre destinée à empêcher ou à retarder.

Questions

1. **Quelles sont les trois attitudes possibles selon Thoreau face aux lois injustes ?**
2. **Quelle est la position de la plupart des gens face aux lois injustes ?**
3. **Quelle est la position de Thoreau lui-même ? Pourquoi ?**

Pour aller plus loin

1. Cherchez dans l'histoire du XXe siècle des exemples de désobéissance civile (v. Arendt, p. 192). Expliquez dans quelle mesure ils illustrent les positions de Thoreau.
2. Comparez ce texte avec celui de Sophocle, ci-contre. En quoi certains arguments de Thoreau sont-ils incompatibles avec la position d'Antigone ?

Tommie Smith et John Carlos protestent contre le racisme et l'exclusion des Afro-Américains aux États-Unis, lors des J.O. de Mexico, en 1968.

PERSPECTIVES

La morale et la politique

- Une loi acceptée par la majorité est-elle toujours légitime ?
- Peut-on désobéir par devoir ?
- Une révolution pacifique est-elle possible ?

ARRÊT SUR **IMAGES**

Le train sifflera trois fois, de F. Zinnemann, 1952

Fiche technique

- **Genre :** western
- **Réalisateur :** Fred Zinnemann
- **Scénario :** Carl Foreman, d'après une nouvelle de W. Cunningham
- **Distribution :** Gary Cooper, Grace Kelly, Katy Jurado, Lloyd Bridges
- **Date de sortie :** 1952
- **Durée :** 85 mn.
- **Synopsis :** Dans une petite ville du sud des États-Unis, un dimanche matin à 10 h 40, alors que le sheriff Will Kane vient d'épouser Amy Fowler, une jeune Quaker, et s'apprête à partir avec elle, on annonce le retour de Frank Miller, un assassin que Will Kane avait arrêté et qui avait été condamné à mort. Trois de ses complices l'attendent à la gare : il doit arriver par le train de midi.

Activités

1 **Visionnez l'intégralité du western de Fred Zinnemann.**

2 **Répondez aux questions suivantes.**

COMPRÉHENSION

1. Pourquoi Will Kane ôte-t-il son étoile de sheriff au début du film ? Le fait-il volontiers ?
2. Que vient faire Frank Miller dans la ville ?
3. Pourquoi Will Kane part-il au galop avec son épouse ?
4. Pourquoi revient-il ?
5. Qu'attend de lui Amy Fowler ?
6. Will Kane pense-t-il pouvoir compter sur l'assistance des hommes de la ville ?
7. A-t-il tort ? Y a-t-il des exceptions ?
8. Pour quels motifs les différentes personnes auxquelles il demande de l'aide refusent-elles ? Commentez la scène à l'église.
9. Pourquoi Amy est-elle devenue Quaker ? En quoi cette foi explique-t-elle son attitude ?
10. Pourquoi Helen Ramírez part-elle de la ville ?
11. Will Kane évite-t-il la confrontation avec Frank Miller et ses trois complices ? Commentez le déroulement du combat.
12. Pourquoi Will Kane jette-t-il au sol son étoile de sheriff à la fin du film ?

RÉFLEXION

13. Quel est le double sens de l'expression *High noon*, qui donne son titre original au film ? Le réalisateur a choisi de faire correspondre le temps du film au temps réel. Pourquoi, selon vous ? Relevez la présence obsédante des horloges. Pour faire son devoir, a-t-on tout son temps ?
14. Pourquoi Will Kane veut-il résister à Frank Miller ?
15. Agit-il pour les autres ?
16. Agit-il sans hésiter ? sans peur ?
17. En quoi s'écarte-t-il du héros traditionnel ?
18. Quel conflit l'oppose à son épouse ?
19. Quel conflit opprime Amy Fowler ? Comment agit-elle finalement ?
20. Commentez la scène finale. Pourquoi est-ce difficile de faire son devoir ?

EXERCICES

Les termes et les concepts clés

1 Retenez les mots-clés de ce chapitre : obligation, loi morale, lois positives, conscience morale, désobéissance civile, impératif catégorique, impératif hypothétique, déontologie, conséquentialisme, conflit de devoirs, autonomie.

2 À partir de l'exemple du conflit de devoirs du médecin (p. 126), répondez aux questions suivantes pour tester votre maîtrise des concepts.

a. Le serment d'Hippocrate constitue-t-il une contrainte ou une obligation pour les médecins ?

b. Le Conseil national du sida tranche-t-il en vertu de principes déontologiques ou conséquentialistes ?

c. Peut-il y avoir un conflit entre les lois positives et la conscience morale du médecin ?

d. La loi institue-t-elle une hiérarchie entre les devoirs ?

e. Est-il possible que des médecins fassent acte de désobéissance civile ? En quoi consisterait une telle action ?

Perspectives

3 Quelles perspectives sont en jeu dans le texte suivant ? Relevez les termes clés et aidez-vous des pages 29 à 38.

Il n'est rien de plus indigne d'un peuple civilisé que de se laisser, sans résistance, régir par l'obscur bon plaisir d'une clique de despotes. Est-ce que chaque Allemand honnête n'a pas honte aujourd'hui de son Gouvernement ? […] Si le peuple allemand est déjà à ce point corrompu et décadent, qu'il abandonne sans opposition, avec une confiance insensée et un déterminisme contestable de l'histoire, ce que l'homme possède de plus haut : le libre arbitre et la liberté, refusant de s'insérer dans le cours de l'histoire pour la subordonner finalement à sa volonté ; s'il est devenu une masse dénué d'esprit, d'individualité, de courage, alors c'est lui-même qui prépare sa ruine. […] N'oubliez pas que chaque peuple mérite le gouvernement qu'il supporte.

Premier tract de la Rose Blanche, juin 1942, in I. Scholl, *La Rose Blanche*, © Minuit, trad. J. Delpeyrou, 2015, p. 121-123.

Analyser un tableau

4 Observez *Hercule à la croisée des chemins* d'Annibal Carrache (p. 128).

a. Qui est situé au centre du tableau ? À quels attributs le reconnaît-on ?

b. Que personnifient les deux femmes de part et d'autre de lui ? Commentez leurs gestes.

c. Est-il nécessaire de parcourir un long chemin pour accéder aux plaisirs présentés par la femme à droite du tableau ?

d. Comment est le chemin désigné par la femme à gauche ?

e. Que personnifie ici Hercule ?

Analyser un exemple

5 Relisez la « Rencontre avec… » V. Hugo (p. 146-147).

a. Pourquoi le choix est-il difficile ?

b. Jean Valjean sait-il quel est son devoir ?

Comprendre une distinction conceptuelle

6 En vous appuyant sur le texte 3 de Kant (p. 132), classez ces prescriptions dans le tableau des impératifs suivant. Si le classement de certaines d'entre elles vous semble problématique, expliquez pourquoi.

1. En cas d'entorse à la cheville, il faut refroidir l'inflammation avec de la glace.
2. Il est interdit de boire avant de prendre le volant.
3. Aime ton prochain comme toi-même.
4. Pour marquer un essai au rugby, il faut aplatir le ballon dans l'en-but adverse.
5. Il faut se brosser les dents deux fois par jour.
6. Pour faire des meringues, il faut battre des œufs en neige.
7. Tu ne tueras point.
8. Il faut manger équilibré.
9. Il ne faut jamais mentir.
10. Les enfants doivent être vaccinés contre le tétanos avant 18 mois.

	Impératif catégorique	Impératifs hypothétiques	
	Commandements de la moralité	Conseils de la prudence	Règles de l'habileté
Exemple 1			
Exemple 2			
…			

Réviser les points clés du chapitre

7 Répondez aux questions suivantes.

a. Proposez une définition du devoir. Relève-t-il de l'obligation ou de la contrainte ?

b. Pourquoi est-il difficile d'agir par devoir ?

c. Expliquez ce qu'est un conflit de devoirs en analysant un exemple littéraire ou cinématographique.

d. Expliquez en quoi consiste la règle de l'universalisation.

BAC L'explication de texte

Podcast

TEXTE

Kant, *Critique de la raison pratique*, 1788

Deux choses remplissent le cœur d'une admiration et d'une vénération toujours nouvelles et toujours croissantes, à mesure que la réflexion s'y attache et s'y applique : *le ciel étoilé au-dessus de moi et la loi morale en moi*. Ces deux choses, je les vois devant moi, et je les rattache immédiatement à la conscience de mon existence. La première commence à la place que j'occupe dans le monde extérieur des sens, et étend la connexion où je me trouve à l'espace immense, avec des mondes au-delà des mondes et des systèmes de systèmes, et, en outre, aux temps illimités de leur mouvement périodique[1], de leur commencement et de leur durée. La seconde commence à mon invisible moi, à ma personnalité, et me représente dans un monde qui possède une infinitude véritable, mais qui n'est accessible qu'à l'entendement, et avec lequel je me reconnais lié par une connexion universelle et nécessaire. La première vision d'une multitude innombrable de mondes anéantit pour ainsi dire mon importance, en tant que je suis une *créature animale*, qui doit restituer la matière dont elle fut formée à la planète (à un simple point dans l'univers), après avoir été douée de force vitale (on ne sait comment) pendant un court laps de temps. La deuxième vision, au contraire, rehausse ma valeur, comme *intelligence* par ma personnalité dans laquelle la loi morale me révèle une vie indépendante de l'animalité, et même de tout le monde sensible, autant du moins qu'on peut l'inférer[2] de la détermination conforme à une fin que cette loi donne à mon existence, et qui ne se borne pas aux conditions et aux limites de cette vie, mais s'étend à l'infini.

Emmanuel Kant, *Critique de la raison pratique*, Conclusion, V, 161-162, © Gallimard, « Bibliothèque de la Pléiade », trad. L. Ferry et H. Wismann, t. 2, 1985, p. 801-802.

1. Qui se répète de façon identique à intervalles réguliers.
2. Le déduire.

MÉTHODE

CONSEILS

Étape 1 Comprendre le texte

1 **Aidez-vous des expressions en rose pour repérer l'organisation de l'argumentation.** Ces éléments doivent vous permettre d'établir le plan du texte.

- Lorsque cela est possible, efforcez-vous de caractériser la démarche d'ensemble du texte : ici, Kant fait une comparaison entre la vision du ciel étoilé et celle de la loi morale.

→ Exercice 1 : En vous aidant des articulations principales (en rose) et secondaires (en gris), établissez le plan du texte de Kant, en vous efforçant d'expliciter ce qu'apporte chaque partie et d'élucider les liens entre ces différentes parties.

Soyez attentif aux articulations logiques, et en particulier aux marques d'opposition, ainsi qu'aux distinctions qui structurent le texte.

2 Repérez bien les expressions importantes, afin de ne pas les oublier lorsque vous rédigerez votre développement.

- Relevez les concepts principaux du texte (*loi morale*…) et les termes relativement rares et difficiles (*connexion, infinitude*…), qu'il faudra définir au cours du développement.
- Considérez le texte dans son ensemble : cela vous permettra de repérer les oppositions systématiques (voir les couples de termes, encadrés et soulignés) et de les expliquer dans votre développement.

Commentez impérativement les termes dont l'auteur a lui-même souligné l'importance en utilisant l'italique.

Étape 2 Dégager la thèse et les enjeux du texte

3 Identifiez :

a. l'objet, c'est-à-dire le thème du texte :
→ Kant compare ici le ciel étoilé et la loi morale.
En première analyse, ces « deux choses » sont très différentes : le ciel étoilé est visible et extérieur à nous, tandis que la loi morale est invisible et intérieure à nous, de sorte que l'on peut douter de son existence objective.

b. la thèse, c'est-à-dire ce qu'affirme l'auteur à propos de cet objet.
→ Kant soutient que le ciel étoilé comme la loi morale suscitent en nous une admiration qui grandit à mesure qu'on y réfléchit.

c. le problème : admirons-nous le ciel étoilé et la loi morale pour les mêmes raisons ?

d. les enjeux du texte : ils sont multiples. Ce sont des pistes pour l'interprétation.
→ L'admiration que suscite la loi morale nous encourage à faire notre devoir.
→ La comparaison avec le ciel étoilé permet à Kant d'affirmer l'objectivité de la loi morale (l. 3-4 : « Ces deux choses, je les vois devant moi »). Ainsi, la loi morale n'est pas différente pour chacun d'entre nous et sa validité est universelle.

> Expliquez **pourquoi** cette comparaison est étonnante.

> Quand le texte présente une comparaison, demandez-vous toujours **pourquoi**, c'est-à-dire **dans quel but** l'auteur établit cette comparaison.

> **PERSPECTIVES**
> **La morale et la politique**
> À travers cette comparaison avec le ciel étoilée, Kant propose une conception particulière de la morale. Efforcez-vous de la caractériser en vous appuyant sur les pages 33 à 35.

Étape 3 Rédiger le développement en interrogeant le texte

4 **Organisez votre explication** en suivant le plan linéaire que vous avez dégagé. **Posez des questions** et tâchez d'y répondre afin de progresser dans votre explication.

→ **Exercice 2 : Répondez aux questions suivantes dans votre développement.**

a. l. 1-5 : pourquoi est-il étonnant de considérer la loi morale comme une « chose » ? Grâce à la deuxième phrase, essayez d'expliquer pourquoi Kant choisit volontairement ce terme.

b. l. 3-5 : qu'est-ce qui rapproche la contemplation du ciel étoilé et le respect envers la loi morale ?

c. l. 5-12 : qu'est-ce qui distingue ces deux visions ?

d. l. 9-12 : pourquoi Kant affirme-t-il que le monde moral est infini ?

e. l. 12-23 : quel effet a sur nous la vision du ciel étoilé ? Quel est celui de la vision de la loi morale ?

5 **Utilisez vos connaissances.**

▸ Vous pouvez faire appel à d'autres textes, **à condition qu'ils soient pertinents**. En effet, certaines thèses sont explicitées et justifiées ailleurs par l'auteur. Ici, nous pouvons nous appuyer sur le texte de Kant, p. 245 pour expliquer en quoi «la loi morale me révèle une vie indépendante de l'animalité» (l. 19).
→ **Exemple :** Contrairement aux animaux, les êtres humains sont capables de résister à leurs penchants pour obéir à la loi morale. Dans *La Métaphysique des mœurs*, Kant définit négativement la liberté comme « l'indépendance de [la] détermination [de l'arbitre] à l'égard des impulsions sensibles » : l'arbitre humain n'est déterminé que par la raison, et non par la sensibilité. Ainsi, un animal ne résistera pas à manger s'il a faim, tandis qu'un homme pourra s'en abstenir si, pour manger, il faut commettre un crime.

> Ne plaquez pas vos connaissances sur le texte (en les exposant en bloc dans l'introduction par exemple), mais utilisez-les pour expliquer un passage précis.

DU CAS POUR L'ÉTUDE...

Un débat entre juristes

- Quelles sont les différentes formes d'État ?
- L'État est-il l'ennemi ou le garant de notre liberté ?
- Quelles sont les valeurs de l'État de droit ?

DOMINIQUE ROUSSEAU
Né en 1949.
Professeur de droit constitutionnel à l'Université Paris I-Panthéon-Sorbonne.

État de droit
État dont le pouvoir est limité par le droit. Il repose sur le principe essentiel du respect du droit. Chacun (individu ou puissance publique) est soumis au même droit.

1 Les différentes conceptions de l'État

D. Rousseau présente une querelle juridique autour de la notion d'État de droit : les mesures prises par de nombreux États pour lutter contre le terrorisme ont suscité des inquiétudes sur le pouvoir de l'État.

Les juristes[1] distinguent, en effet, trois formes d'État. L'État de police d'abord, qui permet aux gouvernants de concentrer entre leurs mains le pouvoir de faire la loi, le pouvoir de faire exécuter la loi et le pouvoir de juger de son application selon leur seul bon vouloir et sans contrôle possible[2]. L'État légal ensuite, qui soumet le pouvoir exécutif, l'administration et la Justice au respect de la loi votée par le Parlement, loi qui, expression de la volonté générale[3], est incontestable et ne peut donc être jugée. L'État de droit enfin. Ici, un débat se noue entre juristes. Pour les uns, la notion « État de droit » est tautologique[4] car tout État est nécessairement un État de droit, avec un système normatif produit, appliqué et contrôlé par les autorités habilitées à ces différentes tâches. Pour d'autres, l'État de droit ne peut pas être l'État de n'importe quelle loi ; les lois votées par le Parlement doivent être soumises au respect d'un droit qui leur est supérieur et qui fonde en conséquence la légitimité d'un contrôle juridictionnel des lois.

Évidemment, par cette querelle juridique s'expriment plusieurs enjeux. Un enjeu politique, puisque pour les premiers un État totalitaire, autoritaire ou fasciste peut être qualifié d'État de droit dès lors qu'il a une constitution qui habilite les autorités à prendre les décisions, alors que pour les seconds la qualification d'État de droit dépend de la nature démocratique du droit auquel l'État se soumet. Un enjeu philosophique dans la mesure où si un droit s'impose à l'État, il convient de savoir quelle est la source de ce droit, son contenu et sa nature.

D. Rousseau, « Mon plaidoyer pour l'État de droit », tribune parue dans *Libération* le 17 août 2016.

1. Spécialistes de la science du droit.
2. Voir Montesquieu, p. 166.
3. C'est la volonté du peuple lorsqu'il parle d'une seule et même voix. Voir Rousseau, p. 159.
4. Une tautologie consiste à répéter une idée déjà exprimée.

Assemblée nationale, Paris, octobre 2019.

2 Le paradoxe de l'État

L'État a un double visage : il peut tout aussi bien libérer qu'opprimer.

Ceux qui ont construit l'État moderne ont pensé sa dimension tragique. Il est à la fois ce qui permet l'émergence de la figure du citoyen et ce qui peut l'étouffer. En effet, dans la nature, les hommes sont pris dans leurs déterminations sociales – sexe, âge, profession, religion, revenus... –, ils sont pris dans leur être social situé, ce qui fait nécessairement apparaître les différences entre les hommes, les inégalités de fait dans la répartition du capital économique, culturel, symbolique [...]. L'État est, précisément, cette scène qui offre aux hommes la possibilité de « sortir » de leurs déterminations sociales, de ne plus se voir dans leurs différences sociales, mais de se représenter comme des êtres de droit égaux entre eux. [...] Le moment « État » est ainsi, dans la construction d'une société, le moment qui permet aux hommes de sortir du communautarisme[1] « naturel » et de se percevoir dans une relation politique d'égalité.

Célébration du 77e anniversaire de la naissance du leader Kim Jong-il, 15 fév. 2019, Pyongyang, Corée du Nord.

La tragédie qui se noue vient de ce que, de moment particulier, l'État tend à devenir moment total. Comme forme politique, il a tendance, comme tout ensemble d'institutions, à développer sa logique propre de forme, à dépasser sa « fonction » de construction de la figure du citoyen, à accroître son espace d'intervention et à envahir progressivement toutes les sphères d'activités sociales. Il devient ainsi la forme organisatrice et totalisante de la société et, d'instrument d'objectivation politique, il devient instrument d'aliénation politique. [...]

Pour que l'État n'étouffe pas le citoyen, il faut que le droit lui garantisse aussi bien le respect de la vie privée, la liberté d'aller et venir, l'inviolabilité du domicile que la faculté de s'exprimer et d'agir collectivement pour proposer des normes nouvelles. Tel est le sens philosophique de l'État de droit. [...]

Toutes les tragédies du XXe siècle ont pour cause l'oubli, ou l'ignorance, ou la destruction de la conscience de soi, quand les hommes abdiquent ou sont contraints d'abdiquer leur moi dans un grand tout : le parti, l'État, la religion, la race... [...] L'égalité entre les hommes et les femmes, la liberté individuelle, la fraternité sont, entre autres, des valeurs constitutionnelles que l'exclusion, les injustices, l'arbitraire démentent quotidiennement. Ainsi, les valeurs de l'État de droit permettent aux hommes de prendre conscience de leur statut de citoyen, c'est-à-dire de sujets de droit autonomes, capables de s'autodéterminer, de maîtriser leur histoire, de la réfléchir, de la discuter et de la penser.

Op. cit.

1. Tendance à se replier au sein d'une communauté ethnique, religieuse ou culturelle.

Questions

1. **Exposez les termes de la querelle qui oppose les juristes au sujet de la notion d'État, et expliquez les enjeux de celle-ci.**
2. **En quel sens l'État est-il libérateur ?**
3. **Pourquoi l'État peut-il nous opprimer ?**

...AUX QUESTIONS CLÉS

Podcast

Qu'est-ce qu'un État juste ?

1 Les différentes conceptions de l'État

▶ Dans une tribune publiée dans le journal *Libération* le 17 août 2016 (« Cas pour l'étude », p. 154), Dominique Rousseau montre qu'il existe différentes conceptions de l'État : l'État policier, l'Étal légal et l'État de droit.

▶ L'**État de droit** est un État dont le pouvoir n'est pas absolu. Le pouvoir de l'État est encadré et limité par le droit (Montesquieu, p. 166). Tous (citoyens comme puissance publique) sont soumis aux mêmes lois. La société contrôle l'État en le soumettant à des contre-pouvoirs. Cette conception de l'État qui nous est familière en démocratie est peut-être fragile. Les garde-fous qui encadrent le pouvoir de l'État sont-ils aussi solides que nous le pensons ? L'État ne peut-il pas toujours abuser de son pouvoir ? L'État prétend **protéger** les citoyens, mais il peut aussi les **menacer**.

Stèle du Code de lois de Hammurabi (6e roi de Babylone), vers 1792-1750 av. J.-C., diorite, 225 x 66 cm, musée du Louvre, Paris.

2 Pourquoi se soumettre au pouvoir politique ?

▶ Si l'homme n'est pas naturellement sociable, alors cela signifie que l'on peut, au moins théoriquement, le penser en dehors de la société : tel est le sens de la fiction d'un **état de nature**, hypothèse forgée par des philosophes aux XVIIe et XVIIIe siècles. Cette fiction consiste à imaginer les hommes livrés à eux-mêmes, ils peuvent faire tout ce qu'ils veulent ou plutôt tout ce qu'ils peuvent : leur seule limite est leur puissance.

▶ Pourquoi les hommes sont-ils sortis de cet état de nature ? Pourquoi ont-ils éprouvé le besoin de former des sociétés et de se soumettre à des lois, à un pouvoir politique ? L'état de nature peut être vu comme un **état de guerre** de tous contre tous (Hobbes, p. 158). Les hommes vivent dans la peur permanente : ils craignent pour leurs biens, leur liberté, leur vie. (Rousseau, p. 269-271)

▶ Parce que cette situation est invivable, les hommes abandonnent leur liberté naturelle et confient le pouvoir à un souverain ou à la **volonté générale** (Rousseau, p. 159). Dans cette conception, l'État provient d'une **convention**, d'un accord entre les hommes qui ont décidé, tous ensemble, de vivre ensemble sous la conduite des lois : c'est le **contrat social**. L'État est une création humaine.

3 À quelles conditions l'État est-il juste ?

▶ Il ne faut pas confondre l'interrogation qui porte sur **l'origine** et celle qui porte sur **le fondement**. S'interroger sur l'origine de l'État, c'est se demander d'où vient l'État, pourquoi et comment il est apparu. S'interroger sur le fondement de l'État, c'est se demander sur quel principe repose son existence : quelle est la **finalité** de l'État ? Quelle est sa **justification rationnelle et morale** ? Comment le pouvoir politique doit-il s'exercer ? (La Rose blanche, exercice 3, p. 149 ; p. 180)

▶ L'État juste nous **libère** de la **peur**, de l'**arbitraire**. Il garantit nos **droits fondamentaux** : la liberté de pensée et d'expression (Spinoza, p. 161). Les droits naturels que nous perdons en quittant l'état de nature sont compensés par des

REPÈRES

Origine/fondement ▸ p. 492

Transcendant/immanent ▸ p. 494

droits politiques, garantis par l'État (Locke, p. 165). Dans un État juste, tous les pouvoirs ne sont pas concentrés entre les mêmes mains (Montesquieu, p. 166).

▶ L'État de droit est **libérateur** : il efface nos particularismes sociaux, ethniques, culturels, et nous transforme en citoyens. Il crée entre nous une **relation politique d'égalité**.

Louis XI, entre les allégories de Droiture et de Raison, miniature, XVe s., BNF, Paris.

4 Comment l'État peut-il abuser de son pouvoir ?

▶ Il existe différentes formes d'États **illégitimes**, qui ont tous en commun d'exercer un pouvoir absolu, sans limites.

▶ Le **despotisme** est le règne de l'**arbitraire** : « Un seul, sans loi et sans règle, entraîne tout par sa volonté et par ses caprices » (Montesquieu, *De l'esprit des lois*). Le despote gouverne en écoutant sa seule volonté, son caprice, son bon plaisir. Il n'est lié par rien et peut utiliser la violence et la ruse, pour se faire craindre (Machiavel, p. 167).

▶ Le **despotisme éclairé** est une forme plus insidieuse de despotisme, car il prétend faire le bonheur du peuple. Lorsque notre bien-être matériel est plus important que le maintien de nos droits fondamentaux, lorsque des impératifs sécuritaires l'emportent sur la défense de nos libertés, alors nous pouvons consentir à un « despotisme doux » (Diderot, p. 168 ; Tocqueville, p. 169).

▶ Le **totalitarisme** peut être vu comme une excroissance de l'État qui envahit les sphères de la société. L'État totalitaire s'appuie sur un pouvoir **instable**, **mobile** (Arendt, p. 170), qui entretient la peur, car les citoyens ne savent plus à qui ou à quoi ils doivent obéir.

5 Le pouvoir de l'État n'est-il qu'une force déguisée ?

REPÈRES

Légal/légitime
▸ p. 491

▶ Il semble facile de distinguer l'État juste, légitime, de l'État injuste, illégitime. Cependant, les hommes savent-ils vraiment ce qui est juste ? En ce cas, pourquoi les lois varient-elles selon les pays ? La **justice** n'est-elle qu'un autre nom pour la **force** (Pascal, p. 171) ? Même dans une démocratie, l'État juste peut user de **violence**, il a le « monopole de la violence physique légitime » (Weber, p. 173 ; Foucault, p. 199),

▶ L'État juste dit servir l'intérêt général, mais n'y a-t-il pas là une illusion ? Est-il aussi neutre qu'il le prétend ? (Marx et Engels, p. 172)

À RETENIR...

- Parce que nous vivons ensemble, en société, il nous faut des **règles**, des **lois** pour organiser notre vie collective. Ces lois émanent d'un pouvoir politique, d'un État, qui est une instance séparée de la société.
- Il existe différentes conceptions de l'État. Celui-ci peut être **juste** ou **injuste**, **légitime** ou **illégitime**. Il peut protéger les citoyens ou les persécuter. Le pouvoir peut toujours abuser du pouvoir. Des garde-fous sont nécessaires, afin que l'État ne vienne pas s'immiscer dans toutes les sphères de la société.
- La frontière est parfois ténue entre l'**État juste** et l'**État injuste**. Il existe une **violence politique légale**, qui passe pour **légitime** car elle émane de l'État.

TEXTES

QUESTION

1 Pourquoi se soumettre au pouvoir politique ?

TEXTE 1 Hobbes, *Léviathan*, 1651

HOBBES
1588-1679
Époque moderne
▸ p. 507

Pour Hobbes, l'état de nature est un état de guerre de tous contre tous. Cette guerre est permanente (elle ne peut cesser) et universelle (elle ne se limite pas à certains conflits ponctuels et localisés). Il expose ici les trois causes de la guerre.

De cette égalité des aptitudes découle une égalité dans l'espoir d'atteindre nos fins. C'est pourquoi, si deux hommes désirent la même chose alors qu'il n'est pas possible qu'ils en jouissent tous les deux, ils deviennent ennemis : et dans leur poursuite de cette fin (qui est, principalement, leur propre conservation, mais parfois seulement leur agrément[1]), chacun s'efforce de détruire ou de dominer l'autre. Et de là vient que, là où l'agresseur n'a rien de plus à craindre que la puissance individuelle d'un autre homme, on peut s'attendre avec vraisemblance, si quelqu'un plante, sème, bâtit, ou occupe un emplacement commode, à ce que d'autres arrivent tout équipés, ayant uni leurs forces, pour le déposséder et lui enlever non seulement le fruit de son travail, mais aussi la vie ou la liberté. Et l'agresseur à son tour court le même risque à l'égard d'un nouvel agresseur.

Du fait de cette défiance de l'un à l'égard de l'autre, il n'existe pour nul homme aucun moyen de se garantir[2] qui soit aussi raisonnable que le fait de prendre les devants, autrement dit, de se rendre maître, par la violence ou par la ruse, de la personne de tous les hommes pour lesquels cela est possible, jusqu'à ce qu'il n'aperçoive plus d'autre puissance assez forte pour le mettre en danger. Il n'y a rien là de plus que n'en exige la conservation de soi-même, et en général on estime cela permis. Également, du fait qu'il existe quelques hommes qui, prenant plaisir à contempler leur propre puissance à l'œuvre dans les conquêtes, poursuivent celles-ci plus loin que leur sécurité ne le requiert, les autres, qui autrement se fussent contentés de vivre tranquilles à l'intérieur de limites modestes, ne pourraient pas subsister longtemps s'ils n'accroissaient leur puissance par l'agression et s'ils restaient simplement sur la défensive. En conséquence, un tel accroissement de l'empire d'un homme sur les autres, étant nécessaire à sa conservation, doit être permis.

De plus, les hommes ne retirent pas d'agrément (mais au contraire un grand déplaisir) de la vie en compagnie, là où il n'existe pas de pouvoir capable de les tenir tous en respect[3]. Car chacun attend que son compagnon l'estime aussi haut qu'il s'apprécie lui-même, et à chaque signe de dédain, ou de mésestime[4] il s'efforce naturellement, dans toute la mesure où il l'ose (ce qui suffit largement, parmi des hommes qui n'ont pas de commun pouvoir qui les tienne en repos, pour les conduire à se détruire mutuellement), d'arracher la reconnaissance d'une valeur plus haute : à ceux qui le dédaignent, en leur nuisant ; aux autres, par de tels exemples.

De la sorte, nous pouvons trouver dans la nature humaine trois causes principales de querelle : premièrement, la rivalité ; deuxièmement, la méfiance ; troisièmement, la fierté.

REPÈRES
Universel/général/particulier/singulier
▸ p. 494

1. Plaisir.
2. Se protéger.
3. Pouvoir qui impose sa domination.
4. Mauvaise opinion que l'on a de quelqu'un.

CONCEPT
L'**état de nature** est une fiction, une hypothèse théorique qui consiste à imaginer les hommes livrés à eux-mêmes, sans aucune loi, sans aucun interdit d'aucune sorte. Cette fiction permet de comprendre pourquoi les hommes veulent vivre en société sous la conduite des lois.

La première de ces choses fait prendre l'offensive aux hommes en vue de leur profit. La seconde, en vue de leur sécurité. La troisième, en vue de leur réputation. Dans le premier cas, ils usent de violence pour se rendre maîtres de la personne d'autres hommes, de leurs femmes, de leurs enfants, de leurs biens. Dans le second cas, pour défendre ces choses. Dans le troisième cas, pour des bagatelles, par exemple pour un mot, un sourire, une opinion qui diffère de la leur, ou quelque autre signe de mésestime, que celle-ci porte directement sur eux-mêmes, ou qu'elle rejaillisse sur eux, étant adressée à leur parenté, à leurs amis, à leur nation, à leur profession, à leur nom.

Il apparaît clairement par là qu'aussi longtemps que les hommes vivent sans un pouvoir commun qui les tienne tous en respect, ils sont dans cette condition qui se nomme guerre, et cette guerre est guerre de chacun contre chacun.

Thomas Hobbes, *Léviathan*, première partie, chapitre XIII, © Sirey, trad. F. Tricaud, 1983, p. 122-124.

Questions

1. **Pourquoi la guerre est-elle permanente et universelle dans l'état de nature ?**
2. **Pourquoi la guerre devient-elle irrationnelle lorsqu'elle a pour origine la fierté, le désir de gloire ?**
3. **Quel est le « pouvoir commun » évoqué par Hobbes (l. 49) ?**

Pour aller plus loin

Comment expliquer la violence ? Aidez-vous du texte de Platon (p. 186) pour montrer le lien avec le désir.

TEXTE 2 Rousseau, *Du contrat social*, 1762

ROUSSEAU
1712-1778
Époque moderne
▸ p. 509

REPÈRES
Obligation/contrainte
▸ p. 492

Si l'homme n'est pas naturellement sociable, il faut alors faire l'hypothèse d'un contrat, d'une convention, qui serait à l'origine de la société. Rousseau énonce ici les termes de ce contrat.

Je suppose les hommes parvenus à ce point où les obstacles qui nuisent à leur conservation dans l'état de nature l'emportent par leur résistance sur les forces que chaque individu peut employer pour se maintenir dans cet état. Alors cet état primitif ne peut plus subsister, et le genre humain périrait s'il ne changeait sa manière d'être.

Or comme les hommes ne peuvent engendrer de nouvelles forces, mais seulement unir et diriger celles qui existent, ils n'ont plus d'autre moyen, pour se conserver, que de former par agrégation[1] une somme de forces qui puisse l'emporter sur la résistance, de les mettre en jeu par un seul mobile et de les faire agir de concert[2].

Cette somme de forces ne peut naître que du concours de plusieurs ; mais la force et la liberté de chaque homme étant les premiers instruments de sa conservation, comment les engagera-t-il sans se nuire, et sans négliger les soins qu'il se doit ? Cette difficulté ramenée à mon sujet peut s'énoncer en ces termes :

« Trouver une forme d'association qui défende et protège de toute la force commune la personne et les biens de chaque associé, et par laquelle chacun s'unissant à tous n'obéisse pourtant qu'à lui-même et reste aussi libre qu'auparavant[3]. » Tel est le problème fondamental dont le contrat social donne la solution. [...]

1. Regroupement.
2. Agir ensemble.
3. L'autonomie est l'acte de se donner à soi-même (*autos*) sa loi (*nomos*).

FOCUS SUR UNE ŒUVRE

Traité théologico-politique de Spinoza

CLÉS DE LECTURE

▶ **Date de composition :** 1670

▶ **Titre :** le titre indique que l'ouvrage portera à la fois sur des considérations religieuses et politiques.
La théologie est le discours (*logos*) qui porte sur Dieu (*theos*). Il s'agit le plus souvent d'interpréter les textes sacrés.

▶ **Genre :** un traité composé de vingt chapitres, publié en latin, anonymement.

▶ **Question posée :** la liberté de penser est-elle dangereuse ?

▶ **Contexte :**

1. Baruch Spinoza naît le 24 novembre 1632 dans une famille juive.
2. Il professe très jeune la liberté de penser et refuse de se laisser enfermer dans des dogmes religieux.
3. Accusé d'hérésie et d'athéisme, il est excommunié le 27 juillet 1656 et chassé d'Amsterdam.
4. Il interrompt la rédaction de l'*Éthique* pour entreprendre celle du *Traité théologico-politique*, afin de se défendre notamment de l'accusation d'athéisme.

▶ **Le témoignage de Spinoza :** « Il est entièrement contraire à la liberté commune que le libre jugement propre soit asservi aux préjugés ou subisse aucune contrainte. »

STRUCTURE DE L'ŒUVRE

▶ Il s'agit de montrer que la liberté de penser, non seulement n'est pas dangereuse pour la piété (sentiment religieux) ni pour la paix de l'État, mais qu'elle leur est même nécessaire.

▶ C'est le rapport à la raison qui fait le lien entre la question religieuse et la question politique. Il faut établir des limites au pouvoir religieux comme au pouvoir politique pour préserver la liberté de penser.

CHAPITRES I À XV

▶ Spinoza montre que la liberté de penser n'est pas dangereuse pour la piété et qu'elle lui est même nécessaire.

▶ Spinoza s'intéresse à la notion de Révélation (considérations sur les prophètes et les prophéties, sur la notion de loi divine, sur les miracles). Il interroge les rapports respectifs de la raison et de la foi. Spinoza veut établir la possibilité d'une interprétation rationnelle des textes sacrés.

▶ Il montre que la philosophie et la théologie sont deux disciplines distinctes, l'une n'est pas subordonnée à l'autre.

▶ Il définit la piété par les œuvres (la manière dont nous agissons) et non par les opinions.

CHAPITRES XVI À XX

▶ Spinoza montre que la liberté de penser n'est pas dangereuse pour la paix de l'État et qu'elle lui est même nécessaire.

▶ Spinoza définit la notion de droit naturel : chaque individu a un droit souverain de persévérer dans son état, c'est-à-dire d'exister et de se comporter comme il est naturellement déterminé à la faire.

▶ Le droit naturel d'un individu n'est rien d'autre que la puissance qu'il a de se conserver.

▶ L'état de nature est le règne du droit naturel mais il est invivable car chacun craint à tout moment pour sa vie.

▶ Spinoza pose donc la nécessité d'un pacte social : tous s'unissent en un corps politique dont la puissance sera constituée de la puissance de tous.

▶ Spinoza s'interroge sur les conditions de possibilité d'une obéissance au pouvoir politique qui préserve la liberté des citoyens. Il défend donc l'idéal démocratique.

▶ L'État le plus libre est celui dont les lois sont fondées en Raison. Être libre, c'est vivre sous la conduite de la Raison.

1 POUR ENTRER DANS L'ŒUVRE

Le *Traité théologico-politique*, une réflexion sur la distinction entre Foi et Raison

La Théologie et la Philosophie sont deux disciplines entièrement distinctes, tant dans leur but que dans leurs fondements. La Philosophie n'est pas soumise à la Théologie, la Raison n'est pas soumise à la Foi et inversement, la Théologie n'est pas soumise à la Philosophie, ni la Foi à la Raison.

Il reste à montrer enfin qu'entre la Foi ou la Théologie et la Philosophie il n'y a nul commerce, nulle parenté ; nul ne peut l'ignorer qui connaît le but et le fondement de ces deux disciplines, lesquels sont entièrement différents. Le but de la Philosophie est uniquement la vérité ; celui de la Foi, comme nous l'avons abondamment montré, uniquement l'obéissance et la piété. En second lieu, les fondements de la Philosophie sont les notions communes et doivent être tirés de la Nature seule ; ceux de la Foi sont l'histoire et la philologie[1] et doivent être tirés de l'Écriture seule et de la révélation, comme nous l'avons montré au chapitre VII. La Foi donc reconnaît à chacun une souveraine liberté de philosopher ; de telle sorte qu'il peut sans crime penser ce qu'il veut de toutes choses ; elle condamne seulement comme hérétiques[2] et schismatiques[3] ceux qui enseignent des opinions propres à répandre parmi les hommes l'insoumission, la haine, l'esprit combatif et la colère ; elle tient pour fidèles, au contraire, ceux-là seulement qui, dans la mesure où leur Raison et leurs facultés le leur permettent, répandent la Justice et la Charité.

Baruch Spinoza, *Traité théologico-politique*, chap. XIV,
© Flammarion, « GF », trad. C. Appuhn, p. 246.

1. Étude de la langue par l'intermédiaire des textes.
2. Qui professe une hérésie (opinion contraire à l'orthodoxie).
3. Qui provoque un schisme, une scission à l'intérieur de l'Église.

Questions

1. Pourquoi la Théologie et la Philosophie ont-elles un but différent ?
2. Comment Spinoza définit-il la liberté de philosopher ? Celle-ci a-t-elle des limites ?

2 POUR COMPRENDRE SA MÉTHODE

Un problème : comment vivre ensemble ?

Dans l'état de nature, chacun peut faire ce que bon lui semble, par conséquent tous vivent dans la crainte et l'insécurité. Le pacte social permet de s'extraire de cette situation invivable.

Il n'en est pas moins vrai, personne n'en peut douter, qu'il est de beaucoup plus utile aux hommes de vivre suivant les lois et les injonctions certaines de la Raison, lesquelles tendent uniquement, comme nous l'avons dit, à ce qui est réellement utile aux hommes. En outre il n'est personne qui ne désire vivre à l'abri de la crainte autant qu'il se peut, et cela est tout à fait impossible aussi longtemps qu'il est loisible[1] à chacun de faire tout ce qui lui plaît, et qu'il n'est pas reconnu à la Raison plus de droits qu'à la haine et à la colère ; personne en effet ne vit sans angoisse parmi les inimitiés, les haines, la colère et les ruses, il n'est personne qui ne tâche en conséquence d'y échapper autant qu'il est en lui. Que l'on considère encore que, s'ils ne s'entraident pas, les hommes vivent très misérablement et que, s'ils ne cultivent pas la Raison, ils restent asservis aux nécessités de la vie, comme nous l'avons montré au chapitre V, et l'on verra très clairement que pour vivre dans la sécurité et le mieux possible les hommes ont dû nécessairement aspirer à s'unir en un corps et ont fait par là que le droit que chacun

1. Possible.

2. Désir.

avait de Nature sur toutes choses appartînt à la collectivité et fût déterminé non plus par la force et l'appétit[2] de l'individu mais par la puissance et la volonté de tous ensemble.

Baruch Spinoza, *Traité théologico-politique*, chap. XVI,
© Flammarion, « GF », trad. C. Appuhn, p. 263-264.

Questions

1. **Comment Spinoza décrit-il le pacte social ?**
2. **Le droit naturel disparaît-il avec l'instauration de la société ?**

3 POUR COMPRENDRE L'ENJEU DU TEXTE

La thèse : défendre la liberté de penser

La liberté de penser est un droit inaliénable : aucune autorité politique ne peut l'ôter aux citoyens.

Où l'on montre que dans un État libre il est loisible à chacun de penser ce qu'il veut et de dire ce qu'il pense.

S'il était aussi facile de commander aux âmes qu'aux langues, il n'y aurait aucun souverain qui ne régnât en sécurité et il n'y aurait pas de gouvernement violent, car chacun vivrait selon la complexion[1] des détenteurs du pouvoir et ne jugerait que d'après leurs décrets du vrai ou du faux, du bien ou du mal, du juste ou de l'inique. Mais, comme nous l'avons fait observer au commencement du chapitre XVII, cela ne peut être ; il ne peut se faire que l'âme d'un homme appartienne entièrement à un autre ; personne en effet ne peut transférer à un autre, ni être contraint d'abandonner son droit naturel ou sa faculté de faire de sa raison un libre usage et de juger de toutes choses. Ce gouvernement par suite est tenu pour violent, qui prétend dominer sur les âmes et une majesté souveraine paraît agir injustement contre ses sujets et usurper leur droit, quand elle veut prescrire à chacun ce qu'il doit admettre comme vrai ou rejeter comme faux, et aussi quelles opinions doivent émouvoir son âme de dévotion envers Dieu : car ces choses sont du droit propre de chacun, un droit dont personne, le voulût-il, ne peut se dessaisir.

1. Constitution, caractère.

Baruch Spinoza, *Traité théologico-politique*, chap. XX,
© Flammarion, « GF », trad. C. Appuhn, p. 327.

Questions

1. **Expliquez la première phrase du texte.**
2. **Qu'est-ce qu'un gouvernement violent ?**
3. **Pourquoi la liberté de penser est-elle un droit inaliénable ?**

LES **OBJECTIFS** DE L'AUTEUR

- Distinguer la **superstition** de la **religion** et la **Raison** de la **Foi**.
- Proposer une interprétation **rationnelle et historique** des textes sacrés.
- Poser des **limites au pouvoir religieux** comme au pouvoir **politique**.
- Défendre la **liberté de penser** qui ne menace ni la piété ni la paix de l'État.
- Comprendre à quelles conditions l'**obéissance** du citoyen est compatible avec sa **liberté**.
- Définir la **liberté** comme le fait de vivre sous la conduite de la **Raison**.

TEXTE 4 Locke, *Traité du gouvernement civil*, 1689

En quittant l'état de nature, les hommes perdent certains droits naturels. Cette perte doit être compensée par des droits politiques, garantis par l'État.

LOCKE
1632-1704
Époque moderne
▸ p. 508

Cependant, quoique ceux qui entrent dans une société remettent l'*égalité*, la *liberté*, et le *pouvoir* qu'ils avaient dans l'*état de nature* entre les mains de la société, afin que l'*autorité législative* en dispose de la manière qu'elle trouvera bon, et que le bien de la société requerra[1] ; ces gens-là, néanmoins, en remettant ainsi leurs *privilèges naturels*, n'ayant d'autre intention que de pouvoir mieux conserver leurs personnes, leurs libertés, leurs propriétés (car, enfin, on ne saurait supposer que des créatures raisonnables changent leur condition, dans l'intention d'en avoir une plus mauvaise), le pouvoir de la société ou de l'*autorité législative* établie par eux, ne peut jamais être supposé devoir *s'étendre plus loin que le bien public ne le demande*. Ce pouvoir doit se réduire à mettre en sûreté et à conserver les propriétés de chacun, en remédiant aux trois défauts, dont il a été fait mention ci-dessus, et qui rendaient l'*état de nature* si dangereux et si incommode. Ainsi, qui que ce soit qui a le pouvoir législatif ou souverain d'une communauté, est obligé de gouverner suivant les lois établies et connues du peuple, non par des décrets arbitraires[2] et formés sur-le-champ ; d'établir des Juges désintéressés et équitables qui décident les différends[3] par ces lois ; d'employer les forces de la communauté au-dedans, seulement pour faire exécuter ces lois, ou au-dehors pour prévenir ou réprimer les injures étrangères, mettre la communauté à couvert des courses[4] et des invasions ; et en tout cela de ne se proposer d'autre fin que la *tranquillité*, la *sûreté*, le *bien du peuple*.

John Locke, *Traité du gouvernement civil*, chapitre IX,
© Garnier-Flammarion, trad. D. Mazel, 1984, p. 277-278.

1. Exigera.
2. Qui dépendent de la seule volonté (libre arbitre) de la personne, celle-ci n'étant tenue par aucune règle.
3. Désaccords, conflits.
4. Pillages.

Questions

1. Pourquoi les hommes sont-ils libres et égaux dans l'état de nature ?
2. Pourquoi décident-ils malgré tout de quitter cet état ?
3. Comment le pouvoir politique doit-il s'exercer ?

PERSPECTIVES

L'existence humaine et la culture

- L'État est-il une convention humaine ?

Pour aller plus loin

Faites une recherche sur la notion de libéralisme. Quelle est l'approche de l'État dans ce courant de pensée ?

CULTURE PHILOSOPHIQUE

L'**état de nature**, pour Locke, est une fiction dans laquelle on imagine les hommes livrés à eux-mêmes, sans aucune loi. Cet état de nature est « dangereux » et « incommode » selon Locke, car il souffre de « trois défauts » : il n'existe pas de lois reconnues par tous, il n'existe pas de juge impartial qui pourrait arbitrer les conflits, il n'existe pas de pouvoir capable de se faire respecter.

Déclaration des Droits de l'Homme et du Citoyen, 1791, peinture sur bois, musée Carnavalet, Paris.

TEXTE 5 Montesquieu, *De l'esprit des lois*, 1748

MONTESQUIEU
1689-1755
Époque moderne
▸ p. 508

Montesquieu est à l'origine de la théorie fort célèbre de la séparation des pouvoirs : les pouvoirs législatif, exécutif et judiciaire ne doivent pas être concentrés entre les mêmes mains. Il nous explique ici pourquoi.

Il y a, dans chaque État, trois sortes de pouvoirs ; la puissance législative, la puissance exécutrice des choses qui dépendent du droit des gens[1], et la puissance exécutrice de celles qui dépendent du droit civil[2].

Par la première, le prince ou le magistrat fait des lois pour un temps ou pour toujours, et corrige ou abroge celles qui sont faites. Par la seconde, il fait la paix ou la guerre, envoie ou reçoit des ambassades, établit la sûreté, prévient les invasions. Par la troisième, il punit les crimes, ou juge les différends[3] des particuliers. On appellera cette dernière la puissance de juger ; et l'autre, simplement la puissance exécutrice de l'État.

La liberté politique, dans un citoyen, est cette tranquillité d'esprit qui provient de l'opinion que chacun a de sa sûreté ; et, pour qu'on ait cette liberté, il faut que le gouvernement soit tel, qu'un citoyen ne puisse pas craindre un autre citoyen.

Lorsque, dans la même personne ou dans le même corps de magistrature, la puissance législative est réunie à la puissance exécutrice, il n'y a point de liberté ; parce qu'on peut craindre que le même monarque[4] ou le même sénat ne fasse des lois tyranniques, pour les exécuter tyranniquement.

Il n'y a point encore de liberté, si la puissance de juger n'est pas séparée de la puissance législative et de l'exécutrice. Si elle était jointe à la puissance législative, le pouvoir sur la vie et la liberté des citoyens serait arbitraire[5] ; car le juge serait législateur. Si elle était jointe à la puissance exécutrice, le juge pourrait avoir la force d'un oppresseur.

Tout serait perdu, si le même homme, ou le même corps des principaux, ou des nobles, ou du peuple, exerçaient ces trois pouvoirs : celui de faire des lois, celui d'exécuter les résolutions publiques, et celui de juger les crimes ou les différends des particuliers.

Montesquieu, *De l'esprit des lois*, première partie, livre XI, chapitre 6,

1. Droit international ou droit de la guerre.
2. Droit qui régit les rapports entre les personnes.
3. Désaccords, conflits.
4. Roi.
5. Qui dépend de la seule volonté (libre arbitre) de la personne, celle-ci n'étant tenue par aucune règle.

CULTURE PHILOSOPHIQUE

Dans l'**État de droit**, le pouvoir est limité par le droit. « Pour qu'on ne puisse pas abuser du pouvoir, il faut que, par la disposition des choses, le pouvoir arrête le pouvoir ». *De L'esprit des lois*, I, XI, 4.

Saint Louis rendant la justice, vers 1320, miniature, BNF, Paris.

Questions

Expliquez pourquoi :

a. l'association du pouvoir exécutif et du pouvoir législatif entraîne la tyrannie ;

b. l'association du pouvoir législatif et du pouvoir judiciaire entraîne l'arbitraire ;

c. l'association du pouvoir exécutif et du pouvoir judiciaire entraîne l'oppression.

PERSPECTIVES

La morale et la politique

- Comment limiter le pouvoir de l'État ?

QUESTION

3 Comment l'État peut-il abuser de son pouvoir ?

TEXTE 6

Machiavel, *Le Prince*, 1532

MACHIAVEL
1469-1527
Renaissance
▸ p. 504

Le prince doit-il se faire aimer ou craindre ? Dans l'idéal, il faudrait être craint tout en étant aimé, mais c'est un équilibre difficile à trouver. S'il faut choisir entre les deux, il vaut mieux être craint, mais sans susciter la haine.

De là naît une dispute : s'il faut mieux être aimé que craint, ou l'inverse. La réponse est qu'il faudrait l'un et l'autre, mais comme il est difficile d'accorder les deux, il est bien plus sûr d'être craint qu'aimé, si l'on devait se passer de l'un d'eux. Au sujet des hommes, on peut en effet énoncer cette généralité : ils sont ingrats, changeants, simulateurs et dissimulateurs, lâches devant le danger, cupides devant le gain[1] ; lorsque tu contribues à leur bien, ils sont tout à toi, ils t'offrent leur sang, ce qu'ils possèdent, leur vie, leur progéniture[2], comme je l'ai dit plus haut – tout cela lorsque le danger est loin. Mais lorsqu'il s'approche, ils font volte-face[3]. Le prince qui s'est entièrement fondé sur leurs paroles se trouve alors entièrement dépourvu et s'effondre. Car les amitiés que l'on achète contre monnaie sonnante plutôt que par la grandeur et par la noblesse d'âme, on les paie mais on ne les possède pas, et on ne peut les dépenser quand on en a besoin. Et les hommes éprouvent moins d'hésitation à nuire à quelqu'un qui se fait aimer qu'à quelqu'un qui se fait craindre – car l'amour est sous-tendu par un lien d'obligation qui, du fait de la méchanceté des hommes, est rompu à la moindre occasion où ils voient leur profit personnel, tandis que la crainte est sous-tendue par une telle peur du châtiment qu'elle ne te fera jamais défaut.

Cependant, le prince doit se faire craindre de telle façon que s'il ne peut obtenir l'amour, il échappe à la haine ; en effet, être craint et n'être pas haï peuvent très bien aller ensemble, et le prince y parviendra toujours s'il s'abstient de s'en prendre aux biens de ses concitoyens et de ses sujets ainsi qu'à leur épouse. Et si d'aventure[4] il lui fallait s'en prendre à la vie de certains, il devrait le faire en proposant une justification appropriée et en montrant une cause manifeste. Mais surtout s'abstenir des biens d'autrui, car les hommes oublient plus vite la mort de leur père que la perte de leur patrimoine.

Nicolas Machiavel, *Le Prince*, chapitre XVII, © Hatier, « Les classiques Hatier de la philosophie », trad. T. Ménissier, 2011, p. 76-77.

1. Qui désirent ardemment l'argent.
2. Leurs enfants.
3. Ils changent d'attitude, de comportement.
4. Si l'occasion se présente.

CULTURE PHILOSOPHIQUE

Le prince ne doit pas craindre d'utiliser **la violence et la ruse** pour s'emparer du pouvoir et le conserver. Il doit avoir **la force du lion et la ruse du renard.** « Le lion ne se défend pas des pièges, le renard ne se défend pas des loups. Il faut donc être renard pour connaître les pièges et lion pour effrayer les loups. » (*Le Prince*, chapitre XVIII)

Questions

1. **Pourquoi le prince doit-il être craint selon Machiavel ? En quoi cette crainte permet-elle de consolider le pouvoir de l'État ?**
2. **Quelle conception Machiavel se fait de la nature humaine ? Justifiez votre réponse en relevant des expressions du texte.**
3. **Comment appellerait-on aujourd'hui un pouvoir qui cherche à se faire aimer tout en inspirant la crainte ?**

Pour aller plus loin

Faites une recherche sur la notion de culte de la personnalité. Que signifie cette expression ? Pourquoi emploie-t-on le mot *culte* ? Quand cette notion apparaît-elle dans l'histoire ? Quels sont les régimes politiques concernés ? Quels sont les moyens utilisés pour entretenir ce culte ?

TEXTE 7 Diderot, *Réfutation suivie de l'ouvrage d'Helvétius intitulé* L'Homme, 1783

Le despotisme éclairé est insidieux, il avance masqué, sous couvert de faire le bonheur du peuple. Ce gouvernement est séduisant et dangereux, et d'autant plus dangereux qu'il est séduisant.

DIDEROT
1713-1784
Époque moderne
▸ p. 507

Le gouvernement arbitraire[1] d'un prince juste et éclairé est toujours mauvais. Ses vertus sont la plus dangereuse et la plus sûre des séductions : elles accoutument[2] insensiblement un peuple à aimer, à respecter, à servir son successeur, quel qu'il soit, méchant et stupide. Il enlève au peuple le droit de délibérer[3], de vouloir ou ne vouloir pas, de s'opposer même à sa volonté, lorsqu'il ordonne le bien ; cependant ce droit d'opposition, tout insensé qu'il est, est sacré : sans quoi les sujets ressemblent à un troupeau dont on méprise la réclamation, sous prétexte qu'on le conduit dans de gras pâturages. En gouvernant selon son bon plaisir, le tyran commet le plus grand des forfaits. Qu'est-ce qui caractérise le despote ? Est-ce la bonté ou la méchanceté ? Nullement. Ces deux notions n'entrent seulement pas dans sa définition. C'est l'étendue et non l'usage de l'autorité qu'il s'arroge[4]. Un des plus grands malheurs qui pût arriver à une nation, ce seraient deux ou trois règnes d'une puissance juste, douce, éclairée, mais arbitraire : les peuples seraient conduits par le bonheur à l'oubli complet de leurs privilèges, au plus parfait esclavage. Je ne sais si jamais un tyran et ses enfants se sont avisés de cette redoutable politique ; mais je ne doute aucunement qu'elle ne leur eût réussi. Malheur aux sujets en qui l'on anéantit tout ombrage sur leur liberté, même par les voies les plus louables en apparence ! Ces voies n'en sont que plus funestes pour l'avenir. C'est ainsi que l'on tombe dans un sommeil fort doux, mais c'est un sommeil de mort, pendant lequel le sentiment patriotique s'éteint, et l'on devient étranger au gouvernement de l'État.

Denis Diderot, *Réfutation suivie de l'ouvrage d'Helvétius intitulé* L'Homme, in *Œuvres*, tome 1, Robert Laffont, « Bouquins », 1994, p. 862-863.

1. Qui dépend de la seule volonté (libre-arbitre) du prince, celui-ci n'étant tenu par aucune règle.
2. Habituent.
3. Réfléchir avant de prendre une décision.
4. Qu'il s'attribue.

Questions

1. **Pourquoi le gouvernement despotique est-il « toujours mauvais » (l. 1-2) quelle que soit la manière dont il s'exerce ?**
2. **Pourquoi le peuple n'a-t-il pas conscience de l'abus de pouvoir qui s'exerce sur lui ?**
3. **Comment le bonheur peut-il être compatible avec le « plus parfait esclavage » (l. 16) ?**

Débat

Notre bonheur et notre bien-être doivent-ils être les valeurs suprêmes ?

CONTEXTE

Le despotisme éclairé

Diderot reproche à Helvétius d'avoir fait l'éloge d'une maxime de Frédéric II de Prusse, qui défendit, dans un discours à l'Académie de Berlin, le gouvernement arbitraire d'un prince juste, humain, vertueux.

Pour aller plus loin

Faites une recherche sur la notion d'aliénation. Quelle est l'étymologie de ce terme ? Dans quels domaines parle-t-on d'aliénation ? Donnez des exemples. Ce phénomène est-il généralement conscient ? (v. p. 328, 250 et 428)

TEXTE 8

Tocqueville, *De la démocratie en Amérique*, 1840

TOCQUEVILLE
1805-1859
Époque contemporaine
▸ p. 522

La préoccupation du bien-être matériel est dangereuse lorsqu'elle conduit à se tenir éloigné des affaires publiques. Tocqueville nous rappelle dans ce texte que la politique est l'affaire de tous.

Lorsque le goût des jouissances matérielles se développe chez un de ces peuples[1] plus rapidement que les lumières[2] et que les habitudes de la liberté, il vient un moment où les hommes sont emportés et comme hors d'eux-mêmes, à la vue de ces biens nouveaux qu'ils sont prêts à saisir. Préoccupés du seul soin de faire fortune, ils n'aperçoivent plus le lien étroit qui unit la fortune particulière de chacun d'eux à la prospérité de tous. Il n'est pas besoin d'arracher à de tels citoyens les droits qu'ils possèdent ; ils les laissent volontiers échapper eux-mêmes. L'exercice de leurs devoirs politiques leur paraît un contre-temps fâcheux qui les distrait de leur industrie[3]. S'agit-il de choisir leurs représentants, de prêter main-forte à l'autorité, de traiter en commun la chose commune, le temps leur manque ; ils ne sauraient dissiper ce temps si précieux en travaux inutiles. Ce sont là jeux d'oisifs[4] qui ne conviennent point à des hommes graves et occupés des intérêts sérieux de la vie. Ces gens-là croient suivre la doctrine de l'intérêt, mais ils ne s'en font qu'une idée grossière, et, pour mieux veiller à ce qu'ils nomment leurs affaires, ils négligent la principale qui est de rester maîtres d'eux-mêmes.

Les citoyens qui travaillent ne voulant pas songer à la chose publique, et la classe qui pourrait se charger de ce soin pour remplir ses loisirs n'existant plus, la place du gouvernement est comme vide.

Si, à ce moment critique, un ambitieux habile vient à s'emparer du pouvoir, il trouve que la voie à toutes les usurpations[5] est ouverte.

Qu'il veille quelque temps à ce que tous les intérêts matériels prospèrent, on le tiendra aisément quitte du reste[6]. Qu'il garantisse surtout le bon ordre. Les hommes qui ont la passion des jouissances matérielles découvrent d'ordinaire comment les agitations de la liberté troublent le bien-être, avant que d'apercevoir comment la liberté sert à se le procurer ; et, au moindre bruit des passions publiques qui pénètrent au milieu des petites jouissances de leur vie privée, ils s'éveillent et s'inquiètent ; pendant longtemps la peur de l'anarchie les tient sans cesse en suspens et toujours prêts à se jeter hors de la liberté au premier désordre.

Je conviendrai sans peine que la paix publique est un grand bien ; mais je ne veux pas oublier cependant que c'est à travers le bon ordre que tous les peuples sont arrivés à la tyrannie. Il ne s'ensuit pas assurément que les peuples doivent mépriser la paix publique ; mais il ne faut pas qu'elle leur suffise. Une nation qui ne demande à son gouvernement que le maintien de l'ordre est déjà esclave au fond du cœur ; elle est esclave de son bien-être, et l'homme qui doit l'enchaîner peut paraître.

Alexis de Tocqueville, *De la démocratie en Amérique*, tome 2, 2e partie, chapitre XIV, Flammarion, « GF », 1986, p. 176-177.

1. Les peuples démocratiques.
2. La connaissance.
3. Leur profession, leur travail.
4. Personnes désœuvrées, inactives.
5. Fait de s'approprier, par la violence ou par la ruse, ce qui ne nous appartient pas.
6. On ne le contestera pas pour ce qu'il pourrait faire par ailleurs.

CONTEXTE

Un voyage en Amérique
Jeunes magistrats, Alexis de Tocqueville et Gustave de Beaumont partent en 1831 aux États-Unis pour une mission d'étude sur le système carcéral américain. Le voyage dure neuf mois. Tocqueville étudie la démocratie naissante : l'égalité y est une valeur essentielle mais il ne faudrait pas lui sacrifier la liberté, faute de quoi on sombrerait dans un despotisme « doux », « bienveillant ».

Questions

1. **Quels sont les « devoirs politiques » (l. 8) qui incombent à tout citoyen ? Que risquons-nous à les oublier ?**
2. **Pourquoi la considération exclusive de l'ordre et du bien-être matériel peut-elle conduire à la tyrannie ?**
3. **La liberté est-elle plus importante que le bien-être ?**

Oral
La démocratie est-elle fragile ?

TEXTE 9 Arendt, *Le Système totalitaire,* 1951

L'État totalitaire se définit par son caractère informe et s'appuie sur un pouvoir instable, mobile et finalement mystérieux.

ARENDT
1906-1975
Époque contemporaine
▸ p. 512

Pour un observateur, la structure monolithique de l'État totalitaire n'est certes pas ce qu'il y a de plus frappant. Bien au contraire, tous ceux qui ont sérieusement étudié la question sont au moins d'accord pour dire que deux sources d'autorité co-existent (ou s'affrontent), le parti et l'État. Beaucoup ont, en outre, mis l'accent sur le caractère étrangement « informe » du gouvernement totalitaire. […]

Le dédoublement des services, la division de l'autorité, la co-existence d'un pouvoir réel et d'un pouvoir apparent suffisent à créer la confusion mais non à expliquer le caractère « informe » de l'édifice tout entier. On ne devrait jamais oublier que seul un édifice peut avoir une structure, mais qu'un mouvement – à prendre le terme aussi sérieusement, aussi littéralement que le faisaient les nazis – ne peut avoir qu'une direction : que toute espèce de structure légale ou gouvernementale ne peut que constituer un handicap pour un mouvement qui va se propageant à une vitesse croissante dans une direction déterminée. […]

De fait, le dédoublement des services, apparente solution à la question parti-État dans toutes les dictatures à parti unique, n'est que la manifestation la plus visible d'un phénomène plus complexe auquel, mieux que celui de dédoublement, convient le terme de multiplication des services. […] Le citoyen du Troisième Reich hitlérien ne vivait pas seulement sous les autorités simultanées – et souvent en conflit – des pouvoirs concurrents, tels que les administrations, le parti, la S.A. et les S.S. ; il ne pouvait jamais savoir avec certitude, et on ne lui disait jamais explicitement, quelle autorité il était censé placer au-dessus de toutes les autres. Il devait développer une sorte de sixième sens pour savoir, à un moment donné, à qui obéir et de qui se moquer. […]

En termes techniques, le mouvement à l'intérieur de l'appareil de domination totalitaire, tire sa mobilité du fait que la direction ne cesse de déplacer le centre effectif du pouvoir, à d'autres organisations, souvent, sans dissoudre, ni même révéler publiquement les groupes qui ont été ainsi privés de leur pouvoir. […] L'important est ici que jamais aucun des organes du pouvoir ne fut privé de son droit à prétendre incarner la volonté du Chef. Mais ce n'était pas seulement la volonté du Chef qui était d'une instabilité telle qu'en comparaison les caprices des despotes orientaux sont un éclatant exemple de constance. La cohérente et perpétuelle division entre autorité secrète réelle et représentation fictive faisait du siège effectif du pouvoir, un mystère, par définition, et ce à un tel degré que même les membres de la clique[1] dirigeante ne pouvaient jamais savoir avec une absolue certitude quelle était leur propre position dans la hiérarchie secrète du pouvoir.

Hannah Arendt, *Les Origines du totalitarisme*, 3ᵉ partie, © Le Seuil, « Points Essais », 1972, trad. J.-L. Bourget, R. Davreu, P. Lévy, © 1951, 1968 by H. Arendt.

1. Un groupe de personnes *(péjoratif)*.

CULTURE PHILOSOPHIQUE

L'**État totalitaire** revendique un pouvoir total : il n'y a plus de distinction entre la sphère privée et la sphère publique, le pouvoir s'immisce partout. Le peuple n'est pas une association d'individus différents et uniques, mais une totalité indifférenciée, uniforme. La société totalitaire est une « société sans classes » (Arendt).

Questions

1. **Définissez et distinguez le parti et l'État. En quel sens sont-ils deux sources d'autorité différentes ?**
2. **En quel sens le pouvoir est-il mobile dans un État totalitaire ?**
3. **Expliquez pourquoi la mobilité du pouvoir inspire la crainte.**

QUESTION 4

Le pouvoir de l'État n'est-il qu'une force déguisée ?

TEXTE 10 Pascal, *Pensées*, 1670 (posthume)

PASCAL
1623-1662
Époque moderne
▸ p. 509

CULTURE PHILOSOPHIQUE

La justice se réduit à une simple ***légalité*** pour Pascal : les lois sont justes parce qu'elles sont établies. Pascal ne croit pas en l'existence d'un **droit naturel** qui viendrait fonder et justifier le **droit positif**.

Nous pensons spontanément que les pouvoirs établis sont justes. Mais d'où vient cette justice ? La justice n'est-elle qu'un autre nom pour la force ?

Justice, force.

Il est juste que ce qui est juste soit suivi ; il est nécessaire que ce qui est le plus fort soit suivi.

La justice sans la force est impuissante ; la force sans la justice est tyrannique.

La justice sans force est contredite, parce qu'il y a toujours des méchants. La force sans la justice est accusée. Il faut donc mettre ensemble la justice et la force, et pour cela faire que ce qui est juste soit fort ou que ce qui est fort soit juste.

La justice est sujette à dispute. La force est très reconnaissable et sans dispute. Aussi on n'a pu donner la force à la justice, parce que la force a contredit la justice et a dit qu'elle était injuste, et a dit que c'était elle qui était juste.

Et ainsi ne pouvant faire que ce qui est juste fût fort, on a fait que ce qui est fort fût juste.

Ne pouvant faire qu'il soit forcé d'obéir à la justice, on a fait qu'il soit juste d'obéir à la force. Ne pouvant fortifier la justice, on a justifié la force, afin que le juste et le fort fussent ensemble et que la paix fût, qui est le souverain bien.

Si l'on avait pu, l'on aurait mis la force entre les mains de la justice. Mais comme la force ne se laisse pas manier comme on veut parce que c'est une qualité palpable, au lieu que la justice est une qualité spirituelle dont on dispose comme on veut, on l'a mise entre les mains de la force et ainsi on appelle juste ce qu'il est force d'observer.

Blaise Pascal, *Pensées*, Éd. Lafuma, fragments 103, 81, 85.

Questions

1. Pourquoi la force et la justice ont-elles besoin chacune l'une de l'autre ?
2. Pourquoi ne peut-on pas donner la force à la justice ?
3. Comment Pascal justifie-t-il le fait d'obéir aux pouvoirs établis ?

PERSPECTIVES

L'existence humaine et la culture

- Les hommes peuvent-ils se mettre d'accord sur ce qui est juste ?

Pour aller plus loin

Le droit n'est-il que l'expression de rapports de force ? (Voir p. 196-199)

Débat

Faut-il toujours obéir au pouvoir politique ? Aidez-vous du texte de Chomsky et Foucault, p. 190-191.

Allégorie de la Justice, horloge de la Conciergerie, Paris.

TEXTE 11 Marx et Engels, *L'Idéologie allemande*, 1845-1846

MARX
1818-1883
Époque contemporaine
▸ p. 518

ENGELS
1820-1895
Époque contemporaine
▸ p. 514

REPÈRES
Idéal/réel
▸ p. 490

Loin d'être neutre et impartial, l'État est un instrument au service de la classe dominante. Celle-ci prétend parler au nom de l'universel, de l'intérêt général, mais ne fait que servir ses propres intérêts.

À toute époque, les idées de la classe dominante sont les idées dominantes ; autrement dit, la classe qui est la puissance *matérielle* dominante d'une société est en même temps la puissance *spirituelle* dominante de cette société. La classe disposant des moyens de production matérielle dispose par là en même temps des moyens de production spirituelle, si bien qu'ainsi elle maîtrise du même coup, dans l'ensemble, les idées de ceux à qui manquent les moyens de production spirituelle. Les idées dominantes ne sont rien d'autre que l'expression idéelle des rapports matériels dominants, les rapports matériels dominants saisis comme idées ; donc rien d'autre que les idées des rapports qui précisément font une classe dominante, par conséquent les idées de domination. Les individus qui composent la classe dominante sont aussi dotés d'une conscience, ils pensent donc ; dès lors dans la mesure où ils dominent en tant que classe et déterminent dans toute son ampleur une époque de l'histoire, il va de soi qu'ils le font dans toute l'étendue de celle-ci, par conséquent ils dominent aussi en tant que penseurs, en tant que producteurs d'idées et ils règlent la production et la distribution des idées de leur temps. Il est donc évident que leurs idées sont les idées dominantes de l'époque. Par exemple, à une époque et dans un pays où puissance royale et bourgeoise se disputent la domination, où par conséquent cette domination est divisée, s'affirme comme idée dominante la doctrine de la division des pouvoirs, qui est exprimée comme « loi éternelle ». […]

Les idées dominantes sont des idées de plus en plus abstraites, c'est-à-dire qu'elles empruntent de plus en plus la forme de l'universalité. Toute nouvelle classe qui se substitue à une classe dominant avant elle se voit contrainte, ne serait-ce que pour parvenir à ses fins, de présenter son intérêt comme l'intérêt commun à tous les membres de la société, c'est-à-dire – en termes d'idées – elle doit prêter à ses pensées la forme de l'universalité, les présenter comme seules raisonnables, les seules comme universellement valables.

Karl Marx et Friedrich Engels, *L'idéologie allemande*, © Nathan, « Les Intégrales de Philo », trad. H. Hildenbrand, 1998, p.69-71.

CULTURE PHILOSOPHIQUE

Selon Marx, ce sont les **processus matériels de production** (infrastructures économiques) qui déterminent les idées en vigueur dans une société (superstructures intellectuelles). Les idées ne naissent pas de rien mais sont déterminées par la structure économique de la société (rapports de production et de domination). Ceci est valable pour tous les domaines de la pensée et notamment pour la sphère du droit. Penser que les idées ont leur vie propre, autonome, indépendante de la sphère matérielle, c'est défendre une conception **idéaliste**, combattue par Marx (qui est **matérialiste**). L'**idéologie** consiste à entretenir cette illusion, dans l'intérêt de la classe dominante, qui prétend ne pas voir que les idées en vigueur dans une société servent ses intérêts.

Questions

1. **Pourquoi la domination économique rend-elle possible également une domination intellectuelle ?**
2. **Expliquez l'exemple de la fin du premier paragraphe (l. 18-21).**

Débat

La notion d'intérêt général est-elle illusoire ?

TEXTE 12

Weber, *Le Savant et le Politique*, 1919

Comment penser le lien entre l'État et la violence ? La violence est-elle toujours hors de la sphère du droit ou peut-il exister une violence légale, voire légitime ?

WEBER
1864-1920
Époque contemporaine
▸ p. 523

REPÈRES
Légal/légitime
▸ p. 491

« Tout État est fondé sur la force », disait un jour Trotski[1] à Brest-Litovsk[2]. En effet, cela est vrai. S'il n'existait que des structures sociales d'où toute violence serait absente, le concept d'État aurait alors disparu et il ne subsisterait que ce qu'on appelle, au sens propre du terme, l'« anarchie »[3]. La violence n'est évidemment pas l'unique moyen normal de l'État – cela ne fait aucun doute –, mais elle est son moyen spécifique. De nos jours la relation entre État et violence est tout particulièrement intime. Depuis toujours les groupements politiques les plus divers – à commencer par la parentèle[4] – ont tous tenu la violence physique pour le moyen normal du pouvoir. Par contre il faut concevoir l'État contemporain comme une communauté humaine qui, dans les limites d'un territoire déterminé – la notion de territoire étant une de ses caractéristiques –, revendique avec succès pour son propre compte *le monopole de la violence physique légitime*. Ce qui est en effet le propre de notre époque, c'est qu'elle n'accorde à tous les autres groupements, ou aux individus, le droit de faire appel à la violence que dans la mesure où l'État le tolère : celui-ci passe donc pour l'unique source du « droit » à la violence. [...]

Comme tous les groupements politiques qui l'ont précédé historiquement, l'État consiste en un rapport de *domination* de l'homme sur l'homme fondé sur le moyen de la violence légitime (c'est-à-dire sur la violence qui est considérée comme légitime). L'État ne peut donc exister qu'à la condition que les hommes dominés se soumettent à l'autorité revendiquée chaque fois par les dominateurs.

Max Weber, *Le Savant et le Politique*, « Le métier et la vocation d'homme politique », © Plon, trad. J. Freund, 2005, p. 124-126.

Pékin, 5 juin 1989. Un homme se tient devant les chars qui avancent pour réprimer les manifestations. Il est arrêté par des policiers. Nul ne sait ce qu'il est devenu.

1. Révolutionnaire communiste. Avec Lénine, il est un des principaux acteurs de la Révolution d'octobre 1917.
2. Ville de Russie où fut signée la paix avec l'Allemagne en mars 1918.
3. L'anarchie, au sens étymologique, désigne l'absence de commandement, l'absence de pouvoir politique.
4. Groupe formé par les membres d'une même famille.

CULTURE PHILOSOPHIQUE

Si l'État consiste en un « **rapport de domination** de l'homme sur l'homme », alors nous pouvons nous demander ce qui peut justifier cette domination. Weber distingue trois fondements de l'autorité de l'État : le pouvoir traditionnel fondé sur l'habitude et la coutume, le pouvoir charismatique et enfin le pouvoir légal s'appuyant sur des règles rationnelles.

Questions

1. **Pourquoi l'État serait-il voué à disparaître s'il renonçait à la violence ?**
2. **Expliquez : « La violence n'est évidemment pas l'unique moyen normal de l'État – cela ne fait aucun doute –, mais elle est son moyen spécifique » (l. 4-6).**
3. **Qu'est-ce qui caractérise l'État contemporain ? En quel sens est-il « l'unique source du "droit" à la violence » (l. 16-17) ? Donnez des exemples pour illustrer cette idée.**
4. **Expliquez la nuance (l. 21-23) : « la violence qui est considérée comme légitime ».**

Débat

Tout pouvoir s'accompagne-t-il de violence ?

Rencontre avec… **PIERRE CLASTRES,** ETHNOLOGUE

Qu'est-ce qu'une société sans État ?

Audio

Ce que les sociétés sans État donnent à penser, c'est l'énigme d'un pouvoir impuissant ou en tout cas non coercitif. Les sociétés traditionnelles révèlent leur refus radical de l'autorité. Elles ne sont pas sans État mais contre l'État.

Les sociétés primitives sont des sociétés sans État parce que l'État y est impossible. Et pourtant tous les peuples civilisés ont d'abord été sauvages[1] : qu'est-ce qui a fait que l'État a cessé d'être impossible ? Pourquoi les peuples cessèrent-ils d'être sauvages ? Quel formidable événement, quelle révolution laissèrent surgir la figure du Despote, de celui qui commande à ceux qui obéissent ? *D'où vient le pouvoir politique ?* Mystère, provisoire peut-être, de l'origine.

S'il paraît encore impossible de déterminer les conditions d'apparition de l'État, on peut en revanche préciser les conditions de sa non-apparition, et les textes qui ont été ici[2] rassemblés tentent de cerner l'espace du politique dans les sociétés sans État. Sans foi, sans loi, sans roi : ce qu'au XVIe siècle l'Occident disait des Indiens peut s'étendre sans difficulté à toute société primitive. Ce peut être même le critère de distinction : une société est primitive si lui fait défaut le roi, comme source légitime de la loi, c'est-à-dire la machine étatique. Inversement, toute société non primitive est une société à État : peu importe le régime socio-économique en vigueur. […]
Il n'y a donc pas de roi dans la tribu, mais un chef qui n'est pas

Indiens Kamaiura (Brésil), lors d'un concours qui mêle épreuve de lancer de javelots et joute verbale.

Pierre Clastres (1934-1977) Ethnologue français, philosophe de formation. Il a accompli de nombreuses missions sur le terrain. Il passe l'année 1963 avec les Indiens Guayaki au Paraguay. En 1974, il devient chercheur au CNRS, et en 1975 directeur d'études à l'École pratique des hautes études. Il meurt accidentellement en 1977.

un chef d'État. Qu'est-ce que cela signifie ? Simplement que le chef ne dispose d'aucune autorité, d'aucun pouvoir de coercition[3], d'aucun moyen de donner un ordre. Le chef n'est pas un commandant, les gens de la tribu n'ont aucun devoir d'obéissance. *L'espace de la chefferie n'est pas le lieu du pouvoir*, et la figure (bien mal nommée) du « chef » sauvage ne préfigure en rien celle d'un futur despote. Ce n'est certainement pas de la chefferie primitive que peut se déduire l'appareil étatique en général.

En quoi le chef de la tribu ne préfigure-t-il pas le chef d'État ? En quoi une telle anticipation de l'État est-elle impossible dans le monde des Sauvages ? Cette discontinuité radicale – qui rend impensable un passage progressif de la chefferie primitive à la machine étatique – se fonde naturellement sur cette relation d'exclusion qui place le pouvoir politique à l'extérieur de la chefferie. Ce qu'il s'agit de penser, c'est un chef sans pouvoir, une institution, la chefferie, étrangère à son essence, l'autorité. Les fonctions du chef, telles qu'elles ont été analysées ci-dessus, montrent bien qu'il ne s'agit pas de fonctions d'autorité. Essentiellement chargé de résorber les conflits qui peuvent surgir entre individus, familles, lignages, etc., il ne dispose, pour rétablir l'ordre et la concorde, que du seul prestige que lui reconnaît la société. Mais prestige ne signifie pas pouvoir, bien entendu, et les moyens que détient le chef pour accomplir sa tâche de pacificateur se limitent à l'usage exclusif de la parole : non pas même pour arbitrer entre les parties opposées, car le chef n'est pas un juge, il ne peut se permettre de prendre parti pour l'un ou l'autre ; mais pour, armé de sa seule éloquence, tenter de persuader les gens qu'il faut s'apaiser, renoncer aux injures, imiter les ancêtres qui ont toujours vécu dans la bonne entente. Entreprise jamais assurée de la réussite, pari chaque fois incertain, car *la parole du chef n'a pas force de loi*. Que l'effort de persuasion échoue, alors le conflit risque de se résoudre dans la violence et le prestige du chef peut fort bien n'y point survivre, puisqu'il a fait la preuve de son impuissance à réaliser ce que l'on attend de lui.

À quoi la tribu estime-t-elle que tel homme est digne d'être un chef ? En fin de compte, à sa seule compétence « technique » : dons oratoires, savoir-faire comme chasseur, capacité de coordonner les activités guerrières, offensives ou défensives. Et, en aucune manière, la société ne laisse le chef passer au-delà de cette limite technique, elle ne laisse jamais une supériorité technique se transformer en autorité politique. Le chef est au service de la société, c'est la société en elle-même – lieu véritable du pouvoir – qui exerce comme telle son autorité sur le chef. C'est pourquoi il est impossible pour le chef de renverser ce rapport à son profit, de mettre la société à son propre service, d'exercer sur la tribu ce que l'on nomme le pouvoir : jamais la société primitive ne tolérera que son chef se transforme en despote.

Pierre Clastres, *La Société contre l'État*, chapitre 11, © Éditions de Minuit, 1974, p. 174-176.

Indiens Dessano, de la tribu des Tupé, Manaus, Amazonie, Brésil.

1. La distinction civilisé/sauvage n'est plus utilisée par les ethnologues aujourd'hui. Contrairement aux apparences, le terme *sauvage* n'est pas péjoratif ici.
2. Dans cet ouvrage.
3. Pouvoir de contraindre.

ARRÊT SUR **IMAGES**

Fahrenheit 451, de Fr. Truffaut

Fiche technique

- **Genre :** science-fiction
- **Réalisateur :** François Truffaut
- **Scénario :** François Truffaut et Jean-Louis Richard, d'après le roman de R. Bradbury (1953)
- **Distribution :** Julie Christie, Oskar Werner, Cyril Cusack
- **Date de sortie :** septembre 1966
- **Durée :** 1 h 52
- **Synopsis :** Dans un État dictatorial et futuriste, les autorités ont interdit la lecture et la possession des livres. Des brigades de pompiers ont pour mission de chercher et brûler tous les livres. Montag, pompier zélé, fait la connaissance de Clarisse, jeune institutrice. Cette rencontre va lui faire peu à peu douter de sa mission .

Activités

1 **Visionnez le film dans son intégralité.**

2 **Répondez aux questions suivantes.**

COMPRÉHENSION

1. Relevez les différents indices montrant que le film se déroule dans un État totalitaire ou dictatorial.
2. Pourquoi les livres sont-ils brûlés ? Relevez les propos des différents personnages qui condamnent les livres.
3. Comment se déroule la première rencontre entre Montag et Clarisse ?
4. Décrivez l'existence de Linda, l'épouse de Montag.
5. Quel est le rôle des écrans de télévision ?
6. Comment est filmée la première séance de lecture de Montag ?
7. Par qui Montag est-il dénoncé ?
8. Qui sont les « hommes livres » ?
9. Expliquez le titre du film.

RÉFLEXION

10. Pourquoi les États totalitaires ont-ils toujours exercé une censure sur les livres ?
11. En quoi la lecture est-elle potentiellement subversive ?
12. Par quels moyens l'État surveille-t-il la population ?
13. Par quels moyens l'État assure-t-il une désinformation de la population ?
14. Comment la délation est-elle encouragée ?
15. Commentez la formule : « Derrière chaque livre, il y a un être humain ».
16. Commentez la formule : « Vous ne vivez pas, vous tuez le temps » (à propos des habitants de cette société totalitaire).
17. Donnez des exemples de dystopies (romans ou films) dans lesquelles la lecture est interdite.
18. Peut-il y avoir une humanité sans mémoire ni culture ?

EXERCICES

Les termes et les concepts clés

1 Retenez les termes clés du chapitre : État de droit, État juste/injuste, contrat social, liberté, pouvoir, violence.

2 À l'aide de l'exemple du totalitarisme p. 170, et de l'ensemble des textes du chapitre, répondez aux questions suivantes pour tester votre maîtrise de ces concepts.

a. Qu'est-ce qui distingue un État juste d'un État injuste ? Expliquez quels sont les droits fondamentaux qui doivent être garantis au citoyen.

b. Un pouvoir totalitaire est-il nécessairement institué par la force (coup d'État) ou peut-il être instauré légalement ?

c. Sur quoi s'appuie le pouvoir de l'État ? Le pouvoir de l'État est-il nécessairement coercitif ? Quelles sont ses limites ?

d. Le pouvoir politique fait-il cesser la violence entre les hommes ? Tout pouvoir s'accompagne-t-il de violence ?

PERSPECTIVES

3 À l'aide des pages Perspectives (p. 29-38) et du chapitre, identifiez les perspectives dans les sujets suivants et justifiez votre propos par la présentation des concepts et débats en jeu.

a. L'État est-il l'ennemi de la liberté ?

b. Pourquoi respecter l'autorité de l'État ?

c. L'État doit-il éduquer les citoyens ?

d. L'État doit-il faire notre bonheur ?

Analyser un tableau

4 Étudiez l'*Allégorie du bon gouvernement* (détail) d'A. Lorenzetti, p. 153. Quels sont les éléments du tableau qui montrent une société prospère, en paix ? Cherchez une reproduction de l'*Allégorie du mauvais gouvernement*. Comment la société subit-elle les conséquences d'un État défaillant ?

Analyser un sujet

5 Répondez aux questions suivantes.

a. Quelle est la fonction première de l'État ? Vous vous interrogerez sur les différentes fonctions de l'État, puis vous expliquerez pourquoi l'une d'entre elles est primordiale.

b. Est-il dans la nature de l'État de refuser les différences ? Que signifie ici la « nature de l'État » ? Est-il souhaitable ou juste de « refuser les différences » ? Peut-on distinguer l'individu dans une société et le citoyen dans l'État ?

Commenter une citation

6 Répondez à la question suivante.

Dans ses *Principes d'une science nouvelle relative à la nature commune des nations*, Vico déclare : « La législation considère l'homme tel qu'il est afin d'en tirer le meilleur parti dans la société humaine. C'est ainsi que de la cruauté, de l'avarice et de l'ambition, trois vices qui tendent à ruiner le genre humain, elle tire le métier militaire, le commerce et la politique sources de la puissance, de la richesse et de la sagesse des États ; trois profonds vices qui pourraient anéantir le genre humain deviennent une source de félicité ».

Comment l'État tire-t-il parti des « vices » de la nature humaine ?

Croiser les notions du programme

7 Répondez aux questions suivantes.

a. L'État est-il l'ennemi ou le garant de la liberté ?

b. À quelles conditions un État est-il juste ?

c. Quels sont nos devoirs envers l'État ?

d. Existe-t-il une raison d'État ?

Maîtriser les repères

8 Répondez aux questions suivantes.

a. Obligation/contrainte ▸ p. 492

Sommes-nous obligés ou contraints d'obéir à l'État, pour Rousseau, p. 159 ?

b. Légal/légitime ▸ p. 491

La force de l'État est-elle légale ou légitime, pour Pascal, p. 171 ? pour Weber, p. 173 ?

c. Public/privé ▸ p. 493

Le pouvoir de l'État peut-il aller au-delà de la sphère publique et s'immiscer dans la sphère privée, selon Arendt, p. 170 ?

Réviser les points clés du chapitre

9 Répondez aux questions suivantes.

a. Qu'est-ce qu'un État de droit ?

b. Qu'est-ce qui menace l'État de droit ?

c. Quels sont les droits fondamentaux qu'un État juste doit impérativement garantir ?

d. Quelles sont les différentes formes d'États illégitimes ?

e. La force de l'État est-elle toujours légale ? légitime ?

f. Qu'est-ce que l'état de nature ?

g. Qu'est-ce que le contrat social ?

h. Qu'est-ce que la volonté générale ?

BAC La dissertation

SUJET La force de l'État est-elle nécessaire à la liberté des citoyens ?

MÉTHODE

CONSEILS

Étape 1 Analyser le sujet

1 Il faut bien cerner le sujet, comprendre sa spécificité. Il ne faut pas traiter un sujet proche, qui lui ressemble : ce serait un hors-sujet. Pour comprendre la question posée, vous devez l'analyser dans sa **globalité** et prêter attention à tous les termes du sujet :

- Que signifie la « force de l'État » ? À quoi cette force fait-elle référence ?

> Aidez-vous du texte de Weber, p. 173.

- Pourquoi la force de l'État serait-elle nécessaire à la liberté des citoyens ? Que se passerait-il si l'État n'avait pas la force de se faire obéir ? Ou que se passerait-il si l'État n'existait pas ?

> Aidez-vous du texte de Hobbes, p. 158.

- Comment la force de l'État doit-elle s'exercer pour garantir la liberté des citoyens ?
- Comment définir la liberté des citoyens ? Cette liberté a-t-elle des limites ? Lesquelles ?

> Aidez-vous des textes :
> – de Spinoza, p. 161 ;
> – et de Locke, 165.

- Ce sujet peut être interrogé sous l'angle de la **perspective de la morale et de la politique** puisqu'il nous invite à nous demander si l'État est libérateur ou oppresseur.
- Ce sujet peut également être interrogé sous l'angle de **l'existence humaine et de la culture** : comment vivre libre ?

> **PERSPECTIVES**
> Identifiez la ou les perspectives en jeu dans ce sujet (il y en a souvent plus d'une seule, les perspectives ne sont pas cloisonnées).
> > p. 33-35

Étape 2 Comprendre le problème posé par le sujet

2 L'État a un pouvoir **coercitif**, c'est le pouvoir de **contraindre**. Pour exercer ce pouvoir, l'État use de différents moyens : justice, police, armée.

> Bien comprendre ce qui fait problème derrière une question qui paraît parfois anodine. Ce problème n'est pas immédiatement apparent.

- Pourquoi acceptons-nous de nous soumettre au pouvoir politique ? Si nous perdons le droit de faire absolument tout ce que nous voulons, que gagnons-nous en échange ? L'État peut-il nous garantir des droits, et en particulier le droit de vivre en sécurité et en liberté ?
- Comment définir la liberté ? Être libre, est-ce faire tout ce que l'on veut ? Peut-on être libre tout en obéissant au pouvoir politique ? Existe-t-il différentes conceptions de la liberté ? Naît-on libre ou le devient-on ?
- Le problème est donc le suivant : faut-il paradoxalement passer par la contrainte pour être libre ?

Étape 3 Rédiger le plan détaillé

3 Rédigez votre plan détaillé. Il doit manifester une **progression logique**. Les parties doivent s'enchaîner logiquement. Chaque étape est un point d'appui pour la suivante (comme la marche d'un escalier qui permet de passer à la suivante).

PROPOSITION DE PLAN DÉTAILLÉ

I. Oui, la force de l'État est nécessaire à la liberté des citoyens.

→ En effet, la force de l'État est supérieure à celle de tout individu, l'État a donc les moyens de se faire respecter.

→ Sans la force de l'État, les individus seraient livrés à eux-mêmes :
- état de nature (absence d'État)
- guerre civile (État faible)

→ menace sur la liberté.

→ La force de l'État engendre la force des lois qui encadrent et limitent la liberté des citoyens.

→ La liberté des citoyens n'est pas le droit de faire tout ce que l'on veut, mais **l'autonomie** : c'est le droit de faire tout ce que les lois permettent.

II. La force de l'État est une condition nécessaire pour garantir la liberté des citoyens, mais non suffisante.

→ L'État peut abuser de son pouvoir, de sa force : c'est l'État **illégitime** qui, loin de garantir la liberté des citoyens, l'opprime.

→ Il existe différentes sortes d'États illégitimes : le despotisme, le totalitarisme. Ils n'exercent pas le pouvoir de la même façon.

→ La force de l'État doit donc être mesurée. C'est le principe de la séparation des pouvoirs. Tous les pouvoirs ne doivent pas être concentrés dans les mêmes mains.

→ Il faut que des contre-pouvoirs puissent contrebalancer la force de l'État.

III. Quelles sont les autres conditions requises pour que la liberté des citoyens soit garantie ?

→ D'autres instances peuvent veiller à la liberté des citoyens :
- la famille (rôle de l'éducation)
- l'école, l'instruction
- le travail.

→ Il existe un **apprentissage** de la liberté. Celle-ci n'est pas donnée mais construite. Elle s'acquiert progressivement :
- apprendre à obéir à sa raison et non à ses désirs
- exercer son esprit critique
- élargir son horizon en combattant ses préjugés.

→ La liberté des citoyens n'est jamais acquise définitivement. Ceux-ci doivent rester vigilants. Ils ne doivent pas se soumettre aveuglément aux lois. Ils ne doivent pas préférer leur bien-être à leur liberté.

Conclusion : Seule la force mesurée d'un État juste garantit la liberté des citoyens. Mais l'État peut toujours abuser de son pouvoir. Il n'y a jamais loin de la force à la violence.

La première partie expose la thèse qui semble la plus évidente, la plus logique.

Aidez-vous du texte de Hobbes, p. 158.

Pensez à distinguer différentes conceptions de la liberté.

La deuxième partie soulève une difficulté qui ne pouvait pas apparaître immédiatement. Très souvent, un **concept opératoire** permet de formuler cette difficulté. Ici, c'est la distinction entre **condition nécessaire** et **condition suffisante**.

Aidez-vous du texte de Montesquieu, p. 166.

La troisième partie doit permettre de résoudre la difficulté qui est apparue.

Aidez-vous du texte de Tocqueville, p. 169.

La conclusion récapitule les différentes étapes du raisonnement.

CHAPITRE

6 La justice

LE MOT ET SES IDÉES

- **Dans la vie courante,** nous nous référons au terme « justice » pour désigner ou bien une **valeur**, associée au **partage** et à **l'égalité** (« ce n'est pas juste ! »), ou bien l'**institution** chargée de veiller à l'application des **lois**, du « **Droit** » (« Une décision de justice »).
- La notion de justice a donc un **sens moral** et un **sens politique** : elle désigne une **vertu** (la capacité de **bien agir avec et pour les autres**) mais aussi **un pouvoir**, le pouvoir « **judiciaire** » en charge de faire respecter la loi, dans des « **tribunaux** » et à l'aide d'une constitution, de codes, d'autres textes ou de « traditions » (« **droit coutumier** »). Dans un **État de droit**, la justice doit être **indépendante** et il y a une séparation des pouvoirs exécutif (gouvernement), législatif (assemblées) et judiciaire.
- **Dans les deux usages du terme,** la justice engage la façon dont les **sociétés** conçoivent et organisent les relations avec **autrui**, autour des idées du **bien, du permis et du défendu**. **L'injustice** sera ainsi associée à l'absence de **sollicitude** pour autrui ou à la **violation** des règles communes. Parce qu'elle engage toujours la cohésion du **tissu social**, la justice est conçue comme facteur d'**équilibre** et d'**harmonie**.
- Avec la justice, c'est donc la question des **normes** qui est en jeu : **dire ce qui doit être** dans les relations humaines, formuler des **obligations**, **désapprouver et sanctionner**, moralement (**blâme**) ou juridiquement (**droit pénal**) ; mais aussi **justifier** et **donner le fondement** de ces prescriptions.

PERSPECTIVES

L'existence humaine et la culture, p. 30

Y a-t-il un sens de la justice en l'homme ? L'idée de justice est-elle innée ou acquise ? Pourquoi réclamer la justice est-il si important dans nos existences ?

La morale et la politique, p. 33

Faut-il se tourner vers les lois et le Droit pour savoir ce qui est juste ? Mais sont-ils toujours justes ? Ne faut-il pas parfois distinguer le juste et le légal et savoir désobéir aux lois, quand elles sont injustes ? Quelles limites doit-on poser à cette désobéissance ?

La connaissance, p. 36

Comment savoir ce qui est juste ? Est-ce une affaire d'opinion personnelle ? Comment trouver des critères communs ? Quelles facultés peuvent nous aider : le sentiment ? le raisonnement ?

Après le passage de l'ouragan Charley, Floride, 2004.

UNE ENTRÉE DANS LA RÉFLEXION

Après l'ouragan Charley : une flambée des prix

▸ p. 182

DU CAS POUR L'ÉTUDE...

Une flambée des prix

- Qu'est-ce qui est juste ou injuste ?
- Comment les hommes doivent-ils se comporter les uns envers les autres ?
- Pourquoi est-il si complexe de dire le droit ?

MICHAEL J. SANDEL
Né en 1953
Philosophe américain, professeur à Harvard. Son cours « Justice » a été suivi par un grand nombre d'étudiants et diffusé à la télévision de Boston en 2009. Sandel en a fait un ouvrage, *Justice*, traduit en français en 2016.

1 *Un ouragan dévastateur en Floride*

M. J. Sandel rapporte un événement tragique...

Été 2004, l'ouragan Charley fait rage dans le golfe du Mexique et, de la Floride à l'océan Atlantique, détruit tout sur son passage. Aux États-Unis, cette tempête fit 22 morts et provoqua des dégâts matériels à hauteur de 11 milliards de dollars. La hausse abusive des prix pratiqués dans les zones sinistrées déclencha, dans son sillage une vive controverse.

À Orlando, une station-service se mit à vendre 10 dollars pièce des sacs de glace qui en valaient 2 la semaine précédente. Privés d'électricité en plein mois d'août, par conséquent sans réfrigérateurs ni climatiseurs, bon nombre de personnes n'eurent d'autre choix que de payer ce prix fort. [...]

Des magasins qui, en temps normal, vendaient 250 dollars de petits générateurs les proposèrent au prix de 2500 dollars. Une femme âgée de soixante-dix-sept ans, cherchant à échapper à l'ouragan avec son mari et leur fille handicapée, se vit facturer par le motel où ils avaient trouvé refuge 160 dollars la nuit pour une chambre habituellement proposée à 40 dollars.

Michael J. Sandel, *Justice*, © Flammarion, « Champs Essais », 2016, trad. P. Savidan, p. 9-13.

2 *Le droit : un recours*

Ces prix abusifs ont suscité, en Floride, la colère de nombreux habitants. « Après la tempête, les vautours » titrait en une le quotidien *USA Today*. [...] Le procureur général, Charlie Crist, abonda en ce sens : « il faut avoir atteint en son cœur un degré ahurissant de cupidité[1] pour être prêt à tirer profit de la souffrance d'une personne que vient de frapper un ouragan ».

Il existe en Floride une loi contre les prix abusifs ; à la suite de l'ouragan, le procureur général enregistra plus de 2000 plaintes. Certaines donnèrent lieu à des procès victorieux. Un hôtel de West Palm Beach fut ainsi condamné à payer 70 000 dollars d'amendes et de remboursements divers pour avoir appliqué à ses clients des tarifs jugés abusifs.

op. cit., p. 9-13.

1. Désir immodéré d'argent.

3 Ce qui est juste et ce qui ne l'est pas

Mais, alors que Crist s'employait à faire respecter la loi contre les prix abusifs, certains économistes firent valoir que la loi aussi bien que l'opinion publique dans son indignation se fourvoyaient[1]. Au Moyen Âge, les philosophes et les théologiens croyaient qu'un « juste prix », déterminé en fonction de la tradition ou de la valeur intrinsèque des choses, devait gouverner l'échange des biens. Mais dans des sociétés de marché, où, comme le rappellent ces économistes, les prix dépendent du rapport de l'offre et de la demande, le prix d'une chose n'a rien à voir avec la « justice ». [...]

Jeff Jacoby [...] dénonça pour les mêmes raisons dans le Boston Globe les lois sur les prix abusifs : « Ce n'est pas se livrer à des escroqueries que de pratiquer des prix dont le marché s'accommode. Ce n'est pas une preuve de cupidité ou d'indécence. Dans une société libre, c'est ainsi que se vendent et s'acquièrent les biens et les services.

op. cit., p. 9-13.

1. S'égaraient, se trompaient.

4 Arbitrer les conflits

La controverse[1] suscitée par la pratique des prix abusifs après le passage de l'ouragan Charley soulève des questions morales et légales délicates : les vendeurs de biens et de services qui tirent profit d'une catastrophe naturelle en faisant payer le prix le plus élevé que peut supporter le marché sont-ils immoraux ? Dans ce cas, le législateur doit-il intervenir et comment ? L'État doit-il interdire les prix abusifs, même s'il lui faut pour cela limiter la liberté de négociation des acheteurs et des vendeurs ? [...]

Ces questions ne concernent pas seulement la façon dont les individus devraient se comporter les uns envers les autres ; elles interrogent la nature même de la loi et l'organisation de la société. Ce sont là des questions de justice.

op. cit., p. 9-13.

1. Débat contradictoire sur un point qui fait donc problème.

Questions

1. Dans quel type de situation la notion de justice est-elle évoquée ?
2. Quel est le rôle des lois et du droit ?
3. Pourquoi la notion de justice est-elle complexe ?

…AUX **QUESTIONS CLÉS**

Podcast

La demande de justice

REPÈRES
Obligation/contrainte ▸ p. 492

1 Y a-t-il en l'homme un sens de la justice ?

▸ C'est **l'expérience de l'injustice** qui permet une première identification de la notion de justice. Dire « c'est injuste ! », c'est **se plaindre** de certaines **relations sociales** (Hobbes, p. 158), c'est condamner des **conduites**. L'ouragan est-il injuste, quand il dévaste tout sur son passage ? Si la détresse peut le faire dire, à proprement parler justice et injustice concernent **les actions humaines**, envers des personnes, envers des êtres vivants ou même envers un environnement.

▸ Mais, c'est toujours l'homme dans ses choix et dans ses actions qui peut être l'objet d'une plainte, car il aurait pu **agir autrement** (v. « La liberté », p. 232). Dès lors, peut-on vraiment penser en termes d'injustice des actes humains qui ne seraient pas issus d'une **libre décision**, comme ceux d'un tout petit enfant ou d'un adulte jugé irresponsable ?

▸ « Après la tempête, les vautours » : le titre d'un journal américain résume bien ce qui se joue dans l'expérience de l'injustice (v. p. 182). Tout d'abord, le constat de la **violence** (Platon, p. 186) dans les pratiques humaines : certains désirent toujours plus, au détriment des autres. D'autre part, la faculté de critiquer cette **avidité** et de concevoir plus de **partage** et plus d'égalité : une certaine idée de la société donc fondée sur la **coopération** et la **répartition** (Rawls, p. 195).

REPÈRES
Légal/légitime ▸ p. 491
Origine/fondement ▸ p. 492

2 Quels critères pour établir ce qui est juste ?

▸ L'ensemble des lois, le **droit**, a précisément pour fonction de définir des **limites** et de prévoir des **sanctions**, pour contraindre chacun à agir dans le respect des autres. La justice ne désigne pas seulement une **visée**, l'idée d'un **bien pour tous et avec tous**, elle renvoie aussi à des **institutions**. Les lois disent ce qu'il est **permis de faire ou de ne pas faire** (Rousseau, p. 191), elles posent des **obligations**, à travers des **textes** ou des **traditions** qui doivent être connus de tous. Le droit n'a-t-il pas besoin de cette **objectivité**, de cette **universalité** pour être pleinement **légitime** ? Dans l'idée de droit, la justice ne se présente-t-elle pas comme cette instance qui règle et ordonne les conflits (Thomas d'Aquin, p. 193) de façon **impartiale** ?

▸ Des économistes, après le passage de l'ouragan Charley (v. p. 182-183), ont contesté la légitimité des lois sur les prix abusifs, au nom des mécanismes du marché et au nom de la liberté du commerce.

▸ Ce que montre cette controverse, c'est que la détermination de ce qui est juste ou non est toujours objet de **discussions** et affaire de **convictions** (Sen, p. 194). Les conceptions rivales de la justice, en économie ou en politique, indiquent qu'il est complexe dans une société de se mettre d'accord sur des **valeurs**. Comment fixer les droits et les devoirs, comment trancher entre des revendications concurrentes mais parfois sensées de part et d'autre ? Peut-on trouver tout seul ce qui est juste dans telle ou telle circonstance ou est-ce, comme dans un procès, **l'échange réglé des arguments** qui le peut ?

▸ La notion de justice n'a de sens que dans une **société**. Les interactions entre les hommes produisent des **conflits** qui, pour ne pas être destructeurs, doivent

Allégorie de la Justice.

faire l'objet d'une réglementation juridique. Le droit permet aux hommes de coexister en protégeant le champ d'action et les capacités de chacun. Avec la question de la justice, c'est **l'organisation** des relations humaines qui est donc en jeu.

Toutes les questions soulevées par cette organisation permettent aux hommes de s'interroger sur un **bien commun** et de chercher à régler les problèmes de violence (Ricœur, p. 197 ; Foucault, p. 199).

3 Quelles relations entre le droit et la force ?

▶ Les **procès** faits aux commerçants peu scrupuleux, après le passage de l'ouragan Charley (v. p. 182), donnent une image vivante de ce qu'est le droit : le recours à un « **tiers** », dans les litiges qui opposent des « parties », pour« juger » des **demandes sociales contradictoires**. L'écoute des points de vue opposés n'est-elle pas la condition pour « **juger** » ? La justice, en ce sens institutionnel, ne s'oppose-t-elle pas profondément à la **loi du plus fort** (Rousseau, p. 196) qui profite de la détresse, mais aussi à la **vengeance** (Levinas, p. 198) qui livre les personnes à leur seul ressentiment (Ricœur, p. 197) ?

Nicolas Poussin (1594-1665), *Le Jugement de Salomon*, 1649, huile sur toile (1,01 x 1,50 m), musée du Louvre, Paris.

▶ Mais si le droit représente dans une société le progrès de la **raison**, la **pacification** des relations, l'éducation des passions, n'est-ce pas à la condition, politique, d'être au service de la **volonté générale** ? Le droit et les institutions juridiques peuvent aussi être l'instrument de pouvoirs autoritaires qui les utilisent pour opprimer. L'**obéissance** aux lois n'est donc pas toujours « juste » (Chomsky/Foucault, p. 190). L'expression « **lois injustes** » montre que l'autorité des lois est nécessairement conditionnée par leur contenu. Pourquoi obéir aux lois ? Parce que c'est la loi et parce qu'il faut des lois ? Ou parce que la loi exprime **le bien commun** ? La question du **fondement** du droit se pose dès lors que toute loi exerce un **pouvoir**.

▶ La distinction entre la **justice**, comme visée éthique, et le **droit** comme système institutionnel peut servir à penser la **résistance** (Arendt, p. 192) à des lois injustes, et, en ce sens, elle a toute son utilité. Quel critère, donc, pour reconnaître **la légitimité d'une loi** (Thoreau, p. 145) ?

À RETENIR...

- Si la justice est une **vertu sociale**, elle a aussi une **dimension éthique**.
- Qu'est-ce qui est **bien** ? Comment faut-il se comporter les uns par rapport aux autres ?
- **Être juste** ne signifie pas seulement être en règle avec les lois et se conformer à l'ordre social. La demande de justice exprime l'exigence d'une relation de qualité à **autrui**.
- Encadrée par la loi pour garder son **sens collectif**, cette demande permet à l'organisation sociale de progresser et de rester pleinement humaine. Elle constitue **un droit fondamental** de l'homme et du citoyen.
- Autour de la justice, les hommes révèlent leur capacité à se donner des **normes** et à débattre sur leur **fondement**, mais aussi leur **espérance** dans une société meilleure.

TEXTES

QUESTION

1 Y a-t-il en l'homme un sens de la justice ?

TEXTE 1 Platon, *La République*, IVe s. av. J.-C.

Platon met en scène Socrate dialoguant avec des amis sur la question de la justice. Socrate, à l'issue du Livre I, a réfuté les tentatives de définition. Pour le contraindre à donner « sa » définition de la justice, Glaucon décide de le provoquer et lui raconte une histoire...

PLATON
Vers 427 av. J.-C.-
Vers 347 av. J.-C.
Antiquité
▸ p. 498

Gygès le Lydien [...] était un berger au service de celui qui régnait alors sur la Lydie. Après un gros orage et un tremblement de terre, le sol s'était fissuré et une crevasse s'était formée à l'endroit où il faisait paître son troupeau. Cette vue l'émerveilla et il y descendit pour voir, entre autres merveilles qu'on rapporte, un cheval d'airain[1] creux, percé de deux petites ouvertures à travers lesquelles, ayant glissé la tête, il aperçut un cadavre, qui était apparemment celui d'un géant. Ce mort n'avait rien sur lui, si ce n'est un anneau d'or à la main, qu'il prit avant de remonter. À l'occasion de la réunion coutumière des bergers, au cours de laquelle ils communiquaient au roi ce qui concernait le troupeau pour le mois courant, notre berger se présenta portant au doigt son anneau. Ayant pris la place avec les autres, il tourna par hasard le chaton de l'anneau vers la paume de sa main. Cela s'était à peine produit qu'il devint invisible aux yeux de ceux qui étaient rassemblés autour de lui et qui se mirent à parler de lui, comme s'il avait quitté l'assemblée. Il en fut satisfait et, manipulant l'anneau en sens inverse, il tourna le chaton vers l'extérieur : ce faisant il redevint aussitôt visible. Prenant conscience de ce phénomène, il essaya de nouveau de manier l'anneau pour vérifier qu'il avait bien ce pouvoir, et la chose se répéta de la même manière [...]. Fort de cette observation, il s'arrangea pour faire partie des messagers délégués auprès du roi et parvenu au palais, il séduisit la reine. Avec sa complicité, il tua le roi et s'empara ce faisant du pouvoir. Supposons à présent qu'il existe deux anneaux de ce genre, l'un au doigt du juste, l'autre au doigt de l'injuste : il n'y aurait personne, semble-t- il, d'assez résistant pour se maintenir dans la justice et avoir la force de ne pas attenter aux biens d'autrui et de ne pas y toucher, alors qu'il aurait le pouvoir de prendre impunément au marché ce dont il aurait envie, de pénétrer dans les maisons pour s'unir à qui lui plairait, et de tuer les uns, libérer les autres de leurs chaînes selon son gré, et d'accomplir ainsi dans la société humaine tout ce qu'il voudrait, à l'égal d'un dieu. [...] Personne n'est juste de son plein gré [...] : partout, en effet, où chacun croit possible pour lui de commettre l'injustice, il le fait. Car tout homme croit que l'injustice lui est beaucoup plus avantageuse individuellement que la justice...

Platon, *La République*, L, II, 359d-360d, © Garnier Flammarion, trad. G. Leroux, 2016, p. 123-124.

CONTEXTE

Dans *La République*, Platon cherche à dégager les conditions d'**une société plus juste et meilleure** : il « trace » par la pensée le plan d'une cité « idéale », bien avant que le mot ***utopie*** (le pays qui n'existe pas ou le pays idéal) n'apparaisse à la Renaissance avec *Utopia* de Th. More (1516).

1. Bronze.

Questions

1. Que représente la capacité de devenir invisible dans une société pour Gygès ?
2. Que peut-on en déduire sur le rôle des lois ?
3. Que dit au fond ce récit sur notre sens de la justice ?

PERSPECTIVES

L'existence humaine et la culture

- Pour Gygès, comment faut-il vivre ?
- Quel est le but de l'existence humaine ?
- Comment peut-on, à partir de ce texte, définir la culture ?

FOCUS SUR UNE ŒUVRE

La République de Platon

CLÉS DE LECTURE

▶ **Date de composition :** vers 370 av. J.-C.

▶ **Titre :** *politeia*, en grec : « constitution » « gouvernement » (de *polis* : « la cité, la communauté politique »).

Dans l'Antiquité, la réflexion sur la *politeia* est associée à la discussion sur le meilleur régime politique.

▶ **Genre :** un dialogue

Platon n'a écrit que des dialogues.

▶ **Question posée :** qu'est-ce que la justice ?

▶ **Contexte :** les événements vécus par Platon dans sa jeunesse :

1. Une **crise politique majeure dans Athènes**, avec une défaite en 404 av. J.-C. contre Sparte, doublée d'une **guerre civile** entre les démocrates au pouvoir et les aristocrates athéniens qui soutiennent le modèle politique spartiate (une aristocratie).
2. Dans ce climat, la **condamnation à mort de Socrate** en 399 av. J.-C., accusé de corrompre la jeunesse et d'introduire de nouveaux dieux (lire le récit du procès dans *L'Apologie de Socrate,* Platon).

▶ **Le témoignage de Platon :** « Toutes les cités qui existent à l'heure actuelle, absolument toutes ont un mauvais régime politique. » (Lettre VII, 326a)

STRUCTURE DE L'ŒUVRE

LIVRE I Céphale, très âgé, déclare ne pas craindre la mort, car il est « **juste** ».
▶ Question de Socrate : **Qu'est-ce qu'un homme juste** ?
▶ Examen et réfutation des **trois réponses** successives :
- être juste, c'est faire certaines actions, comme dire la vérité, payer ses dettes, honorer les dieux ;
- être juste, c'est rendre à chacun ce qu'on lui doit ;
- être juste, c'est seulement se soumettre aux lois instituées par les puissants ; il vaut mieux commettre l'injustice que la subir.

LIVRE II Socrate pose la question de la **valeur de la justice**.
▶ Examen de l'opinion, fondée sur l'opposition loi et nature, qu'être juste serait un bien utile pour les autres mais non pour soi.
- Pour Socrate, il est impossible de défendre la justice, sans d'abord la **définir**.
- Il propose de changer d'échelle : partir non plus de l'homme, mais de la **cité, de son origine et de son développement**.
- Socrate façonne un **modèle politique** fictif dans lequel la cité se protègerait de l'injustice.

LIVRE III Socrate adopte le ton du législateur, il expose les réglementations nécessaires dans cette cité fictive, comme en finir avec le rôle éducatif donné aux poètes, les chasser, car leurs récits mensongers ont un pouvoir nocif sur les esprits.

LIVRE IV Socrate découvre, à travers ce travail de réglementation, la définition de la **justice comme vertu**, aussi bien dans **l'âme** de l'homme, que dans la **cité** : « s'occuper de sa fonction propre ».

LIVRE V Socrate justifie la législation concernant les « **gardiens** » de la cité modèle : l'interdiction de toute **propriété privée**.
▶ Il expose la théorie du **philosophe-roi** et définit ce qui permet de reconnaître le vrai philosophe du sophiste.

LIVRE VI Socrate décrit les qualités du philosophe, et notamment son **amour de la vérité**.
▶ Analyse du savoir et présentation de la théorie des **Idées**.

LIVRE VII Socrate a recours à une **allégorie** (la caverne) pour faire comprendre et développer la distinction entre **opinion et science**.

LIVRES VIII ET IX Socrate souligne les difficultés pour maintenir l'unité y compris dans la cité modèle : la **cité** est comme un **être vivant** toujours menacé par la **maladie**.
▶ Présentation des différents régimes et de leurs dérives : critique de la **démocratie** et de la **tyrannie**.

LIVRE X Socrate appelle chaque homme à bien **choisir sa vie**, sans suivre le modèle donné par les poètes. Il invite à **prendre soin de son âme**, grâce à un **mythe**.

1 POUR ENTRER DANS L'ŒUVRE

La République, une proposition audacieuse en politique

Pour mettre fin aux injustices qui minent la vie politique, une seule solution, selon Platon : non pas mettre un autre parti au pouvoir, mais refonder la cité sur de nouvelles bases. C'est la tâche qu'il confie à Socrate et à ses interlocuteurs à partir du Livre II : élaborer le modèle de la cité « idéale ». Mais comment la réaliser et la mettre en pratique ?

À moins que, dis-je, les philosophes n'arrivent à régner dans les cités, ou à moins que ceux qui à présent sont appelés rois et dynastes[1] ne philosophent de manière authentique et satisfaisante et que viennent à coïncider l'un avec l'autre pouvoir politique et philosophie ; à moins que les naturels[2] nombreux de ceux qui à présent se tournent séparément vers l'un et vers l'autre n'en soient empêchés de force, il n'y aura pas, mon ami Glaucon, de terme aux maux des cités ni, il me semble, à ceux du genre humain. Et d'ici que cela se produise, cette constitution politique que nous avons exposée dans le dialogue[3] que nous entretenons maintenant ne pourra jamais se développer pleinement, ni voir la lumière du soleil.

Platon, *La République*, Livre V, © G.-F., trad. G. Leroux, 473d-e, 2016.

1. Ici, souverain dirigeant un petit pays sous la protection d'une grande puissance.
2. Dispositions naturelles.
3. Depuis la fin du Livre II, Socrate s'efforce de construire dans le dialogue le modèle d'une cité juste.

Questions

1. Quelle est la solution proposée par Socrate ?
2. Pourquoi cette solution est-elle surprenante, selon vous ?

2 POUR ENTRER DANS L'ŒUVRE

Un contexte : la crise du droit dans la cité d'Athènes

À la question « Qu'est-ce que la justice ? », un des personnages du dialogue, Thrasymaque, répond à la fin du Livre I : la justice n'existe pas, ce n'est qu'un mot dont le sens change selon ceux qui sont au pouvoir et selon leurs lois. Il ajoute pour mettre fin aux questions de Socrate : il vaut mieux commettre l'injustice que la subir. Cette proposition révèle pour Socrate la crise politique profonde que traverse Athènes.

On répète, en effet, que commettre l'injustice est par nature un bien, et que le fait de subir l'injustice est un mal ; on dit aussi que subir l'injustice représente un mal plus grand que le bien qui consiste à la commettre. Par conséquent, lorsque les hommes commettent des injustices les uns envers les autres, et lorsqu'ils en subissent, et qu'ils font l'expérience des deux, commettre et subir l'injustice, ceux qui sont incapables de fuir le mal et de choisir le bien jugent qu'il leur sera profitable de passer un accord les uns avec les autres pour ne plus commettre ni subir l'injustice. C'est dans cette situation qu'ils commencèrent à édicter leurs lois et leurs conventions, et ils appelèrent la prescription instituée par la loi « ce qui est légal » et « ce qui est juste ».

Platon, *La République*, Livre II, 358e-359a, © G.-F., trad. G. Leroux, 2016.

Questions

1. Quelle est l'opinion répandue sur la justice et l'injustice dans la cité d'Athènes ?
2. Quelle conséquence grave en découle selon Platon sur le plan politique ?
3. Expliquez en quel sens l'attitude de Gygès (texte, p. 186) relève de cette opinion et en montre les dangers ?
4. À la lumière de ce texte, quelle est la différence entre le juste et le légal ?

3 POUR ENTRER DANS L'ŒUVRE

La thèse : le rôle de la connaissance du bien

La République **est un ouvrage ambivalent : traitant de politique, il laisse une large part aussi à la théorie de la connaissance (Livres V, VI, VII). C'est que pour Platon seule la connaissance de ce qu'est une cité dans son principe permettra de dégager ce qu'est la justice en général. La politique doit cesser d'être une activité aveugle, elle doit, selon Platon, reposer sur une connaissance rigoureuse.**

Celui qui n'est pas en mesure de distinguer par le discours la forme[1] du bien, en la séparant de toutes les autres, et comme dans un combat, de passer à travers toutes les réfutations, en se déterminant énergiquement à les affronter non pas sur la base de l'opinion, mais sur la base de l'essence ; celui qui ne fraie pas son chemin à travers tous ces obstacles grâce à un discours infaillible, ne diras-tu pas que c'est sans connaitre le bien lui-même, pas plus qu'aucun autre bien, qu'il se comporte de la sorte ? Si d'une certaine manière il entre en contact avec son reflet, tu diras que c'est par l'opinion qu'il y parvient, et non par la science […]

Platon, *La République*, Livre VII, 534b-534d, © G.-F., trad. G. Leroux, 2016.

1. Nature de la chose connue par la science.

Questions

1. Lisez le texte sur l'allégorie de la caverne, p. 448 : qui est « celui » qui est capable « de distinguer par le discours la forme du bien » ?

2. À l'aide de ces deux textes, comment peut-on parvenir à la connaissance du bien ? Reprenez l'opposition entre opinion et science dans votre réponse.

3. À la lumière de ce texte, relisez le texte 1 p. ci-contre : pourquoi les philosophes doivent-ils être « rois », c'est-à-dire gouvernants ?

Pour aller plus loin

Dans un dictionnaire de philosophie, faites une recherche sur la science que Platon appelle « dialectique ».

LES OBJECTIFS DE L'AUTEUR

- Définir et défendre la valeur de la justice en réfutant les fausses conceptions.
- Éclairer la nature de la justice en articulant justice dans l'homme et justice dans la cité.
- Imaginer ce que serait une cité « modèle » et exposer les lois qui lui seraient nécessaires.
- Défendre l'idée que sans la connaissance du bien aucune cité ne peut être juste.
- Affirmer le rôle crucial des philosophes, « amoureux du savoir », à la tête de la cité.
- Exposer ce qu'est la connaissance en général et sa valeur, par opposition à la simple opinion.
- Avertir sur la fragilité des cités, sur le danger de l'individualisme.
- Appeler à la responsabilité de chacun dans sa vie morale, sous la forme d'un mythe (Er).

***La République*, dans le manuel**

▸ **p. 448 :** Livre VII, l'allégorie de la caverne

▸ **p. 55 :** Livre X, l'art comme imitation

TEXTE 2 Chomsky et Foucault, *Sur la nature humaine*, 1971

En 1971, à l'École supérieure de technologie d'Eindhoven, un débat a été enregistré entre Chomsky et Foucault sur la nature humaine. Après de premiers échanges sur le langage, la discussion aborde, à partir de la question de la désobéissance civile, la question de la justice.

CHOMSKY
Né en 1928
Époque contemporaine
Linguiste américain.

FOUCAULT
1926-1984
Époque contemporaine
▸ p. 515

REPÈRES
Légal/légitime
▸ p. 491

CONTEXTE

Dès le XVIIIe siècle se met en place un grand débat pour établir si l'homme a une nature, fixe et immuable, ou s'il est le produit d'une histoire et de la société. Le concept de « **perfectibilité** », chez Rousseau, suggère que l'homme se façonne et évolue avec ses conditions d'existence p. 240.

N. Chomsky. – [...] Maintenant, l'État a le pouvoir d'imposer un certain concept de ce qui est légal, cela n'implique pas que cela soit juste : l'État peut parfaitement se tromper dans sa définition de la désobéissance civile. Par exemple aux États-Unis, faire dérailler un train de munitions destinées au Vietnam est un acte de désobéissance civile ; l'État se trompe, car c'est un acte approprié, légal et nécessaire. Mener une action qui empêche l'État de commettre des crimes est tout à fait juste, comme de violer le Code de la route pour empêcher un meurtre. Si je brûle un feu rouge pour empêcher de mitrailler un groupe de gens, ce n'est pas un acte illégal, mais de l'assistance à personne en danger ; aucun juge sain d'esprit ne m'inculpera.

M. Foucault. – [...] C'est donc au nom d'une justice plus pure que vous critiquez le fonctionnement de la justice. C'est une question importante pour nous actuellement. Il est vrai que, dans toutes les luttes sociales, il y a une question de justice [...]. Mais si la justice est en jeu dans un combat, c'est en tant qu'instrument de pouvoir ; ce n'est pas dans l'espoir que, finalement, un jour, dans cette société ou une autre, les gens seront récompensés selon leurs mérites, ou punis selon leurs fautes. Plutôt que de penser à la lutte sociale en termes de justice, il faut mettre l'accent sur la justice en termes de luttes sociales.

N. Chomsky. – [...] Bien sûr, nous ne sommes absolument pas en mesure de créer un système juridique idéal, pas plus qu'une société idéale. Nous n'en savons pas assez, nous sommes trop limités, trop partiaux[1]. Devant agir comme des êtres sensibles et responsables, nous pouvons imaginer une société et une justice meilleures, et même les créer. Ce système aura certainement ses défauts, mais en le comparant à celui qui existe déjà, sans croire que nous avons atteint le système idéal, nous pouvons avoir le raisonnement suivant : le concept de légalité et celui de justice ne sont ni identiques ni totalement distincts. Dans la mesure où la légalité englobe la justice, au sens d'une meilleure justice se référant à une meilleure société, nous devons obéir à la loi et forcer l'État, les grandes entreprises et la police à obéir à la loi, si nous en avons le pouvoir.

M. Foucault. – [...] il me semble que l'idée de justice est en elle-même une idée qui a été inventée et mise en œuvre dans différents types de sociétés comme instrument d'un certain pouvoir politique et économique, ou comme une arme contre ce pouvoir. Mais il me semble que de toute façon, la notion même de justice fonctionne à l'intérieur d'une société de classe comme revendication faite par la classe opprimée et comme justification du côté des oppresseurs.

N. Chomsky. – [...] Là, je ne suis pas du tout d'accord. Je pense qu'il existe une sorte de base absolue [...] résidant finalement dans les qualités humaines fondamentales, sur lesquelles se fonde une « vraie » notion de justice. Je juge un peu hâtif de caractériser nos systèmes judiciaires actuels comme de simples instruments d'oppression de classe ; je ne crois pas qu'ils le soient. Je pense qu'ils incarnent [...] aussi une recherche des véritables concepts de justice, d'honneur, d'amour, de bonté, de sympathie, qui sont à mon avis

1. Ici, prisonniers de points de vue personnels et subjectifs.

réels. Je pense que, dans toute société future, qui ne sera jamais parfaite, bien sûr ces concepts existeront, et permettront de mieux intégrer la défense des besoins humains fondamentaux comme les besoins de solidarité et de sympathie, et ils refléteront probablement encore les injustices et les éléments d'oppression de la société existante.

M. Foucault. – [...] Contrairement à ce que vous pensez, vous ne pouvez pas m'empêcher de croire que ces notions de nature humaine, de justice, de réalisation de l'essence humaine sont des notions et des concepts qui ont été formés à l'intérieur de notre civilisation, dans notre type de savoir, dans notre forme de philosophie, et que, par conséquent, ça fait partie de notre système de classes...

Noam Chomsky et Michel Foucault, *Sur la nature humaine*, © Aden, p. 59-72.

Questions

1. **Résumez la position des auteurs et dégagez ce qui les oppose.**
2. **Expliquez l'expression « justice plus pure » (l. 11) : quel lien établir avec la politique ?**
3. **Définissez à l'aide d'un dictionnaire « droit naturel » et « droit positif » et résumez la position de ces deux auteurs en utilisant ces termes.**
4. **Pourquoi la notion de désobéissance civile peut-elle éclairer le débat, selon vous ?**

PERSPECTIVES

La morale et la politique

- Comment chacun de ces deux auteurs conçoit-il la relation entre morale et politique ?

L'existence humaine et la culture

- Quel rôle joue la référence à la « nature humaine » pour penser l'indépendance de la morale ?

ROUSSEAU
1712-1778
Époque moderne
▸ p. 509

TEXTE 3 Rousseau, *Du contrat social*, 1762

« Mais qu'est-ce donc qu'une loi ? » L'auteur propose un travail de clarification du concept de loi : pour lui en effet l'usage de ce terme aussi bien dans le champ des sciences que dans le champ politique favorise une confusion dangereuse. Les lois politiques n'ont d'autre fondement que l'homme.

Ce qui est bien et conforme à l'ordre est tel par la nature des choses et indépendamment des conventions[1] humaines. Toute justice vient de Dieu, lui seul en est la source ; mais si nous savions la recevoir de si haut nous n'aurions besoin ni de gouvernement ni de lois. Sans doute il est une justice universelle émanée de la raison seule ; mais cette justice pour être admise entre nous doit être réciproque[2]. À considérer humainement les choses, faute de sanction naturelle les lois de la justice sont vaines parmi les hommes ; elles ne font que le bien du méchant et le mal du juste, quand celui-ci les observe avec tout le monde sans que personne les observe avec lui. Il faut donc des conventions et des lois pour unir les droits aux devoirs et ramener la justice à son objet.

Jean-Jacques Rousseau, *Du contrat social*, II, chap. 6, Garnier Flammarion.

1. Accord passé entre les membres d'un groupe.
2. Ici, qui implique des obligations partagées (par opposition à l'idée de privilèges).

CLÉ DE LECTURE

Du contrat social (1762) s'ouvre sur le fameux paradoxe : « l'homme est né libre, et partout il est dans les fers ». Son sous-titre est: « Principes du droit politique » (v. p. 236-237).

Questions

1. **Quelles sont les deux façons différentes de penser l'origine des valeurs (le bien et le juste) ?**
2. **Pourquoi, dans tous les cas, faut-il « des conventions et des lois », selon l'auteur ?**
3. **Pour Rousseau, l'idée de justice est-elle dans la nature humaine ? Appuyez-vous sur la nuance entre *être dans l'homme* (idée d'intériorité) et *être entre les hommes* (idée de relation).**

Débat

Texte à télécharger

Lisez la Déclaration des droits de l'homme et du citoyen, de 1789 : quel est le fondement de ces droits ? En quoi la position de Chomsky (ci-contre) est-elle proche de ce texte ?

TEXTE 4 Arendt, *Du mensonge à la violence*, 1972

ARENDT
1906-1975
Époque contemporaine
▸ p. 512

REPÈRES
Objectif/subjectif/intersubjectif
▸ p. 491

Dans les années 1960-1970, aux États-Unis, la montée de la délinquance, l'objection de conscience, les mouvements de désobéissance civile font l'objet d'un amalgame qu'Arendt dénonce ici. Pour elle, la désobéissance civile ne doit pas rester un phénomène strictement individuel pour être un « droit ».

Aussi est-il nécessaire d'établir une distinction entre les objecteurs de conscience[1] et ceux qui se livrent à la désobéissance civile[2]. Ces derniers constituent en fait des minorités organisées, unies par des décisions communes, plutôt que par une communauté d'intérêts, et par la volonté de s'opposer à la politique gouvernementale, même lorsqu'elles peuvent estimer que cette politique a le soutien d'une majorité. Leur action concertée procède de leur commun accord, et c'est cet accord qui confère à leurs opinions une certaine valeur et les rend convaincantes indépendamment de la façon dont elles se sont formées à l'origine. Les arguments pour défendre la conscience individuelle ou des actes individuels, c'est-à-dire les impératifs moraux et les appels à « un droit supérieur », qu'il soit transcendant[3] ou profane[4], sont inadéquats[5] lorsqu'on entend les appliquer à des cas de désobéissance civile.

Hannah Arendt, *Du mensonge à la violence*, trad. G. Durand, © Calmann-Lévy, 1972.

1. Individus qui refusent d'effectuer leur service militaire ou d'aller à la guerre au nom de convictions morales ou religieuses.
2. Refus de se soumettre à une loi jugée injuste.
3. Droit supérieur fondé sur du divin (transcendant : qui dépasse l'homme).
4. Par opposition à *transcendant* : droit supérieur fondé sur la nature humaine.
5. Ici, ne sont pas adaptés.

Le 1er décembre 1955, à Montgomery (Alabama), Rosa Parks (1913-2005) refusa de céder sa place dans un bus à un passager blanc, comme la loi le lui imposait.

CLÉ DE LECTURE

Un livre célèbre, ***La Désobéissance civile*** (1849) de H. D. Thoreau, philosophe et poète américain (1817-1862) proclame : « Que chacun fasse connaître le genre de gouvernement qui commande son respect et ce sera le premier pas pour l'obtenir ». (v. aussi Thoreau, p. 000, « Le devoir »)

Questions

1. Qu'est-ce qui distingue l'objection de conscience de la désobéissance civile ?
2. En quoi la référence à « un droit supérieur » pose-t-elle problème ?
3. La position d'Arendt est-elle proche de celle de Rousseau (p. 189) ?

Pour aller plus loin

Recherche
Effectuez une recherche :
– sur le mouvement des droits civiques aux États-Unis ;
– sur l'appel à la désobéissance civile fait par Gandhi (v. p. 334-335).

QUESTION

2 Quel critère pour établir ce qui est juste ?

THOMAS D'AQUIN
1225-1274
Moyen Âge
▸ p. 502

REPÈRES
Légal/légitime
▸ p. 491

TEXTE 5 Thomas d'Aquin, *Somme théologique*, 1266-1273

*Au début du XIIIe siècle, les œuvres d'Aristote sont redécouvertes en Europe. Dans les universités toutes récentes, la lecture et le commentaire de ces textes stimulent les penseurs et constituent les contenus d'enseignement. Thomas d'Aquin reprend la question de l'équité développée dans l'*Éthique à Nicomaque *(Aristote, Livre V).*

Parce que les actes humains pour lesquels on porte des lois consistent en des cas singuliers et contingents[1], variables à l'infini, il a toujours été impossible d'instituer une règle légale qui ne serait jamais en défaut. Mais les législateurs, attentifs à ce qui se produit le plus souvent, ont porté des lois en ce sens. Cependant, en certains cas, les observer va contre l'égalité de la justice, et contre le bien commun, visé par la loi. Ainsi, la loi statue que les dépôts[2] doivent être rendus, parce qu'elle est juste dans la plupart des cas. Il arrive pourtant parfois que ce soit dangereux, par exemple si un furieux[3] a mis une épée en dépôt et la réclame pendant une crise, ou encore si quelqu'un réclame une somme qui lui permettra de combattre sa patrie. En ces cas et d'autres semblables, le mal serait de suivre la loi établie ; le bien est, en négligeant la lettre de la loi, d'obéir aux exigences de la justice et du bien public. C'est à cela que sert […] l'équité[4]. Aussi est-il clair que l'équité est une vertu. L'équité ne se détourne pas purement et simplement de ce qui est juste, mais de la justice déterminée par la loi. Et elle ne s'oppose pas à la sévérité car celle-ci suit fidèlement la loi quand il le faut ; suivre la lettre de la loi, quand il ne le faut pas, c'est condamnable. Aussi est-il dit dans le Code[5] : « Il n'y a pas de doute qu'on pèche contre la loi si, en s'attachant à sa lettre, on contredit la volonté du législateur ». Juger de la loi, c'est dire qu'elle est mal faite. Dire que les termes de la loi n'oblige pas en telle ou telle circonstance, c'est juger non pas de la loi en elle-même, mais d'un cas déterminé qui se présente.

Thomas d'Aquin, *Somme théologique*, II-II, q. 120, art. 1, © Le Cerf, 1985, p. 717.

1. Cas qui ne se produisent qu'une fois et qui sont imprévisibles.
2. Ici, quelque chose qui est confié à quelqu'un pour un temps donné.
3. Fou.
4. L'auteur distingue l'équité et la justice du point de vue strictement légal.
5. Code justinien, recueil de lois dans l'Antiquité.

CLÉ DE LECTURE

Dans sa pièce *Antigone*, Sophocle met en scène le conflit entre une jeune fille, Antigone, et Créon, son oncle, qui dirige la cité. Les frères d'Antigone se sont entretués, l'un d'eux a fait appel à des mercenaires pour déloger son frère du pouvoir. La loi interdit qu'il soit enterré : Antigone refuse d'obéir à cette loi et invoque ses devoirs familiaux.

Questions

1. **L'application de la loi est-elle un critère suffisant pour établir ce qui est juste ?**
2. **À la lumière de ce texte, qu'est-ce que « juger », dans le domaine juridique ?**

Oral

Lisez *Antigone*, de Sophocle : Créon est-il juste ? (v. p. 144)

PERSPECTIVES

La morale et la politique

- Pourquoi peut-on dire que les lois nous permettent d'agir plus moralement ?
- Quelle contrainte exercent-t-elles sur nos désirs ?
- Quelle est l'origine des lois ?
- En quel sens peut-on dire que les lois relèvent de la politique ?
- Avec la notion d'équité proposée dans ce texte, quelle relation paradoxale entre la morale et la politique ? Quels conflits, quelles tensions entre leurs exigences respectives ?

La connaissance

- Ce qui est singulier et contingent peut-il être prévisible ?
- Pourquoi le droit est-il une science humaine et non exacte ?

TEXTE 6 Sen, *L'Idée de justice*, 2009

Imaginons une flûte et trois enfants qui se la disputent, tous pour de bonnes raisons. C'est par cette fiction que l'auteur cherche à nous faire comprendre la complexité des situations sociales et des politiques publiques, dans un monde où les inégalités ne cessent de progresser.

SEN
Né en 1933
Époque contemporaine
Amartya Sen a reçu le prix Nobel d'économie en 1998. Il a élaboré en 1990, au sein du Programme des Nations unies, un outil pour mesurer le niveau de développement d'un pays : l'IDH (indice de développement humain). Les critères de développement ne sont pas seulement le PIB (produit intérieur brut), mais aussi l'accès aux soins, à l'éducation, l'espérance de vie.

Au cœur de cette difficulté particulière, à savoir trouver une solution impartiale unique au problème de la société parfaitement juste, il y a la « durabilité » de logiques de justice plurielles et concurrentes[1], qui peuvent toutes prétendre à l'impartialité mais n'en sont pas moins différentes, et rivales. Et voici un exemple : il s'agit de décider lequel de ces trois enfants, Anne, Bob ou Carla, doit recevoir la flûte qu'ils se disputent. Anne la revendique au motif qu'elle est la seule des trois à savoir en jouer (les autres ne le nient pas) et qu'il serait vraiment injuste de refuser cet instrument au seul enfant capable de s'en servir. Sans aucune autre information, les raisons de lui donner la flûte sont fortes. Autre scénario : Bob prend la parole, défend son droit à avoir la flûte en faisant valoir qu'il est le seul des trois à être pauvre au point de ne posséder aucun jouet. Avec la flûte, il aurait quelque chose pour s'amuser (les deux autres concèdent qu'ils sont plus riches et disposent d'agréables objets). Si l'on n'entend que Bob et pas les autres enfants, on a de bonnes raisons de lui attribuer la flûte. Dans le troisième scénario, c'est Carla qui fait remarquer qu'elle a travaillé assidûment pendant des mois pour fabriquer cette flûte (les autres le confirment) et au moment précis où elle atteint au but, « juste à ce moment-là » se plaint-elle, « ces extirpateurs[2] tentent de lui prendre la flûte ». Si l'on n'entend que les propos de Carla, on peut être enclin à lui donner la flûte, car il est compréhensible qu'elle revendique un objet fabriqué de ses propres mains. Mais si l'on a écouté les trois enfants et leurs logiques respectives, la décision est difficile à prendre. Les théoriciens des différentes tendances, comme les utilitaristes, les partisans de l'égalitarisme économique ou encore les libertariens purs et durs, diront peut-être que la solution juste, évidente crève les yeux. Mais il est à peu près certain que ce ne sera pas la même.

Amartya Sen, *L'Idée de justice*, © Champs Flammarion, « Essais », trad. P. Chemla et E. Laurent, p. 38.

1. Désaccord sur ce qui est juste, du fait de la diversité des points de vue possibles, comme le montre le cas des trois enfants.
2. Voleurs.

Questions

1. Selon quel principe chaque enfant justifie-t-il son « droit » à obtenir la flûte ?
2. Quelle est, selon vous, la leçon principale de ce texte ? Utilisez le terme « valeur » pour répondre à la question.

Pour aller plus loin

1. Effectuez une recherche sur les travaux d'A. Sen à propos des inégalités et la question du développement.
2. Effectuez une recherche sur les trois courants de pensée cités dans le texte : utilitarisme, égalitarisme économique, libertarisme : quel est leur débat commun ?

TEXTE 7

Rawls, *Théorie de la justice*, 1971

Dans les sociétés démocratiques, la liberté de conscience permet à chaque citoyen, selon Rawls, d'avoir des convictions religieuses et morales personnelles. Cette exigence définit le « libéralisme » politique. Comment donc se mettre d'accord, dans des sociétés qui acceptent le pluralisme, sur les valeurs qui seront au cœur des institutions publiques ?

RAWLS
1921-2002
Époque contemporaine
▸ p. 521

REPÈRES
Objectif/subjectif/intersubjectif
▸ p. 491

Mon but est de présenter une conception de la justice qui généralise et porte à son plus haut niveau d'abstraction la théorie bien connue du contrat social telle qu'on la trouve, entre autres, chez Locke, Rousseau et Kant[1] [...] Nous devons imaginer que ceux qui s'engagent dans la coopération sociale choisissent ensemble, par un seul acte collectif, les principes qui doivent fixer les droits et les devoirs de base et déterminer la répartition des avantages sociaux. Les hommes doivent décider par avance selon quelles règles ils vont arbitrer leurs revendications mutuelles et quelle doit être la charte fondatrice de la société. De même que chaque personne doit décider par une réflexion rationnelle, ce qui constitue son bien, c'est-à-dire le système de fins qu'il est rationnel pour elle de rechercher, de même un groupe de personnes doit décider, une fois pour toutes, ce qui en son sein, doit être tenu pour juste et pour injuste. Le choix que des êtres rationnels feraient, dans cette situation hypothétique d'égale liberté, détermine les principes de justice [...]. Dans la théorie de la justice comme équité, la position originelle d'égalité correspond à l'état de nature dans la théorie traditionnelle du contrat social[2]. Cette position originelle n'est pas conçue, bien sûr, comme étant une situation historique réelle [...]. Parmi les traits essentiels de cette situation, il y a le fait que personne ne connaît sa place dans la société ; sa position de classe et son statut social, pas plus que personne ne connaît le sort qui lui est réservé dans la répartition des capacités et des dons naturels, par exemple l'intelligence, la force, etc. J'irai même jusqu'à poser que les partenaires ignorent leurs propres conceptions du bien ou leurs tendances psychologiques particulières. Les principes de la justice sont choisis derrière un voile d'ignorance.

John Rawls, *Théorie de la justice*, © Le Seuil, trad. C. Audard, p. 37-38.

1. v. « Les auteurs du programme », p. 507 à 509.
2. v. Rousseau, p. 159.

Questions

1. **À quelle condition les hommes, qui ont tous le droit d'avoir des convictions différentes dans une société libérale, peuvent-ils se mettre d'accord sur ce qui est juste pour le groupe social ?**
2. **Pourquoi selon vous l'auteur se réfère-t-il au terme « équité » pour penser la justice politique ?**

DÉFINITION

La notion de **contrat** en philosophie politique depuis le XVIIe siècle ne renvoie pas nécessairement à un accord qui aurait été passé entre des partenaires. Elle a servi de matrice, face à la monarchie absolue, pour penser une société plus juste, fondée sur le dialogue et les décisions communes.

PERSPECTIVES

La connaissance

- Pourquoi ce texte pose-t-il un problème qui concerne la connaissance ?
- Peut-on en matière de justice se contenter d'opinions personnelles ?
- Quel est le but que poursuit toute connaissance ?
- Pourquoi dans le cas de la justice ce but est-il bien présent ?
- La méthode proposée par Rawls pour parvenir à la connaissance de ce qui est juste est-elle de même nature que les méthodes utilisées dans les sciences exactes ? (voir chap. 9 « La science », p. 344-345).

TEXTES

QUESTION

3 Quelles relations entre le droit et la force ?

TEXTE 8 Rousseau, *Du contrat social,* 1762

Rousseau analyse les justifications traditionnelles du pouvoir autoritaire et cherche les fondements d'un nouvel ordre, fondé sur un « contrat ».

ROUSSEAU
1712-1778
Époque moderne

▸ p. 509

REPÈRES

Obligation/contrainte
▸ p. 492

Le plus fort n'est jamais assez fort pour être toujours le maître, s'il ne transforme sa force en droit et l'obéissance en devoir. De là le droit du plus fort ; droit pris ironiquement en apparence, et réellement établi en principe : mais ne nous expliquera-t-on jamais ce mot ? La force est une puissance physique ; je ne vois point quelle moralité peut résulter de ces effets. Céder à la force est un acte de nécessité, non de volonté ; c'est tout au plus un acte de prudence. En quel sens pourra-ce être un devoir ?

Supposons un moment ce prétendu droit. Je dis qu'il n'en résulte qu'un galimatias[1] inexplicable. Car sitôt que c'est la force qui fait le droit, l'effet change avec la cause ; toute force qui surmonte la première succède à son droit. Sitôt qu'on peut désobéir impunément[2] on le peut légitimement, et puisque le plus fort a toujours raison, il ne s'agit que de faire en sorte qu'on soit le plus fort. Or qu'est-ce qu'un droit qui périt quand la force cesse ? S'il faut obéir par force on n'a pas besoin d'obéir par devoir, et si l'on n'est plus forcé d'obéir on n'y est plus obligé. On voit donc que ce mot de droit n'ajoute rien à la force ; il ne signifie ici rien du tout.

Jean-Jacques Rousseau, *Du contrat social*, I, chap. 3, Garnier-Flammarion.

1. Discours confus qui ne signifie rien.
2. Sans être puni, ici sans danger.

Jean-Baptiste Oudry (1686-1755), illustration de la fable « Le Loup et l'Agneau », de Jean de La Fontaine, huile sur toile, musée des Beaux-Arts, Metz.

CONTEXTE

Dans le chapitre qui précède ce texte, Rousseau s'attaque à une autre ruse idéologique : **la société serait issue de la famille** et devrait s'inspirer de **son modèle d'autorité**, considéré comme « naturel ». D'autres philosophes des Lumières, comme Locke, avant lui, ont dénoncé la référence à la famille pour justifier un pouvoir autoritaire. Les citoyens sont-ils comme des enfants ? Pour Locke et Rousseau, le paternalisme est l'allié de l'Ancien Régime.

Questions

1. **Comment Rousseau critique-t-il l'expression « le droit du plus fort » (l. 2-3) ? En quoi celle-ci relève-t-elle d'une « ruse », selon lui ?**
2. **Qu'est-ce qui oppose le droit à la force ?**
3. **Que nous donne à penser le tableau d'Oudry sur la force ?**

Pour aller plus loin

Texte à télécharger

Lisez la fable de La Fontaine « Le Loup et l'Agneau » et faites le lien avec le texte de Rousseau.

TEXTE 9 Ricœur, *Le Juste, la Justice et son échec*, 2005

La fonction « majeure » du droit est « le traitement des conflits et la substitution du discours à la violence ». Tout procès exprime une « coupure » avec elle. L'auteur s'interroge ici sur le sens des sanctions décidées par le procès.

RICŒUR
1913-2005
Époque contemporaine
▸ p. 521

La composante essentielle est la conduite du procès en forme de débat, destiné à mettre fin à un état d'incertitude au terme d'un affrontement d'arguments, les accès à la parole étant égaux de part et d'autre, pour que le procès soit tenu pour équitable ; vient en conclusion de ce débat, conduit comme une lutte de paroles, la sentence dont la vertu performative[1] est celle d'une parole qui dit le droit dans une circonstance déterminée ; la sentence fait ce qu'elle dit : le plaignant est désigné comme victime et l'accusé, s'il est condamné, est désigné comme coupable. La sentence est bien nommée un « arrêt » : elle met fin au procès et assigne aux parties en procès les places qui engendrent une juste distance entre la vengeance et la justice. Mais une autre histoire commence pour le coupable condamné, qui n'est plus celle du procès, mais de la sanction. C'est sa justification, en tant que souffrance infligée légalement, qui constitue le point aveugle de tout le système judiciaire qui, à partir de là, devient système pénal. En disant point aveugle je dis aussi scandale intellectuel, dans la mesure où, selon moi, toute tentative de justification rationnelle de la peine et de la pénibilité de la peine paraît bien avoir échoué.

Paul Ricœur, *Le Juste, la Justice et son échec*, © L'Herne, 2005, p. 29-31.

1. Qui produit une action.

Ci-contre ▸
Procès d'Adolf Eichmann (responsable nazi qui mit au point la Solution finale) à Jérusalem en 1961. Au fond : les trois juges : Y. Raveh (g.), M. Landau (c), B. Halevi (dte). À gauche : Eichmann dans sa cage de verre.

DÉFINITION

Le droit comporte deux branches : le **droit civil** qui tranche les litiges (divorce, succession...) et dit le droit de chacun ; le **droit pénal** qui traite des atteintes aux personnes et aux biens (crime, vol) et qui détermine les sanctions.

Questions

1. Relevez les expressions montrant que tout procès est du côté de la raison.
2. Pourquoi la « sanction » est-elle un « point aveugle » (l. 13) par rapport au procès ?
3. L'auteur remet-il en cause, selon vous, le recours à des sanctions ? (Appuyez-vous sur l'expression « scandale intellectuel », l. 14-15.)
4. Identifiez les parties en présence et commentez la fonction d'un procès à partir de la symbolique de l'espace mise en valeur par la photographie.

PERSPECTIVES

La morale et la politique

- Dans le titre de l'ouvrage de Ricœur, comment faut-il comprendre la distinction entre « le juste » et la « justice » ?
- Cela correspond-il selon vous à une distinction entre « morale » et « politique » ? Argumentez en montrant la complexité de la relation entre ces deux concepts.

TEXTES

TEXTE 10 Levinas, *Difficile Liberté*, 1963

Connue sous le nom de « loi du talion », l'expression biblique « œil pour œil, dent pour dent » est très connue, mais mal comprise, selon Levinas. Cette formule invite, en fait, à adapter la punition en fonction de l'offense.

LEVINAS
1906-1995
Époque contemporaine
▸ p. 518

[…] ce n'est pas un froid réalisme qui pense à l'action efficace et méprise les effusions sentimentales […] ; ce n'est pas davantage l'exaltation d'une vie surhumaine et héroïque dont il faudrait bannir le cœur et la pitié ; ce n'est pas une façon de se complaire dans la vengeance et la cruauté où baignerait une existence virile […].

Rassurez-vous. Le principe d'apparence si cruel que la Bible énonce ici ne recherche que la justice. Il s'insère dans un ordre social où aucune sanction, si légère soit-elle, ne s'inflige en dehors d'une sentence juridique. Les rabbins[1] n'ont jamais appliqué ni compris à la lettre ce texte. Ils l'ont interprété à la lumière de l'esprit qui parcourt la Bible dans sa totalité. On appelle cette méthode de comprendre : Talmud[2]. Les docteurs du Talmud devancèrent les scrupules des modernes[3] : dent pour dent, est une peine d'argent, une amende. Le passage relatif aux dommages matériels que la Bible exige pour la perte du bétail ne voisine pas pour rien avec le précepte du talion. Il invite à relire les versets relatifs aux blessures faites à l'homme, comme si la question des dommages devait l'emporter chez le juge sur la noble colère que suscite le méfait. La violence appelle la violence. Mais il faut arrêter cette réaction en chaîne. La justice est ainsi. Telle est du moins sa mission une fois que le mal est commis. L'humanité naît dans l'homme à mesure qu'il sait réduire les offenses mortelles à des litiges d'ordre civil, à mesure que punir se ramène à réparer ce qui est réparable et à rééduquer le méchant. Il ne faut pas à l'homme une justice sans passion seulement. Il nous faut une justice sans bourreau.

Emmanuel Levinas, *Difficile Liberté*, © Fata Morgana, Le Livre de poche, « Biblio Essais », 1976, p. 225-226.

1. Chef religieux dans la communauté juive.
2. Méthode portant sur l'interprétation de la Torah (texte fondateur du judaïsme) et le corpus de controverses et de discussions autour de ce texte (IIe-VIe siècle).
3. Ici, les docteurs du Talmud ont compris qu'il ne fallait pas prendre cet énoncé biblique au premier degré.

Questions

1. **Comment la formule « œil pour œil, dent pour dent » est-elle comprise le plus souvent ? Quelle est sa véritable signification dans la Bible ?**
2. **Quelle règle de méthode pour lire un texte religieux est donnée ici ?**
3. **Quelle est la « mission » de la justice ?**

DÉFINITION

Exégèse : étude d'un texte sacré ; travail d'interprétation qui s'attache à éclaircir un texte difficile.

PERSPECTIVES

L'existence humaine et la culture

- Quelles sont les deux visages de l'existence humaine dans ce texte ?
- Comment peut-on définir la culture à l'aide des cinq dernières lignes du texte ? La culture est-elle une réalité ? un idéal ? Les deux à la fois ?

TEXTE 11 Foucault, *Surveiller et Punir,* 1975

Dans le chapitre 1 de son ouvrage* Surveiller et Punir, *Foucault nous invite à comparer la condamnation de Damien en 1757, qui finit « écartelé », et le règlement « pour la Maison des jeunes détenus à Paris », trois siècles plus tard.

FOUCAULT
1926-1984
Époque contemporaine
▸ p. 515

Parmi tant de modifications[1] j'en retiendrai une : la disparition des supplices. [...] Des punitions moins immédiatement physiques, une certaine discrétion dans l'art de faire souffrir, un jeu de douleurs plus subtiles, plus feutrées, et dépouillées de leur faste visible, cela mérite-t-il qu'on lui fasse un sort particulier, n'étant sans doute rien de plus que l'effet de réaménagements plus profonds[1] ? Et pourtant un fait est là : a disparu, en quelques dizaines d'années, le corps supplicié, dépecé, amputé, symboliquement marqué au visage ou à l'épaule, exposé vif ou mort, donné en spectacle. A disparu le corps comme cible majeure de la répression pénale. À la fin du XVIIIe, au début du XIXe, malgré quelques flamboiements[2], la sombre fête punitive est en train de s'éteindre. [...] Le cérémonial de la peine tend à entrer dans l'ombre, pour ne plus être qu'un nouvel acte de procédure ou d'administration. L'amende honorable en France avait été abolie une première fois en 1791, puis à nouveau en 1830 après un bref rétablissement ; le pilori est supprimé en 1789 ; pour l'Angleterre en 1837. [...]

Ne plus toucher au corps, ou le moins possible en tout cas, et pour atteindre en lui quelque chose qui n'est pas le corps lui-même. On dira : la prison, la réclusion, les travaux forcés, le bagne, l'interdiction de séjour, la déportation, qui ont occupé une place si importante dans les systèmes pénaux modernes – sont bien des peines « physiques » : à la différence de l'amende, ils portent, et directement, sur le corps. Mais la relation châtiment-corps n'y est pas identique à ce qu'elle était dans les supplices. Le corps s'y trouve en position d'instrument ou d'intermédiaire : si on intervient sur lui en l'enfermant, ou en le faisant travailler, c'est pour priver l'individu d'une liberté à la fois considérée comme un bien et comme un droit. Le corps, selon cette pénalité, est pris dans un système de contrainte et de privation, d'obligations et d'interdits. La souffrance physique, la douleur du corps lui-même ne sont plus les éléments constituants de la peine. Le châtiment est passé d'un art des sensations insupportables à une économie des droits suspendus.

Michel Foucault, *Surveiller et Punir,* © Gallimard, « Tel », p. 14-18.

1. L'auteur vient d'aborder les grandes réformes juridiques en Europe et aux États-Unis à la fin du XVIIIe siècle.
2. Ici, malgré quelques derniers éclats, dernières lueurs.

CONTEXTE

Cesare Beccaria (1738-1794) Philosophe et juriste des Lumières, présente dans son ouvrage *Des délits et des peines* (1764), une critique de la torture et de la peine de mort. « La peine de mort est inutile en raison de l'exemple d'atrocité qu'elle donne aux hommes. »

Questions

1. **Cherchez le sens de l'expression « amende honorable » et du mot « pilori » ?**
2. **Qu'est-ce qui distingue, selon l'auteur, ces deux modes de punition, le supplice et la prison ?**
3. **Quels sont les enjeux philosophiques dans cette approche historique du droit, selon vous ?**

Débat

Punir, est-ce un acte de violence ? (Vous pouvez également vous appuyer sur le texte de Ricœur, p. 197.)

PERSPECTIVES

La morale et la politique

- En quel sens le corps peut-il être un instrument politique ?
- Le pouvoir politique ne s'exprime-t-il qu'à travers des lois ?
- Comment la résistance à un pouvoir politique autoritaire peut-elle passer par la libération du corps ?
- Quelles formes peut prendre cette libération ?

ARRÊT SUR **IMAGES**

L'homme qui tua Liberty Valance, de J. Ford, 1962

Liens

- **Genre :** Western
- **Réalisateur :** John Ford
- **Scénario :** J.W Bellah, W. Goldbeck
- **Producteur :** Paramount Pictures
- **Acteurs principaux :** John Wayne, James Stewart, Vera Miles, Lee Marvin, Edmond O'Brien.
- **Date de sortie :** 1962
- **Durée :** 123 mn.
- **Synopsis :** le sénateur Ransom Stoddard et sa femme viennent assister à l'enterrement d'un cow-boy, Tom Doniphon, dans la petite ville de Shinebone, dans l'Ouest des États-Unis. Interrogé par un journaliste sur la raison de sa présence, le sénateur commence le récit de son arrivée, il y a bien longtemps, dans cette ville, alors qu'il était un jeune avocat soucieux de la loi et du droit...

Activités

1 **Visionnez l'intégralité du film.**

2 **Répondez aux questions suivantes.**

COMPRÉHENSION

1. Qu'est-il arrivé à Ransom à l'approche du village de Shinebone ?
2. Qu'apprenons-nous sur la personnalité de Ranson Stoddard à cette occasion ?
3. Qu'apprenons-nous sur la vie dans l'Ouest des États-Unis ?
4. Quand Ranson est retrouvé sur le chemin, comment la vie dans le village est-elle présentée ? Quel est le contraste avec le début du film (avant le *flash-back*) ?
5. Comment peut-on interpréter l'attitude du Shérif ?
6. Comment peut-on décrire la relation entre Ranson Stoddard et Tom Doniphon ?
7. Quelles sont les activités de Ranson au fil du temps ? Quel est le lien avec sa formation d'avocat selon vous ?
8. Quel est le sens du conflit qui oppose les petits fermiers aux grands éleveurs ?
9. Quel rôle joue Liberty Valance dans ce conflit ?
10. Pourquoi ce dernier provoque-t-il en duel Ranson ?
11. Que se passe-t-il exactement lors de ce duel ?
12. Pourquoi Ranson finit-il par accepter une fonction politique ?

RÉFLEXION

13. Entre le début du *flash-back* et la fin du récit de Ranson, quelle est l'évolution du village dans son rapport à la justice ?
14. Quelles scènes selon vous donnent une image forte de la violence qui règne dans le village et dans ses alentours ?
15. Quel est sont les objets qui dans le film mettent en scène l'opposition de la force et du droit ?
16. Commentez la tension et la complémentarité entre Ranson Stoddard et Tom Doniphon.
17. Qui rend la justice ? Des individus ou une communauté politique ?
18. Quelle est l'approche du politique dans ce film ?

EXERCICES

Les termes et les concepts-clés

1 Retenez les concepts clés du chapitre : justice, droit, équité, légalité, vengeance, loi, désobéissance civile, droit civil et droit pénal, droit naturel et droit positif.

2 À partir de l'histoire d'***Antigone***, de Sophocle (p. 193), de recherches complémentaires sur l'intrigue, et de l'ensemble des textes du chapitre, répondez aux questions suivantes pour tester votre maîtrise de ces concepts :

a. Pourquoi les deux frères d'Antigone se sont-ils entretués ? Définissez la **vengeance**.

b. Pourquoi la loi de Thèbes punit-elle ce crime ? Définissez la fonction de toute loi, et la distinction entre **droit civil et droit pénal**.

c. Pourquoi Antigone refuse-t-elle d'obéir à cette loi ? Définissez la distinction possible entre **justice et légalité**, et celle entre **droit positif et droit naturel**.

d. La désobéissance d'Antigone relève-t-elle de la **désobéissance civile** ? Justifiez votre réponse en définissant ce concept avec précision.

e. Pourquoi Créon en appliquant la loi manque-t-il d'**équité** ? Définissez cette notion en la distinguant de la légalité stricte.

PERSPECTIVES

3 **Quelles sont les perspectives en jeu dans ces sujets ? Justifiez votre réponse à l'aide des pages 29-38.**

Pourquoi réclamer justice ?
La vengeance est-elle un droit ?
Comment savoir ce qui est juste ?

Analyser un tableau

4 **a.** Faites une recherche sur l'épisode biblique représenté dans le tableau de N. Poussin, p. 185.

b. Examinez le tableau : quel moment précis de cet épisode est représenté ici ? Comment le tableau est-il composé ? Quelles sont les expressions des différents personnages ? Comment, selon vous, le peintre montre-t-il les qualités de juge de Salomon ?

Interpréter des symboles

5 À l'aide du site du ministère de la Justice, www.justice.gouv.fr, rubrique « Histoire et patrimoine » :

a. Relevez les différentes significations des « symboles de la justice » : la déesse Thémis, la balance, le glaive ou l'épée, Le bandeau, les Tables de la Loi, la main de Justice, le genou dénudé.

b. Dégagez les qualités d'un bon juge et expliquez les difficultés qui accompagnent son activité.

Apprendre à problématiser

6 **a.** Lisez l'article : *La Justice à l'heure des algorithmes et du big data* (28/04/2017) par F. Trécourt (lejournal.cnrs.fr).

b. En vous appuyant sur la totalité de l'article, dégagez l'intérêt et les limites de l'intelligence artificielle dans les affaires de justice : un robot peut-il être un bon juge ?

c. Quelles qualités humaines vous semblent inaccessibles à une machine, même performante ?

Maîtriser les repères

7 À partir des textes du chapitre et des repères associés, répondez aux questions suivantes, en vous aidant de la partie Repères ▸ **p. 486**

a. Obligation/contrainte ▸ **p. 492**

Face au « plus fort » évoqué par Rousseau ▸ **p. 196**, suis-je « **obligé** » ou « **contraint** » d'obéir ?

b. Légal/légitime ▸ **p. 491**

Face à des lois injustes, par exemple, sous la ségrégation aux États-Unis ▸ **voir la photographie, p. 192**, ce qui est **légal** est-il aussi **légitime** ?

c. Origine/fondement ▸ **p. 492**

Quel est l'origine des lois pour Gygès ? ▸ **p. 186** Leur autorité a-t-elle un **fondement** ?

d. Objectif/subjectif/intersubjectif ▸ **p. 491**

Peut-on définir de façon purement **subjective** ce qui est juste ou ce qui ne l'est pas ?

En quoi la dimension politique de la désobéissance civile permet-elle plus d'**objectivité** ? ▸ **p. 192**

Mémoriser les outils

8 **Répondez aux questions suivantes.**

a. Quelle est la décision d'Antigone dans la pièce de Sophocle ? ▸ **p. 193**

b. Pourquoi Rousseau refuse-t-il le modèle de l'autorité familiale pour penser la société ? ▸ **p. 196**

c. Quelles sont les deux branches du droit ? ▸ **p. 197**

Réviser les points clés du chapitre

9 **Répondez aux questions suivantes.**

a. De quelle expérience humaine surgit la demande de justice ?

b. Quels sont les deux sens du mot « justice » ?

c. Quelle est la fonction des lois ?

d. L'obéissance aux lois est-elle toujours juste ?

e. Que nous apprend la question de la justice sur la société humaine ?

MÉTHODE

BAC La dissertation

SUJET Les animaux ont-ils des droits ?

MÉTHODE

CONSEILS

Étape 1 Donner du sens à la question et identifier la (les) perspective(s) en jeu

1 Commencez par chercher ce qui justifie une telle question.

- Pratiques dénoncées par les médias dans les abattoirs, expériences scientifiques sur des animaux vivants, cruautés envers des animaux mises en ligne sur internet... mais aussi polémiques autour des pratiques culturelles plus traditionnelles comme la corrida, le combat d'animaux...

> Donnez-vous des bases concrètes pour aborder le travail de réflexion.

- Dans tous les cas, des plaintes ont pu s'exprimer dans l'opinion publique, traduisant un sentiment d'**injustice**, un appel au respect des êtres vivants, le désir de lois pour mettre fin à ces traitements.
- Tous ces exemples montrent que ce sont certains animaux qui font l'objet de ce questionnement...

> Repérez la notion du programme : **la justice**.

2 Reliez la question aux perspectives.

- La question interroge la **justice** sous :

→ **La perspective de la morale et de la politique :**

Ces pratiques sont-elles acceptables au sein de la société ? Au nom de quelles valeurs peut-on les remettre en cause ? Faut-il les interdire par des lois ?

> Aidez-vous des pages **PERSPECTIVES**, en début de manuel, p. 29-38

→ **La perspective de l'existence humaine et de la culture**

Quelle relations les humains construisent-ils avec les non humains ? Qu'est-ce qu'être humain ? Une donnée naturelle, une conquête culturelle ?

Étape 2 Analyser et élaborer une problématique

3 Analysez les notions présentes dans l'énoncé.

- Définissez la notion « les animaux » : dégagez la notion de « sensibilité », en opposant l'animal au minéral, par exemple, et montrez que cette sensibilité est plus ou moins un objet d'inquiétude pour l'homme, selon la complexité de l'animal (irritabilité des organismes simples / expression de la douleur chez les animaux plus complexes doués d'un système nerveux).

> Attention aux nuances : la notion renvoie aux « bêtes » ; scientifiquement, les hommes sont aussi des « animaux ».

- Le sujet porte sur la relation entre l'homme et les animaux, et donc sur les « droits » que s'octroie l'animal humain sur les animaux non humains.
- Définissez la notion de droit : elle appelle à une visée éthique (mieux se conduire), à réfléchir au rôle des lois = elles disent le « droit ». Les droits désignent les règles qui régissent les relations et les interactions humaines.
- Le droit renvoie à des devoirs de la part de celui qui y est soumis et à une protection pour celui qui en bénéficie.

4 Cherchez à repérer une tension dans l'énoncé.

- D'un côté, il y a des pratiques qui doivent faire l'objet d'une législation car elles dépassent des limites : si tous les animaux sont amenés à être des prédateurs, certaines violences faites aux animaux par les humains semblent en dehors de toute nécessité biologique. Elles constituent un problème éthique : comment faut-il se comporter ? Est-il bien de faire souffrir ? Ces pratiques peuvent être l'objet d'une réglementation juridique.
- D'un autre côté, la notion de droit implique une réciprocité : si l'homme a des devoirs envers les animaux, peut-il attendre des animaux la même chose ? La notion de droit animal semble trouver sa limite dans cette difficulté de prêter à l'animal des « devoirs » envers l'homme. Porter plainte contre un animal, lui faire un procès semblent plus un sujet de comédie qu'un projet sensé ! La notion de droit a-t-elle encore un sens quand elle ne concerne pas des « personnes » juridiques ? L'animal est-il une « personne » ?

La tension est ce qui pose « problème ». Pour la formuler, il faut dégager deux pôles opposés.

La notion de législation renvoie au **politique** :
→ PERSPECTIVES, p. 33
Un problème éthique concerne la **morale** :
→ PERSPECTIVES, p. 33

Étape 3 Construire l'argumentation

5 Établissez le déroulement de votre argumentation.

Les animaux sont des êtres vivants et non des choses : l'homme n'a pas le droit de les traiter au mépris de leur sensibilité. Il faut des lois pour protéger les animaux. Il faut éduquer les hommes au respect de la vie. Les problèmes écologiques qui nous menacent rendent cette éducation urgente.

Si tout n'est pas permis pour l'homme vraiment humain, la notion de personnalité juridique appliquée aux animaux pose problème. Il y a une difficulté conceptuelle à penser le droit pour un « sujet » qui n'est pas susceptible de le demander et de le dire, et cela de manière définitive et intrinsèque. La notion de droit implique la faculté du langage, l'idée d'égalité et de contrat.

À travers la notion de droit animal, c'est la relation que l'homme veut nouer avec ce qui est non humain qui est en jeu. Longtemps considéré comme un être inférieur, fait pour être domestiqué et dominé, l'animal aujourd'hui nous confronte à ce que nous voulons faire de notre humanité. Être maîtres et possesseurs de la nature ou considérer les non humains comme des « partenaires » ? Quel humanisme pour le XXIe siècle ?

Pensez à formuler les différentes thèses et la synthèse.
Thèse 1
Thèse 2
Synthèse

L'**humanisme** engage l'idée que les humains se font de leur place dans le monde, de leur « existence » et des progrès qu'elle doit faire.
→ PERSPECTIVES : « L'existence humaine et la culture » p. 30

Étape 4 Rédiger l'accroche au brouillon

6 Choisissez une accroche bien centrée sur le sujet, reprenez le travail d'analyse des notions et le problème préparés au brouillon.

Évitez les généralités, du type : « de tout temps… »

PROPOSITION D'ACCROCHE

La Déclaration universelle des droits des animaux en 1978, par rapport aux législations précédentes comme la Déclaration des Droits de l'animal de 1924, elle ne se contente pas de poser les principes des devoirs de l'homme envers l'animal, donne à l'animal le statut d'une personne juridique propre et appelle à l'égalité homme /animal. Ainsi peut-on lire dans le Préambule : « Considérant que tout animal possède des droits, considérant que la méconnaissance et le mépris de ces droits ont conduit et continuent de conduire l'homme à commettre des crimes envers la nature et les animaux […] Tous les animaux naissent égaux devant la vie et ont les mêmes droits à l'existence […] L'homme en tant qu'espèce animale ne peut exterminer les autres animaux ou les exploiter en violant ce droit. » en violant ce droit. »

Choisissez une situation qui met en scène, qui « incarne » la question posée.

CHAPITRE

7 Le langage

LE MOT ET SES IDÉES

- Dans la vie courante, nous avons tendance à appeler **langage** tout mode de **communication**, d'où les expressions « langage des arbres », « langage informatique »...
- La communication est un **échange** qui unit un **émetteur** à un **récepteur**, autour d'un **code**, qui utilise un **canal** (corps, sons, symboles, substances chimiques) pour transmettre un **message**.
- La **linguistique** (science du langage) réserve le mot **langage à l'homme.**
- S'il est pertinent pour elle de distinguer **langage et code**, c'est pour mieux comprendre les capacités de communiquer de l'homme.
- Le critère pour parler de langage en linguistique réside dans la **façon de signifier**.
- Un langage est un système de **signes** qui permet de former des énoncés à l'infini (« **performance** ») et de comprendre à l'infini ces énoncés (« **compétence** »), selon le linguiste Chomsky.
- Par opposition un code contient un nombre **limité** de combinaisons et celles-ci semblent **programmées** à l'avance. En ce sens, le langage est le propre de l'homme : il est considéré dans sa proximité avec la **pensée** dans la tradition philosophique.
- Un langage peut être **verbal** (avec des mots) ou **non verbal** (avec des signes visuels), comme le langage des personnes sourdes et muettes.

PERSPECTIVES

L'existence humaine et la culture, p. 30

Le langage n'est-il pour les humains qu'un outil de communication ? En quel sens accompagne-t-il la sortie hors de la nature et l'entrée dans la culture ? Quel rapport au monde et aux autres institue-t-il ?

La morale et la politique, p. 33

Quel rôle joue le langage dans la vie des sociétés ? N'est-il qu'un moyen pour faciliter les échanges ? Comment contribue-t-il aux normes morales et sociales ?

La connaissance, p. 36

Le langage est-il la condition de possibilité de toute connaissance ? Quel rapport au réel permet-il d'avoir ? Y a-t-il des réalités qui lui sont inaccessibles ?

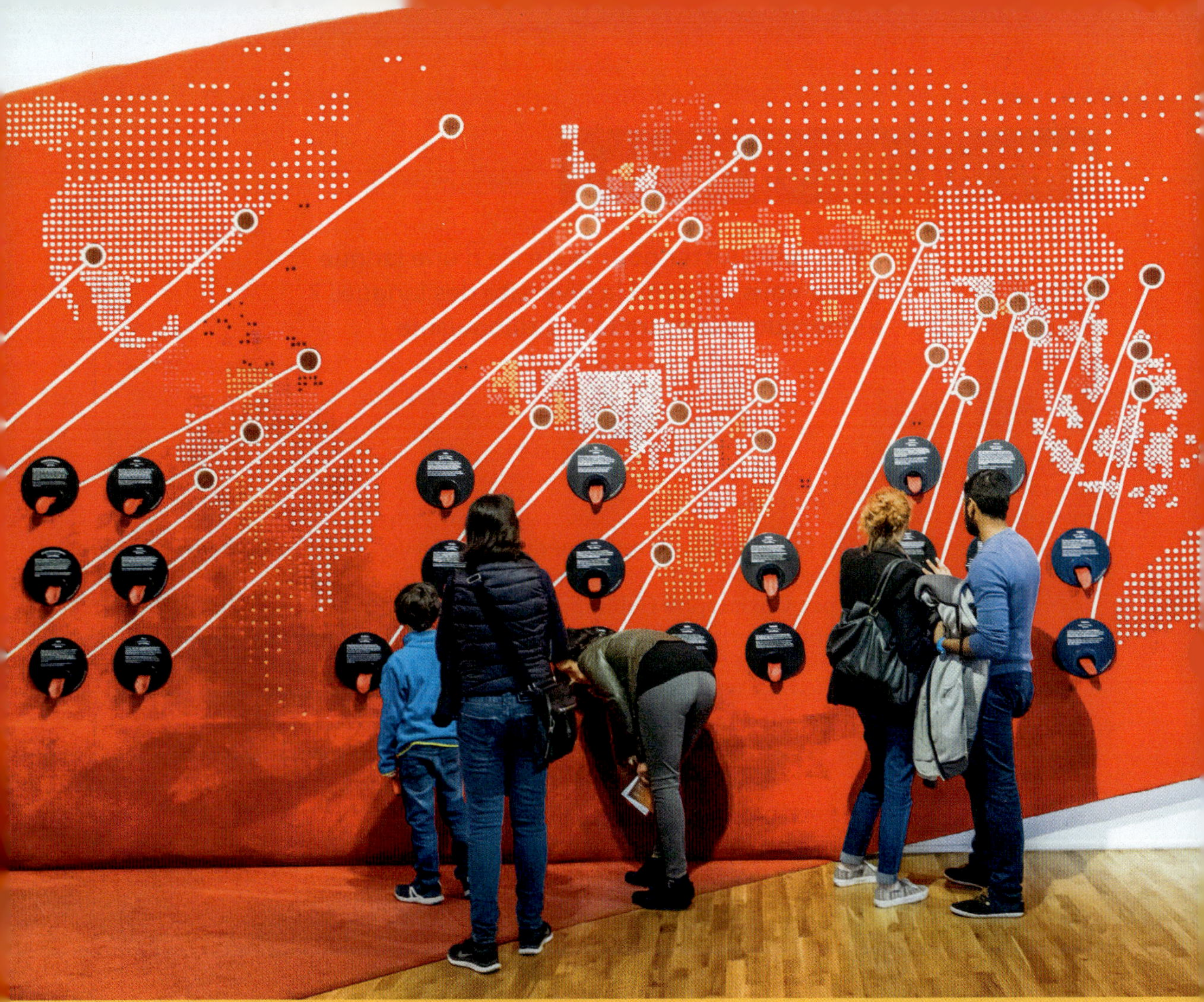

Vue du balcon des sciences, Musée de l'homme 2015 : le mur des langues.

UNE ENTRÉE DANS LA RÉFLEXION

Des langues en danger

▸ Voir p. 208

DU CAS POUR L'ÉTUDE…

Des langues en danger

- Pourquoi lutter pour la survie d'une langue ?
- Que nous apprend la diversité des langues ?
- Pourquoi défendre le multilinguisme ?

COLETTE GRINEVALD
Linguiste au Laboratoire Dynamique du langage (CNRS Université Lumière-Lyon-II).

1 *Un cri d'alarme*

C. Grinevald nous alerte…

Ce sont les Indiens d'Amérique qui ont donné l'alarme. En 1992, au moment des célébrations du 500ᵉ anniversaire de la « découverte » de l'Amérique par Christophe Colomb, les Indiens ont réagi et publié des manifestes pour exprimer leur colère. « Vous avez failli nous tuer, mais nous sommes encore là ! » ont-ils expliqué en substance – allusion à la disparition de quelque 90 % de la population indienne, résultat du « contact » avec les envahisseurs espagnols ou nord-américains.

Les Indiens voulaient qu'on reconnaisse l'exploit que constitue la survie de leurs cultures et de leurs langues. Or, jusque-là, nous, les linguistes, nous parlions des langues en danger, de leur mort annoncée. Les Indiens ont protesté. Avec raison : ils veulent récupérer leurs langues et ils savent que cette lutte est liée à la défense de leurs territoires, menacés par la déforestation, l'industrie touristique, etc. Dans le même temps, en Australie, un mouvement analogue pour sauver les langues et les cultures aborigènes est né.

2 *Une nouvelle discipline dans le champ de la linguistique*

Finalement, la communauté scientifique a pris conscience, bien au-delà de l'Amérique et de l'Australie, qu'il y avait urgence, non seulement à décrire les langues – ce qui demeure fondamental – mais aussi à les compter, à les inventorier dans leurs multiples instances, à les enregistrer, à en évaluer la vitalité et à… le faire savoir !

C'est ainsi qu'est apparue une nouvelle discipline dans le champ de la linguistique : la documentation des langues en danger. […] Cette discipline commence à faire des émules[1] en Asie et en Afrique. Il faut faire vite : d'ici la fin du XXIᵉ siècle, plus de la moitié des langues parlées aujourd'hui risquent de disparaître. L'Unesco participe à ce combat : dans un document publié en 2003 sont déclinés neuf critères de vitalité : transmission des parents aux enfants, nombre de locuteurs, etc. Ces critères permettent de mesurer les chances de vie ou de survie d'une langue. Et d'aider certaines « petites » langues à se maintenir, à se revitaliser, voire à se développer.

1. Celui qui imite quelqu'un, qui tente de l'égaler ou même de le surpasser.

DÉFINITIONS

- **Linguistes :** spécialistes de linguistique (*lingua* en latin : « la langue »).
- **Linguistique :** discipline scientifique qui étudie le langage. Science humaine apparue au début du XXᵉ siècle, fondée par F. de Saussure (1916), et centrée moins sur l'histoire et l'usage des langues que sur le système des signes.
- **Grammaire :** étude du langage correct, présente dès l'Antiquité.
- **Emprunt linguistique :** mot ou expression issu d'une autre langue et intégré sans être traduit. *Ex. : piano, balcon* (italien) ; *bazar, café* (arabe)…

3 *Sept mille langues*

On estime que 5 % des quelque 7 000 langues actuelles sont parlées par 95 % de la population mondiale. Toutes les autres, c'est-à-dire 95 % d'entre elles, sont parlées par seulement 5 % des humains. En clair : l'immense majorité sont de toutes « petites » langues, c'est-à-dire qu'elles ont un « petit » nombre de locuteurs. Tandis que le chinois (mandarin) est parlé par près d'un milliard de personnes, la langue rama (sud du Nicaragua) n'a plus qu'une cinquantaine de locuteurs. En outre, les langues « poussent » encore plus lentement que les arbres : les langues d'aujourd'hui sont vieilles, pour la plupart, de plusieurs milliers d'années. Comme l'architecture ou l'art de la poterie, les langues sont des phénomènes culturels vivants, qui se nourrissent par invention interne ou par emprunts. Chacune d'entre elles porte une vision et une connaissance du monde, souvent unique et précieuse. La diversité linguistique est une richesse, mais une richesse menacée.

Indiens d'Amérique qui manifestent contre la construction du pipeline.

4 *Les facteurs de dépérissement*

La mondialisation des échanges, l'impérialisme des cultures dominantes, l'urbanisation accélérée, tout cela participe à la mise en danger des langues. En Amérique latine, on a constaté à quel point la diversité des langues est liée à la biodiversité de la faune et de la flore : si vous déportez des populations, si vous les installez dans une région où les plantes et les mots pour dire les plantes diffèrent, ces populations dépérissent en même temps que s'étiolent leur culture et leur langue, c'est-à-dire leurs savoirs.

Mais certains préjugés empêchent de mesurer ce danger. Par exemple, l'idée que le bilinguisme induit un appauvrissement des deux langues est totalement fausse. […] Chacun doit avoir le droit d'appartenir à plusieurs langues et à plusieurs cultures. En Inde ou en Afrique, le multilinguisme est une tradition, presque une seconde nature. […]

Propos recueillis par Catherine Simon. © *lemonde.fr*, 2 octobre 2009.

Questions

1. **Que représente une langue pour un groupe social ?**
2. **Comment la colonisation impose-t-elle sa domination par le moyen des langues ?**
3. **Expliquez : « les langues sont des phénomènes culturels vivants » (texte 3, l. 9-10). Aidez-vous de la rubrique Définitions.**
4. **Ces textes prônent-ils le repli sur sa propre langue ?**

▶▶▶ ...AUX **QUESTIONS CLÉS**

Podcast

La richesse des langues

REPÈRES

Médiat/immédiat ▸ p. 491

Intuitif/discursif ▸ p. 491

PERSPECTIVES

L'existence humaine et la culture ▸ p. 30

1 Pourquoi la diversité des langues ?

▶ S'il y a autant de langues et si chacune est importante, comme le soulignent les Indiens d'Amérique en 1992, c'est qu'une langue est bien plus qu'un simple outil de communication : elle véhicule une **expérience du monde** unique et irremplaçable. Ce que l'on dit dans une langue, on ne le dit jamais tout à fait de la même manière dans une autre (Cassirer, p. 212).

▶ Les langues sont des **phénomènes culturels** : ancrés dans un rapport au monde, façonnés par une histoire et par une géographie. N'est-ce pas pour cette raison que **l'art de traduire** est, en général, si difficile et si subtil ? Passer d'une langue à l'autre ne revient pas à dire la même chose autrement, mais à trouver un équivalent dans un autre système de représentations et de savoirs. N'est-ce pas ce vécu social qui échappe complètement aux traducteurs automatiques ?

▶ La linguistique, fondée par Ferdinand de Saussure au début du XXe siècle, distingue la **langue** comme fait social partagé par une communauté et le **langage** comme faculté générale qui se déploie dans toutes les langues. Le langage a une dimension organique : il dépend de fonctions physiologiques et cérébrales. De ce point de vue, il est une fonction naturelle.

Idéogramme japonais signifiant « maison ».

▶ Mais le langage est aussi un produit de l'évolution des espèces, il accompagne la **socialisation**. À quoi bon le langage pour des êtres isolés et dispersés ? (Rousseau, p. 213). Ce n'est pas la nature qui dicte aux humains des langues, selon Saussure : une langue est faite de conventions. Celles-ci font l'objet d'un long apprentissage. Comme le montrent les cas d'enfants sauvages[1] (Condillac, p. 213), une langue ne se parle pas naturellement, elle s'apprend dans l'enfance, sur la base de l'imitation et de certaines conditions affectives. Par ailleurs, ces conventions se maintiennent par une sorte de contrat : dans toute société, des autorités ou des institutions règlent leur usage commun (Foucault, p. 225).

▶ Mais, si, selon Saussure, la nature ne dicte pas aux humains les langues, c'est bien elle qui permet aux humains de constituer des langues. Si, par conséquent, la question de l'origine du langage peut trouver une réponse dans les sciences naturelles (Lucrèce, p. 214), il paraît plus compliqué de répondre à celle de l'origine des langues (Platon, p. 215) : pourquoi telle ou telle convention, tel ou tel signe pour désigner quelque chose ? La linguistique s'est détournée de cette question jugée trop métaphysique[2] pour expliquer scientifiquement comment les signes produisent du sens.

2 Quelle relation entre langage et pensée humaine ?

▶ La comparaison avec des **systèmes de communication animale** permet une approche expérimentale. Les abeilles indiquent par une danse et un frétillement de l'abdomen où trouver du pollen (Benveniste, p. 216). Des primates, les mones de Campbell, parviennent à donner des informations précises par combinaison et modulation de quelques cris de base. Des équipes de chercheurs ont réussi à communiquer avec des singes à l'aide de jetons.

▶ Mais ce qui frappe dans les **langues humaines**, c'est le caractère **moins uni-**

1. Ainsi, Victor de l'Aveyron est un enfant « sauvage », abandonné et trouvé nu dans la forêt en 1879-1880. Il sera confié au docteur Itard qui tentera en vain de lui apprendre à parler (v. p. 100).
2. Ici, trop coupée de l'expérience pour pouvoir être étudiée scientifiquement.

forme et **plus inventif** de la communication (Descartes, p. 217). Tout d'abord, on compte environ sept mille langues parlées par les hommes. C'est dire que les signes linguistiques ne sont pas programmés à l'avance dans chaque individu de l'espèce ! Pour Saussure, c'est l'« **arbitraire** » **du signe** (c'est-à-dire le fait que le signe soit sans fondement naturel) qui rend possible la diversité des langues. Le lien entre le signifiant et le signifié[3] dépend d'une convention sociale, il n'est pas donné avec un patrimoine génétique.

▶ De même, à l'intérieur d'une langue, le nombre des messages possibles n'est pas déterminé à l'avance : il semble **incalculable et infini**. Il y a une certaine **liberté** dans la production des messages : les signes linguistiques[4] ne fonctionnent pas comme des signaux déclenchés par des situations objectives (Wolff, p. 218). Comment expliquer sinon le mensonge, l'exagération ou même le silence ? Il y a aussi une certaine indétermination dans leur signification. Selon le contexte, l'interlocuteur, selon la place dans l'énoncé, le choix des autres signes auxquels ils sont associés, un même signe ne peut-il pas dire des choses très différentes ?

▶ Mais si les facultés de la pensée sont liées aux facultés du langage (Platon, p. 215 ; d'Ockham, p. 219), comment comprendre l'expérience de **l'inexprimable** ? (Bergson, p. 220) Dans la prise de **parole**[5], nous avons souvent le sentiment de chercher les mots pour exprimer notre pensée, comme si celle-ci était **antérieure** et **en dehors** au langage. L'idée d'une pensée intérieure est-elle une illusion ? (Hegel, p. 220) Langage et pensée, c'est la même chose ?

Alphabet cunéiforme.

3 En quel sens le langage est-il action ?

▶ Loin de se cantonner à la **représentation** et à la communication des idées, le langage est aussi **action** : un mot, une citation jouent le rôle d'une **autorité** (Berkeley, p. 222). Par ailleurs, un discours **éloquent** peut nous porter à l'action et modifier profondément notre conduite (Gorgias, p. 224).

▶ Dans le champ scientifique, la **pragmatique** analyse l'action du langage : elle s'intéresse, non pas simplement aux messages (les « **énoncés** »), mais aux **actes de langage** (les effets de « **l'énonciation** », dans un contexte donné).

▶ Dans quelle mesure l'attention portée à ces actes ne bouleverse-t-elle pas l'idée que l'on se fait de notre spontanéité de « **sujet** » dans le langage ? Parler semble nous soumettre à des **règles inconscientes, non seulement logiques mais aussi sociales** (Wittgenstein, p. 223 ; Foucault, p. 225).

Si le langage constitue une forme de **conditionnement**, il reste que les humains sont capables grâce au langage de faire un travail de réflexion sur leurs propres déterminismes et de les interpréter : c'est la fonction dite « **méta-sémantique** » du langage humain : il peut parler de ses propres structures. En ce sens, le **dialogue** n'est-il pas libérateur et profondément humain ? (Arendt, p. 230)

3. Le signifié est l'idée produite. Le signifiant est le support pour la produire (voix, écrit, geste...).
4. La sémiologie est l'étude des systèmes de signes et des pratiques signifiantes dont les signes linguistiques font partie.
5. Saussure définit la notion de « parole » comme l'usage de la langue par l'individu.

À RETENIR...

- Toute langue porte une **vision du monde**, une façon propre d'organiser l'expérience dans des mots, dans une grammaire et dans des récits qui structurent la société.
- Le langage permet de concevoir des **idées abstraites** et des relations complexes, comme **le possible**. Il est le cadre dans lequel s'élaborent les **concepts**, les **idéaux** et **l'imaginaire**. Au fond, le langage est la **clé** de notre pensée et de son rapport au monde.
- Mais si nous pensons avec les langues, elles semblent aussi agir sur nous à notre insu.
- Grâce à la faculté infinie du langage, l'homme peut produire une **parole** plus personnelle.

QUESTION

1 Pourquoi la diversité des langues ?

TEXTE 1 Cassirer, *Essai sur l'homme*, 1944

Le langage humain ne se contente pas de désigner des choses ou des états : il organise l'expérience. En ce sens, l'homme est un « animal symbolique » et son langage n'a pas une signification purement biologique.

CASSIRER
1874-1945
Époque contemporaine
Philosophe allemand, naturalisé suédois. Il appartient au courant du néo-kantisme.

Assez paradoxalement, la véritable difficulté réside beaucoup moins dans le fait d'apprendre une nouvelle langue que dans le fait d'oublier la précédente. Nous ne sommes plus dans la disposition d'esprit de l'enfant qui se forme pour la première fois une représentation du monde objectif. Pour l'adulte, le monde objectif a déjà une forme bien déterminée résultant de l'activité du discours, laquelle a, en un sens, façonné toutes nos autres activités. Nos perceptions, nos intuitions, nos concepts se sont confondus avec les termes et les formes verbales de notre langue maternelle. De grands efforts sont nécessaires pour défaire le lien entre les mots et les choses. Et pourtant, qui entreprend l'étude d'une nouvelle langue doit accomplir de tels efforts et séparer ces éléments. Surmonter ces difficultés, c'est toujours franchir une nouvelle étape importante dans l'apprentissage d'une langue. En pénétrant l'« esprit » d'une langue étrangère, nous avons chaque fois l'impression d'aborder un nouveau monde, un monde possédant une structure intellectuelle propre. C'est comme un voyage d'exploration sur une terre étrangère, dont l'intérêt majeur est de nous avoir appris à considérer notre langue maternelle d'une manière nouvelle. […] Tant que nous ne connaissons pas de langues étrangères, nous sommes en un sens ignorants de la nôtre, car nous ne voyons pas sa structure spécifique et ses traits distinctifs. La comparaison de langues[1] différentes montre qu'il n'existe pas de synonymes parfaits. Des termes correspondants entre deux langues différentes se rapportent rarement aux mêmes objets ou aux mêmes actions. Ils couvrent des champs différents qui s'interpénètrent et nous donnent de notre expérience des vues diversifiées et des perspectives variées. Cela devient particulièrement évident lorsque nous considérons les méthodes de classifications de langues différentes, surtout celles des langues appartenant à des types linguistiques différents. La classification est l'un des caractères fondamentaux du discours humain. L'acte même de dénomination dépend d'un procédé de classification. […] Comme Humboldt[2] l'a fait remarquer, les termes grec et latin désignant la lune, bien qu'ils se rapportent au même objet, n'expriment pas la même intention ou le même concept. Le terme grec (*mên*) désigne la fonction de la lune qui est de « mesurer » le temps, le terme latin (luna, *luc-na*) désigne la luminosité ou l'éclat de la lune.

Ernst Cassirer, *Essai sur l'homme*, © Éditions de Minuit, trad. N. Massa, p. 190-192.

DÉFINITION

La **philologie** est née à la Renaissance avec les problèmes rencontrés par l'imprimerie : elle consistait dans l'étude du contenu et de l'expression de documents écrits. Elle combine de ce fait analyse littéraire, recherche historique sur une langue et réflexion linguistique plus générale.

1. Philologie.
2. Wilhelm von Humboldt (1767-1835) : linguiste allemand.

Questions

1. **Pourquoi est-ce plus facile pour un enfant d'apprendre une langue que pour un adulte ?**
2. **Que peut-on en déduire sur le langage : ne sert-il qu'à communiquer des informations ?**

Pour aller plus loin

Si les langues sont les cadres de notre expérience, sommes-nous toujours créateurs dans le langage ? Faites une recherche sur le « structuralisme ».

TEXTE 2 Rousseau, *Discours sur l'origine et les fondements de l'inégalité parmi les hommes*, 1755

ROUSSEAU
1712-1778
Époque moderne
▸ p. 509

Il est très difficile, selon Rousseau, de répondre à la question de l'origine des langues car pour les inventer, il faut déjà avoir une vie sociale et déjà posséder l'art de la parole, pour se mettre d'accord sur des conventions. Pour éviter ce cercle vicieux, Rousseau opte pour une autre méthode : imaginer ce qui a donné naissance au besoin des langues.

REPÈRES
Abstrait/concret ▸ p. 486

Le premier langage de l'homme, le langage le plus universel[1], le plus énergique, et le seul dont il eut besoin, avant qu'il fallût persuader des hommes assemblés, est le cri de la nature. Comme ce cri n'était arraché que par une sorte d'instinct dans les occasions pressantes, pour implorer du secours dans les grands dangers, ou du soulagement dans les maux violents, il n'était pas d'un grand usage dans le cours ordinaire de la vie, où règnent des sentiments plus modérés. Quand les idées des hommes commencèrent à s'étendre et à se multiplier, et qu'il s'établit entre eux une communication plus étroite, ils cherchèrent des signes plus nombreux et un langage plus étendu : ils multiplièrent les inflexions de la voix, et y joignirent les gestes, qui, par leur nature, sont plus expressifs, et dont le sens dépend moins d'une détermination antérieure.

Jean-Jacques Rousseau, *Discours sur l'origine et les fondements de l'inégalité parmi les hommes*, G-F, 1971, p. 190.

1. Ici, le plus répandu.

Questions

1. Quel est le premier langage de l'homme ?
2. Pourquoi n'est-il pas suffisant ?
3. Quelle est la condition de développement du langage verbal ?
4. Qu'est-ce qui distingue les signes du cri ?

TEXTE 3 Condillac, *Traité des sensations*, 1754

CONDILLAC
1714-1780
Époque moderne
▸ p. 506

Pour Condillac, les facultés humaines ne sont pas innées. C'est pour soutenir son hypothèse que le cas d'un enfant trouvé lui semble tout particulièrement intéressant.

Tel était vraisemblablement le sort d'un enfant d'environ dix ans, qui vivait parmi les ours, et qu'on trouva en 1694, dans les forêts qui confinent la Lithuanie[1] et la Russie. Il ne donnait aucune marque de raison, marchait sur ses pieds et sur ses mains, n'avait aucun langage, et formait des sons qui ne ressemblaient en rien à ceux d'un homme. Il fut longtemps avant de pouvoir proférer quelques paroles, encore le fit-il d'une manière bien barbare. Aussitôt qu'il put parler, on l'interrogea sur son premier état ; mais il ne s'en souvint non plus que nous nous souvenons de ce qui nous est arrivé au berceau.

Étienne Bonnot de Condillac, *Traité des sensations*, Fayard p. 254.

1. Orthographiée « Lituanie » aujourd'hui : pays d'Europe du Nord.

Questions

1. Comment cet enfant est-il décrit ?
2. « Il [...] n'avait aucun langage » (l. 4) : que pouvez-vous en conclure sur l'origine du langage ?
3. De quelles facultés le langage semble-t-il être la condition ?

Pour aller plus loin — Liens

Faites des recherches et établissez le lien entre ce texte et l'histoire de Victor de l'Aveyron (*Mémoire et Rapport sur Victor de l'Aveyron*, 1801 et 1806) ; vous pouvez aussi visionner le film de F. Truffaut *L'Enfant sauvage* (1970). Aidez-vous des pages 100-101.

TEXTE 4 Lucrèce, *De la nature*, Ier s. av. J.-C.

Lucrèce veut aider les hommes à vaincre leurs peurs par une connaissance véritable de la nature. C'est sous la forme d'un long poème, De la nature, qu'il expose les principes matériels de toute la réalité. Le livre V décrit, après la naissance du monde, l'apparition des premiers hommes.

LUCRÈCE
Vers 94 av. J.-C.-
vers 54 av. J.-C.
Antiquité
▸ p. 497

Orphée et les animaux.
Mosaïque tarse.

CULTURE PHILOSOPHIQUE

De la nature
Long poème composé de 6 livres et 1 286 vers, le « *De rerum natura* » (littéralement : « au sujet de la nature ») veut, selon les termes de Lucrèce, proposer « le doux miel de la poésie », pour exposer la doctrine philosophique d'Épicure sur le monde.

La nature fit émettre les divers sons du langage
et l'utilité exprimer le nom des choses.
Un exemple voisin nous est fourni par les enfants :
l'incapacité même de parler les pousse au geste,
leur fait montrer du doigt les objets présents.
Car chacun sent à quoi s'emploieront ses pleines facultés.
Le veau irrité menace et poursuit de ses cornes
avant qu'elles ne soient apparues sur son front.
Les petits des panthères et les jeunes lionceaux
se battent à coups de griffes, de pattes et de morsures
quand leurs crocs et leurs ongles sont à peine formés.
Tous les oiseaux enfin, nous les voyons se fier à leurs ailes
et demander à leur plumage une aide tremblante.
Penser qu'un homme ait pu donner alors les divers noms
aux choses, les autres apprenant de lui les premiers vocables,
est folie. Pourquoi donc eût-il pu marquer toutes choses
par des noms, émettre les divers sons du langage
en un temps où les autres en étaient incapables ?
Et puis, si les autres n'avaient déjà usé entre eux
de la parole, comment s'est inscrite en cet homme
la notion de son usage et d'où lui est venu le privilège
de savoir ce qu'il voulait faire et de le voir en esprit ?
Un seul homme, forcer leur multitude et les dompter ?
Non, ils n'auraient pas voulu apprendre le nom des choses !

Lucrèce, *De la nature*, vers 1028-1051, © Garnier Flammarion, trad. J. Kany-Turpin, 1998, p. 371-373.

Questions

1. **Quelle est la thèse critiquée par ce texte ? Quels sont les arguments de Lucrèce ?**
2. **Quels sont les procédés littéraires utilisés pour mener ce travail critique ?**
3. **Pourquoi la question de l'origine des langues est-elle complexe ?**

PERSPECTIVES

La connaissance

- À quoi sert la référence au monde animal dans le texte ?
- Quelles sont les différentes sources de la connaissance évoquées ici ?

TEXTE 5 Platon, *Cratyle*, IVe s. av. J.-C.

PLATON
Vers 427 av. J.-C.-vers 347 av. J.-C.
Antiquité
▸ p. 498

L'opposition entre la nature et la convention est au centre des débats sur les lois au Ve siècle av. J.-C. en Grèce. Platon utilise cette distinction très prisée par les sophistes, comme Hermogène, pour explorer les difficultés que pose la question du rapport entre les mots et les choses.

Hermogène. – Pour ma part, Socrate, je ne tiens pas que la rectitude d'un nom soit autre chose que ceci : je peux, moi, appeler chaque chose du nom que je lui ai imposé ; tu peux, toi, l'appeler de tout autre nom que tu lui auras imposé. Il en est de même pour les cités : je le vois, chacune nomme d'une façon particulière des choses identiques, les Grecs en se distinguant d'autres Grecs, et les Grecs en se distinguant des Barbares.

Socrate. – Voyons, Hermogène, est-ce que les êtres aussi t'apparaissent ainsi : est-ce qu'ils ont une réalité particulière pour chaque individu, comme le disait Protagoras, avec sa formule « l'homme est la mesure de toutes choses », prétendant que telles les choses m'apparaissent, telles elles sont pour moi, et que telles elles t'apparaissent, telles elles sont pour toi ? Ou bien les êtres te semblent-ils maintenir eux-mêmes une certaine stabilité de leur propre réalité ?

Platon, *Cratyle*, 385e-386a, © Garnier-Flammarion, trad. C. Dalimier, p. 72.

Questions

1. Quel est l'argument majeur d'Hermogène ?
2. Quelle difficulté sa thèse pose-t-elle ?

CULTURE PHILOSOPHIQUE

- Les **sophistes**, ces professeurs de **rhétorique** itinérants, ont constitué un grand courant intellectuel. Les plus réputés sont Cratyle, Gorgias, Protagoras.
- La **rhétorique** est l'art de bien parler, en vue de convaincre l'auditoire. Les sophistes l'enseignaient, moyennant rétribution. Ils étaient très consultés par ceux qui se destinaient à la vie politique. Socrate et Platon ont combattu leur conception du monde et du langage, car les sophistes étaient, selon eux, moins soucieux de vérité et de savoir, que de succès et de démagogie.

PERSPECTIVES

La connaissance

- Si l'on affirme que « l'homme est la mesure de toutes choses », peut-on encore distinguer une connaissance d'une simple opinion ?
- Peut-on penser la possibilité de l'erreur ?

Texte à télécharger

Pour aller plus loin

1. Faites une recherche sur la thèse adverse de Cratyle dans le dialogue (argument, difficultés).
2. Quelle leçon tirer de ce double échec mis en scène par Platon ?

Orateur romain, lithographie, XIXe s.

QUESTION

2 Quelle relation entre langage et pensée humaine ?

TEXTE 6 Benveniste, *Problèmes de linguistique générale*, 1966

BENVENISTE
1902-1976
Époque contemporaine
Linguiste français.

Les travaux du zoologue autrichien K. von Frisch sur les abeilles, dans les années 1950, permettent à Benveniste de dégager ce qui est propre au langage humain dans le chapitre V de cet ouvrage.

On voit la différence avec le langage humain, où, dans le dialogue, la référence à l'expérience objective et la réaction à la manifestation linguistique s'entremêlent librement et à l'infini. L'abeille ne construit pas de message à partir d'un autre message. Chacune de celles qui, alertées par la danse de la butineuse, sortent et vont se nourrir à l'endroit indiqué, reproduit quand elle rentre la même information, non d'après le message premier, mais d'après la réalité qu'elle vient de constater. Or le caractère du langage est de procurer un substitut de l'expérience apte à être transmis sans fin dans le temps et l'espace, ce qui est le propre de notre symbolisme[1] et le fondement de la tradition linguistique. Si nous considérons maintenant le contenu du message, il sera facile d'observer qu'il se rapporte toujours et seulement à une donnée, la nourriture, et que les seules variantes qu'il comporte sont relatives à des données spatiales. Le contraste est évident avec l'illimité des contenus du langage humain. De plus, la conduite qui signifie le message des abeilles dénote un symbolisme particulier qui consiste en un décalque de la situation objective, de la seule situation qui donne lieu à un message, sans variation ni transposition possible [...] Un dernier caractère de la communication chez les abeilles l'oppose fortement aux langues humaines. Le message des abeilles ne se laisse pas analyser. Nous n'y pouvons voir qu'un contenu global, la seule différence étant liée à la position spatiale de l'objet relaté. Mais il est impossible de décomposer ce contenu en ses éléments formateurs, en ses « morphèmes[2] », de manière à faire correspondre chacun de ses morphèmes à un élément de l'énoncé. Le langage humain se caractérise justement par là. Chaque énoncé se ramène à des éléments qui se laissent combiner librement[3] selon des règles définies, de sorte qu'un nombre assez réduit de morphèmes permet un nombre considérable de combinaisons, d'où naît la variété du langage humain, qui est capacité de tout dire. [...] Cette différence se résume dans le terme qui nous semble le mieux approprié à définir le mode de communication employé par les abeilles ; ce n'est pas un langage, c'est un code de signaux. Tous les caractères en résultent : la fixité du contenu, l'invariabilité du message, le rapport à une seule situation, la nature indécomposable de l'énoncé, sa transmission unilatérale.

Émile Benveniste, *Problèmes de linguistique générale*, tome 1, © Gallimard, 1980, p. 56-62.

1. Façon de représenter.
2. Parties de mot, unités minimales de signification. Ex. : im-permé-able = trois morphèmes = ce qui ne laisse pas passer l'eau.
3. Principe de la double articulation : composition des plus petites unités de sens, comme les morphèmes, mais aussi des phonèmes. Ex. : i/m/p/e/r/m... : ces lettres peuvent se composer différemment et former de nouveaux mots.

CONCEPT

Benveniste a souligné la **supériorité du langage humain** sur tous les autres systèmes de communication, car selon lui, il ne se contente pas de communiquer, il interprète les autres systèmes de signes et il s'interprète lui-même.

Question

Relevez les caractéristiques de la communication animale, puis celles du langage humain.

TEXTE 7 Descartes, *Discours de la méthode*, 1637

Imaginons deux « machines », autrement dit deux robots. L'une aurait la « figure » d'un animal, l'autre, celle d'un homme. La première pourrait nous tromper, mais jamais la seconde. Descartes expose ici les deux temps de son raisonnement.

DESCARTES
1596-1650
Époque moderne
▸ p. 506

Le premier est que jamais elles ne pourraient user de paroles, ni d'autres signes en les composant, comme nous faisons pour déclarer aux autres nos pensées. Car on peut bien concevoir qu'une machine soit tellement faite[1] qu'elle profère des paroles, et même qu'elle en profère quelques-unes à propos des actions corporelles qui causeront quelque changement en ses organes : comme, si on la touche en quelque endroit, qu'elle demande ce qu'on lui veut dire ; si en un autre, qu'elle crie qu'on lui fait mal, et choses semblables ; mais non pas qu'elle arrange diversement, pour répondre au sens de tout ce qui se dira en sa présence, ainsi que les hommes les plus hébétés[2] peuvent faire. Et le second est que, bien qu'elles fissent plusieurs choses aussi bien, ou peut-être mieux qu'aucun de nous, elles manqueraient infailliblement en quelques autres, par lesquelles on découvrirait qu'elles n'agiraient pas par connaissance, mais seulement par disposition de leurs organes. Car, au lieu que la raison est un instrument universel, qui peut servir en toutes sortes de rencontres, ces organes ont besoin de quelque particulière disposition pour chaque action particulière ; d'où vient qu'il est moralement impossible qu'il y en ait assez de divers en une machine pour la faire agir en toutes les occurrences de la vie, de même façon que notre raison nous fait agir.

Or, par ces deux mêmes moyens, on peut aussi connaître la différence qui est entre les hommes et les bêtes. Car c'est une chose remarquable, qu'il n'y a point d'hommes si hébétés et si stupides, sans en excepter même les insensés[3], qu'ils ne soient capables d'arranger ensemble diverses paroles, et d'en composer un discours par lequel ils fassent entendre leurs pensées ; qu'au contraire, il n'y a pas d'autre animal, tant parfait et tant heureusement né qu'il puisse être, qui fasse le semblable. Ce qui n'arrive pas de ce qu'ils ont faute d'organes, car on voit que les pies et les perroquets peuvent proférer des paroles ainsi que[4] nous, et toutefois ne peuvent parler ainsi que nous, c'est-à-dire témoigner qu'ils pensent ce qu'ils disent ; au lieu que les hommes qui, étant nés sourds et muets, sont privés des organes qui servent aux autres pour parler, autant ou plus que les bêtes, ont coutume d'inventer d'eux-mêmes quelques signes, par lesquels ils se font entendre à ceux qui, étant ordinairement avec eux, ont loisir d'apprendre leur langue. Et ceci ne témoigne pas seulement que les bêtes ont moins de raison que les hommes, mais qu'elles n'en ont point du tout.

René Descartes, *Discours de la méthode*, chapitre V.

CULTURE PHILOSOPHIQUE

Le ***Discours de la méthode*** a été écrit en français, et non en latin. Descartes voulait qu'il soit lu par un public plus large que le cercle des savants érudits.

1. Si élaborée.
2. Ici, faibles du point de vue intellectuel ou psychologique.
3. Ici, fous.
4. Comme.

Questions

1. **Quelles sont les différentes étapes de l'argumentation ?**
2. **En quel sens le langage humain est-il le miroir de l'esprit ?**
3. **Montrez que l'analyse de Descartes est confirmée par les analyses de K. von Frisch et de Benveniste.**

Pour aller plus loin

Texte à télécharger

Comparez ce texte avec la lettre du 23 novembre 1646 de Descartes.

TEXTE 8 Wolff, *Dire le monde,* 1997

Dans la préface de son ouvrage, Wolff affirme que « nous ne parlons peut-être que pour vivre dans un monde commun ». Pour bien comprendre ce que représente le langage pour l'humanité, il ne faut pas se cantonner à sa dimension logique : « parler, c'est se parler à soi-même comme à un autre ».

WOLFF
Né en 1950
Philosophe français et professeur émérite à l'École normale supérieure de Paris.

Que le langage fasse du réel un ordre commun est son ouvrage[1] le plus évident : sans langage, chacun aurait sans doute son petit bout de réel, mais nous ne cohabiterions pas dans le même monde. Dire le monde, c'est parler des choses, mais aussi en parler à quelqu'un : l'autre est toujours implicitement présent dans ce qu'on dit. Il est présent dans les deux manières de « dire le monde » que nous distinguons : la structure prédicative (S est P) qui nous permet de (nous) parler du monde et la structure indicative (dire « je ») qui nous permet d'agir dans le monde. […]

Parler : non pas seulement se transmettre des informations immédiates, vitales, mais bien « dire le monde ». Il semble bien en effet que la différence spécifique du langage humain est qu'il se révèle apte à parler des choses du monde indépendamment de toute utilité. Les hommes parlent sans subir la pression externe du danger ou du besoin, ni la pression interne de l'appétit ou de l'émotion. Une chose singulière, un phénomène inhabituel, une circonstance nouvelle, une coïncidence, un fait saillant, tout cela paraît mériter d'être dit à quelqu'un. Étrange animal, pour qui parler c'est moins s'exprimer ou communiquer, que raconter, ou plus simplement « rapporter ».

Francis Wolff, *Dire le monde*, © PUF, 1997, p. 6-8.

1. Ici, son travail, son œuvre.

DÉFINITIONS

Logique et prédication

- La **logique** est depuis Aristote la science qui étudie d'un point de vue formel (et non du point de vue du contenu) les énoncés.
- La **prédication**, en logique, consiste à attribuer un « prédicat » (une propriété) à un « sujet ». *Ex.* : cette table (sujet) est ronde (prédicat). D'où « S est P ».

Bibliothèque de Stockholm.

Questions

1. Expliquez : « sans langage, chacun aurait sans doute son petit bout de réel » (l. 2).
2. Que signifie l'expression « dire le monde » (l. 3) ? Dégagez tous les aspects de cette faculté.

Pour aller plus loin

Mettez ce texte en relation avec l'extrait d'un entretien du philosophe D. Lestel, cité p. 229 : « À la différence des animaux, nous sommes des créatures qui racontons des histoires, des créatures entretenant une relation profonde aux fictions narratives ».

TEXTE 9 Platon, *Théétète,* IVe s. av. J.-C.

Platon n'a écrit que des dialogues, car c'est seulement dans et par le dialogue que l'on peut philosopher vraiment.

PLATON
Vers 427 av. J.-C.-
Vers 347 av. J.-C.
Antiquité
▸ p. 498

SOCRATE. – Appelles-tu penser la même chose que moi ?

THÉÉTÈTE. – Qu'appelles-tu ainsi ?

SOCRATE. – Un discours que l'âme se tient à elle-même et qu'elle entretient avec elle-même sur les choses qu'il lui arrive d'examiner. À vrai dire ce n'est pas en savant que je t'expose cela, car c'est l'image que je me représente d'une âme qui pense : elle ne fait rien d'autre que de dialoguer avec elle-même, se faisant les demandes et les réponses, affirmant et niant. Quand, après avoir mis plus ou moins de lenteur et de rapidité dans son mouvement, elle a défini son arrêt, supprimé la dualité de son propos pour dire désormais la même chose, c'est là ce que nous désignons comme étant son opinion. De sorte que, pour ma part, j'assimile *opiner* à *discourir* et *opinion* à *énonciation*, non pas à haute voix et à autrui, mais en silence à soi-même.

Platon, *Théétète,* 189e-190a, trad. L. Guillermit dans *Platon par lui-même*, Flammarion, « GF », 2007, p. 25-26, © Éd. de l'éclat, 1988.

DÉFINITION

Dans l'Antiquité, **le mot *âme*** *(anima)* pouvait désigner le « souffle » vital, c'est-à-dire un élément matériel. Platon met ici l'âme du côté de l'esprit.

Questions

1. **Quelle est la définition de la pensée proposée ?**
2. **Expliquez : « elle ne fait rien d'autre que de dialoguer avec elle-même » (l. 6).**

Pour aller plus loin

Lisez *L'Apologie de Socrate* de Platon : quelle est l'activité de Socrate dans Athènes ?

PERSPECTIVES

La connaissance

- Pourquoi est-il difficile de définir la pensée ?
- Quelle est la différence entre exposer « en savant » et proposer une « image » ?

TEXTE 10 Ockham, *Questions sur les livres de la Physique (d'Aristote),* 1324-1328

Théologien et philosophe du XIVe siècle, Guillaume d'Ockham participe au grand débat, issu du commentaire des textes de l'Antiquité, sur la question des « universaux ». Il présente ici cette notion.

OCKHAM
1285-1347
Moyen Âge
▸ p. 501

REPÈRES
▸ Universel/général/particulier/singulier
▸ p. 494

Ainsi, de même que le mot *homme* ne signifie pas Socrate en excluant Platon, et donc est mis à la fois pour Socrate et pour Platon, de même le concept d'homme ne nous livre pas seulement la connaissance de Socrate, mais aussi bien, celle de Platon et, par extension, celle de tous les hommes. La même thèse vaut pour l'acte d'intellection et pour le concept d'animal : nous ne connaissons pas par lui un animal particulier plutôt qu'un autre. Et ainsi de suite de tous les autres concepts (universels).

Guillaume d'Ockham, *Questions sur les livres de* la Physique *(d'Aristote)*, q. 7, trad. A. de Libera, dans *Philosophes et philosophie I*, © Nathan, p. 272.

Questions

1. **Comment définir la notion des « universaux » ? (v. p. 504-505)**
2. **Quelle capacité nous donne l'usage des mots, et donc le langage, selon l'auteur ? Vous vous appuierez sur le terme « extension » pour répondre.**

PERSPECTIVES

La connaissance

- Quelle différence peut-on établir entre percevoir par ses sens et penser ?

TEXTES

TEXTE 11 Hegel, *Encyclopédie des sciences philosophiques*, 1817

HEGEL
1770-1831
Époque contemporaine
▸ p. 516

REPÈRES
Objectif/subjectif/intersubjectif
▸ p. 491

Hegel aborde de façon nouvelle la pensée humaine. C'est dans un devenir qu'elle accède véritablement à son essence. De même que l'art permet la manifestation de la réalité, en la faisant exister de façon moins opaque que dans la perception quotidienne, de même le langage constitue un progrès pour la pensée.

C'est dans les mots que nous pensons. Nous n'avons conscience de nos pensées déterminées et réelles que lorsque nous leur donnons la forme objective[1], que nous les différencions de notre intériorité, et par suite, nous les marquons d'une forme externe, mais d'une forme qui contient aussi le caractère de l'activité interne la plus haute. C'est le son articulé, le mot, qui seul nous offre l'existence où l'externe et l'interne sont si intimement unis[2]. Par conséquent, vouloir penser sans les mots, c'est une tentative insensée. [...] Et il est également absurde de considérer comme un désavantage et comme un défaut de la pensée cette nécessité qui lie celle-ci au mot. On croit ordinairement, il est vrai, que ce qu'il y a de plus haut, c'est l'ineffable[3]. Mais c'est là une opinion superficielle et sans fondement : car, en réalité, l'ineffable, c'est la pensée obscure, la pensée à l'état de fermentation[4] et qui ne devient claire que lorsqu'elle trouve le mot. Ainsi le mot donne à la pensée son existence la plus haute et la plus vraie.

G. W. Friedrich Hegel, *Encyclopédie des sciences philosophiques*, III, p. 462, *Philosophie de l'esprit*, F. Alcan, trad. A. Véra.

1. Ici, une expression.
2. Hegel conçoit l'art et le langage sous le même angle (v. p. 58-61).
3. Que l'on ne peut exprimer.
4. Sens figuré : état de confusion et de désordre.

Questions

1. **À quelle opinion courante ce texte s'oppose-t-il ?**
2. **Quelle conception générale du langage est à l'œuvre dans cette opinion ?**
3. **En quel sens ce texte permet-il de penser le rôle d'autrui dans le développement de notre pensée ?**

Pour aller plus loin

Lisez un dialogue de Platon, par exemple le Livre I de *La République*. En quel sens peut-on dire que, pour Platon aussi, « c'est dans les mots que nous pensons » ?

TEXTE 12 Bergson, *Le Rire*, 1900

BERGSON
1859-1941
Époque contemporaine
▸ p. 513

« Il est peu probable que l'œil du loup fasse une différence entre le chevreau et l'agneau ; ce sont là, pour le loup, deux proies identiques. » Bergson dégage ici une capacité humaine qui n'existerait pas sans le langage. Cependant, l'auteur, dans la suite du texte, s'attache à montrer tout ce que nous perdons avec le langage.

Enfin, pour tout dire, nous ne voyons pas les choses mêmes ; nous nous bornons, le plus souvent, à lire des étiquettes collées sur elles. Cette tendance, issue du besoin, s'est encore accentuée sous l'influence du langage. Car les mots (à l'exception des noms propres) désignent des genres. Le mot, qui ne note de la chose que sa fonction la plus commune et son aspect banal, s'in-

DÉFINITION

Le mot *individu*
- **Sens biologique :** spécimen vivant d'une espèce donnée, être organisé qui ne peut être divisé sans destruction (*in/dividu*).
- **Sens dérivé :** individualité = ce qui est unique, original et qui permet la particularité par rapport au groupe.

REPÈRES
- Genre/espèce/individu p. 489
- Intuitif/discursif p. 491

sinue entre elle et nous, et en masquerait la forme à nos yeux si cette forme ne se dissimulait déjà derrière les besoins qui ont créé le mot lui-même. Et ce ne sont pas seulement les objets extérieurs, ce sont aussi nos propres états d'âme qui se dérobent à nous dans ce qu'ils ont d'intime, de personnel, d'originalement vécu. Quand nous éprouvons de l'amour ou de la haine, quand nous nous sentons joyeux ou tristes, est-ce bien notre sentiment lui-même qui arrive à notre conscience, avec les mille nuances fugitives et les mille résonnances profondes qui en font quelque chose d'absolument nôtre ? Nous serions alors tous romanciers, tous poètes, tous musiciens. Mais, le plus souvent, nous n'apercevons de notre état d'âme que son déploiement extérieur. Nous ne saisissons de nos sentiments que leur aspect impersonnel, celui que le langage a pu noter une fois pour toutes parce qu'il est à peu près le même, dans les mêmes conditions, pour tous les hommes. Ainsi, jusque dans notre propre individu, l'individualité nous échappe. Nous nous mouvons parmi des généralités et des symboles, comme en un champ clos où notre force se mesure utilement avec d'autres forces ; et, fascinés par l'action, attirés par elle pour notre plus grand bien, sur le terrain qu'elle s'est choisi, nous vivons dans une zone mitoyenne entre les choses et nous, extérieurement aux choses, extérieurement aussi à nous-mêmes.

Henri Bergson, *Le Rire*, 1900, in *Œuvres complètes*, © PUF, p. 460.

Questions

1. Pour quelle raison parlons-nous ? Comparez avec le texte 11 de Hegel ci-contre.
2. Quelles sont les limites du langage ?
3. Quelle est la fonction attribuée à l'art ?
4. Quel paradoxe révèlent le cas du romancier ou celui du poète ?

PERSPECTIVES

La connaissance
- Peut-on connaître sans concept, sans idées générales ?
- Que peut-être une connaissance qui ne passe pas par des mots ?

Pour aller plus loin

Qu'est-ce que classer ? En quoi cette activité est-elle profondément liée au langage ? Aidez-vous du texte de Cassirer, p. 212.

▶ Quelles réflexions vous inspire ce manuscrit ?

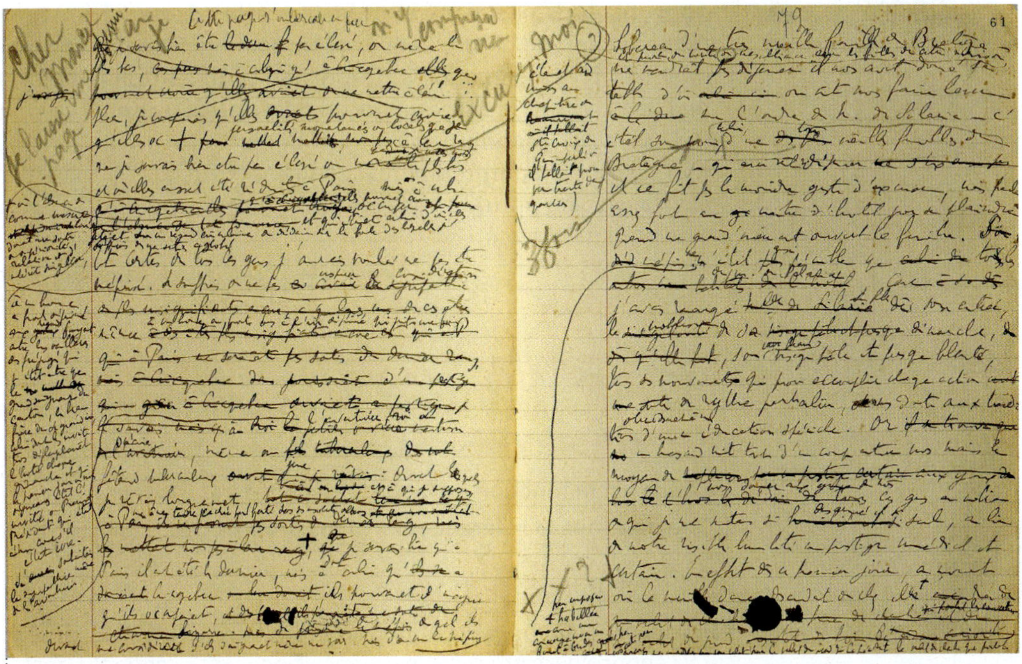

Manuscrit autographe d'*À l'ombre des jeunes filles en fleurs*, de Marcel Proust, 1919, BNF, Paris.

QUESTION

3 En quel sens le langage est-il action ?

TEXTE 13 Berkeley, *Principes de la connaissance humaine*, 1710

Exister, pour Berkeley, c'est percevoir, être perçu, vouloir. C'est sous l'angle de la perception qu'il aborde la question du langage.

BERKELEY
1685-1753
Époque moderne
▸ p. 506

De plus, la communication des idées marquées par les mots n'est pas la seule ni la principale fin du langage, ainsi qu'on le suppose communément. Il y en a d'autres, comme d'éveiller une passion, de porter à une action ou d'en détourner, de mettre l'esprit dans une disposition particulière. Pour ces dernières fins du langage, la communication de l'idée ne vient souvent qu'en sous-ordre, et quelquefois est omise entièrement quand elles peuvent être obtenues sans elle ; je crois que le cas n'est pas rare dans l'usage familier. Que le lecteur veuille bien réfléchir et se consulter : n'arrive-t-il pas fréquemment, quand on écoute ou qu'on lit un discours, que les passions de la crainte, de l'amour, de la haine, de l'admiration, du mépris, ou d'autres encore, naissent immédiatement dans l'esprit, à la perception de certains mots sans que des idées s'y présentent en même temps ? Au début, sans doute, les mots peuvent avoir occasionné les idées propres à exciter ces émotions ; mais on reconnaîtra, si je ne me trompe, qu'après que le langage est une fois devenu familier, la perception des sons ou la vue des caractères ont pour accompagnement immédiat les passions qui n'étaient produites originairement que par l'intervention des idées ; et celles-ci sont alors omises… Ne pouvons-nous pas, par exemple, être affectés par la promesse qui nous est faite de quelque bonne chose, quoique nous n'ayons aucune idée de ce que c'est ? […] Même les noms propres ne semblent pas toujours prononcés en vue de produire la représentation des individus qu'ils sont censés désigner. Par exemple, quand un savant de l'École[1] m'assure qu'« Aristote a dit cela », tout ce que je comprends qu'il veut obtenir par là, c'est de me disposer à embrasser son opinion par l'effet de la déférence[2] que la coutume a attachée à ce nom d'Aristote.

George Berkeley, *Principes de la connaissance humaine*, § 20, A. Colin, trad. Renouvier.

1. Référence à la philosophie officielle enseignée dans les universités autour des commentaires de Thomas d'Aquin sur les oeuvres d'Aristote : la scolastique.
2. Respect.

DÉFINITIONS

- La **pragmatique** est la branche de la linguistique qui s'intéresse à ce que nous faisons quand nous parlons (*pragma* = « action »).
- La **sémantique** s'intéresse à ce que nous disons (à **l'énoncé**, et non à **l'énonciation** elle-même).

Questions

1. **Quelle est la fonction du langage dégagée par l'auteur ?**
2. **Quel rôle joue la référence aux noms propres dans son analyse ?**

Pour aller plus loin

Faites une recherche sur la notion d'autorité de la parole, et plus particulièrement sur « l'énoncé performatif », par opposition avec « l'énoncé constatif ».

TEXTE 14

Wittgenstein, « Intention, vouloir dire, signifier », 1931

Les situations de la vie quotidienne constituent une voie privilégiée pour accéder à la connaissance, bien plus que les spéculations métaphysiques. C'est le parti pris des logiciens et des philosophes qui, comme Wittgenstein, forment, dans les années 1920, « Le Cercle de Vienne ». C'est donc dans les actes de langage que la question des mots et des choses sera abordée.

WITTGENSTEIN
1889-1951
Époque contemporaine
▸ p. 523

Il n'y a précisément pas, entre la façon d'utiliser nos mots dans la langue et un calcul, une pure et simple analogie[1] ; bien plutôt je peux effectivement prendre le concept de calcul de façon à ce que l'usage des mots tombe sous ce concept. Je vais tout de suite expliquer comment je l'entends. J'ai ici un flacon de benzine[2]. À quoi cela me sert-il ? Eh bien, à nettoyer. Maintenant, il y a là, collée, une étiquette avec l'inscription « Benzine ». Eh bien, pourquoi cette inscription est-elle là ? Je nettoie bien avec la benzine, mais pas avec l'inscription. (Il est clair, naturellement qu'à la place de cette inscription, on pourrait avoir n'importe quelle autre.) Eh bien, cette inscription est un point d'application pour un calcul, à savoir pour l'usage. Je peux vous dire en effet : « Allez chercher la benzine ! » Et, au moyen de cette étiquette, il y a une règle conformément à laquelle vous pouvez procéder. Quand vous allez chercher la benzine, c'est encore un pas dans ce même calcul qui est déterminé au moyen de ces règles. J'appelle le tout un calcul parce qu'il y a présentement deux possibilités : ou bien vous procédez conformément à la règle ou bien vous procédez non conformément à la règle ; en ce cas je suis en position de dire quelque chose comme : « Non, ce que vous êtes allé chercher n'était certainement pas de la benzine ! »

Les noms dont nous nous servons dans la vie quotidienne sont toujours de petits écriteaux de ce genre que nous accrochons sur les choses et dont nous nous servons comme points d'application d'un calcul.

Ludwig Wittgenstein, « Intention, vouloir dire, signifier », *in Manifeste du Cercle de Vienne et autres écrits*, dir. Antonia Soulez, © PUF, trad. B. Cassin, C. Chauviré, A. Guitard, J. Sebestik, A. Soulez, J. Vickers, p. 277.

REPÈRES
Ressemblance/analogie ▸ p. 493

1. Une analogie est une ressemblance de rapport et non une ressemblance physique = être du même ordre.
2. Sorte d'essence.

Questions

1. **Pourquoi comparer le langage à un calcul ?**
2. **Cette comparaison est-elle une analogie ?**
3. **Pourquoi, selon vous, l'auteur insiste-t-il sur la notion de « règles » pour aborder le langage ?**

CONCEPT

Wittgenstein a mis l'expression « **jeux de langage** » au cœur de sa réflexion sur le langage. Pour lui, elle signifie que le sens d'un énoncé est à chercher dans l'activité commune d'un groupe qui, comme dans un jeu, se donne des règles (ou conventions). Il ouvre une nouvelle approche du langage centrée sur son usage.

PERSPECTIVES

La connaissance

- Les opérations de la vie intellectuelle sont-elles toujours conscientes ?
- Y a-t-il des déterminismes à l'intérieur de notre pensée ?
- D'où viennent-ils ?

Pour aller plus loin

Comment comprendre l'inexprimable, à la lumière de ce texte ?

Oral

Les mots sont-ils toujours des étiquettes posées sur les choses ?
Aidez-vous du texte de Cassirer, p. 212.

TEXTE 15 Gorgias, *Éloge d'Hélène*, IVe s. av. J.-C.

Dans la mythologie grecque Hélène, épouse de Ménélas, roi de Sparte, est accusée d'avoir causé la guerre de Troie en quittant son mari pour Pâris, un Troyen. Gorgias s'efforce dans ce discours de la disculper, en évoquant la puissance des discours qui ont incité Hélène à agir ainsi.

GORGIAS
487 av. J.-C. - 380 av. J.-C.
Antiquité
▸ p. 498

Que la persuasion, en s'ajoutant au discours, arrive à imprimer jusque dans l'âme tout ce qu'elle désire, il faut en prendre conscience. Considérons en premier lieu les discours des météorologues : en détruisant une opinion et en en suscitant une autre à sa place, ils font apparaître aux yeux de l'opinion des choses incroyables et invisibles. En second lieu, considérons les plaidoyers judiciaires[1] qui produisent leur effet de contrainte grâce aux paroles : c'est un genre dans lequel un seul discours peut tenir sous le charme et persuader une foule nombreuse, même s'il ne dit pas la vérité, pourvu qu'il ait été écrit avec art. En troisième lieu, considérons les discussions philosophiques : c'est un genre de discours dans lequel la vivacité de la pensée se montre capable de produire des retournements dans ce que croit l'opinion. Il existe une analogie entre la puissance du discours à l'égard de l'ordonnance de l'âme et l'ordonnance des drogues à l'égard de la nature des corps. De même que certaines drogues évacuent certaines humeurs[2], et d'autres drogues, d'autres humeurs, que les unes font cesser la maladie, les autres la vie, de même il y a des discours qui affligent, d'autres qui enhardissent leurs auditeurs, et d'autres qui, avec l'aide maligne de Persuasion, mettent l'âme dans la dépendance de leur drogue et de leur magie.

Gorgias, *Éloge d'Hélène*, *in* J.-P. Dumont, *Les Présocratiques*, trad. J.-L.Poirier, © Gallimard, 1988, p.1033.

1. Dans l'Antiquité, l'art de la parole se déploie surtout dans les tribunaux.
2. Notion médicale dans l'Antiquité : les liquides sécrétés par un organisme vivant.

Questions

1. **Comment définir la persuasion ?**
2. **Quels sont les exemples de persuasion choisis par l'auteur ?**
3. **Quelle est l'analogie qui permet de comprendre le pouvoir de la parole ?**

PERSPECTIVES

La morale et la politique

- En quoi le langage est-il un « tyran » dans la vie sociale ?
- Quels sont les phénomènes actuels qui semblent donner raison à Gorgias ?
- En quel sens ces phénomènes posent-ils des problèmes moraux et politiques ?
- Quelles sont les réponses, les sanctions éventuelles ?

Pour aller plus loin

Faites une recherche sur le dialogue que Platon a composé autour d'un entretien entre Socrate et le sophiste Gorgias. Comment Platon juge-t-il l'activité de Gorgias ? Aidez-vous de la rubrique « Culture philosophique », p. 215.

Granville (1803-1847), *Le Corbeau et le Renard*, gravure sur bois, *Fables* de La Fontaine, Paris, Furne, 1847. ▸ p. 238

TEXTE 16 Foucault, *L'Ordre du discours,* 1970

Le 2 décembre 1970, Foucault présente au Collège de France, où il vient d'être nommé, son parcours et ses hypothèses de travail. Commentant sa propre situation lors de cette leçon inaugurale, il analyse les difficultés qui entourent toute prise de parole et dévoile de fait un aspect souvent méconnu du discours en général.

FOUCAULT
1926-1984
Époque contemporaine
▸ p. 515

Voici l'hypothèse que je voudrais avancer, ce soir, pour fixer le lieu, ou peut-être le très provisoire théâtre, du travail que je fais : je suppose que dans toute société la production du discours est à la fois contrôlée, sélectionnée, organisée et redistribuée par un certain nombre de procédures qui ont pour rôle d'en conjurer les pouvoirs et les dangers, d'en maîtriser l'événement aléatoire, d'en esquiver la lourde, la redoutable matérialité.

Dans une société comme la nôtre, on connaît, bien sûr, les procédures d'exclusion. La plus évidente, la plus familière aussi, c'est l'interdit. On sait bien qu'on n'a pas le droit de tout dire, qu'on ne peut pas parler de tout dans n'importe quelle circonstance, que n'importe qui, enfin, ne peut pas parler de n'importe quoi. Tabou de l'objet, rituel de circonstance, droit privilégié ou exclusif du sujet qui parle : on a là le jeu de trois types d'interdits qui se croisent, se renforcent ou se compensent, formant une grille complexe qui ne cesse de se modifier. Je noterai seulement que, de nos jours, les régions où la grille est la plus resserrée, où les cases noires se multiplient, ce sont les régions de la sexualité et celles de la politique : comme si le discours, loin d'être cet élément transparent ou neutre dans lequel la sexualité se désarme et la politique se pacifie, était un des lieux où elles exercent, de manière privilégiée, quelques-unes de leurs plus redoutables puissances. Le discours, en apparence, a beau être peu de chose, les interdits qui le frappent révèlent très tôt, très vite, son lien avec le désir et avec le pouvoir. Et à cela quoi d'étonnant : puisque le discours, la psychanalyse nous l'a montré, ce n'est pas simplement ce qui manifeste (ou cache) le désir ; c'est aussi ce qui est l'objet du désir ; et puisque, cela, l'histoire ne cesse de nous l'enseigner, le discours n'est pas simplement ce qui traduit les luttes ou les systèmes de domination, mais ce pour quoi, ce par quoi on lutte, le pouvoir dont on cherche à s'emparer.

Michel Foucault, *L'Ordre du discours*, © Gallimard, 1970, p. 10-12.

CONCEPT

Dans les années 1960-1970, le thème de la **domination** est très présent dans les analyses philosophiques. Pierre **Bourdieu** (1930-2002), philosophe de formation puis sociologue, a aussi analysé le langage sous cet angle. Pour lui, le pouvoir n'est pas dans les mots, mais il est accordé par la valeur que donne la société à celui qui parle. C'est donc bien la sociologie, et non simplement la linguistique, qui peut comprendre ce pouvoir, qui relève des relations sociales de domination.

Questions

1. **Que cherche à montrer Foucault dans ce texte ?**
2. **Quels exemples utilise-t-il ?**
3. **Les procédures d'exclusion varient selon les époques et les sociétés pour l'auteur : prenez un exemple.**

PERSPECTIVES

La morale et la politique

- Quelle est la conception du politique qui prédomine dans ce texte ?
- Que pouvez-vous en déduire sur les relations entre les individus et l'ordre politique ?

Pour aller plus loin

Faites une recherche sur les travaux de l'auteur concernant la folie pour établir le lien avec ce texte.

Oral

Dans quelle mesure le langage est-il un instrument de maîtrise et de domination ?

Rencontre avec... **PHILIPPE BLANCHET,** SOCIOLINGUISTE

Que peut nous apprendre la sociologie sur le langage ?

Philippe Blanchet (né en 1961) est sociolinguiste dans un laboratoire de recherche à Rennes-II. Il étudie les langues et les replace dans leur contexte social. Il évoque ici la discrimination linguistique, qui touche les personnes s'exprimant avec un accent.

Vous utilisez ce drôle de mot : « glottophobie », que veut-il dire exactement ?

Philippe Blanchet. – C'est un terme que j'ai inventé au milieu des années 1990, car je n'étais pas satisfait de l'expression « discrimination linguistique », peu utilisée d'ailleurs, car la plupart des personnes n'ont pas conscience qu'il s'agit d'une discrimination. Le terme *glottophobie*[1] permet d'intégrer justement cette dimension sociale. Je le définis comme le fait d'exclure des personnes de l'accès à des droits ou à des ressources comme la vie publique, l'éducation, l'emploi, le logement, les soins, etc., parce qu'on considère incorrects, inférieurs ou mauvais et de façon arbitraire des langues, des usages d'une langue ou des façons de parler, sans toujours avoir pleinement conscience de l'ampleur des effets produits sur ces personnes.

Une discrimination sans le savoir ?

P. B. – Oui, exactement. L'idéologie sur la langue est si forte dans notre pays que les gens ne s'en rendent même pas compte. C'est une discrimination qui n'est pas reconnue par la loi, donc pas passible de sanctions. D'ailleurs, les employeurs le disent ouvertement, « votre candidature n'est pas retenue, votre façon de vous exprimer ne convient pas pour le poste ». C'est surtout vrai dans les métiers de la parole, de la communication, forcément. Il y a une gradation dans la discrimination : en haut de l'échelle, je mettrais l'accent du Midi. C'est celui qui pénalise le moins, car on lui attribue des « bons côtés » : c'est l'accent du soleil, l'accent des vacances. Ensuite, vous avez l'accent breton, alsacien, chti… Et tout en bas, l'accent des banlieues : le plus discriminant.

Est-ce si répandu comme forme de discrimination ?

P. B. – Vous ne pouvez pas imaginer tous les témoignages que je reçois depuis la sortie du livre[2]. C'est impressionnant. J'ai touché une vraie question sociale. Et pour être honnête, c'est plus grave et répandu que ce que je ne pensais au départ. Dans mon livre, je mets des mots sur quelque chose ressenti par des millions de personnes à un moment de leur vie. Chacun revisite son histoire, comprend qu'il n'aurait pas dû ainsi se sentir obligé de gommer son accent natal, ou d'abandonner sa langue pour gagner en légitimité au travail. Qu'il aurait pu tenir tête et s'affirmer. C'est extrêmement violent de s'en rendre compte, parfois douloureux. J'en ai vu certains se mettre à pleurer. Vous rouvrez une cicatrice. La souffrance est aiguë car vous touchez à l'identité de la personne. Une langue, quelle qu'elle soit, c'est un marqueur d'identité. C'est d'ailleurs pour cette raison que les ados se créent des mots qu'ils utilisent entre eux, cela fait partie du processus de construction. Une langue sert à dire qui nous sommes. Rejeter, même sur le ton de la blague, une manière de parler, un accent, une langue, ce n'est pas simplement dire : ici, on utilise tel logiciel pour communiquer plutôt que tel autre. Mais c'est toucher à l'identité de l'être, rejeter ce qu'il est.

Est-ce pareil dans les autres pays ?

P. B. – C'est très français. Je ne connais aucun autre pays où la norme de la langue est aussi pesante sur la population, si ce n'est peut-être la Turquie. Il faut voir le scandale que cela a été quand

1. Du grec *glōtta* (« langue ») et *phōbos* (« frayeur », « répulsion »).

2. *Discriminations : combattre la glottophobie*, éd. Textuel, 2016.

le président du conseil territorial de la Corse a dit quelques mots en préambule en corse ! Mes camarades linguistes du Canada et d'ailleurs ouvrent de ces billes quand je leur raconte… En France, on considère les différences dans les manières de parler comme des déviances, comme autant d'obstacles à la vie commune. Mais cela relève du mythe.

Du mythe ? Pourquoi ?

P. B. – Une langue unique, cela n'existe pas, à moins de robotiser les humains ! On a toujours créé de la diversité. Et puis, cette idée qu'une société ne peut fonctionner que si on s'exprime tous exactement de la même façon est fausse. À l'école, on parle de l'importance de la « maîtrise de la langue ». Ce mot « maîtrise » est chargé de sens. Comme s'il était question de la dompter, de la domestiquer à la manière d'un animal sauvage. Nous avons un rapport très particulier à la langue, de l'ordre du totem, d'un symbole absolu de l'identité nationale. C'est presque une religion. Je pèse mes mots. Un exemple. Lors du débat parlementaire sur la déchéance de la nationalité, il y a quelques semaines, une députée a tweeté : « Respecter la France, c'est d'abord respecter sa langue… » L'attachement à la langue est de l'ordre du sacré, ancré dans la tête des gens dès l'école. Ce qui explique d'ailleurs que la plupart l'acceptent, jouent le jeu, renoncent à leur langue régionale ou immigrée, à leur accent régional ou social, changent leur manière de parler, les mots qu'ils emploient en se disant ne pas avoir le choix. […]

Pourquoi ce penchant à la glottophobie ? D'où cela vient-il ?

P. B. – L'explication est politique. Le français est une langue semi-artificielle, elle a été élaborée de manière consciente au XVIIe siècle par un petit groupe de personnes, les hommes de lettres proches du pouvoir. L'objectif était de se démarquer du latin, la langue de l'Église, tout en lui ressemblant un peu. D'où les emprunts nombreux, au latin et au grec. Il y avait aussi l'idée politique d'une langue volontairement complexe pour tenir le peuple à l'écart, de s'en réserver l'accès tout en considérant que c'est la seule langue légitime.

Marie Piquemal, entretien avec P. Blanchet, © *Libération*, 24 avril 2016.

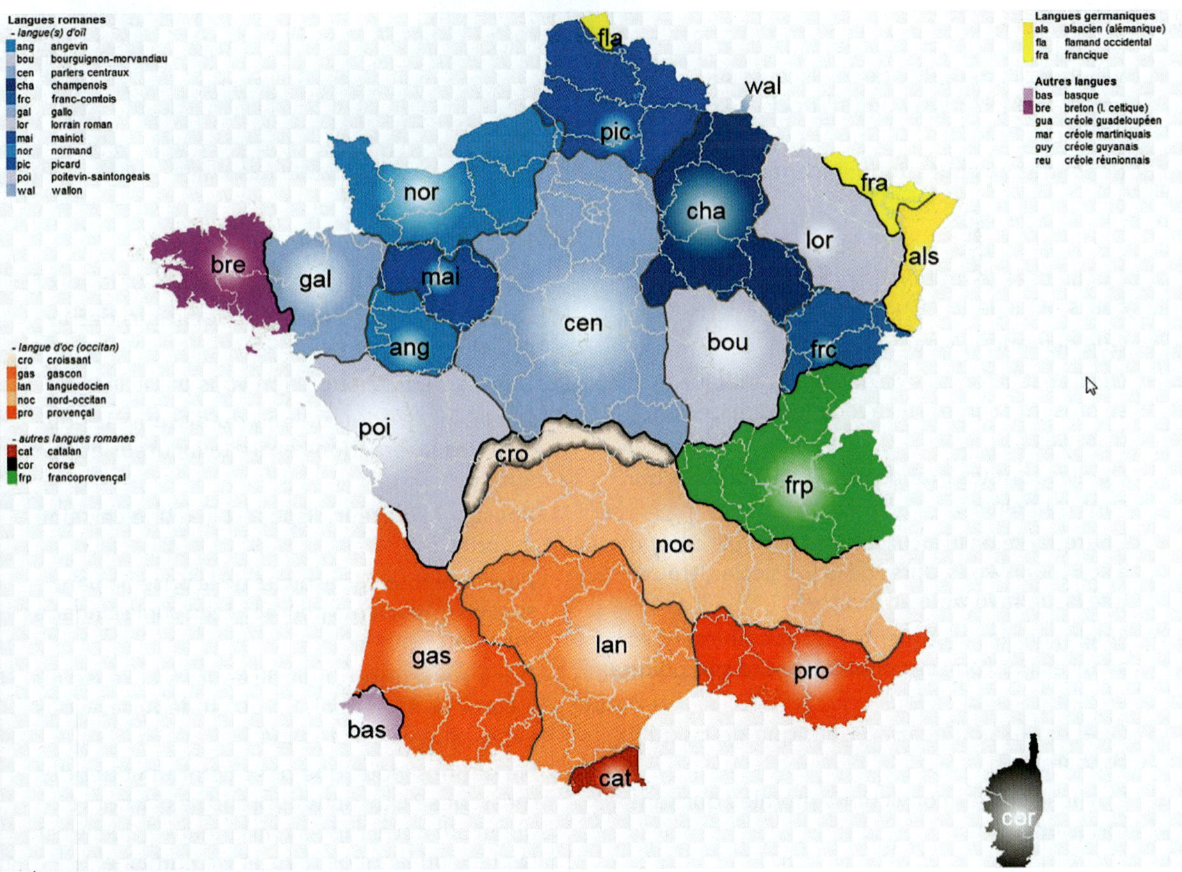

Atlas sonore des langues régionales, site du LIMSI (atlas.limsi.fr)

ARRÊT SUR **IMAGES**

Robert Badinter, Discours pour l'abolition de la peine de mort

Liens

Le contexte

▶ Le 18 septembre 1981, par 363 voix contre 117, l'Assemblée nationale adopte, après deux jours de débats, le projet de loi portant sur l'abolition de la peine de mort présenté, au nom du Gouvernement, par Robert Badinter, garde des Sceaux, ministre de la justice. Douze jours plus tard, le texte est adopté au Sénat par 160 voix contre 126.

▶ C'est l'aboutissement du long combat mené depuis deux siècles par ceux qui ont défendu cette cause devant une opinion souvent hostile.

Activités

1 **Visionnez l'intégralité de ce discours sur le site de l'INA : www.ina.fr/PackVOD/PACK728198429**

2 **Répondez aux questions suivantes.**

COMPRÉHENSION

1. Quelle est la situation d'énonciation de ce discours ? Qui parle ? Où ? À qui ?
2. Que demande le locuteur ?
3. Quelle est la formule de départ qui indique qu'il se présente comme un avocat devant des jurés d'assises ?
4. Quelles sont les grandes dates historiques qui sont rappelées ?
5. Pourquoi selon le locuteur la cause qu'il défend à son tour n'a pas, après de longs siècles, trouvé une issue favorable en France ?
6. Quels sont les arguments factuels et logiques avancés par l'orateur pour défendre son point de vue ?
7. Quel est la signification politique de ce qu'il condamne ?
8. Quelles sont les convictions morales qui sont mises en avant ?

RÉFLEXION

9. Dans ce discours, quel est le travail sur la voix ?
10. Que dire de la gestuelle du locuteur, des expressions de son visage ?
11. Quel est le rôle joué selon vous par le lieu ?
12. Quelles sont tout au long du discours les différentes interactions entre le locuteur et son auditoire ?
13. Pourquoi l'orateur dispose-t-il d'une certaine autorité ?
14. Pourquoi tous ces aspects de la prise de parole sont-ils importants pour réfléchir sur le langage humain ?
15. Dans son contenu, le discours s'adresse au « cœur et à la raison » : qu'en déduisez-vous sur le pouvoir du langage ?
16. Ne parlons-nous que pour communiquer des messages ? Que nous apprend ce discours éloquent sur notre rapport au langage ? Quelle est la place du langage dans la vie humaine ?

EXERCICES

Les termes et les concepts clés

1 Retenez les termes clés du chapitre : communication, linguistique, code et langage, faculté de penser, signe et signal, diversité des langues, dialogue, actes de langage.

2 À l'aide de **la danse des abeilles** décrite par Benveniste (p. 216), de recherches complémentaires sur les travaux de K. von Frisch, et de l'ensemble des textes du chapitre, répondez aux questions suivantes pour tester votre maîtrise de ces concepts :

a. Comment les abeilles transmettent-elles des messages ? Définissez leur mode de communication.

b. Quelle est selon la linguistique la différence avec le langage humain dans le rapport au monde et dans le rapport aux autres ? Expliquez la différence entre code et langage.

c. Pourquoi le langage humain paraît-il créateur ? Définissez la faculté de penser dans son rapport aux données de l'expérience et dans son activité. Expliquez la distinction entre signe et signal.

d. En quel sens la diversité des langues confirme-t-elle cet aspect créateur ?

e. Quelle est la distinction entre réponse et dialogue ?

f. Définissez la notion d'actes de langage.

PERSPECTIVES

3 **a.** Lisez cet extrait d'un entretien entre D. Lestel, philosophe, et la revue *Le Philosophoire* (n° 27, 2006).

À la différence des animaux, nous sommes des créatures qui racontons des histoires, des créatures entretenant une relation profonde aux fictions narratives. Bien sûr, il a été établi que certains animaux peuvent mentir, dire le faux, exprimer la négation, mais non pas raconter des histoires, et encore moins des histoires sur soi. Or, le langage ne cesse de répondre à cette question matricielle à l'humanité : qui sommes-nous ? Je serais tenté de répondre, en affirmant que nous sommes des obsédés de l'identité spécifique.

b. Quelles sont les perspectives en jeu ? Aidez-vous des p. 29-39 de votre manuel.

Analyser une gravure

4 **a.** Lisez la fable de La Fontaine « Le Corbeau et le Renard ».

b. Examinez la gravure p. 224 : comment les personnages de la fable sont-ils représentés ? À quel moment de la fable se situe l'action ? Comment interprétez-vous la représentation du renard ?

c. Pourquoi cette fable confirme-t-elle l'analyse de Gorgias dans le texte p. 224 ?

Apprendre à problématiser

5 Pour le sujet suivant : « Le silence ne dit-il rien ? », répondez aux questions suivantes.

a. Quelle est la tension dans l'énoncé ?

b. Quel sens faut-il aussi donner à « dire » pour que cet énoncé ait du sens ?

c. Comment faut-il élargir la notion de silence du coup ?

d. Que doit apporter une réflexion sur un paradoxe selon vous ?

Maîtriser les repères

6 À partir des textes du chapitre et des repères qui leur sont associés sur la page, répondez aux questions suivantes, en vous aidant de la partie Repères (p. 486-494).

a. Universel/général/particulier/singulier ▸ **p. 494**
Un concept désigne-t-il une réalité universelle ou particulière, pour Okham, p. 219 ?

b. Objectif/subjectif ▸ **p. 491**
En quel sens les mots donnent-ils une forme objective à ce qui est subjectif selon Hegel, p. 220 ?

c. Genre/espèce/individu ▸ **p. 489**
Les mots permettent-ils spontanément aux individus d'exprimer leur expérience personnelle, pour Bergson, p. 220-221 ?

d. Intuitif/discursif ▸ **p. 491**
Le discours peut-il tout dire, pour Bergson, p. 220-221 ?

e. Ressemblance/analogie ▸ **p. 493**
Pourquoi n'y a- t-il pas une simple analogie entre la langue et le calcul, selon Wittgenstein, p. 223 ?

Apprendre à mémoriser les outils

7 Répondez aux questions suivantes.

a. Culture philosophique
Qui sont les sophistes dans l'Antiquité ?

b. Concept
Qu'est-ce qui fait la supériorité du langage humain pour Benveniste ?

Réviser les points clés du chapitre

8 **Répondez aux questions suivantes.**

a. Une langue n'est-elle qu'un outil de communication ?

b. Quelle distinction entre langue et langage, quels problèmes respectifs autour de ces concepts ?

c. Quelles distinctions entre la communication animale et le langage humain ?

d. Pourquoi aborder le langage en termes d'action ?

MÉTHODE

BAC L'explication de texte

Podcast

TEXTE

Arendt, Vies politiques, 1974

Le dialogue (à la différence des conversations intimes où les âmes individuelles parlent d'elles-mêmes), si imprégné qu'il puisse être du plaisir pris à la présence de l'ami, se soucie du monde commun, qui reste « inhumain » en un sens très littéral, tant que des hommes n'en débattent pas constamment. Car le monde n'est pas humain pour avoir été fait par des hommes, il ne devient pas humain parce que la voix humaine y résonne, mais seulement lorsqu'il est devenu objet de dialogue. Quelque intensément que les choses du monde nous affectent, quelque profondément qu'elles puissent nous émouvoir et nous stimuler, elles ne deviennent humaines pour nous qu'au moment où nous pouvons en débattre avec nos semblables. Tout ce qui ne peut devenir objet de dialogue peut bien être sublime, horrible ou mystérieux, voire trouver voix humaine à travers laquelle résonner dans le monde, mais ce n'est pas vraiment humain. Nous humanisons ce qui se passe dans le monde en nous parlant et, dans ce parler, nous apprenons à être humains.

Hannah Arendt, *Vies politiques*, © Gallimard, « Tel », trad. B. Cassin et P. Lévy, p. 34-35.

MÉTHODE

Étape 1 Comprendre le texte et identifier les perspectives

1. **Lisez et relisez le texte** pour saisir chaque fois toute sa richesse et ses nuances.
Soulignez les notions qui semblent au cœur de l'analyse. Soulignez la phrase ou l'expression qui, selon vous, donne la clé du texte.
2. Déterminez ce qui constitue l'**objet d'étude** dans ce texte.
3. Déterminez les **notions** du programme concernées par le texte.
4. Déterminez **la thèse** du texte.
C'est dans la pratique du dialogue que les hommes deviennent pleinement humains.
5. Déterminez **la démarche de l'auteur**, son angle d'attaque.
6. Déterminez **la subtilité du texte**. Ce qui définit l'homme, ce n'est pas une essence, une qualité qui serait en lui, mais c'est une activité qui relève du partage et qui est portée par le langage.
7. Identifiez la perspective en jeu : c'est celle de **l'existence humaine et de la culture**. L'auteure s'interroge sur la place particulière de l'homme dans le monde.
8. Formulez **la problématique** du texte.
En quel sens le langage est-il le propre de l'homme ?

CONSEILS

Les notions sont les suivantes : dialogue, humain/inhumain, monde commun.
La phrase est : « Dans ce parler, nous apprenons à être humains. »

Ici, il s'agit de la notion de dialogue.

Le langage

PERSPECTIVES
Arendt cherche à dégager ce qui se joue dans tout dialogue : penser et agir en commun.
> L'existence humaine et la culture, p. 30

PERSPECTIVES
« Exister » ne signifie pas la même chose que « vivre » au sens biologique.
> v. L'existence humaine et la culture, p. 30

Étape 2 Construire son explication

9 À l'aide de la problématique, relisez le texte et dégagez **les étapes de l'argumentation.**

Étape 3 Rédiger le plan détaillé

10 Mettez en valeur **la logique** du texte.
Abordez le texte comme un raisonnement qui se déploie en plusieurs étapes.

PROPOSITION DE PLAN DÉTAILLÉ

I. Avec la faculté de dialoguer, les hommes entrent dans une relation spécifique au monde (l. 1-4)

→ Le dialogue engage une relation à autrui qui n'est pas du tout du même ordre que les « conversations intimes » : même si dans les deux cas il y a une qualité d'échange, fondée sur l'écoute, le respect, « l'amitié », le dialogue va beaucoup plus loin dans la « communication ».

→ Il nous rend capable de viser un « monde commun » alors que la conversation intime n'est au fond qu'un échange entre des « individus » qui parlent d'eux-mêmes, de leur « intimité ».

→ La notion de monde commun implique une visée plus large : une visée d'universalité.

→ À travers le dialogue, et donc la confrontation des pensées, les hommes manifestent leur capacité de dépasser leur point de vue personnel pour chercher à s'entendre sur quelque chose d'« objectif ». *Exemples* : débats politiques sur le juste, débats scientifiques et philosophiques sur la connaissance et la vérité, débats éthiques sur le bien.

→ Dialoguer n'a pas de sens si l'on est déjà d'accord ; dialoguer permet de construire un accord.

→ Là où il y a du dialogue, il y a toujours de l'humain / Là où il n'y a pas de débat, c'est « l'inhumain ».

II. C'est donc grâce au dialogue que nous pouvons vivre dans un monde humain (l. 5-10).

→ L'auteur insiste sur la « vertu » du dialogue. Le dialogue est ce qui rend le monde pleinement humain. Il faut bien comprendre la formule « monde humain ». Ce n'est pas seulement le monde fabriqué par l'homme : la technique peut être déshumanisante, lorsqu'elle est mise au service par exemple de l'aliénation du travail. Elle ne définit pas l'homme donc. Ce n'est pas non plus la « voix humaine » qui marque notre différence : d'autres animaux ont une « voix », des organes qui leur permettent de proférer des sons. Le langage n'est pas le propre de l'homme en ce sens. C'est par l'activité du dialogue que le monde est vraiment humain.

→ Ainsi, que penser d'une société autoritariste ou totalitaire ? Empêcher la liberté d'expression n'est-il pas un crime contre l'humanité ? D'où l'attachement des Lumières au dialogue.

III. La grandeur de l'homme consiste à faire de ce qu'il vit un « objet de dialogue » (l. 10-14).

→ La grandeur de l'homme n'est pas à chercher du côté de la richesse de ses émotions ou de ses représentations (approche « romantique » centrée sur le « sublime » ou « l'inexprimable »).

→ C'est le langage qui « humanise » notre monde et qui nous humanise. Notre humanité n'est donc pas une donnée, c'est une conquête : nous pouvons l'acquérir et nous pouvons aussi la perdre. Elle est donc fragile et dépend de notre volonté de rentrer dans le « dialogue ».

→ En ce sens, le langage est bien le propre de l'homme. Mais dans ce *propre*, il ne faut pas seulement entendre une faculté intellectuelle, il faut voir une expérience « politique » au sens large (vie commune) = valeur du dialogue comme contrat fondateur pour penser et agir.

→ Bien dissocier être homme (biologie) / être humain (culture).

→ Bien dissocier usage du langage dans les « mots d'ordre » / capacité d'un dialogue = chercher en commun = poser que c'est cet échange qui dévoile la solution.

CHAPITRE

8 La liberté

LE MOT ET SES IDÉES

- Être libre, est-ce « n'en faire qu'à sa tête » ? La liberté résiderait dans les actions **spontanées** ; elle témoignerait de notre ***in-dépendance*** : l'individu libre ne s'en remet à personne pour prendre une décision, il agit par lui-même. Négativement, la liberté peut être définie comme **absence d'obstacle** : « la voie est libre », nos actions ne sont pas entravées.
- Le **libre arbitre** désigne la capacité de **choisir** indépendamment de toute cause extérieure. Une personne est libre quand elle « a le choix », quand elle a la possibilité d'élire une option parmi d'autres. Néanmoins, ce modèle suppose des alternatives existant comme des chemins dessinés à l'avance, alors que la liberté serait plutôt une capacité d'**inventer** des voies qui n'existent pas encore.
- Le libre arbitre n'est-il pas une **illusion**, si nous nous croyons libres par ignorance des causes qui nous déterminent ? Le **déterminisme** est la doctrine selon laquelle l'ensemble des événements de l'univers, et en particulier les actions humaines, sont entièrement expliqués par l'enchaînement des causes et des effets, par des lois naturelles ou sociales. Si toutes nos actions sont déterminées, la liberté de la volonté est une illusion. En effet, la liberté suppose la **contingence**.
- Plutôt que d'exiger une absence de détermination, on peut définir la liberté comme l'auto-détermination de la volonté, comme un acte d'**autonomie** : l'acte de se donner à soi-même (*autos*) sa loi (*nomos*). L'autonomie peut être :
  – **individuelle** et **morale** : elle consiste à obéir aux lois que nous prescrit la raison ;
  – **politique** : chacun obéit alors aux lois que le peuple s'est données, car il contribue à leur établissement en tant que citoyen.
- Peut-être est-il impossible de prouver son existence : la liberté **s'éprouve**, mais ne se prouve pas.

PERSPECTIVES

L'existence humaine et de la culture, p. 30

La technique nous aliène-t-elle ? La liberté humaine est-elle limitée par la nécessité de travailler ? En quel sens faut-il comprendre que « l'art est le produit de la liberté » ?

La morale et la politique, p. 33

La liberté est-elle possible sans le courage ? Peut-on être libre seul ? Obéir, est-ce renoncer à sa liberté ? Être libre, est-ce s'affranchir de toute autorité ? La fin de l'État est-elle la liberté ? Peut-on concilier les exigences de la justice et celles de la liberté ?

La connaissance, p. 36

L'ignorance est-elle un obstacle à la liberté ? La liberté exige-t-elle une éducation ? La liberté peut-elle se définir comme l'obéissance à la raison ? Peut-on penser l'histoire sans affirmer la liberté humaine ?

Sergio Larrain (1931-2012), *Village de Los Horcones (Chili), Les Filles du pêcheur*, photographie, 1956.

UNE ENTRÉE DANS LA RÉFLEXION

La soumission à l'autorité

▸ p. 234

DU CAS POUR L'ÉTUDE...

La soumission à l'autorité

Vidéo

- **Dans quelle mesure le contexte pèse-t-il sur nos décisions ?**
- **Agissons-nous d'après nos propres convictions ou en fonction de contraintes sociales ?**
- **Sommes-nous conscients des motifs réels de nos actions ?**

Ch. Nick, Th. Bornot et G. Amado, *Le Jeu de la mort*, 2010. Ce documentaire présente un jeu télévisé qui reproduit l'expérience de Milgram. L'autorité est ici incarnée par la présentatrice. 81 % des candidats administrent les décharges maximales.

L'expérience de Milgram

- En 1961-1962, Stanley Milgram conduit une expérience de psychologie sociale à l'université de Stanford, aux États-Unis. À partir de quand les hommes opposent-ils leur libre arbitre à des ordres immoraux ?
- Le dispositif est le suivant : un expérimentateur ordonne à des sujets de sanctionner les erreurs d'un prétendu élève dont on teste apparemment la mémoire. Chaque fois que l'élève commet une erreur, l'expérimentateur ordonne de lui infliger une décharge électrique, en augmentant progressivement la puissance de celle-ci, jusqu'à atteindre des niveaux potentiellement mortels (plus de 400 volts). Les sujets vont-ils résister aux ordres de l'expérimentateur ?

1 *Les résultats attendus*

Dans une série d'enquêtes préliminaires, Milgram avait interrogé plus d'une centaine de personnes (psychiatres, étudiants, adultes) sur les comportements qu'elles-mêmes ou d'autres adopteraient face à un expérimentateur leur ordonnant de conduire l'expérience à son terme. Toutes avaient répondu que, au-delà d'un certain seuil, la désobéissance l'emporterait, hormis le cas extrêmement minoritaire de personnalités pathologiques qui déclareraient accepter d'administrer le choc le plus élevé. Les psychiatres avaient évalué ce nombre à un ou deux sur mille, soit 0,1 % ou 0,2 % tout au plus. De telles prévisions reposaient sur le triple présupposé : 1°– que les gens ne sont nullement enclins à faire souffrir un innocent ; 2°– que, en l'absence de coercition[1], le sujet reste libre et maître de ses actes, la situation dans laquelle il se trouve n'exerçant aucune influence sur son comportement ; enfin 3°– que seul le moi profond décide de ses actions, à partir d'un choix raisonné de valeurs. Ces postulats[2], conformes au sens commun, seraient-ils confirmés par le comportement effectif des individus ?

Michel Terestchenko, « Préface », dans *Expérience sur l'obéissance et la désobéissance à l'autorité*, 1963, Stanley Milgram, © La Découverte, 2017, p. 15-16.

1. Contrainte physique.
2. Principes non démontrés mais supposés valides sur lesquels repose une déduction.

2 Les résultats réels

Dans la première variante, dite de « feedback à distance », l'élève (« M. Wallace ») est installé dans une pièce contiguë, de telle sorte que ses réactions ne peuvent être ni vues ni entendues, ses réponses apparaissant sur un écran. À 300 volts, il frappe violemment sur les cloisons et, à partir de 315 volts, il cesse de répondre et les coups s'arrêtent. À la fin de la séance, sur les quarante sujets, vingt-six, soit 65 % d'entre eux, avaient poussé l'obéissance jusqu'à accepter d'envoyer, par trois fois, la décharge maximale de 450 volts, tout en témoignant divers signes d'agitation et d'anxiété.

Op. cit, p. 16-17.

Les autres variantes confirment que, dans une très large majorité, les individus se soumettent à l'autorité, même lorsqu'elle leur ordonne des actes moralement criminels.

3 État agentique et état autonome

Milgram propose ces éléments d'explication.

« [...] Un individu est en état agentique quand, dans une situation sociale donnée, il se définit de façon telle qu'il accepte le contrôle total d'une personne possédant un statut plus élevé. Dans ce cas, il ne s'estime plus responsable de ses actes. Il voit en lui-même un simple instrument destiné à exécuter la volonté d'autrui[1]. »

À l'inverse, les sujets rebelles se considéraient comme les seuls auteurs de leurs actes (« état autonome[2] »), bien que l'expérimentateur affirmât qu'il assumait entièrement la responsabilité légale des conséquences.

Op. cit, p. 29.

Ch. Nick, Th. Bornot et G. Amado, *Le Jeu de la mort*, 2010.

1. Stanley Milgram, *Soumission à l'autorité*, Calmann-Lévy, 1974, p. 167.
2. Acte de se donner à soi-même (*autos*) sa loi (*nomos*).

Questions

1. **Les résultats de l'expérience confirment-ils l'enquête préliminaire ?**
2. **Pour quelles raisons les sujets dociles acceptent-ils d'administrer des décharges ?**

Oral

Être libre, est-ce dire non ?

Pour aller plus loin

1. Recherchez les variantes de cette expérience qu'a testées Milgram. Quels sont les facteurs qui renforcent la soumission à l'autorité et ceux qui la mettent à mal ? On pourra se reporter à la préface de Michel Terestchenko, sur le site des éditions Zones (www.editions-zones.fr).
2. Regardez *Le Jeu de la mort* : les candidats obéissent-ils par crainte d'une sanction ? Quelles sont les différences avec l'expérience réalisée par Milgram ? Quels sont les effets de cette différence ?

…AUX **QUESTIONS CLÉS**

Vidéo Podcast

Qu'est-ce que vivre libre ?

REPÈRES
Essentiel/accidentel
▸ p. 488

1 « L'homme est né libre et partout il est dans les fers. »

▸ Tel est le **paradoxe** qu'énonce Rousseau dès l'ouverture du *Contrat social* : les hommes sont **par essence libres** – c'est ce qui les distingue des animaux – et pourtant ils n'exercent pas effectivement leur liberté : leurs relations témoignent de multiples **rapports de domination** (au travail, dans le champ politique, mais aussi dans la sphère domestique) qui peuvent aller jusqu'à l'**esclavage** et la **tyrannie**.

▸ Stanley Milgram constate ainsi que ses concitoyens ne résistent pas à **l'autorité** mais s'y soumettent sans la remettre en cause (p. 234) : « Les résultats sont terrifiants et déprimants. Ils suggèrent que la nature humaine – ou, plus précisément, le type de personnalité produit par la société américaine – ne peut être considérée comme mettant ses citoyens à l'abri de la brutalité et de traitements inhumains commandés par une autorité malveillante. Une proportion substantielle de gens fait ce qu'on lui demande de faire, quel que soit le contenu de l'acte, sans tourments de conscience, dès lors qu'ils perçoivent que l'ordre émane d'une autorité légitime[1]. » Comment expliquer que les êtres humains n'exercent pas la liberté qui les constitue ? (Diderot, p. 168 ; Tocqueville, p. 169)

1. Stanley Milgram, lettre du 21 septembre 1961, cité par M. Terestchenko, « Préface », *op. cit.* p. 18.

Pablo Picasso, *Merle*, 1943, bois et plâtre, 37 cm, musée Berggruen, Berlin.

2 Quelle expérience avons-nous de la liberté ?

▸ Tout d'abord, cet exercice est âpre et difficile. À essayer de **vivre libre**, on encourt la désapprobation de ceux qui nous entourent. Ainsi, les sujets de l'expérience de Milgram sont pris dans un **conflit** intérieur entre leurs valeurs profondes et le maintien de l'ordre social auquel ils appartiennent ; nombre d'entre eux renoncent à **désobéir** à l'autorité parce qu'ils ne se sentent pas la force de ruiner cet ordre social. (La Boétie, p. 250)

▸ À rechercher l'indépendance, on se prive du confort d'une vie paresseuse dans laquelle on s'en remet aux autres pour assurer sa subsistance (La Fontaine, p. 238) et même pour penser (Kant, p. 251). Il faut du **courage** pour examiner par soi-même ses idées et ses actions et tenter de vivre selon ses propres valeurs.

3 Pour être libre, faut-il l'être absolument ?

▸ La liberté admet-elle des **degrés** (Descartes, p. 244) ? Peut-on être plus ou moins libre ? Ou bien la liberté exige-t-elle d'être **absolue** (Bakounine, p. 243) ? Mais comment peut-on être absolument libre s'il n'est pas en notre pouvoir de changer les actions des autres, et plus généralement l'ordre du monde ? Les stoïciens (Épictète, p. 242) soutiennent que la liberté est absolue, mais intérieure. Notre **maîtrise** sur nos pensées peut être absolue ; en revanche, tout ce qui dépend, entièrement ou partiellement, du monde extérieur, ne dépend pas de nous et nous devons apprendre à ne pas nous tourmenter à ce propos, et même à nous en abstraire. (Épicure, p. 404 ; Sénèque, p. 405)

REPÈRES
Absolu/relatif
▸ p. 486
Obligation/contrainte
▸ p. 492

4 La liberté n'est-elle qu'une illusion ?

▸ Cependant, l'expérience de Milgram montre qu'une telle abstraction est extrêmement difficile : les individus sont **influencés** par les autres, en particulier par ceux qu'ils reconnaissent comme des figures d'autorité. Ils se croient libres et toutefois, ils en viennent à agir contre leurs convictions. La liberté absolue de la volonté semble une **illusion** (Spinoza, p. 245).

▶ En outre, peut-on se satisfaire d'une conception purement intérieure de la liberté ? Exercer sa liberté n'exige-t-il pas de **s'engager concrètement** dans le monde plutôt que de se replier dans la citadelle intérieure ? (Merleau-Ponty, p. 239 ; Sartre, p. 241) Cet engagement compromet-il la pureté de la liberté ?

Théophile Alexandre Steinlen (1858-1923), *Le Vagabond*, 1902, lithographie.

5 La loi restreint-elle la liberté ?

▶ Nous devons nous confronter aux autres, pour agir avec eux mais aussi pour leur résister, pour refuser une action que nous désapprouvons. Comment concilier notre liberté et celle des autres ? (Spinoza, p. 161 ; Rousseau, p. 269-271)

▶ L'une des fonctions principales des lois est justement d'assurer cette **coexistence** des libertés. Le rapport de la loi à la liberté est donc ambivalent : en première analyse, la loi peut apparaître comme un obstacle qui restreint la liberté des individus. Cependant, lorsqu'un individu ou un peuple se donne à lui-même des lois, il manifeste son **autonomie**. La loi que nous nous donnons à nous-mêmes ne nous contraint pas ; nous nous obligeons volontairement à la respecter (Rousseau, p. 248).

6 Comment devenir libre ?

▶ Mais suffit-il qu'une loi proclame une liberté pour que celle-ci soit **effective** ? Ainsi, « la loi garantit à la femme, dans tous les domaines, des droits égaux à ceux de l'homme » (Préambule de la Constitution du 27 octobre 1946).

▶ Toutefois, une **garantie** aussi générale ne peut être effective que si une multitude de dispositions concrètes sont mises en œuvre afin d'établir une égalité réelle entre les hommes et les femmes, par exemple en facilitant le retour à l'emploi après un accouchement (Marx, p. 249).

▶ L'exercice effectif de la liberté, dans le domaine politique aussi, réclame une constante vigilance. (Arendt, p. 192)

François Truffaut, *Les 400 Coups*, 1959, image de la scène finale. Antoine Doinel s'évade d'un centre de redressement et court vers la mer.

À RETENIR...

- Nous avons le **sentiment d'être libres** de nos actions et de nos pensées.
- La liberté est une **exigence de la morale et du droit** : c'est ce qui fait de nous des êtres **responsables**. Cependant, nous concevons une même action comme la convergence de différentes causes, naturelles ou sociales. Pouvons-nous concilier l'**exigence morale** de la liberté et la **nécessité de l'enchaînement causal** ?
- Certaines expériences nous montrent que **l'exercice de la liberté est difficile**. En effet, nous pouvons **en droit** être libres et **en fait** nous soumettre à l'autorité.

QUESTION 1

Quelle expérience avons-nous de la liberté ?

LA FONTAINE
1621-1695
Époque moderne
Auteur de célèbres Fables, il a élaboré une œuvre de moraliste qui n'épargne ni la Cour de Louis XIV, ni la société de son temps.

DÉFINITION

Indépendance
Fait de ne pas dépendre d'un autre, matériellement ou spirituellement, de n'être soumis à personne.

TEXTE 1 La Fontaine, « Le Loup et le Chien », 1668

Le Loup de La Fontaine incarne une indépendance farouche. Cette liberté a un prix, car la subsistance même est rendue plus rude.

Un Loup n'avait que les os et la peau ;
Tant les Chiens faisaient bonne garde.
Ce Loup rencontre un Dogue aussi puissant que beau,
Gras, poli[1], qui s'était fourvoyé par mégarde[2].
L'attaquer, le mettre en quartiers,
Sire Loup l'eût fait volontiers.
Mais il fallait livrer bataille
Et le Mâtin[3] était de taille
À se défendre hardiment.
Le Loup donc l'aborde humblement,
Entre en propos[4], et lui fait compliment
Sur son embonpoint, qu'il admire.
« Il ne tiendra qu'à vous, beau sire,
D'être aussi gras que moi, lui repartit le Chien.
Quittez les bois, vous ferez bien :
Vos pareils y sont misérables,
Cancres[5], haires[6], et pauvres diables,
Dont la condition[7] est de mourir de faim.
Car quoi ? Rien d'assuré, point de franche lippée[8].
Tout à la pointe de l'épée.
Suivez-moi ; vous aurez un bien meilleur destin. »
Le Loup reprit : « Que me faudra-t-il faire ?
– Presque rien, dit le Chien : donner la chasse aux gens
Portants bâtons, et mendiants ;
Flatter ceux du logis, à son maître complaire ;
Moyennant quoi votre salaire
Sera force reliefs de toutes les façons[9] :
Os de poulets, os de pigeons,
Sans parler de mainte caresse. »
Le loup déjà se forge une félicité[10]
Qui le fait pleurer de tendresse.
Chemin faisant il vit le col du Chien, pelé :
« Qu'est-ce là ? lui dit-il. – Rien. – Quoi ? rien ? – Peu de chose.
– Mais encor ? – Le collier dont je suis attaché
De ce que vous voyez est peut-être la cause.
– Attaché ? dit le Loup : vous ne courez donc pas
Où vous voulez ? – Pas toujours, mais qu'importe ?
– Il importe si bien, que de tous vos repas
Je ne veux en aucune sorte,
Et ne voudrais pas même à ce prix un trésor. »

Cela dit, maître Loup s'enfuit, et court encor.

Jean de La Fontaine, *Fables*, I, 5.

1. Au poil luisant.
2. Qui s'était perdu.
3. Gros chien de garde.
4. Commence la conversation.
5. Hommes pauvres.
6. Hommes sans richesse, sans puissance, sans autorité.
7. L'état dans lequel ils sont nés, et par conséquent le destin.
8. Autant de viande que l'on peut emporter avec sa lippe, c'est-à-dire avec ses lèvres.
9. Votre salaire sera composé de beaucoup de restes variés.
10. Se fait une représentation du bonheur.

Questions

1. Quels sacrifices la liberté implique-t-elle d'après cette fable ?
2. Chacun de ces animaux a-t-il choisi sa situation ? Pourquoi chacun veut-il conserver la sienne ?
3. Quelle condition, celle du Loup ou celle du Chien, vous paraît la plus enviable ? Expliquez pourquoi.

TEXTE 2 Merleau-Ponty, *Phénoménologie de la perception*, 1945

Dans le dernier chapitre de la Phénoménologie de la perception, *Merleau-Ponty examine la relation de l'agent libre avec monde qui l'entoure. Sur quoi nous appuyons-nous pour agir librement ?*

MERLEAU-PONTY
1908-1961
Époque contemporaine
▸ p. 519

REPÈRES
- **Abstrait/concret** ▸ p. 486
- **En acte/en puissance** ▸ p. 486

Qu'est-ce donc que la liberté ? Naître, c'est à la fois naître du monde et naître au monde. Le monde est déjà constitué, mais aussi jamais complètement constitué. Sous le premier rapport, nous sommes sollicités, sous le second nous sommes ouverts à une infinité de possibles. Mais cette analyse est encore abstraite, car nous existons sous les deux rapports à la fois. Il n'y a donc jamais déterminisme et jamais choix absolu, jamais je ne suis chose et jamais conscience nue. En particulier, même nos initiatives, même les situations que nous avons choisies nous portent, une fois assumées, comme une grâce d'état[1]. La généralité du « rôle » et de la situation vient au secours de la décision, et, dans cet échange entre la situation et celui qui l'assume, il est impossible de délimiter la « part de la situation » et la « part de la liberté ». On torture un homme pour le faire parler. S'il refuse de donner les noms et les adresses qu'on veut lui arracher, ce n'est pas par une décision solitaire et sans appuis ; il se sentait encore avec ses camarades, et, encore engagé dans la lutte commune, il était comme incapable de parler ; ou bien, depuis des mois et des années, il avait affronté en pensée cette épreuve et misé toute sa vie sur elle ; ou enfin, il veut prouver en la surmontant ce qu'il a toujours pensé et dit de la liberté. Ces motifs n'annulent pas la liberté, ils font du moins qu'elle ne soit pas sans étais[2] dans l'être. Ce n'est pas finalement une conscience nue qui résiste à la douleur, mais le prisonnier avec ses camarades ou avec ceux qu'il aime et sous le regard de qui il vit, ou enfin la conscience avec sa solitude orgueilleusement voulue, c'est-à-dire encore un certain mode du *Mit-Sein*[3]. Et sans doute c'est l'individu, dans sa prison, qui ranime chaque jour ces fantômes, ils lui rendent la force qu'il leur a donnée, mais réciproquement, s'il s'est engagé dans cette action, s'il s'est lié avec ces camarades ou attaché à cette morale, c'est parce que la situation historique, les camarades, le monde autour de lui paraissaient attendre de lui cette conduite-là. On pourrait ainsi continuer l'analyse sans fin. Nous choisissons notre monde et notre monde nous choisit.

Maurice Merleau-Ponty, *Phénoménologie de la perception*, III, 3, « La liberté », in *Œuvres*, © Gallimard, « Quarto », 2010, p. 1160.

1. Faveur accordée en raison des conditions difficiles liées à une fonction particulière.
2. Appuis, soutiens.
3. « Être-avec », défini au paragraphe 26 d'*Être et temps* de Martin Heidegger.

Questions

1. Pourquoi n'y a-t-il jamais choix absolu ?
2. Que montre l'exemple du résistant qui ne parle pas sous la torture ?

Oral
Peut-on être libre seul ?

TEXTE 3 Rousseau, *Discours sur l'origine et les fondements de l'inégalité*, 1755

Quelles facultés distinguent les hommes des animaux ? Pour Rousseau, la différence spécifique n'est pas l'intelligence, mais la liberté et la « perfectibilité », ou « faculté de se perfectionner ».

ROUSSEAU
1712-1778
Époque moderne
▸ p. 509

REPÈRES
Genre/espèce/individu
▸ p. 489

Je ne vois dans tout animal qu'une machine ingénieuse, à qui la nature a donné des sens pour se remonter elle-même, et pour se garantir, jusqu'à un certain point, de tout ce qui tend à la détruire, ou à la déranger. J'aperçois précisément les mêmes choses dans la machine humaine, avec cette différence que la Nature seule fait tout dans les opérations de la Bête, au lieu que l'homme concourt aux siennes, en qualité d'agent libre. L'un choisit ou rejette par instinct, et l'autre par un acte de liberté ; ce qui fait que la Bête ne peut s'écarter de la Règle qui lui est prescrite, même quand il lui serait avantageux de le faire, et que l'homme s'en écarte souvent à son préjudice. C'est ainsi qu'un Pigeon mourrait de faim près d'un bassin rempli des meilleures viandes, et un Chat sur des tas de fruits, ou de grain, quoique l'un et l'autre pût très bien se nourrir de l'aliment qu'il dédaigne, s'il s'était avisé d'en essayer. C'est ainsi que les hommes dissolus se livrent à des excès, qui leur causent la fièvre et la mort ; parce que l'Esprit déprave les sens, et que la volonté parle encore, quand la Nature se tait.

Tout animal a des idées puisqu'il a des sens, il combine même ses idées jusqu'à un certain point, et l'homme ne diffère à cet égard de la Bête que du plus au moins. Quelques Philosophes ont même avancé qu'il y a plus de différence de tel homme à tel homme que de tel homme à telle bête ; ce n'est donc pas tant l'entendement[1] qui fait parmi les animaux la distinction spécifique de l'homme que sa qualité d'agent libre. La Nature commande à tout animal, et la Bête obéit. L'homme éprouve la même impression, mais il se reconnaît libre d'acquiescer, ou de résister ; et c'est surtout dans la conscience de cette liberté que se montre la spiritualité de son âme : car la Physique explique en quelque manière le mécanisme des sens et la formation des idées ; mais dans la puissance de vouloir ou plutôt de choisir, et dans le sentiment de cette puissance on ne trouve que des actes purement spirituels, dont on n'explique rien par les Lois de la Mécanique.

Mais, quand les difficultés qui environnent toutes ces questions, laisseraient quelque lieu de disputer sur cette différence de l'homme et de l'animal, il y a une autre qualité très spécifique qui les distingue, et sur laquelle il ne peut y avoir de contestation, c'est la faculté de se perfectionner ; faculté qui, à l'aide des circonstances, développe successivement toutes les autres, et réside parmi nous tant dans l'espèce que dans l'individu, au lieu qu'un animal est, au bout de quelques mois, ce qu'il sera toute sa vie, et son espèce, au bout de mille ans, ce qu'elle était la première année de ces mille ans. Pourquoi l'homme seul est-il sujet[2] à devenir imbécile ? N'est-ce point qu'il retourne ainsi dans son état primitif, et que, tandis que la Bête, qui n'a rien acquis et qui n'a rien non plus à perdre, reste toujours avec son instinct, l'homme reperdant par la vieillesse ou d'autres accidents tout ce que sa *perfectibilité* lui avait fait acquérir, retombe ainsi plus bas que la Bête même ? Il serait triste pour nous d'être forcés de convenir que cette faculté distinctive et presque illimitée, est la source de tous les malheurs de l'homme ; que c'est elle qui le tire, à force de temps, de cette condition originaire, dans laquelle il coulerait des jours

DÉFINITIONS

- **Différence spécifique :** faculté qui distingue l'espèce humaine des autres espèces. La liberté, l'intelligence, ou le langage sont des candidats à ce titre.
- **Ontogenèse :** développement de l'individu.
- **Phylogenèse :** développement de l'espèce.

1. Faculté de comprendre.
2. Risque-t-il de.

3. Ce peuple d'Amérique du Sud aurait enserré la tête des enfants entre des planchettes (les ais), ce qui empêchait le développement normal du cerveau.

tranquilles et innocents ; que c'est elle qui, faisant éclore avec les siècles ses lumières et ses erreurs, ses vices et ses vertus, le rend à la longue le tyran de lui-même et de la Nature. Il serait affreux d'être obligés de louer comme un être bienfaisant celui qui le premier suggéra à l'habitant des Rives de l'Orénoque l'usage de ces Ais qu'il applique sur les tempes de ses Enfants, et qui leur assurent du moins une partie de leur imbécillité, et de leur bonheur originel[3].

J.-J. Rousseau, *Discours sur l'origine et les fondements de l'inégalité parmi les hommes*, 1re partie.

Questions

1. **Comment Rousseau définit-il l'instinct ?**
2. **Les hommes font-ils toujours bon usage de leur liberté ?**
3. **Qu'est-ce qui distingue la perfectibilité de la perfection ? En quoi est-elle ambivalente ? (voir p. 269-271)**

PERSPECTIVES

L'existence humaine et la culture

- En quoi la technique manifeste-t-elle la perfectibilité ?

TEXTE 4 Sartre, *L'existentialisme est un humanisme*, 1946

SARTRE
1905-1980
Époque contemporaine
▸ p. 521

Il n'existe pas de nature humaine à laquelle se référer pour savoir ce qu'est la liberté, ni de valeurs transcendantes qui dicteraient notre action. Nous sommes jetés dans l'existence, et ce sont nos choix qui font notre essence.

Dostoïevski avait écrit : « Si Dieu n'existait pas, tout serait permis. » C'est là le point de départ de l'existentialisme. En effet, tout est permis si Dieu n'existe pas, et par conséquent l'homme est délaissé, parce qu'il ne trouve ni en lui, ni hors de lui une possibilité de s'accrocher. Il ne trouve d'abord pas d'excuses. Si, en effet, l'existence précède l'essence, on ne pourra jamais expliquer par référence à une nature humaine donnée et figée ; autrement dit, il n'y a pas de déterminisme, l'homme est libre, l'homme est liberté. Si d'autre part, Dieu n'existe pas, nous ne trouvons pas en face de nous des valeurs ou des ordres qui légitimeront notre conduite. Ainsi, nous n'avons ni derrière nous, ni devant nous, dans le domaine numineux[1] des valeurs, des justifications ou des excuses. C'est ce que j'exprimais en disant que l'homme est condamné à être libre.

Condamné, parce qu'il ne s'est pas créé lui-même, et par ailleurs cependant libre, parce qu'une fois jeté dans le monde, il est responsable de tout ce qu'il fait. L'existentialiste ne croit pas à la puissance de la passion. Il ne pensera jamais qu'une belle passion est un torrent dévastateur qui conduit fatalement l'homme à certains actes, et qui, par conséquent, est une excuse. Il pense que l'homme est responsable de sa passion. L'existentialiste ne pensera pas non plus que l'homme peut trouver un secours dans un signe donné, sur terre, qui l'orientera ; car il pense que l'homme déchiffre lui-même le signe comme il lui plaît. Il pense donc que l'homme, sans aucun appui et sans aucun secours, est condamné à chaque instant à inventer l'homme.

Jean-Paul Sartre, *L'existentialisme est un humanisme*, © Gallimard, « Folio Essais », 1996, p. 39-40.

1. Mystérieux.

CULTURE LITTÉRAIRE

Dans *Les Frères Karamazov* (1880), de **Dostoïevki**, quatre frères sont soupçonnés d'avoir tué leur père. Ivan s'interroge sur les conséquences morales de l'athéisme : si Dieu n'est qu'« une idée inventée par l'humanité », la distinction entre le bien et le mal ne peut plus être fondée sur une autorité transcendante et l'homme se trouve livré à lui-même.

Questions

1. **Quelles sont les conséquences de l'affirmation selon laquelle Dieu n'existe pas ?**
2. **Pourquoi Sartre affirme-t-il que l'homme est condamné à être libre ?**

TEXTES

QUESTION

2 Pour être libre, faut-il l'être absolument ?

ÉPICTÈTE
50-125
Antiquité
▸ p. 496

REPÈRES
Contingent/nécessaire
▸ p. 487

TEXTE 5 Épictète, *Manuel,* vers 125

Pour bien vivre, il convient avant tout de mettre de l'ordre nos représentations, car « ce qui trouble les hommes, ce ne sont pas les choses, mais les jugements relatifs aux choses. » (Manuel, V).

Il y a ce qui dépend de nous, il y a ce qui ne dépend pas de nous. Dépendent de nous l'opinion, la tendance[1], le désir, l'aversion[2], en un mot toutes nos œuvres propres ; ne dépendent pas de nous le corps, la richesse, les témoignages de considération, les hautes charges[3], en un mot toutes les choses qui ne sont pas nos œuvres propres. Les choses qui dépendent de nous sont naturellement libres, sans empêchement, sans entrave ; celles qui ne dépendent pas de nous sont fragiles, serves[4], facilement empêchées, propres à autrui. [...] Aussi, à propos de toute idée pénible, prends soin de dire aussitôt : « Tu es une idée, et non pas exactement ce que tu représentes. » Ensuite, examine-la, éprouve-la, examine-la selon les règles que tu possèdes, et surtout selon la première, à savoir : concerne-t-elle les choses qui dépendent de nous ou celles qui ne dépendent pas de nous ? Et si elle concerne l'une des choses qui ne dépendent pas de nous, que la réponse soit prête : « Voilà qui n'est rien pour moi. »

Épictète, *Manuel*, I, trad. J. Pépin, dans *Les Stoïciens*, © Gallimard, « Bibliothèque de la Pléiade », 1962, p. 1111-1112.

1. La « tendance » est un « mouvement de l'âme » plus général que le « désir », qui en est une espèce. Elle est instinct de conservation chez les animaux et, chez l'homme, inclination à la vie raisonnable.
2. Sentiment de répulsion ; inverse du désir.
3. Fonctions prestigieuses.
4. Non libres.

Questions

1. **Expliquez ce qui dépend de nous et ce qui n'en dépend pas.**
2. **Quel usage devons-nous faire de cette distinction ?**

JASPERS
1883-1969
Époque contemporaine
▸ p. 517

TEXTE 6 Jaspers, *Introduction à la philosophie,* 1950

Si Jaspers défend « l'indépendance philosophique », il tient pour illusoire de croire qu'elle est absolue.

Une autonomie absolue n'est pas possible. Quand nous pensons, nous sommes obligés de recourir à des intuitions qui doivent nous être données ; sur le plan pratique, nous avons besoin des autres, d'un échange de services avec eux, qui rende possible notre vie. En tant qu'êtres libres, nous avons besoin d'autres êtres libres avec lesquels puisse s'établir la communication, qui seule nous permet, aux uns et aux autres, de devenir nous-mêmes. Il n'y a pas de liberté isolée. Là où la liberté existe, elle est aux prises avec la contrainte ; et si celle-ci était complètement vaincue, si tous les obstacles tombaient, la liberté elle-même s'évanouirait.

Ainsi ne sommes-nous indépendants que lorsque nous sommes inextricablement mêlés en même temps au monde. On n'acquiert pas l'indépendance réelle en se retirant de lui. Être indépendant dans le monde, c'est se com-

REPÈRES
Absolu/relatif ▸ p. 486
Théorie/pratique ▸ p. 493

porter envers le monde d'une façon particulière : c'est en être, et en même temps ne pas en être, être à la fois en lui et hors de lui.

Karl Jaspers, *Introduction à la philosophie*, © Plon, trad. J. Hersch, 1950, p. 158-159.

Questions

1. **Pourquoi Jaspers soutient-il qu'« une autonomie absolue n'est pas possible » ? (l. 1)**
2. **Exposez un exemple illustrant l'impossibilité d'une autonomie absolue :**
   a. sur le plan théorique (l. 1-2) ;
   b. sur le plan pratique (l. 3-4).

TEXTE 7 Bakounine, *Fédéralisme, socialisme, antithéologisme*, 1867

BAKOUNINE
1814-1876
Époque contemporaine
Bakounine, né en Russie, a vécu en exil dans plusieurs pays d'Europe. Anarchiste révolutionnaire, il élabore une critique du pouvoir théologique et étatique.

Bakounine critique la limitation de la liberté par l'État.

On répondra que l'État, représentant du salut public ou de l'intérêt commun de tous, ne retranche une partie de la liberté de chacun que pour lui en assurer tout le reste. Mais ce reste, c'est la sécurité, si vous voulez, ce n'est jamais la liberté. La liberté est indivisible ; on ne peut en retrancher une partie sans la tuer toute entière. Cette petite partie que vous retranchez, c'est l'essence même de ma liberté, c'est le tout. Par un mouvement naturel, nécessaire et irrésistible, toute ma liberté se concentre précisément dans la partie, si petite qu'elle soit, que vous en retranchez. C'est l'histoire de la femme de Barbe Bleue, qui eut tout un palais à sa disposition avec la liberté pleine et entière de pénétrer partout, de voir et de toucher tout, excepté une mauvaise petite chambre, que la volonté souveraine de son terrible mari lui avait défendu d'ouvrir sous peine de mort. Eh bien, se détournant de toutes les magnificences du palais, son âme se concentra toute entière sur cette mauvaise petite chambre, elle l'ouvrit, et elle eut raison de l'ouvrir, car ce fut un acte nécessaire de sa liberté, tandis que la défense d'y entrer était une violation flagrante de cette même liberté. C'est encore l'histoire du péché d'Adam et d'Ève : la défense de goûter du fruit de l'arbre de la science, sans autre raison que telle était la volonté du Seigneur, était de la part du Bon Dieu un acte d'affreux despotisme[1] ; et si nos premiers parents avaient obéi, toute la race humaine resterait plongée dans le plus humiliant esclavage. Leur désobéissance, au contraire, nous a émancipés[2] et sauvés. Ce fut, mythiquement parlant, le premier acte de l'humaine liberté.

Mikhaïl. A. Bakounine, *Fédéralisme, socialisme, antithéologisme.*

REPÈRES
Essentiel/accidentel ▸ p. 488

1. Pouvoir solitaire, arbitraire et sans contrôle.
2. Libérés (d'une domination personnelle).

DÉFINITION

Anarchisme : conception de la société qui se fonde sur le refus du pouvoir (*archê* en grec signifie « commandement, pouvoir, autorité »), refus nécessaire à l'affirmation de la liberté. (voir aussi Clastres, p. 174-175)

Questions

1. **Quelle conception de la liberté Bakounine défend-il ?**
2. **Expliquez l'interprétation que Bakounine fait de l'acte de la femme de Barbe bleue.**
3. **Expliquez son interprétation de la Genèse. Quel rapprochement entre Dieu et l'État suggère-t-elle ?**

Pour aller plus loin

Comparez ce texte avec le texte de Rousseau, p. 248. En quoi s'opposent-ils ?

TEXTE 8 Descartes, *Lettre au Père Mesland*, 1645

La liberté est-elle soit pleine et entière, soit nulle ? Contre une telle conception, Descartes soutient qu'existent des degrés de liberté.

DESCARTES
1596-1650
Époque moderne
▸ p. 506

REPÈRES
Absolu/relatif
▸ p. 486

L'indifférence me semble signifier proprement cet état dans lequel se trouve la volonté lorsqu'elle n'est pas poussée d'un côté plutôt que de l'autre par aucune perception du vrai ou du bien ; et c'est en ce sens que je l'ai prise lorsque j'ai écrit que le plus bas degré de la liberté est celui où nous nous déterminons aux choses auxquelles nous sommes indifférents. Mais peut-être d'autres entendent-ils par indifférence la faculté positive[1] de se déterminer pour l'un et l'autre des deux contraires, c'est-à-dire de poursuivre ou de fuir, d'affirmer ou de nier. Cette faculté positive, je n'ai pas nié qu'elle fût dans la volonté. Bien plus, j'estime qu'elle s'y trouve, non seulement en ces actes où elle n'est poussée par aucune raison évidente d'un côté plutôt que de l'autre, mais aussi en tous les autres ; à tel point que, lorsqu'une raison fort évidente nous meut vers un côté, bien que, moralement parlant, nous ne puissions guère choisir le parti contraire, absolument parlant, néanmoins, nous le pouvons. Car il nous est toujours loisible[2] de nous retenir de poursuivre un bien clairement connu ou d'admettre une vérité évidente, pourvu seulement que nous pensions que c'est un bien d'affirmer par là notre libre arbitre. […]

Une plus grande liberté consiste en effet ou bien dans une plus grande facilité à se déterminer[3], ou bien dans un plus grand usage de cette puissance positive que nous avons de suivre le pire, tout en voyant le meilleur. Or, si nous suivons le parti où nous voyons le plus de bien[4], nous nous déterminons plus facilement ; si au contraire nous suivons le parti opposé, nous usons davantage de cette puissance positive ; et ainsi nous pouvons toujours agir plus librement dans les choses où nous apercevons beaucoup plus de bien que de mal, que dans les choses appelées par nous *adiaphora* ou indifférentes.

René Descartes, *Lettre au Père Mesland du 9 février 1645*, in *Œuvres complètes*, t. 3, Garnier-Flammarion, 2010, p. 551-553.

L'âne de Buridan, chromolithographie, fin du XIXe siècle.

1. Effective, réelle.
2. Nous avons toujours le loisir, la possibilité.
3. Se décider, choisir. Pour Descartes, il nous est plus facile de nous déterminer quand notre raison éclaire notre décision que lorsque nous sommes indifférents.
4. Si nous choisissons la solution qui nous paraît meilleure.

Questions

1. **Distinguez les deux définitions que Descartes donne de l'indifférence.**
2. **Expliquez : « bien que, moralement parlant, nous ne puissions guère choisir le parti contraire, absolument parlant, néanmoins, nous le pouvons » (l. 12-14).**
3. **Quelles sont les différentes formes de liberté que Descartes distingue dans ce texte ? Pouvons-nous ne pas choisir une option qui nous paraît être la meilleure ?**
4. **Notre liberté est-elle plus grande lorsque nous sommes davantage inclinés d'un côté que de l'autre ou lorsque nous sommes parfaitement indifférents ?**

CULTURE PHILOSOPHIQUE

L'âne de Buridan, qui a faim et soif, se trouve à mi-chemin entre un seau d'eau et un tas d'avoine. Que va-t-il faire ? Si on considère que, pour agir, une option doit nous paraître meilleure, il n'arrivera jamais à choisir et se laissera mourir de faim et de soif. Or, dans la réalité, nous agissons même lorsqu'aucune option ne nous paraît meilleure que les autres.

PERSPECTIVES

La connaissance

- La connaissance du bien nous détermine-t-elle à faire le bien ? ■ Sommes-nous plus libres quand nous agissons conformément à la raison ou quand nous nous écartons de ce qu'elle prescrit ? ■ Qu'est-ce qu'un acte gratuit ?

QUESTION

3 La liberté n'est-elle qu'une illusion ?

KANT
1724-1804
Époque moderne
▸ p. 507

TEXTE 9 Kant, *Métaphysique des mœurs*, 1785

Sommes-nous déterminés par des sentiments, des impulsions incontrôlables, ou sommes-nous capables de nous maîtriser ? Pour Kant, la liberté se fonde sur un usage de la raison affranchi des passions.

L'arbitre qui peut être déterminé par la *raison pure* s'appelle le libre arbitre[1]. Celui qui n'est déterminable que par le *penchant* (impulsion sensible[2]) serait un arbitre animal. L'arbitre humain, en revanche, est tel qu'il peut certes être *affecté* par des impulsions mais non *déterminé* par elles, et en lui-même (sans pratique obtenue de la raison) il n'est pas pur, cependant qu'il peut être déterminé à agir à partir de la pure volonté. La *liberté* de l'arbitre consiste en l'indépendance de sa *détermination* à l'égard des impulsions sensibles, c'est là le concept négatif de la liberté.

Emmanuel Kant, *Métaphysique des mœurs*, 1re partie, in *Œuvres*, t. 3, © Gallimard, « Bibliothèque de la Pléiade », trad. J. et O. Masson, 1986, p. 457.

1. Voir « Le mot et ses idées », p. 232.
2. Mouvement spontané, excité par les sens et non déterminé par la raison.

CONCEPT

Être affecté, être déterminé
Si une impulsion sensible nous détermine, nous ne pouvons pas faire autrement que de lui obéir. Ainsi, un animal ne peut pas se dérober à ce que lui dicte son instinct. Les hommes éprouvent eux aussi des impulsions sensibles qui les affectent mais ne les contraignent pas : leur volonté peut les refuser.

Questions

1. **Comment Kant définit-il le libre arbitre ? Les animaux ont-ils un libre arbitre, selon lui ?**
2. **Pourquoi Kant qualifie-t-il de « négative » la définition qu'il propose de la liberté ? Soyez attentif à la formation du mot *indépendance* (v. p. 232).**

Pour aller plus loin

Établissez le lien entre la raison et la liberté. Aidez-vous de la page 135 et du chapitre 10, « La raison », p. 288-315.

Débat

Les choix des êtres humains sont-ils toujours déterminés par la raison ? Aidez-vous du texte de Malebranche, p. 455.

SPINOZA
1632-1677
Époque contemporaine
▸ p. 510

TEXTE 10 Spinoza, *Lettre à Schuller*, 1674

Nous avons le sentiment d'être libres lorsque nous choisissons volontairement une option. Cependant, peut-être ce choix est-il l'effet de causes psychologiques, sociales, physiques, dont nous ne sommes pas conscients. Le sentiment de notre liberté n'est-il alors qu'une illusion présomptueuse ?

J'appelle libre, quant à moi, une chose qui est et agit par la seule nécessité de sa nature ; contrainte, celle qui est déterminée[1] par une autre à exister et à agir d'une certaine façon déterminée. Dieu, par exemple, existe librement bien que nécessairement parce qu'il existe par la seule nécessité de sa nature […]. Vous le voyez bien, je ne fais pas consister la liberté dans un libre décret[2] mais dans une libre nécessité.

Mais descendons aux choses créées qui sont toutes déterminées par des causes extérieures à exister et à agir d'une certaine façon déterminée. Pour rendre cela clair et intelligible, concevons une chose très simple : une pierre par exemple reçoit d'une cause extérieure qui la pousse, une certaine quantité de mouvement et, l'impulsion[3] de la cause extérieure venant à cesser, elle continuera à se mouvoir nécessairement. Cette persistance de la pierre dans le mouvement est une contrainte, non parce qu'elle est nécessaire, mais parce qu'elle doit être définie par l'impulsion d'une cause extérieure. Et ce qui est vrai de la pierre il faut l'entendre de toute chose singulière, quelle que soit la complexité qu'il vous plaise de lui attribuer, si nombreuses que puissent être ses aptitudes[4], parce que toute chose singulière est nécessairement déterminée par une cause extérieure à exister et à agir d'une certaine manière déterminée.

Odilon Redon (1840-1916), *L'Œil* ou *Le Cube*, 1880, fusain sur papier, 43 x 29 cm, coll. privée.

REPÈRES

- **Contingent/nécessaire** ▸ p. 487
- **Universel/général/particulier/singulier** ▸ p. 494

Concevez maintenant, si vous voulez bien, que la pierre, tandis qu'elle continue de se mouvoir, pense et sache qu'elle fait effort, autant qu'elle peut, pour se mouvoir. Cette pierre assurément, puisqu'elle a conscience de son effort seulement et qu'elle n'est en aucune façon indifférente, croira qu'elle est très libre et qu'elle ne persévère dans son mouvement que parce qu'elle le veut. Telle est cette liberté humaine que tous se vantent de posséder et qui consiste en cela seul que les hommes ont conscience de leurs appétits et ignorent les causes qui les déterminent. Un enfant croit librement appéter[5] le lait, un jeune garçon irrité vouloir se venger et, s'il est poltron, vouloir fuir. Un ivrogne croit dire par un libre décret de son âme ce qu'ensuite, revenu à la sobriété, il aurait voulu taire. De même un délirant, un bavard, et bien d'autres de même farine[6], croient agir par un libre décret de l'âme et non se laisser contraindre.

Baruch Spinoza, *Lettre 58 à Schuller*, 1674, in *Œuvres*, t. 4, © Garnier-Flammarion, trad. C. Appuhn, 1966, p. 303-305.

1. Causée.
2. Décision (prise par la volonté).
3. Action de pousser.
4. Qualités, capacités.
5. Avoir de l'appétit pour le lait.
6. De même sorte.

Questions

1. **Relevez la définition de la liberté et de la contrainte. Expliquez pourquoi l'idée d'une « libre nécessité » n'est pas une contradiction.**
2. **Que permet de comprendre l'exemple de la pierre ?**
3. **Expliquez « les hommes ont conscience de leurs appétits et ignorent les causes qui les déterminent » (l. 37-38). Pourquoi la liberté entendue comme libre arbitre est-elle une illusion ?**

Pour aller plus loin

Comparez ce texte avec celui de Descartes, p. 244 : la liberté telle que l'entend Descartes est-elle illusoire pour Spinoza ?

QUESTION

4 La loi restreint-elle la liberté ?

TEXTE 11 Hobbes, *Léviathan*, 1651

HOBBES
1588-1679
Époque moderne

▸ p. 507

Pour Hobbes, le sens premier de la liberté est la liberté de mouvement. Si les lois empêchent les hommes d'accomplir certaines actions, pouvons-nous contourner ces obstacles à la liberté ? Quel danger y a-t-il à rompre ces « chaînes artificielles » ?

Mais de même que les hommes, pour se procurer la paix et par là se préserver eux-mêmes, ont fabriqué un homme artificiel[1], qu'on appelle République, ils ont aussi fabriqué des chaînes artificielles appelées *lois civiles*, qu'ils ont eux-mêmes, par des conventions mutuelles, attachées d'un bout aux lèvres de l'homme ou de l'assemblée à qui ils ont donné le pouvoir souverain, et de l'autre à leurs propres oreilles. Ces liens qui, par leur propre nature, n'ont aucune force, on peut néanmoins, par l'effet du danger (mais nullement de la difficulté) qu'il y aurait à les rompre, faire qu'ils résistent.

C'est seulement par rapport à ces liens que je vais parler de la *liberté* des *sujets*. Étant donné en effet qu'il n'existe pas au monde de République où l'on ait établi suffisamment de règles pour présider à toutes les actions et paroles des hommes (car cela serait impossible), il s'ensuit nécessairement que dans tous les domaines d'activité que les lois ont passés sous silence, les gens ont la liberté de faire ce que leur propre raison leur indique comme étant le plus profitable. Car si nous prenons le mot de liberté dans son sens propre de liberté corporelle, c'est-à-dire de n'être ni enchaîné ni emprisonné, il serait tout à fait absurde, de la part des hommes, de réclamer comme ils le font pour obtenir cette liberté dont ils jouissent si manifestement. D'autre part, si nous entendons par liberté le fait d'être soustrait aux lois, il n'est pas moins absurde, de la part des hommes, de réclamer comme ils le font cette liberté qui permettrait à tous les autres hommes de se rendre maîtres de nos vies. Et cependant, aussi absurde que ce soit, c'est bien ce qu'ils réclament : ne sachant pas que les lois sont sans pouvoir pour les protéger s'il n'est pas un glaive entre les mains d'un homme (ou de plusieurs) pour faire exécuter ces lois. La liberté des sujets ne réside par conséquent que dans les choses qu'en réglementant leurs actions le souverain a passées sous silence, par exemple la liberté d'acheter, de vendre, et de conclure d'autres contrats les uns avec les autres ; de choisir leur résidence, leur genre de nourriture, leur métier, d'éduquer leurs enfants comme ils jugent convenable, et ainsi de suite.

Thomas Hobbes, *Léviathan*, 2e partie, chapitre XXI, « De la liberté des sujets »,
© Dalloz, trad. F. Tricaud, 1999, p. 223-224.

1. Un souverain absolu, dont le pouvoir repose sur une convention.

DÉFINITION

La **liberté, selon Hobbes**, est d'abord une **« absence d'opposition »**, d'obstacles extérieurs. Cette définition s'applique aux choses comme aux personnes : dans un vase, l'eau est contrainte ; hors du vase, elle se répand librement. De même, « un homme libre est celui qui, s'agissant des choses que sa force et son intelligence lui permettent d'accomplir, n'est pas empêché de faire celles qu'il a la volonté de faire » (*Léviathan*, XXI).

Questions

1. **À quoi Hobbes compare-t-il les lois civiles ?**
2. **Pourquoi, selon Hobbes, serait-il absurde de vouloir être soustrait aux lois ?**
3. **Expliquez : « La liberté des sujets ne réside par conséquent que dans les choses qu'en réglementant leurs actions le souverain a passées sous silence. » (l. 25-26) Quelle est la relation entre la loi et la liberté ?**

PERSPECTIVES

La morale et la politique

- Pourquoi Hobbes affirme-t-il que les lois civiles n'ont « aucune force » en elles-mêmes ? Pourquoi sont-elles néanmoins respectées ?
- Hobbes défend l'absolutisme qui, selon lui, peut seul garantir la sécurité. D'après ce texte, expliquez comment ce pouvoir absolu est compatible avec une forme de liberté. Pourquoi l'État n'aurait-il pas intérêt à supprimer la liberté des sujets ?

TEXTE 12 Rousseau, *Lettres écrites de la montagne*, 1764

La liberté consiste-t-elle à faire tout ce que l'on veut, en imposant sa volonté aux autres ? Rousseau dénonce comme illusoire cette indépendance qui n'est qu'un déguisement de la domination. Il défend l'autonomie : la liberté ne consiste pas à s'affranchir des lois mais à obéir aux lois que l'on s'est données à soi-même.

ROUSSEAU
1712-1778
Époque moderne
▸ p. 509

On a beau vouloir confondre l'indépendance et la liberté, ces deux choses sont si différentes que même elles s'excluent mutuellement. Quand chacun fait ce qui lui plaît, on fait souvent ce qui déplaît à d'autres, et cela ne s'appelle pas un état libre. La liberté consiste moins à faire sa volonté qu'à n'être pas soumis à celle d'autrui ; elle consiste encore à ne pas soumettre la volonté d'autrui à la nôtre. Quiconque est maître ne peut être libre, et régner c'est obéir. [...] Je ne connais de volonté vraiment libre que celle à laquelle nul n'a droit d'opposer de la résistance ; dans la liberté commune nul n'a droit de faire ce que la liberté d'un autre lui interdit, et la vraie liberté n'est jamais destructive d'elle-même. Ainsi la liberté sans la justice est une véritable contradiction ; car, comme qu'on s'y prenne[1], tout gêne dans l'exécution d'une volonté désordonnée.

Il n'y a point de liberté sans Lois, ni où quelqu'un est au-dessus des Lois : dans l'état même de nature l'homme n'est libre qu'à la faveur de la Loi naturelle qui commande à tous. Un peuple libre obéit, mais il ne sert pas ; il a des chefs et non pas des maîtres ; il obéit aux Lois mais il n'obéit qu'aux Lois et c'est par la force des Lois qu'il n'obéit pas aux hommes. Toutes les barrières qu'on donne dans les républiques au pouvoir des magistrats ne sont établies que pour garantir de leurs atteintes l'enceinte sacrée des lois : ils en sont les ministres[2] non les arbitres[3], ils doivent les garder non les enfreindre. Un peuple est libre, quelque forme qu'ait son gouvernement, quand dans celui qui le gouverne il ne voit point l'homme, mais l'organe[4] de la loi. En un mot, la liberté suit toujours le sort des lois, elle règne ou périt avec elles ; je ne sache rien de plus certain.

Jean-Jacques Rousseau, *Lettres écrites de la montagne*, lettre VIII, *Œuvres complètes*, t. III, © Gallimard, « Bibliothèque de la Pléiade », 1986, p. 841-842.

REPÈRES
Obligation/contrainte
▸ p. 492

1. Quelle que soit la manière dont on s'y prend.
2. Serviteurs, gardiens.
3. Ceux qui décident.
4. L'instrument.

DÉFINITION

Loi naturelle : principes fondamentaux de la morale qui ne sont pas posés, institués par les hommes, mais qui existent de toute éternité. Dans le *Discours sur l'origine et les fondements de l'inégalité parmi les hommes*, Rousseau identifie l'amour de soi et la pitié comme les deux seuls « principes antérieurs à la raison » qui fondent la loi naturelle.

Questions

1. Comment Rousseau définit-il l'indépendance ? Pourquoi n'est-ce pas une définition satisfaisante de la liberté ? Comment définit-il celle-ci ?
2. Expliquez : « Quiconque est maître ne peut être libre, et régner c'est obéir. » (l. 6-7)
3. Expliquez : « la liberté sans la justice est une véritable contradiction. » (l. 10-11)
4. Comment Rousseau distingue-t-il servir et obéir ?

Débat

Obéir aux lois, est-ce renoncer à sa liberté ?

PERSPECTIVES

La morale et la politique

- Pourquoi l'indépendance ne garantit-elle pas aux hommes d'être également libres ?
- L'autonomie politique le garantit-elle ?
- Quelle différence y a-t-il entre l'allégeance personnelle et l'obéissance à la loi ?

Pour aller plus loin

N'est-on libre qu'en étant citoyen ? Rousseau s'inscrit dans la tradition républicaine de la philosophie politique. Cherchez ce qui caractérise cette tradition et quels en sont les principaux représentants.

TEXTE 13 Marx, *À propos de la question juive*, 1843

MARX
1818-1883
Époque contemporaine
▶ p. 518

REPÈRES

- Formel/matériel ▶ p. 489
- Théorie/pratique ▶ p. 493
- Origine/fondement ▶ p. 492
- Abstrait/concret ▶ p. 486

Marx dénonce la Déclaration des droits de l'homme comme étant l'expression d'une liberté formelle, qui satisfait les intérêts d'une classe particulière, la bourgeoisie, et non l'expression d'une liberté réelle, qui ne saurait être seulement juridique mais qui doit être aussi une capacité matérielle, économique.

Avant tout nous constatons que les *droits* dits *de l'homme*, les *droits de l'homme*, par opposition aux *droits du citoyen*, ne sont rien d'autre que les droits du *membre de la société bourgeoise*, c'est-à-dire de l'homme égoïste, de l'homme séparé de l'homme et de la collectivité. […]

D'après la *Déclaration des droits de l'homme de 1791 : « La liberté consiste à pouvoir faire tout ce qui ne nuit pas à autrui. »*

La liberté est donc le droit de faire et d'entreprendre tout ce qui ne nuit à aucun autre. La frontière à l'intérieur de laquelle chacun peut se mouvoir sans être *nuisible* à autrui est définie par la loi, de même que la limite de deux camps est déterminée par le palis[1]. Il s'agit de la liberté de l'homme en tant que monade[2] isolée, repliée sur elle-même. […]

Le droit humain à la liberté n'est pas fondé sur la relation de l'homme à l'homme, mais au contraire sur la séparation de l'homme d'avec l'homme. Il est le *droit* à cette séparation, le droit de l'individu *limité*, limité à lui-même.

L'application pratique du droit à la liberté est le droit humain à la propriété privée.

En quoi consiste le droit de l'homme à la propriété privée ? *Article 16* (*Constitution de 1793*) : *« Le droit de propriété est celui qui appartient à tout citoyen de jouir et de disposer à son gré de ses biens, de ses revenus, du fruit de son travail et de son industrie. »*

Le droit de l'homme à la propriété privée est donc le droit de jouir et de disposer de sa fortune arbitrairement (à son gré), sans se rapporter à d'autres hommes, indépendamment de la société, c'est le droit à l'égoïsme. Cette liberté individuelle-là, de même que son application, constituent le fondement de la société bourgeoise. À chaque homme elle fait trouver en l'autre homme, non la réalisation, mais au contraire la limite de sa liberté. […]

C'est seulement une fois que l'homme réel et individuel a ramené dans son être le citoyen abstrait et que, comme homme individuel dans son existence empirique[3], dans son travail individuel, dans sa situation individuelle, il est devenu un être générique[4] — c'est seulement quand l'homme a reconnu et organisé ses « *forces propres* » comme forces *sociales*, et par suite ne sépare plus de soi la force sociale sous la forme de la force *politique* — c'est alors seulement que l'émancipation humaine est consommée.

Karl Marx, *À propos de la question juive*, © D. R., trad. M. Simon, p. 103-123.

1. Clôture
2. Unité individuelle.
3. Dans son expérience.
4. Marx définit un « être générique » comme un être qui produit lui-même ses conditions d'existence et prend ainsi conscience d'appartenir à un genre, le genre humain, par opposition à l'« être organique », produit par un processus déterminé par la nécessité biologique.

Questions

1. **Pourquoi Marx critique-t-il la conception de la liberté énoncée dans la Déclaration des droits de l'homme ?**
2. **En quoi consiste l'émancipation véritable ?**

PERSPECTIVES

La morale et la politique

■ Pourquoi est-il insuffisant de reconnaître formellement un droit, une liberté ? ■ Comment faire pour le rendre réel ? ■ En quoi est-il abstrait de se représenter les hommes comme des êtres isolés ? ■ Quelles sont les conséquences politiques d'une telle représentation ?

QUESTION 5 Comment devenir libre ?

TEXTE 14 La Boétie, *Discours de la servitude volontaire*, 1576

LA BOÉTIE
1530-1563
Renaissance
Écrivain français. La Boétie entretient une « parfaite amitié » avec Montaigne, qu'il rencontre en 1558.

Pourquoi les hommes, dont la nature est d'être libres, acceptent-ils d'être dominés ? La Boétie, âgé de 18 ans lorsqu'il compose ce Discours, met en évidence un paradoxe : les hommes créent eux-mêmes les conditions de leur asservissement.

C'est chose étrange d'ouïr parler de la vaillance[1] que la liberté met dans le cœur de ceux qui la défendent ; mais ce qui se fait en tous pays, par tous les hommes, tous les jours, qu'un homme mâtine[2] cent mille et les prive de leur liberté, qui le croirait s'il ne faisait que l'ouïr dire[3] et non le voir ; et s'il ne se faisait qu'en pays étranges et lointaines terres, et qu'on le dit, qui ne penserait que cela fut plutôt feint et trouvé[4] que non pas véritable ? Encore ce seul tyran, il n'est pas besoin de le combattre, il n'est pas besoin de le défaire ; il est de soi-même défait, mais que le pays ne consente à sa servitude[5] ; il ne faut pas lui ôter rien, mais ne lui donner rien ; il n'est pas besoin que le pays se mette en peine de faire rien pour soi, pourvu qu'il ne fasse rien contre soi. Ce sont donc les peuples mêmes qui se laissent ou plutôt se font gourmander[6], puisqu'en cessant de servir ils en seraient quittes[7] ; c'est le peuple qui s'asservit, qui se coupe la gorge, qui ayant le choix ou d'être serf ou d'être libre quitte sa franchise[8] et prend le joug[9] : qui consent à son mal ou plutôt le pourchasse. [...]

Ce ne sont pas les armes qui défendent le tyran. [...] Ce sont toujours quatre ou cinq qui maintiennent le tyran et qui lui tiennent tout le pays en servage. Il en a toujours été ainsi que cinq ou six ont eu l'oreille du tyran et s'y sont approchés d'eux-mêmes ou bien y ont été appelés pour être les complices de ses cruautés, les compagnons de ses plaisirs. [...] Ces six en ont six cents qui profitent sous eux ; ces six cents en tiennent sous leur dépendance six mille qu'ils ont élevé en état[10], auxquels ils font donner, ou le gouvernement des provinces, ou le maniement des deniers[11] publics. [...] Qui voudra s'amuser à dévider ce filet, il verra que non pas les six mille, mais les cent mille, mais les millions par cette corde se tiennent au tyran [...] C'est ainsi que le tyran asservit ses sujets les uns par les autres. Il est gardé par ceux desquels il devrait se garder.

Étienne de La Boétie, *Discours de la servitude volontaire*, orthographe modernisée.

1. Le courage.
2. Maltraite.
3. Qu'en entendre parler.
4. Inventé et mensonger.
5. Si seulement le pays ne consent pas à la servitude.
6. Maltraiter en paroles.
7. Libérés.
8. Liberté.
9. Devient esclave. Le joug est une pièce de bois que l'on pose sur l'échine des bœufs afin de les atteler.
10. Auxquels ils ont confié une charge.
11. De l'argent.

DÉFINITION

La servitude est la condition des serfs (du latin *servus*, « esclave »), paysans qui, au Moyen Âge, cultivaient les terres d'un noble, sans pouvoir les quitter. Par extension, elle désigne la soumission absolue à un maître.

Questions

1. **Pourquoi l'obéissance de nombreux hommes à un seul est-elle paradoxale ?**
2. **Expliquez : « c'est le peuple qui s'asservit, qui se coupe la gorge » (l. 12-13).**
3. **Que faut-il faire pour renverser la tyrannie ?**
4. **Comment la tyrannie se maintient-elle ?**

Pour aller plus loin

Faites une recherche sur la postérité du *Discours de la servitude volontaire* au XXe siècle. En quoi le texte de La Boétie peut-il éclairer les régimes totalitaires ?

TEXTE 15

Kant, *Qu'est-ce que les Lumières ?*, 1784

KANT
1724-1804
Époque moderne
▸ p. 507

Kant, qui écrit à la fin du siècle des Lumières, réfléchit à l'ambition de cette époque : les Lumières visent à permettre aux hommes d'accéder par eux-mêmes à la majorité. Une condition centrale de cette émancipation est la liberté de « l'usage public de la raison » : chacun doit pouvoir publier ses opinions sans craindre la censure.

Les Lumières, c'est la sortie de l'homme hors de l'état de tutelle[1] *dont il est lui-même responsable.* L'état de tutelle est l'incapacité de se servir de son entendement sans la conduite d'un autre. On est *soi-même responsable* de cet état de tutelle quand la cause tient non pas à une insuffisance de l'entendement mais à une insuffisance de la résolution et du courage de s'en servir sans la conduite d'un autre. *Sapere aude*[2] *!* Aie le courage de te servir de ton *propre* entendement ! Voilà la devise des Lumières.

Paresse et lâcheté sont les causes qui font qu'un si grand nombre d'hommes, après que la nature les eut affranchis depuis longtemps d'une conduite étrangère, restent cependant toute leur vie dans un état de tutelle ; et qui font qu'il est si facile à d'autres de se poser comme leurs tuteurs. Si j'ai un livre qui a de l'entendement à ma place, un directeur de conscience[3] qui a de la conscience à ma place, un médecin qui juge à ma place de mon régime alimentaire, etc., je n'ai alors pas moi-même à fournir d'efforts. Il ne m'est pas nécessaire de penser dès lors que je peux payer ; d'autres assumeront bien à ma place cette fastidieuse besogne[4]. Et si la plus grande partie, et de loin, des hommes (et parmi eux le beau sexe[5] tout entier) tient ce pas qui affranchit de la tutelle pour très dangereux et de surcroît très pénible, c'est que s'y emploient ces tuteurs qui, dans leur extrême bienveillance, se chargent de les surveiller. Après avoir d'abord abêti leur bétail et avoir empêché avec sollicitude ces créatures paisibles d'oser faire un pas sans la roulette d'enfant[6] où ils les avaient emprisonnés, ils leur montrent ensuite le danger qui les menace s'ils essaient de marcher seuls. Or ce danger n'est sans doute pas si grand, car après quelques chutes ils finiraient bien par apprendre à marcher ; un tel exemple rend pourtant timide et dissuade d'ordinaire de toute autre tentative ultérieure.

Emmanuel Kant, *Qu'est-ce que les Lumières ?* © Garnier-Flammarion, trad. J.-F. Poirier et F. Proust, 1991, p. 43-44.

1. Régime de protection légale qui confie à une personne majeure certaines décisions qui concernent une personne mineure.
2. Ose savoir (en latin).
3. Prêtre chargé de donner à un fidèle des directives en matière de morale et de religion.
4. Ce travail ennuyeux
5. Les femmes.
6. Le trotteur, qui permet à l'enfant de faire ses premiers pas, sans tomber.

CULTURE PHILOSOPHIQUE

Les **Lumières** (***Enlightment, Aufklärung***) sont un mouvement culturel et intellectuel européen qui domine le XVIIIe siècle. Confiants dans la raison et le progrès de l'humanité, les partisans des Lumières tâchent de favoriser l'émancipation politique et intellectuelle des hommes, notamment par rapport aux institutions religieuses, en encourageant la diffusion du savoir scientifique, artistique et technique.

Questions

1. **Comment Kant définit-il les Lumières ?**
2. **Comment expliquer que les hommes préfèrent l'obéissance à la liberté ?**
3. **Les tuteurs conduisent-ils les hommes vers l'autonomie ?**

PERSPECTIVES

La connaissance

- Kant critique-t-il la lecture ou seulement un certain usage de la lecture ?
- Quel doit être le but de l'éducation ?
- Pourquoi les Lumières permettent-elles un progrès en liberté ?
- Quels sont les liens entre la connaissance et la liberté ?

Pour aller plus loin

Texte à télécharger

Lisez *Qu'est-ce que les Lumières ?* de Kant. Comment les hommes peuvent-ils s'affranchir de leur état de tutelle ? Cette libération est-elle toujours solitaire ?

Rencontre avec... **PAUL NIZAN,** ÉCRIVAIN

Comment être réellement libres ?

Paul Nizan part en Arabie en 1926-1927. À son retour, il publie *Aden Arabie*, dans lequel il dénonce avec virulence la colonisation, le capitalisme et la société bourgeoise de son temps. Cette expérience est également l'occasion pour lui de porter un regard critique sur toute une tradition romantique du voyage : si voyager affaiblit la pression de la société et des convenances, « l'esclavage » de la vie ordinaire, c'est aussi le plus souvent une forme de fuite et la liberté du voyageur est alors « tout à fait imaginaire ». La liberté réelle se conquiert en effet dans l'action, dans le combat avec les éléments du capitaine Blair sur son bateau, ou dans la lutte des classes.

Voyageurs, devenez de plus en plus vides et tremblants, malades de l'agitation de votre mal, vous aurez beau jeu de vous rassurer en répétant que vous êtes libres, que cela au moins ne vous sera pas enlevé. La liberté de la mer et des chemins est tout à fait imaginaire : au commencement des voyages, elle ressemble à la liberté parce qu'elle est comparée à l'esclavage horrible de la vie qui précédait la mer. Mais voici ce qu'elle est : une licence[1] de certains mouvements physiques, plus de contrainte à des gestes que d'autres ont voulus. Une aisance inconnue. Les routes de terre et de mer ont une faible densité d'habitants et ceux qui vivent sur elles ne sont pas gens à prescrire et à défendre tel ou tel mouvement. Les membres peuvent réellement se mettre à l'air, se donner de l'air : nul geste qui soit encombrant, ou inconvenant, ou obscène, pas de foule que le coude puisse heurter, aucun de ces gestes honteux que font les êtres de la foule, comme de presser sournoisement les hanches si larges d'une femme, de se regarder à la dérobée dans tous les miroirs des rues pour contrôler son personnage, comme de cracher vite et en se détournant dans un mouchoir. Vous pouvez uriner librement dans la mer : nommerez-vous ces actes la liberté ?

Paul Nizan et Jean-Paul Sartre sur le toit de l'École normale supérieure, vers 1924.

La liberté est un pouvoir réel et une volonté réelle de vouloir être soi. Une puissance pour bâtir, pour inventer, pour agir, pour satisfaire à toutes les ressources humaines dont la dépense donnera la joie.

Les voyageurs sont comme les autres tirés de toutes parts par les puissances qu'aucun objet ne satisfait, par l'amour sans amant, l'amitié sans ami, la course sans parcours, le moteur sans mouvement, la force qui n'a jamais d'actualité : il n'y a pas d'objet, de dessein[2], d'occasion. Libres comme les sages qui paralysent une par une les parties de l'humanité et qui appellent sagesse cette mutilation : il est grandement temps de n'être plus stoïques, vous n'aurez pas de ciel où rattraper le temps.

Fuir, toujours fuir pour ne plus penser que vous êtes mutilés ?

Je n'invente pas des contes littéraires : j'ai connu un soldat de coloniale[3] envoyé aux sections spéciales du cap Saint-Jacques, qui disait à ses juges empesés de galons[4] : « Je ne peux pas ne pas céder aux crises qui me prennent, à ces fugues qui sont les seules fautes que vous ayez à me reprocher. Il faut

Paul Nizan (1905-1940)
Philosophe et romancier français. Issu de la petite bourgeoisie, brillant étudiant, condisciple et ami de Jean-Paul Sartre, il se révolta contre son milieu social, s'engagea au sein du Parti communiste, et mourut lors des premiers combats de la Seconde Guerre mondiale. Son récit le plus connu, *Aden Arabie* (1931), débute ainsi : « J'avais vingt ans. Je ne laisserai personne dire que c'est le plus bel âge de la vie. »

que je fuie. C'est la seule explication que je puisse donner de ce que vous appelez mon inconduite habituelle. » [...] Liberté ? Et les marins qui voyagent comme un menuisier scie des grumes[5] ? Il y a encore des marins qui sont humains parfois. Le capitaine Blair produit des actions réelles quand il faut, il monte sans y penser jusqu'à une espèce de sublime[6] professionnel, sans se dire que le moment est venu d'être sublime. J'ai connu un poète qui avait été pilotin[7] ; il sauvait son âme éternelle chaque fois qu'il lançait un seau d'eau sur les planches du pont, le matin à cinq heures. Blair commande. Il lutte contre les sautes de vent[8], l'arrivée des grains[9], les courants, se méfie des lignes de récifs. Il va régulièrement d'incident en incident sans aucune complaisance pour lui-même, sans aucune idée lyrique des océans. Il connaît qu'il arrive des moments où il ne faut pas se tourner les pouces, mais décider et ordonner parce que tout dépend de la vitesse et de la sûreté d'un petit nombre de mouvements. Il est beau à voir [...]. Blair est ainsi, vivant tout le temps que dure son acte : mais il n'en sait qu'un, c'est son malheur. Le reste du temps, il n'y a pas tous les jours des tempêtes, des ports difficiles, il s'emmerde, il regarde son cargo comme une cellule, il n'arrive pas à se consoler en traitant la mer de putain.

Paul Nizan, *Aden Arabie*, chap. VI.

1. Permission.
2. Projet.
3. De l'armée coloniale.
4. Qui portent sur leurs vêtements le signe de leur grade militaire.
5. Troncs d'arbres.
6. Élévation extrême, qui ne suscite pas seulement l'admiration mais aussi l'effroi.
7. Apprenti pilote.
8. Brusques changements de la direction et de la force du vent.
9. Coups de vent, souvent accompagnés d'averses.

William Turner (1775-1851), *Tempête de neige en mer*, 1842, huile sur toile, 91,4 x 121,9 cm, Tate Britain, Londres.

ARRÊT SUR **IMAGES**

Entre nos mains, de M. Otero, 2010

Liens

Fiche technique

- **Genre :** documentaire
- **Réalisateur :** Mariana Otero
- **Scénario :** Mariana Otero
- **Distribution :** les ouvrières et les employés de Starissima
- **Date de sortie :** 2010
- **Durée :** 87 minutes
- **Synopsis :** une entreprise de lingerie fait faillite. Ses salariés, essentiellement des femmes, décident de la reprendre sous forme de coopérative. L'entreprise devient un théâtre où se jouent, sur un ton espiègle, entre soutiens-gorges et culottes, des questions fondamentales économiques et sociales. Confrontés aux difficultés et à la « réalité du marché », les salariés découvrent dans cette aventure collective une nouvelle liberté.

Activités

1 **Visionnez l'intégralité du film de Mariana Otero.**

2 **Répondez aux questions suivantes.**

COMPRÉHENSION

1. Pourquoi les salariés de l'entreprise envisagent-ils de la reprendre ?
2. Qu'est-ce qu'une SCOP ? Vérifiez le sens de l'acronyme.
3. Quels rapports les salariés entretiennent-ils avec le patron ?
4. Comment les relations entre les salariés changent-elles avec l'évolution du projet ?
5. Le projet de SCOP est-il monté ? Pourquoi ?
6. Comment comprenez-vous la scène musicale qui clôt le film ?

RÉFLEXION

7. Quelles sont les règles d'une SCOP ? Quelle règle, en particulier, permet aux salariés d'être maîtres de leur entreprise ?
8. Pourquoi certains salariés ont-ils peur ?
9. La liberté demande-t-elle du courage ?
10. La délibération est-elle un signe d'indécision ?
11. Suffit-il de vouloir monter une SCOP pour le faire ?
12. Sait-on exactement à quoi on s'engage au moment où on le fait ? Expliquez les liens entre liberté et engagement.
13. Être libre, est-ce toujours « aller vers l'inconnu », comme le dit une ouvrière ?
14. Quels sont les liens entre la liberté et la responsabilité ? N'est-on responsable que de soi ?
15. Quelles tensions ce processus de décision collective peut-il révéler ?
16. Chacun décide-t-il de manière individuelle de participer ou non ? Est-il facile de s'assurer que chacun choisit et agit librement ?
17. La liberté est-elle vécue avec insouciance ou inquiétude ? À quelles émotions est-elle liée ?
18. Quelles questions politiques ce film pose-t-il ?
19. Pourquoi penser que le chemin importe davantage que le résultat ?
20. Peut-on être libre seul ? Quelles sont les relations entre liberté et solidarité ?

EXERCICES

Les termes et les concepts-clés

1 Retenez les mots-clés de ce chapitre : libre arbitre, déterminisme, servitude, aliénation, libertés formelles, libertés réelles, indépendance, autonomie, illusion.

2 En réfléchissant sur *Aden Arabie* de Paul Nizan (p. 252-253), répondez aux questions suivantes pour tester votre maîtrise des concepts.

a. Caractérisez « la liberté de la mer et des chemins ». En quoi celui qui part est-il indépendant ? De quelles servitudes s'est-il affranchi ?

b. Expliquez pourquoi « la vie qui précédait la mer » est un « esclavage horrible », en exposant certaines formes d'aliénation caractéristiques de la vie sociale actuelle.

c. En quoi cette indépendance n'est-elle qu'une liberté formelle ? En quoi est-elle vaine, illusoire ?

d. Comment Nizan définit-il la liberté réelle ? Implique-t-elle de nier toute détermination ?

e. En quoi la vie du Capitaine Blair manifeste-t-elle cette liberté réelle ?

PERSPECTIVES

3 Quelles perspectives sont en jeu dans les questions suivantes ? Aidez-vous des pages 29 à 39.

a. A-t-on besoin d'apprendre à être libre ?

b. N'est-on libre qu'en étant citoyen ?

c. Se sentir libre implique-t-il qu'on le soit ?

Analyser une image

4 Observez *Le Vagabond* de Steinlen (p. 237).

a. Qu'est-ce qu'une lithographie ?

b. Comment la solitude du vagabond est-elle figurée ? Commentez la composition de l'image.

c. En quoi le vagabond est-il une figure de la liberté ? (Voir La Fontaine, p. 238 et Nizan, p.252-253)

d. Sur quoi Steinlein met-il l'accent ?

Produire des distinctions conceptuelles

5 Expliquez ce qui distingue l'autonomie de l'indépendance.

a. Laquelle de ces conceptions est plus conforme à l'opinion commune ?

b. En quoi l'autonomie est-elle une forme paradoxale de la liberté ? Expliquez ce qui distingue l'autonomie morale de l'autonomie politique. Quel rapport y a-t-il entre autonomie et obligation ?

c. Quels rapports aux autres l'autonomie et l'indépendance impliquent-elles ?

d. Quels rapports à la loi impliquent-elles ?

e. Quelle faculté possédons-nous qui nous permet d'être libre ?

Analyser un exemple

6 Réfléchissez sur la notion d'expérience de pensée grâce à l'exemple de la pierre donné par Spinoza (p. 245).

a. Qu'est-ce qui distingue l'expérience de pensée d'une expérience réelle ?

b. Expliquez pourquoi l'exemple de l'âne de Buridan (p. 244) est une expérience de pensée.

c. Analysez l'exemple de la pierre :

– L'expérience proposée par Spinoza dans le deuxième paragraphe (l. 13-18) est-elle réalisable ?

– Quelle supposition fait de cette expérience une expérience de pensée (l. 31-36) ?

– Pourquoi les êtres humains ne reconnaissent-ils pas d'emblée leur propre situation dans l'exemple de la pierre ?

Maîtriser les repères

7 À partir des textes du chapitre et des repères qui leurs sont associés, répondez aux questions suivantes, en vous aidant de la partie Repères (p.486-494).

a. Absolu/relatif ▸ p. 486

Pour Descartes (p. 244), avons-nous la possibilité d'accomplir une action moralement condamnable ? En quoi cela manifeste-t-il une liberté absolue ?

b. Transcendant/immanent ▸ p. 494

Pour Sartre, existe-t-il des valeurs transcendantes (p. 241) ?

c. Essentiel/accidentel ▸ p. 488

Expliquez : « l'existence précède l'essence » (p. 241).

d. Contingent/nécessaire ▸ p. 487

Y a-t-il une contradiction entre liberté et nécessité pour Spinoza (p. 246) ?

e. Obligation/contrainte ▸ p. 492

La liberté est-elle compatible avec la contrainte ? Avec l'obligation ? Vous pouvez vous appuyer sur le texte de Rousseau, p. 248.

Réviser les points clés du chapitre

8 **a.** Quels auteurs cités dans ce chapitre conçoivent la liberté comme autonomie ? S'agit-il d'une autonomie morale ou politique ?

b. Qu'est-ce que le libre arbitre ? Quels auteurs défendent la thèse selon laquelle les hommes possèdent un libre arbitre ? Quels sont ceux qui critiquent une telle conception de la liberté ? Pour quelles raisons ?

c. Quelles sont les relations entre la liberté et la loi ?

MÉTHODE

BAC L'explication de texte

Podcast

TEXTE

Kant, *La Religion dans les limites de la simple raison*, 1793

J'avoue ne pas pouvoir me faire très bien à cette expression dont usent les hommes sensés[1] : un certain peuple (en train d'élaborer sa liberté légale) n'est pas mûr pour la liberté ; les serfs[2] d'un propriétaire terrien ne sont pas encore mûrs pour la liberté ; et de même aussi les hommes ne sont pas encore mûrs pour la liberté de conscience. Dans une hypothèse de ce genre la liberté ne se produira jamais ; car on ne peut mûrir pour la liberté, si l'on n'a pas été mis au préalable en liberté (il faut être libre pour pouvoir se servir utilement de ses forces dans la liberté). Les premiers essais en seront sans doute grossiers et liés d'ordinaire à une condition plus pénible et plus dangereuse que lorsqu'on se trouvait encore sous les ordres, mais aussi confié aux soins d'autrui ; cependant jamais on ne mûrit pour la raison autrement que grâce à des tentatives personnelles (qu'il faut être libre de pouvoir effectuer). Je ne fais pas d'objection à ce que ceux qui détiennent le pouvoir renvoient encore loin, bien loin, obligés par les circonstances, le moment d'affranchir les hommes de ces trois chaînes[3]. Mais, ériger en principe[4] que la liberté ne vaut rien d'une manière générale pour ceux qui leur sont assujettis[5] et qu'on ait le droit de les en écarter toujours, c'est là une atteinte aux droits régaliens[6] de la divinité elle-même qui a créé l'homme pour la liberté. Évidemment il est plus commode de gouverner dans l'État, la famille et l'Église, quand on peut faire aboutir un pareil principe. Mais est-ce plus juste ?

Emmanuel Kant, *La Religion dans les limites de la simple raison*, IVe partie, 2e section, § 4, in *Œuvres*, t. 3, © Gallimard, « Bibliothèque de la Pléiade », trad. A. Philonenko, 1986, p. 226.

1. Qui ont du bon sens, qui sont capables de juger sainement.
2. Personnes qui étaient attachées à une terre et dépendaient d'un seigneur, au Moyen Âge (du latin *servus* : « esclave »).
3. On comprend dans la suite du texte que « ces trois chaînes » sont l'État, la famille et l'Église.
4. Prendre pour principe (ériger : dresser, élever).
5. Soumis à la domination.
6. Qui appartient au roi, au souverain.

MÉTHODE

Étape 1 Préparer l'explication

1. **Aidez-vous des expressions en rose pour repérer les étapes de l'argumentation.**

2. **Repérez les marques de l'énonciation :** L'auteur emploie-t-il la première personne ? Expose-t-il les opinions de ses adversaires ? Manie-t-il l'ironie ?
L'ensemble de ces éléments doit vous permettre d'établir le plan du texte.

> **→ Exercice 1 : À l'aide des expressions en rose, établissez le plan du texte de Kant, en distinguant, d'une part, les passages dans lesquels il rapporte les affirmations de ses adversaires et les discute, d'autre part, ceux dans lesquels il expose ses propres thèses.**

3. **Repérez les répétitions.** Certaines expressions du texte sont employées plusieurs fois. Demandez-vous si ces expressions sont utilisées chaque fois dans le même sens. Lorsque leur sens est précisé (par un adjectif qualificatif, par exemple), il faudra s'employer à expliquer cette variation du sens.

CONSEILS

Efforcez-vous de hiérarchiser entre les articulations qui commandent l'organisation générale du texte et celles qui structurent le détail du texte.

→ Exercice 2 : Relevez les emplois du mot *liberté* (surlignés en vert) en étant chaque fois attentif au contexte. Expliquez ce qui distingue *être mûr pour la liberté, être libre, être mis en liberté* et *être créé pour la liberté*. Cherchez ce que signifient *la liberté légale* et *la liberté de conscience*.

Tenez compte du contexte pour expliquer.

Étape 2 Comprendre le texte dans son ensemble

La thèse est plus particulière que le thème : on peut soutenir un grand nombre de thèses différentes à propos d'un même objet.

4 **Identifiez l'objet, la thèse, le problème et les enjeux du texte.**
Distinguez clairement l'objet, c'est-à-dire le thème du texte, et la thèse, c'est-à-dire ce qu'affirme l'auteur à propos de cet objet.
Objet : Kant traite ici de la liberté.
Thèse : Il soutient qu'il est illégitime de la refuser à certains au motif qu'ils ne seraient pas « mûrs pour la liberté », qu'ils ne seraient pas prêts à en faire un usage raisonnable.
Problème : Peut-on refuser l'accès à la liberté à ceux qui ne sont pas prêts à en faire bon usage ?
Kant discute un présupposé de la thèse de ses adversaires : il récuse l'affirmation selon laquelle on pourrait se préparer à la liberté. Contre ce présupposé, Kant pose l'existence d'un cercle vertueux : plus les hommes sont libres, plus ils deviendront capables d'user de leur liberté.

PERSPECTIVES
Identifiez les enjeux du texte, la perspective dans laquelle il s'inscrit, à l'aide des pages 29-38.

Étape 3 Rédiger le développement

5 **Organisez votre explication** en suivant votre plan.

6 **Posez des questions** et tâchez d'y répondre afin de progresser dans votre explication.

- **L. 1-2 :** Qui sont les adversaires de Kant ? Pourquoi les qualifie-t- il d'« hommes sensés » ?
- **L. 2-5** : À quel champ d'exercice de la liberté renvoie chacun des trois exemples ?
- **L. 6-8 :** Si l'on refuse à certains l'accès à la liberté, peuvent-ils un jour devenir libres ?
- **L. 8-11 :** Quel statut a la proposition suivante dans l'argumentation de Kant : « Les premiers essais [...] confiés aux soins d'autrui » ?
- **L. 11-13 :** Quel lien Kant établit-il entre la liberté et la raison ?
- **L. 11-12 :** Proposez un exemple pour expliquer que « jamais on ne mûrit pour la raison autrement que grâce à des tentatives personnelles ».
- **L. 13-18 :** Expliquez ce passage à l'aide de la distinction en fait/en droit. Sur lequel de ces deux plans se situe la thèse de Kant ?
- **L. 15-19 :** Pourquoi est-il illégitime de refuser la liberté à certains hommes ?

Partez du principe que le texte est cohérent et efforcez-vous de mettre au jour cette cohérence.

PERSPECTIVES
La morale et la politique
p. 33-35
Quelle manière de gouverner Kant critique-t-il ? Appuyez-vous sur les pages 33-35.

Étape 4 Rédiger la conclusion

1 Récapitulez la **démarche argumentative** de Kant.

2 Énoncez la **réponse** au problème posé en introduction.

3 Soulignez les **enjeux**. Kant critique fortement les institutions que sont l'État, la famille et l'Église lorsqu'elles assoient leur pouvoir en assujettissant les hommes.

CHAPITRE

9 La nature

LE MOT ET SES IDÉES

- Nous associons volontiers la « nature » au **végétal**, par exemple aux arbres, aux fleurs, à la campagne (« avoir besoin de nature »). Nous lui opposons la **ville** avec ses bâtiments, ses transports, sa population dense.
- La nature évoque pour nous un certain type d'**environnement** : un milieu qui pousse tout seul **(« naturel »)**, par opposition avec le milieu construit par les humains (**« artificiel »**).
- Par extension, la nature désigne les caractéristiques qui appartiennent de façon **nécessaire et intemporelle** à un être (« c'est dans la nature des choses »), ainsi que l'ensemble des réalités qui ne sont pas produites par les **sociétés humaines**.
- Ainsi, les philosophes grecs distinguaient dans l'Antiquité la **nature** (ce qui pousse tout seul) et la **convention** (ce qui vient des hommes). La tradition philosophique oppose souvent au XXe siècle la **nature** à la **culture** qui éloigne les humains de l'animalité. La nature renvoie alors à ce qui est « **premier** », « **inné** » et **uniforme**, la culture à tout ce qui est **acquis**, **appris et relatif** à des sociétés données.
- La **Nature** avec une majuscule désigne souvent, par personnification, tout ce qui est **extérieur et indépendant** des productions humaines. Parce qu'elle est « **autre** », la nature peut susciter l'étonnement et donner naissance au projet des **sciences « physiques »**, mais aussi à la **contemplation esthétique**.
- Parce qu'elle ne dépend pas des humains, elle peut aussi servir de **référence et d'autorité** : dire : « c'est naturel ! C'est dans l'ordre des choses », pour empêcher toute discussion, toute contestation, ou dire : « c'est **contre-nature** » ou « **dénaturé** » pour blâmer une conduite.

PERSPECTIVES

L'existence humaine et la culture, p. 30

Ce que nous considérons comme « nature » est-il toujours « naturel », aussi bien dans notre environnement que dans nos conduites ? Est-il toujours possible de démêler le naturel et l'artificiel ? Peut-on opposer la nature et la culture ?

La morale et la politique, p. 33

Quel rôle joue la notion de nature dans la vie des sociétés ? L'idée de nature est-elle toujours au service de l'ordre établi ? Que signifie protéger la nature aujourd'hui ? Avons-nous des devoirs envers la nature ?

La connaissance, p. 36

Comment penser la nature ? Est-elle une construction sociale ? Que peut nous apprendre la science sur la nature ? Quelles expériences pouvons-nous vivre dans la nature ?

Membres de la tribu Achuar, Équateur.

UNE ENTRÉE DANS LA RÉFLEXION
Une leçon d'ethnologie auprès des Achuar
▸ p. 260

DU CAS POUR L'ÉTUDE…

Liens

Une leçon d'ethnologie auprès des Achuar

PHILIPPE DESCOLA
Né en 1949
Époque contemporaine
Professeur émérite du Collège de France à Paris, où il a occupé la chaire d'anthropologie de la nature.

- La nature s'oppose-t-elle à la culture ?
- La nature est-elle une construction sociale ?

1 *Vivre avec les Achuar*

Chargé de mission par le CNRS, P. Descola se rend auprès de la tribu Jivaro Achuar de l'Amazonie équatorienne, de 1976 à 1979. Il enquête tout particulièrement sur les relations que cette tribu entretient avec son environnement.

Ce qui m'a le plus frappé, c'est que les Achuar traitaient les non-humains, tous les éléments de leur environnement, comme des partenaires sociaux, des êtres humains. Ils entraient en communication avec eux par le moyen des rêves et d'incantations[1]. On ne pouvait donc pas considérer que les non-humains étaient seulement une source de subsistance. Je devais donc essayer de comprendre un système dans lequel il n'y avait pas de distinction nette entre nature et société. Ce qui était difficile pour moi, jeune philosophe[2] qui avait sucé ce lait de la différence entre la nature et la culture depuis ma jeunesse !

Entretien réalisé par Anna Musso, Journal *L'Humanité*, 14 décembre 2012, © *L'Humanité*.

1. Formules magiques récitées ou chantées qui ont pour fonction d'agir sur les forces surnaturelles.
2. Descola a fait en premier lieu des études de philosophie à l'ENS, puis il s'est formé à l'ethnologie à l'université de Nanterre et à l'École Pratique des Hautes Études.

DÉFINITIONS

- **L'ethnographie** est la collecte de données concernant la culture d'un groupe humain particulier.
- **L'ethnologie** est une science qui, sur la base des données ethnographiques, analyse la culture d'un groupe dans une dimension comparative ; cette confrontation permet d'aboutir à des connaissances plus générales sur les structures sociales.
- **L'anthropologie** est la science qui cherche à dégager des connaissances universelles sur les humains dans leur dimension sociale et culturelle.

Enfants de la tribu Achuar, Zamora, Équateur, juin 2010.

2 Des cadres de pensée nouveaux

Comment comprendre un système dans lequel des personnes établissent néanmoins des discontinuités[1] entre humains et non-humains mais qui ne passent pas du tout par les mêmes canaux[2] que nous ? La discontinuité principale que les Achuar voyaient entre humains et non-humains n'était pas celle qui nous est familière. Pour eux, la discontinuité était dans les corps : dans le fait que chaque classe d'êtres a des atouts biologiques, corporels, morphologiques qui lui permettent d'agir dans un certain type de milieu. Mais pour eux, toutes les espèces ont une intériorité et peuvent communiquer par cette espèce de langage universel de l'âme. C'est exactement l'inverse de notre système dans lequel l'axe principal de la discontinuité passe par l'intériorité, l'esprit.

Op. cit.

1. Des ruptures, des différences.
2. Ici qui ne passent pas par les mêmes voies.

Guerrier Achuar.

3 Animisme et naturalisme

J'ai alors commencé un périple dans la littérature ethnographique[1] pour voir si ce que j'avais observé à l'intérieur d'une microrégion se présentait à une échelle plus vaste. Et je me suis aperçu que le modèle que j'avais observé chez les Achuar était présent dans d'autres régions du monde, chez les Indiens d'Amérique du Sud, du Grand Nord, chez les Pygmées et chez certaines populations d'Asie du Sud-Est. En me basant sur l'opposition « intériorité » – « physicalité[2] », j'ai décidé d'appeler ce système où les non-humains ont les mêmes attributs d'intériorité que les humains, mais se distinguent par leurs caractères physiques, « l'animisme ». L'exact inverse de notre façon d'établir des continuités entre humains et non-humains, que j'ai appelé « le naturalisme ».

Op. cit.

1. v. Définitions, p. 260.
2. Caractères physiques.

4 La diversité des expériences du monde

Les quatre « ontologies[1] » que j'ai développées – l'animisme, le totémisme, l'analogisme et le naturalisme – représentent quatre manières d'envisager la limite entre soi et autrui caractéristiques des sociétés humaines. À partir d'elles, j'ai élaboré aussi les « cosmologies » ou représentations de l'organisation du monde qui en découlent.

Op. cit.

1. Façons d'appréhender la réalité.

Questions

1. Qu'est-ce qui surprend Descola dans la relation que les Achuar entretiennent avec la nature ?
2. Sur quel système de représentation est fondée cette relation ? En quoi est-il opposé au nôtre ?
3. Quelles sont, selon vous, les intentions de l'ethnologue ? Quelle est la problématique aujourd'hui qui permet de comprendre l'enjeu de cette leçon d'ethnologie ?
4. Quelle relation à la nature découle de notre système de représentation, selon vous ?
5. En vous aidant des textes 1, 2 et 3, définissez les termes « animisme » et « naturalisme ».
6. À l'aide des définitions ci-contre, en quoi consiste la distinction entre un travail ethnologique et le travail anthropologique évoqué dans le texte 4 ?

…AUX **QUESTIONS CLÉS**

Podcast

L'idée de nature

Lors de son séjour amazonien, l'ethnologue P. Descola observe la relation des Achuar avec la nature (p. 260). De là, il a voulu mener une réflexion plus vaste autour du projet d'**une anthropologie de la nature** et proposer une étude des pratiques sociales de la nature pour rendre intelligibles ses divers usages et les représentations qui les accompagnent.

1 La nature est-elle ce qui n'est pas culture ?

▶ Dans l'ontologie qui caractérise les sociétés occidentales, le « naturalisme » selon l'expression de P. Descola, la nature diffère radicalement des humains. Il y a, d'un côté, **l'humain** et ce qu'il produit, qui n'existerait pas sans lui ; et de l'autre, ce qui existe sans l'homme, et qui continuera d'être après lui (Aristote, p. 264 ; Kant, p. 52). **La nature** désigne dans ce système une sorte de « **matrice** » : le **principe** productif, la **cause** des phénomènes non produits par l'homme, et aussi **toutes les réalités issues** de ce principe : **l'univers « physique »**, parfois nommé le « **monde** ». En tant que principe indépendant des hommes, la nature est associée au **primordial, à l'authentique et au nécessaire** (tout ce qui est « naturel »), par opposition avec ce qui vient après, **ce qui est institué, contingent** et qui aurait pu ne pas se produire, **« l'artificiel »** (Merleau-Ponty, p. 264). C'est en ce sens que l'on peut distinguer la **nature** de la **culture** comme l'ensemble des réalités produites par les **sociétés humaines** (des pratiques, des valeurs, des institutions). N'étant pas produite par nous, la nature n'est-elle pas une source d'étonnement ? C'est pour mieux la comprendre que les premiers penseurs ont inventé la **science** et postulé un **ordre** et une **rationalité du réel** (Aristote, p. 264 ; Vernant, p. 265).

Vue des jardins du château de Versailles.

▶ Mais la frontière entre la nature et la culture est-elle si évidente que cela ? L'évolution des **techniques au XX**ᵉ siècle rend difficile la distinction du naturel et de l'artificiel (Arendt, p. 266). Par ailleurs, l'ethnologie et l'anthropologie incitent à penser que l'idée de nature est une **construction sociale** : les humains ont toujours une relation à la nature à l'intérieur d'une société et de ses pratiques (Lévi-Strauss, p. 266). Contre nos intuitions les plus familières, faut-il admettre que la nature est un produit de la culture ? Ou bien, tout au contraire, la culture ne serait-elle pas plutôt le produit de la nature et des lois de l'évolution biologique ? (Bouveresse, p. 267)

2 Y a-t-il une nature humaine ?

▶ À l'échelle des hommes, la notion de nature semble tout aussi **ambiguë**. D'un côté, il est difficile de distinguer le naturel de l'artificiel : ce que nous prenons pour naturel en nous est bien souvent le fruit du modelage social ou technique (Rousseau, p. 268 ; Mauss, p. 380). Par ailleurs, n'avons-nous pas de bonnes raisons de nous méfier de l'idée de nature ? Ne sert-elle pas souvent d'**autorité** indiscutable pour imposer des pratiques sociales ? (Rousseau, p. 270 ; Mill, p. 272).

▶ Mais peut-on en conclure que tout est social chez les humains ? N'obéissent-ils qu'aux lois qu'ils se donnent dans leurs sociétés ? La nature, dans sa signification « physique », est aussi un principe important pour comprendre les conduites humaines : par notre **corps**, nous appartenons à un **ordre biologique** qui s'articule mais ne se confond pas avec l'ordre social (Spinoza, p. 273).

▶ Les humains n'ont-ils pas pour vocation d'inventer leur propre histoire ? (Kant, p. 274 ; Marx, p. 421). Si l'idée de nature humaine s'accorde mal avec les capacités d'évolutions historiques des humains, l'idée de nature peut nous protéger des dérives de la société : elle désigne alors ce qui est inaliénable (Sartre, p. 286 ; Foucault et Chomsky, p. 190 ; Droits de l'Homme, texte à télécharger, p. 191).

Caspar David Friedrich (1774-1840), *Le Voyageur contemplant la mer de nuages*, 1818, huile sur toile (95 x 75 cm), Kunsthalle de Hambourg, Allemagne.

3 Quelles expériences vivre dans la nature ?

▶ **La nature** semble être vécue comme **la réalité qui échappe et résiste à notre vouloir**. Elle peut être la source d'une **émotion esthétique** (Lucrèce, p. 275). Par ailleurs, la nature n'offre-t-elle pas de nombreuses occasions de **méditation,** sur la diversité et la complémentarité des êtres vivants (Leibniz, p. 275), mais aussi sur le temps, la mort et le renouvellement de toutes choses (Zhuangzi, p. 277) ? Enfin, elle peut aussi être vécue comme **un refuge**, à l'écart de la vie sociale et de ses contraintes (Rousseau, p. 276).

4 Qu'est-ce que protéger la nature ?

▶ Parce qu'elle est bien une réalité, la nature est à protéger. Les risques sans précédents de l'énergie nucléaire (menace d'une destruction totale de notre environnement), la pollution et le dérèglement climatique rendent urgente la réflexion sur la nature.

▶ Faut-il limiter l'intervention de l'homme dans la nature et créer des espaces quasi vierges ? (Thoreau, p. 280). Jusqu'où faut-il admettre notre inévitable interaction avec elle ? (Larrère, p. 282 ; Canguilhem, p. 280) ? **L'écologie** ne consiste-t-elle pas à penser une activité humaine compatible avec la biodiversité et le développement durable ? (Jonas, p. 281)

À RETENIR...

- Il existe une **diversité de relations et de représentations de la nature** dans les cultures humaines : la nature peut être l'objet d'une étude **sociologique** et **anthropologique**.
- Dans la culture occidentale, la nature apparaît comme une réalité dépourvue d'intériorité.
- La nature désigne **ce qui, dans le réel, résiste à notre volonté**, même si nous pouvons la modifier.
- Dans cette altérité, la nature peut être source d'**émotion** et de **méditation**.
- Toutes les sociétés sont aujourd'hui confrontées au **problème écologique**.

TEXTES

QUESTION

1 La nature est-elle ce qui n'est pas culture ?

TEXTE 1 Aristote, *Physique*, IVe siècle av. J.-C.

ARISTOTE
384 av. J.-C.-
322 av. J.-C.
Antiquité
▸ p. 496

Si la perception nous permet d'avoir de nombreuses connaissances, ce qui définit la science, pour Aristote, c'est la recherche des causes de tous les phénomènes. Il pose ici une distinction importante pour délimiter l'objet de son investigation dans sa Physique.

Parmi les étants[1], certains sont par nature, les autres du fait d'autres causes : nous disons que sont par nature les animaux aussi bien que leurs parties, les plantes, les corps simples comme la terre, le feu, l'air, l'eau – de ces choses, en effet, et des choses semblables nous disons qu'elles sont par nature. Or toutes ces choses se montrent différentes de celles qui ne sont pas constituées par nature. Chacune de celles-là, en effet, possède en elle-même un principe de mouvement et d'arrêt, les unes quant au lieu, d'autres quant à l'augmentation et à la diminution, d'autres quant à l'altération[2]. Par contre un lit, un manteau, et quoi que ce soit d'autre de ce genre, d'une part en tant qu'ils ont reçu chacune de ces dénominations et dans la mesure où ils sont le produit d'un art[3], ne possèdent aucune impulsion innée au changement [...]. Et il en est de même pour chacun des autres étants qui sont fabriqués. Aucun d'eux, en effet, n'a en lui-même le principe de sa fabrication [...].

Aristote, *Physique* II, 1, 192b8-30, © GF-Flammarion, trad. P. Pellegrin, 2000, p. 115-117.

1. Ici, les réalités.
2. Aristote entend par mouvement non seulement le passage d'un lieu dans un autre, mais aussi le changement d'état, comme dans la croissance ou dans le vieillissement par exemple.
3. « Art » traduit le grec *technè* : le savoir-faire, le métier, la « technique ».

REPÈRES
Principe/cause/fin ▸ p. 492

CLÉ DE LECTURE

Aristote ne traite pas ici la nature comme une totalité, mais comme un **principe interne de certains êtres**, ceux qui ne sont pas produits par « l'art » (*technè*, en grec ancien).

Questions

1. **Quels sont les deux types de réalité distingués par l'auteur ?**
2. **À l'aide des exemples donnés par Aristote, expliquez le critère qui permet de les différencier.**

TEXTE 2 Merleau-Ponty, *La Nature*, 1956-1957

MERLEAU-PONTY
1908-1961
Époque contemporaine
▸ p. 519

S'il peut paraître vain de chercher un sens unique au mot « Nature », Merleau-Ponty constate, au début de son cours, qu'il est nécessaire de partir du sens « toujours visé par les gens qui parlent de Nature ».

En grec, le mot « Nature » vient du verbe φύω, qui fait allusion au végétal ; le mot latin vient de *nascor*, « naître, vivre » ; il est prélevé sur le premier sens, plus fondamental. Il y a nature partout où il y a une vie qui a un sens, mais où, cependant, il n'y a pas de pensée ; d'où la parenté avec le végétal : est nature ce qui a un sens, sans que ce sens ait été posé par la pensée. C'est l'autoproduction d'un sens. La Nature est donc différente d'une simple chose ; elle a un intérieur, se détermine du-dedans ; d'où l'opposition de « naturel » à « accidentel ». Et cependant la Nature est différente de l'homme ; elle n'est pas instituée par lui, elle s'oppose à la coutume, au discours. Est Nature le primordial, c'est-à-dire le non-construit, le non-institué ; d'où l'idée d'une

1. Phuô.

REPÈRES
Contingent/nécessaire ▸ p. 487

éternité de la Nature (éternel retour), d'une solidité. La Nature est un objet énigmatique, un objet qui n'est pas tout à fait un objet ; elle n'est pas tout à fait devant nous. Elle est notre sol, non pas ce qui est devant, mais ce qui nous porte.

Maurice Merleau-Ponty, *La Nature*, notes, cours du Collège de France, établi par D. Séglard, « Le concept de nature 1956-1957 », Introduction, © Le Seuil.

Questions

1. **Expliquez : « est nature ce qui a un sens » (l. 5) : comment faut-il comprendre « sens » ici ? Aidez-vous de la distinction proposée entre pensée et végétal.**
2. **Comparez ce texte avec celui d'Aristote : quelle idée est reprise par Merleau-Ponty ?**
3. **Quelles sont toutes les caractéristiques de la Nature exposées ici ?**
4. **Pourquoi Merleau-Ponty met-il une majuscule à « Nature » ?**

TEXTE 3 Vernant, *Les Origines de la pensée grecque*, 1962

VERNANT
1914-2007
Époque contemporaine
Philosophe et professeur au Collège de France, il est spécialiste de l'antiquité grecque.

L'auteur cherche à « fixer la date et le lieu de naissance » du savoir rationnel. La notion de nature est au cœur d'une véritable révolution intellectuelle.

C'est au début du VIe siècle, dans la Milet Ionienne[1], que des hommes comme Thalès, Anaximandre, Anaximène[2] inaugurent un nouveau mode de réflexion concernant la nature qu'ils prennent pour objet d'une enquête systématique et désintéressée, d'une *historia*[3], et dont ils présentent un tableau d'ensemble, une *theoria*[4]. De l'origine du monde, de sa composition, de son ordonnance, des phénomènes météorologiques, ils proposent des explications débarrassées de toute l'imagerie dramatique des théogonies[5] et cosmogonies anciennes : les grandes figures des Puissances primordiales se sont maintenant effacées ; plus d'agents surnaturels, dont les aventures, les luttes, les exploits formaient la trame des mythes de genèse racontant l'émergence du monde et l'institution de l'ordre ; pas même d'allusion aux dieux que la religion officielle associait, dans les croyances et dans le culte, aux forces de la nature. Chez les « physiciens » d'Ionie la positivité[6] a d'emblée envahi la totalité de l'être. Rien n'existe qui ne soit nature, *phusis*[7]. Les hommes, le divin, le monde forment un univers unifié, homogène, tout entier sur le même plan ; ils sont les parties ou les aspects d'une seule et même *phusis* qui partout met en jeu les mêmes forces, manifeste la même puissance de vie. Les voies par lesquelles cette *phusis* est née, s'est diversifiée et organisée, sont parfaitement accessibles à l'intelligence humaine.

Jean-Pierre Vernant, *Les Origines de la pensée grecque*, © PUF, « Quadrige », 1983, chapitre VII, p. 100-101.

1. Dans l'Antiquité grecque, région située sur la mer Égée.
2. Savants de Milet (VIe s. av. J.-C.). Ce sont des philosophes dits « **présocratiques** ».
3. En grec ancien : « enquête ».
4. En grec ancien : « théorie ».
5. Récits qui, sous forme de mythes, racontent la naissance des dieux et du monde.
6. Ici, démarche scientifique.
7. En grec ancien : « la nature ».

DÉFINITIONS

- Une **cosmogonie** raconte la naissance de toutes choses, sous la forme de mythes qui relatent les actions d'agents surnaturels (les dieux) : leurs combats, leurs alliances et leurs décrets.
- Une **cosmologie** expose la genèse des phénomènes, sous la forme d'une théorie qui déduit à partir de quelques principes toute la réalité existante.

Questions

1. **Quel est l'événement fondateur décrit par l'auteur ?**
2. **Comment la notion de nature est-elle abordée par les Milésiens ?**

REPÈRES
Origine/fondement ▸ p. 492
Croire/savoir ▸ p. 487

TEXTE 4 Arendt, *La Crise de la culture*, 1968

H. Arendt cherche à comprendre les grandes révolutions qui ont façonné le monde contemporain et qui ont bouleversé nos représentations.

ARENDT
1906-1975
Époque contemporaine
▸ p. 512

Nous savons aujourd'hui que bien que nous ne puissions « faire » la nature au sens de la création, nous sommes tout à fait capables de déclencher de nouveaux processus naturels, et qu'en un sens par conséquent « nous faisons la nature », dans la même mesure que nous « faisons l'histoire ». Il est vrai que nous n'avons atteint ce stade qu'avec les découvertes nucléaires, où des forces naturelles sont libérées, délivrées, pour ainsi dire, et où ont lieu des processus naturels qui n'auraient jamais existé sans l'intervention directe de l'action humaine. Ce stade va bien au-delà non seulement de l'époque prémoderne, où le vent et l'eau étaient utilisés pour suppléer et multiplier les forces humaines, mais aussi de l'ère industrielle avec sa machine à vapeur et son moteur à combustion interne, où des forces naturelles étaient imitées et utilisées comme des moyens de production créés par l'homme.

Hannah Arendt, « Le concept d'histoire », *La Crise de la culture*, © Gallimard, « Folio essais », trad. P. Lévy, 1989, p. 79.

Questions

1. Quelle mutation remarquable se produit dans le rapport des humains à la nature dans la seconde moitié du XXe siècle selon l'auteur ? Aidez-vous du texte d'Anders, p. 376.
2. Comparez ce texte avec le texte d'Aristote, p. 264 : quelle frontière est remise en question avec le progrès des techniques ?

Pour aller plus loin

Comparez l'activité de cultiver un champ et la fabrication d'un OGM (organisme génétiquement modifié) : à l'aide du texte, dégagez les deux relations différentes à la nature qui sont en jeu.

TEXTE 5 Lévi-Strauss, *La Pensée sauvage*, 1962

LÉVI-STRAUSS
1908-2009
Époque contemporaine
▸ p. 518

Une culture est comme une langue qu'il faut apprendre à connaître : pour interpréter ses pratiques, ses croyances, il ne suffit pas pour l'auteur d'évoquer les contraintes de son milieu géographique.

En premier lieu, les conditions naturelles ne sont pas subies. Qui plus est, elles n'ont pas d'existence propre, car elles sont fonction des techniques et du genre de vie de la population qui les définit et qui leur donne un sens, en les exploitant dans une direction déterminée. La nature n'est pas contradictoire en soi[1] ; elle peut l'être seulement dans les termes de l'activité humaine particulière qui s'y inscrit ; et les propriétés du milieu acquièrent des significations différentes, selon la forme historique et technique qu'y prend tel ou tel genre d'activité. D'autre part, et même promus à ce niveau humain qui peut seul leur conférer l'intelligibilité[2], les rapports de l'homme avec le milieu jouent le rôle d'objets de pensée : l'homme ne les perçoit pas passivement, il les triture après les avoir réduits en concepts, pour en déga-

1. Un même milieu géographique peut donner naissance à des cultures différentes.
2. Capacité d'être compris.

3. Systèmes culturels avec leur organisation propre.

ger un système qui n'est jamais prédéterminé : à supposer que la situation soit la même, elle se prête toujours à plusieurs systématisations[3] possibles.

Claude Lévi-Strauss, *La Pensée sauvage*, © Plon, « Agora Pocket », 2019, p. 117.

REPÈRES
Idéal/réel ▸ p. 490

Questions

Texte à télécharger

1. Comment les humains ont-ils accès à la nature ? Comparez cette relation avec celle des autres vivants à leur milieu.
2. Pourquoi le texte de Mauss (p. 380) aide-t-il à comprendre ce que veut dire l'auteur ici sur le rapport de l'homme à la nature ? Justifiez votre réponse en partant de la découverte de Mauss, puis en expliquant les lignes 8 à 13.

TEXTE 6 Bouveresse, *Le Philosophe et le Réel*, 1998

BOUVERESSE
Né en 1940
Époque contemporaine
Philosophe français, professeur honoraire du Collège de France, spécialiste de la philosophie du langage et de la connaissance.

Il est important pour l'auteur de dissocier nature et culture. La nature n'est pas un produit de la culture. Toute la réalité n'est pas culturelle et sociale. Avec la nature, c'est la question de la réalité non-humaine qui est posée.

Le fait qu'on n'accède à ce qu'on appelle la nature que dans le contexte d'une culture déterminée, et à travers elle, ne signifie pas que la nature soit une fonction de la culture et encore moins qu'elle n'en soit qu'un sous-produit. Je crois à la priorité et à l'indépendance de la nature par rapport à la culture. Quand on parle de la « nature » et du « naturel », on ne parle pas d'une chose qui ne serait qu'une simple projection de la culture à l'intérieur de laquelle on s'exprime. Wittgenstein[1] dit que nos jeux de langage[2] ont une origine naturelle, qu'ils sont le produit de l'instinct, et non du raisonnement. C'est la nature qui est un présupposé de la culture, et non l'inverse [...]. Comme beaucoup de réalistes, j'ai tendance à penser que la réalité, la réalité physique en tout cas, ne nous a pas attendus pour exister et que, même si nous n'existions pas, elle aurait encore exactement les propriétés qu'elle a. Je crois aussi que ce sont bien ces propriétés que la science réussit, au moins jusqu'à un certain point, à connaître.

Jacques Bouveresse, *Le Philosophe et le Réel*,
Entretiens avec J-J Rosat, © Librairie Arthème Fayard, 2010, p. 45-46.

1. V. « Les auteurs », p. 523 et texte p. 223.
2. Ici, penseur qui défend l'idée d'une réalité extérieure à notre représentation.

DÉFINITIONS

- **Le réalisme** est une conception fondée sur l'idée qu'il y a une réalité indépendante de l'homme, le monde sans nous.
- Pour l'**idéalisme**, la notion de réalité correspond à quelque chose à l'intérieur de notre représentation (« idée »). Exemple : la question posée à Picasso : « un tableau existe-t-il quand personne ne le regarde ? ».

Questions

1. Quelle est l'idée de la nature que défend l'auteur dans ce texte ? Comparez cette idée avec celles des textes de Descola (p. 260) et Lévi-Strauss (p. 266).
2. Expliquez : « c'est la nature qui est un présupposé de la culture, et non l'inverse ». (l. 9)

PERSPECTIVES

L'existence humaine et la culture

- La culture est-elle une anti-nature ?
- Faut-il penser en termes d'opposition la nature et la culture ?

Pour aller plus loin

Lisez le texte du philosophe D. Lestel et comparez son argumentation à celle de Bouveresse.

QUESTION

2 Y a-t-il une nature humaine ?

TEXTE 7 Rousseau, *Discours sur l'origine et les fondements de l'inégalité parmi les hommes*, 1755

ROUSSEAU
1712-1778
Époque moderne
▸ p. 509

REPÈRES
Origine/fondement
▸ p. 492

Dans la préface de son ouvrage, Rousseau explique le problème de méthode auquel le confronte la question de l'origine de l'inégalité parmi les hommes.

Car comment connaître la source de l'inégalité parmi les hommes, si l'on ne commence par les connaître eux-mêmes ? Et comment l'homme viendra-t-il à bout de se voir tel que l'a formé la nature, à travers tous les changements que la succession des temps et des choses a dû produire dans sa constitution originelle, et de démêler ce qu'il tient de son propre fonds d'avec ce que les circonstances et ses progrès ont ajouté ou changé à son état primitif. Semblable à la statue de Glaucus[1] que le temps, la mer et les orages avaient tellement défigurée qu'elle ressemblait moins à un dieu qu'à une bête féroce, l'âme humaine altérée au sein de la société par mille causes sans cesse renaissantes, par l'acquisition d'une multitude de connaissances et d'erreurs, par les changements arrivés à la constitution des corps, et par le choc continuel des passions, a, pour ainsi dire, changé d'apparence au point d'être presque méconnaissable ; et l'on n'y retrouve plus, au lieu d'un être agissant toujours par des principes certains et invariables, au lieu de cette céleste et majestueuse simplicité dont son auteur l'avait empreinte, que le difforme contraste de la passion qui croit raisonner et de l'entendement en délire. Ce qu'il y a de plus cruel encore, c'est que tous les progrès de l'espèce humaine l'éloignant sans cesse de son état primitif, plus nous accumulons de nouvelles connaissances, et plus nous nous ôtons les moyens d'acquérir la plus importante de toutes, et que c'est en un sens à force d'étudier l'homme que nous nous sommes mis hors d'état de le connaître.

Jean-Jacques Rousseau, *Discours sur l'origine et les fondements de l'inégalité parmi les hommes*, Préface, Flammarion, « GF », 1971, p. 149-150.

1. Dans la mythologie grecque, divinité marine.

F. Bouchot (dessinateur), Charon (graveur), *Portrait de Jean-Jacques Rousseau*, 1798, musée Carnavalet, Paris.

Questions

1. **Pourquoi est-il si difficile pour les hommes de parvenir à la connaissance d'eux-mêmes ? Expliquez le rôle de la référence à la statue de Glaucus.**
2. **Quelle est la cause de tels changements ?**
3. **Pourquoi l'auteur utilise-t-il le terme « cruel » (l. 16) ?**
4. **Que suggère, selon vous, la gravure ci-contre sur la méthode d'investigation de Rousseau ?**

FOCUS SUR UNE ŒUVRE

Discours sur l'origine et les fondements de l'inégalité parmi les hommes, de Rousseau

CLÉS DE LECTURE

▶ **Date de composition :** 1755

▶ **Titre :** une reformulation de la question « Quelle est l'origine de l'inégalité parmi les hommes, et si elle est autorisée par la loi naturelle ? » mise au concours par l'académie de Dijon.

▶ **Genre :** un récit qui mêle la tradition littéraire du mythe et de l'utopie au raisonnement hypothético-déductif, « à la manière des physiciens ».

▶ **Question posée :** que nous apprend la nature sur l'homme et sur ses droits ?

▶ **Contexte :**

1. L'Ancien régime fondé sur l'absolutisme et la société de privilèges ; sa critique par les philosophes des Lumières.
2. Le développement d'une approche nouvelle de l'homme, empirique et historique, notamment dans l'*Encyclopédie* : la remise en cause des « idées innées » et des méthodes de la métaphysique.

▶ **Le témoignage de Rousseau :** « Ils ont aperçu le mal, et moi j'en découvre les causes, et je fais voir surtout une chose très consolante et très utile en montrant que tous ces vices n'appartiennent pas tant à l'homme qu'à l'homme mal gouverné » (Préface de *Narcisse*).

STRUCTURE DE L'ŒUVRE

DÉDICACE, PRÉFACE, AVERTISSEMENT

▶ Rousseau fait l'éloge du régime politique républicain fondé sur l'égalité de tous devant la loi. Il présente sa méthode : méditer sur l'homme pour remonter à un « état de nature » et déduire, « à la manière des physiciens », la genèse de l'état social et civil, le passage de « la nature » à « la loi ».

PREMIÈRE PARTIE

L'homme « sauvage » dans l'état de nature

▶ **Du point de vue physique :** un corps robuste, au centre des activités d'une vie simple et uniforme tournée vers la conservation de soi.

▶ **Du point de vue métaphysique et moral :** des fonctions purement animales ; la seule différence avec l'animal est « la perfectibilité ». Ni désirs, ni imagination, une vie absorbée dans les sensations présentes, sans idée de l'avenir. Aucun besoin des autres, pas de langage ni d'activité logique. Aucune notion de devoir envers les autres, et donc aucune idée du bien et du mal. Une seule vertu naturelle : la pitié ou la répugnance innée pour la souffrance d'autrui.

▶ L'état de nature n'est pas un état de misère et d'inégalité (contre Hobbes). Pour penser l'origine de l'inégalité, il faut donc faire l'hypothèse d'**une sortie de l'état « sauvage »** et, à défaut de « raisons », supposer que des « **hasards** » ont changé les conditions de vie des hommes dans la nature.

DEUXIÈME PARTIE

L'homme social dans l'état de nature puis dans l'état civil

▶ L'hypothèse d'une **nature plus hostile** rapproche les hommes : se développe en eux la **faculté de comparer** et l'**orgueil**.

▶ Les engagements mutuels et les échanges apparaissent, sous la forme de la vie de famille. Les sentiments se développent. Les hommes deviennent de plus en plus dépendants les uns des autres : le **paraître** devient crucial, et avec lui les **passions**, les facultés de **réflexion** et de **conscience de soi**.

▶ Avec le paraître, les **désirs** remplacent les besoins. Le **travail** devient le rapport principal de l'homme à la nature : il contribue à l'apparition de la **propriété** (inventions de la métallurgie et de l'agriculture). Les **inégalités** se multiplient et les **conflits** éclatent.

▶ Les « riches » proposent le « **pacte social** ». C'est la naissance des **lois** et du **pouvoir public** pour les appliquer, **l'État** (la fin de l'état de nature). Les hommes rentrent dans des obligations réciproques mais gagnent l'**égalité,** car ils doivent obéir aux lois (idée de **contrat**). Si l'état civil naît de la ruse des « riches », il fait advenir néanmoins l'idée de **volonté générale :** elle sera le critère de la légitimité du gouvernement car c'est elle, le principe de l'ordre politique.

1 POUR ENTRER DANS L'ŒUVRE

Un discours en rupture avec les théoriciens du droit naturel

Pour les théoriciens du droit naturel, les hommes naissent libres et égaux : Rousseau s'accorde avec eux sur ce point, mais interroge leur analyse de la notion de nature.

Connaissant si peu la nature et s'accordant si mal sur le sens du mot *loi*[1], il serait bien difficile de convenir d'une bonne définition de la loi naturelle[2]. Ainsi toutes celles qu'on trouve dans les livres, outre le défaut de n'être point uniformes, ont-elles encore celui d'être tirées de plusieurs connaissances que les hommes n'ont point naturellement, et des avantages dont ils ne peuvent concevoir l'idée qu'après être sortis de l'état de nature[3]. On commence par rechercher les règles dont, pour l'utilité commune, il serait à propos que les hommes convinssent entre eux ; et puis on donne le nom de loi naturelle à la collection de ces règles, sans autre preuve que le bien qu'on trouve qui résulterait de leur pratique universelle. Voilà assurément une manière très commode de composer des définitions, et d'expliquer la nature des choses par des convenances presque arbitraires. Mais tant que nous ne connaîtrons point l'homme naturel, c'est en vain que nous voudrons déterminer la loi qu'il a reçue ou celle qui convient le mieux à sa constitution.

Jean-Jacques Rousseau, *Discours sur l'origine et les fondements de l'inégalité parmi les hommes*, Préface, p. 152-153, GF, 1971.

1. Le mot ***loi*** peut désigner les lois scientifiques (constantes permettant de faire des prédictions) ou politiques (règles instituées assurant un ordre social).
2. Par opposition aux **lois « positives »** (instituées par les hommes), la **loi naturelle** désigne un ordre moral universel, une justice universelle qui s'imposent à tous (v. p. 190-191). Elle est l'objet d'investigation des théoriciens du droit naturel.
3. Dans la philosophie politique, cette notion **s'oppose à l'état civil** et désigne l'état dans lequel se trouvent les hommes avant l'existence des lois et l'État. Elle suppose l'idée d'un passage à l'état civil par « contrat » et non par tendance « naturelle ».

Questions

1. **Quelle est la critique que fait Rousseau dans ce texte ?**
2. **Quelles erreurs commet-on autour de la notion de loi naturelle ? Pourquoi Rousseau est-il ironique (l. 10 à 14) ?**
3. **Quelle est la méthode qu'il propose ?**

2 POUR COMPRENDRE SA PROBLÉMATIQUE

Défendre une idée : l'homme n'est pas fait pour être dominé

À la fin de la première partie, l'auteur propose un bilan sur l'homme « naturel » : bien des facultés qui sont souvent décrites comme « naturelles » ne le sont pas. Le texte cherche à démêler le naturel et l'artificiel et dégage ainsi ce qui est primordial.

Concluons qu'errant dans les forêts sans industrie[1], sans parole, sans domicile, sans guerre, et sans liaisons, sans nul besoin de ses semblables, comme sans nul désir de leur nuire, peut-être sans jamais en reconnaître aucun individuellement, l'homme sauvage sujet à peu de passions, et se suffisant à lui-même, n'avait que les sentiments et les lumières propres à cet état, qu'il ne sentait que ses vrais besoins, ne regardait que ce qu'il croyait avoir intérêt de voir, que son intelligence ne faisait pas plus de progrès que sa vanité. Si par hasard il faisait quelque découverte, il pouvait d'autant moins la communiquer qu'il ne reconnaissait pas même ses enfants. L'art périssait avec l'inventeur : il n'y avait ni éducation ni progrès, les générations se multipliaient inutilement ; et chacune partant toujours du même point,

1. But.

DÉFINITION

« **Sauvage** » vient du latin *silva, ae*, qui signifie « forêt ».

les siècles s'écoulaient dans toute la grossièreté des premiers âges, l'espèce était déjà vieille, et l'homme restait toujours enfant.

op. cit., Première partie, p. 201-202, GF, 1971.

Questions

1. **Relevez les caractéristiques de l'homme dans l'état de nature.**
2. **Quelle est la méthode utilisée par l'auteur pour dégager ces caractéristiques ? Commentez la figure de style utilisée.**
3. **Pourquoi l'enfance peut-elle servir d'image pour penser l'état de nature ?**
4. **Si l'enfance et l'état de nature peuvent être révolus, en quel sens continuent-ils à exister en nous ? Quel rôle peuvent-ils jouer ?**

3 POUR COMPRENDRE SA MÉTHODE

Proposer une généalogie du mal

Dans la seconde partie de son ouvrage, l'auteur montre comment, suite à des changements climatiques, la relation des humains à leur environnement a profondément évolué. Face à une nature hostile, les humains se sont rapprochés : c'est le début de la société et, avec elle, une lente transformation du genre humain.

Dès l'instant qu'un homme eut besoin du secours d'un autre ; dès qu'on s'aperçut qu'il était utile à un seul d'avoir des provisions pour deux, l'égalité disparut, la propriété s'introduisit, le travail devint nécessaire et les vastes forêts se changèrent en campagnes riantes qu'il fallut arroser de la sueur des hommes, et dans lesquelles on vit bientôt l'esclavage et la misère germer et croître avec les moissons. La métallurgie[1] et l'agriculture[2] furent les deux arts dont l'invention produisit cette grande révolution. Pour le poète[3], c'est l'or et l'argent, mais pour le philosophe ce sont le fer et le blé qui ont civilisé les hommes et perdu le genre humain ; aussi l'un et l'autre étaient-ils inconnus aux sauvages de l'Amérique[4] qui pour cela sont toujours demeurés tels ; les autres peuples semblent même être restés barbares tant qu'ils ont pratiqué l'un de ces arts sans l'autre ; et l'une des meilleures raisons peut-être pourquoi l'Europe a été, sinon plus tôt, du moins plus constamment et mieux policée que les autres parties du monde, c'est qu'elle est à la fois la plus abondante en fer et la plus fertile en blé.

op. cit., Seconde partie, p. 213-214, GF, 1971.

1. Travail des métaux et de la terre.
2. Travail de la terre et élevage des animaux.
3. Référence aux poètes de l'Antiquité qui associent décadence et échanges monétaires.
4. Rousseau cite à de nombreuses reprises dans son ouvrage des récits de voyage suite à la découverte de l'Amérique et du « Nouveau monde » à la Renaissance.

Questions

1. **Quelles sont les étapes qui mènent à l'inégalité selon le texte ?**
2. **Quel est le nouveau rapport à la nature ?**
3. **Quelle réponse l'auteur propose-t-il pour le concours de l'académie de Dijon ?**
4. **La méthode de Rousseau est-elle celle d'un historien ? Proposez des arguments pour montrer l'ambiguïté du texte.**

***Le Discours...* dans le manuel**

▸ **« Le langage », p. 213 Première partie, l'origine des langues**

▸ **« La liberté », p. 240 Première partie, la perfectibilité**

LES OBJECTIFS DE L'AUTEUR

- Montrer **la dimension souvent idéologique** de l'idée de nature.
- Dégager **la dimension sociale et politique** dans l'origine du mal.
- Proposer **une nouvelle approche de l'homme**, en rupture avec la métaphysique et la théologie.
- Dire que l'homme n'est **pas fait pour être soumis**.
- Poser une nouvelle conception de la nature comme **liberté**.

MILL
1806-1873
Époque contemporaine
▸ p. 519

REPÈRES
- **En fait/en droit** ▸ p. 488
- **Obligation/contrainte** ▸ p. 492

TEXTE 8 Mill, *L'Asservissement des femmes,* 1869

Il faut se méfier, selon l'auteur, de la référence à la nature et au naturel : ces termes sont souvent des instruments au service d'une stratégie de domination.

Il fut un temps où les esprits les plus avancés regardaient comme naturelle la division de l'espèce humaine en deux parties, une petite composée de maîtres, une nombreuse composée d'esclaves, et y voyaient le seul état naturel de la race. Aristote[1] lui-même, ce génie qui fit tant pour le progrès de la pensée, Aristote soutint cette opinion ! Il n'eut pas de doute, pas d'hésitation ; il la déduisait des prémisses d'où on tire ordinairement que la domination de l'homme sur la femme est chose naturelle. Il pensait qu'il y avait dans l'humanité différentes natures d'hommes, les unes libres, les autres esclaves ; que les Grecs étaient de nature libre, et les races barbares[2], les Thraces[3] et les Asiatiques[4], de nature esclave. Mais pourquoi remonter à Aristote ? Est-ce que dans les États du Sud de l'Union américaine, les propriétaires d'esclaves ne soutenaient pas la même doctrine avec tout le fanatisme que les hommes mettent à défendre les théories qui justifient leurs passions ou légitiment leurs intérêts ? N'ont-ils pas attesté le ciel et la terre que la domination de l'homme blanc sur le noir est naturelle, que la race noire est naturellement incapable de liberté, et née pour l'esclavage ? [...] Les théoriciens de la monarchie absolue n'ont-ils pas toujours affirmé qu'elle était la seule forme naturelle du gouvernement, qu'elle dérivait de la forme patriarcale, type primitif et spontané de la société ; qu'elle était modelée sur l'autorité paternelle, forme d'autorité antérieure à la société même, et d'après eux la plus naturelle de toutes ? Bien plus, la loi de la force a toujours paru, à ceux qui n'en avaient pas d'autre à invoquer, le fondement le plus naturel de l'autorité. Les races conquérantes prétendent que c'est la propre loi de la nature que les races vaincues obéissent aux vainqueurs, ou, par euphémisme, que la race la plus faible et la moins guerrière doit obéir à la race la plus brave et la plus belliqueuse[5]. On n'a pas besoin de connaître à fond la vie au Moyen Âge pour voir à quel point la noblesse féodale trouvait naturelle sa domination sur les hommes de basse extraction, et peu naturelle l'idée qu'une personne de la classe inférieure fût mise sur le pied d'égalité avec elle, ou exerçât l'autorité sur elle. La classe subordonnée ne pensait pas autrement. Les serfs[6] émancipés et les bourgeois, au milieu même des luttes les plus acharnées, n'ont jamais élevé la prétention de partager l'autorité ; ils demandaient uniquement qu'on reconnût quelques bornes au pouvoir de les tyranniser. Tant il est vrai que le mot *contre-nature* veut dire contre l'usage, et pas autre chose, et que tout ce qui est habituel paraît naturel.

John Stuart Mill, *L'Asservissement des femmes*, chapitre I,

1. V. « Les auteurs », p. 496.
2. Pour les Grecs, sont barbares tous les peuples qui ne parlent pas le grec.
3. Ennemi des Grecs et allié de Troie, ce peuple occupait un vaste territoire qui correspond, entre autres, aux actuelles Serbie, Bulgarie, Roumanie, Macédoine, Moldavie.
4. Pour les Grecs, peuples d'Asie centrale et d'Asie mineure.
5. Qui aime la guerre.
6. Au Moyen Âge, paysans qui n'avaient pas de liberté personnelle, et qui cultivaient les terres d'un seigneur.

CONTEXTE

Les **Sophistes (Présocratiques)** ont les premiers posé cette question au Vᵉ siècle av. J.-C. : l'esclavage est-il une pratique fondée sur « la nature » (certains hommes sont faits pour être dominés) ou issue de convention (c'est un choix politique) ?

Questions

1. **Relevez les exemples qui se réfèrent à la nature.**
2. **Quelle est la fonction de l'idée de nature dans tous ces cas ?**
3. **En quoi cette autorité est-elle sournoise (l. 31-35) ?**
4. **Établissez un lien avec le texte de Rousseau, p. 268.**

PERSPECTIVES

La morale et la politique

- Pourquoi la référence à la nature peut-elle exercer une telle autorité selon vous ?

Spinoza, *Éthique*, 1677

TEXTE 9

Quelle est la source des passions humaines ? Pour Spinoza, les réponses des moralistes reposent sur une conception erronée de la place de l'homme dans la Nature.

SPINOZA
1632-1677
Époque moderne
▸ p. 510

REPÈRES
Essentiel/accidentel
▸ p. 488

Ceux qui ont écrit sur les Affections[1] et la conduite de la vie humaine semblent, pour la plupart, traiter non de choses naturelles qui suivent les lois communes de la Nature, mais de choses qui sont hors de la Nature. En vérité, on dirait qu'ils conçoivent l'homme dans la Nature comme un empire dans un empire. Ils croient, en effet, que l'homme trouble l'ordre de la Nature plutôt qu'il ne le suit, qu'il a sur ses propres actions un pouvoir absolu et ne tire que de lui-même sa détermination. Ils cherchent donc la cause de l'impuissance et de l'inconstance humaines, non dans la puissance commune de la Nature, mais dans je ne sais quel vice de la nature humaine et, pour cette raison, pleurent à son sujet, la raillent, la méprisent ou le plus souvent la détestent : qui sait le plus éloquemment ou le plus subtilement censurer l'impuissance de l'Âme humaine est tenu pour divin. [...] À ceux-là certes il paraîtra surprenant que j'entreprenne de traiter des vices des hommes et de leurs infirmités à la manière des Géomètres et que je veuille démontrer par un raisonnement rigoureux ce qu'ils ne cessent de proclamer contraire à la Raison, vain, absurde et digne d'horreur. Mais voici quelle est ma raison. Rien n'arrive dans la Nature qui puisse être attribué à un vice existant en elle ; elle est toujours la même en effet ; sa vertu et sa puissance d'agir est une et partout la même, c'est-à-dire les lois et les règles de la Nature, conformément auxquelles tout arrive et passe d'une forme à une autre, sont partout et toujours les mêmes ; par suite, la voie droite pour connaître la nature des choses, quelles qu'elles soient, doit être aussi une et la même ; c'est toujours par le moyen des lois et règles universelles de la Nature.

Baruch Spinoza, *Éthique*, livre III, préface, © GF, trad. C. Appunh, 1965, p. 133-134.

1. La vie affective et les passions.

Questions

1. **Comment certains textes abordent-ils les affections et les passions humaines ?**
2. **Sur quels présupposés illusoires repose cette approche, selon l'auteur ?**
3. **Quelle idée de la nature est exposée dans ce texte ?**

TEXTE 10

Spinoza propose une piste pour progresser dans la connaissance de la nature humaine.

Personne, il est vrai, n'a jusqu'à présent déterminé ce que peut le Corps, c'est-à-dire l'expérience n'a enseigné à personne jusqu'à présent ce que, par les seules lois de la Nature considérée en tant seulement que corporelle, le Corps peut faire et ce qu'il ne peut pas faire à moins d'être déterminé par l'Âme. Personne en effet ne connaît si exactement la structure du Corps qu'il ait pu en expliquer toutes les fonctions, pour ne rien dire ici de ce que l'on observe maintes fois dans les Bêtes qui dépassent de beaucoup la sagacité humaine, et de ce que font très souvent les somnambules pendant le sommeil, qu'ils n'oseraient pas pendant la veille, et cela montre assez que le Corps peut, par les seules lois de sa nature, beaucoup de choses qui causent à son Âme de l'étonnement.

Baruch Spinoza, *Éthique*, livre III, Proposition II, scolie, *op. cit.*, p. 137-138.

Questions

1. **Quelle notion importante est citée ici pour aborder la notion de Nature ?**
2. **Définissez cette notion à la lumière de l'idée de Nature.**

TEXTE 11 Kant, *Idée d'une histoire universelle au point de vue cosmopolitique,* 1784

Pour l'auteur, l'homme n'est pas un animal comme les autres. Son appartenance à la nature en tant qu'espèce n'entraîne pas la soumission à l'ordre naturel. Comment est-ce possible ? Kant propose ici une interprétation.

KANT
1724-1802
Époque moderne
▸ p. 507

REPÈRES
Principe/cause/fin
▸ p. 492

Troisième proposition

La nature a voulu que l'homme tire entièrement de lui-même tout ce qui dépasse l'agencement mécanique[1] de son existence animale et qu'il ne prenne part à aucune autre félicité[2] ou perfection que celles qu'il s'est lui-même créées indépendamment de l'instinct, par sa propre raison.

La nature en effet ne fait rien de superflu et elle n'est pas prodigue[3] dans l'usage des moyens pour parvenir à ses fins. En donnant à l'homme la raison ainsi que la liberté du vouloir qui se fonde sur cette raison, elle indiquait déjà clairement son dessein[4] en ce qui concerne la dotation de l'homme. Il ne devait pas, en effet, être gouverné par l'instinct, ni non plus être instruit et formé par une connaissance innée. Il devait bien plutôt tirer tout de lui-même. La découverte de ses moyens de subsistance, de son habillement, de sa sécurité et de sa défense extérieure (pour lesquelles la nature ne lui donna ni les cornes du taureau, ni les griffes du lion, ni les crocs du chien mais seulement des mains), tous les divertissements qui peuvent rendre la vie agréable, même son intelligence et sa prudence et jusqu'à la bonté de son vouloir, devaient être entièrement son œuvre propre. La nature semble même s'être ici complu à sa plus grande économie et avoir mesuré sa dotation animale au plus court et au plus juste, pour les besoins les plus pressants d'une existence à ses débuts, comme si elle voulait que l'homme dût parvenir, par son travail, de la grossièreté la plus primitive à l'habileté la plus grande, à la perfection intérieure de son mode de pensée et, par là (pour autant que cela est possible sur terre), jusqu'au bonheur, et qu'il dût ainsi en avoir tout seul le mérite et n'en être redevable qu'à lui-même ; c'est aussi comme si elle tenait davantage à ce qu'il parvînt à l'estime raisonnable de soi qu'au bien-être.

Emmanuel Kant, *Idée d'une histoire universelle d'un point de vue cosmopolitique,* trad. J. Laffitte, Nathan, « Les Intégrales de Philo », 2000, p. 34-35.

1. Le déterminisme naturel, physiologique.
2. Bonheur parfait.
3. Généreuse.
4. Projet, intention.

DÉFINITION

La notion d'**histoire** désigne ici l'ensemble des réalités qui sont produites par les actions et les initiatives humaines. En ce sens *histoire* s'oppose à « *nature* » comme l'ensemble des réalités données à l'homme et non acquises par lui. Ainsi on peut dire que « l'homme fait son histoire ». Cette opposition fonde la distinction entre les sciences de l'homme et les sciences naturelles.

Questions

1. Quel est, selon Kant, le projet de la nature envers l'homme ?
2. Quels sont les deux sens de « nature » dans ce projet ?
3. Quelles sont les données observables qui semblent confirmer un tel projet ?
4. Quelle est la faculté accordée par la nature à l'homme ?
5. Quelles capacités cette faculté donne-t-elle à l'homme ?

PERSPECTIVES

L'existence humaine et la culture

- Quels sont la vocation et le sens de l'existence humaine, pour Kant ?

Pour aller plus loin

Comparez ce texte avec les textes p. 374-375 et 240 : quelle conception commune relevez-vous ?

Débat — Texte à télécharger

L'homme est-il un être naturel ? Vous vous aiderez de l'ensemble des textes de la question 2 pour argumenter ainsi que du texte de F. Wolff à télécharger.

QUESTION

3 Quelles expériences vivre dans la nature ?

TEXTE 12 Lucrèce, *De la nature des choses,* Ier siècle av. J.-C.

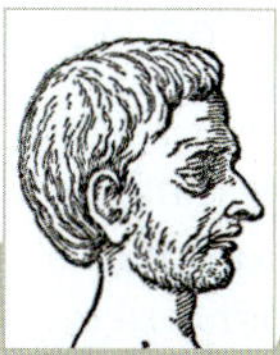

LUCRÈCE
94 av. J.-C.-
54 av. J.-C.
Antiquité
▸ p. 497

Lucrèce analyse les principes matériels à l'œuvre dans la nature : les atomes et leurs mouvements incessants. Nul besoin, donc, des dieux pour expliquer la nature. Cependant, elle peut être considérée comme une merveille.

Ainsi la couleur du ciel, sa clarté, sa limpidité, et tout ce qu'il renferme – la course vagabonde des astres, la lune, le rayonnement de l'éclatante lumière solaire : si tout cela s'offrait pour la première fois aux regards des mortels (imagine : ils voient, brusquement, ce spectacle inouï !), quelle chose au monde mériterait mieux le nom de merveille ? Quelle chose au monde dont l'existence, avant son apparition, eût été moins concevable, moins crédible ? Aucune, je le crois, tant ce spectacle-là eût été stupéfiant. C'est sur lui, pourtant, aujourd'hui, que, lassés d'une vision constamment offerte, personne ne daigne plus lever les yeux, sur ces lumineux espaces célestes !

Lucrèce, *De la nature des choses*, II, © Arléa, trad. C. Labre, 1992, p. 94.

Question

1. **Quelle est l'expérience que Lucrèce nous invite à faire dans la nature ?**

Pour aller plus loin

Commentez ces propos du peintre P. Klee : « Le dialogue avec la nature reste pour l'artiste condition *sine qua non*. L'artiste est homme ; il est lui-même nature, morceau de nature dans l'aire de la nature [...], créature sur terre et créature dans l'univers ; créature sur un astre parmi les astres. »

TEXTE 13 Leibniz, *Essais de théodicée,* 1710

LEIBNIZ
1646-1716
Époque moderne
▸ p. 508

Rien n'est à déplorer dans la nature : elle est harmonie, selon l'auteur.

La nature a eu besoin d'animaux, de plantes, de corps inanimés ; il y a dans ses créatures non raisonnables des merveilles qui servent à exercer la raison. Que ferait une créature intelligente, s'il n'y avait point de choses non intelligentes ? À quoi penserait-elle, s'il n'y avait ni mouvement, ni matière, ni sens ? Si elle n'avait que des pensées distinctes, ce serait un dieu, sa sagesse serait sans bornes ; c'est une suite de mes méditations. Aussitôt qu'il y a un mélange de pensées confuses, voilà les sens, voilà la matière. Car ces pensées confuses viennent du rapport de toutes les choses entre elles suivant la durée et l'étendue. C'est ce qui fait que dans ma philosophie il n'y a point de créature raisonnable sans quelque corps organique, et qu'il n'y a point d'esprit créé qui soit entièrement détaché de la matière. Mais ces corps organiques ne diffèrent pas moins en perfection que les esprits à qui ils appartiennent. Donc puisqu'il faut à la sagesse de Dieu un monde de corps, un monde de substances capables de perception et incapables de raison ; enfin puisqu'il fallait choisir, de toutes les choses, ce qui faisait le meilleur effet ensemble, et que le vice y est entré par cette porte ; Dieu n'aurait pas été parfaitement bon, parfaitement sage, s'il l'avait exclu.

Gottfried Wilhelm Leibniz, *Essais de théodicée*, II, © GF, trad. J. Brunschwig, 1969, p. 181.

DÉFINITION

Théodicée : ce terme signifie « rendre justice à Dieu » (*theo* et *diké*, en grec ancien). Dans une théodicée, il s'agit de montrer que Dieu n'est pas la cause du mal qui existe sur terre.

Question

1. **Quel est le raisonnement de ce texte sur la diversité naturelle ?**

TEXTE 14 Rousseau, *Troisième Lettre à M. de Malesherbes*, 1762

ROUSSEAU
1712-1778
Époque moderne
▶ p. 509

REPÈRES
- **Universel/général/particulier/singulier** ▶ p. 494
- **Intuitif/discursif** ▶ p. 491

Dans cette lettre, Rousseau évoque le bonheur trouvé dans ses promenades solitaires. Une fois passé la crainte de rencontrer une connaissance sur le chemin, il cesse de presser le pas et commence « à respirer », selon ses propres mots.

J'allais alors d'un pas plus tranquille chercher quelque lieu sauvage dans la forêt, quelque lieu désert où rien remontrant la main des hommes n'annonçât la servitude et la domination, quelque asile où je pusse croire avoir pénétré le premier et où nul tiers importun ne vînt s'interposer entre la nature et moi. C'était là qu'elle semblait déployer à mes yeux une magnificence toujours nouvelle. L'or des genêts[1] et la pourpre des bruyères[2] frappaient mes yeux d'un luxe qui touchait mon cœur, la majesté des arbres qui me couvraient de leur ombre, la délicatesse des arbustes qui m'environnaient, l'étonnante variété des herbes et des fleurs que je foulais sous mes pieds tenaient mon esprit dans une alternative continuelle d'observation et d'admiration : le concours de tant d'objets intéressants qui se disputaient mon attention, m'attirant sans cesse de l'un à l'autre, favorisait mon humeur rêveuse et paresseuse [...].

Bientôt de la surface de la terre j'élevais mes idées à tous les êtres de la nature, au système universel des choses, à l'Être incompréhensible qui embrasse tout. Alors, l'esprit perdu dans cette immensité, je ne pensais pas, je ne raisonnais pas, je ne philosophais pas ; je me sentais avec une sorte de volupté accablée du poids de cet univers, je me livrais avec ravissement à la confusion de ces grandes idées, j'aimais à me perdre en imagination dans l'espace, mon cœur resserré dans les bornes des êtres s'y trouvait trop à l'étroit, j'étouffais dans l'univers, j'aurais voulu m'élancer dans l'infini. Je crois que si j'eusse dévoilé tous les mystères de la nature, je me serais senti dans une situation moins délicieuse que cette étourdissante extase à laquelle mon esprit se livrait sans retenue, et qui, dans l'agitation de mes transports, me faisait écrier quelquefois : « Ô grand Être ! Ô grand Être ! » sans pouvoir dire ni penser rien de plus.

Jean-Jacques Rousseau, *Lettres à Malesherbes*, III, 26 janvier 1762.

1. Plante aux fleurs jaunes.
2. Plante des sous-bois aux fleurs violettes.

DÉFINITION

Le **sublime** vient de l'adjectif latin *sublimis* : « haut, élevé ». Il désigne ce qui relève du grandiose, de l'impressionnant.

Questions

1. Que cherche Rousseau dans la nature ?

2. Comment la nature se manifeste-t-elle à lui dans un premier temps ? Quelle évolution est décrite par la suite ?

3. À l'aide de la définition du sublime proposée ci-dessus, commentez l'expérience rapportée dans le dernier paragraphe.

4. Quels sont les différents adjectifs qui pourraient, selon vous, qualifier les expériences que Rousseau fait de la nature ?

5. À l'aide de votre culture littéraire et de recherches, dites à quel courant peut se rattacher cette approche de la nature.

Pour aller plus loin — Texte à télécharger

Comparez ce texte avec celui de Pascal à télécharger : quelle théorie scientifique cette représentation de la nature inspire-t-elle ?
Vous vous aiderez du site www.penseesdepascal.fr

TEXTE 15 Zhuangzi, « Le Zhuangzi », IVe siècle av. J.-C.

Observer le ciel et la terre permet d'accéder à la sagesse : non seulement parce que l'ordre constitutif de toutes les choses s'y manifeste, mais surtout parce que tout ce qui s'y fait se fait sans parole. Voici la réponse qu'un maître de sagesse, Lao Tan, propose à celui qui lui demande d'expliquer ce qu'est le « Tao suprême ».

ZHUANGZI
Vers 369 av. J.-C.-
Vers 286 av. J.-C.
Antiquité
▸ p. 499

La vie de l'homme entre le ciel et la terre est comme un poulain blanc qui franchit une faille[1] : un éclair et c'est fini. Tous les êtres quels qu'ils soient, brusquement sortent, brusquement rentrent. Une transformation les engendre, une autre les fait mourir. Tous les êtres vivants s'en lamentent et l'espèce humaine s'en attriste. Mais cela ne consiste qu'à se dépouiller du fourreau[2] naturel et à laisser tomber l'enveloppe naturelle. Ce n'est là qu'une libération par laquelle les âmes et les corps opèrent le grand retour. Le sans-forme va vers la forme, puis la forme va vers le sans-forme : c'est ce que tout le monde sait, nul besoin d'effort pour arriver à s'en rendre compte ; tout le monde en discute, mais nul besoin de discussion pour y arriver : la discussion, au contraire, empêche d'y arriver. La vision claire ne peut rencontrer cela. La discussion est inférieure au silence. Le Tao ne peut être entendu ; mieux vaut se boucher les oreilles que de vouloir l'entendre. C'est ce qu'on appelle la grande obtention[3].

Zhuangzi, « Le Zhuangzi », XXII, in *Philosophes taoïstes*, trad. L. Kia-Hway et B. Grynpas © Gallimard, « Bibliothèque de la Pléiade », 1980, p. 253-254.

REPÈRES
- **Intuitif/discursif** ▸ p. 491
- **Ressemblance/analogie** ▸ p. 493

1. Cassure de la croûte terrestre liée à la tectonique des plaques, zone de rupture entre des blocs rocheux.
2. Étui de protection et de rangement, de forme allongée.
3. V. « Focus sur un auteur », p. 278-279.

Huang Xiangjian, *À la recherche de mes parents*, peinture, 1656.

CLÉ DE LECTURE

La description joue un grand rôle dans la philosophie de Zhuangzi : elle permet de dire exactement ce que nous percevons dans nos expériences les plus familières, et de mettre à l'écart tout ce que la « discussion » ajoute et obscurcit. Si nous observons avec précision notre expérience, nous voyons les forces qui agissent dans la réalité ; forces qui sont en perpétuelle transformation et dont l'activité est spontanée et toujours efficace.

DÉFINITION

Le terme *Tao*, transcription de *Dao*, désigne la route, le chemin, et plus abstraitement, la méthode. Il finira par désigner à l'époque impériale, au IIe siècle av. J.-C., une école qui revendiquera la filiation avec l'enseignement de Zhuangzi et de Laozi. Dans ce texte, il désigne le fonctionnement des choses, modèle (« voie ») pour le sage.

Questions

1. **Présentez et expliquez la comparaison qui permet à l'auteur de nous faire réfléchir sur la vie de l'homme.**
2. **Quelle expérience de la nature s'exprime ici ?**
3. **Montrez le lien entre cette expérience et la critique de la « discussion ».**

PERSPECTIVES

La connaissance

- Le langage nous éloigne-t-il du réel ?

FOCUS SUR UN AUTEUR

Zhuangzi (IVe s. av. J.-C.)

1 SA VIE

Voici une anecdote qui permet de comprendre quel homme il a été.

Après avoir occupé un poste administratif subalterne, il se serait délibérément retiré du monde, donnant de lui-même l'image d'un personnage excentrique [...] : un jour que Zhuangzi pêche à la ligne au bord de la rivière Pu, deux grands officiers envoyés par le roi de Chu[1] viennent se présenter devant lui en disant : « Notre roi désire vous confier une charge dans son État ».

Sa canne à pêche à la main, sans même daigner tourner la tête, Zhuangzi leur répond : « J'ai ouï dire que vous avez à Chu une tortue magique, morte il y a trois mille ans. Le roi l'a fait envelopper et placer dans un coffret qu'il garde précieusement sur l'autel de ses ancêtres. À votre avis, cette tortue aurait-elle préféré périr pour que ses os fassent l'objet d'une vénération éternelle ? Ou aurait-elle mieux aimé rester vivante, à traîner sa queue dans la gadoue ?

– Elle aurait mieux aimé rester vivante à traîner sa queue dans la gadoue, répondent en chœur les deux officiers.

– Allez-vous-en ! conclut Zhuangzi. Moi aussi, j'aime mieux rester à traîner ma queue dans la gadoue ! »

Anne Cheng, *Histoire de la pensée chinoise*, © Éd. Seuil, « Points Essais », 1997, p. 115-116.

1. Un des sept grands royaumes de la Chine pré-impériale formant les Royaumes Combattants (Wei, Zhao, Han, Qi, Yan, Qin). Ces sept royaumes ont émergé au Ve siècle av. J.-C. avec le déclin de la dynastie des Zhou.

Questions

1. **Comment Zhuangzi choisit-il de répondre aux officiers ? Pour quelle raison, selon vous ? Expliquez pourquoi le sort de la tortue est édifiant.**

2. **Dans sa réponse, quelle(s) valeur(s) vous semble(nt) révéler sa personnalité ?**

2 LE CONTEXTE DE SA PENSÉE

Sa philosophie cherche à se démarquer des sagesses traditionnelles.

La plupart des courants de pensée des Royaumes Combattants (Ve-IIIe siècles)[1] partent de la constatation que le monde n'est que discorde[2] et violence. Mais, dès le départ, le courant taoïste[3] part dans une direction toute différente des autres qui, eux, cherchent des voies (des *dao*) ou des méthodes positives : les confucéens préconisent de faire régner le *ren*, les moïstes[4] de rechercher l'intérêt du plus grand nombre ; pour les légistes[5], il faut ni plus ni moins imposer la même loi à tous. En revanche un Zhuangzi ou un Laozi[6] ne se mettent pas en quête de moyens pour remédier à la situation, ils se mettent tout simplement à l'écoute, dans une attitude qu'ils appellent le non-agir. À l'écoute de quoi ? D'une petite musique harmonieuse qui perce encore sous le vacarme des conflits et la cacophonie des théories et des discours : celle du Dao.

Op.cit., p. 113.

1. V. note 1 du texte 1.
2. Division, conflit.
3. Voir p. 277.
4. Voir encadré ci-contre.
5. Écrits classés comme « légistes » portant les noms de ministres (comme le *Guanzi*) : manuels proposant des théories politiques et une conception du monde.
6. Maître spirituel considéré, avec Zhuangzi, comme précurseur du taoïsme.

Questions

1. **Quel est le problème commun que les différentes écoles cherchent à régler ?**

2. **Quelle est la solution proposée Zhuangzi et Laozi ? À l'aide du texte 3 et du « À retenir », proposez une interprétation de son sens.**

3 SA PHILOSOPHIE

La nature doit être un modèle pour le sage.

Quand l'homme cesse de se démener, de vouloir, d'imposer aux choses ses cadres de pensée et son mode d'action, quand il se contente d'être à l'écoute et de refléter les choses telles qu'elles sont, bref quand il lâche prise, que lui reste-t-t-il comme mode d'existence fondamental ? La naissance, la croissance, le déclin et la mort : autant de processus spontanés, naturels, qui relèvent du Ciel. Tel est notre « destin céleste » qui est pourtant le plus difficile à accepter parce que nous voulons toujours décider, toujours choisir ; notre façon et notre raison d'être, c'est de vouloir. Voilà pourquoi Zhuangzi propose de passer à un tout autre niveau, ouvrant brusquement une perspective en abîme où l'on perçoit d'un seul coup- dans ce qui peut être considéré comme une illumination – l'infini, l'insondable du *dao*, lequel aspire l'esprit comme un maelström[1] en une régression sans fond. À côté de la tentation de se laisser aller au vertige, l'esprit ne peut s'empêcher de se poser l'ultime question de l'existence d'un « créateur » [...], maintes fois évoquée dans le *Zhuagzi* mais restée en suspens :

Le ciel tourne-t-il ? La terre est-elle fixe ?
Le soleil et la lune se disputent-ils leur place ?
Qui préside à tout cela ? Qui le coordonne ?
Qui, sans rien faire, lui confère impulsion et mouvement ?

Pensera-t-on à un ressort, à un mobile à la marche inéluctable ? Imaginera-t-on que tout cela se meut et tourne sur soi-même sans pouvoir s'arrêter ?

Op.cit., p. 138-139.

REPÈRES
Intuitif/discursif ▸ p. 491

1. Tourbillon marin rapide qui forme un gouffre profond.

Questions

1. **Quelles sont les illusions partagées par la plupart des hommes ?**
2. **En quoi la nature nous permet-elle d'accéder à la vérité ?**
3. **Dans la contemplation de la nature, quelle question philosophique est posée ? Trouve-t-elle une réponse ?**

CONTEXTE

Confucius (551-479 av. J.-C.)
Maître spirituel chinois dont les pensées ont été transmises par ses disciples dans un ouvrage, *Entretiens*. Son enseignement est centré sur la question suivante : comment devient-on pleinement humain ? Comment peut-on s'améliorer ? Le « *ren* » peut être traduit par « qualité humaine ».

Mozi (entre 479 et 372 av. J.-C.).
Les mozistes constituent une école rivale aux confucéens, auxquels ils reprochent d'en rester aux sentiments sur la question de la vertu. Mozi utilise la logique pour dégager les fondements objectifs d'une organisation sociale.

À RETENIR

- Pour Zhuangzi, **l'homme** est dans la nature **le seul être qui se détache du cours naturel et spontané des choses** (le *dao*), à cause de sa raison, de son vouloir.
- Le sage doit apprendre à se rendre **disponible à la réalité originelle**.
- Tout ce qui ne parle pas, tout ce qui se fait sans la raison ni le vouloir, tout ce qui est « **spontané** » lui fera **entendre cette réalité**.

TEXTES

QUESTION 4

Qu'est-ce que protéger la nature ?

THOREAU
1817-1862
Époque contemporaine
Poète et philosophe américain, auteur notamment de *Walden* et *De la désobéissance civile.*

REPÈRES
Concept/image/métaphore
▸ p. 487

TEXTE 16 Thoreau, *Les Forêts du Maine,* 1864 (posthume)

Dans son récit de voyage Chesuncook, *Thoreau se lamente sur la destruction de la nature : il y dénonce l'exploitation excessive de la nature et les méfaits de l'économie capitaliste. Son texte se termine par cette proposition.*

Les rois d'Angleterre avaient jadis leurs forêts[1] – qu'ils créaient ou agrandissaient parfois en détruisant des villages – « afin de garder le gibier du roi », pour les plaisirs de la chasse ou la nourriture ; et je crois qu'ils étaient mus par un instinct juste. Pourquoi n'aurions-nous pas, nous qui avons rejeté l'autorité royale, nos réserves nationales, où nul village n'aurait à être détruit, et où l'ours et la panthère, et même une partie de la Race chasseresse[2], pourrait continuer à exister, et non être « chassés de la surface de la terre par la civilisation » – nos forêts servant ainsi non pas seulement à garder le gibier du roi, mais à préserver par la même occasion le roi lui-même, le seigneur de la création, et destinées non pas aux plaisirs vains de la chasse ou de la nourriture, mais à notre inspiration et à notre propre et véritable recréation ? Ou bien allons-nous, comme des vilains[3], les extirper complètement et braconner sur nos propres domaines nationaux ?

Henry David Thoreau, *Les Forêts du Maine,*
© Éd. Rue d'Ulm, trad. F. Specq, 2004, p. 163.

1. Parcs à gibier créés par des rois normands, dotés d'un régime juridique contrôlé par des fonctionnaires et des tribunaux.
2. Indiens de la région de la Nouvelle-Angleterre.
3. Au Moyen Âge, paysan libre, par opposition au serf.

Questions

1. **Quel est le projet proposé dans le texte ? Quelle est la mission de l'Amérique ?**
2. **Comment l'auteur conçoit-il la protection de la nature ? Faites des recherches sur les références bibliques : la création du monde (Genèse), la place de l'homme (« maître » ou « gardien »), l'Éden, la Chute, l'Alliance, l'Apocalypse.**
3. **Quelles sont les ambiguïtés de ce texte, aussi bien dans la relation à la nature que dans celle aux Indiens ?**

CANGUILHEM
1904-1995
Époque contemporaine
Philosophe français, il a enseigné l'épistémologie et l'histoire des sciences à l'université.

TEXTE 17 Canguilhem, *La Question de l'écologie,* 1973

Le terme « écologie » a été inventé en 1866 par E. Haeckel pour désigner l'étude scientifique des rapports entre les espèces animales et leur milieu physique et biologique. L'auteur constate que ce qui était conçu comme un projet scientifique autour de la biologie, la géographie et la climatologie, est « devenu une sorte de discours idéologique sur la Nature ».

Il n'est pas contestable que le système d'économie[1] dont les impératifs ont, sinon déterminé, du moins favorisé la naissance et le développement des procédés industriels de production des biens consommables, est responsable de l'actuelle finalité et de l'actuelle ampleur des techniques d'exploitation des ressources naturelles[2]. Mais ce qui est contestable c'est d'imaginer, comme la mode s'en répand, que la correction du désordre consiste à retrouver un ordre antérieur malheureusement aboli, qu'on croit plus « naturel » ou plus « humain », de la relation de l'homme à la nature. Toute solution de simple retour ou de paisible régression relève non pas de l'utopie, en la matière indispensable, mais du mythe, en la matière fallacieux[3].

[...]. Où qu'ils soient, les paysans ne cultivent pas la terre mais des champs, objets aussi artificiels que les maisons, les canaux et les routes. [...] Sur les lignes d'un paysage, il faut savoir lire l'effet des techniques de l'homme autant que la spontanéité de la nature.

Georges Canguilhem, *La Question de l'écologie*, in Dagognet, *Considérations sur l'idée de nature*, © Vrin, 1990, p. 183.

1. Le système capitaliste qui s'est développé avec la révolution industrielle.
2. Le souci de productivité est au cœur du capitalisme et entraîne une exploitation intensive des ressources.
3. Faux, illusoire.

Questions

1. Quel est l'effet du système économique sur l'environnement ?
2. À quelle erreur la critique de ce système peut-elle conduire ?

TEXTE 18 Jonas, *Le Principe responsabilité,* 1979

JONAS
1903-1993
Époque contemporaine
▸ p. 517

Du fait des progrès technologiques en physique nucléaire et de leurs effets sur la planète, de nouvelles obligations morales doivent être formulées, selon l'auteur.

Un impératif[1] adapté au nouveau type de l'agir humain[2] et qui s'adresse au nouveau type de sujet[3] de l'agir, s'énoncerait à peu près ainsi : « Agis de façon que les effets de ton action soient compatibles avec la Permanence d'une vie authentiquement humaine sur terre »; ou pour l'exprimer négativement : « Agis de façon que les effets de ton action ne soient pas destructeurs pour la possibilité future d'une telle vie »; ou simplement : [...] « Ne compromets pas les conditions pour la survie indéfinie de l'humanité sur terre »; ou encore, formulé de nouveau positivement : « Inclus dans ton choix actuel l'intégrité future de l'homme comme objet secondaire de ton vouloir » [...].

Le nouvel impératif[4] affirme précisément que nous avons bien le *droit* de risquer notre propre vie, mais non celle de l'humanité ; et qu'Achille[5] avait certes le droit de choisir pour lui-même une vie brève, faite d'exploits glorieux, plutôt qu'une longue vie de sécurité sans gloire (sous la présupposition tacite qu'il y aurait une postérité qui saura raconter ses exploits), mais que nous n'avons pas le droit de choisir le non-être des générations futures à cause de l'être de la génération actuelle et que nous n'avons même pas le droit de le risquer [...].

Il est manifeste que le nouvel impératif s'adresse beaucoup plus à la politique publique qu'à la conduite privée, cette dernière n'étant pas la dimension causale à laquelle il peut s'appliquer.

Hans Jonas, *Le Principe responsabilité*, © Flammarion, « Champ Essais », trad. J. Greisch, 2013, p. 40-41.

1. Ce terme emprunté à Kant désigne ici une obligation morale, un devoir (en latin *imperare* : « commander »).
2. Le nouveau type d'action dans la nature lié aux progrès technologiques, notamment autour de l'énergie nucléaire.
3. Ici, les humains qui agissent.
4. Nouveau par rapport à l'impératif formulé par Kant et qui visait des relations interindividuelles dans leur présent (p. 134).
5. Personnage de la mythologie grecque qui préfère une vie courte de héros guerrier à une vie longue et sans gloire (Homère, *L'Iliade*).

Questions

1. Notez les différentes formulations du nouvel impératif qui lie les humains : comparez-le avec l'impératif kantien.
2. Pourquoi sommes-nous devenus responsables de la nature et pourquoi est-ce la conséquence de la technique moderne ?
3. Pourquoi cet impératif « s'adresse beaucoup plus à la politique publique » (l. 18-19) ?

Débat

À l'aide des textes 16 à 18, dites ce que peut signifier protéger la nature. Instaurez un débat contradictoire et aidez-vous du texte de C. Larrère, p. 282.

Rencontre avec... **CATHERINE LARRÈRE,** PHILOSOPHE

Comment faire face au dérèglement climatique ?

L'accord de Paris en 2015, lors de la COP 21, est une étape importante dans la reconnaissance internationale du dérèglement climatique. De nombreux États cherchent à coordonner leurs actions politiques pour limiter la hausse des températures et ses conséquences sur les populations. C. Larrère est interrogée sur cet événement.

Peut-on réinventer notre rapport à la nature ?

C. L. – Au fond, tout notre travail sur l'éthique environnementale et la problématique du respect de la nature aboutit à un constat d'une grande banalité : nous ne sommes pas seuls sur terre ! Nous sommes une espèce parmi d'autres espèces. Cela devrait nous rendre modestes, et nous rappeler qu'il n'y a pas que l'humanité que l'homme entraîne à sa perte avec le dérèglement climatique. Mais la modestie se heurte à l'arrogance, à notre désir de *fabriquer* la nature, plutôt que de simplement chercher à la *piloter*. Fabriquer : un concept qui traverse toute la tradition philosophique, de Platon à Aristote et à Marx (au début du *Capital*, Marx distingue l'abeille et l'architecte[1], en affirmant que le second a l'idée de la maison avant de la construire, ce qui n'est pas le cas de la première). Fabriquer, c'est avoir un modèle en tête, et l'appliquer. Mais peut-on parler de fabrication à propos des techniques que nous utilisons avec la nature ? Le paysan ne « fabrique » pas son blé, il le fait pousser. Il oriente un certain nombre de processus naturels de façon à en tirer des résultats. Bref, il se fait le « pilote » d'un processus naturel, comme le marin qui joue avec le vent et les courants pour arriver là où il veut.

Catherine Larrère (Née en 1944) Professeure émérite à l'Université Paris-I- Panthéon-Sorbonne, elle est spécialiste de philosophie morale et politique : ses recherches portent sur les théories politiques et économiques à l'époque moderne, notamment sur Montesquieu, mais aussi sur les problématiques environnementales contemporaines.

Ce classement de nos interventions sur la nature – entre « fabriquer » et « piloter » – a un grand mérite : il n'oppose pas une tradition forcément « bonne » à une modernité forcément « mauvaise » et polluante. La distinction s'applique en effet aux technologies les plus récentes comme aux plus anciennes. Mais seul le modèle du pilotage respecte notre rapport à la nature, en s'interrogeant sur les effets secondaires de son intervention : le processus de fabrication, lui, s'inquiète uniquement de l'objet final. Distinction essentielle. Car c'est bien la gravité des conséquences secondaires de la révolution industrielle – en l'occurrence le réchauffement climatique – qui est en jeu ici : brûler du bois, de la houille ou du pétrole, cela produit le progrès mais aussi du CO_2. Si vous raisonnez seulement en termes de fabrication, vous ne pensez qu'au premier. Et finissez par subir les effets du second.

Les pays riches ont-ils une dette envers les pays pauvres ?

C. L. – Dans sa récente encyclique[2], le pape François insiste sur la dimension historique du dérèglement climatique. Il rappelle que le développement industriel des pays occidentaux, depuis le XIXe siècle, est le principal responsable de ce réchauffement. Autrement dit, l'Occident a consommé sa part d'atmosphère. Il a donc une dette envers les pays du Sud, car l'atmosphère est un bien commun. Je crois qu'il s'agit là d'une intuition très forte [...].

Le catastrophisme peut-il changer les mentalités ?

C. L. – Cette attitude pose problème. À force de crier au loup, plus personne n'y croit. Or, cela fait quelques décennies qu'on nous annonce le pire, et notre vie quotidienne n'est pas si affectée que

Incendies près de Nowra, Australie, le 31 décembre 2019.

cela. Du coup, la peur ne porte pas […].

Notre destin, aujourd'hui, ressemble plutôt à celui des habitants de l'île de Pâques – dont la population a sans doute diminué sans discontinuer après la déforestation de l'île, avant de pratiquement disparaître : pas de rupture brutale de l'écosystème, mais une dégradation continue des conditions de vie. La menace d'une catastrophe imminente n'est pas ressentie comme plausible par les gens, et l'effondrement progressif leur échappe. Ce qui explique que le catastrophisme ne soit pas mobilisateur.

Pour mieux protéger la nature, faut-il revoir nos relations sociales ?

C. L. – Au début du *Contrat social*, Jean-Jacques Rousseau[3] imagine l'humanité parvenue à un moment de son histoire où, si elle ne change pas sa manière de vivre, elle sera amenée à périr. Cela correspond assez bien à notre situation actuelle ! Mais changer notre manière de vivre, c'est désormais modifier, de façon inséparable, notre rapport à la nature et nos rapports entre nous. Dans le passé, nous avons fait ce que nous pouvions pour éliminer les formes les plus brutales de domination entre les hommes (l'esclavage, etc.), mais il faut aussi purger de toute domination notre rapport à la nature. Pour cela, il ne suffit pas de laisser des espaces naturels hors de l'emprise humaine, comme le fait le modèle américain de la *wilderness*[4]. Sacraliser, sanctuariser un espace de nature « vierge » sans remettre en question la domination de l'homme sur ses semblables et sur l'environnement, ce n'est pas la solution.

Comment articuler action locale et action globale ?

C. L. – Au niveau local – celui du village ou de la région –, les hommes se mobilisent souvent efficacement. C'est au niveau global que la prise de décision devient compliquée. […] Quand une source est menacée par des promoteurs, dans un village français, on trouve un ou plusieurs porte-parole pour la défendre. Cette source devient un « personnage » qui compte autant que d'autres habitants du village. Le problème se pose donc plutôt au niveau national, ou international. Aux XVIIIe ou XIXe siècles, l'humanité était encore une abstraction ; aujourd'hui, c'est devenu une réalité : tous les hommes sont sur le même bateau. Ils sont condamnés à l'intérêt général ! Mais il n'est pas facile de le construire. […] Enfin, les modes de vie […] ne se décrètent pas par des lois : ils se réforment par la contagion de l'exemple. Ne désespérons pas du monde, beaucoup prennent leur vie en main et font un geste pour le climat. Ce n'est certes pas aussi spectaculaire que si les États-Unis s'engageaient à réduire leurs émissions de gaz à effets de serre de 30 % du jour au lendemain ; et la contagion est un processus lent, alors que le dérèglement du climat, lui, est très rapide. Mais la solution, j'en suis persuadée, viendra aussi de là. Nous sommes à la fois condamnés à nous entendre – et à nous inspirer les uns les autres.

Télérama, propos recueillis et publiés le 20/07/2015 par Olivier Pascal-Moussellard.

1. Voir « Les auteurs », p. 518 et texte de Marx, p. 421.
2. L'encyclique *Laudato si*, « Sur la sauvegarde de la maison commune » en 2015. Une encyclique est une lettre solennelle du pape, chef de l'Église catholique romaine et évêque de Rome : elle a valeur d'enseignement et peut porter sur un problème d'actualité.
3. Voir « Les auteurs », p. 509.
4. En anglais : « région sauvage ».

ARRÊT SUR IMAGES

Série *Notre planète*, épisode 1 : « Une seule planète »

Fiche technique

- **Genre :** documentaire ; 8 épisodes
- **Réalisateurs :** A. Fothergill et K. Scholey
- **Production :** WWF, Silverback Films et Netflix
- **Musique :** S. Price
- **Narrateur** : J. Frantz (France) / D. Attenborough (GB)
- **Sortie :** 2019
- **Durée :** 50 mn.
- **Synopsis :** Le premier épisode de cette série, tourné dans plus de cinquante pays différents, nous propose une vision d'ensemble de la Terre : nous sommes invités à contempler les richesses de la biodiversité et des environnements naturels qui l'accueillent. Le titre de cette série britannique et celui du premier épisode « Une seule planète » annoncent les objectifs visés par cette succession d'images d'une grande beauté : prendre conscience de l'impact des activités humaines, agir pour la protection de la nature, se convaincre qu'il n'y a pas de « planète B ».

Gnous dans la savane.

Activités

1 **Visionnez l'intégralité de ce premier épisode.**

2 **Répondez aux questions suivantes**

COMPRÉHENSION

1. Comment notre planète est-elle présentée au début du documentaire ? Pourquoi ce choix à votre avis ?
2. Quel est le constat démographique ?
3. Quelles sont les missions que se donne ce documentaire ?
4. Dans quel contexte ces missions prennent-elles tout leur sens ? Quel est le mot clé employé ?
5. Quel est selon vous le but recherché dans une des premières séquences qui mêle oiseaux et dauphins ?
6. Quelle idée est portée avec le passage de l'océan au désert ?
7. Quelle est la condition fondamentale du développement de la vie évoquée dans la séquence sur les flamants nains ? Quel effet produit le passage du désert aux prairies fréquentées par les gnous ?
8. Comment la forêt tropicale est-elle décrite ? Que retenez-vous de la séquence sur l'orchidée et l'abeille ?
9. Que se passe-t-il dans les régions polaires ? Pourquoi est-ce alarmant ?

RÉFLEXION

10. Que peut signifier prendre « soin » de la nature ?
11. En insistant sur les « connexions », quelle représentation de la nature est donnée ?
12. Les humains ont-ils une place particulière dans la nature ?
13. En quel sens est-elle pour eux une source d'émotions ?
14. Quels rapprochements peut-on faire entre nature et art ?

EXERCICES

Les termes et les concepts clés

1 Retenez les termes clés du chapitre : nature ; naturel et artificiel ; culture ; l'autorité de la nature ; nature humaine ; construction sociale, science et nature, écologie.

2 À l'aide de la proposition de Thoreau, la création de **parcs nationaux** (p. 280), et de recherches complémentaires sur la notion de « ***wilderness*** » dans la culture américaine (C. Larrère p. 282), mais aussi de l'ensemble des textes du chapitre, répondez aux questions suivantes pour tester votre maîtrise de ces concepts.

a. Que cherche-t-on à protéger dans ces parcs ? Définissez la **nature**.

b. Pourquoi la nature est-elle en danger ? Définissez la distinction entre **le naturel et l'artificiel**.

c. La nature dans les parcs nationaux est-elle « sauvage » ; peut-on l'opposer à la culture ? Définissez la **culture**.

d. Pourquoi valoriser le naturel sur le social ? Dégagez **l'autorité** dont est porteuse la référence à la **nature**.

e. Peut-on parler d'une « **nature humaine** » ? Quelle est l'approche de l'homme dans ce cas ?

f. La nature n'est-elle pour autant qu'une **construction sociale** ? Définissez ce que la **science** peut nous apprendre sur la nature.

g. Qu'est-ce que **l'écologie** ?

PERSPECTIVES

3 À l'aide des pages Perspectives (p. 29-38) et du chapitre, identifiez les perspectives dans les citations suivantes et justifiez votre proposition par la présentation des concepts et débats en jeu.

a. « La nature aime à se cacher. » (Héraclite)

b. « La coutume est notre nature. » (Pascal)

c. « On ne naît pas femme, on le devient. » (Beauvoir)

Apprendre à problématiser

4 Thoreau (p. 280) reconnaît la présence de la civilisation dans la nature. Il ne plaide pas pour une nature dénuée de présence humaine. L'important pour lui est de pouvoir ménager de façon temporaire et spirituelle la rencontre avec une nature plus sauvage. C'est la notion de « *border life* » : « vie en lisière ». Quel paradoxe apparaît dans cette notion ?

Produire un texte écrit

5 Lisez cet article de M. Koppe du 23/09/2019 sur le biomimétisme : https://lejournal.cnrs.fr/articles/regard-anthropologique-sur-le-biomimetisme

a. Qu'est-ce le biomimétisme ?

b. Choisissez et présentez un exemple à l'oral ou à l'écrit.

c. Pourquoi le biomimétisme intéresse-t-il les chercheurs en anthropologie (science de l'homme) ? Pourquoi le biomimétisme peut-il éclairer l'écologie ?

Analyser un tableau

6 **a.** Examinez le tableau de Caspar David Friedrich p. 263 : comment le tableau est-il composé ? Quelle est la position du personnage ? Quel milieu naturel s'offre-t-il à lui ? Quels sentiments peut-il inspirer au personnage selon vous ?

b. Quelle idée de la nature est proposée ici ? Faites une recherche sur le courant artistique à l'œuvre dans ce tableau. Vous vous aiderez du texte de P. Hadot à télécharger (*Le Voile d'Isis*, p. 298-299).

Maîtriser les repères

7 À partir des textes du chapitre et des repères qui leur sont associés sur la page, répondez aux questions suivantes, en vous aidant de la partie Repères (p. 486-494).

a. Principe/cause/fin ▸ **p. 492**

Quels sont les deux types de causes dégagées dans le texte d'Aristote (p. 264) ?

b. Idéal/réel ▸ **p. 490**

En quel sens notre relation à la nature relève-t-elle de l'idéal pour Lévi-Strauss (p. 266) ?

d. Intuitif/discursif ▸ **p. 491**

Que peut-on reprocher à une connaissance discursive selon Zhuangzi (p. 277) ?

Apprendre à mémoriser les outils

8 Répondez aux questions suivantes.

a. Quelle distinction entre cosmogonie et cosmologie ? (voir p. 265)

b. Comment définir réalisme et idéalisme ? (voir p. 267)

c. Quelle question est posée par les sophistes sur l'esclavage ? (voir p. 272)

d. D'où vient le mot « sauvage » ? (voir p. 276)

e. Que signifie « sublime » ? (voir p. 276)

Réviser les points clés du chapitre

9 Répondez aux questions suivantes.

a. Que nous apprend une anthropologie de la nature ?

b. La nature n'est-elle qu'une construction sociale ?

c. Qu'est-ce qu'une science de la nature ?

d. Pourquoi faut-il se méfier de l'idée de nature ?

e. Quelles expériences pouvons-nous faire de la nature ?

f. Comment protéger la nature ?

MÉTHODE

BAC L'explication de texte

Podcast

TEXTE

Sartre, *L'existentialisme est un humanisme,* 1945

S'il est impossible de trouver en chaque homme une essence universelle qui serait la nature humaine, il existe pourtant une universalité humaine de *condition*. Ce n'est pas par hasard que les penseurs d'aujourd'hui parlent plus volontiers de la condition de l'homme que de sa nature. Par condition ils entendent avec plus ou moins de clarté l'ensemble *des limites a priori* qui esquissent sa situation fondamentale dans l'univers. Les situations historiques varient : l'homme peut naître esclave dans une société païenne ou seigneur féodal ou prolétaire. Ce qui ne varie pas, c'est la nécessité pour lui d'être dans le monde, d'y être au travail, d'y être au milieu d'autres et d'y être mortel [...]. Et bien que les projets puissent être divers, au moins aucun ne me reste-t-il tout à fait étranger parce qu'ils se présentent tous comme un essai pour franchir ces limites ou pour les reculer ou pour les nier ou pour s'en accommoder.

Jean-Paul Sartre, *L'existentialisme est un humanisme*,
© Gallimard, « Folio Essais », 1996, p. 59-60.

MÉTHODE

CONSEILS

Étape 1 Interroger le sens du texte et identifier les perspectives

1 Première question à poser au texte : quel est son thème ?

- Le texte traite de « la nature humaine », cité dans la première phrase (l. 2).
- Parler de la **nature** de quelque chose c'est désigner les caractères propres sans lesquels la chose ne peut être, ses caractères constitutifs donc.
Exemple : Anselme, p. 330 : on ne peut concevoir Dieu sans concevoir aussi la perfection, qui fait partie de la nature divine selon Anselme.
- L'expression *nature humaine* renvoie donc à tout ce qui définit l'humain de façon intrinsèque, nécessaire et universelle. Avec la question de la nature humaine c'est donc la question de **l'essence** humaine qui est abordée.
- Le terme *essence* (formé sur le verbe latin *esse*, « être ») désigne l'être d'une chose, ce qui permet de la définir, par rapport à d'autres choses.
Exemple : dans le *Discours de la méthode* (v. p. 294-297), Descartes affirme que la raison est l'essence de l'homme : elle définit l'homme et le distingue des animaux.

> Établissez le sens général de cette expression pour préparer la compréhension de l'argumentation.

> Soulignez dans le texte les termes qui se répondent.

2 Deuxième question à poser : quelle est la thèse de l'auteur sur ce thème ?

- Autour du thème de la nature humaine, on trouve, d'un côté, des notions qui lui sont associées comme celle d'« **essence** » et, de l'autre, des notions qui lui sont opposées comme « **condition** », mis en italique par l'auteur.
- La thèse de l'auteur est qu'il n'y a pas de nature humaine. Il existe en revanche une condition humaine. Comprendre le texte reviendra à comprendre cette nuance lexicale.
- Ce texte interroge l'humanité sous la **perspective de l'existence humaine et de la culture**. La notion de condition permet de penser qu'au-delà des différences historiques et culturelles, l'humanité est une dans son rapport fondamental à l'existence.

> Soyez attentif aux termes que l'auteur semble confronter et opposer au thème.

> Il faut interroger ce qui est impliqué par une notion.

> PERSPECTIVES
> **L'existence humaine et la culture, p. 30-32**

3 Troisième question à poser : avec cette thèse, quels sont les enjeux ?

- Pourquoi est-ce important pour l'auteur de faire une telle distinction et de nous inciter à l'admettre ? Quelles sont les idées qui sont en débat ? La réponse se trouve dans les implications de chaque notion.

- L'idée de **nature** implique l'idée d'une essence, donc d'un ensemble de caractères donnés et cela une fois pour toutes.
- L'idée de **condition** implique l'idée d'une unité de destin : les hommes vivent dans des situations historiques différentes (« esclave » / « seigneur féodal » / « prolétaire ») mais ils ont les mêmes types de défis à résoudre, avec les mêmes « *limites a priori* ».
- Donc, parler de condition et non de nature humaine, c'est affirmer **l'unité** tout en reconnaissant la **dimension historique** de l'existence humaine.

PERSPECTIVES
L'existence humaine et la culture, p. 30-32
La dimension historique est fondamentale dans l'existence humaine : pour Sartre, les humains sont des êtres de projet qui font leur histoire. La notion d'histoire permet ici d'interroger **l'existence humaine** sous l'angle de sa spécificité par rapport aux choses et aux animaux.

Étape 2 Construire son explication de texte

4 À la lumière de la thèse, repérez **les étapes de l'argumentation** dans lesquelles elle se déploie.

- Cette argumentation répond au **problème** posé par l'auteur : comment concilier la diversité et l'unité dans l'approche de l'humanité ?

PROPOSITION DE PLAN DÉTAILLÉ

I. À l'idée de nature humaine, il faut préférer l'idée d'une condition humaine (l. 1 à 3)

Avec l'idée de nature humaine, le **problème** est **l'affirmation d'une « essence universelle »**.

→ Or, **l'observation** (« impossible de trouver ») enseigne que les hommes ne cessent de changer dans leurs modes de vie et dans leurs croyances, représentations. L'idée de nature est incompatible avec la dimension historique et culturelle de l'existence humaine.

→ **Sartre et les philosophes se méfient des concepts de « nature humaine », d'essence** qui sont peu compatibles avec ce que les sciences humaines ont pu établir sur les humains (v. Mauss p. 380).

→ **La notion de nature humaine nourrit une vision que Sartre qualifie de « technique »** : il y aurait l'idée de l'homme puis la fabrication de l'homme selon cette idée. Cette vision technique est en fait une vision religieuse qui implique un « créateur ». Or, pour l'auteur, « il n'y a pas de Dieu pour concevoir » la nature humaine.

II. La notion de condition permet de concilier diversité et unité de l'humanité (l. 4 à 8)

→ **Les humains vivent dans des « situations variées »** qui les façonnent. Les sociétés évoluent dans leur organisation (« esclave » « seigneur féodal » « prolétaire »).

→ Pour Sartre, dire qu'il n'y a pas de nature humaine, c'est **reconnaître que l'homme n'est pas « définissable »** : il se fait dans l'histoire.

→ Le **rejet des idées de nature humaine et d'essence** va de pair avec l'affirmation du **caractère social et historique de l'existence humaine**.

→ **L'unité du genre humain** ne réside pas dans une nature intemporelle qui traverserait les siècles mais dans une communauté de destin : « la nécessité pour lui d'être dans le monde ».

→ **Chaque génération doit construire son rapport au monde** sur la base des contraintes ***« a priori »***, c'est-à-dire **indépendantes des situations historiques données** (nécessités de survivre, de vivre avec les autres, d'assumer la mort).

→ L'auteur **distingue « la situation fondamentale » et les « situations variées »** : la « condition » et l'histoire. La notion de **condition** désigne donc bien **ces « limites » communes** à tous les hommes à travers le temps.

III. Nous pouvons trouver dans notre expérience une confirmation de cette thèse (l. 8 à la fin)

→ **Notre expérience montre que nous ne nous sentons pas « étrangers »** face à des hommes qui ont une existence très différente de la nôtre.

→ Cela signifie que nous nous reconnaissons une **communauté**, malgré la diversité, et en ce sens nous pouvons parler de l'humanité au « singulier ».

→ Enfin, nous pouvons comprendre qu'en 1945, à l'époque où Sartre écrit ce texte, affirmer cette communauté de destin, cette « condition » humaine, c'est **défendre l'« humanisme » contre le racisme**.

→ Ainsi, la fondation du musée de l'Homme à Paris avait pour vocation la **lutte contre le fascisme et le nazisme**.

CHAPITRE

10 La raison

LE MOT ET SES IDÉES

- Dans la vie courante, notamment lorsque nous prenons une décision, nous prétendons parfois ne pas agir n'importe comment, au hasard. Il nous semble que nos actions ne sont pas **instinctives :** au contraire, nous réfléchissons à ce que nous allons faire, aux conséquences de nos actions. C'est la **raison** qui permet cette **réflexion,** cette **anticipation**. C'est pourquoi nous pouvons **justifier** nos actions, en **rendre raison,** parfois même après coup dans une tentative de **rationalisation**.
- Grâce au **langage**, nous pouvons construire un **raisonnement** logique, cohérent. L'être humain est défini traditionnellement comme un animal doué de raison, il accède au ***logos***, au discours rationnel. Il est capable d'**argumenter,** de **démontrer,** selon des critères de **cohérence,** de non-contradiction.
- La **raison** est la faculté qui nous permet de **juger,** de distinguer le vrai du faux, mais aussi le bien du mal. Pour juger, il faut des **critères** et des **principes** qui permettent d'établir ces distinctions.
- En ce sens, l'être humain est **rationnel :** il est capable de parvenir à la **vérité**, il peut **connaître** le monde qui l'entoure. Mais l'être humain peut devenir **irrationnel**, lorsqu'il cède à la **folie** ou à la **passion,** lorsqu'il est emporté par ses **sentiments.** Il ne choisit pas toujours d'écouter sa raison. Il n'est pas toujours **raisonnable** mais il a en lui la possibilité de le devenir : il pose des **valeurs** et peut choisir le bien contre le mal.

PERSPECTIVES

L'existence humaine et la culture, p. 30

La raison est-elle le propre de l'homme ? Peut-on définir l'être humain comme un animal raisonnable ? L'être humain est-il toujours rationnel ? Les croyances sont-elles toujours irrationnelles ? Déraisonnables ?

La morale et la politique, p. 33

Comment la raison nous guide-t-elle pour agir ? Peut-on voir le bien et faire le mal ? Qu'est-ce qu'être raisonnable ? La raison peut-elle se mettre au service du mal ?

La connaissance, p. 36

La raison peut-elle tout connaître ? Quelles sont les limites de la raison ? Peut-on connaître autrement que par la raison ? Faut-il toujours vouloir avoir raison ?

Paul Klee (1879-1940), *Super Chess*, 1937, huile sur toile de jute (120 x 110 cm), Kunsthaus, Zürich.

UNE ENTRÉE DANS LA RÉFLEXION

Le raisonnement stratégique

▸ p. 290

DU CAS POUR L'ÉTUDE...

Le dilemme des prisonniers

- Qu'est-ce que raisonner ?
- Un raisonnement est-il purement rationnel ?
- Nos émotions interviennent-elles dans nos raisonnements ?

PAUL WATZLAWICK
Époque contemporaine
1921-2007
Psychologue, psychanalyste et sociologue, il est spécialiste de la théorie de la communication.

1 *Le dilemme : avouer ou ne pas avouer ?*

Paul Watzlawick expose les termes du dilemme.

La meilleure introduction au concept d'interdépendance[1] sera sans doute le modèle théorique du jeu « Le dilemme des prisonniers », énoncé et ainsi nommé par Albert W. Trucker, professeur de mathématiques à Princeton. Dans sa version originale, un magistrat d'instruction tient deux hommes pour suspects d'un vol à main armée. Les preuves manquent pour porter l'affaire devant les tribunaux ; il fait donc convoquer les deux hommes. Il leur dit avoir besoin d'aveux pour les faire inculper ; sans quoi, il peut seulement les poursuivre pour détention illégale d'armes à feu, délit les faisant encourir une peine de six mois de prison. S'ils avouent tous les deux, il leur promet la sentence minimale pour vol à main armée, soit deux ans. Mais si un seul avoue, il sera considéré comme témoin officiel et relaxé, tandis que l'autre prendra vingt ans, le maximum. Puis, sans leur donner l'occasion d'élaborer une décision commune, il les fait enfermer dans des cellules séparées, d'où ils ne peuvent communiquer.

P. Watzlawick, *La Réalité de la réalité*, © Le Seuil, « Points Essais », 1984, p. 99-100.

1. Dépendance réciproque.

DÉFINITION

Dans un **dilemme,** nous devons impérativement choisir entre deux propositions contraires. Or, nous ne pouvons renoncer à aucune de ces propositions. Il s'agit d'un choix crucial, douloureux.

2 Le raisonnement des prisonniers

Différentes solutions sont envisagées par les prisonniers.

Que faire dans ces conditions peu communes ? La réponse paraît simple : puisque six mois de prison est de loin le moindre mal, il vaut mieux pour eux ne rien avouer. Mais à peine ont-ils abouti à cette conclusion dans la solitude de leur cellule, qu'un doute leur vient à l'esprit : « Et si mon compagnon, qui parviendra certainement et avec raison à la même conclusion que moi, profitait de la situation pour avouer ? Il s'en tirerait sans autres frais et moi j'en prends pour vingt ans. À bien y réfléchir, je ferais mieux d'avouer. Et si lui n'avoue pas, c'est moi qui suis libre ». Mais alors vient immédiatement une nouvelle pensée : « Si je fais ça, non seulement je trahis la confiance qu'il a en moi, que je prendrai la décision la plus avantageuse pour *tous les deux* (à savoir ne pas avouer et s'en tirer avec six mois), mais en outre, à supposer qu'il soit aussi peu digne de confiance que je le serais en agissant ainsi, il aboutira exactement à la même conclusion : nous avouerons tous deux et nous serons condamnés à deux ans – résultat bien pire que les six mois risqués si nous nions tous les deux».

Tel est leur dilemme et il n'a pas de solution. Même si les prisonniers trouvaient le moyen de communiquer pour prendre une décision commune, leur sort dépendrait encore du degré de confiance qu'ils ont l'un en l'autre : sans confiance, le cercle vicieux ne cessera de recommencer. Et en réfléchissant plus avant, chacun ne manquera pas de se rendre compte que cette confiance *en* l'autre dépend largement de la confiance qu'il inspire *à* l'autre, qui est à son tour déterminée par le degré de confiance qu'ils ont l'un *pour* l'autre, et ainsi de suite *ad infinitum*.

Op.cit., p. 100-101.

3 Ce que je pense qu'il pense...

Le raisonnement est complexe lorsqu'il implique autrui.

À côté de la confiance, un facteur important dans le « dilemme des prisonniers » est l'impossibilité physique de communiquer et par conséquent de se mettre d'accord sur la meilleure décision. S'il *faut* dans ces conditions parvenir à une décision interdépendante[1], que reste-t-il à faire ? La réponse n'est pas simple, et comme c'est si fréquent avec les problèmes épineux, il vaut mieux se demander : que ne doit-on *pas* faire ?

Il ne faut évidemment pas essayer de prendre une décision sur la base d'un jugement *personnel* (le seul qui compte dans une décision non interdépendante). Ma décision doit au contraire se fonder sur la meilleure prévision possible de ce que l'autre considérera comme la meilleure décision. Et exactement comme dans le cas des deux prisonniers, sa décision sera à son tour déterminée par ce que *lui* pense que *je* pense être la meilleure décision. En l'absence d'une communication libre et ouverte, toutes les décisions interdépendantes sont fondées sur cette rétrogression[2] théoriquement infinie de ce que je pense qu'il pense que je pense que...

Op.cit., p. 104.

Questions

1. **Quelles sont les différentes étapes du raisonnement des prisonniers ?**
2. **En quoi le raisonnement des prisonniers est-il logique ? Pourquoi ne repose-t-il pas, malgré tout, uniquement sur la raison ?**
3. **Pouvons-nous nous mettre à la place d'autrui lorsque nous raisonnons ?**

1. Qui dépend de celle d'autrui.
2. Régression.

...AUX QUESTIONS CLÉS

Podcast

Quel est le rôle de la raison ?

REPÈRES
- Théorie/pratique ▸ p. 493
- En acte/en puissance ▸ p. 486

1 Les deux fonctions de la raison

▸ Le *Cas pour l'étude* (p. 290) montre des prisonniers délibérant sur la meilleure décision à prendre : doivent-ils avouer leur participation à un vol à main armée, selon les conditions posées par le magistrat ? Chaque prisonnier est soumis à un dilemme, car sa décision dépend de celle de l'autre prisonnier : son aveu n'a pas les mêmes conséquences si l'autre prisonnier avoue, ou non.

▸ La raison a tout d'abord une **fonction théorique** : elle nous permet de **juger,** de **délibérer.** Elle nous permet de distinguer le vrai du faux. Comment bien raisonner ? Quelle **méthode** adopter pour parvenir à la **vérité** ? Chaque prisonnier raisonne de manière **logique** pour prévoir ce que va décider son camarade.

▸ La raison a également une **fonction pratique** : elle nous guide pour agir, nous permet de distinguer le bien du mal, le juste de l'injuste (Kant, p. 133-135). Elle nous permet également de cerner notre intérêt dans une situation. Ainsi les prisonniers se posent-ils des **questions morales** : puis-je trahir mon camarade, puis-je trahir sa confiance ? Mais ils se posent également des **questions stratégiques :** qu'ai-je intérêt à faire dans ce contexte précis, pour ne pas être trahi à mon tour ? Puis-je **prévoir** ce que l'autre va faire ? Puis-je **anticiper** sa décision ?

2 La raison peut-elle tout connaître ?

▸ Tout homme est doté d'une raison et peut s'en servir, tout homme est donc **en puissance** un être **rationnel** : « la puissance de bien juger, et distinguer le vrai d'avec le faux, qui est proprement ce qu'on nomme le bon sens, ou la raison, est naturellement égale en tous les hommes » (Descartes, *Discours de la méthode*).

▸ La raison permet à l'homme d'interroger le monde qui l'entoure. L'homme n'est pas immergé dans la nature comme l'animal. Il est un **sujet** qui tente de connaître le monde, celui-ci devenant l'**objet** de sa pensée (Lévi-Strauss, p. 266-267). Comment connaître le monde ? Comment appréhender les lois de la nature ? La **raison scientifique** évolue en fonction des acquis de la science (chap. 12, p. 340).

▸ Les **progrès de la science** ont pu faire croire à une époque à une **toute-puissance de la raison.** Celle-ci pourrait tout connaître, tout démontrer jusqu'à l'existence de Dieu (Descartes, p. 294 ; chap. 11, p. 316).

▸ Quelles sont les **limites** de la raison ? Il existe des vérités qui échappent à la raison et qui relèvent de l'intuition, du sentiment, de la foi (Pascal, p. 298). La raison outrepasse ses limites lorsqu'elle prétend accéder à ces vérités (Kant, p. 299).

3 Comment la raison nous guide-t-elle pour agir ?

▸ Grâce à sa raison, l'homme est également **en puissance** un être **raisonnable :** il a la capacité de suivre des **règles morales** édictées par sa raison. Il peut distinguer le bien du mal, le juste de l'injuste, le permis de l'interdit. Il peut accepter **volontairement** de se soumettre à des **lois,** et aux **mœurs** et **coutumes** de son pays. Il appartient à sa société concrète mais aussi à une **société idéale** composée de grands hommes qui sont autant d'exemples moraux (Bergson,

p. 300). L'homme n'est pas seulement un être naturel, mais aussi un **être de culture** qui se réfère à des modèles.

▶ Que nous enseigne la raison ? Tout être raisonnable est doté d'une **loi morale,** qui est un **fait de la raison :** elle est inscrite dans la raison de chaque homme. Cette loi morale nous enseigne le critère d'une action morale. Est morale une action qui est **universalisable :** il n'y a pas de **contradiction** à ce que tout le monde agisse comme moi (Hersch, p. 301).

▶ La raison est-elle toujours morale ? Peut-elle être dévoyée ? La raison peut-elle se mettre au service du **mal** ? De nombreux criminels ou dictateurs peuvent agir de manière parfaitement rationnelle et logique. La raison peut définir, calculer, prévoir les moyens à mettre en œuvre en vue d'une fin, quelle qu'elle soit. La raison peut être **cynique** et se moquer de la morale ou la pervertir (Arendt, p. 304).

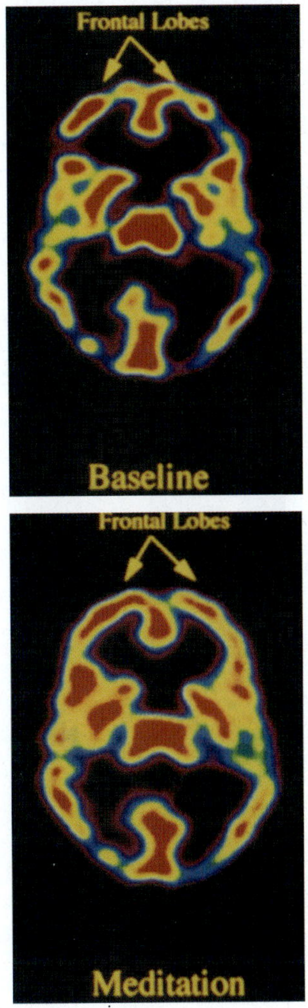

IRM cérébral.
En haut : cerveau en activité normale.
En bas : cerveau en méditation.

4 L'homme est-il toujours rationnel ?

▶ *A priori*, l'homme est un être rationnel : **la raison est le propre de l'homme.** C'est la raison qui nous rend pleinement humains, en nous faisant accéder à la morale et à la culture.

▶ Cependant, sommes-nous toujours conduits par la raison ? Même lorsque nous raisonnons de manière logique, nous pouvons être sous l'emprise de nos **émotions**, comme la peur d'être trahis ou le souhait d'inspirer confiance, dans le dilemme des prisonniers. Nos émotions peuvent troubler notre raison (Montaigne, p. 308). Or, les données récentes de la **neurobiologie** montrent que les émotions sont en réalité indispensables à l'exercice de la raison : un individu totalement privé de la faculté de ressentir des émotions ne pourrait agir de manière rationnelle (Damasio, p. 309).

▶ Comment expliquer le **besoin de croire** ? Toute croyance est-elle déraisonnable ? Dans notre vie quotidienne, et même dans notre vie intellectuelle, nous nous appuyons sur de nombreuses croyances, faute de pouvoir démontrer et vérifier toutes les idées présentes dans notre esprit qui nous sont transmises par autrui. Ces **croyances** sont **nécessaires** et **raisonnables** (Tocqueville, p. 305).

▶ L'être humain est-il par nature crédule ? Peut-on expliquer par la raison les mécanismes qui sont à l'origine de la **superstition** ? (Cicéron, p. 325) C'est parce que les hommes sont en proie à l'**espoir** et à la **crainte** qu'ils deviennent superstitieux (Spinoza, p. 306). Ils commettent alors des **erreurs de raisonnement** en établissant des **liens de causalité fictifs** entre des phénomènes. Par là même ils confondent **causalité** et **corrélation** (Chabris et Simons, p. 307).

À RETENIR...

- La raison a une **fonction théorique :** elle nous permet de raisonner de manière **logique** et de connaître le monde qui nous entoure, par la **science** notamment.
- La raison a une **fonction pratique** : elle nous guide pour agir, et nous permet de délibérer entre plusieurs options possibles.
- L'homme est en puissance un individu **rationnel** (il agit de manière sensée ou logique) et **raisonnable** (il agit de manière morale).
- L'homme n'est pas toujours rationnel : il suit parfois ses **désirs**, ses **émotions** et se réfugie dans des **croyances consolatrices.**

TEXTES

QUESTION 1

La raison peut-elle tout connaître ?

TEXTE 1 Descartes, *Méditations métaphysiques*, 1641

Descartes entreprend dans ce texte de démontrer l'existence de Dieu. Il part d'un constat : l'idée d'une substance infinie et parfaite est présente dans notre esprit. D'où vient cette idée ?

DESCARTES
1596-1650
Époque moderne
▸ p. 506

Partant il ne reste que la seule idée de Dieu dans laquelle il faut considérer s'il y a quelque chose qui n'ait pu venir de moi-même. Par le nom de Dieu j'entends une substance infinie, éternelle, immuable, indépendante, toute connaissante, toute-puissante, et par laquelle moi-même et toutes les autres choses qui sont (s'il est vrai qu'il y en ait qui existent[1]) ont été créées et produites. Or ces avantages sont si grands et si éminents que plus attentivement je les considère, et moins je me persuade que l'idée que j'en ai puisse tirer son origine de moi seul. Et par conséquent il faut nécessairement conclure de tout ce que j'ai dit auparavant que Dieu existe ; car, encore que l'idée de la substance soit en moi, de cela même que je suis une substance, je n'aurais pas néanmoins l'idée d'une substance infinie, moi qui suis un être fini, si elle n'avait été mise en moi par quelque substance qui fût véritablement infinie.

Et je ne me dois pas imaginer que je ne conçois pas l'infini par une véritable idée, mais seulement par la négation de ce qui est fini, de même que je comprends le repos et les ténèbres par la négation du mouvement et de la lumière : puisque au contraire je vois manifestement qu'il se rencontre plus de réalité dans la substance infinie que dans la substance finie, et partant que j'ai en quelque façon premièrement en moi la notion de l'infini, que du fini, c'est-à-dire de Dieu, que de moi-même. Car comment serait-il possible que je pusse connaître que je doute et que je désire, c'est-à-dire qu'il me manque quelque chose et que je ne suis pas tout parfait, si je n'avais en moi aucune idée d'un être plus parfait que le mien, par la comparaison duquel je connaîtrais les défauts de ma nature ? [...].

Et certes on ne doit pas trouver étrange que Dieu, en me créant, ait mis en moi cette idée pour être comme la marque de l'ouvrier empreinte sur son ouvrage [...].

René Descartes, *Méditations métaphysiques*, Méditation troisième, Flammarion, « GF », 1992.

REPÈRES
Transcendant/immanent
▸ p. 494

1. Descartes a mis en doute l'existence de toutes les choses dans la première Méditation.

CONCEPT
L'idée de Dieu est pour Descartes une **idée innée** : « elle est née et produite avec moi dès lors que j'ai été créé » (Méditation troisième).

Questions

1. Comment Descartes arrive-t-il à prouver l'existence de Dieu dans le premier paragraphe ? Dégagez les différentes étapes du raisonnement.
2. Quelle est l'objection énoncée dans le deuxième paragraphe ?
3. Comment Descartes répond-il à cette objection ?

Débat
Peut-on tout démontrer ?

Pour aller plus loin
Établissez le lien avec le texte d'Anselme, p. 330.

FOCUS SUR UNE ŒUVRE

Discours de la méthode, de Descartes

CLÉS DE LECTURE

▶ **Date de composition :** 1637.

▶ **Titre complet :** *Discours de la méthode pour bien conduire sa raison et chercher la vérité dans les sciences.*

Le mot *méthode* désigne, d'après son étymologie, un chemin, un cheminement qui permet de parvenir à un résultat.

▶ **Genre :** ce discours est une préface pour les traités de la *Dioptrique,* des *Météores* et de la *Géométrie*. Le *Discours de la méthode* est écrit en français.

▶ **Question posée :** comment conduire son raisonnement ?

▶ **Contexte :**

1. Descartes entre au collège de La Flèche, tenu par les Jésuites, à l'âge de dix ans. Il jugera sévèrement l'enseignement reçu, lui reprochant de ne pas véritablement instruire.

2. En 1618, Descartes entame une carrière militaire, en Hollande auprès du prince d'Orange Maurice de Nassau, puis en Allemagne dans l'armée du duc Maximilien de Bavière.

3. Il met un terme à sa carrière militaire et de 1620 à 1625, il voyage en Allemagne, en Hollande, en Italie, attentif aux usages et coutumes de l'étranger.

4. À la fin de 1628, Descartes s'installe en Hollande pour vingt ans. C'est dans ce pays qu'il réalise son projet philosophique.

▶ **Le témoignage de Descartes :**
« Tout mon dessein ne tendait qu'à m'assurer et à rejeter la terre mouvante et le sable, pour trouver le roc ou l'argile. »

STRUCTURE DE L'ŒUVRE

PREMIÈRE PARTIE

Tous les hommes sont dotés de bon sens ou de la raison. La raison est la faculté qui nous permet de parvenir à la vérité. Il lui faut une méthode pour y parvenir avec certitude. Descartes évoque l'enseignement qu'il a reçu, qui reposait sur l'érudition et n'était pas satisfaisant. Rien ne vaut l'expérience du monde, des choses et des hommes.

DEUXIÈME PARTIE

Comparaison du savoir et de l'architecture
Le vrai ne s'obtient pas en accumulant des propositions établies par d'autres. Il faut rebâtir l'édifice dès les fondements et non pas se contenter d'un rafistolage. Il faut connaître avec méthode pour mettre de l'ordre dans nos pensées.

TROISIÈME PARTIE

Nous pouvons nous abstenir de juger mais nous ne pouvons cesser d'agir. Il faut donc établir une morale par provision qui nous permet de vivre le mieux possible pendant l'entreprise du doute. Il s'agit de trois règles.
1. Obéir aux lois et aux coutumes de son pays et suivre les opinions modérées des hommes sensés.
2. Être le plus ferme et résolu dans ses actions.
3. Changer plutôt ses désirs que l'ordre du monde. Ce dernier principe est d'inspiration stoïcienne.

QUATRIÈME PARTIE

Descartes établit une première vérité indubitable : « Je pense, donc je suis ». Une proposition vraie est une proposition indubitable. Descartes énonce deux preuves de l'existence de Dieu. Dieu n'est pas la cause de nos erreurs. Nous nous trompons lorsque nos idées sont confuses ou obscures.

CINQUIÈME PARTIE

Descartes expose des questions de physique, et s'interroge sur le monde matériel et le corps humain. Le langage et la raison permettent de distinguer l'homme de l'animal. L'âme et le corps sont unis l'un à l'autre : l'âme n'est pas dans le corps « ainsi qu'un pilote en son navire ».

SIXIÈME PARTIE

La nouvelle physique aura des applications techniques et médicales. Le but de la science est de procurer le bien-être aux hommes.

1 POUR ENTRER DANS L'ŒUVRE

Le *Discours de la méthode*, une réflexion sur l'usage de la raison

La raison, pour Descartes, est la faculté qui nous distingue radicalement des animaux.

Le bon sens est la chose du monde la mieux partagée : car chacun pense en être si bien pourvu, que ceux même qui sont les plus difficiles à contenter en toute autre chose n'ont point coutume d'en désirer plus qu'ils n'en ont. En quoi il n'est pas vraisemblable que tous se trompent ; mais plutôt cela témoigne que la puissance de bien juger et distinguer le vrai d'avec le faux, qui est proprement ce qu'on nomme le bon sens ou la raison, est naturellement[1] égale en tous les hommes ; et ainsi, que la diversité de nos opinions ne vient pas de ce que les uns sont plus raisonnables que les autres, mais seulement de ce que nous conduisons nos pensées par diverses voies, et ne considérons pas les mêmes choses. Car ce n'est pas assez d'avoir l'esprit bon, mais le principal est de l'appliquer bien.

René Descartes, *Discours de la méthode*, 1re partie.

1. Par nature.

Questions

1. **Expliquez : « Le bon sens est la chose du monde la mieux partagée » (l. 1).**
2. **Devons-nous nous enorgueillir de cette faculté ? Aidez-vous du titre de l'ouvrage.**

2 POUR COMPRENDRE SA MÉTHODE

Un problème : comment agir si nous doutons de tout ?

Alors qu'il décide de consacrer sa vie aux sciences, Descartes se donne quelques règles de vie pour mener à bien son projet.

Et enfin, comme ce n'est pas assez, avant de commencer à rebâtir le logis où on demeure, que de l'abattre et de faire provision de matériaux et d'architectes, ou s'exercer soi-même à l'architecture, et outre cela d'en avoir soigneusement tracé le dessin, mais qu'il faut aussi s'être pourvu de quelque autre où on puisse être logé commodément pendant le temps qu'on y travaillera ; ainsi, afin que je ne demeurasse point irrésolu en mes actions, pendant que la raison m'obligerait de l'être en mes jugements, et que je ne laissasse[1] pas de vivre dès lors le plus heureusement que je pourrais, je me formai une morale par provision, qui ne consistait qu'en trois ou quatre maximes[2] dont je veux bien vous faire part.

La première était d'obéir aux lois et aux coutumes de mon pays, retenant constamment la religion en laquelle Dieu m'a fait la grâce d'être instruit dès mon enfance, et me gouvernant en toute autre chose suivant les opinions les plus modérées et les plus éloignées de l'excès, qui fussent communément reçues en pratique par les mieux sensés de ceux avec lesquels j'aurais à vivre. […]

Ma seconde maxime était d'être le plus ferme et le plus résolu en mes actions que je pourrais, et de ne suivre pas moins constamment les opinions les plus douteuses, lorsque je m'y serais une fois déterminé, que si elles eussent été très assurées. […]

1. Et que je ne cesse pas de vivre.
2. Règles de conduite que nous nous donnons à nous-mêmes.

Ma troisième maxime était de tâcher toujours plutôt à me vaincre que la fortune[3], et à changer mes désirs que l'ordre du monde ; et généralement de m'accoutumer à croire qu'il n'y a rien qui soit entièrement en notre pouvoir que nos pensées [...].

3. Ce qui ne dépend pas de nous.

René Descartes, *Discours de la méthode*, 3e partie.

Questions

1. **Pourquoi le savoir peut-il être comparé à un édifice ?**
2. **Expliquez les trois maximes.**
3. **Pour la troisième maxime, établissez le lien avec le texte d'Épictète (p. 242).**

3 POUR COMPRENDRE L'ENJEU DU TEXTE

La thèse : établir un premier principe et savoir reconnaître le vrai

Le doute radical conduit Descartes à une évidence indubitable.

Je me résolus de feindre que toutes les choses qui m'étaient jamais entrées dans l'esprit n'étaient non plus vraies que les illusions de mes songes. Mais aussitôt après je pris garde que, pendant que je voulais ainsi penser que tout était faux, il fallait nécessairement que moi qui le pensais fusse quelque chose : et remarquant que cette vérité, *je pense donc je suis*, était si ferme et si assurée que toutes les plus extravagantes suppositions des sceptiques n'étaient pas capables de l'ébranler, je jugeai que je pouvais la recevoir sans scrupule pour le premier principe de la philosophie que je cherchais. [...].

Après cela je considérai en général ce qui est requis à une proposition pour être vraie et certaine ; car puisque je venais d'en trouver une que je savais être telle, je pensais que je devais aussi savoir en quoi consiste cette certitude. Et ayant remarqué qu'il n'y a rien du tout en ceci, *je pense donc je suis,* qui m'assure que je dis la vérité, sinon que je vois très clairement que, pour penser, il faut être, je jugeai que je pouvais prendre pour règle générale que les choses que nous concevons fort clairement et fort distinctement sont toutes vraies, mais qu'il y a seulement quelque difficulté à bien remarquer quelles sont celles que nous concevons distinctement.

René Descartes, *Discours de la méthode*, 4e partie.

Questions

1. **Quel est le premier principe de la philosophie ?**
2. **À quoi reconnaît-on une proposition vraie ?**
3. **Pourquoi nous trompons-nous parfois ?**

LES **OBJECTIFS** DE L'AUTEUR

- **Refonder le savoir** sur des bases certaines.
- Découvrir **une méthode fiable** pour conduire notre raisonnement.
- Établir les critères **d'une proposition vraie.**
- Parvenir **à une vérité indubitable** et comprendre **l'origine de l'erreur.**
- Exposer **les applications pratiques du savoir, morales et techniques.**

***Le Discours de la méthode* dans le manuel**

- **« Le langage » p. 217 : chapitre 5**
- **« La vérité » p. 450 : chapitre 2**

TEXTE 2 Pascal, *Pensées,* 1670

PASCAL
1623-1662
Époque moderne
▸ p. 509

Certaines vérités échappent à la raison. Celle-ci ne peut pas tout connaître. Il faut parfois lui substituer un autre principe de connaissance : le « cœur », l'intuition.

Nous connaissons la vérité non seulement par la raison mais encore par le cœur. C'est de cette dernière sorte que nous connaissons les premiers principes et c'est en vain que le raisonnement, qui n'y a point de part, essaie de les combattre. Les pyrrhoniens[1], qui n'ont que cela pour objet, y travaillent inutilement. Nous savons que nous ne rêvons point, quelque impuissance où nous soyons de le prouver par raison ; cette impuissance ne conclut autre chose que la faiblesse de notre raison, mais non pas l'incertitude de toutes nos connaissances, comme ils le prétendent. Car la connaissance des premiers principes, comme qu'il y a espace, temps, mouvement, nombres, est aussi ferme qu'aucune de celles que nos raisonnements nous donnent, et c'est sur ces connaissances du cœur et de l'instinct qu'il faut que la raison s'appuie et qu'elle y fonde tout son discours. Le cœur sent qu'il y a trois dimensions dans l'espace et que les nombres sont infinis et la raison démontre ensuite qu'il n'y a point deux nombres carrés dont l'un soit double de l'autre. Les principes se sentent, les propositions se concluent et le tout avec certitude quoique par différentes voies. Et il est aussi inutile et aussi ridicule que la raison demande au cœur des preuves de ses premiers principes pour vouloir y consentir, qu'il serait ridicule que le cœur demandât à la raison un sentiment de toutes les propositions qu'elle démontre pour vouloir les recevoir.

Cette impuissance ne doit donc servir qu'à humilier la raison, qui voudrait juger de tout, mais non pas à combattre notre certitude comme s'il n'y avait que la raison capable de nous instruire.

Blaise Pascal, *Pensées,* fragment 110, éd. Lafuma.

REPÈRES
Intuitif/discursif
▸ p. 491

1. Les sceptiques, disciples de Pyrrhon d'Élis.

CULTURE PHILOSOPHIQUE

« C'est le cœur qui sent Dieu et non la raison. Voilà ce que c'est que la foi. Dieu sensible au cœur, non à la raison. Le cœur a ses raisons que la raison ne connaît point ; on le sait en mille choses », fragment 424, éd. Lafuma. Comparez avec le texte de Descartes, p. 294.

Questions

1. **Que sont les « premiers principes » ?**
2. **Donnez des exemples de vérités qui ne sont pas accessibles à la raison. Pourquoi la raison ne peut-elle pas démontrer ces vérités ?**
3. **Pourquoi la raison voudrait-elle « juger de tout » (l. 21) ? La raison peut-elle aller au-delà de ses limites ?**

PERSPECTIVES

La connaissance

- Existe-t-il différents moyens de parvenir à la vérité ?

Pour aller plus loin

Faites une recherche sur le scepticisme des pyrrhoniens : pourquoi pensent-ils qu'il est impossible de parvenir à la vérité ?

Oral

Ne doit-on tenir pour vrai que ce qui est scientifiquement prouvé ?

TEXTE 3

Kant, *Critique de la raison pure,* 1781

Il est dans la nature de la raison de se poser des questions auxquelles elle ne peut répondre, car elles dépassent toute expérience possible.

KANT
1724-1804
Époque moderne
▸ p. 507

La raison humaine a cette destinée singulière, dans un genre de ses connaissances, d'être accablée de questions qu'elle ne saurait éviter, car elles lui sont imposées par sa nature même, mais auxquelles elle ne peut répondre, parce qu'elles dépassent totalement le pouvoir de la raison humaine.

Ce n'est pas sa faute si elle tombe dans cet embarras. Elle part de principes dont l'usage est inévitable dans le cours de l'expérience et en même temps suffisamment garanti par cette expérience. Aidée par eux, elle monte toujours plus haut (comme du reste le comporte sa nature) vers des conditions plus éloignées. Mais, s'apercevant que, de cette manière, son œuvre doit toujours rester inachevée, puisque les questions n'ont jamais de fin, elle se voit dans la nécessité d'avoir recours à des principes qui dépassent tout usage possible dans l'expérience et paraissent néanmoins si dignes de confiance qu'ils sont même d'accord avec le sens commun. De ce fait, elle se précipite dans une telle obscurité et dans de telles contradictions qu'elle peut en conclure qu'elle doit quelque part s'être appuyée sur des erreurs cachées, sans toutefois pouvoir les découvrir, parce que les principes dont elle se sert, dépassant les limites de toute expérience, ne reconnaissent plus aucune pierre de touche[1] de l'expérience. Le terrain où se livrent ces combats sans fin se nomme la *Métaphysique.*

Emmanuel Kant, *Critique de la raison pure,* Préface de la première édition, © PUF, « Quadrige », trad. A. Tremesaygues et B. Pacaud, 1986, p. 5.

1. Critère qui permet d'évaluer quelque chose.

René Magritte (1898-1967), *Le Retour,* vers 1955, gouache sur papier (20,3 x 27 cm), coll. part.

DÉFINITIONS

- L'**entendement**, allié à la **sensibilité,** produit des connaissances en se limitant à ce qui est l'objet d'une expérience possible.
- La **raison** outrepasse l'expérience, elle crée des Idées qui unifient la diversité de cette expérience. L'**Idée** permet de penser au-delà de l'expérience, tout en étant hors d'atteinte pour la connaissance. L'**Idée de l'âme** représente la totalité des phénomènes intérieurs, l'**Idée de monde,** la totalité des phénomènes extérieurs, et l'**Idée de Dieu,** la cause de tout ce qui existe.

Questions

1. D'après vous, quelles pourraient être les questions que se pose la raison humaine et qui dépassent son pouvoir ?
2. Quel est le rôle de l'expérience dans la connaissance ? Vous pouvez vous aider du texte 5, p. 301.
3. Comment Kant définit-il la métaphysique ?

PERSPECTIVES

La connaissance

- Quelles sont les limites de la raison ?

Pour aller plus loin

Science et métaphysique sont-elles incompatibles ? Aidez-vous de la page 357.

QUESTION

2 Comment la raison nous guide-t-elle pour agir ?

TEXTE 4 Bergson, *Les Deux Sources de la morale et de la religion*, 1932

BERGSON
1859-1941
Époque contemporaine
▸ p. 513

Suivre la raison, c'est entendre l'appel de grands hommes qui nous précèdent sur la voie de la moralité, c'est rejoindre une société idéale dans laquelle chacun œuvre pour l'humanité.

Mais les grandes figures morales qui ont marqué dans l'histoire se donnent la main par-dessus les siècles, par-dessus nos cités humaines : ensemble elles composent une cité divine où elles nous invitent à entrer. Nous pouvons ne pas entendre distinctement leur voix ; l'appel n'en est pas moins lancé ; quelque chose y répond au fond de notre âme ; de la société réelle dont nous sommes nous nous transportons par la pensée à la société idéale ; vers elle monte notre hommage quand nous nous inclinons devant la dignité humaine en nous, quand nous déclarons agir par respect de nous-mêmes. Il est vrai que l'action exercée sur nous par des personnes tend ainsi à devenir impersonnelle. Et ce caractère impersonnel s'accentue encore à nos yeux quand les moralistes nous exposent que c'est la raison, présente en chacun de nous, qui fait la dignité de l'homme. Il faudrait pourtant s'entendre sur ce point. Que la raison soit la marque distinctive de l'homme, personne ne le contestera. Qu'elle ait une valeur éminente[1], au sens où une belle œuvre d'art a de la valeur, on l'accordera également. Mais il faut expliquer pourquoi elle peut commander absolument, et comment elle se fait alors obéir ? La raison ne peut qu'alléguer[2] des raisons, auxquelles il semble toujours loisible[3] d'opposer d'autres raisons. Ne disons donc pas seulement que la raison, présente en chacun de nous, s'impose à notre respect et obtient notre obéissance en vertu de sa valeur éminente. Ajoutons qu'il y a derrière elle les hommes qui ont rendu l'humanité divine, et qui ont imprimé ainsi un caractère divin à la raison, attribut essentiel de l'humanité. Ce sont eux qui nous attirent dans une société idéale, en même temps que nous cédons à la pression de la société réelle.

Henri Bergson, *Les Deux Sources de la morale et de la religion*, PUF, Quadrige, 1990, p. 67-68.

REPÈRES
Idéal/réel
▸ p. 490

1. Très importante.
2. Invoquer, mentionner.
3. Possible.

CULTURE PHILOSOPHIQUE

Dans *Les Deux Sources de la morale et de la religion*, Bergson distingue une **morale close, statique,** qui relève des habitudes et des obligations sociales, et une **morale ouverte, dynamique,** qui nous appelle à nous dépasser en prenant exemple sur des grands hommes : héros, saints, mystiques.

Questions

1. Pourquoi la raison peut-elle « commander absolument » (l. 16) ?
2. Expliquez : « les hommes qui ont rendu l'humanité divine. » (l. 21)
3. Expliquez la dernière phrase du texte : « Ce sont eux qui nous attirent dans une société idéale, en même temps que nous cédons à la pression de la société réelle » (l. 22-24).

Débat
Sommes-nous jamais seuls ?

TEXTE 5

Hersch, *L'Étonnement philosophique*, 1981

Jeanne Hersch explique la distinction kantienne entre la « raison théorique », qui se préoccupe de la connaissance, et la « raison pratique », qui nous guide pour agir.

HERSCH
1910-2000
Époque contemporaine
▸ p. 516

REPÈRES
- **Formel/matériel** ▸ p. 489
- **Théorie/pratique** ▸ p. 493

La philosophie de Kant se développe autour de trois questions : « Que puis-je connaître ? Que dois-je faire ? Que m'est-il permis d'espérer ? »

La « Critique de la raison théorique pure » répond à la première question : que puis-je connaître ? Nous avons jusqu'ici cherché à comprendre le sens de la réponse donnée par Kant à cette première question. Nous pouvons connaître – et nous pouvons poursuivre à l'infini nos efforts pour connaître – tout ce qui concerne les phénomènes, les objets qui constituent notre expérience. Nous ne viendrons jamais à bout du monde des objets, la recherche s'y poursuivra *sans fin*. En revanche, nous ne pouvons *rien* savoir de ce qui n'est pas phénomène, de ce qui n'est pas pour nous objet d'expérience[1]. Il s'agit là de « quelque chose » de totalement différent.

La « Critique de la raison pratique pure » cherche à répondre à la deuxième question : que dois-je faire ? Elle traite de la raison en tant que celle-ci prend des décisions pratiques[2], qu'elle adopte des résolutions concernant l'action, et qu'elle détermine ainsi le comportement moral d'un sujet libre. Il ne s'agit pas ici pourtant de mettre des principes moraux à l'épreuve en les appliquant à des situations concrètes pour découvrir ce qu'ils permettent ou interdisent selon les cultures, les époques, les lieux, etc. Ce que Kant cherche à établir, ce sont *les conditions a priori* de toute décision morale, quelle qu'elle soit.

De même que dans la *Critique de la raison pure* il ne s'agissait pas d'étudier les lois de la physique, mais de comprendre à quelles conditions il est possible en général de connaître les phénomènes et leurs lois, de même, dans la *Critique de la raison pratique* il ne s'agit pas de connaître les règles de la conduite morale, mais bien de comprendre *à quelles conditions une décision morale est en général possible*. Dans les deux cas, il s'agit de saisir les conditions de possibilité : celles d'un connaître, dans la première *Critique*, celles d'un *agir moral* dans la deuxième.

La valeur morale, nous dit Kant, est vécue immédiatement comme étant *a priori*, c'est-à-dire comme ne dérivant pas de l'expérience. Selon lui, la valeur morale ne dépend pas d'un résultat extérieur qui mérite d'être atteint, ni de certaines circonstances déterminées : elle vaut *en soi*. [...]

À ses yeux, un acte n'est moral que pour autant qu'il provient exclusivement de la décision d'obéir à la loi morale en tant que telle, et non de la considération de buts ou de conséquences extérieurs, par exemple le désir de jouir de l'estime de ses concitoyens. Je *dois* – telle est l'unique motivation morale : un appel, une exigence nue.

Jeanne Hersch, *L'Étonnement philosophique*,

1. C'est pourquoi la raison est condamnée à errer et à s'enferrer dans des contradictions quand elle dépasse les limites de toute expérience (voir texte 3, p. 299).
2. Des décisions qui concernent l'action.

CULTURE PHILOSOPHIQUE

La **loi morale** dans la philosophie de Kant est un **fait de la raison**. Elle n'a pas de contenu particulier mais nous oblige par sa seule forme, l'**universalité**. Une action, pour être morale, doit être universalisable : il n'y a pas de contradiction à ce que tout le monde agisse ainsi. De plus, le seul motif de mon action doit être la considération du devoir, l'obéissance à la loi morale : « tu dois donc tu peux ».

Questions

1. **Qu'est-ce qui distingue la raison théorique de la raison pratique ? Quels sont les points communs dans leur manière de procéder ?**
2. **Comment Kant définit-il un acte moral ? (voir aussi p. 133-135)**
3. **Expliquez pourquoi la morale de Kant peut être qualifiée de morale de l'intention ou du devoir.**

PERSPECTIVES

La morale et la politique

- Peut-on reprocher à la morale de Kant d'être trop abstraite ?

FOCUS SUR UNE AUTEURE

Jeanne Hersch (1910-2000)

1 LA LIBERTÉ ET SES EXIGENCES

Quand on ne sait pas dans quelle direction engager sa liberté, la tentation de s'abstenir de tout choix politique est souvent grande...

Comment ne pas se dire : « Dans le doute, abstiens-toi » […] ? D'où l'immense abstention politique qui gagne les masses dans les pays où les droits politiques paraissent le plus aller de soi, faire partie de l'ordre naturel. On ne prend pas garde que s'abstenir, c'est […] devenir d'avance les complices consentants des crimes futurs des dictateurs. […]

Que la liberté soit pour l'homme un fardeau intolérable, Dostoïevski a dit là-dessus […] tout ce qu'il y a à dire[1], et nul progrès d'organisation n'y changera rien d'essentiel. Il sera toujours difficile d'être et de rester libre. La liberté sera toujours ambiguë, une exigence redoutable sans promesse de bonne conscience, dans l'imbroglio du bien et du mal. Mais c'est un fardeau intolérable auquel l'homme ne renonce pas.

Jeanne Hersch, *Idéologies et réalité, Essai d'orientation politique*, © Plon, 1956, p. 88-89.

1. L'écrivain russe (1821-1881) montre le poids de la liberté dans *Les Frères Karamazov* (livre V, chap. V), v. aussi rubrique « Culture littéraire », p. 241.

Questions

1. **Pourquoi l'abstention est-elle plus grande dans les pays où les droits politiques semblent aller de soi ?**
2. **Pourquoi la liberté est-elle une exigence ? Pourquoi est-elle une exigence difficile à tenir ?**

2 LA QUESTION DE L'ÉDUCATION

Dans cet entretien avec Gabrielle Dufour-Kowalska, Jeanne Hersch exprime son avis sur le rapport entre savoir et esprit critique.

G.D-K. – Vous avez souvent affirmé que l'enseignement doit éviter « l'encyclopédisme encombrant et viser à développer les capacités et non le savoir ». Est-ce là un des principes de votre pédagogie ?

J.H. – Ce sont des choses que je ne dirais pas aujourd'hui, parce qu'elles vont trop dans le sens des clichés actuels. Tout le monde est persuadé aujourd'hui qu'une tête bien faite vaut mieux qu'une tête bien pleine. À tel point qu'il semble inutile de mettre quoi que ce soit dans la tête. Alors maintenant, je dis le contraire. Évidemment je reste convaincue qu'il est plus important d'avoir une tête bien faite qu'une tête bien pleine. Mais je suis convaincue qu'il n'y a pas de tête bien faite dans laquelle il n'y a rien. Les instruments de pensée, les exemples, les vérifications, etc., on ne peut les mettre en œuvre qu'avec ce qu'on a fait entrer dans sa propre tête. Il ne faut rien enseigner sans en faire un objet de pensée pour tête bien faite, n'importe quel contenu de pensée s'y prête. Je dirai la même chose en ce qui concerne le fameux sens critique, dont on parle tant. On ne peut pas le développer dans le vide. En quoi consiste en effet le sens critique ? À examiner ce qui vous est proposé en fonction de certains critères de validité préalables. Pour que le sens critique fonctionne, il faut qu'il se réfère lui-même à quelque chose. L'opinion selon laquelle il ne faut pas influencer l'enfant, comme si, au départ, il était constitué en personne achevée, est absurde. C'est la diversité et le pluralisme des influences qui finissent par créer une personnalité.

Jeanne Hersch, « Propos sur l'éducation » *in Éclairer l'obscur* (1986), pages citées par la revue *Commentaire*, n° 37, 1987/1, n°37, p. 181.

Questions

1. **Contre quels « clichés actuels » (l. 5) Jeanne Hersch veut-elle aller ?**
2. **Pourquoi une tête bien faite, pour être bien faite, a-t-elle besoin d'être remplie ?**
3. **Pourquoi est-il nécessaire que l'enfant soit influencé ?**
4. **Comment le risque que l'enfant ne dépasse pas cette influence première peut-il être évité ?**

3 L'EXPÉRIENCE HUMAINE DU TEMPS

Durant l'été 1964, à l'occasion d'entretiens sur le temps auxquels plusieurs philosophes sont conviés pour envisager chacun le temps sous un de ses mystérieux aspects, Jeanne Hersch formule le rapport que passé et futur entretiennent entre eux.

[M]ême quand nous ne savons pas ce qui s'est passé, même si personne ne peut le savoir jamais, nous sommes convaincus que les choses se sont passées d'une manière déterminée, et non autrement. Par exemple, à supposer qu'on ne sache jamais qui a tué le Président Kennedy, nous sommes tous convaincus tout de même que quelqu'un, et quelqu'un de défini, l'a tué, et qu'on ne peut pas dire de façon équivalente que ce soit celui-ci ou celui-là, ou un autre. Par conséquent, nous posons une sorte de densité d'être et de réalité, de rigidité consistante des faits du passé. [...] D'un autre côté, le passé a un *sens* qui, lui, dépend encore de l'avenir ; il n'est pas établi définitivement. Le passé, semble-t-il, est rempli de faits, de faits qui ont un sens virtuel, qui va changer encore et se modifier par l'avenir. Il y a en quelque sorte dans les faits passés une sorte de *virtualité de sens*, une attente de sens, le sens venant du futur. D'un autre côté, le futur, lui, est la dimension dans laquelle nous projetons des attentes, c'est-à-dire des visées intentionnelles[1], c'est-à-dire en somme des significations que nous désirons atteindre. Le futur est habité par des sens qui sont des *virtualités de faits*, qui attendent que des faits viennent s'y inscrire, au fil des présents successifs.

Si bien qu'il y a, en quelque sorte, dans le passé des faits qui attendent leur sens, et dans le futur des sens qui attendent leurs faits.

Jeanne Hersch, « Les dimensions du temps » *in Entretiens sur le temps*, dir. J. Hersch et R. Poirier, © Mouton, 1967, p. 32-33

1. L'intention vise des objets extérieurs à la conscience : c'est ce mouvement de visée qu'on appelle visée intentionnelle.

Questions

1. **Pourquoi n'attribuons-nous pas au futur la même « densité d'être et de réalité » qu'au passé ?**
2. **Pourquoi le sens du passé dépend-il, dans une certaine mesure, de l'avenir ?**
3. **« Le futur est habité par des sens » (l. 15-16) : que recouvre ici le mot « sens » ?**

LES **OBJECTIFS** DE L'AUTEURE

- Jeanne Hersch a pris position en tant qu'intellectuelle sur les problèmes politiques et pratiques de son temps, notamment sur les **droits des femmes** ou l'éducation.
- Relisant l'histoire de la philosophie, elle s'est intéressée à de nombreux thèmes philosophiques, comme l'**apprentissage**, le **temps** ou encore la **liberté**.

TEXTE 6 Arendt, *Eichmann à Jérusalem,* 1963

ARENDT
1906-1975
Époque contemporaine
▸ p. 512

REPÈRES
Obligation/contrainte
▸ p. 492

La raison est-elle toujours morale ou peut-elle se mettre au service du mal ? Adolf Eichmann, criminel de guerre nazi, avait-il perdu la raison morale ou bien l'avait-il pervertie ?

Au cours de l'interrogatoire de la police, Eichmann déclara soudain, en appuyant sur les mots, qu'il avait vécu toute sa vie selon les préceptes moraux de Kant, et particulièrement selon la définition que donne Kant du devoir. À première vue, c'était là faire outrage à Kant. C'était aussi incompréhensible : la philosophie morale de Kant est, en effet, étroitement liée à la faculté de jugement que possède l'homme, et qui exclut l'obéissance aveugle. [...] À la stupéfaction générale, Eichmann produisit une définition approximative, mais correcte, de l'impératif catégorique[1] : « Je voulais dire, à propos de Kant, que le principe de ma volonté doit toujours être tel qu'il puisse devenir le principe de lois générales ». (Ce qui n'est pas le cas pour le vol ou le meurtre, par exemple : car il est inconcevable que le voleur, ou le meurtrier, puisse avoir envie de vivre sous un système de lois qui donnerait à autrui le droit de le voler ou de l'assassiner, lui). Interrogé plus longuement, Eichmann ajouta qu'il avait lu la *Critique de la Raison pratique* de Kant. Il expliqua ensuite qu'à partir du moment où il avait été chargé de mettre en œuvre la Solution finale, il avait cessé de vivre selon les principes de Kant ; qu'il l'avait reconnu à l'époque ; et qu'il s'était consolé en pensant qu'il n'était plus « maître de ses actes », qu'il ne pouvait « rien changer ». Mais il ne dit pas au tribunal qu'à cette « époque où le crime était légalisé par l'État » (comme il le disait lui-même), il n'avait pas simplement écarté la formule kantienne, il l'avait déformée. De sorte qu'elle disait maintenant : « Agissez comme si le principe de vos actes était le même que celui des législateurs ou des lois du pays ». Cette déformation correspondait d'ailleurs à celle de Hans Frank[2], auteur d'une formulation de « l'impératif catégorique dans le Troisième Reich » qu'Eichmann connaissait peut-être : « Agissez de telle manière que le Führer, s'il avait connaissance de vos actes, les approuverait ». Certes, Kant n'a jamais rien voulu dire de tel. Au contraire, tout homme, selon lui, devient législateur dès qu'il commence à agir ; en utilisant sa « raison pratique », l'homme découvre les principes qui peuvent et doivent être les principes de la loi[3]. Mais la déformation inconsciente qu'Eichmann avait fait subir à la pensée de Kant correspondait à une adaptation de Kant « à l'usage domestique du petit homme », comme disait l'accusé. Cette adaptation faite, restait-il quelque chose de Kant ? Oui : l'idée que l'homme doit faire plus qu'obéir à la loi, qu'il doit aller au-delà des impératifs de l'obéissance et identifier sa propre volonté au principe de la loi, à la source de toute loi.

Hannah Arendt, *Eichmann à Jérusalem, Rapport sur la banalité du mal,*
© Gallimard, « Folio histoire », trad. A. Guérin revue par M.-I. Brudny-de Launay, 2001, p. 222-224.

1. Impératif qui oblige de manière absolue, inconditionnelle (voir p. 299).
2. Membre du parti nazi, ministre du Troisième Reich, Hans Frank est condamné à mort et exécuté le 16 octobre 1946 à Nuremberg.
3. Voir texte 5, p. 301.

CONTEXTE

Le **procès d'Adolf Eichmann** s'ouvre à Jérusalem le 11 avril 1961. Eichmann est condamné à mort et pendu à Jérusalem le 31 mai 1962. Hannah Arendt couvre le procès en tant qu'envoyée spéciale pour le *New Yorker*. Elle forge à cette occasion le concept de banalité du mal : le mal n'est pas toujours le fait de « monstres », mais aussi de fonctionnaires obéissants.

Questions

1. **À l'aide des concepts d'autonomie et d'hétéronomie, expliquez pourquoi la formule kantienne est dévoyée.**
2. **Ce qui est légal est-il toujours légitime ? (v. chapitre 6, p. 180-205).**
3. **Expliquez la dernière phrase du texte (l. 33-35).**

QUESTION 3

L'homme est-il toujours rationnel ?

TOCQUEVILLE
1805-1859
Époque contemporaine
▸ p. 522

REPÈRES
Croire/savoir
▸ p. 487

TEXTE 7 Tocqueville, *De la démocratie en Amérique*, 1840

Parce que nous ne pouvons pas tout démontrer, nous nous appuyons, dans notre vie quotidienne mais aussi dans notre vie intellectuelle, sur des croyances raisonnables : opinions, convictions établies par d'autres que nous.

Les croyances dogmatiques[1] sont plus ou moins nombreuses, suivant les temps. Elles naissent de différentes manières et peuvent changer de forme et d'objet ; mais on ne saurait faire qu'il n'y ait pas de croyances dogmatiques, c'est-à-dire d'opinions que les hommes reçoivent de confiance et sans les discuter. [...]

Si je considère maintenant l'homme à part[2], je trouve que les croyances dogmatiques ne lui sont pas moins indispensables pour vivre seul que pour agir en commun avec ses semblables.

Si l'homme était forcé de se prouver à lui-même toutes les vérités dont il se sert chaque jour, il n'en finirait point ; il s'épuiserait en démonstrations préliminaires[3] sans avancer ; comme il n'a pas le temps, à cause du court espace de la vie, ni la faculté, à cause des bornes de son esprit, d'en agir ainsi, il en est réduit à tenir pour assurés une foule de faits et d'opinions qu'il n'a eu ni le loisir, ni le pouvoir d'examiner et de vérifier par lui-même, mais que de plus habiles ont trouvés ou que la foule adopte. C'est sur ce premier fondement qu'il élève lui-même l'édifice de ses propres pensées. Ce n'est pas sa volonté qui l'amène à procéder de cette manière ; la loi inflexible de sa condition l'y contraint.

Il n'y a pas de si grand philosophe dans le monde qui ne croie un million de choses sur la foi d'autrui, et qui ne suppose beaucoup plus de vérités qu'il n'en établit.

Ceci est non seulement nécessaire, mais désirable. Un homme qui entreprendrait d'examiner tout par lui-même ne pourrait accorder que peu de temps et d'attention à chaque chose ; ce travail tiendrait son esprit dans une agitation perpétuelle qui l'empêcherait de pénétrer profondément dans aucune vérité et de se fixer avec solidité dans aucune certitude. Son intelligence serait tout à la fois indépendante et débile[4]. Il faut donc que, parmi les divers objets des opinions humaines, il fasse un choix et qu'il adopte beaucoup de croyances sans les discuter, afin d'en mieux approfondir un petit nombre dont il s'est réservé l'examen.

Il est vrai que tout homme qui reçoit une opinion sur la parole d'autrui[5] met son esprit en esclavage ; mais c'est une servitude salutaire qui permet de faire un bon usage de la liberté.

Alexis de Tocqueville, *De la démocratie en Amérique*, II, chap. 2, Flammarion, « GF », p. 15-16.

1. Ici, croyances que nous ne songeons pas à remettre en question.
2. Et non l'homme vivant en société.
3. Démonstrations préalables.
4. Faible, impuissante.
5. Une opinion communiquée par autrui.

DÉFINITION

Il ne faut pas confondre ***rationnel*** et ***raisonnable.*** Ce qui est **rationnel** relève de la **raison logique.** Ce qui est **raisonnable** relève de la **raison pratique** ou **morale.** Il n'est peut-être pas rationnel de se fier à des croyances qui sont, par définition, des affirmations non démontrées, mais cela est très raisonnable car nous ne pouvons tout démontrer. De même, un calcul rationnel peut être déraisonnable : la raison peut se mettre au service du mal.

Questions

1. **Comment Tocqueville définit-il les « croyances dogmatiques » (l. 1) ?**
2. **Pourquoi l'homme doit-il nécessairement s'appuyer sur ces croyances dogmatiques ? Donnez des exemples de ces croyances.**
3. **Expliquez la dernière phrase du texte (l. 31-33).**

TEXTE 8 Spinoza, *Traité théologico-politique,* 1670

Spinoza entreprend de fournir une explication rationnelle de la superstition : pourquoi sommes-nous enclins à la crédulité ? Quels sont les mécanismes à l'œuvre dans la superstition ?

SPINOZA
1632-1677
Époque moderne
▸ p. 510

Si les hommes pouvaient régler toutes leurs affaires suivant un dessein arrêté ou encore si la fortune leur était toujours favorable, ils ne seraient jamais prisonniers de la superstition. Mais souvent réduits à une extrémité telle qu'ils ne savent plus que résoudre[1], et condamnés, par leur désir sans mesure des biens incertains de fortune, à flotter presque sans répit entre l'espérance et la crainte, ils ont très naturellement l'âme encline[2] à la plus extrême crédulité ; est-elle dans le doute, la plus légère impulsion la fait pencher dans un sens ou dans l'autre, et sa mobilité s'accroît encore quand elle est suspendue entre la crainte et l'espoir, tandis qu'à ses moments d'assurance elle se remplit de jactance[3] et s'enfle d'orgueil. Cela, j'estime que nul ne l'ignore, tout en croyant que la plupart s'ignorent eux-mêmes. Personne en effet n'a vécu parmi les hommes sans avoir observé qu'aux jours de prospérité presque tous, si grande que soit leur inexpérience, sont pleins de sagesse, à ce point qu'on leur fait injure en se permettant de leur donner un conseil ; que dans l'adversité, par contre, ils ne savent plus où se tourner, demandent en suppliant conseil à tous et sont prêts à suivre tout avis qu'on leur donnera, quelque inepte, absurde ou inefficace qu'il puisse être. On remarque en outre que les plus légers motifs leur suffisent pour espérer un retour de fortune, ou retomber dans les pires craintes. Si en effet, pendant qu'ils sont dans l'état de crainte, il se produit un incident qui leur rappelle un bien ou un mal passés, ils pensent que c'est l'annonce d'une issue heureuse ou malheureuse et pour cette raison, bien que cent fois trompés, l'appellent un présage favorable ou funeste. Qu'il leur arrive maintenant de voir avec grande surprise quelque chose d'insolite, ils croient que c'est un prodige manifestant la colère des Dieux ou de la suprême Divinité ; dès lors ne pas conjurer ce prodige par des sacrifices et des vœux devient une impiété[4] à leurs yeux d'hommes sujets à la superstition et contraires à la religion. De la sorte ils forgent d'innombrables fictions et, quand ils interprètent la Nature, y découvrent partout le miracle comme si elle délirait avec eux.

Baruch Spinoza, *Traité théologico-politique,* préface,
© Flammarion, « GF », trad. C. Appuhn, 1965, p. 19-20.

REPÈRES
Croire/savoir
▸ p. 487

1. Décider.
2. Disposée, portée vers.
3. Vanité.
4. Un manque de respect pour les dieux.

CULTURE PHILOSOPHIQUE

L'**espoir** et la **crainte** sont des **passions** pour Spinoza, c'est-à-dire des sentiments qui nous rendent passifs, dépendants des choses extérieures. Le sage vit sans crainte et sans espoir, il ne dépend que de lui-même. Telle est la véritable liberté.

Questions

1. Pourquoi l'espoir et la crainte sont-ils des sentiments désagréables, que nous cherchons à chasser de notre esprit ?
2. Expliquez pourquoi l'espoir et la crainte sont, non pas des sentiments opposés, mais au contraire proportionnels l'un à l'autre ?
3. Comment la superstition nous conduit-elle à établir des liens de causalité fictifs entre les phénomènes ?
4. Pourquoi peut-on parler d'un délire interprétatif chez l'homme superstitieux ?

Oral

Peut-on distinguer la superstition de la religion ? Aidez-vous des pages 162-164, 325 et 332.

TEXTE 9 Chabris et Simons, *Le Gorille invisible*, 2009

Les illusions nous jouent des tours, notamment ce que Chabris et Simons appellent « l'illusion de la cause » : parce que deux phénomènes se produisent en même temps, nous avons souvent tendance à penser que l'un est la cause de l'autre : nous confondons corrélation *et* causalité.

CHABRIS
Né en 1966
SIMONS
Né en 1969
Époque contemporaine
Professeurs de psychologie.

Davantage d'individus se noient les jours où la consommation de glaces est élevée, et moins les jours où la consommation de glaces est faible. Manger des glaces n'est vraisemblablement pas une cause de noyade, pas plus qu'apprendre qu'il y a eu des noyades ne devrait inciter les gens à manger des glaces. C'est vraisemblablement un troisième facteur – la chaleur estivale – qui cause ces deux phénomènes. La consommation de glaces est plus faible en hiver, et il y a moins de noyades en hiver car moins d'individus vont se baigner.

Cet exemple attire l'attention sur le deuxième préjugé[1] majeur qui sous-tend l'illusion de la cause : lorsque deux événements ont tendance à arriver en même temps, nous en déduisons que l'un a dû causer l'autre. Les manuels utilisent la corrélation glaces-noyades précisément parce qu'il est difficile d'envisager comment l'un pourrait causer l'autre, et facile de voir comment un troisième facteur non mentionné pourrait causer les deux. Malheureusement, arriver à ne pas se laisser abuser par l'illusion de la cause est rarement aussi simple dans le monde réel. [...]

Bien sûr, certaines corrélations ont plus de chances de refléter un lien causal réel que d'autres. La hausse de la consommation de glaces est plus probablement due à une hausse des températures estivales qu'à une hausse des noyades. Les statisticiens et spécialistes des sciences sociales ont développé des façons intelligentes de rassembler et d'analyser des données de corrélations qui augmentent les chances de trouver un véritable lien causal. Mais la seule façon – redisons-le, *la seule et unique façon* – de vérifier de façon définitive si une association est causale ou non, c'est de faire une expérience. Sans expérience, observer une association a la même valeur, sur le plan scientifique, que remarquer une coïncidence. [...].

Contrairement à une association observée, une expérience fait systématiquement varier un facteur, la « variable indépendante », pour observer ses effets sur un autre facteur, la « variable dépendante ». Si, par exemple, vous aviez envie de savoir si les individus arrivent mieux à se concentrer sur une tâche difficile s'ils écoutent de la musique de fond ou s'ils sont assis en silence, vous détermineriez au hasard un groupe d'individus à qui vous feriez écouter de la musique, et un autre qui travaillerait en silence, et vous mesureriez les résultats qu'ils obtiennent à des tests cognitifs. Vous avez introduit une cause (écouter ou ne pas écouter de la musique), puis observé un effet (des différences de résultats aux tests cognitifs). Se contenter de mesurer deux effets et montrer qu'ils sont concomitants n'impliquent pas que l'un est la cause de l'autre.

Ch. Chabris et D. Simons, *Le Gorille invisible*, © Le Pommier, trad. M. Ordinaire, 2015.

REPÈRES
Hypothèse/conséquence/conclusion
▸ p. 489

1. Le premier préjugé nous amène à voir dans la réalité ce que nous nous attendons à y voir.

CLÉ DE LECTURE

Le Gorille invisible expose certaines découvertes récentes des neurosciences cognitives, et notamment le fait que notre **perception visuelle** n'est jamais neutre ni exhaustive : nous ne percevons que ce à quoi nous prêtons attention, en fonction de nos intérêts et de nos buts, laissant dans l'ombre de nombreux aspects du réel. Notre perception est **sélective.**

Questions

1. Qu'est-ce qu'une corrélation ? Qu'est-ce qu'un lien causal ?
2. Qu'est-ce qui caractérise une expérience scientifique ?

PERSPECTIVES

La connaissance

- La perception suppose-t-elle un jugement ?

TEXTE 10 Montaigne, *Essais*, 1580

Notre raison est parfois troublée par nos émotions, comme lorsque nous sommes saisis de vertige : la vue du vide nous empêche de raisonner froidement. Notre raison est trompée par nos sens, mais ceux-ci sont parfois trompés par notre âme.

MONTAIGNE
1533-1592
Renaissance
▸ p. 504

Qu'on loge un philosophe dans une cage faite de menus fils de fer clair-semés qui soit suspendue au sommet des tours de Notre-Dame de Paris, il verra par raison évidente qu'il est impossible qu'il en tombe, et pourtant il ne saurait éviter (s'il n'a pas la pratique du métier des couvreurs[1]) que la vue de cette très grande hauteur ne l'épouvante et ne le glace d'effroi. Nous avons, en effet, assez de difficulté à nous rassurer dans les galeries qui sont dans nos clochers, si elles sont ajourées[2], encore qu'elles soient de pierre. Il y a des gens qui ne peuvent pas seulement en supporter la pensée. Que l'on jette une poutre entre ces deux tours, d'une grosseur telle qu'il nous la faut pour nous promener dessus, il n'y a sagesse philosophique d'une si grande fermeté qu'elle puisse nous donner le courage d'y marcher comme nous le ferions si elle était à terre. J'ai souvent éprouvé dans nos montagnes de ce côté-ci[3] (et je suis pourtant de ceux qui ne s'effraient que médiocrement de telles choses) que je ne pouvais pas supporter la vue de cette profondeur infinie sans frisson et tremblement de jarrets et de cuisses, encore qu'il s'en fallût bien de toute ma longueur que je ne fusse tout à fait au bord et je n'aurais pas pu tomber à moins que je ne me fusse porté, de propos délibéré, vers le danger. J'y ai remarqué aussi que, quelque hauteur qu'il y ait, pourvu que sur cette pente il se présente un arbre ou une bosse de rocher pour soutenir un peu la vue et la diviser, cela nous soulage et nous donne un sentiment de sécurité comme si c'était une chose dont, lors de la chute, nous puissions recevoir un secours, mais que les précipices abrupts et unis, nous ne pouvons pas seulement les regarder sans que la tête nous tourne. […]

Cette même tromperie que les sens apportent à notre intelligence, ils la reçoivent à leur tour. Notre âme parfois prend sur eux sa revanche : ils mentent tous deux et se trompent à qui mieux mieux. Ce que nous voyons et entendons quand nous sommes agités par la colère, nous ne le voyons et ne l'entendons pas tel que c'est […]. La personne aimée nous semble plus belle qu'elle n'est […] et plus laide celle que nous avons prise en grippe. À un homme chargé d'ennuis et affligé, la clarté du jour semble obscurcie et ténébreuse. Nos sens sont non seulement altérés mais souvent entièrement émoussés[4] par les passions de l'âme. Combien de choses sont sous nos yeux que nous n'apercevons pas si nous avons l'esprit occupé ailleurs !

Montaigne, *Essais*, II, 12, « Apologie de Raymond Sebond », Gallimard, « Quarto », 2009, p. 725-727.

REPÈRES
Croire/savoir
▸ p. 487

1. Personnes qui travaillent sur les toitures des maisons.
2. Percées d'ouvertures laissant voir l'extérieur.
3. [Note de l'éditeur] Probablement de ce côté-ci des Pyrénées.
4. Moins vifs, moins sensibles.

CULTURE PHILOSOPHIQUE

Raymond Sebond est un théologien catalan qui vécut à la fin du XIVe et au début du XVe siècle. Dans son **Apologie de Raymond Sebond,** située au cœur des *Essais,* Montaigne souligne la faiblesse de la raison, impuissante à se connaître elle-même et à connaître tout ce qui l'entoure.

Questions

1. **Pourquoi Montaigne prend-il l'exemple d'un « philosophe » ? Que représente ce personnage ?**
2. **Comment les sens parviennent-ils à tromper la raison ? Expliquez les exemples du texte.**
3. **Comment l'esprit parvient-il à tromper les sens ? Expliquez les exemples du texte.**

Débat

Pouvons-nous être totalement objectifs ?

Pour aller plus loin

Comparez ce texte avec celui de Sextus Empiricus, p. 454.

TEXTE 11

Damasio, *L'Erreur de Descartes*, 1994

Nous avons tendance à opposer la raison et les émotions. Damasio montre que la raison a besoin des émotions pour pouvoir s'exprimer pleinement.

DAMASIO
Né en 1944
Époque contemporaine
Neuropsychologue

J'ai entrepris d'écrire ce livre afin d'expliquer que la faculté de raisonnement n'est pas aussi pure que la plupart d'entre nous le croit ou le voudrait ; les émotions ne sont pas du tout des éléments perturbateurs pénétrant de façon inopportune dans la tour d'ivoire de la raison : autrement dit, il est probable que la capacité d'exprimer et ressentir des émotions fasse partie des rouages de la raison pour le pire *et* pour le meilleur. La faculté de raisonner s'est probablement développée au cours de l'évolution (et se met en place chez un individu donné) sous l'égide[1] de ces mécanismes de régulation biologique qui se traduisent notamment par la capacité d'exprimer et ressentir des émotions. En outre, même après que la faculté de raisonnement a atteint le stade de sa maturité, à l'issue des années de développement, sa mise en œuvre efficace dépend probablement, dans une large mesure, de la capacité de réagir sur le plan émotionnel.

Il ne s'agit pas de nier que les émotions puissent perturber les processus du raisonnement dans certaines circonstances. Depuis des temps immémoriaux, on sait bien qu'elles le peuvent, et de récentes recherches ont bien montré comment les émotions pouvaient influencer de façon désastreuse le raisonnement. Il est donc d'autant plus surprenant – et c'est là une découverte – que *l'incapacité* d'exprimer et ressentir des émotions[2] soit susceptible d'avoir des conséquences tout aussi graves, dans la mesure où elle peut handicaper la mise en œuvre de cette raison qui nous caractérise tout particulièrement en tant qu'êtres humains et nous permet de prendre des décisions en accord avec nos projets personnels, les conventions sociales et les principes moraux.

Il ne s'agit pas non plus de dire que, lorsque les émotions interviennent de façon positive, elles décident pour nous ; ni de dire que nous ne sommes pas des êtres rationnels. Je suggère seulement que, par certains côtés, la capacité d'exprimer et ressentir des émotions est indispensable à la mise en œuvre des comportements rationnels. Et lorsqu'elle intervient, elle a pour rôle de nous indiquer la bonne direction, de nous placer au bon endroit dans l'espace où se joue la prise de décision, en un endroit où nous pouvons mettre en œuvre correctement les principes de la logique. Dans un certain nombre de circonstances de la vie, nous devons agir dans des domaines où règne l'incertitude : c'est le cas, par exemple, lorsqu'on nous demande de formuler un jugement moral, ou lorsque nous devons nous prononcer sur l'avenir d'une relation personnelle, ou envisager les moyens de nous éviter la misère dans nos vieux jours, ou former des projets pour les années qui viennent. Dans ces circonstances, la capacité d'exprimer et ressentir les émotions, de concert avec les mécanismes physiologiques cachés qui la sous-tendent, nous aide à accomplir cette tâche redoutable consistant à prévoir un avenir incertain et à programmer nos actions en conséquence.

Antonio R. Damasio, *L'Erreur de Descartes, la raison des émotions*, Introduction, 1994,

1. Sous la protection de.
2. Cette incapacité peut être due à une lésion du cerveau, suite à une maladie ou un accident.

CULTURE PHILOSOPHIQUE

Descartes est **dualiste** : il pense que l'âme et le corps sont deux substances de nature absolument différente, qui ont chacune un attribut qui lui est propre : la pensée et l'étendue. Telle est **l'erreur de Descartes**. Damasio souligne **le lien profond du corps et de l'esprit** en étudiant le cerveau humain. C'est pourquoi il intitule un autre de ses ouvrages ***Spinoza avait raison.***
En réalité, Descartes est dualiste dans le domaine de la connaissance, mais il analyse également l'union du corps et de l'esprit dans le domaine de la vie concrète et de la morale.

Questions

1. **Pourquoi les émotions peuvent-elles parfois gêner le raisonnement ? Donnez des exemples.**
2. **Dans quel contexte les émotions peuvent-elles nous aider dans nos raisonnements ?**
3. **Le dilemme des prisonniers, p. 290, est-il une bonne illustration de la thèse de Damasio ?**

Rencontre avec... **GÉRALD BRONNER,** SOCIOLOGUE

Peut-on expliquer rationnellement l'existence des croyances ?

Gérald Bronner souligne un paradoxe : le progrès des connaissances ne fait pas reculer les croyances ; bien au contraire, il peut nourrir de nouvelles croyances par une stimulation de l'imagination.

Les différentes formes de pensée extrême[1], qu'elles relèvent de la religion ou de la politique, sont-elles des ersatz[2] du passé condamnés à disparaître ? Notre étonnement de voir des formes de fanatisme et de radicalité perdurer au sein même des sociétés occidentales indique que ces modes de représentation du monde iraient, en quelque sorte, contre le cours du temps, contre ce que nous croyons si facilement être la marche normale des choses.

De façon plus ou moins implicite, cet étonnement est adossé à une idée ancienne, mais fausse, selon laquelle les progrès des sociétés et de la connaissance que nous avons du monde seraient de nature à faire reculer et même disparaître les idées saugrenues[3], les croyances fausses et tout particulièrement leurs expressions les plus radicales. En d'autres termes, la métaphore des vases communicants contamine implicitement nos représentations des rapports entre l'empire de la connaissance et celui des croyances. Ce que l'un gagnerait, l'autre le perdrait, et réciproquement. [...]

Photographie du film *Les soucoupes volantes attaquent*, de F. Sears, avec J. Taylor et H. Marlowe, 1956.

Comment la connaissance et l'inconnaissance peuvent-elles progresser de concert ? Ce paradoxe est résolu facilement si l'on substitue à la métaphore des vases communicants celle de la sphère de Pascal. Si la connaissance est une sphère, explique Pascal, sa surface est en contact avec ce qu'elle ne contient pas, c'est-à-dire l'inconnu. De ce fait, à mesure que la connaissance progresse et que la surface de cette sphère fait de même, l'aire en contact avec l'ignorance ne cesse de progresser elle aussi. En réalité, ce n'est pas tant l'ignorance qui croît symétriquement à la connaissance que la *conscience* de ce qui est inconnu, c'est-à-dire la conscience du manque d'information qui caractérise notre appréhension de certains sujets. [...]. Or, cette conscience accrue de ce qui est inconnu autorise toutes les manœuvres de l'imagination. Ces exercices ne demeurent pas confinés à la science-fiction, ils s'incarnent le plus souvent dans des croyances originales qui doivent leur origine à la stimulation des potentialités de l'imaginaire humain permettant les progrès de la science.

Les progrès de la connaissance ne sont donc pas en mesure de réduire à rien l'empire des croyances pour cette première raison qu'ils *élargissent le domaine du concevable*, ce qui est de nature à engendrer de nouvelles croyances. En effet,

Gérald Bronner (Né en 1969)
Sociologue et professeur de sociologie à l'université Paris-Diderot. Il est membre de l'Académie nationale de médecine, de l'Académie des technologies, et de l'Institut universitaire de France. Il est l'auteur de plusieurs ouvrages sur les croyances collectives, dont *La Démocratie des crédules.*

une croyance a besoin, pour être formulée et se diffuser, d'être à portée de l'imagination de tous.

Par exemple, la découverte que la Terre n'est pas au centre de l'univers, pas plus que notre système solaire ou notre galaxie, qu'il existe d'autres planètes et que, conjointement, il est possible de concevoir des engins volants, a rendu *concevable* l'existence d'extraterrestres capables de venir éventuellement jusqu'à nous. Cette croyance, qui constitue l'un des grands mythes du XXe siècle, est en quelque sorte rendue possible par le développement de la science. Aujourd'hui, si nous sommes témoins d'un phénomène céleste atypique, nous pensons immédiatement, même sur le mode ironique, à l'hypothèse extraterrestre. *A contrario*, une telle observation au Moyen Âge n'autorisait pas de telles conjectures. […]

D'autres arguments peuvent rendre compte de la pérennité de l'empire des croyances (même extrêmes) dans nos sociétés contemporaines ; par exemple, le fait que certaines questions (notamment celles qui interrogent le sens du monde) ne peuvent trouver de réponses scientifiques, ou encore celui de constater que la spécialisation intellectuelle ininterrompue engendre des notions et un vocabulaire hyperspécialisés qui favorisent les malentendus et l'émergence de croyances pseudo-scientifiques. On peut aussi souligner que la croyance rend des services qu'une vision strictement rationnelle du monde ne peut pas rendre : elle permet de réduire toutes sortes d'incertitudes et propose des modes d'action (fallacieux[4]) sur le monde qui peuvent donner le sentiment à l'individu de mieux maîtriser son destin. […]
En fait, notre esprit est limité, c'est pourquoi nous ne serons jamais des êtres de pure rationalité, même si nos croyances les plus spectaculaires ne manquent jamais d'une certaine logique, comme nous le verrons. En d'autres termes, le lest[5] qui s'impose à notre pensée nous empêche d'être des sujets *omniscients* et fait mécaniquement de nous des sujets *croyants.* Ce lest est de trois natures. Tout d'abord, notre esprit est limité *dimensionnellement* parce que notre conscience est prisonnière d'un espace restreint et d'un présent éternel, ce qui nous empêche très souvent d'accéder à l'information nécessaire à l'établissement d'un jugement équilibré. Par ailleurs, il est limité *culturellement* car il interprète toute information en fonction de représentations préalables. Enfin, il est lesté *cognitivement* car notre capacité à traiter l'information n'est pas infinie et que la complexité de certains problèmes excède les potentialités de notre bon sens.
Parce que ces trois traits sont des caractéristiques anthropologiques de la pensée, nos sociétés demeureront des sociétés de croyances, quel que soit l'état de développement de la connaissance humaine. Pour cette raison aussi, les croyances qu'on nommera « extrêmes » ne disparaîtront pas de l'horizon de notre contemporanéité. Elles incarneront, au contraire, une forme paradoxale de modernité, comme nous le verrons. Loin d'être des résidus d'un passé révolu, elles sont une pure expression de notre contemporanéité. Elles expriment une logique forte qu'il s'agira de décrypter. En effet, les individus, les groupes qu'ils composent et qui seront l'objet de notre enquête, loin d'être des monstres d'irrationalité, apparaîtront, si l'on nous permet l'expression, *extrêmement* logiques.

Gérald Bronner, *La Pensée extrême, Comment des hommes ordinaires deviennent des fanatiques*, Introduction, © PUF, 2016, p. 16-26.

Nébuleuse en forme de papillon, photographie prise par le télescope Hubble.

1. Fanatique.
2. Substituts.
3. Absurdes, bizarres
4. Trompeurs.
5. Poids, charge.

ARRÊT SUR **IMAGES**

Liens

Conférence de Fabien Girandola : « Changer de raison pour garder la raison », 14 mars 2017

Présentation

▶ Cet enseignant-chercheur, professeur de psychologie au laboratoire de psychologie sociale de l'Université d'Aix-Marseille, a donné cette conférence en ligne, à la Cité des sciences et de l'industrie, La Villette (Paris), dans le cadre de la saison 2016-2017 : « Le cerveau entre raison et émotion ».

▶ La conférence porte sur la notion de **dissonance cognitive**. Lorsque nous sommes amenés à agir contre nos convictions, ou lorsque celles-ci sont contredites par la réalité, nous ressentons une tension, un inconfort psychique : c'est la dissonance cognitive qui se caractérise par la présence dans notre esprit de deux éléments cognitifs contradictoires. Nous allons alors soulager cette tension en réajustant nos idées, opinions, croyances ou notre comportement. Cette théorie a été formulée initialement en 1957 par un psychosociologue américain, Leon Festinger.

▶ **Durée** : 1 h 57 (1 h 06 de conférence, suivie de questions du public).

Activités

1 Visionnez la conférence dans son intégralité sur le site de la Cité des sciences : http://www.cite-sciences.fr/fr/ressources/conferences-en-ligne/saison-2016-2017/le-cerveau-entre-raison-et-emotion/

2 Répondez aux questions suivantes.

COMPRÉHENSION

▶ La prophétie de la fin du monde

1. Expliquez le contexte : comment et à qui cette prophétie est-elle communiquée ?
2. Que se passe-t-il lorsque la prophétie ne se réalise pas ? Pourquoi peut-on parler d'une dissonance cognitive ?
3. Comment les adeptes se libèrent-ils de la tension psychique liée à la dissonance cognitive ? Comment réaménagent-ils leurs croyances ?

▶ L'expérience avec les étudiants

4. Expliquez le protocole de l'expérience.
5. Pourquoi les étudiants ressentent-ils une dissonance cognitive ?
6. Quels sont les résultats de l'expérience ? Expliquez pourquoi le montant de la récompense accordée aux étudiants influe sur le résultat (modification de l'opinion initiale).

RÉFLEXION

7. Proposez un exemple de dissonance cognitive.
8. Pourquoi la dissonance cognitive conduit-elle à une restructuration et à une radicalisation de nos croyances ?
9. Pourquoi notre engagement renforce-t-il nos croyances ?
10. Pourquoi la dissonance cognitive est-elle une menace pour notre identité (individuelle ou collective) ?
11. Expliquez la formule : « L'homme n'est pas rationnel, il rationalise après-coup ses comportements ».
12. Quelles sont les conditions requises pour que la dissonance cognitive se manifeste ?
13. Peut-on dire que le processus de réajustement de nos opinions est inconscient ?
14. Expliquez le titre de la conférence : pourquoi la dissonance cognitive nous conduit-elle à « changer de raison pour garder la raison » ?

EXERCICES

Les termes et les concepts clés

1 Retenez les termes et les concepts clés : jugement, méthode, vérité, rationnel, raisonnable, logique, morale, émotions, croyance.

2 À l'aide de l'exemple du dilemme des prisonniers, p. 290, et des textes du chapitre, répondez aux questions suivantes pour tester votre maîtrise de ces concepts.

a. Faut-il une méthode pour bien juger ?

b. Faut-il une méthode pour parvenir à la vérité ? Expliquez ce qu'est une méthode et pourquoi elle est indispensable pour conduire un raisonnement.

c. Qu'est-ce qu'être rationnel ? Qu'est-ce qu'être raisonnable ? Expliquez ce qui distingue ces deux termes.

d. La raison est-elle toujours logique ? Expliquez ce qui pourrait empêcher la raison d'être logique.

e. La raison est-elle toujours morale ? Montrez le rôle du libre-arbitre.

f. Comment les émotions influent-elles sur notre raisonnement ? Expliquez pourquoi l'homme n'est pas uniquement un être de raison.

g. Y a-t-il des croyances raisonnables ? Y a-t-il des croyances déraisonnables ? Donnez des exemples pour distinguer les deux types de croyances.

PERSPECTIVES

3 À l'aide de la partie Perspectives (p. 29-38) et du chapitre, identifiez les perspectives dans les sujets suivants et justifiez votre propos par la présentation des concepts et débats en jeu.

a. L'homme peut-il toujours être raisonnable ?

b. La raison peut-elle se mettre au service du mal ?

c. Est-il toujours raisonnable de douter ?

d. Suffit-il d'avoir raison pour convaincre ?

e. Que peut la raison pour exclure la violence ?

Analyser un tableau

4 Reportez-vous à l'œuvre de P. Klee, p. 289, et répondez aux questions suivantes.

a. En quoi la représentation de l'échiquier n'est-elle pas réaliste ?

b. Commentez le choix des couleurs et l'impression de volume donnée pour certaines cases.

c. Pourquoi le jeu d'échec peut-il illustrer la notion de raisonnement ? Quelles sont les qualités des joueurs d'échec ?

d. Faites une recherche sur le thème des lignes et du quadrillage dans l'œuvre de P. Klee.

Analyser un sujet

5 Peut-on tout expliquer ? Vous vous demanderez si la raison a des limites et si ces limites sont indépassables.

6 Que peut la raison pour exclure la violence ? Vous vous interrogerez sur les pouvoirs de la raison. La raison est-elle toujours l'ennemie de la violence ?

7 Est-ce parce qu'ils sont ignorants que les hommes ont des croyances ? Vous vous interrogerez sur l'origine des croyances et sur leur fonction, leur finalité. Quel rôle jouent les croyances dans la vie de l'homme ?

Apprendre à raisonner de manière logique

8 En vous aidant du texte de Chabris et Simons, p. 307, cherchez des exemples de corrélations qui ne sont pas des relations de causalité. Expliquez pourquoi.

Maîtriser les repères

9 Répondez aux questions suivantes.

a. Intuitif/discursif ▸ p. 491

Comment Pascal distingue-t-il une connaissance intuitive d'une connaissance discursive, p. 298 ?

b. Théorie/pratique ▸ p. 493

Comment Hersch distingue-t-elle la raison pratique de la raison théorique, p. 301 ?

c. Hypothèse/conséquence/conclusion ▸ p. 489

Qu'est-ce qu'un raisonnement valide pour Chabris et Simons, p. 307 ?

d. Idéal/réel ▸ p. 490

Qu'est-ce que la société idéale, par opposition à la société réelle pour Bergson, p. 300 ?

Croiser les notions du programme

10 Répondez aux questions suivantes.

a. Comment se constitue la raison scientifique ?

b. Comment la raison parvient-elle à la vérité ?

c. Est-ce la raison qui nous fait connaître notre devoir moral ?

Réviser les points clés du chapitre

11 Répondez aux questions suivantes.

a. Qu'est-ce qu'un dilemme ? En quoi est-ce un raisonnement particulier ?

b. Quelles sont les deux fonctions de la raison ?

c. La raison est-elle toute-puissante ?

d. La raison est-elle toujours morale ?

e. Existe-t-il des croyances raisonnables ?

MÉTHODE

BAC L'explication de texte

Podcast

TEXTE Bachelard, *La Formation de l'esprit scientifique,* 1938

Dans l'éducation, la notion d'obstacle pédagogique est également méconnue. J'ai souvent été frappé du fait que les professeurs de science, plus encore que les autres si c'est possible, ne comprennent pas qu'on ne comprenne pas. Peu nombreux sont ceux qui ont creusé la psychologie de l'erreur, de l'ignorance et de l'irréflexion. [...] Les professeurs de sciences imaginent que l'esprit commence comme une leçon, qu'on peut toujours refaire une culture nonchalante en redoublant une classe, qu'on peut faire comprendre une démonstration en la répétant point pour point. Ils n'ont pas réfléchi au fait que l'adolescent arrive dans la classe de Physique avec des connaissances empiriques déjà constituées : il s'agit alors, non pas *d'acquérir* une culture expérimentale, mais bien de *changer* de culture expérimentale, de renverser les obstacles déjà amoncelés par la vie quotidienne. Un seul exemple : l'équilibre des corps flottants fait l'objet d'une intuition familière qui est un tissu d'erreurs. D'une manière plus ou moins nette, on attribue une activité au corps qui flotte, mieux au corps qui *nage*. Si l'on essaie avec la main d'enfoncer un morceau de bois dans l'eau, il résiste. On n'attribue pas facilement la résistance à l'eau. Il est dès lors assez difficile de faire comprendre le principe d'Archimède dans son étonnante simplicité mathématique si l'on n'a pas d'abord critiqué et désorganisé le complexe impur des intuitions premières. En particulier sans cette psychanalyse des erreurs initiales, on ne fera jamais comprendre que le corps qui émerge et le corps complètement immergé obéissent à la même loi.

Ainsi toute culture scientifique doit commencer, comme nous l'expliquerons longuement, par une catharsis intellectuelle et affective. Reste ensuite la tâche la plus difficile : mettre la culture scientifique en état de mobilisation permanente, remplacer le savoir fermé et statique par une connaissance ouverte et dynamique, dialectiser toutes les variables expérimentales, donner enfin à la raison des raisons d'évoluer.

Gaston Bachelard, *La Formation de l'esprit scientifique*,
chapitre premier, © Vrin, 1996, p. 18-19.

MÉTHODE

Étape 1 Interroger le texte afin de le comprendre

1 Réfléchissez aux mots clés.

- Qu'est-ce qu'un obstacle ? Qu'est-ce qu'un obstacle pédagogique ?
- Qu'est-ce que les professeurs de sciences ne comprennent pas. Est-ce étonnant ?

2 Expliquez : « l'esprit commence comme une leçon », l. 6. Qu'y a-t-il avant la leçon ?
L'esprit de l'adolescent est-il vierge lorsqu'il arrive en classe de Physique ?

3 Expliquez la distinction acquérir / changer (de culture expérimentale), l. 10-11.

CONSEILS

Lisez le texte plusieurs fois. Il est illusoire de penser qu'on peut le comprendre à la première lecture. Posez des questions au texte. Soyez attentif à tous les termes, à toutes les nuances du texte.

- Lorsque nous voyons un corps flotter dans l'eau, quelle est notre intuition familière ? Pourquoi celle-ci est-elle un « tissu d'erreurs », l. 14 ?
- Lorsque nous voyons un corps flotter, nous disons qu'il nage. Le vocabulaire employé peut-il nous induire en erreur ?

Interrogez-vous sur le rôle de l'exemple. En quoi permet-il d'illustrer la thèse de l'auteur ?

4 **Expliquez : « On n'attribue pas facilement la résistance à l'eau », l. 16-17.**

5 **Pourquoi Bachelard emploie-t-il le terme « psychanalyse », l. 20 ?**

6 **Expliquez la notion de « catharsis intellectuelle et affective », l. 24.**

7 Ce texte peut être lu sous l'angle de la **perspective de la connaissance** : comment connaître ? Quels sont les obstacles que nous devons surmonter pour connaître ? Comment prendre conscience de ces obstacles ?

PERSPECTIVES
Identifiez la ou les perspectives en jeu dans ce texte (il y en a souvent plus d'une, les perspectives ne sont pas cloisonnées).
v. p. 36

Étape 2 Comprendre le problème posé par le texte

8 **À partir des éléments de l'étape 1, formulez une problématique.**

- Notre esprit n'est pas **vierge** mais déjà encombré d'un grand nombre d'**intuitions familières** qui freinent notre compréhension.
- Ces intuitions familières nous semblent **évidentes**, et pourtant elles nous **induisent en erreur** en nous proposant une vision du monde qui n'est pas scientifique.
- Il faut donc faire **table rase** de ces intuitions familières.
- Le problème est donc le suivant : **Faut-il désapprendre pour apprendre ? Comment se constitue l'esprit scientifique ?**

Pour trouver le problème du texte, demandez-vous dans quel but il a été écrit : qu'est-ce que l'auteur avait à cœur de montrer ? Quel est l'**enjeu** du texte ? Qu'est-ce qui se **joue** dans ce texte ?
Toute l'argumentation du texte constitue la réponse à cette question.

QUELQUES ÉLÉMENTS D'EXPLICATION

→ Bachelard a montré que l'histoire des sciences ne consiste pas en un progrès linéaire, continu. L'histoire des sciences est une histoire **polémique** qui implique des ruptures, des mutations, des bouleversements. L'esprit scientifique rencontre un certain nombre d'**obstacles** qu'il doit combattre pour parvenir à une explication rationnelle de la nature.

→ Bachelard appelle **obstacles épistémologiques** les obstacles qui sont un frein à la constitution ou au développement des sciences (voir p. 347).

→ Dans ce texte, il fait un parallèle entre la recherche scientifique et l'enseignement des sciences. La notion d'**obstacle pédagogique** est dérivée de celle d'**obstacle épistémologique**.

→ Ce sont les mêmes obstacles que l'on retrouve dans les deux cas :
– l'**opinion** : nous ne connaissons d'un objet que les facettes par lesquelles il nous est utile.
– L'**expérience première** : nous pensons connaître un objet à partir des multiples impressions qui peuvent nous frapper dans notre vie quotidienne.
– La **connaissance générale** : nous avons tendance à privilégier les ressemblances par rapport aux différences, ce qui nous conduit à des généralisations abusives.
– Le **substantialisme** : nous attribuons des propriétés à un objet à partir d'une observation ou d'une sensation.

→ Donc, avant la connaissance (à constituer ou à transmettre), il n'y a pas rien mais quelque chose et souvent quelque chose de faux. C'est pourquoi une **psychanalyse** de nos erreurs est nécessaire : il faut **prendre conscience** de ces obstacles qui sont le plus souvent méconnus. Cela implique un **travail sur soi** pour en finir avec ces erreurs qui sont récurrentes. Ces obstacles forment une **résistance** à la constitution ou à la compréhension de la science. Il faudra donc **vaincre cette résistance** dans un travail analogue à celui de la psychanalyse. L'esprit scientifique sera **purifié** de ses erreurs grâce à cette **catharsis**.

→ L'esprit scientifique n'est pas **donné**, il est **construit**.

DU CAS POUR L'ÉTUDE…

La géographie religieuse

- Comment expliquer la diversité des religions ?
- Quel est le lien entre religion et politique ?
- Pourquoi y a-t-il de nombreux points communs entre les religions ?

1 La répartition mondiale de la population par grandes religions

Un atlas des religions permet d'observer le fait religieux à l'échelle mondiale.

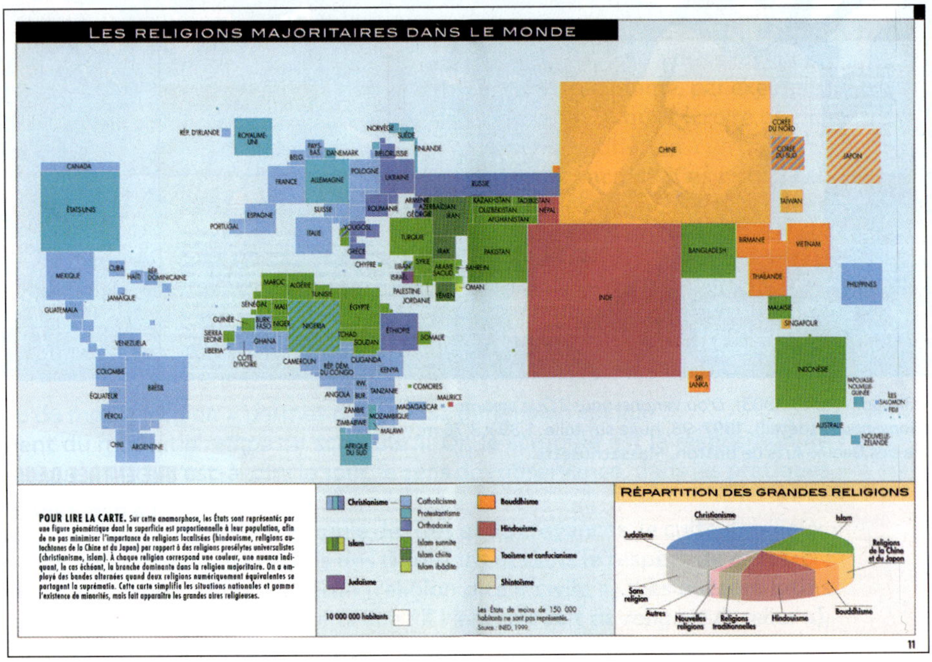

Brigitte Dumortier, *Atlas des religions*, cartographie de Cécile Marin, © Autrement, Paris 2002.

2 Des évolutions

La géographie religieuse du monde en ce début de XXIe siècle montre des dynamiques qui inscrivent le fait religieux dans une dimension de plus en plus mondiale et de moins en moins locale. Résultat d'évolutions historiques et politiques, la répartition religieuse sur la planète souligne d'une part le prosélytisme des principaux monothéismes aux visées universalistes et, d'autre part, l'attrait grandissant pour des fois plus exotiques (bouddhisme) ou modernes, voire pour le droit de ne pas croire (athéisme). Elle annonce aussi le processus de sécularisation[1] en cours dans la plupart des États occidentaux, mais aussi combien la mondialisation des religions conduit aux fondamentalismes. Les changements de pratiques que ces deux dynamiques induisent, conduisent à des tensions parfois majeures, dès lors que la violence est exercée au nom de la foi pour la défense de sa pureté.

F. Tétart, *L'Atlas des religions, Passions identitaires et enjeux géopolitiques*, © Autrement, 2015, p. 35.

1. Ici, retrait du religieux (passage dans le « siècle » c'est-à-dire le temps ordinaire).

3 *Des lieux sacrés...*

Du mont Ararat[1] au mont Olympe[2], en passant par les hauteurs himalayennes du Kailash[3], la montagne tient une place particulière dans les religions. Dans la plupart des cosmogonies[4], elle est le centre ou l'axe autour duquel s'organise le monde, ou le lieu d'apparition du sacré. Dans la Grèce antique, l'Olympe est la demeure des dieux et, dans la tradition judéo-chrétienne, c'est sur les hauteurs du Sinaï[5] que Dieu révèle à Moïse les dix commandements. Elle est aussi un refuge : dans plusieurs mythes, les montagnes sont épargnées des catastrophes et de la fureur de Dieu, à l'instar du mont Ararat, première terre qu'aperçoit Noé après le Déluge. Par son isolement, par son dépeuplement et son retranchement hors du monde temporel et de ses contingences, la montagne invite à la méditation, la contemplation et la spiritualité, comme en témoigne la présence de nombreux monastères, comme celui de Sainte-Catherine dans le Sinaï, celui des Météores ou du mont Athos en Grèce, ou encore le temple bouddhique Shaolin sur le mont Song dans la province chinoise du Henan. [...]

L'eau joue aussi un rôle essentiel au sein des religions. Son culte est l'un des plus vieux au monde. Durant l'Antiquité, on vénérait les sources et eaux dormantes censées être le domicile de génies ou de nymphes. Elle est l'élément purificateur au centre de bon nombre de rituels, dont les ablutions[6] présentes aussi bien chez les chrétiens et les musulmans que chez les bouddhistes et les hindouistes. Dans l'hindouisme, le Gange est le fleuve sacré par excellence, car il permet la réincarnation ; les cendres des morts sont dispersées dans les eaux du fleuve, entre autres à Bénarès où bon nombre d'hindous décident de venir mourir. Dans l'islam, durant le pèlerinage à La Mecque, les musulmans s'abreuvent de l'eau du Zamzam, qui selon la tradition aurait des vertus miraculeuses, et en rapportent en cadeau à leurs proches.

F. Tétart, *L'Atlas des religions, Passions identitaires et enjeux géopolitiques*, © Autrement, 2015, p. 35.

Ando ou Utagawa Hiroshige (1797-1858), *Mont Haruna*, planche 26 de la série « Vues célèbres de soixante et quelques provinces », gravure, 36 x 24.5 cm, galerie Janette Ostier, Paris.

1. Sommet en Turquie.
2. Sommet de Grèce.
3. Sommet de Chine.
4. Récits de la naissance du monde.
5. Montagne en Égypte.
6. Usage de l'eau pour se laver le corps, en vue d'une purification religieuse.

DÉFINITIONS

- **Agnosticisme :** doctrine qui ne veut pas se prononcer sur l'existence de dieu (on ne sait pas s'il existe ou non).
- **Athéisme :** doctrine qui nie l'existence de Dieu.
- **Foi :** croyance dans une religion. Terme qui fait référence à la confiance et l'engagement (*fides*, en latin) et qui accentue de ce fait l'aspect personnel et intérieur.
- **Fondamentalisme :** courant qui se livre à une interprétation littérale des textes religieux, et qui manifeste une adhésion rigide aux principes.
- **Laïcité :** principe politique qui vise à permettre « la liberté de conscience et celle de manifester ses convictions dans les limites du respect de l'ordre public », pour permettre « l'égalité de tous devant la loi quelles que soient leurs croyances et leurs convictions » (www.gouvernement.fr).
- **Monothéisme, polythéisme :** croyance dans un/plusieurs dieux (*mono :* « un seul » ; *poly :* « plusieurs », en grec ancien).
- **Prosélytisme :** efforts et zèle pour répandre une foi et convertir les autres à ses croyances.
- **Superstition :** croyance conçue comme excessive et irrationnelle.

Questions

1. **Que peut apporter une approche géographique du fait religieux ? (doc. 1)**
2. **Quelles sont les conséquences de la mondialisation sur les pratiques religieuses ? (doc. 2)**
3. **Quelle leçon de tolérance tirer du document 3 ?**

Pour aller plus loin

Établissez pour chacune des religions citées dans le doc. 1 : lieu d'origine, développement géographique, nombre de fidèles, croyance fondamentale, livre sacré, pratiques fondamentales, lieux de culte, responsable religieux.

Vidéo Podcast

L'espace religieux

REPÈRES
Transcendant/immanent
▸ p. 494

1 Qu'est-ce qu'un fait religieux ?

▶ La religion est encore aujourd'hui la source de nombreux conflits dans le monde. Peut-on aborder la religion sans passion ? Un **atlas des religions** permet de prendre du recul et d'observer le **fait religieux**.

Bernardo Bellotto (1720-1780), *Le Panthéon de Rome*, XVIIIe siècle, gravure, musée des Beaux-Arts, Budapest.

▶ Avec les cartes, on découvre qu'il existe de nombreuses religions. Comment expliquer une telle **diversité** ? La géographie nous enseigne que toute religion est liée à une « terre » au sens large, à un espace. De même que tout espace a ses spécificités (son relief, son climat, sa démographie), toute religion a ses particularités : des croyances, des cultes, des objets et des lieux sacrés.

▶ En quel sens une religion est-elle inscrite dans un espace ? Une religion a toujours à l'origine une dimension « locale », car elle se manifeste dans une **société** particulière (Durkheim, p. 322) : elle n'est pas déterminée par un relief ou un climat, mais elle est indissociable d'une société qui vit dans un **environnement** spécifique et qui a une **histoire** unique (Mauss, p. 323).

▶ En ce sens, la diversité des religions relève de la diversité des **cultures** en général. Elle accompagne **l'histoire de l'humanité** dès ses origines. Comme les mœurs et les coutumes, les religions décrivent autant de façons multiples pour les sociétés de s'intégrer dans le monde et de vivre une expérience collective (Leroi-Gourhan, p. 324).

2 Comment comprendre l'expérience religieuse ?

▶ Chercher à définir cette expérience, c'est chercher sous la diversité des religions une unité qui permettrait de définir le fait religieux (Mauss, p. 323), car il y a bien un « air de famille » dans les phénomènes religieux (texte 3, p. 319). Or, dire d'emblée que la croyance réside dans le divin, n'est-ce pas de fait exclure certaines formes de **culte** qui ne se réfèrent pas à la notion de **dieu**, c'est-à-dire à un être transcendant (Augustin, p. 326) ? La notion de **sacré** semble plus adaptée à la diversité des religions. À côté de la vie quotidienne « profane », se joue une autre réalité faite de puissances « surnaturelles », le « sacré » (Eliade, p. 327).

▶ Cette expérience n'est pas seulement une « vue de l'esprit ». Elle est d'abord un vécu, elle repose sur des émotions et elle entraîne des actions : le sentiment qu'il y a quelque chose qui dans le monde dépasse tout ce qui est visible et qui doit être objet de nos soins (Cicéron, p. 325). Or, ce sentiment a la particularité d'avoir toujours un caractère collectif et social : il est porté par un groupe, il s'exprime dans des actions communes (un culte), il est l'objet de normes, de rites[1] et d'institutions.

▶ Néanmoins, il ne fait pas toujours l'objet d'une profession de « **foi** » : il s'exprime alors dans le respect de **traditions**, de **pratiques collectives**, sans faire l'objet d'une déclaration d'adhésion individuelle comme, par exemple, dans le **culte des ancêtres** pratiqué dans l'Antiquité ou dans les tribus amazoniennes.

1. Le rite est, dans un groupe social, un ensemble de prescriptions concernant les gestes appropriés pour une cérémonie, pour un culte. Il trouve souvent son fondement, pour ce groupe, dans des mythes ou dans des textes considérés comme sacrés qui expliquent l'origine de ces prescriptions et les justifient.

▶ Manifestement, toute religion suppose une attitude faite de **déférence** envers ce qui dépasse l'homme et d'**obéissance** à un ensemble de pratiques qui constituent autant d'**hommages**.

▶ La notion de religion est difficilement compréhensible sans cette expérience de **respect** qui appelle des actes mais aussi la **crainte** de ne pas rendre ce qui est dû à ce que l'on respecte. Ce double caractère, à la fois intérieur et extérieur, constitue ce que l'on nomme la « **piété** ». L'expérience de nos limites et de la mort, notre relation aux autres (Levinas, p. 327), mais aussi notre désir de connaissance sont peut-être la source du comportement religieux.

Le Livre des morts, extrait du papyrus de Hounefer : Anubis tenant la momie du défunt, Égypte, vers 1280 av. J.-C., British Museum, Londres.

▶ Ou faut-il considérer que celui-ci, loin d'être ancré dans l'humanité, fait partie d'une histoire dont celle-ci peut et doit s'affranchir pour progresser dans ses actions et dans ses pensées (Marx, p. 328 et Comte, p. 329) ? La religion est-elle une **illusion** produite par la **détresse** et la **crédulité** ? Faut-il distinguer religion et **superstition** ? (Cicéron, p. 325 ; Spinoza, p. 332).

REPÈRES

Croire/savoir
▸ p. 487

3 Religion et raison : un rapport de rivalité ?

▶ Dans certaines religions elles-mêmes, il y a de nombreux débats sur les relations entre la religion et la raison. Certains ont marqué l'histoire de la philosophie, comme la question des **preuves de l'existence de Dieu** dans les trois monothéismes (Anselme, Averroès, Maïmonide, p. 330-332). Dieu peut-il être objet d'une connaissance rationnelle ? Ou est-ce par d'autres facultés que l'on peut le rencontrer ? (Pascal, p. 298) Dieu n'est-il connu que par une révélation et par des textes sacrés ou peut-on le connaître par le **sentiment naturel** (Rousseau, p. 276).

▶ Dans **l'histoire des sciences** aussi la question s'est posée d'une rivalité avec la religion, comme en témoigne le procès contre Galilée en 1633 (p. 333). Des **théories** scientifiques ont réfuté des **croyances** religieuses traditionnelles. Mais la religion a-t-elle un projet théorique ? Spinoza nous invite à dissocier science et religion pour laisser à chacune sa place dans la culture (p. 332-333).

À RETENIR...

- La religion est un **fait social** : elle est toujours l'affaire d'une **communauté**.
- Les **relations interhumaines**, nos **interactions avec la nature**, **l'exercice de nos facultés intellectuelles** peuvent nous porter à adhérer à des textes, paroles ou traditions qui nous font vivre **collectivement une expérience du monde**.
- Les religions nous renvoient à une **vie spirituelle** qui peut être interprétée soit comme un **besoin fondamental** soit comme une **illusion**.

QUESTION 1 Qu'est-ce qu'un fait religieux ?

TEXTE 1 Durkheim, *Les Formes élémentaires de la vie religieuse*, 1912

DURKHEIM
1858-1917
Époque contemporaine
▸ p. 514

Pour analyser la vie religieuse des humains, Durkheim choisit la voie de l'observation : la religion apparaît alors comme un fait social.

Les croyances proprement religieuses sont toujours communes à une collectivité déterminée qui fait profession d'y adhérer et de pratiquer les rites qui en sont solidaires. Elles ne sont pas seulement admises, à titre individuel, par tous les membres de cette collectivité ; mais elles sont la chose du groupe et elles en font l'unité. Les individus qui la composent se sentent liés les uns aux autres, par cela seul qu'ils ont une foi commune. Une société dont les membres sont unis parce qu'ils se représentent de la même manière le monde sacré et ses rapports avec le monde profane, et parce qu'ils traduisent cette représentation commune dans des pratiques identiques, c'est ce qu'on appelle une Église. Or, nous ne rencontrons pas, dans l'histoire, de religion sans Église. Tantôt l'Église est étroitement nationale, tantôt elle s'étend par-delà les frontières ; tantôt elle comprend un peuple tout entier (Rome, Athènes, le peuple hébreu), tantôt elle n'en comprend qu'une fraction (les sociétés chrétiennes depuis l'avènement du protestantisme) ; tantôt elle est dirigée par un corps de prêtres, tantôt elle est à peu près complètement dénuée de tout organe directeur attitré. Mais partout où nous observons une vie religieuse, elle a pour substrat[1] un groupe défini. Même les cultes dits privés, comme le culte domestique ou le culte corporatif, satisfont à cette condition ; car ils sont toujours célébrés par une collectivité, la famille ou la corporation. Et d'ailleurs, de même que ces religions particulières ne sont, le plus souvent, que des formes spéciales d'une religion plus générale qui embrasse la totalité de la vie, ces Églises restreintes ne sont, en réalité, que des chapelles dans une Église plus vaste et qui, en raison même de cette étendue, mérite davantage d'être appelée de ce nom.

Il en est tout autrement de la magie. Sans doute, les croyances magiques ne sont jamais sans quelque généralité ; elles sont le plus souvent diffuses dans de larges couches de population et il y a même bien des peuples où elles ne comptent pas moins de pratiquants que la religion proprement dite. Mais elles n'ont pas pour effet de lier les uns aux autres les hommes qui y adhèrent et de les unir en un même groupe, vivant d'une même vie. Il n'existe pas d'Église magique. Entre le magicien et les individus qui le consultent, comme entre ces individus eux-mêmes, il n'y a pas de liens durables qui en fassent les membres d'un même corps moral, comparable à celui que forment les fidèles d'un même dieu, les observateurs d'un même culte.

Émile Durkheim, *Les Formes élémentaires de la vie religieuse*, Le Livre de poche, 1991.

REPÈRES
▸ Genre/espèce/individu ▸ p. 489

1. Ici, support.

DÉFINITIONS

▸ **Église** (du grec *ecclésia* : « assemblée des citoyens ») : dans la religion chrétienne, communauté des fidèles, mais aussi lieu de culte.

▸ **Magie :** activité qui fait appel à des forces surnaturelles. Par extension, ensemble de croyances et de cérémonies dans les sociétés traditionnelles, qui se réfèrent non au « divin » mais à des forces et à des esprits. Le terme a aussi un sens non religieux : art de l'illusionniste.

Questions

1. **Que constate Durkheim concernant les croyances religieuses ?**
2. **Quelle opposition Durkheim établit-il entre croyance religieuse et croyance magique ?**

Oral

La religion réunit-elle ou divise-t-elle les hommes ?

TEXTE 2 Mauss, « Philosophie religieuse, conceptions générales », 1904

MAUSS
1872-1950
Époque contemporaine
▸ p. 518

REPÈRES
Abstrait/concret
▸ p. 486

Les philosophes qui traitent de la religion, selon Mauss, ne s'intéressent pas à telle ou telle religion concrète, mais à la religion en général, à son concept. Cette démarche pose des problèmes méthodologiques selon lui.

Il n'y a pas, en fait, une chose, une essence[1], appelée Religion ; il n'y a que des phénomènes religieux, plus ou moins agrégés[2] en des systèmes qu'on appelle des religions et qui ont une existence historique définie, dans des groupes d'hommes et dans des temps déterminés. Que tous ces phénomènes et ces systèmes aient, entre eux, des ressemblances suffisantes pour qu'on puisse tous les appeler du même nom, et en faire l'objet d'une étude unique, c'est ce qui a été démontré ici. Mais ces ressemblances ne constituent pas une chose à proprement parler, une substance[3], dont l'essence puisse être soit devinée par intuition[4], soit atteinte par déduction[5], de manière à ce que la réflexion du philosophe puisse s'y appliquer immédiatement. Est-ce à dire que nous nous désintéressions complètement de toute recherche d'ensemble sur la religion, c'est-à-dire sur le total des phénomènes religieux ? [...] Il n'y aurait que des phénomènes isolés, sans lien rationnel, dont on ne pourrait faire que la description, jamais la théorie. Tout au contraire, nous estimons qu'entre la philosophie et la simple histoire, il y a place pour une sévère discipline inductive[6]. Chaque phénomène étant mis à sa place propre, on remonterait, de caractères généraux en caractères généraux, jusqu'à obtenir des faits tellement universels, tellement constants dans toute religion possible, que l'on fût assuré d'être en présence, sinon d'une essence proprement dite, du moins d'un phénomène ou d'un groupe de phénomènes indispensables pour qu'il y ait religion.

Marcel Mauss, « Philosophie religieuse, conceptions générales »,
in *Œuvres*, tome 1, © D.R., p. 93-94.

1. Une chose, une essence, ici une réalité dotée d'une unité et d'une définition générale.
2. Reliés à un tout.
3. Ici, une réalité séparée qui a une essence propre.
4. Vision immédiate.
5. Raisonnement
6. Des faits vers les causes générales.

Claude Lévi-Strauss au Brésil, sur le fleuve Amazone, vers 1936.

Questions

1. **Expliquez la distinction entre « une chose, une essence » et « des phénomènes religieux » (l. 1-2).**
2. **Quelle est la méthode prônée par l'auteur pour étudier les phénomènes religieux ?**
3. **Qu'est-ce que définir la religion selon Mauss ?**

PERSPECTIVES

La connaissance

- Quelle est le rôle de l'observation dans la connaissance des religions ?
- Décrire des religions, est-ce les connaître ?

TEXTES

TEXTE 3 Leroi-Gourhan, *Les Religions de la préhistoire*, 1964

LEROI-GOURHAN
1911- 1986
Époque contemporaine
Ethnologue et préhistorien français. Ses recherches portent notamment sur l'histoire des techniques.

Si l'on ignore tout des religions de la préhistoire, des sépultures, des objets symboliques ou même les dessins dans les grottes permettent de parler de comportements religieux.

Il n'y a aucune raison valable pour dénier aux Anthropiens paléolithiques[1] des préoccupations de caractère mystérieux, ne serait-ce que parce que leur intelligence, de même nature sinon de même degré que celle de l'*homo sapiens*[2], implique la même réaction en face de l'anormal, de l'inexpliqué. L'homme, depuis ses premières formes jusqu'à la nôtre, a inauguré et développé la réflexion, c'est-à-dire l'aptitude à traduire par des symboles[3] la réalité matérielle du monde qui l'entourait. La propriété élémentaire du langage est de créer, parallèlement au monde extérieur, un monde tout-puissant de symboles sans lesquels l'intelligence serait sans prise. À mesure qu'on passe des Pithécanthropes[4] à l'homme de Néanderthal[5] puis à nous, les témoignages fournis par l'outillage montrent la maturation progressive de l'intelligence technique (probablement parallèle à celle du langage). La prise sur ce que nous considérons comme religieux a dû suivre la même voie ; les symboles ont formulé dans les mots et les opérations le double sentiment de crainte et de maîtrise qui marque la conscience religieuse. Le comportement religieux, sur un autre plan, est aussi pratique que le comportement technique, il assure comme celui-ci l'intégration de l'homme dans un monde qui le surpasse et avec lequel il négocie physiquement et métaphysiquement[6]. À chaque étape de cette intégration a dû correspondre un stade du comportement religieux. Plus exactement peut-être, alors que les stades anciens se sont prolongés jusque dans l'homme actuel, à chaque étape s'est ajouté un stade nouveau, surplombant tous les autres.

André Leroi-Gourhan, *Les Religions de la préhistoire*, © PUF, « Quadrige », 2015, p. 6-7.

Squelette d'un homme avec une couronne et un collier de coquillages, période Mésolithique, grotte des Arene Candide, Italie.

1. Ici, hommes du paléolithique.
2. Premiers hommes modernes (Afrique vers -200 000 ans).
3. Ici des représentations. Vocabulaire v. p 322 et p. 46.
4. Le pithécanthrope appartient à famille de *homo erectus*.
5. L'homme de Néanderthal a vécu entre -260 000 et -28 000 ans.
6. En produisant des représentations abstraites ou spirituelles, comme dans les mythes.

DÉFINITIONS

- **La paléontologie** est la science qui étudie les êtres et les organismes vivants ayant vécu au cours des temps géologiques et connus sous formes de fossiles.
- **La spiritualité** (terme formé à partir du mot latin *spiritus*, « l'esprit ») renvoie généralement aux conceptions et aux croyances posant l'existence et l'indépendance de l'esprit par rapport à la matière et au corps.

Questions

1. **Dans quelles facultés humaines l'auteur va-t-il chercher l'origine des religions ?**
2. **Quel parallèle nous propose l'auteur pour comprendre le développement d'une conscience religieuse ?**
3. **Aidez-vous du documentaire *La Grotte des rêves perdus* de W. Herzog (p. 64) pour décrire le « comportement religieux ».**

PERSPECTIVES

L'existence humaine et la culture

- En quel sens la religion appartient-elle à l'ordre de la culture ? Aidez-vous des pages 30-32.
- La religion éloigne-t-elle les humains de l'animalité ?

QUESTION

2 Comment comprendre l'expérience religieuse ?

TEXTE 4 Cicéron, *De la nature des dieux*, Ier s. av. J.-C.

Dans le Livre II de ce traité, Cicéron expose la doctrine des stoïciens : les dieux existent et le monde est gouverné par eux. Une discussion sur le rôle des mythes conduit à la distinction entre religion et superstition.

CICÉRON
106-43 av. J.-C.
Antiquité
▸ p. 496

Des dieux nous connaissons en effet les formes, l'âge, le vêtement, la parure et en outre la lignée, les épousailles, les parentés, tout cela ramené à l'image de la faiblesse humaine ; car on les dépeint avec des âmes passionnées : on nous apprend leurs désirs, leurs chagrins, leurs colères ; et, au rapport des fables, ils ne se privent pas de guerres et de combats, non seulement, comme chez Homère, en soutenant deux armées adverses, prenant parti chacun pour l'une des deux, mais ils mènent leurs propres guerres, contre les Titans et contre les Géants par exemple. Voilà des récits et des croyances bien absurdes, pleins de frivolité et extrêmement irréfléchis. Pourtant, tout en méprisant et en repoussant ces fables, on pourra comprendre qui et quels sont les dieux qui s'étendent à travers la nature de chaque réalité, Cérès à travers la terre, Neptune à travers la mer et les autres à travers d'autres régions, et quel nom la coutume a donné à ceux que nous devons vénérer et adorer. Le meilleur culte des dieux, le plus parfait, le plus religieux, le plus saint, le mieux fourni de piété, c'est de les vénérer avec une âme et des paroles toujours pures, irréprochables et sincères. Car ce ne sont pas seulement les philosophes, mais nos ancêtres aussi, qui ont distingué la religion de la superstition. On a appelé superstitieux ceux qui pendant des journées entières font prières et sacrifices, pour que leurs enfants leur survivent (*superstites essent*) ; le mot a pris ensuite un sens plus large. Ceux qui reprennent avec soin et recueillent (relegerent) en quelque sorte tout ce qui a rapport au culte divin sont appelés religieux (du mot religendo), comme élégant vient d'« *eligendo* », intelligent d'« *intelligendo* ». Dans tous ces mots il y a un sens du verbe « *legere* » qui est le même que dans le mot religieux. Ainsi, chez l'homme superstitieux et chez le religieux, le premier nom désigne un défaut, l'autre un mérite.

Cicéron, *De la nature des dieux*, II, XXVIII, 70, © Gallimard, « Bibliothèque de La Pléiade », *Les Stoïciens*.

COURANT DE PENSÉE

Les stoïciens
École philosophique née au IIIe siècle av. J.-C. Cette doctrine nous est parvenue par les textes plus tardifs d'Épictète et de Marc Aurèle.

Questions

1. **Que peut-on reprocher aux mythes ? Pourquoi ont-ils néanmoins une utilité, selon Cicéron ?**
2. **Sur quel sentiment est fondée la superstition ?**
3. **Quelle attitude définit la religion ?**
4. **En quel sens l'étymologie permet-elle de comprendre la relation entre superstition et religion selon l'auteur ?**

PERSPECTIVES

La connaissance

- Les croyances religieuses relèvent-elle de la crédulité ?
- Les mythes sont-ils des modes de connaissance de l'univers ?

Pour aller plus loin

Les dieux grecs et romains sont très présents dans l'histoire de l'art et dans la littérature : effectuez une recherche sur les principaux dieux, notez leurs fonctions respectives.

TEXTE 5 Augustin, *Les Confessions*, 397-401

Lors d'un voyage en Italie, Augustin rencontre l'évêque de Milan, Ambroise, et se convertit au christianisme. Son ouvrage, Les Confessions, *raconte, sur un mode « autobiographique », le parcours qui l'a mené du rejet de cette religion à la foi.*

AUGUSTIN
354-430
Antiquité
▸ p. 496

REPÈRES
Transcendant/immanent
▸ p. 494

Averti par ces lectures de faire un retour sur moi-même, j'entrai sous votre conduite dans mon for intérieur ; je l'ai pu parce que « vous êtes devenu mon soutien ». J'y entrai et je vis avec l'oeil de mon âme, si peu pénétrant qu'il fût, au-dessus de cet oeil de l'âme, au-dessus de mon intelligence, la lumière immuable ; non pas cette lumière vulgaire qu'aperçoit toute chair, non plus qu'une lumière du même genre, mais apparemment plus puissante, beaucoup plus éclatante, et remplissant de sa force tout l'espace. Non, ce n'était pas cela, mais une lumière différente, tout à fait différente. Elle n'était pas au-dessus de mon esprit, comme l'huile au-dessus de l'eau, comme le ciel au-dessus de la terre. Elle m'était supérieure car elle m'a créé ; je lui étais inférieur, ayant été créé par elle. Celui qui connaît la vérité, la connaît et celui qui la connaît, connaît l'éternité. C'est la charité qui la connaît !

Ô éternelle vérité, ô véritable charité, ô chère éternité ! Vous êtes mon Dieu ; après vous je soupire jour et nuit. Quand j'ai commencé à vous connaître, vous m'avez haussé vers vous pour me faire voir qu'il y avait quelque chose à voir, mais que je n'étais pas encore en mesure de le voir. Et vous avez ébloui la faiblesse de mes regards par la violence de votre rayonnement, et j'ai tremblé d'amour et d'horreur. Je me trouvais loin de vous dans une contrée étrangère, je croyais entendre votre voix d'en haut : « Je suis l'aliment des forts ; grandis et tu me mangeras. Tu ne me transmueras pas en toi, comme la nourriture de ton corps, mais c'est toi qui seras transmué en moi. »

Je connus alors que « vous avez puni l'homme à cause de son iniquité » et « que vous avez fait sécher mon âme comme une toile d'araignée » ; et je dis : « N'est-ce donc rien que la vérité, parce qu'elle ne s'étale pas dans un espace fini ou infini ? » Et vous m'avez crié de loin : « Allons donc, mais c'est moi Celui qui suis ! » Et j'ai entendu, comme on entend dans son coeur, et je n'avais plus de raison de douter : il m'eût été plus facile de douter de ma vie que de l'existence de la vérité « qui se manifeste à l'intelligence par la création ».

Augustin, *Les Confessions*, Livre VII, chapitre X, © Garnier-Flammarion, trad. J. Trabucco, 1964.

Questions

1. Quel champ lexical est utilisé pour décrire la conversion religieuse ?
2. Quels sont les procédés littéraires pour exprimer la grandeur de Dieu ?
3. Pourquoi toutes ces références à la Bible ? Quelle fonction les textes sacrés remplissent-ils pour Augustin ?
4. Comment définir une conversion religieuse ?

Pour aller plus loin

Effectuez une recherche sur la Bible : rédaction, différents livres et message du Nouveau Testament.

DÉFINITONS

Le mot ***confession*** renvoie à l'acte de se confier. Il permet d'affirmer son appartenance à une religion. Il peut aussi désigner l'aveu de ses fautes : la confession est un acte de pénitence.

TEXTE 6 Levinas, *Altérité et Transcendance*, 1995

LEVINAS
1906-1995
Époque contemporaine
▸ p. 518

C'est dans l'expérience que réside notre ouverture à la transcendance, selon Levinas. Inspiré par la tradition juive et par la phénoménologie (v. p. 103), l'auteur fait de la relation à autrui la possibilité d'une révélation religieuse.

Que dit le visage quand je l'aborde ? Ce visage exposé à mon regard est désarmé. Quelle que soit la contenance qu'il se donne, que ce visage appartienne à un personnage important, étiqueté ou en apparence plus simple. Ce visage est le même, exposé dans sa nudité. Sous la contenance qu'il se donne perce toute sa faiblesse et en même temps surgit sa mortalité. À tel point que je peux vouloir le liquider complètement, pourquoi pas ? Cependant, c'est là que réside toute l'ambiguïté du visage, et de la relation à l'autre. Ce visage de l'autre, sans recours, sans sécurité, exposé à mon regard dans sa faiblesse et sa mortalité est aussi celui qui m'ordonne : « Tu ne tueras point ». Il y a dans le visage la suprême autorité qui commande, et je dis toujours c'est la parole de Dieu. Le visage est le lieu de la parole de Dieu. Il y a la parole de Dieu en autrui, parole non thématisée[1].

Emmanuel Levinas, *Altérité et Transcendance*, © Fata Morgana, 2006.

1. Ici, parole qui ne passe pas par le langage ni par le raisonnement : le visage dit quelque chose, mais sans « discours », au sens propre.

Questions

1. Comment l'homme fait-il l'expérience de Dieu pour l'auteur ?
2. Pourquoi le visage d'autrui est-il « la parole de Dieu » (l. 11-12), selon l'auteur ?
3. En quel sens cette analyse peut-elle constituer un rempart contre le fanatisme ?

Pour aller plus loin

Faites une recherche sur la religion juive, ses textes fondateurs, ses croyances fondamentales.

TEXTE 7 Eliade, *Le Sacré et le Profane*, 1965

ELIADE
1907-1986
Historien des religions et romancier d'origine roumaine.

L'unité des religions est à chercher du côté d'une expérience du monde que l'auteur appelle « le sacré ».

L'homme religieux assume un mode d'existence spécifique dans le monde, et, malgré le nombre considérable des formes historico-religieuses[1], ce mode spécifique est toujours reconnaissable. Quel que soit le contexte historique dans lequel il est plongé, l'*homo religiosus*[2] croit toujours qu'il existe une réalité absolue, le sacré, qui transcende[3] ce monde-ci, mais qui s'y manifeste et, de ce fait, le sanctifie[4] et le rend réel. Il croit que la vie a une origine sacrée et que l'existence humaine actualise toutes ses potentialités dans la mesure où elle est religieuse, c'est-à-dire : participe à la réalité. Les dieux ont créé l'homme et le Monde, les Héros civilisateurs ont achevé la Création[5], et l'histoire de toutes ces œuvres divines et semi-divines est conservée dans les mythes. En réactualisant[6] l'histoire sacrée, en imitant le comportement divin, l'homme s'installe et se maintient auprès des dieux, c'est-à-dire dans le réel et le significatif.

Il est facile de voir tout ce qui sépare ce mode d'être dans le monde de l'existence d'un homme areligieux[7]. Il y a avant tout ce fait : l'homme areligieux refuse la transcendance, accepte la relativité de la « réalité », et il lui arrive même de douter du sens de l'existence.

Mircea Eliade, *Le Sacré et le Profane*, © D.R., p. 171-172.

1. Malgré la diversité des religions.
2. Homme religieux.
3. Qui dépasse.
4. Qui le rend saint.
5. Grands thèmes des mythes.
6. La faire venir dans le présent des hommes.
7. Homme sans religion.

Question

Quelle est l'expérience du monde qui définit l'homme religieux selon l'auteur ?

TEXTES

TEXTE 8 Marx, *Critique de la philosophie du droit de Hegel*, 1844

MARX
1818-1883
Époque contemporaine
▶ p. 518

Ce qui importe pour Marx, ce n'est pas une philosophie qui « interprète » mais qui « transforme » le monde. La religion, dans cette perspective, est pour lui un obstacle politique : elle constitue une « idéologie » qui favorise le renoncement et qui empêche l'action.

Le fondement de la critique irréligieuse est : *c'est l'homme qui fait la religion*, ce n'est pas la religion qui fait l'homme. C'est-à-dire que la religion est la conscience de soi et le sentiment de soi qu'a l'homme qui ne s'est pas encore atteint lui-même, ou bien qui s'est déjà reperdu. Mais *l'homme*, ce n'est pas une essence abstraite blottie quelque part hors du monde. L'homme c'est *le monde de l'homme*, l'État, la société. Cet État, cette société produisent la religion, *conscience inversée du monde* parce qu'ils sont eux-mêmes *un monde à l'envers*. La religion est la théorie universelle de ce monde, sa somme encyclopédique, sa logique sous forme populaire, son *point d'honneur* spiritualiste, son enthousiasme, sa sanction morale, son complément solennel, le fondement universel de sa consolation et de sa justification. Elle est la *réalisation fantasmagorique*[1] de l'essence humaine, parce que l'essence humaine ne possède pas de réalité véritable. Lutter contre la religion, c'est donc indirectement lutter contre le monde dont la religion est l'*arôme* spirituel.

La détresse religieuse est, pour une part, l'*expression* de la détresse réelle et, pour une autre, la *protestation* contre la détresse réelle. La religion est le soupir de la créature opprimée, la chaleur d'un monde sans cœur, comme elle est l'esprit de conditions sociales d'où l'esprit est exclu. Elle est l'*opium* du peuple.

Abolir la religion en tant que bonheur *illusoire* du peuple, c'est exiger son bonheur *réel*. Exiger qu'il renonce aux illusions sur sa situation, c'est exiger qu'il renonce à une situation qui a besoin d'illusions. La critique de la religion est donc en germe *la critique de cette vallée de larmes* dont la religion est l'*auréole*.

Karl Marx, *Critique de la philosophie du droit de Hegel*, Introduction, Études philosophiques, in F. Engels, K. Marx, *Études philosophiques*, , p. 24-25.

REPÈRES
Origine/fondement
▶ p. 492

1. Imaginaire, rêvée.

CONCEPT

L'aliénation
Appliquée aux choses, dans le domaine juridique, l'aliénation consiste à transmettre à un autre, un droit ou un bien. Appliqué aux personnes, c'est, dans la relation à soi-même, être privé de ses facultés, et devenir « autre » ou « étranger » à soi-même (ex. : aliénation mentale). Marx a mis ce concept en avant dans son analyse de l'exploitation de l'homme par l'homme, dans le travail notamment.

Questions

1. **Quelle est l'origine de la religion, selon Marx ?**
2. **Comment la religion est-elle définie dans ce texte ?**
3. **Pourquoi faut-il se passer de religion, selon Marx ?**
4. **Comparez ce texte avec celui d'Eliade (p. 327) : l'expérience religieuse fait-elle partie de notre humanité ?**

PERSPECTIVES

La morale et de la politique

- Les religions nous font-elles vivre dans un autre monde que la société des hommes ?

Pour aller plus loin

Effectuez une recherche :
– sur le sens du mot *idéologie* chez Marx ;
– sur les thèses du philosophe allemand Feuerbach (1804-1872) concernant la religion et établissez un rapprochement avec le texte de Marx, autour de la notion d'« aliénation ».

TEXTE 9 Comte, *Esprit positif*, 1822

Élaborée la même année que son ouvrage Plan des travaux scientifiques pour réorganiser la France *(1822), la loi dite des trois états fait de la religion (« état théologique ») une sorte d'enfance de l'esprit, qui, avec « l'état métaphysique » plus tardif, doit être dépassé par l'avènement du savoir scientifique (« état positif »).*

COMTE
1798-1857
Époque contemporaine
▸ p. 514

REPÈRES
Abstrait/concret
▸ p. 486

Pour bien comprendre l'esprit, purement théologique[1], […] il devient indispensable de jeter un coup d'oeil sur l'ensemble de sa marche naturelle, afin d'apprécier son identité fondamentale sous les trois formes principales qui lui sont successivement propres. (*Esprit positif*, § 3.)

Le fétichisme

La plus immédiate et la plus prononcée constitue le fétichisme proprement dit, consistant surtout à attribuer à tous les corps extérieurs une vie essentiellement analogue à la nôtre, mais presque toujours plus énergique, d'après leur action ordinairement plus puissante. L'adoration des astres caractérise le degré le plus élevé de cette première phase théologique. (*Esprit positif*, § 4.)

Le polythéisme

Sous sa seconde phase essentielle, constituant le vrai polythéisme, trop souvent confondu par les Modernes avec l'état précédent, l'esprit théologique représente nettement la libre prépondérance spéculative de l'imagination, tandis que jusqu'alors l'instinct et le sentiment avaient surtout prévalu dans les théories humaines. La philosophie initiale y subit la plus profonde transformation que puisse comporter l'ensemble de sa destinée réelle, en ce que la vie y est enfin retirée aux objets matériels, pour être mystérieusement transportée à divers êtres fictifs, habituellement invisibles, dont l'active intervention continue devient désormais la source directe de tous les phénomènes extérieurs, et même ensuite des phénomènes humains. (*Esprit positif*, § 5.)

Le monothéisme

Dans la troisième phase théologique, le monothéisme proprement dit, commence l'inévitable déclin de la philosophie initiale, qui, tout en conservant longtemps une grande influence sociale, toutefois plus apparente encore que réelle, subit dès lors un rapide décroissement intellectuel, par une suite spontanée de cette simplification caractéristique, où la raison vient restreindre de plus en plus la domination antérieure de l'imagination.

Auguste Comte, *Esprit positif*, § 3, 4, 5, cité dans *La Philosophie : A. Comte, Philosophie des sciences*, © PUF, « Sup », 1974.

1. Ici, religieux.

COURANT DE PENSÉE

Le **positivisme** est un courant de pensée élaboré par Comte. C'est une tentative pour recentrer les méthodes de connaissance sur les « faits ». Le positivisme a critiqué les abstractions de la « métaphysique », coupée de l'expérience.

Questions

1. Quel type de relation y a-t-il entre les trois phases du religieux, selon Comte ?
2. D'où vient l'expérience religieuse ?
3. Comparez ce texte avec celui de Marx : la religion est-elle inhérente à l'humanité ?

Pour aller plus loin

Effectuez une recherche sur le sens de « la religion de l'humanité », chez Comte.

DÉFINITION

La **théologie** est l'étude (*logos* : « discours, étude ») de Dieu (*theo* : « dieu »).

(principes) par lesquels nous sommes conduits à (connaître) certaines choses que nous devons écarter de la Divinité et dont la négation nous conduit à divers sujets (métaphysiques) ! Quant aux choses de l'astronomie et de la physique, il n'y aura, je pense, aucun doute pour toi que ce soient des choses nécessaires pour comprendre la relation de l'univers au gouvernement de Dieu, telle qu'elle est en réalité et non conformément aux imaginations.

Maïmonide, *Guide des égarés*, Première partie, chapitre XXXIV,

Questions

1. Comment peut-on connaître Dieu ?
2. Quand on parle de Dieu, quel est le risque ?
3. Faut-il opposer science et foi ?

Pour aller plus loin

Texte à télécharger

Sur la relation entre la raison et la foi :
Lisez le texte de Pascal « le pari ». Comment Pascal prend-il part au débat sur les preuves de l'existence de Dieu selon vous ? Aidez-vous du site www.penseesde pascal.fr.

TEXTE 13 Spinoza, *Traité théologico-politique,* 1670

Accusé d'athéisme, Spinoza, au-delà de son propre cas, livre une réflexion sur la pseudo-opposition entre la raison et la foi. Il se tourne vers les textes sacrés eux-mêmes pour démêler ce que le fanatisme a le désir de confondre : un texte religieux n'est pas un traité scientifique, l'activité de la raison n'est donc pas une concurrence à éliminer.

SPINOZA
1632-1677
Époque moderne
▸ p. 510

Telles étaient donc les pensées qui occupaient mon esprit : non seulement je voyais la lumière naturelle méprisée, mais beaucoup la condamnant comme une source d'impiété[1] ; des inventions humaines, devenues des enseignements divins ; la crédulité[2] prise pour la foi ; les controverses des philosophes soulevant dans l'Église et l'État les passions les plus vives, engendrant la discorde et des haines cruelles et par suite des séditions[3] parmi les hommes ; sans parler de beaucoup d'autres maux trop longs à énumérer. J'ai résolu sérieusement en conséquence de reprendre à nouveau, sans prévention[4], et en toute liberté d'esprit, l'examen de l'Écriture et de n'en rien affirmer, de ne rien admettre comme faisant partie de sa doctrine qui ne fût enseigné par elle avec une parfaite clarté. Avec cette précaution donc j'ai formé une méthode pour l'interprétation des livres saints et, une fois en possession de cette méthode, j'ai commencé à chercher avant tout ce que c'est qu'une prophétie, et en quelle condition Dieu s'est révélé aux Prophètes ? et pourquoi ils ont été reconnus par lui ? c'est-à-dire, si c'est parce qu'ils ont eu sur Dieu et la nature de hautes pensées, ou à cause de leur seule piété. Quand j'eus répondu à ces questions, je pus aisément établir que l'autorité des Prophètes a du poids seulement en ce qui concerne l'usage de la vie et la vertu véritable ; quant au reste, leurs opinions nous touchent peu. Ces points acquis, j'ai cherché pour quelle raison les Hébreux ont été appelés les élus de Dieu ? Ayant vu que c'est simplement parce que Dieu a choisi pour eux une certaine contrée où ils pussent vivre en sécurité et commodément, j'ai compris que les Lois révélées par Dieu à Moïse n'étaient autre chose que le droit propre à l'État des Hébreux et par suite que nul en

REPÈRES
Croire/savoir
▸ p. 487

1. Absence de piété, de respect pour le sacré.
2. Tendance à croire de façon irrationnelle.
3. Agitation, émeutes, discordes, ici.
4. Sans préjugé.

DÉFINITION

Un **prophète** est un homme inspiré par Dieu, choisi pour transmettre aux hommes des messages.

dehors d'eux n'était obligé de les admettre ; bien plus qu'eux-mêmes n'y étaient obligés que pendant la durée de leur État. En outre, pour savoir si on peut conclure de l'Écriture que l'entendement humain a une nature corrompue, j'ai voulu rechercher si la Religion catholique, c'est-à-dire la loi divine révélée à la totalité du genre humain par les Prophètes et les Apôtres, est autre que celle qu'enseigne aussi la lumière naturelle ? Puis, si les miracles ont eu lieu contrairement à l'ordre de la nature et s'ils prouvent l'existence de la providence de Dieu de façon plus claire et plus certaine que les choses connues de nous clairement et distinctement par leurs premières causes ? Mais comme, dans ce qu'enseigne expressément l'Écriture, je n'ai rien trouvé qui ne s'accordât avec l'entendement et qui lui contredit, voyant en outre que les Prophètes n'ont rien enseigné que des choses extrêmement simples pouvant être aisément perçues par tous, et ont seulement usé, pour les exposer, du style et, pour les appuyer, des raisons qui pouvaient le mieux amener la multitude à la dévotion envers Dieu, j'ai acquis l'entière conviction que l'Écriture laisse la raison absolument libre et n'a rien de commun avec la philosophie, mais que l'une et l'autre se maintiennent par une force propre à chacune. [...] Puis je montre que la parole révélée de Dieu, ce n'est pas un certain nombre de livres, mais une idée simple de la pensée divine telle qu'elle s'est fait connaître aux Prophètes par révélation : à savoir qu'il faut obéir à Dieu de toute son âme, en pratiquant la justice et la charité. [...] Ayant ainsi fait connaître les fondements de la foi, je conclus enfin que la connaissance révélée n'a d'autre objet que l'obéissance, et est ainsi entièrement distincte de la connaissance naturelle, tant par son objet que par ses principes et ses moyens, que ces deux connaissances n'ont rien de commun, mais peuvent l'une et l'autre occuper leur domaine propre sans se combattre le moins du monde et sans qu'aucune des deux doive être la servante de l'autre.

Baruch Spinoza, *Traité théologico-politique*, Préface,

Questions

1. Quel est le constat de Spinoza sur la valeur accordée par certains à la « lumière naturelle » (la raison) ?
2. Quelle est la résolution de l'auteur ?
3. La Bible n'est pas un traité de physique, selon l'auteur. Comment faut-il la lire selon lui pour lui donner son vrai sens ?
4. Selon Spinoza, il n'y a pas opposition entre la connaissance révélée et la connaissance « naturelle », c'est-à-dire rationnelle. Pourquoi, selon vous ?

Pour aller plus loin

1. Effectuez une recherche sur le procès de Galilée en 1633.
2. Comparez ce texte avec celui de Pascal à télécharger, p. 332 : Quelles relations entre religion et science ?

Anonyme italien, *Procès de Galilée devant le tribunal de l'Inquisition en 1633*, huile sur toile, 1680, coll. part., New York.

Que peut représenter la religion dans une vie ?

La religion fut pour Gandhi avant tout une quête spirituelle, au service d'une amélioration morale personnelle mais aussi d'un engagement politique pour plus de justice. Dans cette dimension humaniste, la religion peut-elle se confondre avec le fanatisme ? En quel sens la non-violence découle-t-elle de son approche de la religion ? Gandhi donne ici une leçon de tolérance...

La marche du sel, le 12 mars 1930. Exemple de désobéissance civile, la marche du sel, qui fait parcourir environ 300 km jusqu'à l'océan Indien à ses participants, doit montrer au monde entier le combat non violent contre la domination anglaise. Arrivé à destination, Gandhi ramasse une poignée de sel pour transgresser symboliquement le monopole anglais.

Pour moi, la non-violence ne se ramène pas à un simple principe d'ordre philosophique. Elle règle toute ma vie. Elle en est le souffle. Je sais bien que souvent je ne suis pas à la hauteur de cette règle de vie. Si j'échoue, c'est parfois en connaissance de cause, mais plus souvent en toute ignorance. C'est une question de coeur et non d'intelligence. Pour ne jamais s'égarer sur cette voie de la non-violence, il faut constamment s'en remettre à Dieu, être toujours prêt à faire abnégation[1] de soi et avoir la plus grande humilité. Pour pratiquer la non-violence, il faut être intrépide et avoir un courage à toute épreuve.

Mes expériences dans le domaine politique sont à présent connues non seulement de l'Inde mais, dans une certaine mesure aussi, du monde « civilisé ». À mes yeux, elles n'ont pas une grande valeur. Et de ce fait, j'en accorde encore moins au titre qu'elles m'ont valu : celui de Mahatma[2]. Souvent j'ai vivement regretté qu'on m'appelât ainsi ; et je ne me souviens pas d'un seul instant où l'on peut dire que cela m'ait flatté. En revanche, c'est avec une joie certaine que je parlerai de mes expériences d'ordre spirituel. Je suis seul à les connaître et c'est d'elles que m'est venue l'énergie qui m'anime dans l'action politique. Il n'y a pas lieu de se glorifier de ces expériences dans la mesure où elles sont de nature vraiment spirituelle. Elles ne peuvent qu'ajouter à mon humilité ; car plus je médite sur mon passé, plus je vois nettement mes limites. (AMG, 4.)

Le but que je m'efforce d'atteindre, coûte que coûte, depuis une trentaine d'années, répond au mot de *moksha*[3]. C'est l'accomplissement de soi, et la vision de Dieu face à face. À cette

Mohandas Karamchand Gandhi (1869-1948)

Né dans une famille de marchands aisés, Gandhi fait ses études en Inde, puis à Londres, où il obtient le diplôme d'avocat. Il exerce cette profession à Bombay, puis en Afrique du Sud où il défend les immigrés indiens victimes de la politique d'apartheid. Il invite les opprimés à pratiquer la non-violence et la résistance passive, et se pose en leader des plus faibles.
De retour en Inde en 1915, il mène le combat avec les mêmes méthodes contre la colonisation anglaise, ce qui lui vaudra d'être emprisonné à plusieurs reprises pour « désobéissance civile ». Il prend aussi la défense des opprimés dans son pays, les intouchables, et réclame l'égalité des droits. Sans être à proprement parler un homme politique, il exerce une influence importante sur le Parti du Congrès et participe aux négociations pour l'indépendance de l'Inde en 1947. Il meurt assassiné le 30 janvier 1948. Il fait figure de guide spirituel.

Femmes faisant leurs ablutions rituelles au bord du Gange, en 2003, à Bénarès, Inde.

fin je tends de tout mon être, par ma vie et mes actes. Tout y converge : mes paroles, mes écrits et ce que j'entreprends dans le domaine politique. Or, j'en ai toujours été persuadé, ce que peut l'un de nous, les autres le peuvent. C'est pourquoi, loin d'agir en cachette, j'ai entrepris mes expériences au vu et au su de tous ; ce qui, je pense, n'enlève rien à leur valeur spirituelle. Bien entendu, on ne saurait rendre compte de certaines choses qui ne sont connues que de nous-mêmes et de notre Créateur. Tel n'est pas le cas des expériences que je vais à présent relater. Elles concernent la vie spirituelle, ou plutôt la morale, qui est l'essence de la religion. (AMG, 4-5.)

Je n'ai pas la prétention de considérer ces expériences comme un modèle de perfection. Mon attitude à leur égard est, ni plus ni moins, celle d'un savant : en dépit de toute la minutie qu'il apporte à ses expériences et quel que soit leur degré de préparation et de précision, il n'accorde jamais de valeur définitive aux conclusions qu'il en tire, mais se tient prêt au contraire à les remettre en question. J'ai exploré en profondeur les voies de l'introspection, je me suis scruté de fond en comble et j'ai passé au crible chaque situation psychologique. Néanmoins, je ne revendique rien de décisif ou d'infaillible au sujet de mes conclusions. Toutefois, il est un point sur lequel je suis catégorique : ces conclusions m'apparaissent à moi comme parfaitement valables et, pour l'instant, elles me semblent définitives. Sinon, je n'en aurais pas fait un point d'appui pour mon action. Mais, à chaque nouveau pas, j'ai tour à tour accepté puis rejeté certaines conclusions pour ensuite agir en conséquence. (AMG, 5.) Ma vie forme un tout indissociable : un même lien unit toutes mes actions. Elles ont toutes leur source dans un amour inextinguible pour l'humanité. (SB, 45.)

Oui, j'ai conscience de mes propres limites. Mais d'en avoir conscience me vient le peu de force dont je dispose. Tout ce qu'il m'a été donné de pouvoir faire dans ma vie est dû principalement au fait qu'à travers mes limites, j'ai découvert l'action d'une force autre que la mienne. (SB, 214.)

Gandhi, *La Voie de la non-violence*, textes choisis par K. Kripalani, trad. G. Vogelweith, © Gallimard, « Folio », 2015.

VOCABULAIRE

- **Spirituel :** qui relève de l'esprit par opposition à *corporel* (matériel).
- **Vie spirituelle :** désigne la recherche d'une indépendance de l'esprit par rapport au corps et s'exprime dans différents exercices ou pratiques pour rendre l'esprit plus libre par rapport au corps, comme le jeûne, la méditation.
- **Ascèse :** exercices et discipline pour réduire le pouvoir du corps.
- **La notion d'*âme*** a pu désigner dans la tradition philosophique cette indépendance de l'esprit par rapport au corps, comme chez Platon ou chez Descartes.

1. Ici, renoncement, sacrifice de son orgueil.
2. *Mahatma* signifie : « grande âme ».
3. *Moksha* (Moksa) : détachement de tout lien terrestre ; affranchissement du cycle des renaissances.

ARRÊT SUR **IMAGES**

Dieux et Démons de l'Égypte ancienne, 1998

Fiche technique

- **Genre :** Série documentaire *L'Égypte, 3000 ans d'histoire* (5 épisodes)
- **Réalisateur :** A. G. Kane, J. Morgan, J. Hardy, R. Friedman, R. Pawelko, V. Davies.
- **Producteur :** TV (France 5)
- **Date de sortie :** 1998
- **Durée :** 47 mn
- **Synopsis :** Au temps des pharaons, dans l'Égypte ancienne, les dieux sont abondants et complexes, comme les phénomènes de la nature, les événements ou les sentiments qui intriguent les hommes. Les croyances et les pratiques religieuses des Égyptiens trouvent leur source dans une expérience du monde où la peur et l'espoir jouent un rôle primordial.

Activités

1 **Visionnez l'intégralité de ce film.**

2 **Répondez aux questions suivantes.**

COMPRÉHENSION

1. En quel sens le monde est-il ambivalent ? Comment cette dualité se manifeste-elle chez les animaux et chez les dieux ? Pourquoi les hommes ont-ils besoin des dieux ?
2. Quels sont les premiers dieux égyptiens cités ? Quelles apparences ont-ils ?
3. Racontez les différentes étapes du récit de création du monde chez les Égyptiens et présentez ses dieux principaux. De quoi ce récit est-il le symbole dans l'expérience quotidienne ?
4. Quelle est la fonction du temple ? Reprenez quelques symboles qui le relie au mythe.
5. Qu'est-ce qu'un prêtre ? Quel est le rituel décrit et quel est son lien avec le mythe ?
6. Que racontent les peintures et les hiéroglyphes dans la chambre funéraire du pharaon ?
7. Comment se déroule la procession religieuse à Thèbes ?
8. Qu'est-ce qu'un oracle et quel est son rôle politique ?
9. Quel est le rôle des dieux dans la vie de tous les jours ? Présentez leur dualité au moment de la naissance. Comment obtient-on leur protection ?
10. Quelles sont les croyances et les pratiques des Égyptiens autour de la mort ?

RÉFLEXION

11. Quel est le rapport au monde dans la religion ? Est-il métaphysique, affectif, politique ? Expliquez à l'aide du film ces différentes facettes du comportement religieux.
12. À la lumière du texte de Leroi-Gourhan (p. 324) définissez et expliquez le rôle du symbole dans la religion.
13. Qu'est-ce que la vie spirituelle ?
14. Quel est le lien entre les mythes et les rites ?
15. Quel rôle joue la mort selon vous dans la religion ?
16. Au moment de la domination des Égyptiens par les Perses et les Grecs, que peut-on constater dans leur relation à la religion ? Qu'en déduisez-vous ?

EXERCICES

Les termes et les concepts clés

1 **Retenez** les termes clés du chapitre : fait religieux, divinité, sacré, cultes, rites, soin, piété, crédulité, superstition.

2 À l'aide de la notion de **mythe** citée par Cicéron (p. 325), de recherches complémentaires sur la mythologie, et de l'ensemble des textes du chapitre, répondez aux questions suivantes pour tester votre maitrise de ces concepts.

a. Beaucoup de religions ont leurs **mythes**. En quel sens le mythe est-il un **fait religieux** ?

b. Toutes les religions ont-elles des **dieux** ? Pourquoi la notion de **sacré** est-elle plus pertinente pour définir le comportement religieux ?

c. Le sacré s'exprime dans des pratiques collectives.

Définissez les notions de **culte et de rite**.

d. En quel sens le comportement religieux est-il étroitement lié au soin porté aux cultes et aux rites ?

Définissez la notion de **piété** et rappelez l'origine latine du mot religion.

e. Quelle expérience du monde et des autres s'exprime dans les religions ? Peut-on toujours distinguer **religion et superstition** ?

Présentez la question des relations entre **religion, raison** et **science**.

PERSPECTIVES

3 À l'aide de la partie Perspectives (p. 29-38) et du chapitre, identifiez les perspectives dans le texte suivant et justifiez votre propos par la présentation des concepts et débats en jeu.

On me dit qu'il fallait une révélation pour apprendre aux hommes la manière dont Dieu voulait être servi ; on assigne en preuve la diversité des cultes bizarres qu'ils ont institués, et l'on ne voit pas que cette diversité même vient de la fantaisie des révélations. Dès que les peuples se sont avisés de faire parler Dieu, chacun l'a fait parler à sa mode et lui a fait dire ce qu'il a voulu.

Rousseau, *Émile ou De l'éducation*, Livre IV.

Analyser un tableau

4 **a.** Examinez le tableau de Gauguin, p. 317. Comment est-il composé ? Décrivez-le en commentant les différents groupes de personnages : leurs postures, leurs expressions. Que représentent-ils ?

b. Quelles sont les références religieuses explicites ?

c. Faites une recherche sur les conditions dans lesquelles le peintre a fait ce tableau et établissez le lien avec le titre de son œuvre.

Apprendre à problématiser

5 **a.** Écoutez l'interview de Réné Girard sur www.rene-girard.fr à propos des boucs émissaires (document INA, 2.58mn).

b. Qu'est-ce que le mimétisme ? Est-il propre aux humains ? Quelles sont ses conséquences ? Comment les humains cherchent-ils à s'en protéger ?

c. Quelle est l'origine des religions ? Quelle est la pratique commune à toutes ? Quel est le rôle des religions dans la culture ?

d. Les religions rapprochent-elles les hommes ou les divisent elles ? Vous chercherez des arguments pour « rapprocher » et pour « diviser ».

Maîtriser les repères

6 À partir des textes du chapitre et des repères qui leur sont associé, répondez aux questions suivantes, en vous aidant de la partie Repères (p. 486-494)

a. Genre/espèce/individu ▸ **p. 489**

La religion est-elle une expérience intérieure individuelle pour Durkheim (p. 202) ?

b. Transcendant/immanent ▸ **p. 494**

En quel sens peut-on dire que Dieu est transcendant pour Augustin (p. 326) ?

c. Origine/fondement ▸ **p. 492**

Quelle est l'origine de la religion pour Marx (p. 328) ?

d. Abstrait/concret ▸ **p. 486**

En quel sens la religion passe-t-elle d'une approche concrète à une approche de plus en plus abstraite, selon Comte (p. 329) ?

e. Principe/cause/fin ▸ **p. 492**

En quel sens toutes les réalités ressemblent-elles pour Averroès (p. 331) à des fabrications dont un artisan serait la cause ?

f. Croire/savoir ▸ **p. 487**

Croire est-il incompatible avec savoir pour celui qui sait comment il faut vraiment lire les textes bibliques, selon Spinoza (p. 332) ?

Réviser les points clés du chapitre

7 **Répondez aux questions suivantes.**

a. Comment expliquer la diversité des religions ?

b. Quels sont les points communs entre les religions ?

c. Faut-il opposer religion et raison : en quel sens ? dans quelles limites ?

d. La religion est-elle incompatible avec la science ?

BAC L'explication de texte

Podcast

TEXTE

Rousseau, *Du contrat social*, 1762

Les sujets ne doivent donc compte au souverain de leurs opinions qu'autant que ces opinions importent à la communauté. Or il importe bien à l'État que chaque citoyen ait une religion qui lui fasse aimer ses devoirs ; mais les dogmes de cette religion n'intéressent ni l'État ni ses membres qu'autant que ces dogmes se rapportent à la morale, et aux devoirs que celui qui la professe est tenu de remplir envers autrui. Chacun peut avoir au surplus telles opinions qu'il lui plaît, sans qu'il appartienne au souverain d'en connaître. Car comme il n'a point de compétence dans l'autre monde, quel que soit le sort des sujets dans la vie à venir ce n'est pas son affaire, pourvu qu'ils soient bons citoyens dans celle-ci.

Il y a donc une profession de foi purement civile dont il appartient au souverain de fixer les articles, non pas précisément comme dogmes de religion, mais comme sentiments de sociabilité, sans lesquels il est impossible d'être bon citoyen ni sujet fidèle.

Jean-Jacques Rousseau, *Du contrat social*, Livre IV, chap. VIII.

MÉTHODE

Étape 1 Bien lire le sujet et identifier les perspectives

1 Réglez votre explication sur ce qui est le sujet précis du texte.

- Rousseau ne traite pas de la religion en général.
La problématique du texte reste avant tout politique. Quel rapport entre État et religion ?

2 Dégagez le raisonnement du texte.

- L'État doit laisser les individus libres d'avoir telles ou telles croyances religieuses mais néanmoins il a besoin d'une religion qui lui soit propre (qui soit « politique ») pour gouverner les hommes.

3 Dégagez l'originalité de l'analyse.

- Rousseau montre la nécessité d'une religiosité politique pour faire exister une communauté.
- Ce texte interroge la religion sous la perspective de la morale et de la politique.

Étape 2 Formuler la problématique

4 À partir des éléments de l'étape 1, formulez la problématique : quelle peut être une relation légitime entre l'État et la religion ?

Étape 3 Construire son explication

5 À l'aide de cette problématique, dégagez les étapes de l'argumentation et construisez le plan.

CONSEILS

Lisez plusieurs fois le texte. Repérez le thème : de quoi parle le texte ? Par rapport au thème, quel angle d'attaque plus précis ? Quel problème ? Par rapport à ce problème, quelle est la thèse du texte ? Comment faut-il comprendre cette thèse ?

PERSPECTIVES

La morale et la politique

> « L'État », chap. 5, p. 152
> « La liberté », chap. 8, p. 232
> « Le devoir », chap. 4, p. 124
V. p. 33

La problématique doit faire apparaître une tension (« légitime », ici).

PROPOSITION DE PLAN DÉTAILLÉ

I. Les limites de l'État en matière de religion (l. 1 à 6)

→ **La question préliminaire :** le champ d'action de l'État = il ne doit pas s'immiscer dans le domaine des croyances religieuses.

→ **L'État**, ici : le « souverain » = l'autorité publique = le ou les hommes qui gouvernent et qui ont du pouvoir + le principe plus abstrait de la vie publique, « le corps politique » et les obligations réciproques qui sont à la base d'une vie commune (les lois) = « le politique ».

→ **Position du libéralisme :** délimitation nette entre domaine privé et domaine public = la religion est une affaire personnelle (« opinions ») qui concerne la vie spirituelle et les attentes, l'espérance d'« un autre monde » dans les monothéismes (« dogmes »).

→ L'État n'est pas indifférent à la religion, néanmoins : elle porte une « morale » qui a nécessairement un impact sur la relation à autrui = toute religion est source d'obligations et de ce fait se trouve en rapport avec la dimension politique qui porte aussi sur les « liens ».

Abordez le texte comme une réponse, un ensemble cohérent et articulé.

N'oubliez pas d'indiquer les lignes dans votre copie. Attention : vous devez tout rédiger (pas de plan apparent).

II. La défense de la liberté religieuse pour les citoyens (l. 6 à 10)

→ L'État n'a pas à se mêler des contenus de la religion (dogmes) : son domaine propre est celui des conduites collectives = la sociabilité (la morale).

→ L'État = monde des hommes = « temporel ». La religion = relation des hommes au transcendant = « spirituel ».

→ Principe de la modernité réclamé par les fondateurs du **libéralisme** (Locke) et par les Lumières : tolérance religieuse = limites du politique = droits de « l'homme ».

→ Dans son analyse des rapports entre l'État et la religion, Rousseau établit l'autonomie de chacun. La religion ne se laisse pas contrôler par l'État (principe de la liberté de conscience) et l'État n'est pas soumis à un ordre transcendant qui serait le fondement de l'autorité politique (principe du contrat social).

PERSPECTIVES
La morale et la politique
Il s'agit de protéger l'individu de l'abus de pouvoir. L'État n'est pas tout.
V. p. 33

III. Ce que peut être la religion contrôlée par l'État : le concept de religion civile (l. 11 à 14)

→ Après avoir défendu l'indépendance de la religion, Rousseau défend ici l'indépendance du politique = « profession de foi purement civile » = corpus de principes qui permettent une culture commune, une éducation de tous à la vie collective = « instruction civique ».

→ Rousseau souligne la nécessité d'une culture commune forte pour souder la communauté : cette culture « politique » prend le nom de « religion » dans le texte. Platon dans *La République* fait le même constat que Rousseau : une communauté a besoin de « mythes » communs.

→ Si l'on conçoit la nécessité de « sacraliser » certaines valeurs politiques, car l'individualisme est toujours une menace pour le « corps politique », la référence au champ religieux ne donne-t-elle pas au politique une entrée dans le contrôle des consciences ?

→ L'expérience des totalitarismes aux XXe et XXIe siècles donnent une image de ce « culte » politique qui emprunte au champ religieux son langage (cérémonies, symboles, rites, repentances collectives…) et qui est au service d'un projet de domination totale. La religion civile ne fait-elle pas de l'État un « absolu » incontestable ?

> « L'État », chap. 5, p. 170.

DU CAS POUR L'ÉTUDE...

La bosse des maths

- Qu'est-ce qu'une démarche scientifique ?
- Comment s'élaborent les théories scientifiques ?
- Comment analyser les comportements humains ?

1 Les filles et les maths : une étude du CNRS

Une équipe de chercheurs teste les performances des filles en mathématiques.

Dans la multinationale où elle effectue en ce moment un stage d'ingénieure informaticienne, Anne-Sophie a une singularité : être une fille. Elle a l'habitude. Dans son école de Télécom Lille, où elle est entrée après un bac scientifique et deux années de maths sup, les garçons dominent à 85 %, au grand désespoir de la direction, qui rêve de féminiser ses rangs. Mais les clichés[1] ont la vie dure, tant et si bien qu'ils commandent littéralement nos cerveaux. C'est ce que vient de montrer une étude inédite du CNRS. Des chercheurs ont scruté le cortex[2] de dizaines de filles et de garçons en train de faire des maths. Les résultats, qui feront bientôt l'objet d'une publication scientifique, sont édifiants : ils révèlent que les stéréotypes[3] selon lesquels les hommes seraient plus matheux que les filles modifient les réactions des neurones sans même que le sujet en ait conscience. En clair, c'est l'idée de la bosse des maths[4]... qui crée la bosse des maths !

Article de Ch. Brigaudeau, © *Le Parisien*, 15 janvier 2016.

1. Idée préconçue.
2. Ici, tissu organique qui recouvre les deux hémisphères du cerveau.
3. Préjugés.
4. Croyance dans la relation entre forme du cerveau et aptitude au calcul, véhiculée par la phrénologie (science du cerveau) au XIXe siècle.

2 Le dispositif expérimental

Les jeunes qui ont prêté leur tête pour l'expérience ont un profil un peu similaire à celui d'Anne-Sophie : ce sont des élèves de classes préparatoires aux grandes écoles d'ingénieurs. Ils ont répondu à des questions de calcul mental, en un temps limité, enfermés dans un caisson d'IRM[1] qui enregistrait leur activité cérébrale. Dans les locaux [d']un laboratoire d'imagerie médicale situé à Lyon, les chercheurs leur ont soumis deux séries d'exercices. Dans la première, ils ont indiqué aux élèves qu'à ces tests « filles et garçons réussissent de la même manière ». Et, effectivement, ils ont obtenu un taux de réussite identique (75 %). Dans la seconde série, on affirme en préambule que les résultats aux tests entre hommes et femmes sont « différents »... Cette assertion suffit à activer un stéréotype négatif chez les filles. Elles se mettent à moins bien s'en sortir, n'obtenant plus que 70 % de bonnes réponses.

Op.cit.

1. Imagerie par résonance magnétique.

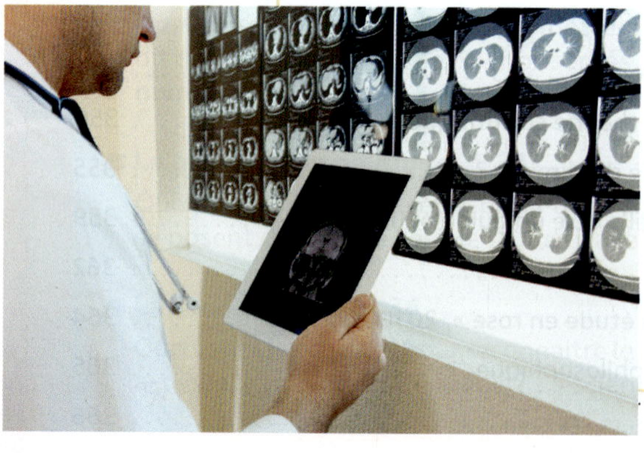

Examen d'une IRM.

3 *L'observation des données*

On voit sur l'imagerie que le lobe pariétal, qui travaille dans ces exercices de calcul mental, est davantage mobilisé par les filles quand le stéréotype est activé, comme si elles voulaient faire plus d'efforts. Mais, en même temps, on observe une activité intense dans la zone orbito-frontale[1], qui indique une émotion, et la performance s'effondre », explique Pascal Huguet, directeur de recherche en psychologie sociale et cognitive au CNRS, qui a mené l'expérience avec l'équipe d'une spécialiste des neurosciences, Angela Sirigu. Encore plus édifiant : dans le premier cas de figure (« filles et garçons réussissent de la même manière »), on voit apparaître chez les garçons « une activité dans une zone du cerveau spécialisée dans la détection des choses anormales », relève Pascal Huguet. En clair : l'idée selon laquelle garçons et filles sont égaux « choque » inconsciemment le cerveau... pas habitué à ce genre de vérités ! [...]

« J'ai toujours eu un goût pour les maths et quand, en classe prépa, un prof m'a dit en plein exercice que je serais mieux à faire la vaisselle et m'occuper des enfants, j'ai trouvé ça mesquin, mais je n'ai jamais douté », raconte l'étudiante. Ce jour-là, quand même déstabilisée, elle a raté le contrôle.

Op.cit.

1. Zone active dans les émotions et leur régulation, dans les prises de décision ; zone importante donc pour les relations sociales.

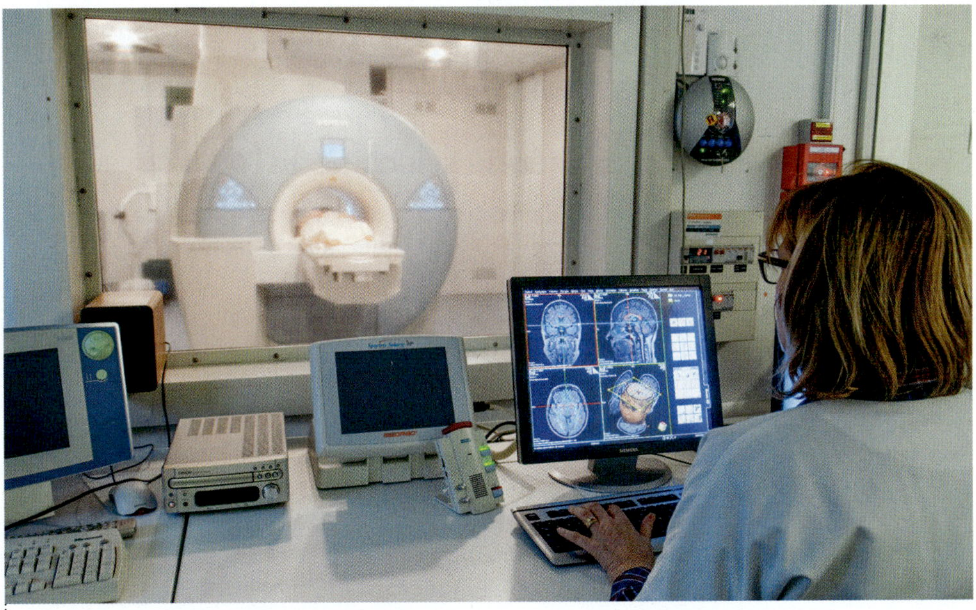

Exploration d'un patient par IRM cérébrale.

Le Centre national de la recherche scientifique

- Créé le 19 octobre 1939, en France, pour regrouper et coordonner les organismes de recherche fondamentale ou appliquée, le CNRS est un établissement public sous la tutelle du ministère de l'Éducation nationale, de l'Enseignement supérieur, de la Recherche et de l'Innovation.
- Il a pour mission de produire du savoir et de mettre ce savoir au service de la société.

Questions

1. Quelles relations y a-t-il entre l'étude scientifique et les opinions courantes ?
2. Relevez les différentes étapes de l'enquête scientifique.
3. Expliquez pourquoi la biologie (science du vivant) et la sociologie (science de l'homme dans son milieu social) sont complémentaires dans cette expérience. Que pouvez-vous en déduire sur la relation entre sciences exactes (biologie) et sciences humaines (sociologie) ?

...AUX **QUESTIONS CLÉS**

Podcast

Le savoir scientifique

REPÈRES
Croire/savoir
p. 487

Thomas Pesquet, dans l'ISS, en 2017.

1 Croire, est-ce savoir ?

▶ Ce n'est pas parce qu'une **croyance** est répandue qu'elle est vraie (Descartes, p. 346 ; Platon, p. 448-450). Les équipes de chercheurs qui ont travaillé sur les performances intellectuelles des filles en mathématiques ont montré que ces dernières avaient aussi « la bosse des maths ». S'il ne manque rien dans leur cerveau, celui-ci est affecté de fait par les **stéréotypes**.

▶ Pour parvenir à cette **hypothèse**, il a fallu **poser des problèmes** (Bachelard, p. 347). Pourquoi dans certains pays, comme ceux d'Asie de l'Est, les filles réussissent-elles aussi bien en mathématiques que les garçons[1] ? Et si les différences filles/garçons ici venaient d'une **cause sociale** et non **physiologique** ? Doit-on penser par ailleurs qu'une compétence en général découle exclusivement d'une cause organique ?

▶ **L'observation méthodique des données,** la **réflexion critique sur les modes de penser** (Russell, p. 348), l'**audace intellectuelle** sont au cœur de la démarche scientifique. La science porte des exigences fortes : mieux penser, conquérir plus d'**objectivité** (Aron, p. 349) parvenir à une **vision d'ensemble**. Dans toutes ces dimensions, la science est **fille de la raison** dans son rapport au réel et sa visée est le **savoir méthodique** (Descartes, p. 452).

2 Qu'est-ce qu'une théorie scientifique ?

▶ Le **chercheur** ne ressemble-t-il pas au fond à un **détective** qui mène l'enquête ? (Arrêt sur images, p. 364) Comme lui, il doit tout d'abord résoudre une énigme : pourquoi les filles font-elles moins de mathématiques ? Le chercheur met en place, comme le détective, un travail **lent** et **patient**. Plutôt que de **se fier aux apparences**, il compte sur son **raisonnement** pour **croiser les informations**, **faire des liens** et **reconstituer** progressivement l'ordre des choses.

▶ Une **théorie scientifique** ressemble donc à la **résolution d'une affaire** : c'est un ensemble d'hypothèses qui proposent un **modèle explicatif**. Toute théorie doit constituer un « **système** » cohérent et rigoureux : les hypothèses doivent être compatibles entre elles. Toute théorie scientifique est donc une élaboration **abstraite** et **conceptuelle** (Simon, p. 350). Comme les célèbres reconstitutions de Sherlock Holmes, elle requiert de l'**ingéniosité** (Einstein, p. 350).

REPÈRES
Objectif/subjectif/intersubjectif
p. 491

▶ Pour le détective comme pour le chercheur, l'ingéniosité est au service de la **vérité**, elle doit prendre la mesure du réel : la raison exige la **validation** des théories. Les hypothèses doivent être mises à l'épreuve (Popper, p. 351). Comment tester une théorie dans les sciences ? (Putnam, p. 352) Les procédures, multiples, dépendent de l'objet étudié. Certains objets sont des phénomènes donnés dans une expérience (ils sont reliés à nos cinq sens), d'autres sont des réalités ou des relations conçues par l'esprit seul. Ainsi, on distinguera deux groupes de sciences : les sciences dites « de l'empirie » (sciences de la nature et sciences de l'homme) et les sciences dites « formelles » (mathématiques et logique)[2].

▶ Si le terme « **démonstration** » a un sens très large dans la vie courante (donner des raisons, justifier ses propos), il désigne aussi de façon plus précise la procédure spécifique pour tester les théories dans les sciences dites formelles :

1. Rapport de l'OCDE, mars 2015.
2. G.-G. Granger, *La Science et les sciences*, PUF, p. 59.

la vérité d'une théorie mathématique, en géométrie par exemple, s'établira par la « voie démonstrative », sans aucun recours aux « faits », à « l'expérience », mais par les seules lois de la logique, par « déduction » (Blanché, p. 350, texte à télécharger). Toute proposition (théorème) devra être déduite des propositions antérieures, elles-mêmes se déduisant de premières propositions appelées « axiomes » (ou « prémisses »), posées comme principes et non démontrées.

▶ De même, si le mot « **expérience** » désigne, au sens large, la connaissance donnée par nos sens, il renvoie dans le champ scientifique à la méthode dite « expérimentale » et correspond à « **l'expérimentation** » (Kant, p. 353). Il s'agit de tester, en laboratoire, une théorie par confrontation avec des données d'expérience, construites dans un dispositif complexe, comme l'observation du cerveau par IRM. Le point commun de ces procédures est la même **exigence de preuve** (Bacon, p. 352). Chacune a toutefois sa spécificité et ses problèmes propres, y compris à l'intérieur des diverses sciences (Durkheim, p. 354)[3].

3. On appelle, depuis le XIXe siècle, **épistémologie**, l'étude des pratiques et des méthodes scientifiques.

3 La science a-t-elle des limites ?

▶ Le scientifique peut-il parvenir dans les sciences à des résolutions indiscutables, comme le fait généralement le détective ? **L'histoire des sciences** nous montre que le savoir scientifique est toujours en « **recherche** » (p. 366). La science est une pensée critique. De plus, elle connaît dans son développement différents obstacles : elle dépend du progrès des techniques (Simon, p. 355), et a parfois affaire à une réalité soumise au hasard (Cournot, p. 356) ou à l'irrationnel (p. 288-315).

▶ Si la science a étendu son domaine, par exemple avec le calcul des probabilités, peut-elle pour autant dépasser tous les obstacles et tout connaître ? **La vie de l'esprit**, notre **expérience du monde** peuvent-ils se laisser mesurer et déterminer par la science ? (Bergson, p. 357 ; Merleau-Ponty, p. 358)

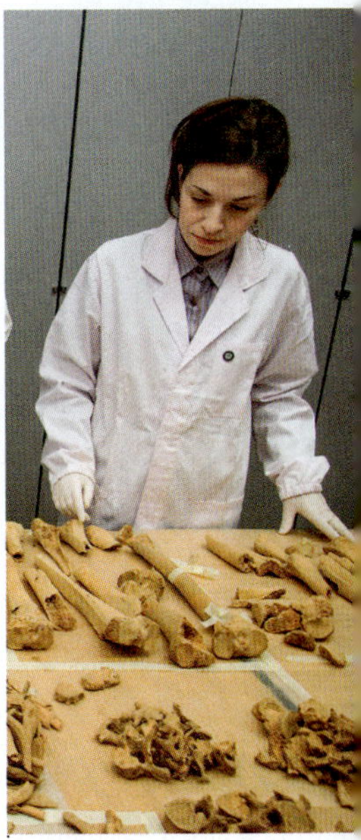

Étudiante en anthropologie, université de Ravenne.

4 La science peut-elle être le guide de l'action ?

▶ Grâce à leur rigueur les connaissances scientifiques ont permis une maîtrise de plus en plus grande de la réalité (Comte, p. 359). **Sciences et techniques** sont aujourd'hui inséparables (p. 355, texte à télécharger). Toutefois, les sciences peuvent-elles nous éclairer dans les choix politiques et éthiques auxquels toute société est confrontée ? La connaissance des **faits** doit être distinguée de la capacité à poser des **valeurs** (Weber, p. 360). Les algorithmes peuvent-ils se substituer à notre réflexion sur le **sens** de nos activités ? Cette question se pose aujourd'hui avec le développement de la robotisation et de l'intelligence artificielle. La science peut-elle tenir lieu de **sagesse** ? (Aristote, Husserl, p. 361)

À RETENIR...

- Les **théories scientifiques** sont bien plus que **des croyances de scientifiques.** Il faut distinguer **les sciences dites formelles** et « **les sciences de l'empirie** ». À l'intérieur de cette dernière catégorie, on reconnaîtra aussi **la spécificité des sciences humaines** par rapport aux **sciences exactes**.
- Si chaque science a ses méthodes, les différentes sciences progressent aussi grâce au croisement des savoirs **(interdisciplinarité). Sociologie** et **biologie** permettent, par exemple, de mieux comprendre le comportement humain.
- Une réflexion s'impose aujourd'hui, face aux progrès spectaculaires des sciences, sur leurs limites et sur la place qu'elles doivent avoir dans la société.

QUESTION 1 Croire, est-ce savoir ?

TEXTE 1 Descartes, *Méditations métaphysiques,* 1641

DESCARTES
1596-1650
Époque moderne
▸ p. 506

REPÈRES
- Croire/savoir ▸ p. 487
- Vrai/probable/certain ▸ p. 494

Pour entrer dans la voie scientifique notre esprit doit faire une véritable révolution. Descartes nous raconte ici son parcours personnel et dégage les conditions de toute science.

Il y a déjà quelque temps que je me suis aperçu que, dès mes premières années, j'avais reçu quantité de fausses opinions pour véritables, et que ce que j'ai depuis fondé sur des principes si mal assurés, ne pouvait être que fort douteux et incertain ; de façon qu'il me fallait entreprendre sérieusement une fois en ma vie de me défaire de toutes les opinions que j'avais reçues jusques alors en ma créance[1], et commencer tout de nouveau dès les fondements, si je voulais établir quelque chose de ferme et de constant dans les sciences. Mais cette entreprise me semblant être fort grande, j'ai attendu que j'eusse atteint un âge qui fût si mûr, que je n'en pusse espérer d'autre après lui, auquel je fusse plus propre à l'exécuter ; ce qui m'a fait différer si longtemps, que désormais je croirais commettre une faute, si j'employais encore à délibérer le temps qu'il me reste pour agir. Maintenant donc que mon esprit est libre de tous soins, et que je me suis procuré un repos assuré dans une paisible solitude, je m'appliquerai sérieusement et avec liberté à détruire généralement toutes mes anciennes opinions. Or il ne sera pas nécessaire, pour arriver à ce dessein, de prouver qu'elles sont toutes fausses, de quoi peut-être je ne viendrais jamais à bout ; mais, d'autant que la raison me persuade déjà que je ne dois pas moins soigneusement m'empêcher de donner créance aux choses qui ne sont pas entièrement certaines et indubitables, qu'à celles qui nous paraissent manifestement être fausses, le moindre sujet de douter que j'y trouverai suffira pour me les faire toutes rejeter. Et pour cela il n'est pas aussi besoin que je les examine chacune en particulier, ce qui serait d'un travail infini ; mais, parce que la ruine des fondements entraîne nécessairement avec soi tout le reste de l'édifice, je m'attaquerai d'abord aux principes, sur lesquels toutes mes anciennes opinions étaient appuyées.

René Descartes, *Œuvres philosophiques*, vol. II,
, éd. F. Alquié, 1967, p. 404.

1. Recevoir en sa créance : croire.

DÉFINITION

Croire, c'est tenir pour vrai. L'intensité de la croyance n'est pas le signe de sa vérité. Tenir pour vrai n'est pas être dans le vrai.

Questions

1. **Quelle est l'expérience rapportée par Descartes au tout début de sa première Méditation ?**
2. **Quelle est la décision prise ?**
3. **« Quelque chose de ferme et de constant » (l. 7) : comment la science est-elle définie ? comment parvient-elle à cet objectif paradoxalement ?**
4. **Quelle est la méthode choisie par Descartes pour mener à bien son projet ?**

PERSPECTIVES

La connaissance

■ Peut-on avoir toujours confiance dans nos jugements ? ■ Comment reconnaitre une croyance vraie d'une croyance fausse ?

Pour aller plus loin

Texte à télécharger

Lisez le *Discours de la méthode*, parties 1 et 2, en vous aidant du « Focus sur une œuvre », p. 295-297 et des textes 4 et 5, p. 452.

TEXTE 2 Bachelard, *La Formation de l'esprit scientifique*, 1938

Bachelard établit dans cet ouvrage une analogie entre les exigences scientifiques et la cure en psychanalyse : dans les deux cas, il s'agit de se délivrer de blocages. Les obstacles à la connaissance scientifique sont surtout en nous, dans notre façon spontanée de penser.

BACHELARD
1884-1962
Époque contemporaine
▸ p. 513

La science, dans son besoin d'achèvement comme dans son principe, s'oppose absolument à l'opinion. S'il lui arrive, sur un point particulier, de légitimer l'opinion, c'est pour d'autres raisons que celles qui fondent l'opinion ; de sorte que l'opinion a, en droit, toujours tort. L'opinion *pense* mal ; elle ne *pense* pas : elle *traduit* des besoins en connaissances. En désignant les objets par leur utilité, elle s'interdit de les connaître. On ne peut rien fonder sur l'opinion : il faut d'abord la détruire. Elle est le premier obstacle à surmonter. Il ne suffirait pas, par exemple, de la rectifier sur des points particuliers, en maintenant, comme une sorte de morale provisoire, une connaissance vulgaire provisoire. L'esprit scientifique nous interdit d'avoir une opinion sur des questions que nous ne comprenons pas, sur des questions que nous ne savons pas formuler clairement. Avant tout, il faut savoir poser des problèmes. Et quoi qu'on dise, dans la vie scientifique, les problèmes ne se posent pas d'eux-mêmes. C'est précisément ce *sens du problème* qui donne la marque du véritable esprit scientifique. Pour un esprit scientifique, toute connaissance est une réponse à une question. S'il n'y a pas eu de question, il ne peut y avoir connaissance scientifique. Rien ne va de soi. Rien n'est donné. Tout est construit.

Gaston Bachelard, *La Formation de l'esprit scientifique*, chap. I, © Vrin, 1983, p. 14.

REPÈRES
Croire/savoir
▸ p. 487

CULTURE PHILOSOPHIQUE

Bachelard appelle « **obstacle épistémologique** » ce qui, dans nos modes de pensée, gêne le progrès scientifique : « l'expérience première » et « la connaissance générale ». > p. 314.

Questions

1. Quelle est la thèse du texte ?
2. Qu'est-ce qui caractérise l'esprit scientifique ?
3. Comment expliquez-vous : « Rien n'est donné. Tout est construit » (l. 17-18). Aidez-vous d'un exemple scientifique de votre choix.

PERSPECTIVES

La morale et la politique

- Si la science s'oppose à l'opinion, est-elle réservée à une élite ?
- Comment peut-on concilier démocratie et science dans nos sociétés ?

Pour aller plus loin

Texte à télécharger

Lisez la lettre de Pascal à Périer du 15 novembre 1647. Comment la science s'oppose-t-elle à l'opinion ?

CLÉ DE LECTURE

« La nature a horreur du vide » est l'exemple d'une opinion critiquée par la science au XVIIe siècle. Cette opinion est partagée alors aussi bien par le sens commun que par les philosophes qui étudient la nature.

TEXTE 3 Russell, *Science et religion*, 1935

Les relations étroites entre la science et la technique depuis le XIXe siècle empêchent de bien cerner la culture scientifique. La vocation de la science, pour l'auteur, n'est pas tant le pouvoir sur les choses et sur l'homme que le savoir, qui s'incarne dans l'esprit de recherche.

RUSSELL
1872-1970
Époque contemporaine
▸ p. 521

La tournure d'esprit scientifique est circonspecte[1] et tâtonnante ; elle ne s'imagine pas qu'elle connaît toute la vérité, ni même que son savoir le plus sûr est entièrement vrai. Elle sait que toute théorie doit être corrigée tôt ou tard, et que cette correction exige la libre recherche et la libre discussion. Mais la science théorique a donné naissance à la technique scientifique, et cette technique n'a rien du caractère tâtonnant de la théorie. La physique a été révolutionnée depuis le début de ce siècle [le XXe siècle] par la relativité et la théorie des quanta[2], mais toutes les inventions basées sur l'ancienne physique continuent à rendre des services. L'application de l'électricité à l'industrie et à la vie quotidienne (y compris les centrales électriques, la radiodiffusion et la lumière électrique) repose sur les travaux de Clerk Maxwell[3], publiés vers 1870 ; et aucune de ces inventions n'a cessé de fonctionner parce que les vues de Clerk Maxwell, comme nous le savons maintenant, étaient insuffisantes à bien des égards. Par suite, les experts qui utilisent la technique scientifique, et plus encore les gouvernements et les grandes sociétés qui utilisent la technique scientifique, acquièrent une mentalité très différente de celle des hommes de science : une mentalité pleine d'un sentiment de puissance illimitée, de certitude arrogante, et de plaisir à manipuler des matériaux, voire du matériel humain. C'est là l'inverse exact de la mentalité scientifique, mais on ne peut nier que la science ait contribué à le créer.

Bertrand Russell, *Science et religion*, © Gallimard, « Folio-Essais », 1990, p. 181-182.

1. Ici, prudente, qui ne se précipite pas.
2. Théories développées par Einstein au début du XXe siècle : révolution dans nos conceptions de la matière, du mouvement, de l'espace et du temps.
3. Physicien et mathématicien écossais (1831-1879).

Questions

1. **Qu'est-ce que « la mentalité scientifique » (l. 10) selon l'auteur ?**
2. **Pourquoi selon lui « la tournure d'esprit scientifique » (l. 1) est-elle mal connue ? Quelle est la source de la confusion ?**

PERSPECTIVES

L'existence humaine et la culture

- Si la technique relève d'un sentiment de puissance illimitée, est-elle une source de danger pour l'humanité ?
- La technique n'est-elle pas aussi un facteur de culture ?

DÉFINITION

Technoscience : nom donné à la collaboration si étroite entre la science et la technique depuis 1945, que l'on finit par identifier la science et la technique.

Oral

Faut-il avoir peur de la science ? Aidez-vous des propos de S. Haroche, p. 362-363.

Pour aller plus loin

1. Lisez le texte de Comte, p. 359 : quels sont les points communs avec le texte de Russell ?
2. Lisez le texte de Simon, p. 355 : peut-on toujours dissocier science et technique ?

TEXTE 4

Aron, Préface à Max Weber, *Le Savant et le Politique*, 1963

L'homme ne peut être étudié comme les autres êtres privés de pensée : il faut comprendre le sens de ce qu'il fait. Pour autant, les sciences humaines doivent comme toutes les sciences viser le savoir objectif.

ARON
1905-1983
Époque contemporaine
▸ p. 512

Quelles sont les règles constitutives de cette communauté des sciences sociales ?

1°. D'abord, l'absence de restriction dans la recherche et l'établissement des faits eux-mêmes, le droit de présenter les faits bruts et de les distinguer des interprétations. Sans doute peut-on soutenir, en rigueur philosophique, qu'il n'y a pas de fait historique qui ne soit construit et ne comporte, par conséquent, sélection et interprétation. Dans la pratique, les distinctions gardent leur portée. Il est vrai ou il est faux que Trotski[1] a pris une part considérable à l'organisation de l'Armée rouge, il est vrai ou il est faux que Zinoviev ou Boukharine[2] ont comploté l'assassinat de Staline, il est vrai ou il est faux que Wall Street manipule les hommes politiques américains et organise une croisade antisoviétique. Tout État totalitaire met certains faits hors la loi parce qu'ils ne rentrent pas dans le schéma officiel. Tout État totalitaire pousse jusqu'à l'absurde la solidarité entre le fait et l'interprétation.

2°. Ensuite, l'absence de restriction au droit de discussion et de critique, appliquées non pas seulement aux résultats partiels, mais aux fondements et aux méthodes. Les connaissances sociales s'élèvent au niveau de la science dans la mesure où elles s'accompagnent d'une conscience exacte de leur portée, et aussi de la limite de leur validité. En économie politique, par exemple, la théorie progresse en construisant de nouveaux modèles, mais aussi en reconnaissant les conditions précises dans lesquelles tel modèle, connu depuis longtemps, s'applique. La théorie générale de Keynes[3] doit son originalité à de multiples facteurs : la situation qui a posé le problème (chômage dit permanent), l'effort pour retrouver, à partir d'un schéma inédit, la théorie classique comme cas particulier valable dans l'hypothèse du plein emploi, la détermination de quelques faits concrets (fixité des salaires nominaux[4]) comme nécessaires, une psychologie de l'entrepreneur différente de la psychologie rationnelle du sujet économique de la théorie traditionnelle, etc. [...]

3°. Enfin, l'absence de restriction au droit de désenchanter le réel. Entre l'idée d'un certain régime et le fonctionnement de ce même régime, entre la démocratie que nous avons tous rêvée sous la tyrannie et le système des partis tel qu'il s'est instauré dans l'Europe occidentale, le décalage n'est pas mince. [...] La première leçon qu'un sociologue doit transmettre à ses étudiants, quitte à décevoir leur ardeur de croire et de servir, est qu'il n'y a jamais eu un régime parfait.

Raymond Aron, Préface à Max Weber, *Le Savant et le Politique*, © 10/18, 1963, p. 25-27.

REPÈRES
Objectif/subjectif/intersubjectif
▸ p. 491

1. Trotski (1879-1940) : acteur de la révolution de 1917, en Russie.
2. Zinoviev (1883-1936), Boukharine (1888-1938) : intellectuels et révolutionnaires russes membres du Parti des Bolcheviks.
3. Keynes (1883-1946) : économiste britannique.
4. Salaire horaire perçu par unité de temps (heure ou mois).

CULTURE GÉNÉRALE

1984, le roman écrit par G. Orwell en 1948, décrit les petits arrangements d'un État totalitaire avec les « faits », au sein des administrations dédiées aux « informations ».

Questions

1. **Quelles sont les trois règles de méthode qui garantissent l'objectivité des sciences sociales ? Justifiez votre réponse en citant chaque fois un exemple.**
2. **Expliquez : « Tout État totalitaire pousse jusqu'à l'absurde la solidarité entre le fait et l'interprétation » (l. 13-14). Quel intérêt politique à brouiller ainsi les frontières ? Aidez-vous du texte d'Arendt, p. 456.**
3. **Pourquoi est-il important de distinguer croire et savoir ? Aidez-vous des problèmes posés aujourd'hui par les « fake news », les rumeurs et les théories du complot.**

TEXTE 8 Putnam, *Raison, vérité et histoire,* 1981

Putnam interroge le critère de la falsifiabilité considéré par Popper comme déterminant pour distinguer science et pseudo-science.

PUTNAM
1926-2016
Époque contemporaine
▶ p. 520

La théorie de l'évolution[1] par sélection naturelle n'est pas fortement falsifiable ; elle ne fait pas de prédictions bien définies qui permettraient de la réfuter. Nous n'acceptons pas la théorie de l'évolution parce qu'elle a survécu à un test poppérien, mais parce qu'elle a fourni une *explication plausible* d'une masse de données, parce qu'elle a suggéré un ensemble de nouvelles théories, parce qu'on a pu la rattacher aux développements de la génétique et de la biologie moléculaire[2], et parce que les autres théories qui ont été avancées ou bien ont été réfutées, ou bien ne semblent absolument pas plausibles au vu de notre savoir général. En bref nous acceptons la théorie darwinienne de l'évolution parce qu'elle représente pour nous ce que Peirce[3] appelait une « abduction[4] », ou ce qu'on appelle aujourd'hui une « inférence jusqu'à la meilleure explication ».

Hilary Putnam, *Raison, vérité et histoire,*
© Minuit, trad. de l'anglais (États-unis) A. Gerschenfeld, 1984, p. 218-219.

1. Théorie élaborée par Darwin (1809-1882) et exposée dans *L'Origine des espèces* (1870).
2. La biologie donne un rôle central à l'étude des molécules et de l'ADN.
3. Peirce (1839-1914), philosophe et logicien américain.
4. Aperçu relatif pour résoudre un problème.

Question

Quelle est la thèse que l'auteur oppose à celle de Popper ?

PERSPECTIVES

La connaissance

- Comment établir la valeur d'une théorie scientifique ?
- Peut-on toujours la « vérifier » ?

Pour aller plus loin

Texte à télécharger

Lisez le texte de Darwin tiré de *L'Origine des espèces*.

TEXTE 9 Bacon, *Novum organum,* 1620

Dans l'Angleterre du XVIIe siècle, les grands voyages, le développement de l'activité économique, les progrès techniques conduisent à une remise en question des méthodes traditionnelles au profit de méthodes plus centrées sur l'observation.

BACON
1561-1626
Renaissance
▶ p. 504

Ceux qui ont traité[1] les sciences furent ou des empiriques[2] ou des dogmatiques[3]. Les empiriques, à la manière des fourmis, se contentent d'amasser et de faire usage[4] ; les rationnels, à la manière des araignées, tissent des toiles à partir de leur propre substance ; mais la méthode de l'abeille tient le milieu : elle recueille sa matière des fleurs des jardins et des champs, mais la transforme et la digère par une faculté qui lui est propre. Le vrai travail de la philosophie[5] est à cette image. Il ne cherche pas son principal appui dans les forces de l'esprit ; et la matière que lui offrent l'histoire naturelle et les expériences mécaniques, il ne la dépose pas telle quelle dans la mémoire,

1. Se sont penchés sur.
2. Ils fondent le savoir sur l'observation des sens.
3. Ils pensent détenir la vérité par le seul usage de la réflexion ou de la tradition.

4. Sans vision sur les matériaux entassés.
5. Ici, sens de « désir de savoir ».

mais modifiée et transformée dans l'entendement. Aussi, d'une alliance plus étroite et plus respectée entre ces deux facultés, expérimentale et rationnelle (alliance qui reste à former), il faut bien espérer.

Bacon, *Novum organum*, aphorisme 95, © PUF, trad. M. Malherbe, J.-M. Pousseur, 1986.

Questions

1. **Trois animaux : trois méthodes. Comment s'y prennent la fourmi et l'araignée ? Que leur reproche l'auteur ?**
2. **Pourquoi l'abeille résume-t-elle ce que doit être l'investigation scientifique ?**
3. **Quel est, à la lecture de ce texte, le rôle exact de l'expérience ?**

TEXTE 10 Kant, *Critique de la raison pure*, Seconde préface, 1787

KANT
1724-1804
Époque moderne
▸ p. 507

REPÈRES
Abstrait/concret ▸ p. 486

Kant s'interroge sur ce qui a permis aux mathématiques et à la physique de devenir des sciences rigoureuses : c'est le travail conceptuel mené par la raison qui est déterminant.

Lorsque Galilée[1] fit rouler ses boules sur un plan incliné avec une accélération déterminée et choisie par lui-même, ou que Torricelli[1] fit porter à l'air un poids qu'il savait égal à celui d'une colonne d'eau à lui connue, ou que, plus tard, Stahl[1] transforma des métaux en chaux et celle-ci à son tour en métal, en y retranchant ou en y ajoutant certains éléments, alors ce fut une nouvelle lumière pour tous les physiciens. Ils comprirent que la raison n'aperçoit que ce qu'elle produit elle-même d'après ses propres plans, qu'elle doit prendre les devants avec les principes qui déterminent ses jugements suivant des lois constantes, et forcer la nature à répondre à ses questions, au lieu de se laisser conduire par elle comme à la lisière ; car autrement nos observations faites au hasard et sans aucun plan tracé d'avance ne sauraient se rattacher à une loi nécessaire, ce que cherche et exige pourtant la raison. Celle-ci doit se présenter à la nature tenant d'une main ses principes, qui seuls peuvent donner à des phénomènes concordant l'autorité de lois, et de l'autre l'expérimentation, telle qu'elle l'imagine d'après ces mêmes principes. Elle lui demande de l'instruire, non comme un écolier qui se laisse dire tout ce qui plaît au maître, mais comme un juge en fonctions, qui contraint les témoins à répondre aux questions qu'il leur adresse.

Emmanuel Kant, *Critique de la raison pure*, seconde édition, préface, © Garnier-Flammarion, trad. Barni et Archambault, 1976.

1. Trois physiciens ici : Galilée (1564-1642), Torricelli (1608-1647) et Stahl (1659-1734).

CULTURE GENERALE

Galilée, dans cette expérience, établit **le principe d'inertie** : contre les théories inspirées de la physique d'Aristote, il pose que, sans intervention, les objets restent dans le même état et que le mouvement uniforme n'a donc pas besoin de « moteur ». Newton, en 1687, s'inscrira dans cette lignée.

Questions

1. **Kant évoque différentes « expérimentations » (l. 15) : que suggère-t-il par l'analogie avec le travail d'un « juge » (l. 17) ?**
2. **Relevez l'expression qui définit ce qu'est une expérimentation pour Kant.**
3. **Quelle distinction peut-on établir entre une expérience au sens courant (v. p. 344-345) et une expérimentation scientifique ?**

PERSPECTIVES

La connaissance

- Que nous apprend l'expérience ?
- L'expérience est-elle « cruciale » ?

TEXTES

TEXTE 11 Durkheim, *Les Règles de la méthode sociologique*, 1895

DURKHEIM
1858-1917
Époque contemporaine
▸ p. 514

Le sociologue doit regarder les phénomènes qu'il étudie avec le même « état d'esprit » que le physicien ou le chimiste. C'est la condition pour faire entrer la sociologie dans la voie de la science. Néanmoins, comme ces phénomènes sont issus de représentations, il adoptera des méthodes appropriées.

Nous n'avons qu'un moyen de démontrer qu'un phénomène est cause d'un autre, c'est de comparer les cas où ils sont simultanément présents ou absents et de chercher si les variations qu'ils présentent dans ces différentes combinaisons de circonstances témoignent que l'un dépend de l'autre. Quand ils peuvent être artificiellement produits au gré de l'observateur, la méthode est l'expérimentation proprement dite. Quand, au contraire, la production des faits n'est pas à notre disposition et que nous ne pouvons que les rapprocher tels qu'ils se sont spontanément produits, la méthode que l'on emploie est celle de l'expérimentation indirecte ou méthode comparative. Nous avons vu que l'explication sociologique consiste exclusivement à établir des rapports de causalité, qu'il s'agisse de rattacher un phénomène à sa cause, ou, au contraire, une cause à ses effets utiles. Puisque, d'autre part, les phénomènes sociaux échappent évidemment à l'opérateur, la méthode comparative est la seule qui convienne à la sociologie.

Émile Durkheim, *Les Règles de la méthode sociologique*, VI,

CLÉ DE LECTURE

Durkheim appelle « **le symbolique** » tout ce pan de la réalité produit par des **représentations** et non par des **causes physiologiques**. L'homme est un « animal symbolique », qui est aussi le produit de **causes sociales**.

Questions

1. **Quelles sont les difficultés en sociologie pour faire des expérimentations ?**
2. **Quelle est la solution pour tester des théories sociologiques ?**
3. **Montrez que ce problème et cette solution sont valables pour d'autres sciences humaines (choisissez deux ou trois disciplines différentes).**

PERSPECTIVES

La connaissance

- L'homme peut-il être objet de science ?

Photographie du film *Experimenter*, de M. Almereyda, 2015, avec P. Sarsgaard dans le rôle de Milgram.

Pour aller plus loin

Comparez avec l'expérience de Milgram, p. 234-235. Dégagez les différents types que peut prendre l'expérimentation dans les sciences humaines.

QUESTION

3 La science a-t-elle des limites ?

TEXTE 12 Simon, *Sciences et histoire*, 2008

Les obstacles à la connaissance scientifique ne sont pas seulement à chercher dans les limites de notre esprit. Le développement des sciences dépend de facteurs externes.

SIMON
1931-2009
Époque contemporaine
▸ p. 350

Les sciences se développent dans le temps, elles sont dépendantes des techniques dont elles se servent, et dès lors qu'elles progressent (que ce soit ensemble ou séparément), cela veut dire aussi qu'elles sont moins performantes à une époque qu'elles ne seront plus tard. Pour prendre un exemple, Kepler[1] se pose la bonne question de la chaleur propre et du scintillement du soleil et des étoiles : qu'est-ce qui entretient ces feux célestes ? Mais tant qu'on a ignoré ce qu'est une réaction thermonucléaire[2], aucun astronome ne pouvait répondre à cette question. La clef n'était pas dans l'astronomie du début du XVIIe, elle est dans la physique du second tiers du XXe. Une contrainte massive pèse sur les sciences, c'est leur historicité. De plus elles rencontrent d'autres limites que celles qui proviennent de leur état de développement. Nous les avons déjà marquées : reliques lacunaires du passé, information plus que restreinte sur l'état présent du monde, événements à advenir qui ne se sont pas encore manifestés, et même rétroactions[3] de l'activité des hommes et plus généralement du vivant sur la nature et sur eux-mêmes.

Gérard Simon,
Sciences et histoire,
© Gallimard, 2008, p. 19-20.

1. Astronome allemand (1571-1630).
2. Phénomène de transformation de noyaux atomiques.
3. Action en retour.

CONTEXTE

Avec la découverte de la structure de l'atome et la physique quantique, la physique a progressé au XXe siècle dans la connaissance de la matière : ces progrès ont permis l'essor de l'électronique.

Questions

1. **Quelles sont les deux différentes limites que dégage l'auteur dans le texte ? Servez-vous des exemples donnés et proposez de nouveaux exemples pour illustrer les propos, l. 11-20.**
2. **Ces limites conduisent-elles à douter de la science selon vous ?**

Oral — Texte à télécharger

Le développement des sciences est-il toujours lié à des facteurs externes ? Quel est le rôle joué par la discussion autour des zones d'ombre laissées par des théories ?
Aidez-vous du texte à télécharger de Kuhn, *La Structure des révolutions scientifiques*.

Pour aller plus loin — Texte à télécharger

Quelles relations entre sciences et techniques ? Pour compléter l'approche du texte ci-dessus, lisez aussi G. Simon, *Sciences et histoire*, p. 56-58.

TEXTE 13 Cournot, *Considérations sur la marche des idées et des événements*, 1872

COURNOT
1801-1877
Époque contemporaine
▸ p. 514

La théorie du hasard proposée par l'auteur bouleverse les idées que l'on peut se faire de la réalité et de la science.

Nous croyons avoir éclairci dans d'autres ouvrages et défini, plus exactement que ne l'avaient fait nos devanciers, l'idée de *hasard*, en montrant que ce n'est point, comme on l'a tant répété, un fantôme créé pour nous déguiser à nous-mêmes notre ignorance, ni une idée relative à l'état variable et toujours imparfait de nos connaissances, mais bien au contraire la notion d'un fait vrai en lui-même, et dont la vérité peut être dans certains cas établie par le raisonnement, ou plus ordinairement constatée par l'observation, comme celle de tout autre fait naturel. Le fait naturel ainsi établi ou constaté consiste dans l'*indépendance* mutuelle de plusieurs séries de causes et d'effets qui concourent accidentellement à produire tel phénomène, à amener telle rencontre, à déterminer tel événement, lequel pour cette raison est qualifié de *fortuit* ; et cette indépendance entre des chaînons particuliers n'exclut nullement l'idée d'une suspension commune de tous les chaînons à un même anneau primordial, par-delà les limites, ou même en deçà des limites où nos raisonnements et nos observations peuvent atteindre.

Antoine-Augustin Cournot, *Considérations sur la marche des idées et des événements dans les temps modernes*, Livre 1er, Vrin, 1973.

REPÈRES
- **Contingent/nécessaire** ▸ p. 487
- **Essentiel/accidentel** ▸ p. 488

Météorite dans l'espace sidéral.

DÉFINITION

Le déterminisme désigne le principe scientifique selon lequel les phénomènes sont régis par des lois nécessaires, les mêmes causes entraînant les mêmes effets, dans les mêmes conditions ou circonstances.

Questions

1. À quelle conception l'auteur oppose-t-il sa définition du hasard ? Présentez les deux positions respectives.
2. Pourquoi la notion de hasard conduit-elle à une réflexion sur les limites de la science ?
3. Pour l'auteur, le hasard peut-il être analysé scientifiquement ? Dans quelle limite ? Vous pourrez vous appuyer sur un exemple de votre choix.

Pour aller plus loin

Texte à télécharger

À l'aide des exemples donnés par Cournot dans le texte à télécharger, peut-on dire qu'il n'y a de science que du général ?

TEXTE 14

Bergson, *L'Énergie spirituelle,* 1919

BERGSON
1859-1941
Époque contemporaine
▸ p. 513

Pour Bergson, le cerveau est un organe qui permet de choisir le mécanisme conduisant à l'action la plus appropriée dans une situation donnée. La conscience ne saurait se réduire à cette activité cérébrale.

Que nous dit en effet l'expérience ? Elle nous montre que la vie de l'âme ou, si vous aimez mieux, la vie de la conscience, est liée à la vie du corps, qu'il y a solidarité entre elles, rien de plus. Mais ce point n'a jamais été contesté par personne, et il y a loin de là à soutenir que le cérébral est l'équivalent du mental, qu'on pourrait lire dans un cerveau tout ce qui se passe dans la conscience correspondante. Un vêtement est solidaire du clou auquel il est accroché ; il tombe si on l'arrache du clou ; il oscille si le clou remue ; il se troue, il se déchire si la tête du clou est trop pointue ; il ne s'ensuit pas que chaque détail du clou corresponde à un détail du vêtement, ni que le clou soit l'équivalent du vêtement ; encore moins s'ensuit-il que le clou et le vêtement soient la même chose. Ainsi la conscience est incontestablement accrochée à un cerveau mais il ne résulte nullement de là que le cerveau dessine tout le détail de la conscience, ni que la conscience soit une fonction du cerveau. Tout ce que l'observation, l'expérience, et par conséquent la science nous permettent d'affirmer, c'est l'existence d'une certaine *relation* entre le cerveau et la conscience. [...]

Je vous dirai donc qu'un examen attentif de la vie de l'esprit et de son accompagnement physiologique m'amène à croire que le sens commun a raison, et qu'il y a infiniment plus, dans une conscience humaine, que dans le cerveau correspondant. [...] Celui qui pourrait regarder à l'intérieur d'un cerveau en pleine activité, suivre le va-et-vient des atomes et interpréter tout ce qu'ils font, celui-là saurait sans doute quelque chose de ce qui se passe dans l'esprit, mais il n'en saurait que peu de chose. Il en connaîtrait tout juste ce qui est exprimable en gestes, attitudes et mouvements du corps, ce que l'état d'âme contient d'action en voie d'accomplissement, ou simplement naissante : le reste lui échapperait. Il serait, vis-à-vis des pensées et des sentiments qui se déroulent à l'intérieur de la conscience, dans la situation du spectateur qui voit distinctement tout ce que les acteurs font sur la scène, mais n'entend pas un mot de ce qu'ils disent. Sans doute, le va-et-vient des acteurs, leurs gestes et leurs attitudes, ont leur raison d'être dans la pièce qu'ils jouent ; et si nous connaissons le texte, nous pouvons prévoir à peu près le geste ; mais la réciproque n'est pas vraie, et la connaissance des gestes ne nous renseigne que fort peu sur la pièce, parce qu'il y a beaucoup plus dans une fine comédie que les mouvements par lesquels on la scande[1].

Henri Bergson, *L'Énergie spirituelle*, « L'âme et le corps »,

REPÈRES
Ressemblance/analogie
▸ p. 493

1. On en souligne les temps forts.

CLÉ DE LECTURE

Le cerveau humain a la particularité d'être en relation avec un grand nombre de mécanismes moteurs d'une part, et un grand nombre de sollicitations d'autre part. Il est un carrefour qui permet de mettre en relation une excitation et la réponse/action la plus appropriée.

DÉFINITION

Les **sciences cognitives** aujourd'hui abordent les phénomènes mentaux comme des phénomènes strictement naturels produits par le cerveau.

Questions

1. Expliquez la première analogie : quel est le lien entre le vêtement et le clou ? En quoi ce lien est-il comparable à celui de la conscience et du cerveau ?
2. Expliquez la seconde analogie : quelle est la relation entre les gestes des acteurs et le texte de la pièce ? En quoi cette relation est-elle comparable à celle de la conscience et du cerveau ?
3. La vie de l'esprit est-elle accessible à la science pour l'auteur ? Expliquez la distinction faite dans le texte entre la perspective de « l'expérience » et celle de la science.

TEXTES

MERLEAU-PONTY
1908-1961
Époque contemporaine
▸ p. 519

TEXTE 15 — Merleau-Ponty, *La Phénoménologie de la perception*, 1945

« Qu'est-ce que la phénoménologie ? » Pour définir ce projet philosophique dont Husserl est le fondateur, Merleau-Ponty souligne que notre rapport au monde ne se réduit pas à ce que les sciences exactes nous en disent.

Les vues scientifiques selon lesquelles je suis un moment du monde sont toujours naïves et hypocrites, parce qu'elles sous-entendent, sans la mentionner, cette autre vue, celle de la conscience, par laquelle d'abord un monde se dispose autour de moi et commence à exister pour moi. Revenir aux choses mêmes, c'est revenir à ce monde avant la connaissance dont la connaissance *parle* toujours, et à l'égard duquel toute détermination scientifique est abstraite, signitive[1] et dépendante, comme la géographie à l'égard du paysage où nous avons d'abord appris ce que c'est qu'une forêt, une prairie ou une rivière.

Maurice Merleau-Ponty, *La Phénoménologie de la perception*, © Gallimard, « Tel », 1976, p. II-III.

1. De « signe » : être de renvoi. Par exemple, l'empreinte est le signe du passage d'un animal.

CONCEPT

« Revenir aux choses mêmes » est une exigence formulée par Husserl (v. p. 361), le fondateur de la phénoménologie (v. p. 103).

Questions

1. **Quel est le reproche fait aux « vues scientifiques » quand elles traitent de l'homme ? Quel est leur « oubli » ?**
2. **N'y a-t-il de connaissance que scientifique ? Comment comprenez-vous l'exemple de la géographie et du paysage ?**

TEXTE 16 — Merleau-Ponty, *L'Œil et l'Esprit*, 1964

Les succès spectaculaires des sciences exactes au XXe siècle ne doivent pas nous faire croire que celles-ci ont le monopole de la connaissance.

Il faut que la pensée de science[1] – pensée de survol, pensée de l'objet en général – se replace dans un « il y a » préalable, dans le site, sur le sol du monde sensible et du monde ouvré[2] tels qu'ils sont dans notre vie, pour notre corps, non pas ce corps possible dont il est loisible de soutenir qu'il est une machine à information, mais ce corps actuel que j'appelle mien, la sentinelle qui se tient silencieusement sous mes paroles et sous mes actes. Il faut qu'avec mon corps se réveillent les corps associés, les « autres », qui ne sont pas mes congénères, comme dit la zoologie[3], mais qui me hantent, que je hante, avec qui je hante un seul Être actuel[4], présent, comme jamais animal n'a hanté ceux de son espèce, son territoire ou son milieu. Dans cette historicité[5] primordiale, la pensée allègre et improvisatrice de la science apprendra à s'appesantir sur les choses mêmes et sur soi-même, redeviendra philosophie…

Or l'art et notamment la peinture puisent à cette nappe de sens brut dont l'activisme ne veut rien savoir.

Maurice Merleau-Ponty, *L'Œil et l'Esprit*, © Gallimard Folio Essais, 1964, p. 12-13.

1. La pensée propre à la démarche scientifique, « l'esprit scientifique » (v. Russel, p. 348).
2. Rencontré.
3. Science qui étudie les animaux.
4. La réalité commune de notre expérience du monde.
5. Ici, au sens de ce qui est rencontré dans une expérience non généralisable.

Question

Qu'est-ce qui échappe à la pensée scientifique ?

QUESTION

4 La science peut-elle être un guide pour l'action ?

TEXTE 17 Comte, *Cours de philosophie positive*, 1830-1842

Savoir donne du pouvoir. L'auteur en explique ici la raison. Il pose néanmoins la question de la vocation véritable de la science.

COMTE
1798-1857
Époque contemporaine
▸ p. 514

Sans doute, quand on envisage l'ensemble complet des travaux de tout genre de l'espèce humaine, on doit concevoir l'étude de la nature comme destinée à fournir la véritable base rationnelle de l'action de l'homme sur la nature, puisque la connaissance des lois des phénomènes, dont le résultat constant est de nous les faire prévoir, peut seule évidemment nous conduire, dans la vie active, à les modifier à notre avantage, les uns par les autres. Nos moyens naturels et directs pour agir sur les corps qui nous entourent sont extrêmement faibles, et tout à fait disproportionnés à nos besoins. Toutes les fois que nous parvenons à exercer une grande action, c'est seulement parce que la connaissance des lois naturelles nous permet d'introduire, parmi les circonstances déterminées sous l'influence desquelles s'accomplissent les divers phénomènes, quelques éléments modificateurs, qui, quelque faibles qu'ils soient en eux-mêmes, suffisent, dans certains cas, pour faire tourner à notre satisfaction les résultats définitifs de l'ensemble des causes extérieures. En résumé, *science, d'où prévoyance ; prévoyance, d'où action* : telle est la formule très simple qui exprime, d'une manière exacte, la relation générale de la *science* et de l'*art*[1], en prenant ces deux expressions dans leur acception totale.

Mais, malgré l'importance capitale de cette relation, qui ne doit jamais être méconnue, ce serait se former des sciences une idée bien imparfaite que de les concevoir seulement comme les bases des arts, et c'est à quoi malheureusement on est que trop enclin de nos jours. Quels que soient les immenses services rendus à l'*industrie* par les théories scientifiques [...] nous ne devons pas oublier que les sciences ont, avant tout, une destination plus directe et plus élevée, celle de satisfaire au besoin fondamental qu'éprouve notre intelligence de connaître les lois des phénomènes.

Auguste Comte, *Cours de philosophie positive*, Deuxième Leçon, cité dans A. Comte, *Philosophie des sciences, textes choisis*, © PUF, 1974, p. 27-28.

1. Ici, la technique (> p. 368).

Questions

1. Pourquoi la connaissance de la nature peut-elle « fournir la véritable base rationnelle de l'action de l'homme sur la nature » (l. 3-4) ? Vous expliquerez l'argumentation de l'auteur à la lumière de la formule.
2. Proposez un exemple qui montre le lien entre « la science » et « l'art » (v. note 1).
3. Les sciences ont-elles pour vocation de servir l'industrie ? Comparez avec le texte de Russell, p. 348.
4. « C'est à quoi malheureusement on est que trop enclin de nos jours » (l. 20-21) : ce constat fait au XIXe siècle est-il toujours d'actualité selon vous ? Justifiez votre réponse en prenant des exemples.

TEXTE 18 Weber, *Essais sur la théorie de la science*, 1904-1917

WEBER
1864-1920
Époque contemporaine
▸ p. 523

La science peut répondre aux questions sur la nature ou la société, mais ne peut se substituer à l'exercice de la réflexion et de la décision, quand il s'agit d'agir.

Une science empirique ne saurait enseigner à qui que ce soit ce qu'il *doit* faire, mais seulement ce qu'il *peut* et – le cas échéant – ce qu'il *veut* faire. Il est exact que dans le domaine de notre discipline[1], les conceptions personnelles du monde interviennent habituellement sans arrêt dans l'argumentation scientifique et qu'elles la troublent sans cesse, qu'elles conduisent à évaluer diversement le poids de cette argumentation, y compris dans la sphère de la découverte des relations causales simples, selon que le résultat augmente ou diminue les chances des idéaux personnels, ce qui veut dire la possibilité de vouloir une chose déterminée [...]. Cependant, il y a loin de cet aveu de faiblesse humaine à la croyance en une science « éthique » de l'économie politique qui aurait à tirer de sa matière des idéaux ou encore des normes concrètes par l'application d'impératifs éthiques généraux. Il est également exact que les éléments les plus intimes de la « personnalité », les suprêmes et ultimes jugements de valeur qui déterminent notre action et donnent un sens et une importance à notre vie, nous les ressentons justement comme quelque chose qui est « objectivement » d'un grand prix. En effet, nous ne réussissons à nous en faire les défenseurs que s'ils nous apparaissent comme valables parce qu'ils découlent de nos valeurs vitales suprêmes et qu'ils se développent dans la lutte contre les résistances que nous rencontrons au cours de notre existence. Sans nul doute, la dignité de la « personnalité » réside dans le fait qu'il existe des valeurs auxquelles elle rapporte sa propre existence et, si jamais dans le cas particulier ces valeurs se situaient exclusivement à *l'intérieur*, de la sphère de l'individualité personnelle, le fait de « se dépenser » en faveur des intérêts auxquels elle assigne *l'autorité de valeurs* devient alors l'idée à laquelle elle se réfère. En tout cas, la tentative de se faire au dehors l'avocat de jugements de valeur ne peut vraiment avoir un sens qu'à la condition de croire à des valeurs. Cependant : porter un jugement sur la validité de cette sorte de valeurs est une affaire de foi et peut-être aussi une tâche de la pensée spéculative et de l'interprétation du sens de la vie et du monde, mais ce n'est assurément pas l'objet d'une science empirique au sens où nous entendons ici la pratiquer.

Max Weber, *Essais sur la théorie de la science*, « L'objectivité de la connaissance dans les science sociales », © Plon, trad. J. Freund, 1965, p. 111.

1. Économie et sociologie.

REPÈRES
- **Croire/savoir** ▸ p. 487
- **Obligation/contrainte** ▸ p. 492

CULTURE PHILOSOPHIQUE

Dans son ouvrage *Le Savant et le Politique* (1919), Weber insiste sur la nécessité de la « neutralité axiologique » chez le scientifique. Dans l'amphithéâtre universitaire, le savant ne doit pas faire part de ses **valeurs** mais analyser des **faits**.

Questions

1. La science peut-elle être le guide de nos actions ? Quel est son pouvoir véritable, ici ?
2. Quelle concession l'auteur fait-il concernant les sciences humaines ? Cela remet-il en question sa position de départ ?
3. Comment comprendre la notion de « personnalité » ? Qu'apprenons-nous sur les valeurs ?

PERSPECTIVES

La morale et la politique

- Comment bien agir ?
- Au niveau collectif, la politique peut-elle être une science ?

TEXTE 19

Aristote, *Éthique à Nicomaque*, IVe s. av. J.-C.

ARISTOTE
Vers 384 av. J.-C.-322 av. J.-C.
Antiquité
▸ p. 496

Aristote nous propose ici de distinguer deux sortes de connaissances : celle de la sagesse (« prudence ») et celle de la science.

Mais on ne délibère jamais sur les choses qui ne peuvent être autrement qu'elles ne sont, ni sur celles qu'il nous est impossible d'accomplir ; par conséquent, s'il est vrai qu'une science s'accompagne de démonstration, mais que les choses dont les principes peuvent être autres qu'ils ne sont n'admettent pas de démonstration (car toutes sont également susceptibles d'être autrement qu'elles ne sont), et s'il n'est pas possible de délibérer[1] sur les choses qui existent nécessairement, la prudence[2] ne saurait être une science, ni un art : une science parce que l'objet de l'action peut être autrement qu'il n'est ; un art, parce que le genre de l'action est autre que celui de la production. Reste donc que la prudence est une disposition, accompagnée de règle vraie, capable d'agir dans la sphère de ce qui est bon ou mauvais pour un être humain.

Aristote, *Éthique à Nicomaque*, VI, 5, 1140 a 30-b 5, © Vrin, trad. J. Tricot, 1983.

1. La délibération désigne l'examen du pour et du contre, dans le domaine politique ou moral.
2. Ici, la sagesse dans les actions, « sagesse pratique » et non science théorique.

Question

La morale (« prudence ») peut-elle être une science ? Pourquoi ? À quelles réalités a-t-elle affaire ?

TEXTE 20

Husserl, *La Crise des sciences européennes*, 1935-1936

HUSSERL
1859-1938
Époque contemporaine
▸ p. 516

REPÈRES
Objectif/subjectif/intersubjectif
▸ p. 491

Husserl soulève un paradoxe : la science est associée aux succès spectaculaires des sociétés industrielles, et cependant, depuis la fin du XIXe siècle, elle ne semble plus être objet d'estime. Pourquoi cette « crise » de la science ?

Dans la détresse de notre vie, – c'est ce que nous entendons partout – cette science n'a rien à nous dire. Les questions qu'elle exclut par principe sont précisément les questions qui sont les plus brûlantes à notre époque malheureuse pour une humanité abandonnée aux bouleversements du destin[1] : ce sont les questions qui portent sur le sens ou l'absence de sens de toute cette existence humaine. Ces questions-là n'exigent-elles pas elles aussi, dans leur généralité et leur nécessité qui s'impose à tous les hommes, qu'on les médite suffisamment et qu'on leur apporte une réponse qui provienne d'une vue rationnelle ? Ces questions atteignent finalement l'homme en tant que dans son comportement à l'égard de son environnement humain et extra-humain il se décide librement, en tant qu'il est libre dans les possibilités qui sont les siennes de donner à soi-même et de donner à son monde ambiant une forme de raison. Or sur la raison et la non-raison, sur nous-mêmes les hommes en tant que sujets de cette liberté, qu'est-ce que la science a à nous dire ? La simple science des corps manifestement n'a rien à nous dire, puisqu'elle fait abstraction de tout ce qui est subjectif.

Edmund Husserl, *La Crise des sciences européennes et la Phénoménologie transcendantale*, © Gallimard, trad. G. Granel, 1976, p. 10-11.

1. Ici, la montée du nazisme.

CLÉ DE LECTURE

Husserl constate que les sciences se sont séparées de la philosophie, pour devenir des **« sciences positives »**, analysant des faits. La **philosophie**, dès sa fondation, intégrait les questions du sens de l'existence.

Questions

1. **À quelles questions la science ne répond-elle pas ?**
2. **Cela remet-il en cause la qualité du savoir qu'elle produit ? Aidez-vous de la référence à la « science des corps » (l. 15) et des textes de Merleau-Ponty (p. 358).**

ARRÊT SUR **IMAGES**

Série *Sherlock*, saison 1 : « Une étude en rose »

Fiche technique

- **Genre :** série policière
- **Création :** M. Gatiss et S. Moffat, d'après l'œuvre de Sir Arthur Conan Doyle
- **Producteur :** Sue Vertue
- **Distribution :** BBC One
- **Date de sortie :** 2010-2017
- **Durée :** 90 mn
- **Synopsis :** dans son premier « Sherlock Holmes », *Une étude en rouge* (1887), Conan Doyle met en scène la rencontre du docteur Watson et de Sherlock, dans un laboratoire. L'adaptation proposée par M. Gatiss et S. Moffat nous donne à voir par de multiples moyens cette proximité du célèbre détective avec la science.

Activités

1 **Visionnez l'intégralité du premier épisode de la saison 1.**

2 **Répondez aux questions suivantes.**

COMPRÉHENSION

1. Comment Watson et Sherlock se rencontrent-ils ?
2. Quelles sont à cette occasion les performances de Sherlock ? Quel est le nom de son blog ?
3. Quelle est l'affaire policière qu'ils doivent élucider par la suite ?
4. En quoi est-elle étrange et « inhabituelle » ?
5. Qu'est-ce qui fait la supériorité de Sherlock sur les autres enquêteurs ? Aidez vous d'une scène précise.
6. Comment son intelligence est-elle mise en scène dans l'épisode ?
7. Comment Sherlock trouve-t-il la clé de l'intrigue ?
8. Que nous apprend le face-à-face final, entre Sherlock et le criminel sur la personnalité du détective ?
9. Qui se profile derrière ce crime ?

RÉFLEXION

10. Pour chacune de ces méthodes, présentez un exemple dans la série :

    a. **L'observation scientifique** : interpréter et non simplement percevoir des faits.

    b. **L'induction :** relier les faits à des lois plus générales, ou à des cas généraux déjà rencontrés.

    c. **La déduction :** tirer toutes les conséquences possibles des hypothèses construites patiemment jusqu'à parvenir à des suites logiques.

11. Il y a deux façons de confirmer une hypothèse :

    – **la confrontation** : en découvrant des faits, en provoquant des situations, en faisant des expériences pour faire « parler » les personnes ou les faits ;

    – **la reconstitution mentale** : en éliminant les contradictions, en procédant à des raisonnements par l'absurde pour montrer que tel scénario est impossible, étant donnés les faits.

    Présentez à chaque fois un exemple tiré de l'épisode.

12. En vous aidant du texte d'Einstein (p. 351), dites pourquoi on peut aussi parler d'imagination et de créativité dans le travail scientifique.
13. En vous aidant du texte de Kant (p. 66), dites ce qui distingue le génie scientifique du génie artistique.

EXERCICES

Les termes et les concepts clés

1 Retenez les termes clés du chapitre : science, opinion, démonstration et expérimentation, diversité des savoirs, limites de la science théoriques et éthiques.

2 À l'aide de **« La nature a horreur du vide »** (Pascal, p. 347), de recherches complémentaires sur l'expérience de Torricelli et de l'ensemble des textes du chapitre, répondez aux questions suivantes pour tester votre maîtrise de ces concepts.

a. Qu'est-ce que la science a établi sur la question du vide ? Dégagez la distinction entre science et opinion.

b. Quelles sont les démarches scientifiques qui se conjuguent pour réfuter l'opinion « La nature a horreur du vide » ? Définissez démonstration et expérimentation.

c. La science nous procure-t-elle à elle seule la connaissance de la nature ? Dégagez la diversité des savoirs et exposez la spécificité du savoir scientifique.

d. La science peut-elle tout connaître de la nature ? Présentez les différents types d'obstacles (structurels et accidentels).

e. Pour la protection de la nature, la science seule peut-elle guider nos décisions ? Quel est son rôle ? Quelles sont ses limites ?

PERSPECTIVES

3 **a. Présentez le thème et la thèse de ce texte.**
b. Quelle est, selon vous, la perspective en jeu ? Justifiez votre réponse à l'aide des pages 29-38.

Il n'est pas possible non plus d'acquérir par la sensation une connaissance scientifique. En effet, même si la sensation a pour objet une chose de telle qualité, et non seulement une chose individuelle, on doit du moins nécessairement percevoir telle chose déterminée dans un lieu et à un moment déterminés. Mais l'universel, ce qui s'applique à tous les cas, est impossible à percevoir, car ce n'est ni une chose déterminée, ni un moment déterminé, sinon ce ne serait pas un universel, puisque nous appelons universel ce qui est toujours et partout. Puisque donc que les démonstrations sont universelles, et que les notions universelles ne peuvent être perçues, il est clair qu'il n'y a pas de science par la sensation.

Aristote, *Seconds Analytiques*, I, 31,
trad. J. Tricot, Vrin, 1979.

Analyser une iconographie

4 Faites une recherche sur l'Imagerie par résonance magnétique (IRM) p. 342, et répondez aux questions suivantes :

a. Comment décrire et définir cette technique ? Quels sont ces principaux usages aujourd'hui ?

b. Sur quelles théories scientifiques repose cette technique ?

c. Quelles sont les découvertes scientifiques faites grâce à cette technique ?

d. Que pouvez-vous en déduire sur les relations entre science et technique ?

Apprendre à problématiser

5 **a.** Lisez l'article du CNRS, « La science est-elle en crise ? » entretien avec le philosophe M. Girel, par C. Zeitoun (15/01/19)

b. En vous appuyant sur la totalité de l'article, expliquez pourquoi on peut parler aujourd'hui d'une dévalorisation du savoir.

c. Pourquoi est-il important de défendre la science dans nos sociétés ?

Maîtriser les repères

6 À partir des textes du chapitre et des repères qui leur sont associés sur la page, répondez aux questions suivantes, en vous aidant de la partie Repères (p. 486-494).

Ressemblance/analogie ▸ p. 493

Entre une théorie physique et un homme qui essaie de comprendre le mécanisme d'une montre fermée (Einstein, p. 350), y-a-t-il ressemblance ou analogie ?

Croire/savoir ▸ p. 487

Pourquoi l'opinion selon Bachelard (p. 347) n'est-elle jamais un savoir ?

Abstrait/concret ▸ p. 486

Une expérimentation est-elle pour Kant une démarche concrète (p. 353) ?

Objectif/subjectif/intersubjectif ▸ p. 491

La question du sens de l'existence peut-elle être résolue par l'objectivité scientifique selon Husserl (p. 361) ?

Réviser les points clés du chapitre

7 Répondez aux questions suivantes.

a. Les théories scientifiques sont-elles des croyances de scientifiques ?

b. Quelles sont les démarches qui donnent à la science sa rigueur ?

c. La science peut-elle répondre à toutes les questions ?

MÉTHODE

BAC La dissertation

SUJET Le développement des sciences conduit-il à penser qu'il n'existe aucune vérité définitivement établie ?

Ce sujet est traité ici comme un devoir à faire à la maison.

MÉTHODE

Étape 1 Organiser son temps

1 Fixez-vous **quatre temps de travail** :
- **Premier temps** : analyser et problématiser.
- **Deuxième temps** : faire des lectures, une fois le problème identifié.
- **Troisième temps** : organiser son argumentation, faire son plan détaillé.
- **Quatrième temps** : rédiger son devoir.

Étape 2 Analyser, problématiser et identifier les perspectives

2 Pour un devoir à la maison, n'hésitez pas à consulter des **dictionnaires**.

3 **Analysez aussi les termes** grâce à votre raisonnement personnel.

4 Soyez **attentif à l'ensemble de l'énoncé** : le sens des termes dépend de leur mise en relation dans le sujet.
- Dans ce sujet, confrontez deux notions :
– « développement des sciences »,
– « vérité définitivement établie ».
L'interrogation porte sur ce que l'on peut « penser » du « développement des sciences » : comment l'interpréter ?
- Le « développement des sciences » correspond à ce que l'on appelle « le progrès scientifique » : il désigne la capacité des théories scientifiques de s'étendre dans le temps et de se renouveler, ce qui revient à « dépasser », à « aller plus loin » que des théories plus anciennes. La notion de développement implique l'idée de croissance et de devenir : les sciences ne restent pas figées dans des contenus. Concernant le développement des sciences, ce sont les ouvrages d'histoire des sciences qui en donnent la meilleure illustration.
→ **Exemple :** le développement de l'astronomie de la théorie du « géocentrisme » vers la « révolution copernicienne ».
Le développement des sciences fait signe vers le dynamisme de la pensée scientifique, toujours en « **recherche** ». De ce point de vue, on pourra opposer à la science la mentalité « **dogmatique** » des croyances en général.
- Dans ce sujet, une tension peut être dégagée : le dynamisme de la pensée scientifique peut susciter un certain embarras.
Si le savoir scientifique est en perpétuelle évolution, cela signifie-t-il qu'aucune vérité n'est définitive ? Nous nous représentons habituellement la vérité comme ce qui se manifeste suite à un dévoilement, à

CONSEILS

Nous vous donnons ici des conseils sur les deux premières étapes. Reportez-vous :
– pour l'étape 3 : aux pages 404-405 ;
– pour l'étape 4 : aux pages 407-410.

N'oubliez pas de consulter aussi les Repères du programme (p. 490-498).

Il faut définir « **développement des sciences** » pour saisir les tensions et les enjeux autour de cette notion.

Dans l'usage courant, « se développer » signifie « changer, évoluer, prendre de l'ampleur ou de l'envergure ».

Consultez une histoire des sciences : choisissez un domaine de recherche scientifique et notez les grands moments de son « développement ».

Le **dogmatisme** se définit par l'assurance dans la capacité de posséder la vérité.

une « découverte ». Une fois que le scientifique aurait percé les secrets de son objet d'étude, la vérité apparaîtrait dans tout son éclat. Pourquoi continuer à chercher donc ?
Si la vérité est la découverte de la réalité, le développement des sciences signifie alors que la vérité n'est pas encore atteinte.
Les notions de changement et d'évolution peuvent être interprétées dans un sens **sceptique** : la science ne parvient jamais à la vérité, ce qui est tenu pour vrai à un moment donné (par exemple, le géocentrisme) sera tenu pour faux par la suite (révolution copernicienne).
Par conséquent, les théories scientifiques sont-elles autre chose que des croyances ? Ce qu'elles tiennent pour vrai ne l'est-il que pour une durée déterminée ?
Quelle distinction dans ce cas entre **croire et savoir** ?
Le sujet porte donc sur la perspective de la connaissance.
Il invite à confronter un aspect essentiel de l'activité scientifique : l'évolution des théories et la valeur de la vérité souvent associée à l'idée d'un savoir définitif et indiscutable.
L'activité scientifique nous oblige de fait à repenser la notion de vérité comme connaissance absolue.

PERSPECTIVES
La connaissance, p. 36
Le **scepticisme** consiste à douter de la capacité humaine à atteindre la vérité et des connaissances définitives (v. texte de Sextus Empiricus p. 454).

PERSPECTIVES
La connaissance, p. 36
Y a-t-il des connaissances certaines ?
Y a-t-il des vérités indiscutables ?
Ce que nous tenons pour vrai n'est-il qu'une croyance ?
Pouvons-nous acquérir un savoir objectif ?

5 En reprenant les différents éléments de réflexion, **formulez votre problématique** : le renouvellement incessant des théories scientifiques signifie-t-il que les théories du passé sont périmées, que rien de ce fait ne peut être considéré comme vrai de façon définitive et universelle ?

Étape 3 Argumenter

Déroulez, dans un second temps, votre argumentation.
a. L'histoire des sciences enseigne que la science est profondément dynamique : le savoir n'est jamais considéré comme définitivement atteint, il est l'objet d'une « recherche » incessante.
b. Mais pour autant cela ne doit pas conduire à penser que la science est incapable de produire du savoir et que les théories ne sont au fond que des croyances tenues pour vraies de façon très provisoire. Science et opinion s'opposent. Les théories réfutées ne sont pas de même nature que de simples opinions.
c. Le progrès scientifique fait partie du rationalisme scientifique : l'existence des sciences nous contraint à repenser notre façon de concevoir la vérité. Nous avons tendance à identifier vérité et révélation définitive, dévoilement indiscutable. La vérité rationnelle n'est pas incompatible avec le dialogue permanent et critique. Il n'y a pas de vérités indiscutables en science, ce qui ne veut pas dire qu'il n'y a pas de connaissances acquises. Ce sont les ensembles théoriques qui peuvent toujours faire l'objet de reconfiguration et de précision.

Ce qui caractérise une croyance dogmatique ou une idéologie c'est de ne pas évoluer.
La science se présente dès son origine comme une tradition de débats entre écoles opposées.

Étape 4 Lire et prendre des notes

7 **Utilisez votre manuel, c'est votre outil de travail.**
a. Consultez **le sommaire du manuel** : notez les pages des textes qui vous intéressent.
→ Les textes qui portent sur le dynamisme des sciences : Einstein (p. 350), Popper (p. 351), Bachelard (p. 347), Russell (p. 348), Simon (p. 355).
b. Cherchez dans les pages **Repères** (p. 490-498) les concepts qui sont utiles à l'analyse et à l'argumentation.
c. Faire une recherche sur les débats autour du livre de Kuhn, *La Structure des révolutions scientifique* (v. Simon cité p. 355).

Prenez des notes sous l'angle du sujet et réfléchissez à ce que chaque document peut apporter pour chacune des étapes de votre argumentation.

Par exemple, vrai/probable/certain p. 494

DU CAS POUR L'ÉTUDE...

Le gratte-ciel et l'ascenseur : un système technique

- Qu'est-ce qu'une innovation ?
- À quelles conditions fonctionne un dispositif technique ?
- Comment nous approprions-nous les techniques ?

1 *Les plus grands édifices*

Depuis l'Antiquité, les hommes ont construit des édifices élevés. Cependant ceux-ci possèdent une fonction défensive ou religieuse ; il ne s'agit pas de tours d'habitation. En effet, pour élever les murs d'un bâtiment en pierre ou en brique, il faut les renforcer, ce qui conduit à bâtir des murs très épais qui réduisent la surface habitable. Les matériaux de construction qui se développent au XIXe siècle (notamment le béton et l'acier) permettent de construire de hautes tours avec des parois beaucoup plus fines. Mais ce n'est pas tout : qui voudrait grimper tous les jours les escaliers pour monter jusqu'au 102e étage de l'Empire State Building ?

Kate Ascher, *The Heights. Anatomy of a Skyscraper* [*Les Hauteurs. Anatomie d'un gratte-ciel*], © Penguin Books, trad. H. Vuillermet, 2011, p. 92.

2 *Toujours plus haut ?*

Alors qu'on explique souvent la croissance des gratte-ciel par l'invention de l'ossature structurelle en acier, leur succès est largement dû à l'invention de l'ascenseur destiné au public. À quoi servirait un immeuble à structure d'acier trop haut pour qu'on puisse y monter par les escaliers ? De fait, l'accroissement de la hauteur des tours est allé de pair avec le développement technique des ascenseurs : les bâtiments commerciaux sont devenus plus hauts et plus nombreux à mesure que les ascenseurs devenaient meilleurs et plus rapides.

Kate Ascher, *ibid.*

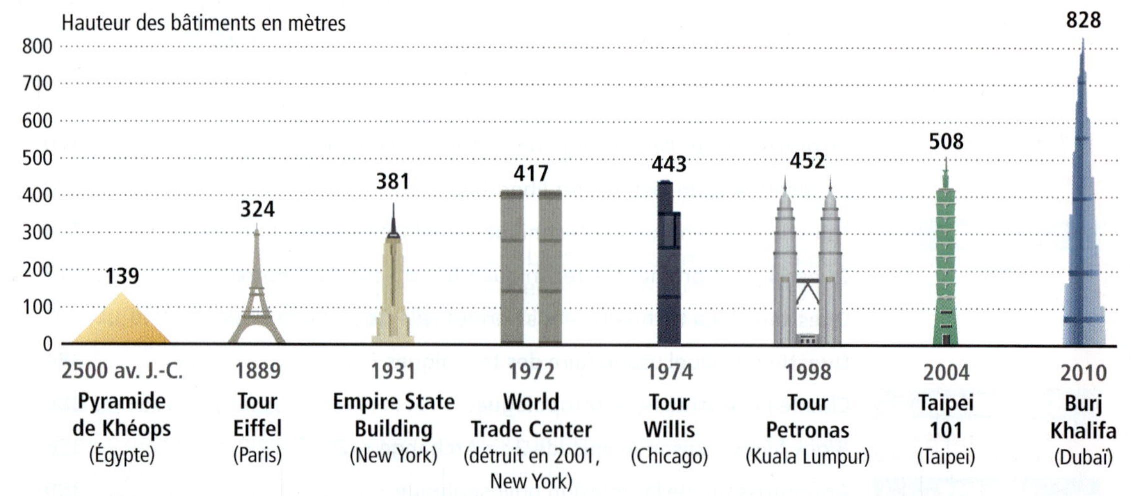

Les plus hauts bâtiments du monde.

Démonstration par Elisha Otis du dispositif de sécurité de l'ascenseur, à l'exposition de Cristal Palace, Londres, 1854.

3 Un ascenseur qui ne tombe pas

La technologie du piston était fiable, mais limitée : cette colonne d'acier qui permettait de faire monter la cabine devait reposer sur un puits aussi profond sous le sol que l'immeuble s'élevait au-dessus de lui. Du reste, cette technologie était lente – elle convenait peut-être pour transporter des marchandises, mais pas des travailleurs pressés.

Il ne fait pas de doute que l'avancée la plus importante dans l'histoire des ascenseurs a eu lieu au début des années 1850, quand Elisha Otis a introduit « l'ascenseur à dispositif de sécurité » qui s'élevait grâce des câbles et des poulies (et non plus grâce à un piston). Sa fameuse démonstration à l'exposition de Cristal Palace en 1854, où, debout dans une cabine d'ascenseur ouverte, il a coupé les câbles de celui-ci, a marqué le début de l'ère des ascenseurs destinés au public.

Kate Ascher, *ibid.*

4 Une invention aux multiples avantages

Si l'invention d'Otis est si ingénieuse, ce n'est pas seulement parce qu'elle améliore la vitesse et la sécurité. Du fait que son ascenseur dépend d'un contrepoids pour élever la cabine, son fonctionnement requiert moins d'électricité ; sans contrepoids, les ascenseurs consommeraient en moyenne sept fois plus d'électricité. Aujourd'hui encore, les ascenseurs restent l'un des postes les moins gourmands en énergie d'un édifice élevé : ils représentent moins de 5 % de l'énergie consommée par un gratte-ciel répondant à toutes les normes environnementales.

Les ascenseurs actuels revêtent des formes qui surprendraient Otis lui-même. On peut ainsi charger ou décharger à deux étages simultanément grâce à des ascenseurs à deux niveaux, tandis que des cages jumelles permettent à plusieurs cabines de se déplacer dans un même conduit. Du reste, les cabines circulent aujourd'hui à une vitesse qu'il aurait eu peine à imaginer – celle-ci est seulement limitée par la capacité de l'oreille humaine à s'adapter à des changements de la pression de l'air.

Kate Ascher, *ibid.*, p. 93.

Questions

1. **Pourquoi n'existe-t-il pas de gratte-ciel avant la fin du XIXe siècle ?**
2. **En quoi les gratte-ciels et les ascenseurs forment-ils un système ? Quels autres éléments sont nécessaires au fonctionnement de celui-ci ?**
3. **Une innovation n'a-t-elle d'utilité que dans un système technique ?**
4. **Qu'est-ce qui limite aujourd'hui la vitesse des ascenseurs ?**

Pour aller plus loin

Faites une enquête sur les autres avancées techniques qui ont rendu possible l'édification de gratte-ciels.

...AUX **QUESTIONS CLÉS**

Podcast

La technique, un instrument libérateur ?

▶ À quoi servirait-il de construire une tour de trente étages sans ascenseur pour y monter ? Le monde que nous habitons est largement constitué par des objets artificiels qui fonctionnent en **système**. Les objets **techniques** sont fabriqués par les hommes (ce qui les distingue des êtres naturels) en vue d'une **fin déterminée** (par différence avec les œuvres d'art qui n'ont pas d'utilité). Ce sont des moyens de répondre à un **besoin**. Néanmoins, ces partitions ne sont pas sans poser problème. Une rose « Auguste Renoir » (dont la variété a été créée par les hommes) est-elle naturelle ou artificielle ? L'architecture relève-t-elle de la technique ou des beaux-arts ? Construire un édifice impose de respecter certaines **règles techniques**, mais l'architecture répond également à des **critères esthétiques**.

REPÈRES

Médiat/immédiat ▶ p. 491

Théorie/pratique ▶ p. 493

1 Comment la technique transforme-t-elle l'humanité ?

▶ La **technique** peut être considérée comme l'une des **différences spécifiques** de l'humanité. Le mythe de Prométhée (Platon, p. 374) en fait la **compensation d'un manque originel**. Les instincts des animaux leur permettent de survivre dans la nature, tandis que les enfants, relativement faibles, restent plusieurs années sans pouvoir subsister par eux-mêmes. Les techniques permettent aux hommes de compenser le défaut de l'instinct et de pourvoir à leurs besoins : l'agriculture, la chasse, la pêche leur permettent de se nourrir.

▶ De nombreux animaux fabriquent des objets complexes (on s'émerveille de la construction de certains nids ou de la forme géométrique des galettes de cire) ; certains utilisent des outils ; d'autres (mais à un degré bien moindre que l'espèce humaine) semblent se transmettre un savoir-faire d'une génération à l'autre ou adapter leurs constructions à l'environnement. Leurs comportements nous interpellent : le développement technique constitue-t-il une **différence de nature** entre les êtres humains et les animaux, ou seulement une **différence de degré** ? Grâce aux techniques, il semble que nous puissions nous affranchir de nos limites naturelles. Notre corps est ainsi fait que nous ne pouvons pas voler dans les airs, mais grâce à la médiation d'un deltaplane, d'un avion ou d'un hélicoptère, le vol devient possible.

Galets aménagés, période préhistorique, St-Clar-de-Rivière.

▶ Cependant, les besoins ne sont pas constants, mais évoluent selon les techniques existantes : le téléphone portable ou internet, qui n'existaient pas il y a quelques décennies, nous apparaissent aujourd'hui comme des objets indispensables. Dès lors, les techniques peuvent-elles apporter une **satisfaction à nos besoins** ou nous entraînent-elles dans une **quête sans fin** ?

2 Comment la technique s'inscrit-elle dans notre corps ?

▶ Les techniques ne désignent pas seulement un ensemble d'objets extérieurs, elles sont ancrées dans notre corps, et, en particulier, dans la partie la plus instrumentale de notre corps, **la main** (Aristote, p. 377). La technique possède une **dimension productive** (elle s'extériorise dans un objet), et **pratique** (elle vise une amélioration du geste et une transformation du sujet, tels la danse ou le chant, p. 44-45). Même les gestes qui nous semblent naturels, comme marcher ou plonger, requièrent un **apprentissage**. Mauss définit les « techniques du corps » comme « les façons dont les hommes, société par société, d'une façon traditionnelle, savent se servir de leur corps » (p. 380). Avant de s'extérioriser dans des objets, la technique désigne **un savoir-faire** approprié et efficace.

▶ Tant que l'individu est au centre des outils et des instruments qu'il utilise, il peut ressentir l'évolution technique comme **un progrès**, une amélioration de son action ou de sa perception (Simondon, p. 378). Lorsque nous frappons avec un marteau, la puissance de notre coup est augmentée ; le microscope nous permet de voir des éléments invisibles à l'œil nu. Cependant, avec le développement des machines au XIXe siècle, il peut sembler que **la technique nous échappe** : le centre de l'activité technique n'est plus l'homme mais la machine, de sorte que naît **un sentiment d'aliénation** (p. 425 et 236).

Lancement d'Ariane 5, Kourou, décembre 1999.

3 La technique permet-elle de dominer la nature ?

▶ Les techniques reposent sur **la transformation de matériaux naturels**. À quelles conditions cette transformation est-elle légitime ? (Larrère, p. 282) Avons-nous le droit de mettre la nature à notre service ? (Descartes, p. 382) Peut-être faut-il distinguer des **techniques traditionnelles** qui s'inscrivent dans la nature sans l'altérer irréversiblement et la « **technique moderne** », qui considère la nature comme un « fonds » d'énergie à exploiter (Heidegger, p. 383). **Le pouvoir de l'homme** sur la nature est ambivalent : à la fois merveilleux et terrible (Sophocle, p. 381 ; Thoreau, p. 280).

4 Quel usage faire des techniques ?

▶ Cette ambivalence est constitutive des techniques (Platon, p. 384). Dans la mesure où elles reposent sur une extériorisation dans un objet extérieur, elles comportent **un risque de dépossession, d'aliénation**.

▶ Sommes-nous maîtres des techniques que nous avons créées ? Des techniques telles que l'énergie nucléaire nous donnent un pouvoir de destruction inédit (Anders, p. 376). **Ce pouvoir semble excéder notre maîtrise :** nous subissons les effets de techniques que les autres utilisent (par exemple, la pollution automobile) et nous ne connaissons pas l'ensemble des conséquences des techniques que nous utilisons, comme le montre le problème du stockage des déchets nucléaires. L'amplification inédite de notre pouvoir nous confère de **nouvelles obligations** (Jonas, 385). C'est aux hommes que revient la responsabilité de régler leur usage des techniques, aux niveaux individuel et politique.

À RETENIR...

- L'histoire de **l'humanité** est **inséparable** de celle des **techniques**. Ce n'est pas sans raison que les premiers âges de l'humanité reçoivent les noms des techniques qui y furent développées, tels que « paléolithique », « néolithique» ou les « âges des métaux ».
- La technique peut être définie comme une « **disposition à produire accompagnée de règle exacte** » (Aristote, *Éthique à Nicomaque*, VI, 4). C'est un savoir-faire, une pratique réglée par la raison, par opposition à un geste produit par le hasard.
- Les techniques sont **ambivalentes** et comportent **un risque d'aliénation**.
- Notre usage des techniques doit faire l'objet de **choix politiques**. L'accroissement de notre pouvoir sur la nature nous confère des **devoirs**.

TEXTES

QUESTION 1

Comment la technique transforme-t-elle l'humanité ?

TEXTE 1 Platon, *Protagoras*, IVe siècle av. J.-C.

Protagoras raconte un mythe qui nous transporte au moment de la création des espèces animales et qui éclaire ce qui fait de l'homme un être de culture différent des autres animaux.

PLATON
Vers 427 av. J.-C. - Vers 347 av. J.-C.
Antiquité
▸ p. 498

Il fut un temps où les dieux existaient déjà, mais où les races mortelles n'existaient pas. Lorsque fut venu le temps de leur naissance, fixé par le destin, les dieux les façonnèrent à l'intérieur de la terre, en réalisant un mélange de terre, de feu et de tout ce qui se mêle au feu et à la terre. Puis, lorsque vint le moment de les produire à la lumière, ils chargèrent Prométhée et Épiméthée de répartir les capacités entre chacune d'entre elles, en bon ordre, comme il convient. Épiméthée demande alors avec insistance à Prométhée de le laisser seul opérer la répartition : « Quand elle sera faite, dit-il, tu viendras la contrôler. » L'ayant convaincu de la sorte, il opère la répartition. Et dans sa répartition, il dotait les uns de force sans vitesse et donnait la vitesse aux plus faibles ; il armait les uns et, pour ceux qu'il dotait d'une nature sans armes, il leur ménageait une autre capacité de survie. À ceux qu'il revêtait de petitesse, il donnait des ailes pour qu'ils puissent s'enfuir ou bien un repaire souterrain ; ceux dont il augmentait la taille voyaient par là-même leur sauvegarde assurée ; et dans sa répartition, il compensait les autres capacités de la même façon. Il opérait de la sorte pour éviter qu'aucune race ne soit anéantie ; après leur avoir assuré des moyens d'échapper par la fuite aux destructions mutuelles, il s'arrangea pour les prémunir contre les saisons de Zeus : il les recouvrit de pelages denses et de peaux épaisses, protections suffisantes pour l'hiver, mais susceptibles aussi de les protéger des grandes chaleurs, et constituant, lorsqu'ils vont dormir, une couche adaptée et naturelle pour chacun ; il chaussa les uns de sabots, les autres de peaux épaisses et vides de sang. Ensuite, il leur procura à chacun une nourriture distincte, aux uns l'herbe de la terre, aux autres les fruits des arbres, à d'autres encore les racines ; il y en a à qui il donna pour nourriture la chair d'autres animaux ; à ceux-là, il accorda une progéniture peu nombreuse, alors qu'à leurs proies il accorda une progéniture abondante, assurant par-là la sauvegarde de leur espèce.

Cependant, comme il n'était pas précisément sage, Épiméthée, sans y prendre garde, avait dépensé toutes les capacités pour les bêtes, qui ne parlent pas ; il restait encore la race humaine, qui n'avait rien reçu, et il ne savait pas quoi faire.

Alors qu'il était dans l'embarras, Prométhée arrive pour inspecter la répartition, et il voit tous les vivants harmonieusement pourvus en tout, mais l'homme nu, sans chaussure, sans couverture, sans armes. Et c'était déjà le jour fixé par le destin, où l'homme devait sortir de terre et paraître à la lumière. Face à cet embarras, ne sachant comment il pouvait préserver l'homme, Prométhée dérobe le savoir technique d'Héphaïstos et d'Athéna, ainsi que le feu – car, sans feu, il n'y avait pas moyen de l'acquérir ni de

REPÈRES
Genre/espèce/individu
▸ p. 489

CLÉ DE LECTURE
Pro-méthée signifie « celui qui pense avant » ; **Épi-méthée**, « celui qui pense après. » Les deux frères sont des **Titans**, divinités qui s'opposent aux Olympiens.

DÉFINITION

- Le terme grec ***technê*** signifie le savoir-faire, et peut-être traduit par « technique » ou par « art », car dans l'Antiquité ces deux domaines ne sont pas séparés.
- « Vergogne », ou « pudeur », traduit le grec ***aïdos***, qui signifie la honte d'accomplir une mauvaise action, ce que nous appellerions aujourd'hui la conscience morale.

s'en servir –, et c'est ainsi qu'il en fait présent à l'homme. De cette manière, l'homme était donc en possession du savoir qui concerne la vie, mais il n'avait pas le savoir politique ; en effet, celui-ci se trouvait chez Zeus. Or Prométhée n'avait plus le temps d'entrer dans l'acropole où habite Zeus, et il y avait en plus les gardiens de Zeus, qui étaient redoutables ; mais il parvient à s'introduire sans être vu dans le logis commun d'Héphaïstos et d'Athéna, où ils aimaient à pratiquer leurs arts, il dérobe l'art du feu, qui appartient à Héphaïstos, ainsi que l'art d'Athéna, et il en fait présent à l'homme. C'est ainsi que l'homme se retrouva bien pourvu pour sa vie, et que, par la suite, à cause d'Épiméthée, Prométhée, dit-on, fut accusé de vol.

Puisque l'homme avait sa part du lot divin, il fut d'abord, du fait de sa parenté avec le dieu, le seul de tous les vivants à reconnaître des dieux, et il entreprit d'ériger des autels et des statues de dieux ; ensuite, grâce à l'art, il ne tarda pas à émettre des sons articulés et des mots, et il inventa les habitations, les vêtements, les chaussures, les couvertures et les aliments qui viennent de la terre. Ainsi équipés, les hommes vivaient à l'origine dispersés, et ils n'avaient pas de cités ; ils succombaient donc sous les coups des bêtes féroces, car ils étaient en tout plus faibles qu'elles, et leur art d'artisans, qui constituait une aide suffisante pour assurer leur nourriture, s'avérait insuffisant dans la guerre qu'ils menaient contre les bêtes sauvages. En effet, ils ne possédaient pas encore l'art politique, dont l'art de la guerre est une partie. Ils cherchaient bien sûr à se rassembler pour assurer leur sauvegarde en fondant des cités. Mais chaque fois qu'ils étaient rassemblés, ils se comportaient d'une manière injuste les uns envers les autres, parce qu'ils ne possédaient pas l'art politique, de sorte que, toujours, ils se dispersaient à nouveau et périssaient. Ainsi Zeus, de peur que notre espèce n'en vînt à périr tout entière, envoie Hermès apporter à l'humanité la Vergogne et la Justice, pour constituer l'ordre des cités et les liens d'amitié qui rassemblent les hommes. Hermès demande alors à Zeus de quelle façon il doit faire don aux hommes de la Justice et de la Vergogne : « Dois-je les répartir de la manière dont les arts l'ont été ? Leur répartition a été opérée comme suit : un seul homme qui possède l'art de la médecine suffit pour un grand nombre de profanes, et il en est de même pour les autres artisans. Dois-je répartir ainsi la Justice et la Vergogne entre les hommes, ou dois-je les répartir entre tous ? » Zeus répondit : « Répartis-les entre tous, et que tous y prennent part ; car il ne pourrait y avoir de cités, si seul un petit nombre d'hommes y prenaient part, comme c'est le cas pour les autres arts ; et instaure en mon nom la loi suivante : qu'on mette à mort, comme un fléau de la cité, l'homme qui se montre incapable de prendre part à la Vergogne et à la Justice. »

Platon, *Protagoras*, 320 c-322 d, © GF-Flammarion, trad. F. Ildefonse, 1997, pp. 84-87.

Questions

1. **D'après quel principe Épiméthée distribue-t-il les capacités entre les animaux ? Les alloue-t-il aux espèces ou aux individus ? De quoi les protège-t-il ?**
2. **Les hommes sont-ils bien pourvus par la nature ou sont-ils démunis à l'issue de la répartition d'Épiméthée ?**
3. **Le don de la technique par Prométhée est-il suffisant pour compenser l'oubli d'Épiméthée ? En quoi la technique se distingue-t-elle des capacités allouées aux animaux ?**

PERSPECTIVES

La morale et la politique

- D'après quel principe Hermès distribue-t-il les vertus politiques que sont la Vergogne et la Justice ? Que peut-on en déduire concernant les rapports de la technique et de la politique ?
- En quoi ce texte critique-t-il la « technocratie » ? Cherchez l'étymologie de ce terme.

Pour aller plus loin

1. Qui sont les dieux mentionnés dans ce texte ?
2. Quel est le châtiment de Prométhée pour avoir volé le feu de Zeus ?

TEXTES

TEXTE 2 Anders, *Le Temps de la fin*, 1972

La condition humaine est-elle immuable ? Ce que nous sommes capables de faire, grâce aux techniques, peut-il modifier notre « statut métaphysique » ? Anders médite les conséquences sur la définition même de l'humanité du largage de la première bombe atomique sur Hiroshima le 6 août 1945.

ANDERS
1902-1992
Époque contemporaine
Né dans l'Empire allemand, exilé en 1933 pour fuir le nazisme, en France puis aux États-Unis, il devient, à son retour en Europe après 1945, l'un des pionniers du mouvement antinucléaire et un penseur critique de la technique.

Nous sommes des êtres d'un nouveau genre. Des événements de la taille d'Hiroshima n'attendent pas de savoir si nous voulons bien condescendre à les envisager et à nous mesurer à eux. Ce sont eux qui décident qui est transformé. D'où la question : qu'est-ce que l'événement Hiroshima a transformé en nous ?

Notre statut métaphysique[1]. Dans quelle mesure l'a-t-il transformé ?

Explosions nucléaires à Hiroshima, le 6 août 1945 et à Nagasaki, le 9 août 1945. ▸ Jonas, p. 281

Jusqu'en 1945, nous n'avons tenu qu'un second rôle dans une pièce sans fin, dans une pièce dont nous ne nous sommes du moins pas cassé la tête pour savoir si elle avait ou non une fin. La pièce dans laquelle nous jouons désormais des hommes sans puissance est elle-même devenue secondaire. D'une façon non imagée, maintenant : jusqu'en 1945, nous n'avons été que les membres mortels d'un genre conçu comme intemporel, d'un genre face auquel nous ne nous sommes du moins jamais vraiment posé la question : « Est-il mortel ou immortel ? » Maintenant, nous appartenons à un genre qui, en tant que tel, est mortel. « Mortel » (il est inutile de dissimuler cette distinction), non pas au sens d'un devoir-mourir, mais au sens d'un pouvoir-mourir.

Nous sommes passés du rang de « genre des mortels » à celui de « genre mortel ».

Günther Anders, *Le Temps de la fin*, © L'Herne, trad. Chr. David, 2007, p. 12-13.

REPÈRES
Genre/espèce/individu ▸ p. 489

1. Ce n'est pas seulement notre existence dans le temps qui est transformée, mais la nature de notre rapport au temps.

Questions

1. **Expliquez la différence entre « genre des mortels » et « genre mortel ».**
2. **Pourquoi Anders affirme-t-il que l'événement d'Hiroshima a changé notre statut métaphysique ? Aidez-vous aussi du texte de Jonas, p. 281.**

Oral

Existe-t-il une nature humaine immuable ? Aidez-vous du texte de Sartre, p. 286.

PERSPECTIVES

L'existence humaine et la culture

- Comment la technique transforme l'humanité ? Pourquoi est-ce paradoxal de l'affirmer ?
- Y a-t-il, selon vous, d'autres événements qui ont changé radicalement la condition humaine ?
- La finitude est-elle constitutive de la condition humaine ?
- Quelles relations la technique entretient-elle avec la finitude ?

Pour aller plus loin

Comparez avec le texte 6, p. 381. Sophocle considère-t-il que le genre humain est un « genre des mortels » ou un « genre mortel » ? Considère-t-il que la nature peut périr ?

QUESTION

2 Comment la technique s'inscrit-elle dans notre corps ?

TEXTE 3 Aristote, *Parties des animaux*, IVe siècle av. J.-C

Aristote, philosophe et biologiste, étudie la main humaine, organe singulier dans le règne animal.

ARISTOTE
Vers 384 av. J.-C.-322 av. J.-C.
Antiquité
▸ p. 496

Si donc c'est ainsi que les choses sont au mieux et que la nature réalise le meilleur à partir de ce qui est possible, ce n'est pas du fait de ses mains que l'être humain est le plus intelligent, mais du fait qu'il est le plus intelligent des animaux qu'il a des mains. Celui qui est le plus intelligent, en effet, se servira correctement du plus grand nombre d'instruments, or la main semble bien être, non pas un seul instrument, mais plusieurs, car c'est comme si elle était un instrument pour des instruments. C'est donc à celui qui est le dépositaire du plus grand nombre d'arts que la nature a donné celui des instruments qui est le plus largement utile, la main.

Quant à ceux qui disent que l'être humain n'est pas constitué correctement, mais qu'il l'est le plus mal parmi les animaux (car, disent-ils, il va sans chaussures, il est nu et sans arme pour lutter), ils ont tort. Les autres animaux, en effet, n'ont qu'un seul moyen de se protéger, et il n'est pas possible de le changer pour un autre, et il leur est nécessaire de toujours dormir et de tout faire comme s'ils gardaient leurs chaussures et de ne jamais déposer la protection qui entoure leur corps, ni de jamais changer l'arme dont ils ont été pourvus. Pour l'être humain, en revanche, il est toujours possible d'avoir plusieurs moyens de défense et d'en changer, et, de plus, d'avoir la sorte d'arme qu'il veut là où il le veut. La main, en effet, devient griffe, pince, corne ainsi que lance, épée et toute autre sorte d'arme et d'instrument : elle sera tout cela du fait qu'elle est capable de tout saisir et de tout tenir.

Aristote, *Parties des animaux*, 687a-687b, © Flammarion, « GF », trad. P. Pellegrin, 2011, p. 429.

Art rupestre préhistorique : grotte des mains, période néolithique, Santa Cruz, Argentine.

REPÈRES
▸ Principe/cause/fin
▸ p. 492

CONTEXTE
Aristote défend le **finalisme** : il soutient que les phénomènes naturels ne s'expliquent pas uniquement par des causes matérielles qui leur sont antérieures, mais aussi par la fin, le but, la forme bien déterminée que vise la nature. Par exemple, le sabot des ongulés (chevaux, chèvres…) ou le pied humain existent en vue de la marche ; cette fin explique le développement de ces organes.

Questions

1. Expliquez « c'est comme si [la main] était un instrument pour des instruments » (l. 6-7).
2. Quels sont les avantages de la main sur les autres organes des animaux ?

Débat

Est-il toujours possible de séparer nature et technique ?

Pour aller plus loin

1. Cherchez dans ce chapitre à quel mythe Aristote fait référence lorsqu'il conteste que l'homme soit « sans chaussures, nu et sans armes ». Pourquoi Aristote s'oppose-t-il à ceux qui soutiennent ce dénuement originel ?
2. Cherchez deux autres caractéristiques biologiques qui distinguent les hommes des autres animaux.

TEXTE 5 Mauss, *Sociologie et Anthropologie*, 1934

MAUSS
1872-1950
Époque contemporaine
▸ p. 518

La manière dont nous nageons, dont nous courons, dont nous marchons, est-elle le fruit de notre tempérament individuel ? Ces gestes que nous accomplissons sans y penser réclament-ils un savoir-faire, une technique ?

Une sorte de révélation me vint à l'hôpital. J'étais malade à New York. Je me demandais où j'avais déjà vu des demoiselles marchant comme mes infirmières. J'avais le temps d'y réfléchir. Je trouvai enfin que c'était au cinéma. Revenu en France, je remarquai, surtout à Paris, la fréquence de cette démarche ; les jeunes filles étaient françaises et elles marchaient aussi de cette façon. En fait, les modes de marche américaine, grâce au cinéma, commençaient à arriver chez nous. C'était une idée que je pouvais généraliser. La position des bras, celle des mains pendant qu'on marche forment une idiosyncrasie[1] sociale, et non simplement un produit de je ne sais quels agencements et mécanismes purement individuels, presque entièrement psychiques. Exemple : je crois pouvoir reconnaître aussi une jeune fille qui a été élevée au couvent. Elle marche, généralement, les poings fermés. Et je me souviens encore de mon professeur de troisième m'interpellant : « Espèce d'animal, tu vas tout le temps tes grandes mains ouvertes ! » Donc il existe également une éducation de la marche.

Marcel Mauss, « Techniques du corps », dans *Sociologie et Anthropologie*, © PUF, 2013, p. 368.

REPÈRES
- **En acte/en puissance** ▸ p. 486
- **Contingent/nécessaire** ▸ p. 487

1. Manière d'être propre à un individu.

CONCEPT

Plonger, courir, manger, relèvent, selon le terme de Mauss, d'un ***habitus***. Nous croyons que ces gestes sont naturels parce que nous nous les sommes progressivement appropriés, au point de ne pas remarquer ce qu'ils ont de contingent et de ne pas pouvoir nous en défaire aisément. Ils sont devenus, selon l'expression d'Aristote au sujet de l'habitude (*hexis*), une « seconde nature ». Du reste, ces « **techniques du corps** » sont sociales et non individuelles : leur adoption n'est généralement pas consciente, ni volontaire. (Voir aussi Lévi-Strauss, p. 266)

Plongeurs experts exécutant le plongeon « de l'hirondelle » depuis un plongeoir de 10 mètres de haut, Londres, vers 1930.

Questions

1. **Que remarque Mauss lors de son séjour à l'hôpital américain ? Pour quelle raison, à son retour, les jeunes filles françaises marchent-elles de la même façon que les infirmières new-yorkaises ?**
2. **Pourquoi Mauss affirme-t-il que la démarche est une « idiosyncrasie sociale » (l. 9) ? Expliquez l'oxymore.**
3. **Exposez en détail un autre exemple de « technique du corps ».**

PERSPECTIVES

L'existence humaine et la culture

- Pourquoi dit-on de la culture qu'elle est une « seconde nature » ?
- Sommes-nous conscients du caractère social, historique, des « techniques du corps » que nous mobilisons ?
- Existe-t-il une nature humaine stable ? Si oui, comment y avons-nous accès ?

Pour aller plus loin

Expliquez ce que Mauss reprend à Aristote (texte 3, p. 377). Quelle est toutefois la différence majeure entre leurs positions ?

QUESTION

3 La technique nous permet-elle de dominer la nature ?

TEXTE 6 Sophocle, *Antigone*, 441 av. J.-C.

Le chœur de la tragédie antique chante la capacité humaine à fabriquer, à manier des objets, mais aussi à instituer, à inventer des formes d'organisation.

SOPHOCLE
495 av. J.-C.-
406 av. J.-C.
Antiquité
Poète tragique grec, auteur de très nombreuses pièces dont seulement sept nous sont parvenues, il est considéré, avec Eschyle et Euripide, comme l'une des figures fondatrices du théâtre antique.

Le chœur. – Il est bien des merveilles en ce monde, il n'en est pas de plus grande que l'homme. Il est l'être qui sait traverser la mer grise, à l'heure où soufflent le vent du Sud et ses orages, et qui va son chemin au milieu des abîmes que lui ouvrent les flots soulevés. Il est l'être qui tourmente la déesse auguste entre toutes, la Terre, la Terre éternelle et infatigable, avec ses charrues qui vont chaque année la sillonnant sans répit, celui qui la fait labourer par les produits de ses cavales. Les oiseaux étourdis, il les enserre et il les prend, tout comme le gibier des champs et les poissons peuplent les mers, dans les mailles de ses filets, l'homme à l'esprit ingénieux. Par ses engins il se rend maître de l'animal sauvage qui va courant les monts, et, le moment venu, il mettra sous le joug et le cheval à l'épaisse crinière et l'infatigable taureau des montagnes. Parole, pensée vite comme le vent, aspirations d'où naissent les cités, tout cela, il se l'est enseigné à lui-même, aussi bien qu'il a su, en se faisant un gîte, se dérober aux traits du gel ou de la pluie, cruels à ceux qui n'ont d'autre toit que le ciel. Bien armé contre tout, il ne se voit désarmé contre rien de ce que lui peut offrir l'avenir. Contre la mort seule, il n'aura jamais de charme permettant de lui échapper, bien qu'il ait déjà su contre les maladies les plus opiniâtres imaginer plus d'un remède.

Mais, ainsi maître d'un savoir dont les ingénieuses ressources dépassent toute espérance, il peut ensuite prendre la route du mal tout comme du bien. Qu'il fasse donc dans ce savoir une part aux lois de sa ville et à la justice des dieux, à laquelle il a juré foi ! Il montera alors très haut dans sa cité, tandis qu'il s'exclut de cette cité le jour où il laisse le crime le contaminer par bravade. Ah ! Qu'il n'ait plus de part alors à mon foyer ni parmi mes amis, si c'est là comme il se comporte !

Sophocle, *Antigone*, v. 332-375, © Les Belles Lettres, trad. P. Mazon, 2016.

D'après Pieter Brueghel l'Ancien (1525-1569), *La Chute d'Icare*, vers 1558 (œuvre originale), huile sur bois, transposée sur toile, 73 x 112 cm, Bruxelles, Musées royaux des Beaux-Arts de Belgique.

DÉFINITION

D'après le premier vers, l'homme est ***deinos***, c'est-à-dire à la fois **merveilleux** et **terrible**, de sorte que l'on peut aussi le traduire : « Nombreux sont les terribles, mais aucun plus que l'homme. » Dès l'ouverture de son chant, le chœur souligne ainsi l'**ambivalence** de la technique.

Questions

1. Citez trois activités humaines qui permettent à l'homme de maîtriser la nature (l. 1-21).
2. Selon Sophocle, quelle est la limite des pouvoirs humains (l. 25-27) ?
3. Les « ressources » que donnent le savoir et la technique aux hommes sont-elles toujours utilisées pour le bien (l. 28-34) ?

TEXTES

TEXTE 7 Descartes, *Discours de la méthode*, 1637

DESCARTES
1596-1650
Époque moderne
▸ p. 506

REPÈRES
Théorie/pratique ▸ p. 493

Descartes désire fonder un nouveau savoir qui soit « utile à la vie », par opposition avec l'enseignement théorique de son temps. Science et technique sont liées : la connaissance de la nature confère un pouvoir sur elle.

Mais, sitôt que j'ai eu acquis quelques notions générales touchant la physique, et que, commençant à les éprouver[1] en diverses difficultés particulières, j'ai remarqué jusques où elles peuvent conduire, et combien elles diffèrent des principes dont on s'est servi jusques à présent, j'ai cru que je ne pouvais les tenir cachées, sans pécher grandement contre la loi qui nous oblige à procurer, autant qu'il est en nous, le bien général de tous les hommes. Car elles m'ont fait voir qu'il est possible de parvenir à des connaissances qui soient fort utiles à la vie, et qu'au lieu de cette philosophie spéculative[2], qu'on enseigne dans les écoles, on en peut trouver une pratique[3], par laquelle, connaissant la force et les actions du feu, de l'eau, de l'air, des astres, des cieux et de tous les autres corps qui nous environnent, aussi distinctement que nous connaissons les divers métiers de nos artisans, nous les pourrions employer en même façon à tous les usages auxquels ils sont propres, et ainsi nous rendre comme maîtres et possesseurs de la Nature. Ce qui n'est pas seulement à désirer pour l'invention d'une infinité d'artifices, qui feraient qu'on jouirait sans aucune peine des fruits de la terre et de toutes les commodités qui s'y trouvent, mais principalement aussi pour la conservation de la santé, laquelle est sans doute le premier bien et le fondement de tous les autres biens de cette vie.

René Descartes, *Discours de la méthode*, VI.

1. Les mettre à l'épreuve.
2. Connaissance purement théorique, qui ne repose pas sur des expériences.
3. Tournée vers l'action.

Champ d'éoliennes en pleine mer.

Questions

1. **Quel bénéfice présente l'étude de la physique ?**
2. **Quelle précision décisive apporte « comme » dans l'expression « comme maîtres et possesseurs de la Nature » (l. 14) ?**

Débat

La technique nous permet-elle de dominer la nature ?

CONTEXTE

Descartes participe à la **révolution scientifique** du XVIIe siècle, qui donne à la physique un fondement mathématique.

PERSPECTIVES

La connaissance

- Quel type de connaissance Descartes recommande-t-il de développer ?
- Quels sont les liens entre science et technique ?
- En quoi les techniques contribuent-elles au développement des sciences ?
- Pourquoi le progrès des connaissances scientifiques et techniques est-il nécessairement collectif ?

TEXTE 8 Heidegger, « La question de la technique », 1953

HEIDEGGER
1889-1976
Époque contemporaine
▸ p. 516

La technique moderne renverse le rapport à la nature instauré par la technique traditionnelle : celle-ci s'insérait dans les processus naturels sans les altérer, tandis que la technique moderne soumet la nature, la considérant comme un « fonds » d'énergie qu'elle extrait, réaffecte et accumule.

La centrale électrique est mise en place dans le Rhin. Elle le somme[1] de livrer sa pression hydraulique, qui somme à son tour les turbines de tourner. Ce mouvement fait tourner la machine dont le mécanisme produit le courant électrique, pour lequel la centrale régionale et son réseau sont commis aux fins de transmission. Dans le domaine de ces conséquences s'enchaînant l'une l'autre à partir de la mise en place de l'énergie électrique, le fleuve du Rhin apparaît, lui aussi, comme quelque chose de commis[2]. La centrale n'est pas construite dans le courant du Rhin comme le vieux pont de bois qui depuis des siècles unit une rive à l'autre. C'est bien plutôt le fleuve qui est muré dans la centrale. Ce qu'il est aujourd'hui comme fleuve, à savoir fournisseur de pression hydraulique, il l'est de par l'essence de la centrale. Afin de voir et de mesurer, ne fût-ce que de loin, l'élément monstrueux qui domine ici, arrêtons-nous un instant sur l'opposition qui apparaît entre les deux intitulés : « Le Rhin », muré dans l'usine d'*énergie*, et « Le Rhin », titre de cette œuvre d'*art* qu'est un hymne de Hölderlin[3]. Mais le Rhin, répondra-t-on, demeure de toute façon le fleuve du paysage. Soit, mais comment le demeure-t-il ? Pas autrement que comme un objet pour lequel on passe une commande, l'objet d'une visite organisée par une agence de voyages, laquelle a constitué là-bas une industrie des vacances.

Le dévoilement qui régit complètement la technique moderne a le caractère d'une interpellation au sens d'une pro-vocation. Celle-ci a lieu lorsque l'énergie cachée dans la nature est libérée, que ce qui est ainsi obtenu est transformé, que le transformé est accumulé, l'accumulé à son tour réparti et le réparti à nouveau commué[4]. Obtenir, transformer, accumuler, répartir, commuer sont des modes du dévoilement.

Martin Heidegger, « La question de la technique », 1953,
in *Essais et Conférences*, © Gallimard, « Tel », trad. A. Préau, p. 21-22.

REPÈRES
Essentiel/ accidentel
▸ p. 488

1. Elle le contraint à.
2. Ici, que l'on oblige à délivrer de l'énergie.
3. Poète et philosophe allemand (1770-1843).
4. Transformé en quelque chose d'autre.

Questions

1. **Quelle différence Heidegger établit-il entre le pont de bois et la centrale électrique ? Expliquez : « C'est bien plutôt le fleuve qui est muré dans la centrale. » (l. 9-10)**
2. **Pourquoi Heidegger affirme-t-il que la technique moderne est une « pro-vocation » ? En quoi celle-ci renverse-t-elle notre rapport à la nature ?**

Pour aller plus loin

1. Montrez que la centrale implique un système technique (voir « Du cas pour l'étude... », p. 370).
2. Quel est l'apport de ce texte pour la question « Qu'est-ce que protéger la nature ? » (p. 278-279)

TEXTES

QUESTION

4 Quel usage faire des techniques ?

TEXTE 9 Platon, *Phèdre*, IVe siècle av. J.-C.

Toute nouvelle technique doit-elle être adoptée ? Platon examine une invention fondamentale dans l'histoire des civilisations : l'écriture.

PLATON
Vers 427 av. J.-C. - Vers 347 av. J.-C.
Antiquité
▸ p. 498

REPÈRES
En acte/ en puissance
▸ p. 486

SOCRATE. – Eh bien ! j'ai entendu dire que, du côté de Naucratis en Égypte, il y a une des vieilles divinités de là-bas, celle-là même dont l'emblème sacré est un oiseau qu'ils appellent, tu le sais, l'ibis ; le nom de cette divinité est Theuth. C'est donc lui qui, le premier, découvrit le nombre et le calcul et la géométrie et l'astronomie, et encore le trictrac[1] et les dés, et enfin et surtout l'écriture. Or, en ce temps-là, régnait sur l'Égypte entière Thamous, qui résidait dans cette grande cité du haut pays, que les Grecs appellent Thèbes d'Égypte, comme ils appellent le dieu (Thamous) Ammon. Theuth, étant venu le trouver, lui fit une démonstration de ces arts et lui dit qu'il fallait les communiquer aux autres Égyptiens. Mais Thamous lui demanda quelle pouvait être l'utilité de chacun de ces arts ; et, alors que Theuth donnait des explications, Thamous, selon qu'il les jugeait bien ou mal fondées, prononçait tantôt le blâme, tantôt l'éloge. Nombreuses, raconte-t-on, furent assurément les observations que, sur chaque art, Thamous fit à Theuth dans les deux sens, et dont une relation détaillée ferait un long discours. Mais, quand on en fut à l'écriture : « Voici, ô roi, dit Theuth, le savoir qui fournira aux Égyptiens plus de savoir, plus de science et plus de mémoire ; de la science et de la mémoire le remède [*pharmakon*] a été trouvé. » Mais Thamous répliqua : « Ô Theuth, le plus grand maître ès arts[2], autre est celui qui peut engendrer un art, autre celui qui peut juger quel est le lot de dommage et d'utilité pour ceux qui doivent s'en servir. Et voilà maintenant que toi, qui es le père de l'écriture, tu lui attribues, par complaisance, un pouvoir qui est le contraire de ceux qu'elle possède. En effet, cet art produira l'oubli dans l'âme de ceux qui l'auront appris, parce qu'ils cesseront d'exercer leur mémoire : mettant, en effet, leur confiance dans l'écrit, c'est du dehors, grâce à des empreintes étrangères, et non du dedans, grâce à eux-mêmes, qu'ils feront acte de remémoration ; ce n'est donc pas de la mémoire, mais de la remémoration, que tu as trouvé le remède. Quant à la science, c'en est la semblance que tu procures à tes disciples, non la réalité. Lors donc que, grâce à toi, ils auront entendu parler de beaucoup de choses, sans avoir reçu d'enseignement, ils sembleront avoir beaucoup de science, alors que, dans la plupart des cas, ils n'auront aucune science ; de plus, ils seront insupportables dans leur commerce[3], car ils seront devenus des semblants de savants, au lieu d'être des savants. »

Platon, *Phèdre*, 274 b-275 b, © Flammarion, « GF », trad. L. Brisson, 2011, p. 165-166.

1. Jeu de dés.
2. Maître dans les techniques.
3. Relations sociales.

DÉFINITION

Le mot grec ***pharmakon***, qui signifie à la fois le remède et le poison, exprime l'ambivalence de l'écriture. Un phénomène est **ambivalent** (du grec *ambos*, « deux ») quand il possède à la fois une valeur positive et une valeur négative.

Questions

1. Quel sera le bénéfice de l'écriture, d'après Theuth ?
2. Quel sera au contraire son effet d'après Thamous ? Expliquez pourquoi l'adoption de l'écriture comporte un risque d'aliénation.
3. Quel rôle joue Internet dans le développement de la connaissance ?

Pour aller plus loin

Pourquoi le problème de l'écriture est-il essentiel pour Platon, le disciple de Socrate ?

TEXTE 10 Jonas, *Le Principe responsabilité*, 1979

Comment l'expansion de notre pouvoir transforme-t-il nos devoirs ? Jonas réfléchit sur les conséquences éthiques des techniques développées au XXe siècle qui, comme l'énergie atomique, présentent un risque de destruction massive. Il faut tenir compte des « risques extrêmes » de ces techniques, même lorsque leur probabilité est faible, pour en interdire ou en suspendre l'usage.

JONAS
1903-1993
Époque contemporaine
▸ p. 517

Le Prométhée définitivement déchaîné, auquel la science confère des forces jamais encore connues et l'économie son impulsion effrénée, réclame une éthique qui, par des entraves librement consenties, empêche le pouvoir de l'homme de devenir une malédiction pour lui. La thèse liminaire[1] de ce livre est que la promesse de la technique moderne s'est inversée en menace, ou bien que celle-ci s'est indissolublement alliée à celle-là. Elle va au-delà du constat d'une menace physique. La soumission de la nature destinée au bonheur humain a entraîné par la démesure de son succès, qui s'étend maintenant également à la nature de l'homme lui-même, le plus grand défi pour l'être humain que son faire ait jamais entraîné. Tout en lui est inédit, sans comparaison possible avec ce qui précède, tant du point de vue de la modalité[2] que du point de vue de l'ordre de grandeur : ce que l'homme peut faire aujourd'hui et ce que par la suite il sera contraint de continuer à faire, dans l'exercice irrésistible de ce pouvoir, n'a pas son équivalent dans l'expérience passée. Toute sagesse héritée, relative au comportement juste, était taillée en vue de cette expérience. Nulle éthique traditionnelle ne nous instruit donc sur les normes du « bien » et du « mal » auxquelles doivent être soumises les modalités entièrement nouvelles du pouvoir et de ses créations possibles. La terre nouvelle de la pratique collective, dans laquelle nous sommes entrés avec la technologie de pointe, est encore une terre vierge de la théorie éthique.

Dans ce vide (qui est en même temps le vide de l'actuel relativisme des valeurs) s'établit la recherche présentée ici. Qu'est-ce qui peut servir de boussole ? L'anticipation de la menace elle-même ! C'est seulement dans les premières lueurs de son orage qui nous vient du futur, dans l'aurore de son ampleur planétaire et dans la profondeur de ses enjeux humains, que peuvent être découverts les principes éthiques, desquels se laissent déduire les nouvelles obligations correspondant au pouvoir nouveau. Cela, je l'appelle « heuristique[3] de la peur ». Seule la prévision de la déformation de l'homme nous fournit le concept de l'homme qui permet de nous en prémunir.

Hans Jonas, *Le Principe responsabilité. Une éthique pour la civilisation technologique*, © Flammarion, « Champs », trad. J. Greisch, 2013, p. 15-16.

REPÈRES
Théorie/pratique
▸ p. 493

1. À l'ouverture de.
2. Manière de faire, moyen employé.
3. Art de la découverte.

CONCEPT

La nouvelle éthique que l'expansion de notre pouvoir réclame repose sur un **impératif catégorique** (voir Kant, p. 132) formulé par Jonas : « Agis de façon que les effets de ton action soient compatibles avec la Permanence d'une vie authentiquement humaine sur Terre ».

Questions

1. Donnez des exemples de techniques actuelles qui modifient de manière durable et irréversible la nature.
2. Sur quoi devons-nous nous fonder pour définir les règles de notre action ?
3. Pourquoi les règles qui doivent régir notre usage des techniques relèvent-elles de la « pratique collective » plutôt que de la pratique individuelle ? Prenez l'exemple de l'énergie nucléaire.

PERSPECTIVES

La connaissance
- Faut-il avoir peur de la science ?

La morale et la politique
- En quel sens la science nous confronte-t-elle à des questions éthiques et politiques ?

BAC La dissertation

SUJET Peut-on maîtriser le développement technique ?

MÉTHODE

CONSEILS

Étape 1 Entrer dans le vif du sujet

1 Cherchez un exemple problématique.

- Donnez un exemple d'objet technique dont l'utilisation pose problème et doit être maîtrisée.

Exemple : Grâce aux voitures, dont le nombre et la vitesse se sont considérablement accrus au cours du XXe siècle, nous nous déplaçons rapidement, de manière autonome, et sur de longues distances. Cependant, ces véhicules posent divers problèmes, tant au niveau individuel qu'au niveau collectif, tels que les accidents ou la pollution.

Exercice 1 : Cherchez deux autres exemples ; à chaque fois, expliquez pourquoi la technique en question est problématique.

> Évitez les entrées en matière trop générales.

> Préférez un exemple concret examiné en fonction du sujet à une juxtaposition d'exemples sans analyse.

Étape 2 Analyser l'intitulé

2 Produisez des distinctions conceptuelles.

- Pour définir un terme, on peut procéder **positivement**, en en proposant une définition, ou **négativement**, c'est-à-dire par différence avec d'autres expressions proches.
- Ici, le terme « développement » est-il neutre ? Est-il connoté négativement ou positivement ? Distinguez-le d'un terme proche connoté positivement.

Exercice 2 : Distinguez « développement » et « progrès ».

> Envisagez des expressions alternatives permet de comprendre en quoi la formulation retenue est spécifique.

3 Tirez des conséquences de ces distinctions.

- Si le développement est négatif, que peut signifier « maîtriser » ? Si le développement est positif, que peut signifier « maîtriser » ?
- Lorsqu'un développement est négatif, le « maîtriser » revient à en limiter les effets, voire à les supprimer — on cherchera ainsi à limiter la pollution engendrée par les automobiles. À l'inverse, lorsqu'un développement est positif, on cherchera à assurer sa stabilité, voire à l'amplifier — on travaillera par exemple à augmenter l'autonomie des voitures.
- La notion de maîtrise suppose un savoir. Cependant elle a aussi une dimension morale. Le sujet nous invite à nous interroger à la fois sur les limites de notre savoir et notre pouvoir :
  - Connaissons-nous toutes les conséquences des techniques que nous utilisons ? Savons-nous comment enrayer leurs effets pervers ? Il faut aussi examiner ce que nous devons faire, aux niveaux individuel et collectif.
  - Devons-nous encourager toute forme de développement technique, ou faut-il mettre aussi des limites ? D'après quel(s) critère(s) ? Pourquoi certaines décisions, par exemple celles qui concernent le nucléaire, sont-elles nécessairement collectives ?

> Quand vous proposez une distinction conceptuelle, essayez d'en tirer une réflexion pour l'analyse du sujet dans son ensemble.

> Approfondissez l'analyse de l'exemple par lequel vous avez abordé le sujet.

> **PERSPECTIVES**
> Aidez-vous des pages sur la connaissance, p. 36-38.

> **PERSPECTIVES**
> Aidez-vous des pages sur la morale et la politique, p. 33-35.

Étape 3 Élaborer et rédiger une problématique

4 Constituez la question posée en un problème.

- Les sujets de dissertation n'admettent pas de réponse évidente, univoque. Problématiser consiste à montrer pourquoi on ne peut pas répondre immédiatement à la question posée.
- Pour ce faire, montrez, dès l'introduction, qu'existent plusieurs réponses concurrentes à cette question. Donnez une raison de penser :

a. qu'on maîtrise le développement technique.
Exemple : Il semble que nous maîtrisons le développement technique car nous fabriquons les objets techniques.

b. qu'on ne le maîtrise pas complètement.
Exemple : Cependant, chacun d'entre nous n'a pas fabriqué tous les objets qu'il utilise ; le sujet de la maîtrise n'est donc pas un sujet individuel.

5 Envisagez différentes interprétations du sujet.

- Quand le sujet comporte le verbe « pouvoir », examinez en quel sens ce verbe peut-être entendu. Distinguez :
a. pouvoir *en fait* : on s'interroge alors sur notre capacité matérielle à réaliser une action ;
b. pouvoir *en droit* : on s'interroge alors sur la légitimité de cette action.
- Exercez-vous à expliciter ces différentes interprétations :
a. Sommes-nous réellement capables de maîtriser ce développement ?
b. Est-il souhaitable de le maîtriser ?
- Expliciter les différentes significations du sujet permet de comprendre où se situe la difficulté. Ici, c'est surtout la possibilité matérielle de la maîtrise qui pose problème. Cependant, il convient d'expliciter pourquoi nous désirons cette maîtrise : la puissance technique est telle que l'existence de l'humanité et celle de la planète sont désormais en jeu (p. 385).

6 Rédigez une problématique.

- À partir des éléments des précédentes étapes, énoncez votre problématique sous forme de question : sommes-nous réellement capables de contrôler les effets des dispositifs techniques que nous utilisons, alors même que leur puissance s'est considérablement accrue ?

> Ordonnez votre propos : allez du plus simple au plus complexe.

> À chaque fois que vous formulez un argument, efforcez-vous d'évaluer sa validité et ses limites.

> **PERSPECTIVES**
> Au niveau individuel, notre usage des techniques pose des problèmes moraux. Au niveau collectif, des problèmes politiques, v. « La morale et la politique », p. 33 -35.

> La réflexion sur la problématique ne sert pas seulement à l'élaboration de l'introduction. Vous pouvez utiliser les variations du sens du sujet pour construire votre plan.

Étape 4 Construire un plan

PROPOSITION DE PLAN

I. Nous maîtrisons les techniques, au sens où nous sommes à leur initiative.

II. Cependant, nous n'en contrôlons pas tous les effets.

III. Il serait irresponsable d'en rester au constat de notre impuissance. Nous devons les maîtriser, c'est-à-dire anticiper les effets de notre usage des techniques et les modifier pour les corriger.

> Veillez à ce que vos parties s'enchaînent logiquement (de la position la plus simple à la position la plus convaincante).

Étape 5 Chercher des arguments

Voici un exemple pour la partie I :

1. Un objet technique est fabriqué par l'homme en vue d'une utilité. C'est nous qui définissons les fins des techniques que nous utilisons.

2. Certaines techniques sont des applications de nos connaissances scientifiques.

3. Nous organisons les techniques en système.

Exercice : Cherchez trois arguments au service de la thèse II.

DU CAS POUR L'ÉTUDE…

L'ennui

- Pourquoi l'ennui est-il l'expérience d'un temps qui ne passe pas ?
- Comment fixer le temps qui passe dans la mémoire ?
- Comment la conscience s'éprouve-t-elle dans l'ennui ?

ALAIN JAY
Né en 1967
Écrivain, professeur de philosophie et conseiller d'éducation populaire et de jeunesse.

1 Un temps informe

Avec l'ennui, nous avons l'impression d'être immergés, englués dans le temps. Celui-ci nous colle à la peau, il est informe car il n'a plus la forme de nos projets.

L'ennui nous ouvre un rapport au temps très particulier qu'il nous faut pour cela préciser. Rapidement.

La difficulté qu'on éprouve à prendre la mesure de cette temporalité de l'ennui s'augmente d'un apparent paradoxe : on conserve d'autant moins de souvenirs que le temps nous paraît plus long. Avec l'ennui, la vie rétrécit à mesure que le temps s'allonge. Et en s'étirant, le temps se dissipe au regard[1]. En nous étant moins sensible, il nous laisse alors moins de traces. Le décrire, et partant le définir, constitue d'emblée pour cela un défi d'envergure. Pourtant, c'est déjà une première caractéristique de laquelle on peut partir. Même à reculons, il faut bien faire un premier pas pour se mettre en mouvement.

Or il se pourrait bien que le vide laissé par la mémoire soit la marque distinctive d'un temps plein et véritable qui ne jouerait pas la comédie (celle du rythme par exemple) et aurait tombé les masques (celui du temps libre par exemple), se contentant, fidèle à lui-même, de dérouler son cours. Chacun a remarqué combien le temps semble passer vite si l'on est distrait et lentement si l'on s'ennuie. Dans ce dernier cas, qui nous intéresse plus particulièrement, on a l'impression d'être entré au cœur même du temps, en son centre, de ne plus pouvoir en sortir, d'en être submergé, y compris par le dedans, d'en avoir plein la bouche jusqu'à devoir, comme le dit Cioran[2], « mâcher du temps ». Le temps nous colle sans artifice, sans être travesti par les reflets multicolores des loisirs. En fait, dans cet inconfort intimiste, il n'y a que du temps et nous-mêmes, sans qu'il soit trop possible d'ailleurs de distinguer l'un de l'autre. Lorsqu'on s'ennuie, le temps ne nous écrase pas de l'extérieur à la manière d'un agenda trop rempli mais au contraire depuis soi, selon les lignes têtues d'un temps informe, étale[3] et lisse.

Alain Jay, *Quel Ennui*, © L'Harmattan, « Lettres du Pacifique », 2007, p. 33-34.

Ernst Ludwig Kirchner (1880-1938), *L'Artiste*, 1910, huile sur toile, 100 x 76 cm, musée Brücke, Berlin.

1. [Note de l'auteur] Le joueur au casino ou le turfiste au champ de courses fait l'expérience inverse, confirmant ainsi le rapport : sa vie s'augmente à mesure que le temps se resserre.
2. Philosophe roumain (1911-1995). Il dévoile dans ses écrits une vision pessimiste de l'existence.
3. Immobile, calme.

Edvard Munch (1863-1944), *Mélancolie (soir)*, 1891, huile sur toile, musée Munch, Oslo.

2 Une présence à soi

L'ennui, expérience banale s'il en est, nous fait éprouver le simple fait d'exister. La conscience n'est plus divertie par les objets du monde, elle fait face à elle-même, ou plutôt elle sent une présence diffuse qui n'est autre qu'elle-même.

Tant que dure l'attention au monde, on n'a pas le loisir de s'ennuyer. On est absorbé par les choses, et l'on s'oublie le plus souvent.

Lorsqu'on s'ennuie au contraire, on se trouve face à soi-même mais dans aucun espace, sans visage, seul, sans patrie, sans projets et dans un temps dilué dans la forme de son passage. Enfermé en soi. [...].

Il ne reste plus désormais de la conscience que sa veille silencieuse. Toutes ses autres fonctions ont été débrayées. L'âme ronronne de soi. Elle tend l'oreille à elle-même, mais encore est-ce une oreille distraite. Car l'attention fonctionne bien mais ne se porte plus sur rien. Dans l'ennui il faut admettre que la conscience, tout en étant pleinement consciente, n'est plus conscience de quelque chose. L'expérience de l'ennui fait exception à l'intentionnalité[1] des phénoménologues[2]. Dès lors en effet qu'on distingue l'ennui de l'impatience, on voit bien que la conscience est à la fois tout à fait présente à elle-même (ce qui constitue le sentiment d'ennui, très vif à la conscience lorsqu'on le ressent) mais en même temps qu'elle ne se porte plus vers aucun objet particulier. Pas même vraiment vers soi d'ailleurs, car si elle se fait face, ce n'est pas comme objet (comprendre comme conscience posant face à elle un objet qui serait elle-même) mais comme présence. La conscience ne porte plus sur elle l'attention ciselée de son regard. Elle se sent, comme lorsqu'on sent une présence sans qu'aucun des cinq sens ne se trouve lui-même mobilisé à cette fin. Elle entend son ronronnement plus qu'elle ne l'écoute.

op. cit., p. 29.

1. C'est le fait, pour la conscience, de viser le monde extérieur.
2. Ces philosophes essaient de décrire les phénomènes, c'est-à-dire les choses comme elles apparaissent, comme elles se manifestent.

Questions

1. **Quel est le paradoxe du temps révélé dans l'expérience de l'ennui ?**
2. **La perception du temps est-elle subjective ?**
3. **Peut-on définir l'ennui comme le fait d'être encombré de soi ?**

Podcast

Comment vivre dans le temps ?

Gustav Klimt (1862-1918), *Les Trois Âges de la femme*, 1905, huile sur toile, 1,80 x 1, 80 m, Galerie nationale d'Art Moderne et Contemporain, Rome.

1 Comment définir le temps ?

▶ Notre relation au temps est **paradoxale**. Lorsque le temps s'étire à force d'ennui, nous peinons à en garder une trace dans notre mémoire, tant les moments, les journées semblent identiques. Plus le temps s'allonge et plus il se dérobe à nous, quand il ne s'incarne pas dans des projets. Comment alors décrire ce temps qui passe, et qui parfois, ne passe pas ?

▶ Le temps fait partie intégrante de notre existence : nous le subissons dans l'expérience banale de l'ennui, nous essayons de le maîtriser dans nos agendas ou nous contemplons, impuissants, ses ravages. Nous avons une **intuition familière** du temps et pourtant nous éprouvons un **mal fou à le définir** : « Qu'est-ce donc que le temps ? Si personne ne me le demande, je le sais ; mais si on me le demande et que je veuille l'expliquer, je ne le sais plus » (Augustin, *Les Confessions*, p. 399). Si nous ne pouvons pas définir le temps, pouvons-nous du moins cerner ses caractéristiques essentielles ?

▶ En premier lieu, le temps est **irréversible**. Ce qui a eu lieu fait pour toujours partie du passé et ne pourra être modifié. Certaines expériences rendent particulièrement douloureuse cette irréversibilité du temps : le **remords**, le **regret**, le **deuil**. Parfois, nous voudrions tout donner pour effacer une parole ou un acte que nous regrettons. Mais nous ne pouvons rebrousser chemin, nous ne pouvons revenir en arrière. Cette irréversibilité influe sur nos engagements et notre responsabilité : si nous ne pouvons effacer nos actes et nos gestes, alors nous ne pouvons pas dire et faire n'importe quoi (Sartre, p. 241).

▶ En outre, le temps est **irréductible**, **incompressible** : « Quand on veut préparer un verre d'eau sucrée, force est bien d'attendre que le sucre fonde. Cette nécessité d'attendre est le fait significatif », affirme Bergson dans *La Pensée et le Mouvant*. Il faut que le temps s'écoule et cet écoulement prend un certain temps.

▶ Enfin, la **perception** du temps est **subjective** et varie selon notre état d'esprit. Lorsque nous nous ennuyons, ou lorsque nous sommes impatients, le temps s'étire et semble long, interminable ; à l'inverse, lorsque nous sommes concentrés, attentifs à l'action présente, le temps nous paraît court, il semble se contracter. Dans l'ennui en particulier, nous nous sentons englués, embourbés dans le temps. Nous faisons l'expérience d'un temps qui ne passe pas et qui nous colle à la peau.

REPÈRES

Contingent/ nécessaire

▸ p. 487

2 Pour être heureux, faut-il vivre au présent ?

▶ Parce que l'existence humaine se déroule dans le temps, l'homme se distingue de l'animal (Nietzsche, p. 88) : il ne vit pas dans un pur présent mais se remémore son passé et lui donne un sens, dans une **histoire** individuelle ou collective (Wolff et Lestel, p. 218 ; Kant, p. 108).

▶ Peut-on s'en tenir au présent lorsqu'on est un être temporel ? Certains préfèrent vivre dans le **passé** lorsque celui-ci abrite un **bonheur disparu**, d'autres se projettent vers l'**avenir**, qui suscite **espoirs et craintes**. Ne serait-il pas plus raisonnable de **vivre au présent**, le seul temps qui nous appartienne ? (Pascal, Rousseau, p. 401). Sinon, ne risquons-nous pas de laisser échapper le **bonheur** ?

▶ Mais le bonheur de l'**instant**, pour être savouré, ne doit-il pas être saisi dans un **contraste** avec le passé et l'avenir ? L'instant ne se suffit pas à lui-même, il indique toujours déjà le passé et l'avenir (Beauvoir, p. 403).

Lubin Baugin (vers 1612-1663), *Les Cinq Sens ou Nature morte à l'échiquier*, huile sur toile, musée du Louvre, Paris.

3 Ne pas craindre la mort ?

▶ Comment penser notre **finitude**[1] ? Devons-nous vivre comme si chaque jour était le dernier ? Ou comme si nous n'allions jamais mourir ? La mort ajoute-t-elle à la valeur de la vie ?

▶ La plupart des hommes fuient l'**angoisse** de la mort dans le **divertissement**[2]. Celui-ci est illusoire pour deux raisons. Tout d'abord, les hommes s'illusionnent sur la **finalité** du divertissement. Ils croient sincèrement aimer la chasse, le jeu ou telle fonction importante, mais ne voient pas qu'en réalité, ils **refoulent**[3] l'idée de la mort. En outre, le divertissement n'est jamais totalement efficace : l'ennui nous guette, il faut sans cesse reprendre une activité, y croire ou faire semblant d'y croire. Le divertissement n'est qu'un **ennui différé**.

▶ Plutôt que de refouler l'idée de la mort, ne serait-il pas préférable de la **mépriser**, suivant par là l'exemple des Grecs ? (Épicure, p. 404, Sénèque, p. 405). Le sage tient la mort pour insignifiante, elle ne le concerne pas. Il peut même parfois la choisir quand, face à l'adversité, c'est la dernière liberté qui lui reste.

▶ La **conscience de la mort** nous fait-elle au contraire prendre conscience de la **valeur de la vie** ? Nous savons que notre temps est compté, ce qui nous donne le sentiment d'une certaine urgence : nous devons agir ici et maintenant (Kierkegaard, p. 407).

1. Notre existence est finie, limitée : nous sommes mortels et nous le savons.
2. Voir Pascal, p. 401.
3. Ils refusent de penser à la mort, ils chassent cette idée.

À RETENIR...

- Parce que nous existons, nous ne coïncidons jamais totalement avec nous-mêmes. Nous prenons conscience de notre **existence** et de notre **finitude**. Notre existence est fragile, contingente, ce qui lui confère une certaine gravité. Notre temps est compté et il sera ce que nous en ferons.
- La conscience de **notre passé**, de notre histoire nous permet de nous forger notre identité. Ce passé pèse parfois comme un fardeau, mais nous pouvons aussi nous en libérer : le passé n'a que le sens que nous lui donnons.
- Nous nous projetons également dans un **avenir incertain** qui suscite espoirs ou craintes. Cet avenir ouvert rend possible l'action, il est **la condition de notre liberté**.
- Loin d'être un ennemi, le temps est le plus souvent **un allié**, qui permet à l'homme de mûrir ses projets ou de panser ses plaies.

TEXTES

QUESTION

1 Qu'est-ce que le temps ?

KANT
1724-1804
Époque moderne
▸ p. 507

REPÈRES

Objectif/subjectif/intersubjectif
▸ p. 491

TEXTE 1 Kant, *Critique de la raison pure,* 1781

Le temps, comme l'espace, est le cadre général de toutes nos expériences et représentations. Il est une forme a priori de la sensibilité (faculté de percevoir, d'intuitionner). Le temps n'existe pas en soi, il est en nous. Il est le prisme à travers lequel s'effectue toute expérience possible. Il est subjectif, en tant qu'il est lié à la constitution particulière du sujet, mais également objectif car tous les sujets ont la même sensibilité.

Le temps n'est pas un concept empirique[1] qui dérive d'une expérience quelconque. En effet, la simultanéité ou succession ne tomberait pas elle-même sous la perception, si la représentation du temps ne lui servait *a priori*[2] de fondement. Ce n'est que sous cette supposition que l'on peut se représenter qu'une chose existe en même temps qu'une autre (simultanément) ou dans des temps différents (successivement).

Le temps est une représentation nécessaire qui sert de fondement à toutes les intuitions. On ne saurait exclure le temps lui-même par rapport aux phénomènes[3] en général, quoiqu'on puisse fort bien faire abstraction des phénomènes dans le temps. Le temps est donc donné *a priori*. En lui seul est possible toute réalité des phénomènes. Ceux-ci peuvent bien disparaître tous ensemble, mais le temps lui-même (comme condition générale de leur possibilité) ne peut être supprimé. [...]

Le temps n'est pas un concept discursif[4], ou, comme on dit, un concept général, mais une forme pure de l'intuition sensible[5]. Des temps différents ne sont que des parties du même temps. Mais la représentation qui ne peut être donnée que par un seul objet (*Gegenstand*) est une intuition. Aussi cette proposition : que des temps différents ne peuvent pas être simultanés, ne saurait-elle dériver d'un concept général. Cette proposition est synthétique[6] et elle ne peut être tirée uniquement de concepts. Elle est donc immédiatement renfermée dans l'intuition et dans la représentation du temps.

Emmanuel Kant, *Critique de la raison pure*, © PUF, « Quadrige », trad. A. Tremesaygues et B. Pacaud, 1986, p. 61-62.

1. « Empirique » vient du grec *emperia* : « sensation ».
2. Avant toute expérience.
3. Tout ce qui est objet d'expérience possible.
4. Concept élaboré dans un discours qui suppose différentes étapes. Ce terme s'oppose à « intuitif ».
5. Sensibilité, faculté de percevoir.
6. Cette proposition ne peut se déduire d'une simple analyse du concept de temps, elle suppose l'intuition pure du temps.

Questions

1. **Pourquoi tout objet d'expérience apparaît-il nécessairement dans l'espace et dans le temps ?**
2. **Pourquoi faut-il déjà avoir la représentation du temps pour percevoir les choses comme successives ou simultanées ?**

CONCEPT

Pour chaque espèce vivante, **la perception** est conditionnée par une structure *a priori*, c'est pourquoi les animaux ne perçoivent pas le monde comme nous : couleurs, formes, perception de l'espace et du temps.

PERSPECTIVES

La connaissance

- Pourquoi ne pouvons-nous connaître que les choses qui se donnent à nous dans l'espace et dans le temps ?

L'existence humaine et la culture

- La perception de l'homme est-elle propre à l'homme ?

TEXTE 2 Augustin, *Les Confessions*, entre 397 et 401

Qu'est-ce que le temps ? Comment pouvons-nous dire qu'il existe ? Le passé, c'est ce qui n'est plus ; l'avenir, c'est ce qui n'est pas encore. Quant au présent, il ne cesse de disparaître, de s'évanouir. Comment cerner ce temps qui nous échappe ?

AUGUSTIN
354-430
Antiquité
▸ p. 496

REPÈRES
Absolu/relatif
▸ p. 486

Qu'est-ce donc que le temps ? Si personne ne me le demande, je le sais ; mais si on me le demande et que je veuille l'expliquer, je ne le sais plus. Pourtant, je le déclare hardiment, je sais que si rien ne passait, il n'y aurait pas de temps passé ; que si rien n'arrivait, il n'y aurait pas de temps à venir ; que si rien n'était, il n'y aurait pas de temps présent.

Comment donc, ces deux temps, le passé et l'avenir, sont-ils, puisque le passé n'est plus et que l'avenir n'est pas encore ? Quant au présent, s'il était toujours présent, s'il n'allait pas rejoindre le passé, il ne serait pas du temps, il serait l'éternité. Donc, si le présent, pour être du temps, doit rejoindre le passé, comment pouvons-nous déclarer qu'il est aussi, lui qui ne peut être qu'en cessant d'être ? Si bien que ce qui nous autorise à affirmer que le temps est, c'est qu'il tend à n'être plus. [...]

Si le futur et le passé existent, je veux savoir où ils sont. Si je n'en suis pas encore capable, je sais du moins que, où qu'ils soient, ils n'y sont ni en tant que futur, ni en tant que passé, mais en tant que présents. Car si le futur y est en tant que futur, il n'y est pas encore ; si le passé y est en tant que passé, il n'y est plus. Où donc qu'ils soient, quels qu'ils soient, ils ne sont qu'en tant que présents. Lorsque nous faisons du passé des récits véritables, ce qui vient de notre mémoire, ce ne sont pas les choses elles-mêmes, qui ont cessé d'être, mais des termes conçus à partir des images des choses, lesquelles en traversant nos sens ont gravé dans notre esprit des sortes d'empreintes. Mon enfance, par exemple, qui n'est plus est dans un passé disparu lui aussi ; mais lorsque je l'évoque et la raconte, c'est dans le présent que je vois son image, car cette image est encore dans ma mémoire.

La prédiction de l'avenir se fait-elle selon le même mécanisme ? Les événements qui ne sont pas encore, sont-ils représentés à l'avance dans notre esprit par des images déjà existantes ? J'avoue, mon Dieu, que je l'ignore. Mais ce que je sais, c'est que d'habitude nous préméditons nos actions futures, que cette préméditation appartient au présent, tandis que l'action préméditée n'est pas encore, étant future. Lorsque nous l'aurons entreprise, et que nous nous serons mis à réaliser ce que nous avions prémédité, alors l'action existera, puisqu'elle sera à ce moment non plus future, mais présente. [...]

Ce qui m'apparaît maintenant avec la clarté de l'évidence, c'est que ni l'avenir, ni le passé n'existent. Ce n'est pas user de termes propres que de dire : « Il y a trois temps, le passé, le présent et l'avenir. » Peut-être dirait-on plus justement : « Il y a trois temps : le présent du passé, le présent du présent, le présent du futur. » Car ces trois sortes de temps existent dans notre esprit et je ne les vois pas ailleurs. Le présent du passé, c'est la mémoire ; le présent du présent, c'est l'intuition directe ; le présent de l'avenir, c'est l'attente.

Augustin, *Les Confessions*, Livre onzième, © Garnier Flammarion, trad. J. Trabucco, 1987, p. 264-269.

CONTEXTE

Rédigées entre 397 et 401, ***Les Confessions*** sont considérées comme la première œuvre autobiographique. Augustin y confesse ses fautes, ses erreurs de jeunesse, relate sa rencontre avec Dieu (voir aussi p. 326). Il s'interroge sur l'origine du mal et la nature du temps.

Questions

1. **Comment sommes-nous en relation avec les différentes dimensions du temps ?**
2. **Le temps est-il en nous ou hors de nous ?**

PERSPECTIVES

La connaissance

- Le présent a-t-il une réalité ?
- Comment saisir le temps qui passe ?

TEXTES

TEXTE 3 Bergson, *Essai sur les données immédiates de la conscience,* 1889

Il ne faut pas confondre le temps et la durée. La durée est la perception de la temporalité en tant qu'elle est vécue, éprouvée par la conscience. C'est une succession indivisible et continue d'éléments hétérogènes. Elle s'oppose au temps abstrait de la science qui est pensé sur le modèle de l'espace : un milieu indéfini et homogène. Bergson explique ici l'origine du concept de temps.

BERGSON
1859-1941
Époque contemporaine
▸ p. 513

REPÈRES
Absolu/relatif
▸ p. 486

Quand je suis des yeux, sur le cadran d'une horloge, le mouvement de l'aiguille qui correspond aux oscillations du pendule[1], je ne mesure pas de la durée, comme on paraît le croire ; je me borne à compter des simultanéités, ce qui est bien différent. En dehors de moi, dans l'espace, il n'y a jamais qu'une position unique de l'aiguille et du pendule, car des positions passées il ne reste rien. Au-dedans de moi, un processus d'organisation ou de pénétration mutuelle des faits de conscience se poursuit, qui constitue la durée vraie. C'est parce que je dure de cette manière que je me représente ce que j'appelle les oscillations passées du pendule, en même temps que je perçois l'oscillation actuelle. Or, supprimons pour un instant le moi qui pense ces oscillations du pendule, une seule position même de ce pendule, point de durée par conséquent. Supprimons, d'autre part, le pendule et ses oscillations ; il n'y aura plus que la durée hétérogène du moi, sans moments extérieurs les uns aux autres, sans rapport avec le nombre. Ainsi, dans notre moi, il y a succession sans extériorité réciproque ; en dehors du moi, extériorité réciproque sans succession [...]. Or, entre cette succession sans extériorité et cette extériorité sans succession, une espèce d'échange se produit, assez analogue à ce que les physiciens appellent un phénomène d'endosmose[2]. Comme les phases successives de notre vie consciente, qui se pénètrent cependant les unes les autres, correspondent chacune à une oscillation du pendule qui lui est simultanée, comme d'autre part ces oscillations sont nettement distinctes, puisque l'une n'est plus quand l'autre se produit, nous contractons l'habitude d'établir la même distinction entre les moments successifs de notre vie consciente : les oscillations du balancier la décomposent, pour ainsi dire, en parties extérieures les unes aux autres. De là l'idée erronée d'une durée interne homogène, analogue à l'espace, dont les moments identiques se suivraient sans se pénétrer. Mais, d'autre part, les oscillations pendulaires, qui ne sont distinctes que parce que l'une s'est évanouie quand l'autre paraît, bénéficient en quelque sorte de l'influence qu'elles ont ainsi exercée sur notre vie consciente. Grâce au souvenir que notre conscience a organisé de leur ensemble, elles se conservent, puis elles s'alignent : bref, nous créons pour elles une quatrième dimension de l'espace, que nous appelons le temps homogène, et qui permet au mouvement pendulaire, quoique se produisant sur place, de se juxtaposer indéfiniment à lui-même.

Henri Bergson, *Essai sur les données immédiates de la conscience*, PUF, « Quadrige », 1988, p. 80-82.

1. Balancier.
2. Interpénétration, influence réciproque.

CONCEPT

La **durée** est un concept central de la philosophie bergsonienne. C'est une évolution créatrice, qui fait jaillir du nouveau, de l'imprévisible, tant dans notre vie psychique que dans la création artistique ou dans le monde vivant.

Questions

1. Comment les mouvements extérieurs du pendule peuvent-ils influer sur laperception de notre vie consciente ? Inversement, comment notre vie consciente peut-elle influer sur notre perception des mouvements du pendule ?
2. Quelle est l'origine du concept de temps ? Pourquoi celui-ci est-il qualifiéd'« homogène » ?

QUESTION

2 Pour être heureux, faut-il vivre au présent ?

TEXTE 4 Pascal, *Pensées*, 1670 (posthume)

PASCAL
1623-1662
Époque moderne
▸ p. 509

Le bonheur est la finalité de l'existence humaine. Cependant, il nous échappe souvent. Ou bien est-ce nous qui le laissons échapper ?

Nous ne nous tenons jamais au temps présent. Nous anticipons l'avenir comme trop lent à venir, comme pour hâter son cours, ou nous rappelons le passé pour l'arrêter comme trop prompt, si imprudents que nous errons dans les temps qui ne sont point nôtres et ne pensons point au seul qui nous appartient, et si vains[1] que nous songeons à ceux qui ne sont rien, et échappons[2] sans réflexion le seul qui subsiste. C'est que le présent d'ordinaire nous blesse. Nous le cachons à notre vue parce qu'il nous afflige, et s'il nous est agréable nous regrettons de le voir échapper. Nous tâchons de le soutenir par l'avenir et pensons à disposer les choses qui ne sont pas en notre puissance pour un temps où nous n'avons aucune assurance d'arriver.

Que chacun examine ses pensées, il les trouvera toutes occupées au passé ou à l'avenir. Nous ne pensons presque point au présent, et si nous y pensons, ce n'est que pour en prendre la lumière pour disposer de l'avenir. Le présent n'est jamais notre fin. Le passé et le présent sont nos moyens, le seul avenir est notre fin. Ainsi nous ne vivons jamais, mais nous espérons de vivre, et nous disposant toujours à être heureux, il est inévitable que nous ne le soyons jamais.

Blaise Pascal, *Pensées*, Fragment 47, éd. Lafuma.

REPÈRES
Absolu/relatif
▸ p. 486

1. Frivoles, irréfléchis.
2. Laissons échapper.

CONTEXTE

Les ***Pensées*** présentent une double dimension, **anthropologique** (analyse de la condition humaine) et **théologique** défense de la religion chrétienne). L'homme est un être double, à la fois **misérable et grand**, grand de se savoir misérable (v. p. 109).

Questions

1. Pourquoi ne vivons-nous pas dans le présent ?
2. Pourquoi est-ce paradoxal ?

Oral

Pour être heureux, faut-il rechercher le bonheur ?

PERSPECTIVES

L'existence humaine et la culture

- Expliquez ce qui distingue l'homme de l'animal dans son rapport au temps.

TEXTE 5 Rousseau, *Les Rêveries du promeneur solitaire*, 1782 (posthume)

Audio

ROUSSEAU
1712-1778
Époque moderne
▸ p. 509

Pour être heureux, faut-il se contenter du présent, sans regretter le passé ni désirer l'avenir ? Être heureux suppose-t-il une suspension du temps, un présent qui dure toujours, dans lequel le sentiment plein et entier de notre existence pourrait nous combler ?

Tout est dans un flux continuel sur la terre : rien n'y garde une forme constante et arrêtée, et nos affections qui s'attachent aux choses extérieures passent et changent nécessairement comme elles. Toujours en avant ou en arrière de nous, elles rappellent le passé qui n'est plus ou préviennent l'avenir qui souvent ne doit point être : il n'y a rien là de solide à quoi le cœur se puisse attacher. Aussi n'a-t-on guère ici-bas que du plaisir qui passe ; pour le bonheur qui dure je doute qu'il y soit connu. À peine est-il dans nos plus

QUESTION
3 Ne pas craindre la mort ?

ÉPICURE
341 av. J.-C.
270 av. J.-C.
Antiquité
▸ p. 497

TEXTE 7 Épicure, *Lettre à Ménécée*, IVe-IIIe s. av. J.-C.

Dans cette lettre adressée à son disciple Ménécée, Épicure indique la voie du bonheur selon les principes de la sagesse. Il nous faut maîtriser nos désirs et nous libérer de nos peurs, en premier lieu la peur de la mort.

Maintenant habitue-toi à la pensée que la mort n'est rien pour nous, puisqu'il n'y a de bien et de mal que dans la sensation et que la mort est absence de sensation. Par conséquent, si l'on considère avec justesse que la mort n'est rien pour nous, l'on pourra jouir de sa vie mortelle. On cessera de l'augmenter d'un temps infini et l'on supprimera le regret de n'être pas éternel. Car il ne reste plus rien d'affreux dans la vie quand on a parfaitement compris que la mort n'a rien d'effrayant. Il faut donc être sot pour dire avoir peur de la mort, non pas parce qu'on souffrira lorsqu'elle arrivera, mais parce qu'on souffre de ce qu'elle doit arriver. Car si une chose ne nous cause aucune douleur par sa présence, l'inquiétude qui est attachée à son attente est sans fondement.

Ainsi, le mal qui nous effraie le plus, la mort, n'est rien pour nous, puisque lorsque nous existons la mort n'est pas là et lorsque la mort est là, nous n'existons pas. Donc la mort n'est rien pour ceux qui sont en vie, puisqu'elle n'a pas d'existence pour eux, et elle n'est rien pour les morts, puisqu'ils n'existent plus.

Mais la plupart des gens tantôt fuient la mort comme le pire des maux, tantôt la désirent comme le terme des souffrances de la vie. Le sage, lui, ne craint pas de vivre : car la vie n'est pas un poids pour lui ; mais il ne considère pas non plus le fait de ne pas vivre comme un mal. De même qu'il ne préfère pas une nourriture très abondante à une nourriture très savoureuse, de même, pour le temps, il ne cherche pas à jouir du plus long, mais du plus agréable. Et ceux qui enjoignent[1] au jeune homme de vivre bien et au vieillard de bien mourir disent une niaiserie : d'abord parce que le vieillard aussi goûte la douceur de vivre, et surtout parce que méditer sur la façon de bien vivre et sur la façon de bien mourir, c'est la même chose.

Épicure, *Lettre à Ménécée*, © Hatier, « Les classiques de la philosophie », trad. P. Pénisson, 1999, p. 9-10.

1. Demandent.

COURANT DE PENSÉE

L'**épicurisme** est une école philosophique qui s'est développée dans l'Antiquité, en Grèce avec Épicure et à Rome avec Lucrèce (notamment). Cet idéal de sagesse prône l'**ataraxie**, c'est-à-dire l'impassibilité, la tranquillité de l'âme et du corps.

Questions

1. La mort n'est pas à craindre : quels sont les deux arguments invoqués par Épicure pour soutenir cette idée ?
2. Pourquoi cela revient-il au même de « méditer sur la façon de bien vivre » et de « bien mourir » ?

PERSPECTIVES

L'existence humaine et la culture

- Peut-on définir l'être humain comme un animal qui a conscience de la mort ?

Oral

La raison suffit-elle à vaincre la peur de la mort ?

TEXTE 8 Sénèque, *Lettre à Lucilius*, Ier s.

Non seulement la mort n'est pas à craindre, mais il ne faut pas hésiter à la devancer. Face à l'adversité, c'est parfois la seule liberté qui nous reste.

SÉNÈQUE
Vers 4 av. J.-C.-65 ap. J.-C.
Antiquité
▸ p. 498

Cette vie, il ne faut pas toujours chercher à la retenir, tu le sais ; ce qui est un bien, ce n'est pas de vivre, mais de vivre bien. Voilà pourquoi le sage vivra autant qu'il le doit, non pas autant qu'il le peut. Il examinera où il lui faut vivre, en quelle société, dans quelles conditions, dans quel rôle. Il se préoccupe sans cesse de ce que sera la vie, non de ce qu'elle durera. S'il voit venir à lui une série de disgrâces qui bouleverseront son repos, il quitte la place. Et il ne s'y détermine pas seulement en cas de nécessité extrême, mais, aussitôt que la Fortune[1] lui est devenue suspecte[2], il considère d'un regard circonspect[3] et minutieux s'il ne doit pas dès lors cesser d'être.

Il tient pour chose indifférente de se donner la mort ou de la recevoir, de mourir plus tard ou plus tôt : c'est qu'il n'appréhende pas un sérieux dommage. Une goutte d'eau tombant du toit n'est jamais grande perte. L'affaire n'est pas de mourir plus tôt ou plus tard ; l'affaire est de bien ou mal mourir. Or, bien mourir, c'est se soustraire au danger de vivre mal. [...]

Un des plus grands bienfaits de l'éternelle loi, c'est que, bornant à un seul moyen l'entrée de la vie, elle en a multiplié les issues. Attendrai-je la brutalité de la maladie ou celle de l'homme, alors que je suis en mesure de me faire jour à travers les tourments et de balayer les obstacles ? Le grand motif de ne pas nous plaindre de la vie, c'est qu'elle ne retient personne. Tout est bien dans les choses humaines dès que nul ne reste malheureux que par sa faute. Vivre t'agrée[4] : vis donc. Il ne t'agrée pas : libre à toi de t'en retourner d'où tu es venu. Pour calmer le mal de tête, tu as pratiqué maintes fois la saignée[5]. En cas de pléthore[6], on perce une veine. Il n'est pas besoin qu'une blessure énorme partage les entrailles : un coup de lancette[7] dégage la route vers cette sublime liberté ; et c'est la tranquillité, au prix d'une piqûre.

Sénèque, *Lettre à Lucilius*, lettre 70, © Les Belles Lettres, trad. H. Noblot revue par P. Veyne, p. 780.

1. Les hasards, les aléas de la vie.
2. Il n'a plus confiance en la Fortune.
3. Attentif, réfléchi, prudent.
4. Te plaît.
5. Ancienne pratique médicale qui consistait en une évacuation provoquée d'une certaine quantité de sang.
6. Excès de sang.
7. Petit instrument de chirurgie, utilisé pour la saignée, les petites incisions.

COURANT DE PENSÉE

Le **stoïcisme** est une école philosophique qui se déploie sur cinq siècles (du IIIe siècle avant J.-C. au IIe siècle après J.-C.). Dans la dernière période, les grands noms du stoïcisme sont Sénèque, Épictète, Marc Aurèle. La règle essentielle de la sagesse stoïcienne consiste à savoir **distinguer ce qui dépend de nous et ce qui n'en dépend pas.**

Questions

1. **Pourquoi Sénèque estime-t-il qu'« il ne faut pas toujours chercher à retenir » la vie ?**
2. **Peut-on dire que certaines vies ne méritent pas d'être vécues ?**
3. **Le choix de mourir est-il une preuve de liberté ?**

Débat

La liberté a-t-elle plus de valeur que la vie ?

PERSPECTIVES

L'existence humaine et la culture

- L'homme est-il le seul être vivant à pouvoir choisir de mourir ?

La morale et la politique

- La vie a-t-elle une valeur absolue ?

Pour aller plus loin

1. Faites une recherche sur le suicide médicalement assisté.
2. Comment les mentalités ont-elles évolué, au sujet du suicide, selon les époques ?

TEXTE 9 Kierkegaard, *Trois Discours sur des circonstances supposées*, 1845

Loin de nous paralyser, la conscience de la mort peut nous stimuler : notre temps est compté, nous devons agir ici et maintenant, prendre et respecter nos engagements.

KIERKEGAARD
Époque contemporaine
1813-1855
▸ p. 518

Le sérieux comprend la même chose de la mort, mais autrement. Il comprend que c'est fini. Peu lui importe qu'on le dise en termes voilés où l'on voit dans la mort une nuit, un sommeil. Il ne perd guère son temps à résoudre les énigmes ; il ne s'abîme pas dans la méditation et n'use pas de périphrases ; il ne s'arrête pas à l'ingéniosité d'un langage symbolique ; il ne disserte pas, il agit. S'il est certain que la mort est un fait, comme c'est le cas ; s'il est certain qu'avec sa décision tout est fini et qu'elle ne se mêle jamais de fournir elle-même une explication, alors, il s'agit de se comprendre soi-même, et le sérieux comprend que si la mort est une nuit, la vie est le jour ; que si l'on ne peut travailler la nuit, on peut agir le jour ; et comme le mot bref de la mort, l'appel concis, mais stimulant du sérieux c'est : aujourd'hui même. Car la mort envisagée dans le sérieux est une source d'énergie comme nulle autre ; elle rend vigilant comme rien d'autre. La mort incite l'homme charnel à dire : « Mangeons et buvons, car demain, nous mourrons » ; mais c'est là le lâche désir de vivre de la sensualité, ce méprisable ordre de choses où l'on vit pour manger et boire, et où l'on ne mange ni ne boit pour vivre. L'idée de la mort amène peut-être l'esprit plus profond à un sentiment d'impuissance où il succombe sans aucun ressort ; mais à la vie de l'homme animé de sérieux, la pensée de la mort donne l'exacte stimulation et elle lui indique le but où diriger sa course. Et nul arc ne saurait être tendu ni communiquer à la flèche sa vitesse comme la pensée de la mort stimule le vivant dont le sérieux tend l'énergie. Alors le sérieux s'empare de l'actuel aujourd'hui même ; il ne dédaigne aucune tâche comme insignifiante, il n'écarte aucun moment comme trop court ; il travaille de toutes ses forces, à plein rendement, prêt cependant à sourire de lui-même si son effort se prétend méritoire devant Dieu, et prêt à comprendre en son impuissance qu'un homme n'est rien et qu'en travaillant avec la plus extrême énergie, l'on ne fait qu'obtenir la véritable occasion de s'étonner de Dieu. Car en définitive, le temps est aussi un bien.

Søren Kierkegaard, *Trois Discours sur des circonstances supposées, Sur une tombe*, © Tisseau, trad. Tisseau, 1949, p. 16-17.

REPÈRES
Contingent/nécessaire
▸ p. 487

CULTURE PHILOSOPHIQUE

L'ouvrage ***Ou bien... Ou bien*** présente le choix entre deux modes de vie possibles : la **vie esthétique** (l'homme recherche la jouissance de l'immédiateté) et la **vie éthique** (l'homme animé de l'esprit de sérieux accomplit son devoir et s'engage, il cherche à donner un sens à son existence).

Questions

1. Quelles sont les trois attitudes possibles face à la mort ?
2. Quelle est l'attitude préconisée par Kierkegaard ?
3. Pourquoi la pensée de la mort peut-elle nous stimuler ?

Débat

La mort ajoute-t-elle à la valeur de la vie ?

PERSPECTIVES

La morale et la politique

- En quoi notre finitude nous donne-t-elle une responsabilité morale particulière ?

TEXTE 10

Jankélévitch, *La Mort*, 1966

Dans cette réflexion aux accents épicuriens, Jankélévitch montre que nous ne devons pas craindre la mort puisqu'elle est toujours à venir ; en un sens, nous ne la rencontrons jamais.

JANKÉLÉVITCH
Époque contemporaine
1903-1985
▸ p. 517

La mort-propre[1], on l'a montré, est à tout moment devant moi, à venir et en instance, et ce jusqu'à la dernière minute de la dernière heure ; à quelque instant que le sujet s'interroge sur lui-même, fût-ce à quelques battements de cœur du dernier battement, la mort-propre est encore *à mourir*. La première personne du singulier ne peut conjuguer « Mourir » qu'au futur ; et inversement l'indicatif présent et l'indicatif passé ne se conjuguent qu'à la deuxième et à la troisième personne ; je ne puis dire autre chose que : je mourrai ; jamais : je meurs (sinon en clignant de l'œil et en se regardant mourir) ; ni *a fortiori* : je suis mort (sauf en jouant la comédie et en se dédoublant). Celui qui dit « Je meurs » est vivant, puisqu'il croit mourir, et par conséquent, comme le Crétois Épiménide[2], il se dément lui-même. […] Plus particulièrement : je ne meurs jamais pour moi ; pour moi, la mort n'existe jamais, ou, comme nous disions encore : ce n'est jamais moi qui meurs, c'est toujours l'autre ; la sagesse épicurienne, comme on sait, en concluait à la vanité de l'angoisse mortelle et à l'inexistence du pseudo-problème qui nous tourmente. Il n'y a pas pour moi de mort vraiment mienne – mieux encore : je ne meurs que pour les autres, jamais pour moi-même, comme à mon tour je connais seul la mort de l'autre, que l'autre lui-même ne connaît pas. […]

Mais la mort-propre, elle, est un présent instantané qui n'aura pas de futur, une présence absolue, serrée et brûlante qui coïncide à la limite avec l'ipséité[3] du moi total ; et cette présence présente, cette présence présentissime, exclusive de tout alibi comme de tout délai, prend si bien possession de notre être total qu'elle le nihilise[4] et se substitue à lui et le change en absence. La mort-propre est l'événement dévorant qui, une fois réduit au pur fait d'advenir […] étrangle tout savoir dès l'origine. Ainsi la mort joue à cache-cache avec la conscience : où je suis, la mort n'est pas ; et quand la mort est là, c'est moi qui n'y suis plus. Tant que je suis, la mort est à venir ; et quand la mort advient, ici et maintenant, il n'y a plus personne.

Vladimir Jankélévitch, *La Mort*, Flammarion, « Champs Essais », 2017, p. 55-57.

1. Ma propre mort.
2. Allusion au paradoxe du menteur : Épiménide le Crétois affirme : « Tous les Crétois sont menteurs ».
3. Le caractère propre.
4. Elle l'anéantit.

Questions

1. **Pourquoi le face-à-face avec la mort est-il impossible ?**
2. **L'expérience de l'agonie vient-elle contredire l'argument de Jankélévitch ?**
3. **Expliquez : « Je ne meurs que pour les autres, jamais pour moi-même », l. 16-17.**
4. **Comparez les lignes 26-27 avec la *Lettre à Ménécée* d'Épicure, p. 404, l. 12-16.**

CULTURE PHILOSOPHIQUE

Dans son ouvrage ***La Mort***, Jankélévitch propose une analyse de ce phénomène à la fois banal et extraordinaire, normal et inouï, familier et tragique, selon les **trois catégories du temps** : l'en-deçà de la mort, l'instant mortel, et l'au-delà de la mort.

Pour aller plus loin

1. À l'aide du chapitre 3, « La conscience et l'inconscient » (p. 96 à 123), expliquez pourquoi la mort est une énigme pour notre conscience.
2. À l'aide du chapitre 11, « La religion » (p. 316 à 339), en particulier le texte de Leroi-Gourhan, p. 324, expliquez pourquoi la pensée de la mort est importante dans la vie spirituelle des hommes.

Débat

Peut-on penser la mort ?

ARRÊT SUR **IMAGES**

La Jetée, de C. Marker, 1962

Fiche technique

- **Genre :** photo-roman (science-fiction)
- **Réalisateur :** Chris Marker
- **Scénario :** Chris Marker
- **Photographie :** Chris Marker et Jean-César Chiabaut
- **Distribution :** Davos Hanich, Hélène Châtelain, Jacques Ledoux.
- **Date de sortie :** 1962
- **Durée :** 28 mn.
- **Synopsis :** « Ceci est l'histoire d'un homme marqué par une image d'enfance. » Enfant, il accompagne ses parents sur la jetée de l'aéroport d'Orly. Là, il assiste à la mort d'un homme sous les yeux d'une femme. Il gardera gravé dans sa mémoire le visage de celle-ci. Plus tard, alors que la Troisième Guerre mondiale a ravagé la Terre, des expérimentateurs, cachés dans les souterrains, l'envoient dans le passé.

Activités

1 Visionnez l'intégralité du film de Chris Marker.

2 Répondez aux questions suivantes.

COMPRÉHENSION

1. Quelle est la particularité formelle de ce film ?
2. Comment la destruction de Paris est-elle figurée ?
3. Pourquoi le héros est-il sélectionné pour le voyage dans le temps ?
4. Quelles images reviennent à lui ?
5. Que montre le héros devant la coupe de sequoia ?
6. Pourquoi la femme l'appelle-t-elle son « spectre » ?
7. Où se retrouvent-t-ils « vers le 50e jour » ? Pourquoi ce lieu entre-t-il en écho avec l'ensemble du film ?
8. Qu'obtient le héros en ambassade auprès des hommes du futur ?
9. En quoi la fin du film renvoie-t-elle au début ? Comment appelle-t-on cette figure de style ?

RÉFLEXION

10. Comment expliquez-vous le choix du noir et blanc ? Celui des images fixes ?
11. Quelle propriété essentielle du temps est déjouée par ce film, ce qui l'inscrit dans le genre de la science-fiction ?
12. Expliquez : « Rien ne distingue les souvenirs des autres moments. Ce n'est que plus tard qu'ils se font reconnaître, à leurs cicatrices. »
13. Pourquoi Marker photographie-t-il des statues antiques ? Sont-elles complètes ? Que nous révèlent ces images sur la mémoire ?
14. Quelle est la seule image en mouvement ? Pourquoi ce choix ?
15. En quoi le voyage dans le temps est-il vertigineux ?
16. Que propose au héros l'humanité de l'avenir ? Que choisit-il ? Pourquoi ?
17. Expliquez « On ne s'évade pas du temps. »
18. Pourquoi cet homme a-t-il été marqué par cette image d'enfance ?

EXERCICES

Les termes et les concepts-clés

1 Retenez les mots-clés : réalité objective et perception subjective, durée, présent, instant, irréversibilité, finitude.

2 À l'aide de l'exemple de la durée, p. 400 mais aussi de l'ensemble des textes du chapitre, répondez aux questions suivantes pour tester votre maîtrise de ces concepts.

a. En quel sens percevons-nous subjectivement le temps ?

b. Comment la réalité objective du temps se rappelle-t-elle malgré tout à nous ?

c. Pourquoi l'expérience de l'ennui est-elle une expérience de la durée ?

PERSPECTIVES

3 À l'aide des pages Perspectives (p. 29-38) et du chapitre, identifiez les perspectives dans les sujets suivants et justifiez votre propos par la présentation des concepts et débats en jeu.

a. Le temps existe-t-il en nous ou en dehors de nous ?

b. Faut-il vivre comme si nous ne devions jamais mourir ?

c. Peut-on s'en tenir au présent ?

d. Que veut dire : « perdre son temps » ?

Analyser une image

4 Référez-vous au tableau de Lubin Baugin, *Les Cinq sens ou Nature morte à l'échiquier*, p. 397.

a. Faites une recherche sur la notion de *nature morte* : qu'est-elle censée évoquer ?

b. Faites une recherche sur la notion de *vanité*.

c. Comment les cinq sens sont-ils évoqués dans le tableau ? Que suggèrent-ils ?

d. Examinez chaque objet du tableau et cherchez ce qu'il peut symboliser.

e. Y a-t-il un détail curieux dans le tableau ?

Analyser un sujet

5 a. Suis-je ce que mon passé a fait de moi ? Vous analyserez en quel sens notre passé peut peser sur nous comme un fardeau, et comment nous pouvons, malgré tout, nous en libérer.

b. Peut-on s'en tenir au présent ? Vous expliquerez la difficulté que nous avons à saisir le présent qui semble toujours déjà s'évanouir et basculer dans le passé. Vous montrerez que le présent déborde toujours sur le passé et sur l'avenir mais qu'il est pourtant le seul temps qui nous appartienne : nous ne pouvons agir qu'au présent.

c. Le temps est-il notre ennemi ou notre allié ? En quel sens le temps peut-il être un ennemi ? un allié ? Pouvons-nous décider qu'il est l'un ou l'autre ?

d. Comment se fait-il qu'en dépit du temps je demeure le même ? En quel sens le temps nous fait-il changer ? Qu'est-ce qui résiste, malgré tout, à ces changements ? Quel est le fondement de l'identité personnelle ? Que signifie l'expression « rester fidèle à soi-même » ?

Croiser les notions du programme

6 a. Le temps existe-t-il en dehors de la conscience que nous en avons ?

b. La conscience du temps qui passe nous donne-t-elle des devoirs particuliers, envers nous-mêmes et envers autrui ?

c. Sommes-nous condamnés à subir le temps qui passe ?

Maîtriser les repères

7 À partir des textes du chapitre et des Repères qui leur sont associés sur la page, répondez aux questions suivantes, en vous aidant des pages Repères, p. 486-494.

a. Objectif/subjectif/intersubjectif ▸ p. 491

La perception du temps est-elle subjective ? Aidez-vous de l'expérience de l'ennui dans le « Cas pour l'étude », p.394.

b. Absolu/relatif ▸ p. 486

Le temps est-il relatif à nous ? Formulez la réponse d'Augustin (p. 398) et celle de Kant (p. 399).

c. Abstrait/concret ▸ p. 486

En vous aidant du texte de Bergson (p. 400), expliquez pourquoi le temps est abstrait et la durée concrète.

d. Contingent/nécessaire ▸ p. 487

En quel sens notre existence est-elle contingente ? Qu'est-ce que cette contingence implique ? Aidez-vous du texte de Kierkegaard, p. 406.

Réviser les points clés du chapitre

8 a. Qu'est-ce que l'expérience de l'ennui nous fait comprendre du temps ?

b. Pourquoi notre relation au temps est-elle paradoxale ?

c. Quelles sont les caractéristiques du temps ?

d. Que signifie l'expression « vivre au présent » ? Cela implique-t-il de ne pas se soucier du passé et de l'avenir ?

e. Qu'est-ce qui caractérise l'existence humaine ?

f. Quelles sont les différentes manières de penser la mort ?

BAC La dissertation

SUJET Tout s'en va-t-il avec le temps ?

MÉTHODE

CONSEILS

Étape 1 Analyser le sujet

1 Pour comprendre la question posée, il faut l'analyser dans sa **globalité**. Il faut prêter attention aux termes du sujet, en particulier au terme ***tout***. Ce terme est très général, il désigne **toute chose**.

> Cernez bien le sujet, et sa spécificité. Il ne faut pas traiter un sujet proche, qui lui ressemble : ce serait un hors sujet.

2 Le sujet ne porte donc pas uniquement sur l'homme, sur le passé de l'homme.
Il n'est pas (ou pas seulement) : l'homme peut-il oublier/se libérer de son passé ? Il est beaucoup plus vaste.

3 Cherchez si le sujet contient un **présupposé**, c'est-à-dire une **affirmation implicite**, une affirmation sous-entendue.
Le sujet contient un **présupposé** (ce n'est pas toujours le cas) : le temps est **destructeur**.

> Il faut partir de ce qui est sous-entendu dans le sujet, c'est le point de départ de la réflexion.

4 Distinguez le présupposé, qui est une **affirmation**, de la **question** posée.
Présupposé : le temps est destructeur.
Question posée : est-ce que **tout** finit par être détruit ? Y a-t-il des choses qui **résistent** à cette puissance destructrice du temps ?

Étape 2 Comprendre le problème posé par le sujet

5 Il est bien entendu que le temps est destructeur. C'est une conception fort classique du temps : le temps finit par faire disparaître les choses. Il produit la décrépitude, le vieillissement, l'usure, la disparition. Il y a là un processus irréversible qui a un sens particulier pour l'être humain : le temps nous condamne à la mort et nous en avons conscience.
Le problème est donc le suivant : dans ce processus irréversible et destructeur, qu'est-ce qui peut être sauvé ? Ce qui disparaît peut-il malgré tout être conservé dans la mémoire et le souvenir ? Ce qui disparaît peut-il laisser des traces dans le présent ?

> Cherchez à comprendre ce qui fait problème derrière une question qui paraît parfois anodine. Ce problème n'est pas immédiatement apparent.

6 Ce sujet peut être analysé sous l'angle de **l'existence humaine et de la culture.** Seul l'être humain a conscience de ce caractère destructeur du temps. Les œuvres de la culture peuvent être considérées comme potentiellement éternelles, puisque nous faisons tout pour les conserver.

> Identifiez la ou les **PERSPECTIVES** en jeu dans ce texte (il y en a souvent plus d'une seule, les perspectives ne sont pas cloisonnées).
> > p. 30-32

Étape 3 Rédiger le plan détaillé

7 Rédigez le plan du texte.

PROPOSITION DE PLAN DÉTAILLÉ

I. Analyse et explicitation du présupposé : le temps est destructeur

➜ Le temps détruit en effet de nombreuses choses :
– Les objets matériels finissent par s'user.
– Les choses de la nature s'usent ou disparaissent, même celles qui semblaient devoir durer : les dunes s'affaissent, les falaises s'érodent, les espèces s'éteignent. Les saisons passent.

➜ Nos actes, nos paroles, disparaissent dès qu'ils ont été effectués. La phrase que je prononce a déjà disparu.

➜ Le présent ne cesse de disparaître. Nos sentiments perdent en vigueur, en intensité. L'amour se transforme, quand il ne s'évanouit pas. Nous mourons.

> Lorsque le sujet contient un présupposé, on l'analyse et on l'explicite dans la première partie. Il faut partir de ce que le sujet sous-entend pour ensuite affronter la question.

II. Ce qui est détruit, ce qui disparaît dans le passé, peut-il malgré tout laisser des traces dans le présent ?

➜ La **mémoire** permet de conserver un passé disparu, par le biais du souvenir. Des souvenirs peuvent nous surprendre, au point que nous avons parfois le sentiment de **revivre** ce passé, surtout s'il est douloureux.

➜ L'**histoire** permet de reconstituer le passé et de le comprendre. Les commémorations rappellent de manière solennelle certains événements importants. On parle d'un **devoir de mémoire**.

➜ Certains souvenirs sont conservés dans l'**inconscient**, structure psychique qui échappe au temps.

➜ Les **œuvres d'art** sont conservées pour une période indéterminée dans les musées. Arendt oppose l'œuvre d'art, qui est « immortelle », aux objets d'usage et aux objets de consommation.

➜ La **culture**, les traditions, les coutumes, les valeurs persistent dans le temps, nous précèdent et nous succèdent.

> Le plan doit manifester une progression logique. Les parties doivent s'enchaîner logiquement, « naturellement ». Chaque étape est un point d'appui pour la suivante (comme la marche d'un escalier qui permet de passer à la suivante).

III. Ces traces que le passé laisse dans le présent ne peuvent-elles pas à leur tour disparaître ?

➜ La mémoire n'est pas infaillible. Le souvenir n'est pas une copie conforme du passé, il teinte l'événement d'une coloration affective. Le souvenir n'est pas neutre. Notre mémoire peut enjoliver ou dramatiser un événement passé. Le passé n'est donc **jamais conservé tel quel**. Il est toujours recomposé à la lumière du présent.

➜ Les souvenirs finissent par **s'estomper**. Ils ne sont pas éternels. Quand un événement, une personne sont oubliés, ils disparaissent une seconde fois.

➜ L'histoire ne nous garantit pas que le passé des hommes est fidèlement reconstitué. L'historien travaille à partir des traces de ce passé qui ont été conservées, mais les traces les plus importantes, les plus intéressantes ont peut-être disparu. Nous n'avons aucun moyen de le savoir.

➜ Les cultures, les coutumes, les traditions évoluent et ne restent jamais figées dans le temps.

> **PERSPECTIVES**
> **L'existence humaine et la culture**
> Distinguez « être et exister » et « exister dans le temps ».
> > p. 30-32

Conclusion : Tout finit par disparaître, la Terre elle-même n'est pas éternelle.

➜ **Proposition d'ouverture :** on peut **discuter du présupposé**. Il serait **réducteur** d'affirmer que le temps n'est que destructeur, il peut être aussi **créateur**, le temps permet la maturation, l'évolution (des idées ou des êtres), il peut être aussi **salvateur** quand il nous guérit de certains maux.

> On peut éventuellement consacrer une dernière partie à cette discussion du présupposé, mais il faut d'abord s'assurer que l'on a traité le sujet.

DU CAS POUR L'ÉTUDE...

Le travail artisanal

- À quelles conditions le travail est-il source de satisfaction ?
- En quel sens le travail artisanal nous permet-il de prendre conscience de nous-mêmes ?
- Peut-on vraiment distinguer travail manuel et travail intellectuel ?

MATTHEW CRAWFORD
Né en 1965
Époque contemporaine
Chercheur à l'Université de Virginie, États-Unis. En parallèle de cette activité, il fabrique des pièces détachées pour des motos anciennes à Richmond, en Virginie.

1 *Un plaisir partagé*

Dans son ouvrage, Matthew Crawford s'interroge sur les vertus du travail artisanal, dont les effets sont immédiatement visibles.

Je ferai souvent référence à ma propre expérience de travail, la plus récente en particulier, celle de mécanicien moto. Quand je vois une moto quitter mon atelier en démarrant gaillardement, et ce, quelques jours après y avoir été transportée à l'arrière d'un pick-up, toute ma fatigue se dissipe, même si je viens de passer toute la journée debout sur une dalle de béton. À travers la visière de son casque, je devine le sourire de satisfaction du motard privé de véhicule depuis un bon bout de temps. Je le salue d'un geste de la main. Une main sur la manette des gaz et une autre sur l'embrayage, je sais qu'il ne peut pas me rendre mon salut. Mais je déchiffre un message de gratitude dans la joyeuse pétarade du moteur qu'il emballe pour le plaisir. J'aime cette sonorité exubérante, et je sais que lui aussi. Ce qui passe entre nous, c'est une conversation de ventriloques au timbre mécanique, et le message en est tout simple : « Ouaaaaaaaais ! ».

Matthew B. Crawford, *Éloge du carburateur*, © Éd. La Découverte, trad. M. Saint-Upéry, 2016, p. 10.

Atelier de réparation de motos.

2 *Les bénéfices psychiques du travail manuel*

Le travail artisanal, qui aboutit à un résultat concret, nous permet de prendre conscience de nos compétences et de notre valeur.

C'est à la veille de mes quatorze ans que j'ai commencé à travailler comme assistant d'un électricien. À l'époque, j'avais quitté le lycée, et j'ai continué à travailler à plein temps jusqu'à l'âge de quinze ans, après quoi j'ai exercé le métier d'apprenti électricien pendant les vacances d'été, jusque pendant mes premières années de fac, et ce en assumant des responsabilités de plus en plus importantes. À l'université, j'ai fini par obtenir un diplôme de premier cycle en physique mais, en l'absence de débouché professionnel immédiat, j'étais bien content de pouvoir mettre à profit mes compétences d'artisan, et c'est ainsi que je me suis mis à mon compte à Santa Barbara.

Le moment où, à la fin de mon travail, j'appuyais enfin sur l'interrupteur (« Et la lumière fut »[1]) était pour moi une source perpétuelle de satisfaction. J'avais là une preuve tangible[2] de l'efficacité de mon intervention et de ma compétence. Les conséquences de mon travail étaient visibles aux yeux de tous, et donc personne ne pouvait douter de ladite compétence. Sa valeur sociale était indéniable. J'étais parfois estomaqué[3] à la vue d'un faisceau de câbles convergeant vers un panneau de contrôle industriel, déployant leurs courbes et leurs ramifications, et se rejoignant tous sur la même surface. Il s'agissait là d'un exploit technique tellement au-dessus de mes capacités que j'en arrivai à considérer son auteur comme un véritable génie, et j'étais certain que l'homme qui avait ainsi dompté ce faisceau de câbles avait ressenti l'exaltation engendrée par son accomplissement. Ma spécialité, c'était plutôt les circuits d'immeubles résidentiels ou d'éclairage commercial basique, et le résultat de mon travail était généralement dissimulé à la vue, caché à l'intérieur des murs. Ce qui ne m'empêchait pas de ressentir une certaine fierté chaque fois que je satisfaisais aux exigences esthétiques d'une installation bien faite. J'imaginais qu'un collègue électricien contemplerait un jour mon travail. Et même si ce n'était pas le cas, je ressentais une obligation envers moi-même. Ou plutôt, envers le travail lui-même – on dit parfois en effet que le savoir-faire artisanal repose sur le sens du travail bien fait, sans aucune considération annexe. [...]

On sait que la satisfaction qu'un individu éprouve à manifester concrètement sa propre réalité dans le monde par le biais du travail manuel tend à produire chez cet individu une certaine tranquillité et une certaine sérénité. Elle semble le libérer de la nécessité de fournir une série de gloses[4] bavardes sur sa propre identité pour affirmer sa valeur. Il lui suffit en effet de montrer la réalité du doigt : le bâtiment tient debout, le moteur fonctionne, l'ampoule illumine la pièce.

Op.cit., p. 20-22.

1. Expression tirée de la Bible (*Genèse*, I, 3).
2. Concrète, matérielle.
3. Très étonné, surpris.
4. Explications, interprétations.

Questions

1. **Pourquoi éprouvons-nous un sentiment de fierté devant un travail bien fait ?**
2. **Quelle obligation avons-nous envers nous-mêmes lorsque nous travaillons ?**
3. **Pourquoi le travail nous permet-il de « manifester concrètement [notre] propre réalité dans le monde » (texte 2, l. 31-32) ? Pourquoi cette manifestation produit-elle « une certaine tranquillité et une certaine sérénité » (texte 2, l. 33) ?**

Liens Podcast

Quelle est la valeur du travail ?

REPÈRES

Théorie/pratique, p. 493

Idéal/réel, p. 490

1 Une notion abstraite qui recouvre de nombreuses réalités

▶ Quoi de commun entre un réparateur de motos, un électricien, un médecin, un juge, un agriculteur, un ouvrier, une personne bénévole dans une association ? Leurs activités sont bien différentes et pourtant tous travaillent.

▶ Comment alors définir le travail pour rendre compte de ces différentes réalités ? Quelle est l'essence du travail ? Le travail se définit comme une **action** et une **volonté de transformer** le donné, **la nature** (Aristote, p. 264). Par son travail, l'homme montre qu'il n'est pas asservi à la nature, il crée lui-même les conditions de son existence. Il indique par là qu'il n'est pas seulement un être naturel, mais aussi **un être de culture**. Le travail est donc par essence **libérateur**.

2 Le travail nous permet-il de prendre conscience de nous-mêmes ?

▶ Le réparateur de motos peut être fier de son travail car ses effets sont immédiatement visibles. Il prend conscience de son talent, de ses compétences. Dans le travail artisanal, comme dans le travail artistique ou intellectuel, nous pouvons prendre **conscience** de nous-mêmes à travers nos **œuvres**, et ressentir de la **fierté**. C'est pourquoi nous éprouvons parfois du **plaisir**, voire du **bonheur** à travailler.

Chargement des armes et des provisions sur un bateau dans un port fluvial, bas-relief, détail de la colonne Trajane, marbre, Rome, IIe siècle.

▶ On peut considérer que le travail est **le propre de l'homme**, car il implique toujours une part de **réflexion**, de **conceptualisation** (Marx, p. 421). Le travail manuel est aussi un travail intellectuel : le réparateur doit diagnostiquer une panne et pour ce faire élaborer plusieurs hypothèses puis les éliminer une à une.

▶ Par son travail, l'homme **prend conscience de lui-même** comme **sujet** capable de **transformer le monde** (Hegel, p. 420). Le travail suppose bien plus qu'une simple dépense d'énergie, il n'engage pas uniquement le corps mais aussi la volonté et la raison. Par les efforts qu'il induit, il nous hisse au-dessus de nous-mêmes. Lorsque la qualité de notre travail est **reconnue**, lorsque nos efforts sont fructueux, nous pouvons prendre plaisir à travailler. Notre métier peut nous **valoriser** et consolider notre **identité** (Davezies, p. 422 ; Dejours, p. 424).

3 Travailler, est-ce souffrir ?

▶ Mais cet **idéal** du travail n'est pas toujours réalisé dans les faits, loin de là. Certaines formes de travail ne permettent pas cet épanouissement, cette satisfaction. Lorsque l'individu ne peut imprimer sa marque dans ce qu'il fait, lorsqu'il n'a pas de marge de manœuvre et que son activité est standardisée, il ne peut **se reconnaître** dans son activité. La **division du travail**, qui morcelle celui-ci en de **multiples tâches**, répétitives, indéfiniment recommencées, contribue à un appauvrissement de l'activité. C'est ce qui distingue l'**ouvrier spécialisé** de l'**artisan**. L'artisan est à l'origine de son travail alors que l'ouvrier spécialisé est **aliéné**, dépossédé de lui-même et de son métier. Le travail se vit alors dans la **pénibilité**, la **souffrance**, la **contrainte** (Marx, p. 425 ; Weil, p. 426-427).

▶ Lorsque le travail fait souffrir, il est conçu comme une simple **activité de subsistance**, un gagne-pain : un **moyen** au service d'une fin qui lui est extérieure (vivre ou se reposer pour reprendre des forces). Au contraire, lorsque le travail nous permet de prendre conscience de nous-mêmes, et d'accroître nos savoirs et nos savoir-faire, il est une **fin en soi**, et peut être aimé pour lui-même, ou à tout le moins pour ce qu'il nous apporte.

E. G. Malindine, *Ouvrières dans une usine de radios*, Londres, photographie, août 1936.

▶ Dans l'Antiquité, le travail est conçu comme une activité **servile**, qui ne convient pas aux hommes libres. Le travail est l'**asservissement à la nécessité**, c'est pourquoi on le réserve aux **esclaves**. Dans une telle conception, le travail rapproche l'homme de l'**animal**. Les hommes libres, libérés de la nécessité de subvenir aux besoins de la vie, peuvent se consacrer au perfectionnement de leur esprit : c'est le **loisir,** qui permet à l'homme d'être pleinement homme, d'atteindre son excellence (p. 40).

4 Faut-il travailler moins pour vivre mieux ?

▶ Le travail est-il une **malédiction** dont il faudrait se défaire ? Si le travail nous asservit et nous aliène, il est tentant de s'en libérer, d'autant que le **progrès technique** semble rendre cette perspective possible (Lafargue, p. 430, Russell, p. 432). La réduction du temps de travail a été une **conquête sociale**, avec l'instauration des congés payés en 1936, elle est encore aujourd'hui un **enjeu politique** (débats sur les trente-cinq heures). Faut-il partager le travail lorsque le plein-emploi n'est plus possible ? Faut-il instaurer un revenu universel qui permettrait à chacun de travailler, ou non ?

▶ Travailler moins, pour quoi faire ? Quelles sont les autres activités qui pourraient se substituer au travail ? Et peut-on même imaginer une **suppression totale** du travail ? Serait-elle souhaitable (Arendt, p. 433) ?

À RETENIR...

- Le travail est profondément **ambivalent**, il peut être source de **souffrance** comme de **satisfaction**. C'est lorsque nous arrivons à nous **reconnaître** dans notre travail, lorsque nous y mettons notre touche personnelle, que nous pouvons y prendre du **plaisir**.
- Lorsque le travail est une simple **activité de subsistance**, il nous rapproche de l'**animal** : nous nous consacrons alors uniquement à la satisfaction de nos besoins vitaux.
- Mais lorsque le travail nous permet de **prendre conscience** de nous-mêmes comme **sujets**, il nous rend **pleinement humains** : il fait de l'homme un **être de culture**, imprimant sa marque dans le monde grâce à la **technique**.

QUESTION 1

Le travail nous permet-il de prendre conscience de nous-mêmes ?

TEXTE 1 Hegel, *Esthétique*, 1818-1829

HEGEL
1770-1831
Époque contemporaine
▸ p. 516

Par son travail, l'homme peut transformer le monde et se reconnaître dans cette transformation : il prend conscience de lui-même comme sujet agissant dans le monde.

Cette conscience de lui-même, l'homme l'acquiert de deux manières : théoriquement, en prenant conscience de ce qu'il est intérieurement, de tous les mouvements de son âme, de toutes les nuances de ses sentiments, en cherchant à se représenter à lui-même, tel qu'il se découvre par la pensée, et à se reconnaître dans cette représentation qu'il offre à ses propres yeux. Mais l'homme est également engagé dans des rapports pratiques[1] avec le monde extérieur, et de ces rapports naît également le besoin de transformer ce monde, comme lui-même, dans la mesure où il en fait partie, en lui imprimant son cachet personnel. Et il le fait, pour encore se reconnaître lui-même dans la forme des choses, pour jouir de lui-même comme d'une réalité extérieure.

On saisit déjà cette tendance dans les premières impulsions de l'enfant : il veut voir des choses dont il soit lui-même l'auteur, et s'il lance des pierres dans l'eau, c'est pour voir ces cercles qui se forment et qui sont son œuvre dans laquelle il retrouve comme un reflet de lui-même. Ceci s'observe dans de multiples occasions et sous les formes les plus diverses, jusqu'à cette sorte de reproduction de soi-même qu'est une œuvre d'art.

G. W. F. Hegel, *Esthétique*, Introduction,

REPÈRES
Théorie/pratique
▸ p. 493

1. Relatifs à l'action.

CULTURE PHILOSOPHIQUE

Dans *La Phénoménologie de l'esprit* (1807), Hegel analyse la **dialectique du maître et de l'esclave** qui permet de montrer que **le travail est libérateur**. En effet, l'esclave prend conscience de sa réalité humaine en contemplant la transformation du monde dont il est l'auteur.

Questions

1. **Quelles sont les deux manières qui permettent à l'homme de prendre conscience de lui-même ?**
2. **Expliquez l'exemple de l'enfant (l. 12-15).**
3. **En quel sens peut-on dire qu'une œuvre d'art est une « reproduction de soi-même » ?**

PERSPECTIVES

L'existence humaine et la culture

- Pourquoi l'homme n'est-il pas un être purement naturel ; pourquoi ne vit-il pas dans la nature comme un animal ?
- La possibilité de prendre conscience de soi est-elle le propre de l'existence humaine ?

La connaissance

- Qu'est-ce que le travail nous permet d'apprendre sur nous-mêmes ?

TEXTE 2

Marx, *Le Capital*, 1867

Les animaux aussi agissent et transforment la nature, avec parfois une ingéniosité et une habileté qui nous surprennent. Alors, qu'est-ce qui distingue l'activité de l'animal du travail humain ?

MARX
1818-1883
Époque contemporaine
▸ p. 518

REPÈRES
Idéal/réel
▸ p. 490

Le travail est de prime abord un acte qui se passe entre l'homme et la nature. L'homme y joue lui-même vis-à-vis de la nature le rôle d'une puissance naturelle. Les forces dont son corps est doué, bras et jambes, tête et mains, il les met en mouvement afin de s'assimiler des matières en leur donnant une forme utile à sa vie. En même temps qu'il agit par ce mouvement sur la nature extérieure et la modifie, il modifie sa propre nature, et développe les facultés qui y sommeillent. Nous ne nous arrêterons pas à cet état primordial du travail où il n'a pas encore dépouillé son mode purement instinctif[1]. Notre point de départ c'est le travail sous une forme qui appartient exclusivement à l'homme. Une araignée fait des opérations qui ressemblent à celles du tisserand, et l'abeille confond[2] par la structure de ses cellules de cire l'habileté de plus d'un architecte. Mais ce qui distingue dès l'abord[3] le plus mauvais architecte de l'abeille la plus experte, c'est qu'il a construit sa cellule dans sa tête avant de la construire dans la ruche. Le résultat auquel le travail aboutit préexiste idéalement[4] dans l'imagination du travailleur. Ce n'est pas qu'il opère seulement un changement de forme dans les matières naturelles : il y réalise du même coup son propre but dont il a conscience, qui détermine comme loi son mode d'action, et auquel il doit subordonner sa volonté. Et cette subordination n'est pas momentanée. L'œuvre exige pendant toute sa durée, outre l'effort des organes qui agissent, une attention soutenue, laquelle ne peut elle-même résulter que d'une tension constante de la volonté.

Karl Marx, *Le Capital*, t. I, livre I, IIIe section, chap. VII,

1. Marx ne prend pas en compte ici les formes premières de l'activité humaine, qui relèvent encore de l'instinct.
2. Surpasse.
3. Immédiatement.
4. En idée, à l'état d'idée.

Questions

1. **Expliquez la comparaison de l'abeille et de l'architecte l. 12-14. Pourquoi Marx précise-t-il : « le plus mauvais » et « la plus experte » ? Qu'est-ce que Marx veut souligner par cette précision ?**
2. **Quelles sont les facultés spécifiquement humaines requises par le travail ? Comment le travail permet-il à l'homme de développer ces facultés ?**
3. **Quelle est la caractéristique du travail humain ?**

ULTURE HILOSOPHIQUE

Alors même que certains animaux utilisent des outils et développent des techniques (voir chap. 13, « La technique », p. 376), on a coutume de distinguer l'**activité de l'animal** du **travail humain** : les animaux ne conceptualisent pas, ou peu, leur activité, et ne pratiquent pas de surproduction.

PERSPECTIVES

L'existence humaine et la culture

- Peut-on dire que le travail est le propre de l'homme ?

La connaissance

- Pourquoi le travail suppose-t-il toujours une phase de conceptualisation ?

Pour aller plus loin

1. Comparez ce texte avec celui d'Aristote (p. 264) : quels sont les deux modes de production des choses ?
2. Comparez ce texte avec celui de Hegel (p. 58) : quelle est la proximité de pensée entre Hegel et Marx ?

TEXTE 3 Davezies, « Une affaire personnelle ? », 2006

Philippe Davezies expose la dynamique à l'œuvre dans le travail, qui nous permet de passer de la contrainte à l'autonomie. Nous prenons plaisir à travailler lorsque nous pouvons exprimer notre sensibilité et notre subjectivité.

DAVEZIES
Époque contemporaine
Enseignant-chercheur en médecine et santé au travail à l'université Lyon I.

REPÈRES
Abstrait/concret
▸ p. 486

DÉFINITION
Il y a toujours une différence entre le **travail prescrit** et le **travail réel**. La situation type décrite dans les consignes n'est jamais totalement identique à la situation particulière que nous rencontrons.

Entrer dans le travail impose de se soumettre à des normes extérieures : il faut se conformer aux instructions, aux traditions, aux règles de métier. Le travail impose toujours discipline, cadrage du comportement, suspension des exigences immédiates de satisfaction. Les objets du travail sont manifestement très éloignés des objets du désir. Entrer dans le travail suppose donc de renoncer, au moins temporairement, à une part de soi. Cependant, seul un regard lointain, surplombant, peut conduire à en rester là. Car, si l'on y regarde de près, l'activité s'affirme comme puissance de transformation.

Dès que l'on commence à travailler, une tension se manifeste entre l'activité et le cadre qui lui est imposé. Très vite, il apparaît qu'une position de pure conformité aux instructions reçues conduirait à une impasse. Les éléments de cadrage extérieur – consignes, règles, savoirs – sont toujours décalés par rapport à la situation ; ils ne suffisent pas à régler les multiples problèmes auxquels le travailleur est confronté. Au contraire, leur mise en pratique fait surgir au premier plan les particularités, les dimensions singulières et inattendues de la situation.

Ce sont là les acquis fondamentaux de l'ergonomie[1] : au travail, les gens ne peuvent jamais se contenter d'appliquer les consignes. Ils ne rencontrent pratiquement jamais la situation type décrite par la prescription. Ils sont nécessairement confrontés à des aspects de la situation que la consigne n'a pas prévus. Or agir en bon professionnel exige de prendre en compte la situation dans ce qu'elle a de particulier. Il faut donc faire appel à d'autres ressources que celles qui ont été transmises. La question se pose alors de la nature de ces ressources. [...]

Si je suis particulièrement sensible à tel ou tel aspect de la situation, c'est en raison d'expériences antérieures qui ont affiné ma sensibilité et structuré ma personnalité. C'est ce qui fait que deux travailleurs ne seront pas exactement sensibles aux mêmes aspects de la situation.

À l'issue d'un parcours qui a impliqué un cadrage de la subjectivité et un renoncement à une part de soi-même, c'est donc l'écho de ses propres particularités, les résonances entre la situation et sa propre histoire, qui guident l'exploration du professionnel. C'est ce qui confère à son activité son style propre. Ainsi, les agents qui avaient renoncé à une part d'eux-mêmes pour se plier à une forme impersonnelle se retrouvent dans leur activité. Ils s'y retrouvent au sens strict mais de façon inattendue, en se surprenant eux-mêmes. L'intérêt, le plaisir au travail, est directement lié à cette possibilité de construire cette familiarité avec l'objet, sans laquelle l'activité trébuche : « Si on est indifférent, on n'a pas de flair » ; oui, il y a une relation entre le flair et l'intérêt pour le travail. Le travail doit être un plaisir pour que puisse se développer ce flair.

Le développement de la perception sensible[2] constitue un élément fondamental de l'intérêt du travail, de l'amour du métier. Et on ressent une douleur dans le ventre quand l'outil grippe[3] sur le métal.

Philippe Davezies, in *Le Travail intenable*, dir. L. Théry, © La Découverte, 2006, p. 143-146.

1. Étude des conditions de travail afin d'adapter celles-ci au travailleur.
2. Perception qui repose sur la sensibilité, l'intuition, le « flair ».
3. S'accroche, se coince ou se bloque.

Remontage d'une horloge-enseigne, Holborn, Londres.

Questions

1. **Pourquoi le travail suppose-t-il de « renoncer, au moins temporairement, à une part de soi », (l. 6) ?**
2. **À partir d'un exemple, expliquez pourquoi les consignes de départ ne sont jamais suffisantes pour affronter une situation. Quels sont les éléments inattendus qui peuvent survenir ?**
3. **Quelles sont les ressources dont nous disposons pour pouvoir dépasser ces difficultés ? Comment ces ressources opèrent-elles ?**
4. **Pourquoi les travailleurs peuvent-ils se surprendre eux-mêmes (l. 35) ?**

PERSPECTIVES

L'existence humaine et la culture

- Comment le travail permet-il à l'homme de perfectionner ses savoirs et ses savoir-faire ?

Pour aller plus loin

Montrez comment ce texte peut être une illustration de la dialectique du maître et de l'esclave de Hegel (voir encadré p. 420).

TEXTES

TEXTE 4 Dejours, *Souffrance en France*, 1998

Christophe Dejours souligne combien la reconnaissance de nos efforts et de la qualité de notre travail est essentielle pour dépasser les souffrances inhérentes à tout travail, et pour leur conférer un sens.

DEJOURS
Né en 1949
Époque contemporaine
Psychiatre, psychanalyste, et spécialiste en psychodynamique du travail.

Reprendre ici l'analyse de la « psychodynamique de la reconnaissance » n'est pas indispensable. Il suffit d'en connaître l'existence pour saisir le rôle majeur qu'elle joue dans le destin de la souffrance au travail et la possibilité de transformer la souffrance en plaisir.

De la reconnaissance dépend en effet le sens de la souffrance. Lorsque la qualité de mon travail est reconnue, ce sont aussi mes efforts, mes angoisses, mes doutes, mes déceptions, mes découragements qui prennent sens. Toute cette souffrance n'a donc pas été vaine, elle a non seulement produit une contribution à l'organisation du travail mais elle a fait, en retour, de moi un sujet différent de celui que j'étais avant la reconnaissance. La reconnaissance du travail, voire de l'œuvre, le sujet peut la rapatrier ensuite dans le registre de la construction de son identité. Et ce temps se traduit effectivement par un sentiment de soulagement, de plaisir, parfois de légèreté d'être, d'élation[1] même. Alors le travail s'inscrit dans la dynamique de l'accomplissement de soi. L'identité constitue l'armature de la santé mentale. Pas de crise psychopathologique[2] qui ne soit centrée par une crise d'identité. C'est ce qui confère au rapport au travail sa dimension proprement dramatique. Faute des bénéfices de la reconnaissance de son travail et de pouvoir accéder ainsi au sens de son rapport vécu au travail, le sujet est renvoyé à sa souffrance et à elle seule. Souffrance absurde qui ne génère que de la souffrance, selon un cercle vicieux, et bientôt déstructurant, capable de déstabiliser l'identité et la personnalité et de conduire à des maladies mentales. De ce fait, il n'y a pas de neutralité du travail vis-à-vis de la santé mentale. Or cette dimension « pathique[3] »du travail est massivement sous-estimée dans les analyses sociologiques et politiques [...].

Christophe Dejours, *Souffrance en France*, © Éd. du Seuil, « Point Essais », 2009, p. 40-41.

1. Élévation.
2. Crise qui menace la santé mentale de l'individu.
3. Susceptible de faire souffrir ou de rendre malade.

Questions

1. **Pourquoi la reconnaissance de la qualité de notre travail est-elle fondamentale ? Comment cette reconnaissance nous transforme-t-elle ?**
2. **Comment la souffrance peut-elle se convertir en plaisir ?**
3. **Expliquez : « L'identité constitue l'armature de la santé mentale » (l. 15).**

DÉFINITION

La **psychodynamique du travail** est une discipline qui se propose d'étudier le lien entre le fonctionnement psychique (de l'esprit), somatique (du corps) de l'individu et l'organisation du travail.

Photographie de groupe des charpentiers compagnons du devoir, devant la vitrine de leur siège, avec leur « mère », Tours, 1940.

QUESTION

2 Travailler, est-ce souffrir ?

TEXTE 5 Marx, *Manuscrits de 1844*, 1844

La division du travail conduit à un morcellement des tâches. L'individu est dépossédé de son métier et ne peut se reconnaître dans son activité. Cette dépossession le fait souffrir. Aucune reconnaissance ne vient donner un sens à cette souffrance.

MARX
1818-1883
Époque contemporaine
▸ p. 518

Or, en quoi consiste la dépossession du travail ? D'abord, dans le fait que le travail est extérieur à l'ouvrier, c'est-à-dire qu'il n'appartient pas à son être ; que, dans son travail, l'ouvrier ne s'affirme pas, mais se nie ; qu'il ne s'y sent pas satisfait, mais malheureux ; qu'il n'y déploie pas une libre énergie physique et intellectuelle, mais mortifie[1] son corps et ruine son esprit. C'est pourquoi l'ouvrier n'a le sentiment d'être à soi qu'en dehors du travail ; dans le travail, il se sent extérieur à soi-même. Il est lui quand il ne travaille pas et, quand il travaille, il n'est pas lui. Son travail n'est pas volontaire, mais contraint. *Travail forcé*, il n'est pas la satisfaction d'un besoin mais seulement un *moyen* de satisfaire des besoins en dehors du travail. La nature aliénée du travail apparaît nettement dans le fait que, dès qu'il n'existe pas de contrainte physique ou autre, on fuit le travail comme la peste. Le travail aliéné, le travail dans lequel l'homme se dépossède, est sacrifice de soi, mortification[2]. Enfin, l'ouvrier ressent la nature extérieure du travail par le fait qu'il n'est pas son bien propre, mais celui d'un autre, qu'il ne lui appartient pas ; que dans le travail, l'ouvrier ne s'appartient pas lui-même, mais à un autre. [...]

On en vient donc à ce résultat que l'homme (l'ouvrier) n'a de spontanéité que dans ses fonctions animales : le manger, le boire et la procréation, peut-être encore dans l'habitat, la parure, etc. ; et que, dans ses fonctions humaines, il ne se sent plus qu'animalité ; ce qui est animal devient humain, et ce qui est humain devient animal.

Karl Marx, *Manuscrits de 1844*, in *Œuvres*, © Gallimard, « Bibliothèque de la Pléiade », tome II, trad. J. Malaquais et C. Orsoni, p. 60-61.

REPÈRES
Obligation/contrainte
▸ p. 492

1. Il se fait souffrir.
2. Action de s'infliger une souffrance.

Questions

1. Quels sont les effets de la division du travail sur le corps et sur l'esprit du travailleur ?
2. En quel sens l'ouvrier ne s'appartient-il plus lui-même ?
3. Expliquez : « ce qui est animal devient humain, et ce qui est humain devient animal », (l. 21-22).

DÉFINITION

L'**aliénation** est le fait d'être étranger à soi-même, autre pour soi-même. L'ouvrier est aliéné quand il ne peut se reconnaître dans ce qu'il fait. Il est dépossédé à la fois de son métier et de lui-même.

PERSPECTIVES

L'existence humaine et la culture

- Le travail nous rend-il plus humains ou, au contraire, nous rapproche-t-il de l'animal ?

Pour aller plus loin

1. À l'aide des chapitres 5 « L'État » (p. 152 à 179) et 6 « La justice « (180 à 205), expliquez pourquoi le travail est une activité qui concerne la morale et la politique.
2. Comparez ce texte avec celui de Marx (p. 421) : quelles sont les deux dimensions du travail ?

TEXTE 6 Weil, *L'Enracinement*, 1949

« L'enracinement est peut-être le besoin le plus important et le plus méconnu de l'âme humaine ». L'enracinement est le fait de se sentir lié, de manière presque physique, à une collectivité. Or, certains êtres sont déracinés, en raison de leurs conditions de vie et de travail. Simone Weil décrit ici le déracinement ouvrier.

WEIL
1909-1943
Époque contemporaine
▸ p. 523

La liste concrète des douleurs des ouvriers fournit celle des choses à modifier. Il faut supprimer d'abord le choc que subit le petit gars qui à douze ou treize ans sort de l'école et entre à l'usine. Certains ouvriers seraient tout à fait heureux si ce choc n'avait laissé une blessure toujours douloureuse ; mais ils ne savent pas eux-mêmes que leur souffrance vient du passé. L'enfant à l'école, bon ou mauvais élève, était un être dont l'existence était reconnue, qu'on cherchait à développer, chez qui on faisait appel aux meilleurs sentiments. Du jour au lendemain il devient un supplément à la machine, un peu moins qu'une chose, et on ne se soucie nullement qu'il obéisse sous l'impulsion des mobiles les plus bas, pourvu qu'il obéisse. La plupart des ouvriers ont subi au moins à ce moment de leur vie cette impression de ne plus exister, accompagnée d'une sorte de vertige intérieur, que les intellectuels ou les bourgeois, même dans les plus grandes souffrances, ont très rarement l'occasion de connaître. Ce premier choc, reçu si tôt, imprime souvent une marque ineffaçable. Il peut rendre l'amour du travail définitivement impossible.

Il faut changer le régime de l'attention au cours des heures de travail, la nature des stimulants qui poussent à vaincre la paresse ou l'épuisement – stimulants qui aujourd'hui ne sont que la peur et les sous –, la nature de l'obéissance, la quantité trop faible d'initiatives, d'habileté et de réflexion demandée aux ouvriers, l'impossibilité où ils sont de prendre part par la pensée et le sentiment à l'ensemble du travail de l'entreprise, l'ignorance parfois complète de la valeur, de l'utilité sociale, de la destination des choses qu'ils fabriquent, la séparation complète de la vie du travail et de la vie familiale. On pourrait allonger la liste.

Simone Weil, *L'Enracinement*, © Gallimard, « Folio Essais », 1990, p. 74-75.

CONTEXTE

L'Enracinement a pour sous-titre : *Prélude à une déclaration des devoirs envers l'être humain*. S. Weil s'est toujours placée du côté des faibles et des opprimés et a mis sa vie en conformité avec ses convictions. Voir p. 136.

Questions

1. Pourquoi l'enfant ressent-il un choc lorsqu'il arrive à l'usine ?
2. En quel sens l'école reconnaît-elle l'enfant comme un être humain ?
3. Comment l'usine déshumanise-t-elle l'ouvrier ?
4. Confrontez ce texte à celui de Marx, p. 425, et expliquez pourquoi l'ouvrier est aliéné.
5. Que faudrait-il faire, d'après S. Weil, pour améliorer les conditions de travail des ouvriers ?

Pour aller plus loin

Comparez ce texte avec l'analyse de Simondon (p. 378-379) sur la relation entre l'homme et la machine.

Oral

Travaille-t-on à l'école ? Aidez-vous de la distinction entre travail et loisir (voir « Questions clés », p. 418).

FOCUS SUR UNE AUTEURE

Simone Weil (1909-1943)

1 LA CONDITION OUVRIÈRE

Au début des années 1930, engagée aux côtés des mouvements ouvriers, Simone Weil, alors agrégée de philosophie, décide de se faire engager comme ouvrière pour acquérir une conscience incarnée du malheur ouvrier. Elle raconte son expérience dans une lettre.

Peut-être, plus tard, les mots justes me viendront-ils : maintenant, il me semble qu'il me faudrait pour traduire ce qui importe un autre langage. Cette expérience qui correspond par bien des côtés à ce que j'attendais, en diffère quand même par un abîme : c'est la réalité, non plus l'imagination. Elle a changé pour moi non pas telle ou telle de mes idées (beaucoup ont été au contraire confirmées), mais infiniment plus, toute ma perspective sur les choses, le sentiment même que j'ai de la vie. Je connaîtrai encore la joie, mais il y a une certaine légèreté de cœur qui me restera, il me semble, toujours impossible.

« Lettre à Mme Albertine Thévenon » (1934-1935),
in La Condition ouvrière, © Gallimard, 1951, p. 15

Questions

1. **À votre avis, qu'est « ce qui importe » ?**
2. **Quel écart y a-t-il entre « la réalité » de l'expérience que fait Simone Weil et ce qu'elle en avait imaginé ?**

2 L'ATTENTION

En voie de conversion au christianisme, Simone Weil écrit sur l'attention des pages à la tonalité mystique.

Si on tourne l'intelligence vers le bien, il est impossible que peu à peu toute l'âme n'y soit pas attirée malgré elle. […]

Dans une telle œuvre, tout ce que je nomme « je » doit être passif. L'attention seule, cette attention si pleine que le « je » disparaît, est requise de moi. […]

Le poète produit le beau par l'attention fixée sur le réel. De même l'acte d'amour. Savoir que cet homme, qui a faim et soif, existe vraiment autour de moi – cela suffit, le reste suit de lui-même.

Les valeurs authentiques et pures de vrai, de beau et de bien dans l'activité d'un être humain se produisent par un seul et même acte, une certaine application à l'objet de la plénitude de l'attention.

La Pesanteur et la Grâce, « L'attention et la volonté »,
© Pocket, 1991, p. 192, 194, 196.

Questions

1. **Que devient le « je » dans l'attention ?**
2. **Quelle équivalence y a-t-il, selon Simone Weil, entre le poète qui crée et la personne qui fait le bien ?**

3 LE RESPECT DES BESOINS

En 1943, le général de Gaulle souhaite doter la future France libérée d'une nouvelle Déclaration des droits de l'Homme : Simone Weil, écrit L'Enracinement, prélude à une déclaration des devoirs envers l'être humain.

Il y a obligation envers tout être humain, du seul fait qu'il est un être humain [...]. Cette obligation [...] répond à la destinée éternelle de l'être humain. [...]

Le fait qu'un être humain possède une destinée éternelle n'impose qu'une seule obligation ; c'est le respect. L'obligation n'est accomplie que si le respect est effectivement exprimé, d'une manière réelle et non fictive ; il ne peut l'être que par l'intermédiaire des besoins terrestres de l'homme. [...]

Parmi ces besoins, certains sont physiques, comme la faim elle-même. Ils sont assez faciles à énumérer. Ils concernent la protection contre la violence, le logement, les vêtements, la chaleur, l'hygiène, les soins en cas de maladie. D'autres, parmi ces besoins, n'ont pas rapport avec la vie physique, mais avec la vie morale. [...] Ce sont, comme les besoins physiques, des nécessités de la vie d'ici-bas. C'est-à-dire que s'ils ne sont pas satisfaits, l'homme tombe peu à peu dans un état plus ou moins analogue à la mort, plus ou moins proche d'une vie purement végétative.

L'Enracinement, prélude à une déclaration des devoirs envers l'être humain,
© Gallimard, 1949, p. 10-11-12.

Questions

1. Exprimer le respecter « d'une manière réelle et non fictive », qu'est-ce que cela veut dire ? À quoi l'idée d'un respect exprimé fictivement pourrait-elle renvoyer ?
2. Pensez-vous que les besoins en rapport avec la vie morale soient aussi faciles à énumérer que les besoins physiques ? Pourquoi ?
3. À votre avis, quels sont ces besoins moraux introduits par Simone Weil ?

Pour aller plus loin

1. Lisez la « Lettre à une élève », présente dans *La Condition ouvrière (op. cit.*, p. 23-27), écrite par Simone Weil pendant son année à l'usine à une de ses élèves lycéennes.
2. Dans la première partie de *L'Enracinement*, vous trouverez la liste que propose Simone Weil des besoins moraux de l'homme : y adhérez-vous ?

LES **OBJECTIFS** DE L'AUTEURE

- Simone Weil a partagé l'existence des ouvriers pour mieux comprendre leurs souffrances.
- Elle a identifié comme un des principaux maux de la condition ouvrière l'impossibilité d'exercer l'attention, à cause de la monotonie du travail de l'usine. L'attention est selon Simone Weil la faculté la plus essentielle à la vocation de l'homme.
- Elle a tâché de définir concrètement les besoins de l'homme, physiques et moraux, afin de faire davantage qu'une déclaration des droits de l'homme abstraite.

TEXTE 7 Zeniter, *L'Art de perdre*, 2017

La narratrice, Naïma, évoque son grand-père Ali, un montagnard kabyle devenu « harki », et son père Hamid. Le jeune Hamid accompagne son père à l'usine. Il doit écrire une rédaction décrivant le monde du travail.

ZENITER
Née en 1986
Époque contemporaine
Romancière, dramaturge et metteuse en scène française.

Hamid fait semblant de prendre des notes. Il écrit : « moi », « lui » et pour les autres mots, ceux qui sont trop compliqués, il se contente d'une série de pleins et de déliés[1] abstraits.

Il est impressionné par le ballet minutieux que les hommes et les machines dansent ensemble, par la précision des gestes des ouvriers grâce auxquels les pièces apparaissent toujours à l'endroit où les machines les réclament. L'économie de leur mouvement (un, deux, trois ! un, deux, trois !) lui paraît être une science dont ils peuvent être fiers. Mais au fil de la matinée, il commence à s'ennuyer. Le découpage en postes strictement hiérarchisés de l'usine lui semble inutilement pesant. Il ne comprend pas que les ouvriers n'aient pas le droit de se déplacer d'un endroit à l'autre, de changer d'activité si le cœur leur en dit, de suivre une pièce à travers les diverses opérations qu'elle nécessite. Au bout de quelques heures dans le bâtiment, le bruit et la chaleur ont rendu sa tête cotonneuse. Il a du mal à penser, les mouvements des presses[2] et des fers s'exercent à l'intérieur de son crâne, écrabouillant ou fondant les phrases au moment même où elles se forment. [...]

Il repart de l'usine avec un mal de crâne sourd et écœurant qui l'empêche de parler. À l'arrière de la voiture, sur la banquette qu'il partage avec quatre ouvriers, il essaie de s'endormir, le front collé à la vitre. Il ferme les yeux mais ne peut pas trouver le sommeil : les bruits de l'usine tournent encore et encore dans sa tête et chassent les images des rêves. Le gros Ahmed lui sourit :

– Tu vois, fils, le problème de ce genre de boulot, c'est qu'à part te traîner au bistrot du coin, tu n'as plus la force de rien quand tu sors.

– *Khlas*, le coupe aussitôt son voisin.

– Tu n'as pas honte ? demande Ali. C'est juste un gamin.

Ahmed marmonne entre ses dents qu'il le sait très bien. Il n'était pas en train d'offrir un verre au petit. Il voulait simplement lui expliquer pourquoi les hommes comme lui boivent – ce n'est pas vraiment leur faute, c'est le boulot qui est trop dur et trop bête pour faire d'eux autre chose que des ânes ou des porcs.

– Tu ne pourrais pas trouver un autre travail ? demande régulièrement Hamid à son père après sa visite à l'usine. Un travail qui te plaise ?

– Tu rêves ou tu veux que je rêve ? répond Ali.

C'est une question rituelle chez lui, et elle n'est pas tendre. « Tu rêves ? » est déjà une critique. Mais « tu veux que je rêve ? », c'est pire. C'est comme s'il demandait « Tu veux que je me fouette ? », « Tu veux que je me fasse mal ? ». Les enfants ne peuvent faire autrement que de s'excuser.

– Je crois que je ne voudrais pas travailler, plus tard, confie Hamid à sa mère au moment du dîner.

– Tu aurais dû naître dans une autre famille, alors. Ici, on n'a pas le choix.

Alice Zeniter, *L'Art de perdre*, © Flammarion, 2017, p. 266-268.

1. Il imite les formes des lettres.
2. Mécanisme destiné à exercer une pression sur un solide.

CONTEXTE

Les « **harkis** » sont des Algériens qui ont pris le parti de la France au moment de la guerre d'indépendance d'Algérie. Après l'indépendance, certains ont pu venir vivre en France. Ils ont été mal traités, devant vivre dans des camps précaires, sous des tentes, dans le froid et la boue.

Questions

1. Quels sont les éléments du texte qui soulignent la division du travail dans l'usine ?
2. En quel sens la perception du travail par Hamid est-elle ambivalente ?
3. Comment le travail des ouvriers s'imprime-t-il dans leur corps ?

Débat
Le travail est-il une nécessité ?

QUESTION

3 Faut-il travailler moins pour vivre mieux ?

TEXTE 8 Lafargue, *Le Droit à la paresse,* 1880

Lafargue expose ici les conséquences funestes d'un travail immodéré (surtravail) : surproduction, chômage et faillites.

LAFARGUE
1842-1911
Époque contemporaine
Paul Lafargue a combattu toute sa vie pour le socialisme. En exil à Londres, il rencontre Engels et Marx. En 1868, il devient le gendre de Marx, en épousant sa fille, Laura.

Travaillez, travaillez, prolétaires, pour agrandir la fortune sociale et vos misères individuelles, travaillez, travaillez, pour que, devenant plus pauvres, vous ayez plus de raisons de travailler et d'être misérables. Telle est la loi inexorable de la production capitaliste.

Parce que, prêtant l'oreille aux fallacieuses[1] paroles des économistes, les prolétaires se sont livrés corps et âme au vice du travail, ils précipitent la société tout entière dans ces crises industrielles de surproduction qui convulsent l'organisme social. Alors, parce qu'il y a pléthore[2] de marchandises et pénurie d'acheteurs, les ateliers se ferment et la faim cingle[3] les populations ouvrières de son fouet aux mille lanières. […]

Au lieu de profiter des moments de crise pour une distribution générale des produits et un gaudissement[4] universel, les ouvriers, crevant de faim, s'en vont battre de leur tête les portes de l'atelier. Avec des figures hâves[5], des corps amaigris, des discours piteux, ils assaillent les fabricants : « Bon monsieur Chagot, doux monsieur Schneider[6], donnez-nous du travail, ce n'est pas la faim, mais la passion du travail qui nous tourmente ! » Et ces misérables, qui ont à peine la force de se tenir debout, vendent douze et quatorze heures de travail deux fois moins cher que lorsqu'ils avaient du pain sur la planche. Et les philanthropes de l'industrie de profiter des chômages pour fabriquer à meilleur marché.

Si les crises industrielles suivent les périodes de surtravail aussi fatalement que la nuit le jour, traînant après elles le chômage forcé et la misère sans issue, elles amènent aussi la banqueroute[7] inexorable. Tant que le fabricant a du crédit, il lâche la bride à la rage du travail, il emprunte et emprunte encore pour fournir la matière première aux ouvriers. Il fait produire, sans réfléchir que le marché s'engorge[8] et que, si ses marchandises n'arrivent pas à la vente, ses billets viendront à l'échéance[9].

Paul Lafargue, *Le Droit à la paresse, Réfutation du droit au travail de 1848*,
© Climats, 1992, p. 34-37.

1. Trompeuses.
2. Abondance, excès.
3. Frappe, fouette.
4. Réjouissance.
5. Amaigries, pâlies par la faim et la fatigue.
6. Célèbres entrepreneurs.
7. Faillite.
8. Les marchandises ne peuvent s'écouler.
9. Il devra rembourser ses crédits.

CULTURE PHILOSOPHIQUE

L'ouvrage de Lafargue s'ouvre par cette formule célèbre : « Une étrange folie possède les classes ouvrières des nations où règne la civilisation capitaliste. Cette folie traîne à sa suite des misères individuelles et sociales qui, depuis deux siècles, torturent la triste humanité. Cette folie est l'amour du travail, la passion moribonde du travail, poussée jusqu'à l'épuisement des forces vitales de l'individu et de sa progéniture. »

Questions

1. **Expliquez pourquoi le surtravail appauvrit les travailleurs.**
2. **À l'aide d'un schéma, expliquez les liens logiques entre surtravail, surproduction, chômage et faillites.**
3. **Pourquoi l'expression « les philanthropes de l'industrie » (l. 19) est-elle ironique ?**

PERSPECTIVES

La morale et la politique

- Pourquoi les travailleurs sont-ils exploités ?

Oral

Faut-il produire toujours plus ?

TEXTE 9 Smith, *La Richesse des nations*, 1776

Smith expose les avantages de la division du travail, qui permet une augmentation de la productivité.

SMITH
1723-1790
Époque moderne
▸ p. 509

Un homme qui ne serait pas façonné à ce genre d'ouvrage[1], dont la *division du travail* a fait un métier particulier, ni accoutumé à se servir des instruments qui y sont en usage, dont l'invention est probablement due encore à la *division du travail*, cet ouvrier, quelque adroit qu'il fût, pourrait peut-être à peine faire une épingle dans toute sa journée, et certainement il n'en ferait pas une vingtaine. Mais de la manière dont cette industrie est maintenant conduite, non seulement l'ouvrage entier forme un métier particulier, mais même cet ouvrage est divisé en un grand nombre de branches, dont la plupart constituent autant de métiers particuliers. Un ouvrier *tire le fil à la bobine*, un autre le *dresse*, un troisième *coupe la dressée*, un quatrième *empointe*, un cinquième est employé à *émoudre* le bout qui doit recevoir la *tête*. Cette *tête* est elle-même l'objet de deux ou trois opérations séparées : la *frapper* est une besogne particulière ; *blanchir* les épingles en est une autre ; c'est même un métier distinct et séparé que de *piquer* les papiers et d'y *bouter* les épingles ; enfin, l'important travail de faire une épingle est divisé en dix-huit opérations distinctes ou environ, lesquelles, dans certaines fabriques, sont remplies par autant de mains différentes, quoique dans d'autres le même ouvrier en remplisse deux ou trois. J'ai vu une petite manufacture de ce genre qui n'employait que dix ouvriers, et où, par conséquent, quelques-uns d'eux étaient chargés de deux ou trois opérations. Mais, quoique la fabrique fût fort pauvre et, par cette raison, mal outillée, cependant, quand ils se mettaient en train, ils venaient à bout de faire entre eux environ douze livres d'épingles par jour ; or, chaque livre contient au-delà de quatre mille épingles de taille moyenne. Ainsi, ces dix ouvriers pouvaient faire entre eux plus de quarante-huit milliers d'épingles dans une journée ; donc, chaque ouvrier, faisant une dixième partie de ce produit, peut être considéré comme donnant dans sa journée quatre mille huit cents épingles. Mais s'ils avaient tous travaillé à part et indépendamment les uns des autres, et s'ils n'avaient pas été façonnés à cette besogne particulière, chacun d'eux assurément n'eût pas fait vingt épingles, peut-être pas une seule, dans sa journée, c'est-à-dire pas, à coup sûr, la deux-cent-quarantième partie, et pas peut-être la quatre-mille-huit-centième partie de ce qu'ils sont maintenant en état de faire, en conséquence d'une division et d'une combinaison convenables de leurs différentes opérations.

Dans tout autre art et manufacture, les effets de la *division du travail* sont les mêmes que ceux que nous venons d'observer dans la fabrique d'une épingle, quoique dans un grand nombre le travail ne puisse pas être aussi subdivisé ni réduit à des opérations d'une aussi grande simplicité. Toutefois, dans chaque art, la *division du travail*, aussi loin qu'elle peut y être portée, amène un accroissement proportionnel dans la puissance productive du travail. C'est cet avantage qui paraît avoir donné naissance à la séparation des divers emplois et métiers.

Adam Smith, *La Richesse des nations*, Livre I, chap. 1, © Flammarion, « G-F », trad. G. Garnier revue par A. Blanqui, 1991, p. 71-73.

1. La fabrication d'épingles.

DÉFINITIONS

- La **division technique du travail** est la décomposition d'une activité en une multiplicité de tâches, les plus réduites possible. Elle conduit à un morcellement des tâches.
- La **division sociale du travail** est la répartition des métiers au sein de la société, idéalement en fonction des goûts et des compétences de chacun.

Questions

1. **Pourquoi la division du travail conduit-elle à une augmentation de la productivité ?**
2. **Lorsque la productivité augmente, quels sont les deux choix possibles dans l'organisation du travail ? Vous pouvez vous aider du texte de Russel, p. 432.**

TEXTE 10 Russell, *Éloge de l'oisiveté*, 1932

Russell souligne l'absurdité qui consiste à faire travailler excessivement une partie des travailleurs, alors qu'une autre partie est condamnée à l'oisiveté ou au chômage. Visionnaire, il préconise un partage du travail, qui permettrait à chacun de goûter aux vertus d'un loisir bien compris.

RUSSELL
1872-1970
Époque contemporaine
▸ p. 521

CULTURE PHILOSOPHIQUE

Les philosophes de l'Antiquité distinguaient le **travail**, comme activité laborieuse, et le **loisir**, qui désigne toutes les activités nous permettant de nous élever, de perfectionner notre esprit, de devenir pleinement humains. En grec, le loisir se dit *scholè* ; en latin, *otium*.

Supposons qu'à un moment donné, un certain nombre de gens travaillent à fabriquer des épingles. Ils fabriquent autant d'épingles qu'il en faut dans le monde entier, en travaillant, disons, huit heures par jour. Quelqu'un met au point une invention qui permet au même nombre de personnes de faire deux fois plus d'épingles qu'auparavant. Bien, mais le monde n'a pas besoin de deux fois plus d'épingles : les épingles sont déjà si bon marché qu'on n'en achètera guère davantage même si elles coûtent moins cher. Dans un monde raisonnable, tous ceux qui sont employés dans cette industrie se mettraient à travailler quatre heures par jour plutôt que huit, et tout irait comme avant. Mais dans le monde réel, on craindrait que cela ne démoralise les travailleurs. Les gens continuent donc à travailler huit heures par jour, il y a trop d'épingles, des employeurs font faillite, et la moitié des ouvriers perdent leur emploi. Au bout du compte, la somme de loisir est la même dans ce cas-ci que dans l'autre, sauf que la moitié des individus concernés en sont réduits à l'oisiveté totale, tandis que l'autre moitié continue à trop travailler. On garantit ainsi que le loisir, par ailleurs inévitable, sera cause de misère pour tout le monde plutôt que d'être une source de bonheur universel. Peut-on imaginer plus absurde ? [...]

Le bon usage du loisir, il faut le reconnaître, est le produit de la civilisation et de l'éducation. Un homme qui a fait de longues journées de travail toute sa vie s'ennuiera s'il est soudain livré à l'oisiveté. Mais sans une somme considérable de loisir à sa disposition, un homme n'a pas accès à la plupart des meilleures choses de la vie. Il n'y a plus aucune raison pour que la majeure partie de la population subisse cette privation ; seul un ascétisme[1] irréfléchi, qui s'exerce généralement par procuration, entretient notre obsession du travail excessif à présent que le besoin ne s'en fait plus sentir.

Bertrand Russell, *Éloge de l'oisiveté*, © Allia, trad. M. Parmentier, 2019, p. 18-23.

1. Ici, qui se plaît dans l'austérité.

Questions

1. **Comment Russell distingue-t-il le « monde raisonnable » (l. 8) du « monde réel » (l. 10) ?**
2. **Expliquez : « le loisir, par ailleurs inévitable, sera cause de misère pour tout le monde plutôt que d'être une source de bonheur universel » (l. 16-18).**
3. **Quel est le « bon usage du loisir » (l. 19) ?**
4. **Comparez ce texte avec celui de Lafargue, p. 430. Quels sont les points communs entre les deux textes ?**

PERSPECTIVES

L'existence humaine et la culture

- Pourquoi le loisir implique-t-il la civilisation, l'éducation et la culture ?
- Pourquoi certains hommes ne peuvent-il accéder au loisir et sont-ils condamnés à l'ennui lorsqu'ils ne travaillent pas ?
- Comment distinguer le loisir des loisirs ?

La morale et la politique

- Faut-il partager le travail ?

TEXTE 11

Arendt, *Condition de l'homme moderne*, 1961

Le progrès technique rend concevable un futur proche dans lequel le travail aura disparu : les machines auront remplacé les hommes. Cette disparition du travail est-elle vraiment souhaitable ?

ARENDT
1906-1975
Époque contemporaine
▶ p. 512

C'est l'avènement[1] de l'automatisation qui, en quelques décennies, probablement videra les usines et libérera l'humanité de son fardeau le plus ancien et le plus naturel, le fardeau du travail, l'asservissement à la nécessité. Là encore, c'est un aspect fondamental de la condition humaine qui est en jeu, mais la révolte, le désir d'être délivré des peines du labeur, ne sont pas modernes, ils sont aussi vieux que l'histoire. Le fait même d'être affranchi du travail n'est pas nouveau non plus ; il comptait jadis parmi les privilèges les plus solidement établis de la minorité. À cet égard, il semblerait que l'on s'est simplement servi du progrès scientifique et technique pour accomplir ce dont toutes les époques avaient rêvé sans jamais pouvoir y parvenir.

Cela n'est vrai, toutefois, qu'en apparence. L'époque moderne s'accompagne de la glorification théorique du travail et elle arrive en fait à transformer la société tout entière en une société de travailleurs. Le souhait se réalise donc, comme dans les contes de fées, au moment où il ne peut que mystifier[2]. C'est une société de travailleurs que l'on va délivrer des chaînes du travail, et cette société ne sait plus rien des activités plus hautes et plus enrichissantes pour lesquelles il vaudrait la peine de gagner cette liberté. Dans cette société qui est égalitaire, car c'est ainsi que le travail fait vivre ensemble les hommes, il ne reste plus de classe, plus d'aristocratie politique ou spirituelle, qui puisse provoquer une restauration des autres facultés de l'homme. Même les présidents, les rois, les premiers ministres voient dans leurs fonctions des emplois nécessaires à la vie de la société, et parmi les intellectuels il ne reste que quelques solitaires pour considérer ce qu'ils font comme des œuvres et non comme des moyens de gagner leur vie. Ce que nous avons devant nous, c'est la perspective d'une société de travailleurs sans travail, c'est-à-dire privés de la seule activité qui leur reste. On ne peut rien imaginer de pire.

Hannah Arendt, *Condition de l'homme moderne*, prologue, © Calmann-Lévy, 1961, 1983 et 2018, p. 37-38.

REPÈRES
En fait/en droit
▶ p. 488

1. L'arrivée.
2. Tromper, duper.

Questions

1. Pourquoi le travail apparaît-il depuis toujours aux hommes comme un « fardeau » (l. 2) ?
2. Qu'est-ce qui caractérise la société moderne ?
3. Quelles sont les activités « plus hautes et plus enrichissantes » (l. 16-17) pour lesquelles il vaudrait la peine de ne plus travailler ?
4. Pourquoi n'est-il plus possible de renouer avec ces activités ?
5. Expliquez l'expression : « société de travailleurs sans travail » (l. 25-26). Pourquoi cette expression est-elle paradoxale ?

CONCEPT

Hannah Arendt distingue le **travail**, simple satisfaction des besoins, asservissement à la nécessité, de l'**œuvre**, fabrication d'objets durables, objets d'usage et non de consommation. L'œuvre, par excellence, est l'œuvre d'art (Arendt, p. 57) ou l'œuvre intellectuelle.

PERSPECTIVES

L'existence humaine et la culture

- Faut-il souhaiter que l'humanité soit totalement libérée du travail ?

Pour aller plus loin

Pour comprendre la glorification théorique du travail, lisez le texte de Marx, p. 421.

FOCUS SUR UNE AUTEURE

Hannah Arendt (1906-1975)

1 L'ÉNIGME DU MAL

Le problème du mal est la préoccupation centrale d'Hannah Arendt.

La philosophie[1] [...] ne voit dans le monstre que quelqu'un qui est désespéré et à qui le désespoir confère une certaine noblesse. Je ne nie pas que ce type de malfrat existe, mais je suis certaine que les pires maux que nous connaissons ne sont pas dus à celui qui doit les regarder en face et dont le malheur tient au fait qu'il ne peut pas oublier. Les pires malfrats sont au contraire ceux qui ne peuvent se souvenir parce qu'ils n'ont jamais réfléchi à ce qu'ils faisaient et, puisqu'ils ne se souviennent pas, rien ne peut les faire revenir en arrière. [...] Le pire mal n'est pas radical, il n'a pas de racines, et parce qu'il n'a pas de racines, il n'a pas de limites ; il peut atteindre des extrêmes impensables et se répandre dans le monde tout entier.

Responsabilité et jugement,
© Payot et Rivages, trad. J.-L. Fidel, 2006, p. 142-143.

1. Ici, Arendt fait référence à l'histoire de la philosophie morale qu'elle a examinée auparavant, notamment à travers la considération des positions de Kant et de Socrate.

Questions

1. **Quels sont les deux types de malfrats distingués ici ?**
2. **Pourquoi l'incapacité à se souvenir produit-elle les « pires malfrats » (l. 4) ? Pour répondre, reportez-vous également à la page 304.**

2 LA SCIENCE MODERNE

Dans cet article, Hannah Arendt répond à la question suivante : « la conquête de l'espace par l'homme a-t-elle augmenté ou diminué sa dimension ? »

La question soulevée s'adresse au profane et non au savant ; elle est inspirée par l'intérêt que l'humaniste porte à l'homme, bien distinct de celui porté par le physicien à la réalité du monde physique. Comprendre la réalité physique semble exiger non seulement le renoncement à une vision du monde anthropocentrique ou géocentrique, mais aussi une élimination radicale de tous éléments et principes anthropomorphes en provenance du monde donné aux cinq sens de l'homme ou des catégories inhérentes à son esprit. La question tient pour établi que l'homme est l'être le plus élevé que nous sachions – postulat hérité des Romains dont l'*humanitas* était à ce point étrangère à la disposition d'esprit des Grecs que ceux-ci n'avaient même pas de mot pour l'exprimer. Si le mot humanitas est absent de la langue et de la pensée grecques, c'est parce que les Grecs, à la différence des Romains, ne pensèrent jamais que l'homme fût l'être le plus élevé qui soit. [...] Cette vision de l'homme est encore plus étrangère au savant pour qui l'homme n'est rien de plus qu'un spécimen de la vie organique, et pour qui l'aire d'habitation de l'homme – la terre et les lois terrestres – ne sont rien de plus qu'un spécimen limite de lois universelles absolues, c'est-à-dire de lois qui régissent l'immensité de l'univers. Assurément le savant ne peut se permettre de poser la question : « Quelles conséquences le résultat de mes investigations aura-t-il [...] sur l'avenir de l'homme ? » Ce fut la gloire de la science moderne que d'avoir été capable de s'affranchir de toutes ces préoccupations anthropocentriques, c'est-à-dire authentiquement humaines.

La Crise de la culture in, H. Arendt, *L'Humaine Condition*

Questions

1. **En quoi les intérêts du profane et ceux du savant sont-ils distincts ?**
2. **Des Romains et des Grecs, qui avait la conception du monde la plus proche de celle du profane ? Et de celle du savant ?**
3. **Selon vous, en quoi s'affranchir des préoccupations anthropocentriques a-t-il été la gloire de la science moderne ?**

3 LES HOMMES DANS LA TOURMENTE DE LEURS ACTIONS

Les deux caractéristiques de l'action humaine – irréversible et imprévisible – pourraient rendre impossible la vie des hommes entre eux. Mais on peut compter sur deux remèdes...

Contre l'irréversibilité et l'imprévisibilité du processus déclenché par l'action, le remède ne vient pas d'une autre faculté éventuellement supérieure [...]. La rédemption possible de la situation d'irréversibilité – dans laquelle on ne peut défaire ce que l'on a fait, alors que l'on ne savait pas, que l'on ne pouvait pas savoir ce que l'on faisait – c'est la faculté de pardonner. Contre l'imprévisibilité, contre la chaotique incertitude de l'avenir, le remède se trouve dans la faculté de faire et de tenir des promesses. Ces deux facultés vont de pair : celle du pardon sert à supprimer les actes du passé, dont les « fautes » sont suspendues comme l'épée de Damoclès au-dessus de chaque génération nouvelle ; l'autre, qui consiste à se lier par des promesses, sert à disposer, dans cet océan d'incertitude qu'est l'avenir par définition, des îlots de sécurité faute desquels aucune continuité, sans même parler de durée, ne serait possible dans les relations des hommes entre eux.

Si nous n'étions pardonnés, délivrés des conséquences de ce que nous avons fait, notre capacité d'agir serait comme enfermée dans un acte unique dont nous ne pourrions jamais nous relever ; nous resterions à jamais victimes de ses conséquences [...]. Si nous n'étions liés par des promesses, nous serions incapables de conserver nos identités ; nous serions condamnés à errer sans force et sans but, chacun dans les ténèbres de son cœur solitaire [...].

Condition de l'homme moderne, trad. G. Fradier, in H. Arendt,
L'Humaine Condition,

Questions

1. **Quel est l'effet du pardon ?**
2. **Quel est l'effet de la promesse ?**
3. **À votre avis, la faculté de pardonner d'une part, celle de promettre d'autre part, sont-elles des remèdes absolus ?**

LES **OBJECTIFS** DE L'AUTEURE

- Dans le contexte des **totalitarismes** du XXe siècle, Hannah Arendt a défendu la thèse de la « **banalité du mal** » : le mal provient souvent d'individus médiocres s'abstenant de réfléchir à leurs actions.
- De manière plus générale, elle analyse « la **crise de la culture** » au XXe siècle et montre le rôle du jugement et de la pensée pour rester pleinement humains dans nos actions.

MÉTHODE

BAC L'explication de texte

Podcast

TEXTE

Nietzsche, Le Gai Savoir, 1882

Travail et ennui. – Chercher du travail pour avoir un salaire – en cela, presque tous les hommes des pays civilisés sont aujourd'hui semblables ; le travail est pour eux tous un moyen, et non le but lui-même ; c'est pourquoi ils ne font guère preuve de subtilité dans le choix de leur travail, pourvu qu'il rapporte bien. Mais il existe des hommes plus rares qui préfèrent périr plutôt que de travailler sans prendre *plaisir* à leur travail : ces hommes difficiles, qu'il est dur de satisfaire, qui n'ont que faire d'un bon salaire si le travail n'est pas par lui-même le salaire de tous les salaires. À cette espèce d'hommes exceptionnelle appartiennent les artistes et les contemplatifs de toute sorte, mais aussi ces oisifs qui passent leur vie à la chasse, en voyages, en affaires de cœur et en aventures. Ils veulent tous le travail et la peine pourvu qu'ils soient liés au plaisir, et le travail le plus pénible, le plus dur s'il le faut. Ils sont pour le reste d'une paresse résolue, quand bien même cette paresse aurait pour corrélat l'appauvrissement, le déshonneur, l'exposition de sa santé et de sa vie. Ils ne craignent pas tant l'ennui que le travail dépourvu de plaisir : ils ont même besoin de beaucoup d'ennui pour réussir *leur* travail. Pour le penseur et pour tous les esprits inventifs, l'ennui est ce désagréable « temps calme » de l'âme qui préserve la traversée heureuse et les vents joyeux ; il doit le supporter, il doit *attendre* qu'il produise son effet sur lui : – *voilà* précisément ce que les natures plus modestes ne peuvent absolument pas obtenir d'elles-mêmes ! Il est commun de chasser l'ennui loin de soi par tous les moyens : tout comme il est commun de travailler sans plaisir. C'est peut-être ce qui distingue les Asiatiques des Européens que d'être capables d'un calme plus long, plus profond que ces derniers ; même leurs narcotiques agissent lentement et exigent de la patience, contrairement à l'écœurante brusquerie du poison européen de l'alcool.

Friedrich Nietzsche, *Le Gai Savoir*, paragraphe 42,

MÉTHODE

Étape 1 Interroger le texte afin de le comprendre

1 **Distinguez les deux catégories** d'hommes, qui ont un rapport différent au travail.

a. Analyse de la **première catégorie** (l'immense majorité des hommes). Comment voient-ils le travail ? Expliquez : « le travail est pour eux tous un moyen, et non le but lui-même », l. 2-3.

b. Analyse de la **deuxième catégorie** (une petite minorité). Qui sont ces hommes ? Pourquoi les « artistes », les « contemplatifs », et les « oisifs » ont-ils un rapport différent au travail ? Pourquoi cette référence curieuse à l'oisiveté ? Qu'est-ce que les oisifs ont à nous dire sur notre rapport au travail ? Expliquez : « [Ils] n'ont que faire d'un bon salaire si le travail n'est pas par lui-même le salaire de tous les salaires », l. 7-8.

2 **Réfléchissez à la question suivante :** comment le **plaisir** peut-il se combiner à la **peine** dans le travail ?

a. Analyse de l'**ennui**. Pourquoi la plupart des hommes ne supportent-ils pas l'ennui ? Expliquez : « Il est commun de chasser l'ennui loin de soi par tous les moyens », l. 20-21.

b. Quel est le rôle de l'ennui dans le travail créatif ? Que peut produire l'ennui ?

CONSEILS

Lisez le texte de nombreuses fois. Il est illusoire de penser que le sens du texte peut se dégager à la première lecture.
Soyez attentifs à toutes les nuances, à toutes les subtilités du texte.
Demandez-vous ce qu'un exemple permet d'illustrer, en quoi il conforte la thèse de l'auteur.

3 Expliquez la comparaison des Asiatiques et des Européens, l. 22-25. En quoi ces deux cultures ont-elles un **rapport différent au temps** ?

4 Le texte peut être lu sous l'angle de la **perspective de l'existence humaine et de la culture**. Pourquoi tous les hommes n'ont-ils pas le même rapport au travail ? Pourquoi une petite minorité est-elle plus exigeante et est à même de produire des œuvres dans le domaine de la culture ?

PERSPECTIVES
Identifiez la ou les perspectives en jeu dans ce texte (il y en a souvent plus d'une seule, les perspectives ne sont pas cloisonnées).
> p. 30-32

Étape 2 Comprendre le problème posé par le texte

5 Il s'agit de comprendre **ce qui se joue** dans notre rapport au travail : est-il un simple **moyen** ou une **fin en soi** ? Ce rapport au travail engage **une conception de la vie et du bonheur** : pouvons-nous/devons-nous prendre **plaisir** à travailler ?

Dégagez l'enjeu du texte : Qu'est-ce qui se joue dans ce texte ? Pensez à faire le lien entre différentes notions du programme.

6 Ce rapport au travail interroge également notre relation au **temps** : le temps passé à travailler est-il négligeable ? Devons-nous nous résoudre à consacrer une grande partie de notre vie à une activité sans intérêt, qui n'a pas de **sens** pour nous ?

7 Ce rapport au travail est enfin un révélateur de notre manière d'**exister** : pouvons-nous supporter **l'ennui**, afin de bénéficier de ses vertus, ou bien le fuyons-nous comme le pire des maux ?

Étape 3 Rédiger le plan détaillé

PROPOSITION DE PLAN DÉTAILLÉ

I. Opposition entre deux catégories d'hommes : les deux manières possibles de se rapporter au travail, l. 1 à 11

1. L'immense majorité des hommes acceptent de **travailler sans plaisir**. Le travail est pour eux un moyen au service d'une fin qui lui est extérieure : chasser l'ennui, gagner un salaire afin de satisfaire des besoins ou des désirs. Nietzsche souligne l'uniformisation des hommes : « presque tous les hommes [...] sont aujourd'hui semblables », l. 1-2. Ces hommes manquent de finesse.

2. Certains hommes plus **rares** et même **exceptionnels** ne pourraient supporter de travailler sans **prendre plaisir à leur travail**. C'est même pour eux une question **vitale**. Le travail doit être à lui-même sa propre récompense.

II. Exigence et difficulté de la seconde conception du travail, l. 11 à 25

1. Premier paradoxe : ce travail/plaisir n'exclut pas la **pénibilité**, mais il ne s'agit pas de n'importe quelle peine. Cette peine est liée à la difficulté de l'entreprise : il peut y avoir quelque chose d'angoissant dans le travail artistique ou intellectuel.

2. Deuxième paradoxe : ce travail/plaisir n'exclut pas la **paresse**, mais cette paresse est « résolue » c'est-à-dire, choisie, délibérée, c'est un acte de la volonté : plutôt ne rien faire que quelque chose qui n'a pas de sens.

3. Troisième paradoxe : ce travail/plaisir n'exclut pas l'**ennui**, mais cet ennui est producteur de quelque chose. C'est le moment de maturation, de fermentation des idées, quand l'intuition peine à prendre corps. C'est une période de latence qui précède l'invention, la création.

4. Retour à la comparaison entre **les deux catégories** d'hommes : ceux qui supportent l'ennui, car ils en ont besoin dans leur travail, et ceux qui le fuient par tous les moyens, y compris en travaillant sans plaisir.

5. Illustration par l'**opposition culturelle** entre les Asiatiques et les Européens : les plus civilisés ne sont pas ceux que l'on croit. Les narcotiques, les drogues sont des révélateurs de notre rapport au plaisir et au temps. L'opium agit lentement et produit un effet de calme, de sérénité ; l'alcool agit quasi instantanément, et nous conduit à ne plus être maîtres de nous-mêmes.

CHAPITRE

16 La vérité

LE MOT ET SES IDÉES

- On entreprend une enquête pour « **découvrir** » la vérité, pour la « **dévoiler** ». On suppose alors que la vérité existe de manière absolue, indépendante de nous : nous cherchons à établir des **faits**. Nous en approchons, parfois avec inquiétude, comme le personnage interprété par Audrey Hepburn, quand elle met la main dans la « *Bocca della Verità* ». Nous faisons l'épreuve de la vérité, lorsque nous « **reconnaissons** » un fait ou une évidence qui s'imposent à nous. Mais ne faut-il pas se méfier de ce qui paraît évident ? Comment distinguer la **connaissance** de la simple **croyance** ?
- D'après un autre modèle, la vérité serait une **construction théorique** relative à des concepts particuliers, qui répond à certaines exigences telles que la **cohérence** et la **non-contradiction**, sans pour autant être adéquate à une **réalité** qui lui préexisterait.
- Une **connaissance** se distingue d'une **opinion**. Celle-ci peut certes « tomber juste », mais elle ne **rend** pas **raison** de ce qu'elle affirme. La vérité **objective** visée par les sciences, elle, requiert des **preuves**.
- Nous faisons aussi l'expérience **subjective** de la vérité, sous la forme de la **sincérité**, de l'exigence de **véracité** dans le discours, mais aussi de l'**authenticité** dans la conduite de la vie. Comment bannir de nos relations avec les autres l'hypocrisie et la mauvaise foi ?
- Différents obstacles nous empêchent d'accéder à la vérité, tels que le **mensonge**, l'**erreur**, l'**illusion** ou les **préjugés** que nous entretenons. Commençons par reconnaître notre **ignorance** et mettons-nous à la recherche de la vérité.

PERSPECTIVES

- **L'existence humaine et la culture, p. 30**

  Peut-on se mentir à soi-même ? N'y a-t-il aucune vérité dans le mensonge ? Une fiction peut-elle être vraie ? Faut-il préférer l'illusion à la vérité qui dérange ?

- **La morale et la politique, p. 33**

  A-t-on parfois le droit de mentir ? La vérité est-elle un droit ou un devoir ? Pourquoi désirons-nous la vérité ? Faut-il chercher la vérité à tout prix ? Connaître la vérité, est-ce détenir un pouvoir ?

- **La connaissance, p. 36**

  Tout ce qui est vrai peut-il être prouvé ? Comment la vérité se reconnaît-elle ? L'erreur peut-elle être féconde ? La cohérence est-elle une norme de la vérité ? Qu'est-ce qu'une preuve ? La vérité peut-elle être relative ?

Audrey Hepburn met la main dans la « *Bocca della Verità* », image du film *Vacances romaines*, de William Wyler (1953).

UNE ENTRÉE DANS LA RÉFLEXION

Les lanceurs d'alerte

▸ p. 444

DU CAS POUR L'ÉTUDE…

Les lanceurs d'alerte

Liens

- La vérité se donne-t-elle avec évidence ?
- Comment parvenir à la vérité ?
- Quels rapports entretiennent savoir et pouvoir ?

Les lanceurs d'alerte

Est **lanceur d'alerte** toute personne qui signale aux autorités ou révèle au public des informations concernant des menaces ou un préjudice pour l'intérêt général.

- **Bradley Manning**, analyste militaire américain, a transmis en 2010 à WikiLeaks des documents confidentiels, concernant notamment les morts de civils pendant les guerres d'Afghanistan et d'Irak. Condamné pour trahison, il est incarcéré de 2010 à 2017.
- **Edward Snowden**, informaticien américain, a révélé en 2013 des programmes de surveillance de masse américains et britanniques. Depuis, il vit en exil en Russie.
- En France, l'association **L214**, fondée en 2008, se donne pour mission d'alerter les citoyens des cas de maltraitance envers les animaux. Pour apporter des preuves des agissements qu'elle dénonce, elle utilise notamment des films réalisés dans les abattoirs, à l'insu des dirigeants des entreprises.

1 *La parrêsia*

Michel Foucault analyse la figure de l'homme de la parrêsia *(du grec* pan rêma *: « tout dire »). Cette personne s'engage dans ce qu'elle dit et se met en péril en exposant la vérité, parce qu'elle estime avoir le devoir d'aider les autres.*

La *parrêsia* est […] le courage de la vérité chez celui qui parle et prend le risque de dire, en dépit de tout, toute la vérité qu'il pense, mais c'est aussi le courage de l'interlocuteur qui accepte de recevoir comme vraie la vérité blessante qu'il entend.

Michel Foucault, *Le Courage de la vérité*, Cours au Collège de France, leçon du 1er février 1984, © Gallimard, « Le Seuil », 2009, p. 14.

Sebastiano Ricci (1659-1734), *Alexandre le Grand visitant Diogène de Sinope*, fin XVIIe-début XVIIIe s., huile sur toile, 1,04 x 1,37 m, coll. part. Diogène est un exemple d'homme de la *parrêsia*.

2 Irène Frachon, lanceuse d'alerte dans l'affaire du Mediator

Irène Frachon, médecin à l'hôpital de Brest, a dénoncé, à partir de 2007, les effets toxiques d'un médicament largement diffusé, le Mediator, produit par le laboratoire Servier.

Pendant mon internat, en 1990, j'avais travaillé à l'hôpital Antoine-Béclère. Les médecins étaient hors d'eux parce qu'ils s'apercevaient que l'Isoméride, un coupe-faim des laboratoires Servier, était à l'origine d'hypertensions artérielles pulmonaires mortelles. Cela m'avait horrifiée, ce produit commercialisé dont mes chefs me disaient qu'il était extrêmement dangereux, et Servier qui ne voulait rien savoir.

Irène Frachon tenant son livre, *Mediator 150 mg*, paru en 2010.

En 2007, l'hôpital de Saint-Brieuc m'a adressé à l'hôpital de Brest un patient avec la même pathologie, sous Mediator. Moi qui suis lectrice de la revue *Prescrire*, je suspectais que c'était une molécule dérivée de l'Isoméride. J'ai mené une enquête médico-policière pendant trois ans, à partir de 2007, et j'ai découvert qu'Isoméride et Mediator, c'était bonnet blanc et blanc bonnet.

J'ai prouvé que les effets toxiques étaient logiquement semblables et que le laboratoire Servier, qui commercialisait le Mediator depuis 1976, ne pouvait ignorer en 2007 que c'était de la mort-aux-rats. Il avait occulté des informations. [...]

Avez-vous parfois regretté d'être cette lanceuse d'alerte ?

Jamais, jamais, jamais, même pas une seconde. Je n'ai pas fait un sacrifice, juste ce que j'avais à faire, je n'avais pas le choix, c'est une question d'éducation. Je devais tendre la main à ceux qui se noyaient. Mais, aujourd'hui, je voudrais que cela s'arrête. J'aspire à retrouver ma vie d'avant. Cette affaire est un cauchemar sans fin. [...]

Si je ne m'en occupe pas en permanence, le couvercle se referme, des cabinets d'avocats entiers ralentissent la justice, l'indemnisation correcte des victimes... Je dois me battre dossier par dossier, et il y en a des milliers ! Et le procès pénal s'éloigne sans cesse. Je sais que j'y consacrerai les dix ans qui me restent de carrière.

Propos d'Irène Frachon recueillis par Pascale Krémer,
© *Le Monde*, 20 novembre 2016.

L'affaire du Mediator

- **1976** : commercialisation, par les laboratoires Servier, du Mediator, prescrit pour le traitement de certains types de diabète.
- **Depuis 1976** : plus de 5 millions de patients en France ; plus de 300 000 traitements par an.
- **2007** : Irène Frachon montre les effets toxiques, parfois mortels, de ce médicament, qui engendre des troubles cardiaques.
- **2009** : l'autorisation de mise sur le marché du Mediator est suspendue. Il est retiré des pharmacies.

Questions

1. **Dire la vérité comporte-t-il toujours un risque ?**
2. **Comment Irène Frachon justifie-t-elle son action ?**
3. **La mission d'un lanceur d'alerte est-elle achevée quand les médias relaient l'information ?**

TEXTES

QUESTION 1

Comment atteindre la vérité ?

TEXTE 1 Platon, *La République*, IVe siècle av. J.-C.

Au livre VII de La République*, Socrate propose à Glaucon un récit allégorique qui illustre notre condition, afin de nous faire prendre conscience de notre ignorance et de la difficulté du chemin vers la connaissance.*

PLATON
Vers 427 av. J.-C. - Vers 347 av. J.-C.
Antiquité
▸ p. 498

– Eh bien, après cela, dis-je, compare notre nature, considérée sous l'angle de l'éducation et de l'absence d'éducation, à la situation suivante. Représente-toi des hommes dans une sorte d'habitation souterraine en forme de caverne. Cette habitation possède une entrée disposée en longueur, remontant de bas en haut tout le long de cette caverne vers la lumière. Les hommes sont dans cette grotte depuis l'enfance, les jambes et le cou ligotés de telle sorte qu'ils restent sur place et ne peuvent regarder que ce qui se trouve devant eux, incapables de tourner la tête à cause de leurs liens. Représente-toi la lumière d'un feu qui brûle sur une hauteur loin derrière eux et, entre le feu et les hommes enchaînés, un chemin sur la hauteur, le long duquel tu peux voir l'élévation d'un petit mur, du genre de ces cloisons qu'on trouve chez les montreurs de marionnettes et qu'ils érigent pour les séparer des gens. Par-dessus ces cloisons, ils montrent leurs merveilles.

– Je vois, dit-il.

– Imagine aussi, le long de ce muret, des hommes qui portent toutes sortes d'objets fabriqués qui dépassent le muret, des statues d'hommes et d'autres animaux, façonnées en pierre, en bois et en toute espèce de matériau. Parmi ces porteurs, c'est bien normal, certains parlent, d'autres se taisent.

– Tu décris là, dit-il, une image étrange et de bien étranges prisonniers.

– Ils sont semblables à nous, dis-je. Pour commencer, crois-tu en effet que de tels hommes auraient pu voir quoi que ce soit d'autre, d'eux-mêmes et les uns des autres, si ce n'est les ombres qui se projettent, sous l'effet du feu, sur la paroi de la grotte en face d'eux ?

– Comment auraient-ils pu, dit-il, puisqu'ils ont été forcés leur vie durant de garder la tête immobile ?

– Qu'en est-il des objets transportés ? N'est-ce pas la même chose ?

– Bien sûr que si.

– Alors, s'ils avaient la possibilité de discuter les uns avec les autres, n'es-tu pas d'avis qu'ils considéreraient comme des êtres réels les choses qu'ils voient ?

– Si, nécessairement.

– Et que se passerait-il si la prison recevait aussi un écho provenant de la paroi d'en face ? Chaque fois que l'un de ceux qui passent se mettrait à parler, crois-tu qu'ils penseraient que celui qui parle est quelque chose d'autre que l'ombre qui passe ?

– Par Zeus, non, dit-il, je ne le crois pas.

– Mais alors, dis-je, de tels hommes considéreraient que le vrai n'est absolument rien d'autre que les ombres des objets fabriqués.

– De toute nécessité, dit-il.

– Examine dès lors, dis-je, la situation qui résulterait de la libération de leurs liens et de la guérison de leur égarement, dans l'éventualité où, dans

REPÈRES
Croire/savoir ▸ p. 487

DÉFINITION
Une **allégorie** est une représentation concrète d'une idée abstraite, une image ou un récit symbolique dont la signification est explicitée.

le cours des choses, il leur arriverait ce qui suit. Chaque fois que l'un d'eux serait détaché et contraint de se lever subitement, de retourner la tête, de marcher et de regarder vers la lumière, à chacun de ses mouvements il souffrirait, et l'éblouissement le rendrait incapable de distinguer ces choses dont il voyait auparavant les ombres. Que crois-tu qu'il répondrait si quelqu'un lui disait que tout à l'heure il ne voyait que des lubies[1], alors que maintenant, dans une plus grande proximité de ce qui est réellement, et tourné davantage vers ce qui est réellement, il voit plus correctement ? Surtout si, en lui montrant chacune des choses qui passent, on le contraint de répondre à la question : qu'est-ce que c'est ? Ne crois-tu pas qu'il serait incapable de répondre et qu'il penserait que les choses qu'il voyait auparavant étaient plus vraies que celles qu'on lui montre à présent ?

– Bien plus vraies, dit-il.

– Et, de plus, si on le forçait à regarder en face la lumière elle-même, n'aurait-il pas mal aux yeux et ne la fuirait-il pas en se retournant vers ces choses qu'il est en mesure de distinguer ? Et ne considérerait-il pas que ces choses-là sont réellement plus claires que celles qu'on lui montre ?

Brassaï, [*Sans titre*], *Graffiti*, de la série VI, *L'Amour*, 1945-1955, photographie.

– C'est le cas, dit-il.

– Si par ailleurs, dis-je, on le tirait de là par la force, en le faisant remonter la pente raide et si on ne le lâchait pas avant de l'avoir sorti dehors à la lumière du soleil, n'en souffrirait-il pas et ne s'indignerait-il pas d'être tiré de la sorte ? Et lorsqu'il arriverait à la lumière, les yeux éblouis par l'éclat du jour, ne serait-il pas capable de voir ne fût-ce qu'une seule des choses qu'à présent on lui dirait être vraies ?

– Non, il ne le serait pas, dit-il, en tout cas pas sur le coup.

– Je crois bien qu'il aurait besoin de s'habituer, s'il doit en venir à voir les choses d'en haut. Il distinguerait d'abord plus aisément les ombres, et après cela, sur les eaux, les images des hommes et des autres êtres qui s'y reflètent, et plus tard encore ces êtres eux-mêmes. À la suite de quoi, il pourrait contempler plus facilement, de nuit, ce qui se trouve dans le ciel, et le ciel lui-même, en dirigeant son regard vers la lumière des astres et de la lune, qu'il ne contemplerait de jour le soleil et sa lumière.

– Comment faire autrement ?

– Alors, je pense que c'est seulement au terme de cela qu'il serait enfin capable de discerner le soleil, non pas dans ses manifestations sur les eaux ou dans un lieu qui lui est étranger, mais lui-même en lui-même, dans son espace propre, et de le contempler tel qu'il est.

– Nécessairement, dit-il.

– Et après cela, dès lors, il en inférerait[2] au sujet du soleil que c'est lui qui produit les saisons et les années, et qui régit tout ce qui se trouve dans le lieu visible, et qui est cause d'une certaine manière de tout ce qu'ils voyaient là-bas.

– Il est clair, dit-il, qu'il en arriverait là ensuite.

– Mais alors quoi ? Ne crois-tu pas que, se remémorant sa première habitation, et la sagesse de là-bas, et ceux qui étaient alors ses compagnons de prison, il se réjouirait du changement, tandis qu'eux il les plaindrait ?

– Si, certainement.

– Les honneurs et les louanges qu'ils étaient susceptibles de recevoir alors les uns des autres, et les privilèges conférés à celui qui distinguait avec le

1. Ici, des créatures de fantaisie, d'imagination.
2. Il comprendrait.

plus d'acuité[3] les choses qui passaient et se rappelait le mieux celles qui défilaient habituellement avant les autres, capable de deviner, à partir de cela, ce qui allait venir, celui-là, es-tu d'avis qu'il désirerait posséder ces privilèges et qu'il envierait ceux qui, chez ces hommes-là, reçoivent les honneurs et auxquels on confie le pouvoir ? Ou bien crois-tu qu'il éprouverait ce dont parle Homère, et qu'il préférerait de beaucoup, « étant aide laboureur, être aux gages d'un autre homme, un sans terre[4] », et subir tout au monde plutôt que de s'en remettre à l'opinion et de vivre de cette manière ?

– C'est vrai, dit-il, je crois pour ma part qu'il accepterait de tout subir plutôt que de vivre de cette manière-là.

– Alors, réfléchis bien à ceci, dis-je. Si, à nouveau, un tel homme descendait pour prendre place au même endroit, n'aurait-il pas les yeux remplis d'obscurité, ayant quitté tout d'un coup le soleil ?

– Si, certainement, dit-il.

– Alors, s'il lui fallait de nouveau concourir avec ceux qui se trouvent toujours prisonniers là-bas, en formulant des jugements pour discriminer[5] les ombres de là-bas, dans cet instant où il se trouve alors aveuglé, avant que ses yeux ne se soient remis et le temps requis pour qu'il s'habitue étant loin d'être négligeable, ne serait-il pas l'objet de moqueries et ne dirait-on pas de lui : « comme il a gravi le chemin qui mène là-haut, il revient les yeux ruinés », ou encore : « cela ne vaut même pas la peine d'essayer d'aller là-haut ? » Quant à celui qui entreprendrait de les détacher et de les conduire en haut, s'ils avaient le pouvoir de s'emparer de lui de quelque façon et de le tuer, ne le tueraient-ils pas ?

– Si, absolument, dit-il.

Platon, *La République*, © Garnier-Flammarion, trad. G. Leroux, in *Œuvres complètes*, 2008, VII, 514a-517a, p. 1679-1682.

3. Finesse, précision.
4. *Odyssée*, XI, 489-490.
5. Distinguer, différencier.

Questions

1. **Distinguez les étapes du récit et donnez-leur un titre.**
2. **Qu'est-ce qui, dans notre vie, correspond aux ombres de la caverne ?**
3. **L'ascension vers le savoir est-elle facile ?**
4. **Comment celui qui acquiert le savoir est-il reçu par les prisonniers ?**

Pour aller plus loin — Texte à télécharger

1. Dessinez la caverne de Platon et la situation des prisonniers.
2. Lisez, dans le livre VII de *La République*, la suite de l'explication de l'allégorie par Socrate. Que doivent faire ceux qui sont sortis de la caverne ? De même, que doivent faire ceux qui, dans nos sociétés, ont accès au savoir ?
3. Faites une recherche sur Socrate. En quoi l'allégorie éclaire-t-elle sa vie et sa mort ?

DESCARTES
1596-1650
Époque moderne
▸ p. 506

TEXTE 2 Descartes, *Discours de la méthode*, 1637

Pour atteindre une connaissance certaine, il faut suivre une procédure réglée qui nous assurera de la vérité de nos connaissances et nous permettra d'en acquérir de nouvelles.

Au lieu de ce grand nombre de préceptes dont la logique est composée, je crus que j'aurais assez des quatre suivants, pourvu que je prisse une ferme et constante résolution de ne manquer pas une seule fois à les observer.

Le premier était de ne recevoir jamais aucune chose pour vraie que je ne la connusse évidemment être telle ; c'est-à-dire d'éviter soigneusement la

1. La précipitation nous fait juger avant de connaître.
2. Les préjugés.
3. Des listes.
4. Oublier.

CONCEPT

Clarté et distinction sont les deux critères de l'**évidence**. Une idée est **claire** quand elle est « manifeste et présente à un esprit attentif ». Elle est **distincte** quand elle est entièrement connue et que l'on peut la distinguer des autres. **Une idée peut être claire sans être distincte** : lorsque je ressens une douleur, je sais que j'ai mal mais je peux me tromper sur la partie de mon corps qui est blessée. J'en ai une idée claire, mais confuse.

précipitation[1] et la prévention[2] ; et de ne comprendre rien de plus en mes jugements que ce qui se présenterait si clairement et si distinctement à mon esprit, que je n'eusse aucune occasion de le mettre en doute.

Le second, de diviser chacune des difficultés que j'examinerais, en autant de parcelles qu'il se pourrait et qu'il serait requis pour les mieux résoudre.

Le troisième, de conduire par ordre mes pensées, en commençant par les objets les plus simples et les plus aisés à connaître, pour monter peu à peu, comme par degrés, jusqu'à la connaissance des plus composés ; et supposant même de l'ordre entre ceux qui ne se précèdent point naturellement les uns les autres.

Et le dernier, de faire partout des dénombrements si entiers, et des revues[3] si générales, que je fusse assuré de ne rien omettre[4].

René Descartes, *Discours de la méthode*, II, © Nathan, « Les Intégrales de Philo », 1998, p. 49-50.

Questions

1. **À quelle condition les règles de la méthode permettront- elles d'atteindre des connaissances certaines ?**
2. **D'après la première règle, quel est le critère qui nous permet de reconnaître la vérité ?**
3. **Quelle science fournit le modèle des quatre règles de Descartes ?**

PERSPECTIVES

La connaissance

- Comment découvrir la vérité ?
- Qu'est-ce qu'une méthode ?
- Faut-il se méfier de l'évidence ?
- Peut-on nier l'évidence ?

TEXTE 3 Pascal, *Pensées,* 1670

Pascal distingue « l'esprit de géométrie » et « l'esprit de finesse » qui permettent d'affronter des difficultés opposées.

PASCAL
1623-1662
Époque moderne
▸ p. 509

Différence entre l'esprit de géométrie et l'esprit de finesse.

En l'un[1] les principes sont palpables[2] mais éloignés de l'usage commun, de sorte qu'on a peine à tourner la tête de ce côté-là, manque d'habitude. Mais pour peu qu'on l'y tourne, on voit les principes à plein, et il faudrait avoir tout à fait l'esprit faux pour mal raisonner sur des principes si gros qu'il est presque impossible qu'ils échappent.

Mais dans l'esprit de finesse les principes sont dans l'usage commun et devant les yeux de tout le monde. On n'a que faire de tourner la tête ni de se faire violence, il n'est question que d'avoir bonne vue. Mais il faut l'avoir bonne, car les principes sont si déliés[3] et en si grand nombre, qu'il est presque impossible qu'il n'en échappe. Or l'omission[4] d'un principe mène à l'erreur. Ainsi il faut avoir la vue bien nette pour voir tous les principes, et ensuite l'esprit juste pour ne pas raisonner faussement sur des principes connus. [...]

Blaise Pascal, *Pensées*, éd. Lafuma, 512-1.

1. Il s'agit de l'esprit de géométrie.
2. Peuvent être saisis.
3. Fins, souples.
4. L'oubli.

Questions

1. **Comment Pascal caractérise-t-il l'esprit de géométrie ? et celui de finesse ?**
2. **Quelles difficultés chaque esprit permet-il d'affronter ?**
3. **Dans quels domaines en faisons-nous usage ?**

TEXTES

QUESTION

2 Comment expliquer nos erreurs ?

DESCARTES
1596-1650
Époque moderne
▸ p. 506

TEXTE 4 Descartes, *Méditations métaphysiques*, 1641

Pour Descartes, les erreurs ne viennent ni de notre entendement, qui est fini, ni de notre volonté, qui est infinie, mais de la disproportion entre les deux.

Je reconnais que ni la puissance de vouloir, laquelle j'ai reçue de Dieu, n'est point d'elle-même la cause de mes erreurs, car elle est très ample et très parfaite en son genre ; ni aussi la puissance d'entendre ou de concevoir, car ne concevant rien que par le moyen de cette puissance que Dieu m'a donnée pour concevoir, sans doute que tout ce que je conçois, je le conçois comme il faut, et il n'est pas possible qu'en cela je me trompe. D'où est-ce donc que naissent mes erreurs ? C'est à savoir de cela seul que la volonté étant beaucoup plus ample et plus étendue que l'entendement, je ne la contiens pas dans les mêmes limites, mais que je l'étends aussi aux choses que je n'entends pas ; auxquelles étant de soi indifférente, elle s'égare fort aisément, et choisit le faux pour le vrai, et le mal pour le bien : ce qui fait que je me trompe et que je pèche.

René Descartes, *Méditations métaphysiques*, IV, Garnier-Flammarion, 1992, p. 143-145.

DÉFINITIONS

- La **volonté** est la capacité de faire des choix. Pour Descartes, elle est libre : c'est la seule de nos facultés qui soit infinie.
- L'**entendement** est la faculté par laquelle nous comprenons les concepts, par opposition avec la sensibilité et l'imagination.

Questions

1. Comment Descartes explique-t-il nos erreurs ?
2. Quelle différence doit-on faire entre « se tromper » et « pécher » (l. 12-13) ?
3. Étant donné la source de nos erreurs, que pouvons-nous faire pour éviter d'en commettre ?

TEXTE 5 Descartes, *Les Principes de la philosophie*, 1644

Dans la vie quotidienne, nous ne pouvons pas tout mettre en doute. Mais, lorsque nous voulons fonder une connaissance certaine, « une fois en notre vie », nous devons employer une méthode radicale.

1. *Que pour examiner la vérité il est besoin, une fois en sa vie, de mettre toutes choses en doute autant qu'il se peut.*

Comme nous avons été enfants avant que d'être hommes, et que nous avons jugé tantôt bien et tantôt mal des choses qui se sont présentées à nos sens lorsque nous n'avions pas encore l'usage entier de notre raison, plusieurs jugements ainsi précipités nous empêchent de parvenir à la connaissance de la vérité, et nous préviennent[1] de telle sorte qu'il n'y a point d'apparence[2] que nous puissions nous en délivrer, si nous n'entreprenons pas de douter une fois en notre vie de toutes les choses où nous trouvons le moindre soupçon d'incertitude.

René Descartes, *Les Principes de la philosophie*, trad. Picot revue par Descartes, I, 1.

CONCEPT

Afin de fonder une connaissance certaine, Descartes entreprend de douter de toutes nos connaissances. Le **doute** cartésien est **radical**, car il s'attaque aux racines de nos connaissances, **hyperbolique**, car il doute de tout, et **méthodique**, parce qu'il constitue une étape dans la refondation du savoir.

1. Forment nos préjugés.
2. Il ne semble pas que.

Questions

1. Pourquoi les connaissances acquises dans l'enfance sont-elles sources d'erreurs ?
2. Comment faire pour nous délivrer des préjugés ?

FREUD
1856-1939
Époque contemporaine
▸ p. 515

TEXTE 6 Freud, *L'Avenir d'une illusion*, 1927

Freud entreprend une critique rationaliste de la religion, afin de démontrer qu'elle est une illusion créée par les hommes.

Une illusion n'est pas la même chose qu'une erreur, elle n'est pas non plus nécessairement une erreur. L'opinion d'Aristote selon laquelle la vermine[1] se développerait à partir des déchets – opinion à laquelle le peuple dans son ignorance reste aujourd'hui encore attaché –, était une erreur, tout comme celle d'une génération antérieure de médecins qui voulait que le *tabes dorsalis*[2] soit la conséquence d'une débauche sexuelle. Il serait abusif d'appeler ces erreurs illusions. En revanche, ce fut une illusion de Christophe Colomb d'avoir cru découvrir une nouvelle voie maritime vers les Indes. La part que prend son souhait à cette erreur est très nette. On peut qualifier d'illusion l'affirmation de certains nationalistes selon laquelle les Indo-Germains[3] seraient la seule race humaine capable de culture, ou bien la croyance selon laquelle l'enfant serait un être sans sexualité, croyance qui n'a finalement été détruite que par la psychanalyse. Il reste caractéristique de l'illusion qu'elle dérive de souhaits humains ; elle se rapproche à cet égard de l'idée délirante en psychiatrie, mais elle s'en distingue par ailleurs, indépendamment de la construction plus compliquée de l'idée délirante. Dans l'idée délirante, nous soulignons comme essentielle la contradiction avec la réalité effective ; l'illusion, elle, n'est pas nécessairement fausse, c'est-à-dire irréalisable ou en contradiction avec la réalité. Une jeune fille de la bourgeoisie peut, par exemple, se créer l'illusion qu'un prince viendra la chercher. C'est possible, quelques cas de ce genre se sont produits. Qu'un jour le Messie[4] vienne et fonde un âge d'or[5], c'est bien moins vraisemblable ; selon sa position personnelle, celui qui jugera de cette croyance la classera comme illusion ou comme l'analogue d'une idée délirante. Il n'est d'ailleurs pas facile de trouver des exemples d'illusions qui se soient révélées vraies. […] Nous appelons donc une croyance illusion lorsque, dans sa motivation, l'accomplissement de souhait vient au premier plan, et nous faisons là abstraction de son rapport à la réalité effective, tout comme l'illusion elle-même renonce à être accréditée[6].

Sigmund Freud, *L'Avenir d'une illusion*, © PUF, « Quadrige », trad. A. Balseinte, J.-G. Delarbre, D. Hartmann, 2013, p. 31-32.

1. Certains insectes, comme les mouches.
2. Affection neurologique due à la syphilis, maladie sexuellement transmissible.
3. Ce terme désigne les habitants de l'Europe et de l'Inde, dont la plupart des langues ont une origine commune.
4. Celui qui, en vertu de la promesse divine, viendra fonder le royaume de Dieu. Pour les chrétiens, il s'agit de Jésus-Christ.
5. Époque mythique de félicité et d'abondance
6. Vérifiée, en établissant si elle est conforme à la réalité.

Questions

1. **Qu'est-ce qui distingue l'illusion de l'erreur ? Expliquez l'exemple de Christophe Colomb.**
2. **Donnez un exemple d'erreur et un exemple d'illusion autres que ceux de Freud.**
3. **Qu'est-ce qui distingue l'illusion de l'idée délirante ? Selon Freud, est-il essentiel pour l'illusion d'être fausse ?**
4. **Expliquez la dernière phrase du texte. La définition de l'illusion repose-t-elle sur le rapport de celle-ci à la réalité ?**

CULTURE GÉNÉRALE

Christophe Colomb cherche une nouvelle route pour les Indes orientales en partant vers l'ouest, depuis l'Espagne. C'est ainsi qu'il débarque en 1492 sur le continent américain, ouvrant la voie à la découverte du « Nouveau Monde » par les Européens.

PERSPECTIVES

L'existence humaine et la culture

- Faut-il perdre ses illusions ? ■ Pourquoi les religions peuvent-elles être, d'après Freud, considérées comme des illusions ? ■ Quels désirs satisfont-elles ? Aidez-vous du texte de Marx, p. 328.

Pour aller plus loin

Lisez le texte de Freud sur les trois blessures narcissiques, p. 111. Pourquoi les trois croyances qui y sont examinées par Freud sont-elles des illusions ?

QUESTION

3 Pouvons-nous connaître avec certitude ?

TEXTE 7 Sextus Empiricus, *Esquisses pyrrhoniennes*, IIe-IIIe s.

SEXTUS EMPIRICUS
IIe-IIIe s. ap. J.-C.
Antiquité
▸ p. 499

Afin d'éviter de nous tromper, en donnant notre accord à une affirmation qui risque d'être réfutée, les sceptiques recommandent de suspendre notre assentiment, c'est-à-dire de douter de tout. Selon eux, cet état d'incertitude radicale n'est pas angoissant, au contraire : il nous permet d'atteindre la tranquillité de l'âme, l'ataraxie. Comment faire, alors, pour suspendre notre jugement dans tous les cas ?

Mais puisque nous disions que la tranquillité suit la suspension de l'assentiment sur toutes choses, la suite pourrait être d'indiquer comment la suspension de l'assentiment se produit en nous. Elle se produit, pour en dire l'essentiel, du fait de la mise en opposition des choses. Or nous opposons soit des choses apparentes à des choses apparentes, soit des choses pensées à des choses pensées, soit les unes aux autres ; des choses apparentes à des choses apparentes, par exemple quand nous disons : « La même tour paraît ronde de loin et carrée de près » ; des choses pensées à des choses pensées, quand, en réponse à celui qui établit l'existence de la providence[1] à partir de l'ordre des corps célestes, nous opposons le fait que les bons sont souvent dans l'infortune[2] et les méchants fortunés, et que de ce fait nous concluons qu'il n'y a pas de providence ; des choses pensées à des choses apparentes comme Anaxagore qui oppose au fait que la neige est blanche, que la neige est de l'eau gelée, que l'eau est noire et donc que la neige elle aussi est noire[3]. D'un autre point de vue nous opposons tantôt des choses présentes à des choses présentes, comme dans ce que nous venons de dire, tantôt des choses présentes à des choses passées ou futures, par exemple quand quelqu'un nous présente un argument que nous ne pouvons résoudre, nous lui répondons : « De même qu'avant la naissance du fondateur de l'école à laquelle on adhère, la doctrine de cette école n'apparaissait pas comme étant valide, et pourtant préexistait pour ainsi dire en nature, de même il est aussi possible que la doctrine opposée à celle qui est actuellement proposée par toi préexiste pour ainsi dire en nature, mais ne nous soit pas encore manifeste, de sorte qu'il ne faut pas encore que nous donnions notre assentiment à ce qui nous apparaît maintenant comme un argument fort. »

Sextus Empiricus, *Esquisses pyrrhoniennes*, I, 31-34, , « Points », trad. P. Pellegrin, 1997, p. 73-75.

1. Puissance supérieure, divine, qui gouverne le monde.
2. La malchance, le malheur.
3. Cet exemple vaut aussi si on oppose l'apparence selon laquelle la neige est blanche à la conception selon laquelle l'eau est bleue ; donc, la neige, elle aussi, est bleue.

DÉFINITION

Le **scepticisme** est le doute systématique sur la capacité qu'a l'esprit d'atteindre une certitude.
Le scepticisme s'oppose au **dogmatisme**, doctrine qui affirme la possibilité pour l'homme d'atteindre des certitudes, des dogmes.

CONCEPT

La **suspension de l'assentiment** est la méthode sceptique qui consiste à s'abstenir de donner son accord (ou assentiment) à toute représentation. Ainsi, on évite l'erreur et les tourments dans lesquels celle-ci nous entraîne.

Questions

1. Cherchez un exemple pour une opposition :
   – entre des choses apparentes ;
   – entre des choses pensées ;
   – entre une chose pensée et une chose apparente.
2. Pourquoi est-il toujours possible de suspendre son assentiment ? Expliquez les lignes 19 à 25.

TEXTE 8 Malebranche, *De la recherche de la vérité*, 1674

MALEBRANCHE
1638-1715
Époque moderne
▸ p. 508

REPÈRES
Universel/général/particulier/singulier
▸ p. 494

La vérité est-elle la même pour tous ou diffère-t-elle selon les hommes ? Malebranche soutient que la vérité est universelle et que nous y accédons grâce à une faculté elle-même universelle : la raison.

Je vois, par exemple, que 2 fois 2 font 4, et qu'il faut préférer son ami à son chien, et je suis certain qu'il n'y a point d'homme au monde qui ne le puisse voir aussi bien que moi. Or, je ne vois point ces vérités dans l'esprit des autres, comme les autres ne les voient point dans le mien. Il est donc nécessaire qu'il y ait une raison universelle qui m'éclaire et tout ce qu'il y a d'intelligences. Car si la raison que je consulte n'était pas la même qui répond aux Chinois, il est évident que je ne pourrais pas être aussi assuré que les Chinois voient les mêmes vérités que je vois. Ainsi la raison que nous consultons quand nous rentrons en nous-mêmes est une raison universelle. Je dis quand nous rentrons en nous-mêmes, car je ne parle pas ici de la raison que suit un homme passionné. Lorsqu'un homme préfère la vie de son cheval à celle de son cocher, il a ses raisons, mais ce sont des raisons particulières, dont tout homme raisonnable a horreur. Ce sont des raisons qui dans le fond ne sont pas raisonnables, parce qu'elles ne sont pas conformes à la souveraine raison, ou à la raison universelle que tous les hommes consultent.

Nicolas Malebranche, *De la recherche de la vérité*, X^{e} éclaircissement,
© Gallimard, « Bibliothèque de la Pléiade », 1979, p. 902-903.

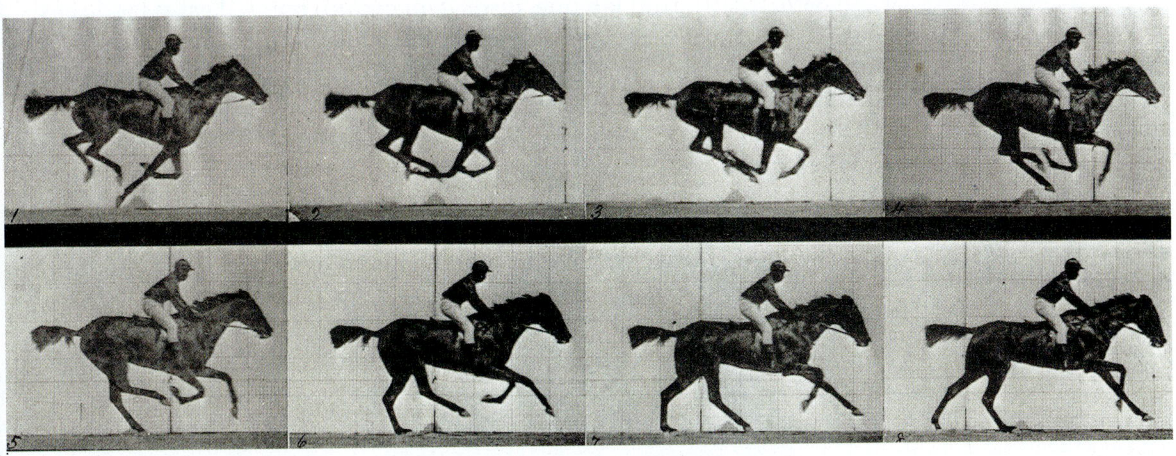

Eadweard Muybridge (1830-1904), *Saut d'obstacle, cheval noir* (détail), 1887, héliogravure, 25 x 30 cm, musée d'Orsay, Paris. Ces chronophotographies ont permis d'établir objectivement les positions successives du cheval au galop. À aucun moment, il n'étend les quatre jambes, contrairement à ce que montrent de nombreuses représentations picturales.

Questions

1. **À quels domaines appartiennent les exemples que donne Malebranche dans la première phrase ?**
2. **Peut-il arriver qu'un homme n'agisse pas selon les principes de la raison ? Pourquoi ? Est-ce légitime ? (v. aussi chap. 12, « la science », p. 340-367)**
3. **Expliquez : « Ce sont des raisons qui dans le fond ne sont pas raisonnables » (l. 13-14). Voir aussi le chapitre 10, « La raison », p. 288-315.**

PERSPECTIVES

La morale et la politique

- La raison rend-elle la vérité contraignante ?
- Y a-t-il des vérités indubitables ?
- La raison peut-elle être mise au service du mal ?
- Le jugement moral repose-t-il sur des valeurs universelles ?

TEXTE 9 Arendt, « *Du mensonge en politique* », 1971

Arendt, qui s'appuie sur la distinction traditionnelle entre vérité de fait et vérité de raison, montre combien les vérités de fait sont vulnérables au mensonge.

ARENDT
1906-1975
Époque contemporaine
▶ p. 512

Il faut nous souvenir, quand nous parlons de mensonge, et particulièrement du mensonge chez les hommes d'action, que celui-ci ne s'est pas introduit dans la politique à la suite de quelque accident dû à l'humanité pécheresse. De ce fait, l'indignation morale n'est pas susceptible de le faire disparaître. La falsification délibérée porte sur une réalité *contingente*, c'est-à-dire sur une matière qui n'est pas porteuse d'une vérité intrinsèque et intangible, qui pourrait être autre que ce qu'elle n'est. L'historien sait à quel point est vulnérable la trame des réalités parmi lesquelles nous vivons notre existence quotidienne ; elle peut sans cesse être déchirée par l'effet de mensonges isolés, mise en pièces par les propagandes organisées et mensongères de groupes, de nations, de classes, ou rejetée et déformée, souvent soigneusement dissimulée sous d'épaisses couches de fictions, ou simplement écartée, aux fins d'être ainsi rejetée dans l'oubli. Pour que les faits soient assurés de trouver durablement place dans le domaine de la vie publique, il leur faut le témoignage du souvenir et la justification de témoins dignes de foi. Il en résulte qu'aucune déclaration portant sur des faits ne peut être entièrement à l'abri du doute – aussi invulnérable à toute forme d'attaques que, par exemple, cette affirmation : deux et deux font quatre.

C'est cette fragilité qui fait que, *jusqu'à un certain point*, il est si facile et si tentant de tromper. La tromperie n'entre jamais en conflit avec la raison, car les choses auraient pu se passer effectivement de la façon dont le menteur prétend. Le mensonge est souvent plus plausible, plus tentant pour la raison que la réalité, car le menteur possède le grand avantage de savoir d'avance ce que le public souhaite entendre ou s'attend à entendre. Sa version a été préparée à l'intention du public, en s'attachant tout particulièrement à la crédibilité, tandis que la réalité a cette habitude déconcertante de nous mettre en présence de l'inattendu, auquel nous n'étions nullement préparés.

Hannah Arendt, « Du mensonge en politique », in *L'Humaine condition*,

REPÈRES

Contingent/nécessaire
▶ p. 487

CONCEPT

Arendt s'appuie une distinction formulée notamment par Leibniz, entre vérités de raison et vérités de fait. Les **vérités de raison**, telles que celles que démontrent les mathématiques, sont nécessaires et leur opposé est impossible. En revanche, les **vérités de fait** sont contingentes et leur opposé est possible.

Questions

1. Pourquoi est-il relativement facile de falsifier une réalité contingente ?
2. Pourquoi le mensonge est-il « souvent plus plausible » que la réalité ?
3. Comment authentifier une vérité de fait ?

Pour aller plus loin

Texte à télécharger

1. Lire le texte de Hume sur les deux objets de la connaissance humaine. Pourquoi est-il plus difficile de prouver la vérité d'un fait que celle d'une relation d'idées ?
2. Les lanceurs d'alerte (p. 444) dénoncent-ils des vérités de fait ou des vérités de raison ? Appuyez-vous sur le texte d'Arendt pour expliquer pourquoi leur tâche est difficile.

QUESTION

4 Pourquoi désirons-nous la vérité ?

TEXTE 10 James, *Le Pragmatisme*, 1907

James affirme que la vérité n'est pas une propriété intrinsèque d'une idée, mais une propriété qui « vient à l'idée », quand « les événements la rendent vraie » : « les idées vraies sont celles que l'on peut assimiler, valider, corroborer et vérifier. Les idées fausses sont celles qui ne le permettent pas ».

Commençons par rappeler que posséder des idées vraies signifie toujours qu'on possède de précieux instruments pour l'action, et que le devoir d'accéder à la vérité, loin de nous être imposé de nulle part ou d'être un tour de force que s'imposerait notre intellect à lui-même, se justifie par d'excellentes raisons pratiques[1].

Tout le monde sait combien il est vital pour l'homme d'avoir des croyances vraies à propos des questions de fait. Notre monde est fait de réalités qui peuvent être infiniment utiles ou infiniment nuisibles. Les idées qui nous permettent de savoir à quoi nous en tenir là-dessus sont les idées vraies de ce premier cercle de vérification, et l'un des premiers devoirs de l'homme est de les rechercher. Mais loin d'être une fin en soi, la possession de la vérité n'est que la première étape vers l'obtention d'autres satisfactions vitales. Si je me perds dans la forêt, que j'ai faim, et que je trouve un sentier, il est de la plus haute importance que je me dise qu'il y a une habitation au bout car en me disant cela, je suivrai ce chemin et serai sauvé. La pensée vraie est utile en l'occurrence car son objet – la maison – est utile. Ainsi, la valeur pratique des idées vraies est en premier lieu fondée sur l'intérêt pratique que revêtent pour nous leurs objets. En effet, leurs objets ne sont pas toujours importants : il se peut qu'une autre fois cette maison n'ait aucun intérêt pour moi ; auquel cas, l'idée de cette maison, même si elle est vérifiable, n'aura aucun intérêt pratique et il vaut mieux qu'elle reste latente[2]. Cependant, puisque tout objet peut un jour se révéler important, il est évident que nous avons avantage à posséder un stock de vérités supplémentaires, d'idées qui seront vraies dans des situations pour le moment seulement possibles. Nous conservons ces idées supplémentaires en mémoire, et nous pouvons en consigner l'excédent dans des manuels. Lorsqu'une de ces vérités surnuméraires se révèle utile pour répondre à l'un de nos besoins, on va la chercher en magasin pour la mettre à l'ouvrage dans ce monde, et notre croyance en elle devient active. On peut alors dire qu'elle est « utile parce que vraie », ou bien qu'elle « est vraie parce qu'utile ». Ces deux expressions signifient exactement la même chose, à savoir qu'une idée se réalise et peut être vérifiée.

William James, *Le Pragmatisme*, © Flammarion, « Champs classiques », traduit par N. Ferron, 2011, p. 227-228.

JAMES
1842-1910
Époque contemporaine
▸ p. 517

REPÈRES
- En fait/en droit ▸ p. 488
- Théorie/pratique ▸ p. 493

1. Dans le domaine de l'expérience, de l'action (*praxis*).
2. Qui n'est pas manifeste, mais qui demeure susceptible d'apparaître, de se manifester à un certain moment.

CULTURE PHILOSOPHIQUE

Le **pragmatisme** (du grec *praxis*, action) est une école philosophique fondée aux États-Unis, à la fin du XIXe siècle, pour laquelle **connaître** un phénomène, c'est envisager toutes ses implications pour l'**action**. Le pragmatisme s'oppose donc à une vision contemplative de la connaissance, d'après laquelle la vérité doit être recherchée pour elle-même. (V. Berkeley, p. 222)

Questions

1. Pourquoi désirons-nous connaître la vérité ?
2. Pourquoi conservons-nous des idées qui ne sont pas immédiatement utiles ?
3. Comment James définit-il la vérité ?

Pour aller plus loin

Comparez avec le texte de Nietzsche, p. 458. En quoi s'opposent-ils ? Donnez des exemples de cas dans lesquels il est nuisible d'être trompé et de cas dans lesquels, au contraire, il est utile d'être trompé.

ARISTOTE
384-322 av. J.-C.
Antiquité
▸ p. 496

TEXTE 11 Aristote, *Métaphysique*, IVe s. av. J.-C.

« Tous les hommes ont, par nature, le désir de connaître. » D'après l'ouverture de la Métaphysique, ce désir n'est pas seulement le résultat d'un processus de civilisation, mais une disposition naturelle aux hommes. Cette disposition s'est actualisée en diverses sciences, notamment la philosophie.

Ce fut, en effet, l'étonnement qui poussa, comme aujourd'hui, les premiers penseurs aux spéculations[1] philosophiques. Au début, ce furent les difficultés les plus apparentes qui les frappèrent, puis, s'avançant ainsi peu à peu, ils cherchèrent à résoudre des problèmes plus importants, tels que les phénomènes de la Lune, ceux du Soleil et des Étoiles, enfin la genèse de l'Univers. Apercevoir une difficulté et s'étonner, c'est reconnaître sa propre ignorance (et c'est pourquoi aimer les mythes est, en quelque manière, se montrer philosophe, car le mythe est composé de merveilleux). Ainsi donc, si ce fut pour échapper à l'ignorance que les premiers philosophes se livrèrent à la philosophie, il est clair qu'ils poursuivaient la science en vue de connaître et non pour une fin utilitaire. Ce qui s'est passé en réalité en fournit la preuve : presque tous les arts qui s'appliquent aux nécessités[2], et ceux qui s'intéressent au bien-être et à l'agrément de la vie, étaient déjà connus, quand on commença à rechercher une discipline de ce genre. Il est donc évident que nous n'avons en vue, dans la Philosophie, aucun intérêt étranger. Mais, de même que nous appelons homme libre celui qui est à lui-même sa fin et n'est pas la fin d'autrui[3], ainsi cette science est la seule de toutes les sciences qui soit libre, car seule elle est sa propre fin.

Aristote, *Métaphysique*, A, 2, 982b 12-27, © Vrin, trad. J. Tricot, 1991.

1. Recherches abstraites, théoriques.
2. Les arts qui visent à satisfaire des besoins, comme l'art de tisser pour fabriquer des vêtements, ou l'art de la médecine pour soigner les maladies.
3. Aristote oppose ici l'homme libre, qui décide de ses actions, à l'esclave, qui doit accomplir ce que lui ordonne un autre.

CULTURE GÉNÉRALE

Le **mythe** (du grec *muthos*, « récit ») rend compte du monde, des dieux et des hommes, par des récits imaginaires. En tant que discours rationnel, le ***logos*** entretient des relations complexes avec le mythe : il en fait la critique, mais il réfléchit aussi à partir de lui. Voir texte de Vernant, p. 265

Questions

1. **Qu'est-ce qui a donné naissance à la philosophie ?**
2. **Reconnaître son ignorance, est-ce un frein ou un moteur pour la connaissance ?**
3. **Aristote condamne-t-il les mythes ? Pourquoi ? Aidez-vous du texte de Vernant, p. 265 et de celui de Cicéron, p. 325.**

PERSPECTIVES

La connaissance

- Connaît-on pour le plaisir ? ▪ Faut-il opposer le mythe et la raison ? ▪ Une fiction peut-elle être vraie ?

TEXTE 12 Nietzsche, *Le Gai Savoir*, 1882

La science paraît être le domaine de la pure objectivité, qui exclut la croyance. Nietzsche s'élève contre ce préjugé : la science repose au contraire sur une croyance fondamentale, selon laquelle il faut rechercher la vérité.

En quoi nous aussi sommes encore pieux[1].

Dans la science, les convictions n'ont pas droit de cité[2], voilà ce que l'on dit à juste titre : c'est seulement lorsqu'elles s'abaissent au rang modeste d'une hypothèse, d'un point de vue expérimental provisoire, d'une fiction régulatrice[3], que l'on a le droit de leur accorder l'accès au royaume de la connaissance et de leur y reconnaître même une certaine valeur, toujours

1. Qui est animé par un réel attachement à Dieu et qui respecte les pratiques de la religion.
2. Les convictions ne peuvent pas être admises.
3. Une fiction qui sert de règle, qui oriente la pensée.

NIETZSCHE
1844-1900
Époque contemporaine
▶ p. 520

REPÈRES
Objectif/subjectif/intersubjectif
▶ p. 491

avec cette restriction de demeurer soumises à la surveillance policière, à la police de la méfiance. Mais si l'on y regarde de plus près, cela ne signifie-t-il pas : c'est seulement lorsque la conviction cesse d'être conviction qu'elle peut parvenir à accéder à la science ? La discipline de l'esprit scientifique ne commencerait-elle pas par le fait de ne plus s'autoriser de convictions ?... C'est vraisemblablement le cas : il reste seulement à se demander s'il ne faut pas, pour que cette discipline puisse commencer, qu'existe déjà une conviction, et une conviction si impérative et inconditionnée qu'elle sacrifie à son profit toutes les autres convictions ? On voit que la science aussi repose sur une croyance, qu'il n'y a absolument pas de science « sans présupposés ». Il ne faut pas seulement avoir déjà au préalable répondu oui à la question de savoir si la vérité est nécessaire, mais encore y avoir répondu oui à un degré tel que s'y exprime le principe, la croyance, la conviction qu'« il n'y a rien de plus nécessaire que la vérité, et que par rapport à elle, tout le reste n'a qu'une valeur de second ordre ». – Cette volonté inconditionnée[4] de vérité : qu'est-elle ? Est-ce la volonté de ne pas être trompé ? Est-ce la volonté de ne pas tromper ? La volonté de vérité pourrait en effet s'interpréter aussi de cette dernière manière : à supposer que sous la généralisation « je ne veux pas tromper », on comprenne également le cas particulier « je ne veux pas me tromper ». Mais pourquoi ne pas tromper ? Mais pourquoi ne pas être trompé ? – Remarquons que les raisons propres au premier cas se situent dans un tout autre domaine que celles qui sont propres au second : on ne veut pas être trompé parce que l'on admet qu'il est nuisible, dangereux, néfaste d'être trompé, – en ce sens, la science serait une longue prudence, une précaution, une utilité, à laquelle on pourrait toutefois objecter à bon droit : comment, la volonté de ne pas être trompé est-elle réellement moins nuisible, moins dangereuse, moins néfaste ? Que savez-vous par avance du caractère de l'existence pour pouvoir décider si le plus grand avantage se trouve du côté de l'inconditionnellement méfiant ou de l'inconditionnellement confiant ? Mais au cas où les deux choses seraient nécessaires, beaucoup de confiance et beaucoup de méfiance : où la science aurait-elle le droit d'emprunter sa croyance inconditionnée, la conviction sur laquelle elle repose, que la vérité est plus importante que toute autre chose, y compris que toute autre conviction ? Cette conviction n'aurait justement pas pu apparaître si vérité et non-vérité se montraient toutes deux constamment utiles : comme c'est le cas. Donc – la croyance à la science, qui existe incontestablement aujourd'hui, n'a pas pu trouver son origine dans un tel calcul d'utilité, mais bien plutôt en dépit du fait que l'inutilité et le danger de la « volonté de vérité », de la « vérité à tout prix », lui sont constamment démontrées.

Friedrich Nietzsche, *Le Gai Savoir*, § 344,

Honoré Daumier (1808-1879), *Don Quichotte dans les montagnes*, 1850, huile sur toile, Bridgestone Museum, Tokyo.

4. Absolue, sans condition.

CULTURE GÉNÉRALE

Don Quichotte, le héros du roman de Cervantès (écrit au début du XVIIe siècle), poursuit un idéal, celui des romans de chevalerie, sans s'apercevoir que le monde dans lequel il vit ne correspond guère à ce qu'il imagine.

Questions

1. **D'après les premières lignes du texte, quel type de propositions formule le discours scientifique ? Aidez-vous des pages 344-345.**
2. **Pourquoi peut-on penser qu'il est utile de connaître la vérité ? Pourquoi peut-on penser, au contraire, qu'il est utile de ne pas la connaître ? Donnez un exemple pour chaque cas.**
3. **Faut-il opposer science et croyance, selon Nietzsche ?**

MÉTHODE

BAC La dissertation

SUJET Pourquoi nous trompons-nous ?

MÉTHODE

CONSEILS

Étape 1 Analyser le sujet et identifier les perspectives

1 On peut distinguer deux sens de *pourquoi* :

a. À cause de quoi ?
b. Dans quel but ?
Le sujet semble nous inviter à comprendre quelle est la cause de nos erreurs. Cependant, on peut aussi envisager que l'erreur nous soit utile à quelque chose, qu'elle satisfasse quelque chose en nous (même si cette satisfaction n'est pas entièrement consciente).

> Les deux sens sont-ils pertinents ici ?

2 *nous trompons-nous* : cet énoncé est doublement ambigu.

→ Une première ambiguïté concerne le nombre (singulier/pluriel).

▸ Trouvez deux reformulations du sujet qui lèvent l'ambiguïté.
a. Pourquoi chacun d'entre nous se trompe-t-il ?
b. Pourquoi nous trompons-nous les uns les autres ?

→ Cette première ambiguïté reflète une ambiguïté plus profonde, qui est au coeur du sujet : il existe plusieurs manières de se tromper. En première analyse, on peut distinguer (Voir « Questions clés », p. 446-447) :
a. l'erreur et l'illusion, qui sont involontaires et inconscientes ;
b. le mensonge, qui est généralement volontaire et conscient.

> Un énoncé est **ambigu** quand il peut être compris en plusieurs sens différents.
> Exemple : « L'artiste peint la nuit. »
> Généralement, le contexte lève l'ambiguïté.

> Le premier objectif d'une dissertation doit être la **clarté** : mettez au jour les ambiguïtés du sujet, afin de les clarifier.

Exercice 1 : Laquelle de ces deux manières de se tromper s'applique mieux au cas individuel ? Au cas où une personne en trompe une autre ?

Étape 2 Énoncer la problématique

3 Une fois que l'on a déployé la multiplicité des sens du sujet, la difficulté est de rassembler cette multiplicité en *un* problème.

Chacune de ces manières de se tromper pose problème. Cependant, y en a-t-il une dont il est plus difficile de se défaire ?
Pour répondre à cette question, poursuivons l'analyse :
→ L'erreur est écartée quand la vérité apparaît (à condition que l'on puisse distinguer erreur et vérité).
→ L'illusion persiste même lorsque la vérité est présente.
→ Dans le cas du mensonge, la vérité n'est pas totalement perdue, car celui qui ment la connaît.
L'illusion pose un problème difficile, car quelque chose *en nous* ne désire pas renoncer à nos illusions. Nous risquons donc de ne jamais en sortir.

> Pour formuler un problème, il faut se demander quel est l'**enjeu** du sujet, quelle est la question la plus difficile, la plus urgente.

4 Vous pouvez donc énoncer la problématique de la manière suivante :

L'erreur est-elle toujours inconsciente et sans motivation ou peut-elle être motivée par un désir de cacher la vérité à soi-même et aux autres ?

Étape 3 Élaborer un plan

5 **En reprenant les étapes 1 et 2, organisez vos idées dans votre plan.**

PROPOSITION DE PLAN DÉTAILLÉ

I. Nous faisons de nombreuses erreurs parce que notre connaissance du monde n'est pas parfaite, mais nous apprenons de celles-ci.

1. Nous ne considérons pas les choses telles qu'elles sont, mais nous avons de multiples préjugés.

2. Nous jugeons avec précipitation. Il est inévitable que nous nous trompions car nous sommes des êtres finis, et nous ne pouvons pas suspendre indéfiniment notre jugement : l'action nous pousse à décider.

3. Cependant nous apprenons de nos erreurs, nous faisons des progrès.

Transition : Cependant, il n'est pas évident que nous progressions, car il arrive que nous persistions dans nos erreurs : nous continuons de croire quelque chose de faux, alors que nous avons été mis en présence de la vérité.

II. Nous ne faisons pas véritablement de progrès dans la connaissance, parce que nous reproduisons sans cesse les mêmes illusions.

1. L'illusion est une erreur qui satisfait un désir.

2. Elle ne disparaît pas face à la vérité.

3. L'illusion peut être bénéfique : si nous étions en permanence mis face à certaines vérités désagréables, elles nous paralyseraient.

Transition : Si l'illusion est agréable, et si de toute façon nous n'atteignons jamais la vérité complète, pourquoi nous obstinons-nous à rechercher la vérité ?

III. Non seulement nous nous faisons des illusions, mais nous nous mentons les uns aux autres.

1. Le mensonge a des motivations diverses (la plupart du temps l'intérêt, la facilité, le manque de courage, parfois la bienveillance...).

2. Celui qui ment peut perdre le sens de la réalité.

3. Le mensonge ne détruit pas seulement la vérité ponctuellement, il détruit la confiance que l'on peut avoir dans la parole humaine. S'il a des motivations empiriques, il n'a pas de justification ; il n'a pas de fondement légitime.

Ordonnez vos arguments du plus simple au plus complexe.

→ PERSPECTIVES
Aidez-vous des pages sur **« La connaissance »**, p. 36-38.

Essayez d'élaborer une critique qui fera la transition avec la partie suivante en vous appuyant sur le dernier argument.

→ PERSPECTIVES
Aidez-vous des pages sur **« La morale et la politique »**, p. 33-35.

→ Exercices :

1. Développez l'un des arguments de la partie I en vous appuyant sur un texte de ce chapitre.

2. Trouvez un exemple qui illustre le troisième argument de la partie II.

3. Expliquez pourquoi il ne faut pas mentir en vous appuyant sur l'extrait du roman de Louis Guilloux (p. 460-461).

b. La problématisation

Pour problématiser, il faut dégager les différentes réponses possibles à la question, à partir de l'analyse des termes. Il s'agit ici de déployer leur équivocité :

Y a-t-il des vérités indiscutables ?

La question Y a-t-il...

– Elle nous invite à nous interroger sur un constat d'existence : poser la question « y a-t-il », c'est demander si telle ou telle chose existe de fait.

La notion de vérité, ici, au pluriel

– Le sujet ne nous demande pas si *la* vérité est indiscutable, mais s'il existe *des* vérités qui sont indiscutables, ce qui oriente la recherche vers l'étude de domaines qui prétendent produire des vérités. La science en est un par excellence.

– Dans son acception classique, la vérité désigne l'adéquation entre un jugement et la réalité.

– Elle serait en ce sens différente de la croyance et de l'opinion, car elle est objective et universelle.

– Mais la vérité est également ce qui est testé, constamment mis à l'épreuve (notamment en science) afin que soit évalué son degré de validité.

La notion d'indiscutable

– Elle désigne d'abord ce qu'il est logiquement impossible de mettre en cause, ce qui est indubitable.

– Elle désigne ensuite ce qu'il n'est pas autorisé de discuter ; c'est ce sens que révèle l'expression : « ne discute pas ! ».

À retenir : cherchez dans votre cours de philosophie des outils de réflexion. En effet :
1. C'est en cours que vous étudierez les différents sens des notions au programme.
2. L'étude de textes variés pendant l'année vous permettra de développer ces différents sens.

c. L'identification des perspectives

Le cours comme les textes seront aussi l'occasion de vous familiariser avec les **perspectives** qui interrogeront les notions proposées au Baccalauréat.

3 Les différents types d'énoncés

Parmi les différents types d'énoncés possibles, on distingue :

a. Les énoncés aux différents sens

« Peut-on... ? »

La question doit traiter :
- de la possibilité : « est-il possible de... ? » ;
- de la légitimité : « a-t-on le droit de... ? »

Exemple : « Peut-on tout dire ? »

« Doit-on... », « Faut-il... » ?

La question doit traiter :
- de la nécessité physique : « est-il nécessaire de... ? » ;
- de l'obligation morale : « a-t-on le devoir de... ? »

Exemple : « Faut-il oublier le passé pour se donner un avenir ? »

À retenir : prenez bien en compte ces différents sens de la question. Ils peuvent vous aider à dégager différentes réponses, et donc à formuler un problème : si c'est possible, est-ce légitime ? Si c'est légitime, est-ce au moins possible ?

b. « Qu'est-ce que... ? »

La question appelle la définition d'une notion.

Exemple : « Qu'est-ce que le moi ? »

À retenir : pour problématiser à partir de cet énoncé, il faut dégager au moins deux définitions concurrentes de la notion interrogée, et les confronter.

c. « Pourquoi... ? », « À quoi sert de... ? »

La question interroge sur la cause, l'utilité et la finalité.
Exemple : « Pourquoi y a-t-il des lois ? »

À retenir : pour problématiser, tâchez de dégager deux finalités différentes de la notion interrogée, ou de poser la question de l'inutilité.

2 Le travail au brouillon

Prévoir **une heure**

1 Analyse et réflexion

- Il s'agit de **prendre le temps de la réflexion**, d'**analyser les termes du sujet**, de **problématiser** et de **construire l'argumentation**.
- Le travail au brouillon s'effectue en **trois temps** :

1. Commencez par noter la réponse évidente que la question paraît appeler.
Cette opinion commune sur la question est essentielle, puisqu'elle constituera le point de départ de votre réflexion.

2. Analysez les termes du sujet.

À retenir : ne vous focalisez pas uniquement sur les notions du programme.
Les autres termes peuvent aussi recevoir différents sens.

3. Construisez le plan de votre dissertation.
Grâce à cette analyse, repérez une tension, une complexité et choisissez l'ordre des thèses pour l'examiner. Commencez toujours par la thèse qui renvoie à l'opinion la plus évidente (l'opinion commune).

Conseil : recoupez les différents sens des termes :
si [définition 1] → [réponse 1] ;
si [définition 2] → [réponse 2].

2 Le plan en trois parties

Il est recommandé de faire un plan en trois parties.
Le plan doit être dialectique.
Il se présente comme suit :
Partie I : thèse (opinion commune)
Partie II : antithèse (paradoxe)
Partie III : synthèse

Exemple :
I. Il y a des vérités indiscutables, car il en va de la définition de la vérité et la science en fournit la preuve.
II. Mais, postuler l'existence de vérités indiscutables, même en science, c'est risquer de pécher par dogmatisme et d'interdire la formulation de nouvelles hypothèses.
III. Il appartient donc à l'essence de la vérité rationnelle d'être discutable : la science, par exemple, doit constamment mettre à l'épreuve ses propres hypothèses.

À retenir : la synthèse n'est pas un mélange des deux premières parties. Il s'agit d'une nouvelle réponse à la question, qui repose sur une nouvelle définition des termes.

MÉTHODE BAC

3 La composition et la rédaction

Il s'agit de **rédiger** :

1. une introduction,
2. un développement avec trois thèses,
3. une conclusion.

1 L'introduction

Prévoir **15 minutes**

Étape 1 Commencez par **formuler une accroche** et par **citer le sujet**.

Étape 2 Dans un **premier paragraphe**, formulez une **première réponse** – celle qui paraît la plus évidente – à la question posée, tout en proposant une définition des termes. Donnez un **argument**.

Étape 3 Dans un **second paragraphe**, formulez le **paradoxe**.
N'hésitez pas à commencer ce paragraphe par un terme qui marque la difficulté qu'il y a en rester à la position de la *doxa* (opinion courante) : *cependant*, *toutefois*, *néanmoins*...

Étape 4 **Formulez la problématique** sous forme d'alternative : « Réponse 1 *ou bien* Réponse 2 ».

> **Remarque :** d'autres formulations sont envisageables, mais toute bonne problématique doit montrer que la question posée n'admet pas de réponse simple.

Étape 5 **Annoncez le plan**, c'est-à-dire la structure de votre devoir. Pour chaque partie, il faudra donc annoncer :
- **la thèse** défendue,
- **l'argument principal** en faveur de cette thèse.

2 Le développement : les trois thèses

Prévoir **2 h 15**

Pour rédiger votre développement, vous devrez respecter les **cinq points** suivants :

1. Toute dissertation comportera **trois parties**.

2. Chaque **partie** proposera une **réponse à la question posée** ; vous ne pourrez donc pas défendre différents points de vue au sein d'une même partie. Annoncez toujours la thèse que vous allez défendre dans la partie.

> **À retenir :** ne commencez pas une partie par la référence à un auteur, du type : « Descartes écrit que... » : cela donnerait un style « catalogue » qui éloignerait d'une réflexion vivante. Il faut toujours commencer par une réflexion personnelle. La mobilisation des auteurs intervient ensuite, pour l'approfondir.

3. Chaque partie comportera **trois paragraphes**.
Un paragraphe = un **argument** + un **exemple obligatoire et/ou une référence** à un texte.

> **Remarque :** allez de l'argument le plus simple au plus complexe. À la fin de chaque argument, rappelez le lien entre ce que vous avez écrit et le problème posé, puis formulez une **transition logique** qui permet de passer à l'argument suivant.

4. La **première partie** doit reprendre la **thèse** de l'opinion commune, **la seconde,** celle du **paradoxe**.

5. Dans la **troisième partie**, dépassez la contradiction pour proposer une solution au problème.
Relancez l'interrogation en formulant une nouvelle question (v. exemple rédigé, p. 471-474).

Remarque : plusieurs techniques sont envisageables :
- Situez cette question dans un **nouveau domaine** (ex. : qu'en est-il en art ou en politique ?).
- Proposez une **nouvelle définition** de l'un des termes du sujet, qui permette de relancer l'interrogation.
- **Remettez en cause le présupposé du sujet**, c'est-à-dire ce qui est explicitement admis depuis le début, mais qui ne va pas de soi.

3 La conclusion

Prévoir **15 minutes**

Prévoyez, au long de la rédaction, les éléments qui devront être **valorisés dans la conclusion**.

Étape 1 **Répondez** de manière explicite, positivement ou négativement, à la question posée et rappelez le parcours qui a permis d'aboutir à cette réponse.

Étape 2 **Montrez l'intérêt** de ce sujet de réflexion pour mieux comprendre le monde, pour avancer dans les défis auxquels il nous confronte, et pour mieux vivre.

4 La relecture

Prévoir **15 minutes**

Enfin, prévoyez ce temps pour vous relire.

4 Un exemple rédigé

« À chacun sa vérité », entend-on parfois, comme si l'on se méfiait de l'idée qu'il pourrait y avoir une vérité définitive, qui viendrait menacer la possibilité, pour chacun, d'émettre son avis. D'un autre côté, une vérité ne paraît en être une que parce qu'elle met tout le monde d'accord. Y-a-t-il alors des vérités indiscutables ?

> **Introduction**
> • Accroche
> • Sujet cité

La définition traditionnelle de la vérité, héritée de Thomas d'Aquin, définit comme « vrai » tout discours ou jugement adéquat à la réalité. Se demander s'il y a des vérités indiscutables, c'est se demander si l'on peut attester de l'existence de vérités qui ne souffrent aucune remise en cause et qui, partant, se révèlent indubitables et définitives. **Or**, force est de constater qu'il semble appartenir à la définition même d'une vérité d'être, contrairement à l'opinion ou à la simple croyance, indiscutable. En effet, on ne caractérisera une proposition de « vraie » que parce qu'elle ne peut être niée, comme paraît l'attester l'existence même des vérités scientifiques.

> • Analyse des termes du sujet

> • Connecteurs logiques

Cependant, le propre d'une vérité scientifique ne consiste-t-il justement pas à pouvoir toujours être remise en question ? On peut **en effet** remarquer que tenir une vérité pour indiscutable, c'est aussi prendre le risque de fermer la porte à d'autres hypothèses et, donc de barrer la route au progrès de la connaissance : c'est parce qu'il est capable de douter de ce qui est tenu pour vrai que le chercheur en vient à formuler de nouvelles hypothèses. La nécessité d'affirmer qu'il n'y a pas de vérités indiscutables semble faire rempart au dogmatisme.

Ces premières analyses nous conduisent à formuler le problème suivant : peut-on soutenir l'existence de vérités indiscutables, ou bien une telle hypothèse contrevient-elle à la démarche de l'esprit scientifique, en nous faisant courir le risque du dogmatisme ?

> • Formulation de la problématique

Pour répondre à cette question, le devoir s'organisera en trois temps. **Dans un premier temps**, on tâchera de montrer qu'il appartient à l'essence même de toute vérité rationnelle d'être indiscutable, parce qu'elle est certaine et stable.

> • Annonce du plan

Dans un second temps, on analysera le risque de dogmatisme, voire d'obscurantisme auquel est sujet celui qui refuse de remettre en cause une vérité avant de terminer, dans un troisième temps, par tâcher de redéfinir la vérité par la possibilité même d'être discutée, en soulignant la dimension dialectique du savoir.

1re partie

Dans un premier temps, on tentera de démontrer qu'il semble appartenir à l'essence même d'une vérité d'être indiscutable. **En effet**, affirmer qu'il y aurait des vérités discutables reviendrait à supposer que toute vérité pourrait être amenée, par exemple, à varier avec le temps, ou bien qu'elle ne serait admise que par quelques individus seulement. **Mais alors**, s'agirait-il vraiment de vérités ? Il faut ici distinguer la vérité de l'opinion. L'opinion, subjective et relative, relève bien plutôt de la croyance, au sens où nous la tenons pour vraie sans pouvoir la démontrer, là où la vérité appartient au domaine du savoir authentique, c'est-à-dire de celui que l'on peut prouver. C'est pourquoi nous discutons souvent de nos opinions, et finissons parfois même par en changer. Partant, peut-il y avoir un sens à dire : « à chacun sa vérité ? »

→ PERSPECTIVES
Sur l'opposition science/opinion, voir **La connaissance**, > p. 36-38.

Dans le *Théétète*, Platon expose la thèse du sophiste Protagoras, qui prétend que l' «homme est mesure de toute chose », au sens où telle nous apparaît une chose, telle elle est, mais seulement pour celui qui la perçoit. Dans une telle perspective, il conviendrait **alors** de dire que connaître la vérité d'une chose équivaudrait à avoir la sensation de cette chose. **Partant**, toute vérité serait par principe discutable, puisqu'elle ne vaudrait que pour un individu seul. **Mais** une telle position est-elle tenable ? Il revient à Platon de mettre le sophiste face à ses contradictions : si toute vérité est discutable, **alors** l'idée selon laquelle « il n'y a pas de vérités indiscutables » est elle-même discutable, et ceux qui pensent qu'il y aurait des vérités indiscutables auraient tout autant raison que ceux qui pensent l'inverse. La position relativiste, en ce sens, est donc contradictoire. **Pour autant**, peut-on attester l'existence de vérités indiscutables ?

→ PERSPECTIVES
Sur l'autorité de la science, voir **La connaissance**, > p. 36-38.

Il semble bien exister un domaine qui produit des vérités indiscutables : celui de la science. La science, en effet, produit de l'indubitable, puisque ses propositions se prétendent *universelles* et *objectives* : universelles **d'abord**, car elles valent en tout temps et en tout lieu, objectives **ensuite**, car elles ne dépendent pas, quant à leur contenu, de la personne qui les prononce. L'idée selon laquelle, par exemple, deux corps s'attirent en raison directe de leur masse et en raison inverse du carré de leur distance, est une vérité, précisément parce qu'elle résiste aux objections. D'où la science tire-t-elle cette certitude ? Précisément en fonction des procédures rationnelles qu'elle met en œuvre : l'effort de justification rationnelle (par exemple, la démonstration en mathématiques, ou encore l'expérimentation en physique) fait tendre le discours scientifique à l'irréfutabilité, à l'objectivité ; **or**, de ce qui est irréfutable et objectif, on ne peut discuter.

Par contraste, une opinion, demeure toujours discutable, parce qu'elle ne repose pas sur de telles procédures de justification.

Dans cette première partie, nous avons donc tâché de démontrer l'existence de vérités indiscutables, **d'abord** en distinguant la vérité de l'opinion, **puis** en prenant acte de l'existence des vérités scientifiques qui, parce qu'elles sont justifiées rationnellement, paraissent irréfutables. **Cependant**, postuler l'existence de vérités indiscutables, n'est-ce pas risquer de faire preuve d'autoritarisme ? **En ce sens**, ne pas accepter de soumettre une vérité à la discussion, n'est-ce pas adopter une posture dogmatique ?

Transition partie 1-partie 2

Dans un second temps, nous tâcherons de souligner les risques qu'il y a à vouloir faire du caractère indiscutable d'une proposition le critère de sa vérité. Commençons par souligner que le terme « indiscutable » peut également signifier « ce qu'il n'est pas permis de discuter ». **En ce sens**, tenir une vérité pour indiscutable, c'est risquer de pêcher par dogmatisme, au sens où l'on se rendra incapable d'en douter. L'exemple de la condamnation de Galilée illustre parfaitement ce point : une grande partie de l'Église, dont la domination politique reposait sur le dogme du géocentrisme, a condamné Galilée à abjurer, c'est-à-dire à revenir sur ses positions. **Dès lors**, c'est le risque d'obscurantisme qui guette.

2e partie

Si l'histoire des sciences montre que le dogmatisme a souvent constitué un obstacle au progrès de la connaissance, elle montre également qu'il a pu être un vrai danger pour les hommes : le dogmatique emploie dans certains cas la force pour imposer ce qu'il juge indiscutable. Songeons par exemple au cas du lyssenkisme, cette politique agricole fondée en URSS, et dont le représentant majeur, Trofim Lyssenko, dénonça comme « contre-révolutionnaires », puis élimina les partisans de la génétique mendelienne, opposés à ses postulats théoriques.

Dans *La Théorie physique. Sa structure, son objet*, Pierre Duhem soutient l'idée selon laquelle une vérité possède toujours plusieurs dimensions, au sens où elle est faite de « strates » qui se chevauchent les unes les autres, conséquence inévitable du caractère évolutif des théories au fil des époques. Les vérités n'apparaissent **donc** pas dogmatiquement, de manière définitive, en se proclamant indiscutables. **Bien au contraire**, l'histoire des sciences paraît révéler que celles-ci sont soumises aux changements, à des discussions successives, en vue de s'établir : l'héliocentrisme, qui est aussi fait de strates, a mis du temps à nous parvenir. Ne vaut-il **donc** pas mieux considérer qu'une théorie n'est jamais fixée dans l'éternité, mais qu'elle évolue et se transforme avec le temps ?

→ PERSPECTIVES
Sur le progrès des sciences, voir **La connaissance**, > p. 36-38.

Dans cette deuxième partie, nous avons tenté de démontrer qu'il y avait un risque à penser l'existence de vérités indiscutables, celui du dogmatisme. **Mais** si discussions il y doit toujours y avoir, doit-on pour autant renoncer à l'idée de vérité ? **Bien au contraire**, ne peut-on pas supposer qu'il appartient à l'essence de la vérité rationnelle de toujours devoir être soumise à la discussion ?

• Transition partie 2 - partie 3

Dans cette troisième partie, nous tâcherons de démontrer qu'il est nécessaire, pour une vérité, de pouvoir être soumise à la discussion. Commençons par remarquer que la vérité ne surgit jamais d'elle-même, mais qu'elle surgit souvent de la discussion. **En effet**, le progrès dans la connaissance débute avec la discussion de ce que l'on tient spontanément pour vrai, c'est-à-dire de nos évidences. Les dialogues socratiques, mis en scène par Platon, en fournissent un exemple éclatant : Socrate, en adoptant la procédure de l'*elenchos* (« réfutation »), cherche à réfuter son interlocuteur, en le mettant face à ses propres contradictions : **ainsi** en va-t-il, par exemple, de l'impossibilité pour Protagoras de soutenir son scepticisme de manière cohérente. **Mais** tâchons d'aller plus loin, et d'établir que la vérité, en tant que vérité, se doit d'être *toujours* discutable.

3e partie

Dans *La Logique de la découverte scientifique*, l'épistémologue Karl Popper défend l'idée selon laquelle une hypothèse ne peut prétendre à la scientificité qu'à la condition d'être falsifiable, c'est-à-dire que l'on puisse la tester. Plus

→ PERSPECTIVES
Sur le dialogue socratique, voir **La connaissance**, > p. 36-38.

précisément, l'histoire des sciences peut se lire à ses yeux comme une suite de conjectures et de réfutations : **ainsi** les lois de Newton, que l'on a longtemps tenues pour définitives, se sont-elles trouvées relativisées par la théorie d'Einstein, qui a démontré qu'on ne pouvait les appliquer aux objets qui s'approchent de la vitesse de la lumière.

On comprend **donc** qu'une vérité n'en est une que si elle peut constamment être mise à l'épreuve, c'est-à-dire expérimentée, éprouvée. Il ne faut **donc** pas, à proprement parler, qualifier les vérités scientifiques de « définitives », **mais** bien plutôt de provisoires. **C'est pourquoi** les vérités scientifiques sont toujours discutables : elles le sont par principe. À l'inverse, les hypothèses non scientifiques, comme celles de la psychanalyse selon Popper, se reconnaissent à ceci qu'elles ne peuvent, logiquement, souffrir aucune mise à l'épreuve, c'est-à-dire aucune discussion : quelle que soit son hypothèse sur l'origine de la névrose, le psychanalyste sera en droit de soutenir qu'il dit vrai, puisque même sa réfutation par le malade peut paradoxalement être interprétée comme le signe de sa validité.

Conclusion
- Bilan

Il semble **donc** appartenir à l'essence d'une vérité d'entretenir un lien constant à la discussion. Certes, une vérité, à la différence de l'opinion, paraît définitive en ceci qu'elle s'appuie sur des procédures de justification rationnelles. **Mais** refuser par principe de discuter de ce qui est tenu pour vrai, c'est risquer de tomber dans le dogmatisme, et d'empêcher la formulation de nouvelles hypothèses : l'histoire des sciences en a donné l'exemple. **Partant**, il convient de défendre la possibilité, pour une vérité, de toujours être mise à l'épreuve de la discussion : sa validité n'en sera que renforcée.

- Ouverture

Il paraît **donc** important, pour le progrès des connaissances, que les sociétés permettent politiquement ce libre jeu de la discussion.

2 RÉUSSIR L'EXPLICATION DE TEXTE

Les instructions officielles

- Le sujet est constitué par un **texte d'une longueur raisonnable** dont l'**auteur** figure dans la liste des auteurs **au programme**, qu'il est demandé au candidat d'**expliquer**. Le texte est suivi du nom de l'auteur, du titre de l'ouvrage dont il est extrait et de la date ou de l'époque de sa composition ou de sa publication. Le texte se rapporte explicitement à une ou à plusieurs notions du programme. Le candidat n'est tenu de connaître, ni la doctrine de l'auteur, ni son œuvre, en totalité ou en partie. Il doit **rendre compte d'une compréhension précise du texte et du problème** dont il est l'expression ou la solution.
- **Durée de l'épreuve :** 4 heures

TEXTE

Il ne faut point confondre le bonheur avec la vertu. Il est certain que faire le bien pour le bien, c'est le faire pour soi, pour notre propre intérêt, puisqu'il donne à l'âme une satisfaction intérieure, un contentement d'elle-même sans lequel il n'y a point de vrai bonheur. Il est sûr encore que les méchants sont tous misérables, quel que soit leur sort apparent, parce que le bonheur s'empoisonne dans une âme corrompue, comme le plaisir des sens dans un corps malsain. Mais il est faux que les bons soient tous heureux dès ce monde, et comme il ne suffit pas au corps d'être en santé pour avoir de quoi se nourrir, il ne suffit pas non plus à l'âme d'être saine pour obtenir tous les biens dont elle a besoin. Quoiqu'il n'y ait que les gens de bien qui puissent vivre contents, ce n'est pas à dire que tout homme de bien vive content. La vertu ne donne pas le bonheur, mais elle seule apprend à en jouir quand on l'a : la vertu ne garantit pas des maux de cette vie et n'en procure pas les biens ; c'est ce que ne fait pas non plus le vice avec toutes ses ruses ; mais la vertu fait porter plus patiemment les uns et goûter plus délicieusement les autres. Nous avons donc, en tout état de cause, un véritable intérêt à la cultiver, et nous faisons bien de travailler pour cet intérêt, quoiqu'il y ait des cas où il serait insuffisant par lui-même, sans l'attente d'une vie à venir.

Jean-Jacques Rousseau, *Lettre à M. d'Offreville*, 1761.

1 L'esprit de l'épreuve

Il s'agit de **comprendre** une pensée, puis d'être en mesure de **l'expliquer**.

1 Comprendre une pensée

a. Saisir l'objectif de l'auteur

Il s'agit d'abord de cerner les intentions de l'auteur, de saisir ce qu'il a voulu dire dans ce texte.

Remarque : *comprendre* signifie « avoir en soi ». Vous devez donc d'abord vous approprier la pensée de l'auteur telle qu'elle se déploie dans le texte.

b. Éclairer le texte

Il ne s'agit pas de reformuler simplement ce qui est dit par l'auteur (paraphrase). Il faut **justifier son propos.**

Remarque : partez du principe que tout ce qui est dit est vrai, mais que rien de ce qui est dit n'est évident : cela vous conduira à argumenter en faveur de ce qui est écrit, plutôt qu'à paraphraser.

c. Dégager la logique du texte

Il s'agit de **reconstituer les étapes du cheminement de l'auteur**, en proposant une explication linéaire.

Remarque : dégager la logique du texte, c'est prêter attention aux connecteurs logiques : repérez les mots et les expressions qui servent à enchaîner les idées (*mais*, *or*, *donc*, etc.).

❷ Expliquer

Il s'agit d'interroger la démarche du texte, de le mettre en perspective : interrogez-vous sur ce que l'auteur **ne dit pas**, mais qu'il serait néanmoins possible de dire. Vous ferez ainsi surgir l'originalité du texte par contraste.

Remarque : le cours de philosophie est d'une grande utilité ici, puisqu'il vous permet de comprendre que d'autres manières de traiter le problème du texte sont envisageables.

2 Le travail au brouillon

Prévoir **une heure**

Il s'agit **de bien lire le texte, de formuler sa problématique, de dégager le plan.**

❶ Bien lire le texte

- **Prenez le temps** de lire le texte **plusieurs fois**.
- **Dégagez le thème**, c'est-à-dire le **sujet central** du texte et identifiez les perspectives en jeu.
- **Repérez les termes et passages importants en les soulignant**. Prêtez une attention toute particulière aux notions du programme qui apparaissent et aux Repères.

❷ Formuler la problématique

- **Formulez le problème** auquel répond l'auteur, puis sa **thèse**. Le problème doit concerner l'ensemble du texte, et non seulement une de ses parties.
- **Interrogez le texte** : la position de l'auteur est-elle la seule envisageable ?

❸ Dégager le plan

- Repérez les **différents moments argumentatifs**. Appuyez-vous sur le repérage des connecteurs logiques (v. p. 482).
- Tâchez de dégager **l'enjeu de chaque partie** : quel est son rôle au sein de l'argumentation globale ?

3 La composition et la rédaction

Il s'agit de rédiger **une introduction, une explication, une conclusion.**

❶ L'introduction

Prévoir **15 minutes**

Cinq étapes sont nécessaires.

Étape 1 Formulez **une accroche** qui annonce le problème du texte.

Étape 2 Formulez **le thème du texte** : il s'agit toujours d'une ou plusieurs notions du programme.

Étape 3 Formulez, sous **forme interrogative**, **le problème** auquel répond l'auteur.

Étape 4 Formulez **la thèse** du texte **avec vos propres termes**. Attention : ne citez pas le texte. Donnez ensuite l'argument qui justifie cette thèse.

Étape 5 Annoncez **le plan** : restituez la démarche de l'auteur en rappelant le rôle de chaque partie.

Conseil : pensez à indiquer les lignes du texte.

2 L'explication

Prévoir **2 h 15**

Il s'agit de respecter les **quatre** étapes suivantes :

Étape 1 Procédez à une analyse linéaire. Une grande partie du texte = une grande partie du devoir.

Conseil : commencez chaque partie en annonçant la démarche de l'auteur.

Étape 2 Pour chaque phrase, posez-vous **les deux questions suivantes**, puis répondez-y dans votre explication :

- **Quoi ?** Reformulez ce qui est écrit en l'explicitant, et en définissant les termes importants.
- **Pourquoi ?** Demandez-vous pourquoi ce que l'auteur écrit est vrai et justifiez ses propos. Donnez systématiquement un argument, puis un exemple.

Conseil : respectez la règle des deux questions, c'est éviter de tomber dans le piège de la paraphrase.

Étape 3 Citez les passages importants du texte pour être sûr de « coller » au propos de l'auteur.

À retenir : ne vous perdez pas dans une analyse mot à mot, mais gardez à l'esprit l'unité logique de chacun des passages à expliquer.

Étape 4 Formulez une **transition** à la fin de chaque partie : récapitulez la démarche de l'auteur, et posez une question qui appelle le moment suivant.

3 La conclusion

Prévoir **15 minutes**

Pour rédiger la conclusion, vous devez suivre les trois étapes suivantes :

Étape 1 Commencez par **rappeler le problème du texte**, puis la thèse de l'auteur.

Étape 2 Récapitulez la **démarche argumentative**, de façon synthétique.

Étape 3 Terminez en soulignant les **enjeux** :

a. Quel est l'apport de cette position ?

b. À quelle autre position l'auteur s'oppose-t-il ?

c. N'y a-t-il pas d'autres façons de traiter le problème ?

4 La relecture

Prévoir **15 minutes**

Prévoyez ce temps pour vous relire.

3 COMPRENDRE ET EXPRIMER LES RELATIONS LOGIQUES

Le texte philosophique est un **texte argumentatif** : sa fonction est de **démontrer une thèse**. Vous devez donc maîtriser les différents connecteurs logiques afin de dégager le sens du texte.

1 Définition

Dans un texte, les **connecteurs logiques** sont des mots qui indiquent un lien logique entre des idées. Ils relient des propositions, des phrases, les paragraphes d'un texte en exprimant la relation logique qui les unit : cause, conséquence, but, opposition, concession, hypothèse, comparaison, conclusion. Ce sont généralement :

– des **conjonctions de coordination** (*mais, ou, et, donc, or, ni, car*) ;

– des **conjonctions de subordination** (*parce que, alors que...*) ;

– des **adverbes** (*cependant, toutefois, de plus...*).

2 Les différents connecteurs logiques

Relation logique	Connecteurs		
	Conj. de coordination ou locution adverbiale	**Préposition + nom ou infinitif**	**Conj. de subordination**
Cause (raison d'un fait, d'une action)	*Car, en effet, de fait...*	*À cause de, pour, en raison de, grâce à, par, sous prétexte de...*	*Parce que, comme, puisque, étant donné, sous prétexte que...* + indicatif
Conséquence (résultat d'un fait, d'une action)	*Donc, c'est pourquoi, par conséquent, aussi...*	*À, en, jusqu'à, de manière à, au point de, de façon à...*	*De façon que, de sorte que, si bien que, au point que, si... que, tant... que* + indicatif
But (visée d'un fait, d'une action)		*Pour, en vue de, de crainte de, dans l'intention de...*	*Pour que, afin que, de façon que, de manière que, de peur que* + subjonctif
Opposition (présentation de deux faits opposés mais pas contradictoires) **Concession** (présentation de deux faits logiquement incompatibles)	*Mais, or, cependant, néanmoins...*	*Malgré, sauf, au lieu de, loin de, à défaut, d'une part, d'autre part, pour, sans...*	*Alors que, même si, tandis que* + indicatif *Bien que, quoique, sans que* + subjonctif
Hypothèse (présentation d'une idée sans l'affirmer ni la nier)		*En cas de, sous réserve de, à moins de, à condition de...*	*Si, selon que, suivant que* + indicatif *À condition que, à moins que, pourvu que* + subjonctif *Après, au cas où, dans l'hypothèse où* + conditionnel
Comparaison (mise en relation, avec un mot de *comparaison*, de deux réalités)		*Comme, ainsi que, de même que...*	
Conclusion (fait de présenter le point qui découle du raisonnement)	*Ainsi, donc, enfin...*		

4 FAIRE UNE FICHE DE LECTURE

Pourquoi lire en philosophie ?
- Pour **préparer le Bac (écrit et oral)**
- Pour **découvrir la philosophie** en lisant par vous-même les philosophes.
- Pour aller **plus loin** dans la réflexion sur une notion.

1 Quelques principes fondamentaux

- **Prenez des notes** pendant la lecture. Ces notes doivent être concises et organisées.
- **Privilégiez la forme aérée** du plan détaillé, du tableau, ou du schéma.
- Ne cherchez pas à tout noter : une bonne fiche doit être facile à mémoriser.

2 L'organisation de la fiche

1 Les repères fondamentaux sur l'œuvre

a. L'auteur et son époque

b. La date de parution

c. Les conditions de rédaction (contexte intellectuel et historique)

- Pensez à utiliser les **introductions de vos éditions** de poche.
- **Ne notez que ce qui est important** pour comprendre les thèses de cette œuvre.

2 La structure de l'œuvre

a. Le thème

b. Le problème posé et la thèse de l'auteur

c. Les étapes de son argumentation (plan de l'œuvre)

- **Prenez le temps** de bien lire la table des matières de l'ouvrage pour avoir une idée de la **progression générale**.
- Votre lecture doit dégager des **unités logiques**. Vous pouvez **réunir plusieurs chapitres** s'ils constituent une même étape dans le raisonnement de l'auteur.
- Une fois élaboré le **plan de l'ouvrage**, faites le **résumé de chaque étape** de l'œuvre.
- Notez les **raisonnements** principaux, les **définitions**, les **exemples** significatifs.
- Sélectionnez **les phrases qui vous plaisent et qui vous marquent**.

3 Les questions ouvertes par ce texte

a. Les objections possibles

Notez les objections que vous avez envie de faire au texte, les points qui vous semblent délicats.

b. Les débats

Notez la référence des textes étudiés en classe qui forment un débat contradictoire avec votre ouvrage. Ce travail vous préparera à l'esprit de la dissertation.

En bref : soyez organisé dans votre prise de notes, mais faites aussi de votre fiche de lecture quelque chose de personnel.

5 COMPRENDRE ET GÉRER SON STRESS

Comprendre le stress, identifier ce qui le déclenche et apprendre à le gérer vont vous permettre d'aborder sereinement les épreuves du Bac.

1 Qu'est-ce que le stress ?

- Le **stress** est d'abord une **réaction de l'organisme à une agression brusque**. Face à un danger, notre cerveau déclenche une production d'hormones qui vont mobiliser nos différents organes le plus rapidement possible.
- Le stress, qui existe chez tous les animaux, est donc avant tout fait pour échapper à des prédateurs (« réels » ou « dans notre tête » : échec, dispute, punition...).

2 Comment gérer son stress ?

Voici quelques conseils pour vous permettre de gérer votre stress.

a. la pyramide moyens/exigences

- Faire une pyramide permet de visualiser le rapport entre nos exigences et les moyens mis en œuvre pour y parvenir. Si vos exigences sont plus importantes que vos moyens, cela va engendrer du stress.
- Pour éliminer le stress, il faut que vos exigences se transforment en objectifs ou ambitions. Pour ce faire, il faut comprendre que vous ne pouvez agir que sur ce qui ne dépend que de vous. Par exemple, pour l'objectif « réussir mon Bac », ce qui dépend de vous, c'est « étudier mes cours ». En revanche, ce qui ne dépend pas de vous, c'est le choix du sujet. Il ne sert donc à rien de perdre du temps et de l'énergie à essayer de deviner ce qui va tomber le jour de l'examen.

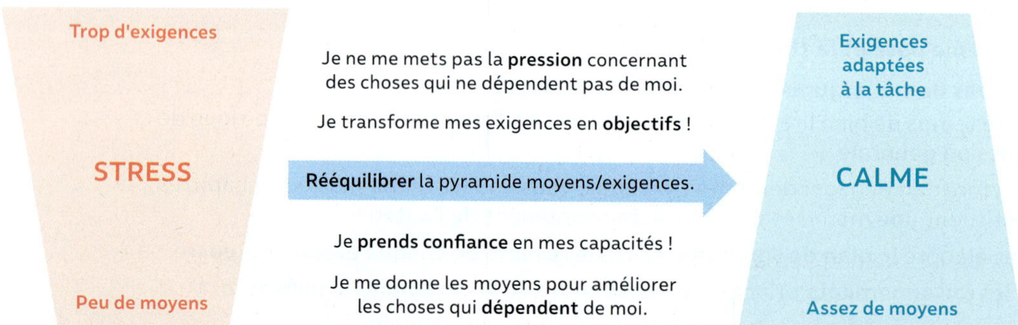

- Quand vous vous sentez stressé(e) face à un sujet, essayez de **prendre du recul** en vous disant :

– que plusieurs lectures de l'énoncé sont **nécessaires** avant de saisir les enjeux du sujet et d'établir le lien avec le travail de l'année.

> **Conseil :** au lieu de rester passif et inquiet, commencez à prendre des **notes**, à poser des **définitions** pour la dissertation, à entourer les **mots clés** et les **connecteurs logiques** du texte à expliquer.

– que l'important est de **faire de votre mieux** :

> **Conseil :** il faut vous efforcer de **réfléchir** personnellement, en puisant dans **toutes les ressources** apportées par le cours, mais aussi par les **autres disciplines** enseignées au lycée.

6 PRÉPARER L'ORAL DE RATTRAPAGE

Les instructions officielles

- **Durée :** 20 minutes
- **Temps de préparation :** 20 minutes
- L'épreuve consiste en une explication de texte présentée par le candidat, suivie d'un entretien avec l'examinateur.
- Le texte est choisi dans l'œuvre philosophique ayant fait l'objet, au cours de l'année, d'une étude suivie, selon les modalités prévues par le programme. Le candidat présente à l'examinateur une note écrite ou dactylographiée visée par le chef d'établissement du lycée d'origine, dans laquelle est indiquée l'œuvre philosophique (titre, auteur, édition) dont l'étude, obligatoire, a été conduite en classe au cours de l'année. Cette note peut également comporter l'indication des principaux chapitres ou passages étudiés, leur pagination étant alors précisément indiquée dans l'édition de référence. Cette note fait par ailleurs mention des questions auxquelles l'étude de l'œuvre ou de certaines parties de l'œuvre a été associée. [...] Prenant place dans un oral de contrôle, l'entretien ne saurait exiger du candidat des connaissances qui n'ont pas été attendues de lui dans le cadre de l'épreuve écrite. Il permet en revanche au candidat, sur la base de l'explication qu'il a d'abord proposée, de **manifester ses connaissances et ses capacités de réflexion**.

1 Que devez-vous connaître pour l'oral de rattrapage ?

- L'oral de rattrapage porte sur un **extrait de l'œuvre étudiée** durant l'année avec votre professeur.

Important !
N'oubliez pas d'**apporter** :
– un **exemplaire** de l'œuvre étudiée,
– la **note** présentant les passages étudiés avec votre professeur et les questions auxquelles ils ont été associés.

2 Quelle est la nature de l'épreuve ?

- L'examinateur choisit un **extrait de l'œuvre présentée**. L'extrait compte de 20 à 25 lignes maximum.
- La méthode à respecter est la même que celle de l'écrit. Vous devez donc exposer :
– **une introduction** comprenant les quatre points attendus : le **thème**, le **problème**, la **thèse**, l'**annonce du plan** ;
– une **analyse du texte** ;
– une **conclusion**.

3 Comment l'épreuve se déroule-t-elle ?

- Vous disposez de **20 minutes** pour préparer votre explication.
- L'épreuve orale comporte **2 temps distincts** :
– **L'explication de texte** elle-même se déroule en **10 minutes** pendant lesquelles vous exposez les quatre points attendus (voir ci-dessus) ;
– **Un entretien de 10 minutes** avec l'examinateur pendant lequel ce dernier vous posera des questions. Celles-ci ne portent pas nécessairement sur le texte seul, mais peuvent renvoyer à l'ensemble de l'œuvre. Vous devez donc être capable de situer l'extrait à expliquer au sein de l'œuvre, puis d'en déterminer la fonction, au regard de la démarche globale de son auteur.

REPÈRES

Absolu/relatif

> *« L'homme est mesure de toutes choses. »*
>
> Protagoras, cité par Platon dans *Théétète*, 151a.

▸ **L'absolu** désigne ce qui existe par soi, c'est-à-dire ce qui n'a pas besoin d'une autre chose pour être.

▸ **Le relatif,** quant à lui, renvoie à tout ce qui dépend d'une autre chose pour exister.

▸ En nous référant aux termes de relatif et d'absolu, nous pouvons distinguer la vérité de l'opinion. L'opinion est relative, puisqu'elle dépend de la subjectivité de l'individu.

▸ Le sophiste Protagoras affirme ici que toute connaissance est relative et relève de l'opinion. Mais le philosophe qui s'y oppose défend l'existence de la vérité qui, quant à elle, vaut absolument, c'est-à-dire indépendamment des caractéristiques de l'individu qui la prononce. Les vérités mathématiques, parce qu'elles sont les mêmes pour tous, sont, par exemple, absolues.

▸ Toute la philosophie de **Platon** est une tentative pour dépasser le relativisme des sophistes, qui se soucient moins de défendre une vérité que d'emporter l'adhésion des foules.

Abstrait/concret

> *« Un concept est une invention à laquelle rien ne correspond exactement, mais à laquelle nombre de choses ressemblent. »*
>
> Nietzsche, *Fragments posthumes*.

▸ Ce qui est **abstrait** désigne ce qui résulte d'une opération par laquelle on isole les propriétés essentielles d'un objet, en laissant de côté ses caractères accidentels. En ce sens, ce qui est abstrait dispose d'un certain coefficient de généralité et ne peut être saisi que par la pensée.

▸ Il faut noter que l'abstraction est à l'origine de la production de concepts. Le concept de « fleur » est abstrait, puisqu'il exprime ce qui est commun à toutes les fleurs (calices, roses etc.).

▸ Ce qui est **concret** renvoie à ce que nous sommes susceptibles de saisir par les sens. Par exemple, *cette rose* que je peux voir, appartenant à *ce* bouquet que l'on m'a offert.

▸ En philosophie se pose la question de l'origine de nos concepts : sont-ils formés par abstraction à partir des choses concrètes (thèse des **empiristes**), ou bien avons-nous directement accès aux idées générales (thèse des **innéistes**) ?

En acte/en puissance

> *« L'acte est donc le fait pour une chose d'exister en réalité et non de la façon dont nous disons qu'elle existe en puissance, quand nous disons, par exemple, qu'Hermès est en puissance dans le bois. »*
>
> Aristote, *Métaphysique*, Theta, 6.

▸ **Exister en puissance**, c'est exister à l'état de virtualité, c'est-à-dire de simple possibilité. Si nous prenons un bloc de marbre, nous pouvons dire que la statue d'Hermès s'y trouve en puissance.

▸ **Exister en acte** revient inversement à exister effectivement, c'est-à-dire à être pleinement réalisé. Ainsi, la statue réalisée et finalisée par le sculpteur existe en acte. En ce sens, nous désignons par processus d'*actualisation* la venue à l'existence de ce qui n'était qu'en puissance.

▸ En psychanalyse, tous nos états inconscients sont conscients *en puissance*. La cure psychanalytique vise précisément à actualiser, c'est-à-dire à rendre conscients ces derniers.

Analyse/synthèse

> *« Le second, de diviser chacune des difficultés que j'examinerais en autant de parcelles qu'il se pourrait […]. Le troisième, de conduire par ordre mes pensées, en commençant par les objets les plus simples […] pour monter […] jusqu'à la connaissance des plus composés. »*
>
> Descartes, 2e et 3e préceptes de la méthode, *Discours de la méthode*.

▸ **L'analyse** désigne un processus de décomposition d'un tout en ses parties. Pour faire disparaître les difficultés dans la recherche de la vérité, il convient, selon Descartes, de commencer par décomposer ces dernières.

▸ **La synthèse**, à l'inverse, désigne un processus de « recomposition » : une fois les difficultés analysées, nous pouvons, selon **Descartes**, recomposer la vérité à partir des éléments les plus simples, fruits de l'analyse.

▸ **Kant** distingue les jugements analytiques des jugements synthétiques. Un jugement sera dit « analytique », s'il suffit d'analyser le sujet pour trouver le prédicat. Ex. : « Ce célibataire est non marié. » Un jugement est synthétique, quand, au contraire, quelque chose est ajouté au sujet et en donne une connaissance nouvelle. Ex. : « Ce célibataire est âgé de trente ans. »

Concept/image/métaphore

« La philosophie, remontant du percept au concept, voit se condenser en logique tout ce que le physique avait de réalité positive. »

Bergson, *L'Évolution créatrice.*

Un concept est une représentation mentale et abstraite d'un objet. On notera avec **Bergson** qu'en tant qu'élément logique, un concept est général, là où toute réalité physique est singulière : ainsi le concept de « table » permet-il de nommer toutes les tables du monde.

Une image désigne la représentation visuelle d'un objet réel. Ainsi l'image permet-elle de représenter ce qui, parfois, est réel sans pour autant être visible : par exemple, une horloge peut être une image du temps.

Une métaphore est une figure de style fondée sur l'analogie. Elle permet de désigner une chose par une autre qui lui ressemble, ou avec laquelle elle partage certaines qualités essentielles. Par exemple, le fleuve peut être utilisé comme métaphore du temps qui passe.

En philosophie se pose la question de savoir ce qui nous permet de **parler de la réalité** de la façon la plus adéquate. Le **concept**, l'**image** et la **métaphore** offrent **trois possibilités**. Le **concept** permet d'organiser notre perception par ce que les choses ont de plus commun, ce qui, selon Bergson, nous est utile pour communiquer, mais nous masque la singularité des choses. **L'image**, toujours concrète et singulière, pallie l'abstraction du concept, d'où sa dimension pédagogique. Quant à la **métaphore**, elle permet tout aussi bien, par le jeu des analogies, de dire poétiquement le monde en nous en dévoilant la beauté, que d'en illustrer une approche scientifique : ainsi **Darwin** utilise-t-il, par exemple, la métaphore du « chaînon manquant » pour illustrer sa théorie de l'évolution.

Contingent/nécessaire

« Je prends un exemple. Nécessairement il y aura une bataille navale ou il n'y en aura pas ; mais il n'est pas nécessaire qu'il y ait demain une bataille navale, pas plus qu'il n'est nécessaire qu'il n'y en ait pas. Mais qu'il y ait ou qu'il n'y ait pas demain une bataille navale, voilà qui est nécessaire. »

Aristote, *De l'interprétation.*

Est **contingent** un événement qui peut ne pas se produire. D'un point de vue logique, est donc contingent ce dont l'opposé contradictoire est possible. Pour reprendre l'exemple d'**Aristote**, il est contingent qu'il y ait une bataille demain. C'est possible, cela dépend de la décision des hommes.

À l'inverse, est **nécessaire** un événement qui ne peut pas ne pas se produire. Est donc nécessaire ce dont l'opposé contradictoire est impossible. Ici, il est impossible qu'il n'y ait ni bataille, ni absence de bataille demain : il ne peut en être autrement, l'alternative est nécessaire.

La distinction de la contingence et de la nécessité a son importance, si l'on prend le cas de la **responsabilité** dans le cadre juridique et politique. Au début du livre III de l'*Éthique à Nicomaque*, **Aristote** différencie les actes volontaires des actes involontaires. Sont dits volontaires les actes contingents, c'est-à-dire exercés librement, sans contrainte : ici, l'homme est responsable. Mais s'ils sont effectués sous la contrainte, les actes possèdent le caractère de la nécessité : l'individu n'est donc pas libre, et sa responsabilité n'est pas mise en jeu.

Croire/savoir

« En tout cas, j'ai l'impression d'être plus savant que lui du moins en ceci qui représente peu de chose : je ne m'imagine même pas savoir ce que je ne sais pas. »

Socrate, cité par Platon dans l'*Apologie de Socrate*, 21, d.

Croire signifie tenir une chose pour vraie, sans être capable de la prouver ou de la démontrer. La croyance est ainsi subjective, et peut être sujette au doute, à l'incertitude, et même se révéler fausse.

Savoir signifie adhérer à une idée, tout en étant certain qu'elle est vraie. Contrairement à la croyance, le savoir est solide car fondé et donc objectif. C'est la raison pour laquelle la sagesse de **Socrate** réside en ceci qu'à la différence de ses adversaires, il ne croit pas savoir ce qu'il ne sait pas. Dit autrement, Socrate sait qu'il ne sait pas !

Le problème se pose, en philosophie, de déterminer les domaines qui permettent l'accès à un savoir authentique, par distinction d'avec ceux qui nous restreignent au domaine de la croyance. Pour un empiriste comme **Hume**, seules les vérités strictement rationnelles semblent pouvoir donner lieu à un véritable savoir, là où les consécutions empiriques que nous tenons pour vraies (ex. : « le feu brûle ») ne sont en réalité que des croyances issues de l'habitude.

Essentiel/accidentel

« Je puis bien concevoir un homme sans mains, pieds [...]. Mais je ne puis concevoir un homme sans pensée : ce serait une pierre ou une brute. »

PASCAL, *Pensées*, éd. Lafuma, 111.

▸ Est **essentiel** ce qui appartient à une chose, au point qu'on ne peut la lui enlever sans la dénaturer. Pour **PASCAL**, la pensée est essentielle à l'homme car l'idée d'un homme sans pensée est contradictoire. On dira que la pensée appartient *essentiellement* à l'homme.

▸ Est **accidentel** ce qui appartient à une chose, sans pour autant constituer ce qui fait sa nature propre. Dit autrement, est accidentel ce que nous pouvons retirer d'une chose, sans la dénaturer. Le fait, par exemple, de disposer de mains pour un homme est accidentel, car il n'est pas contradictoire de penser un homme sans mains.

▸ Les problèmes posés par la distinction entre l'essentiel et l'accidentel sont ceux que l'on rencontre dès que l'on cherche à définir une chose. **SOCRATE** demande, dans le *Lachès*, ce qu'est le courage. En répondant que le courage consiste dans le fait de garder son rang à la guerre, Lachès ne fournit pas l'essence du courage, mais ce qu'il est accidentellement. En effet, ne parle-t-on pas tout aussi bien du courage face à la maladie ? Dès lors, l'essence du courage est autre.

Exemple/preuve

« Il ne faut donc pas que les hommes se laissent persuader que M. Descartes est un homme dangereux. [...] Ce n'est pas une preuve suffisante pour croire une chose que de l'entendre dire. »

MALEBRANCHE, *La Recherche de la vérité*.

▸ **Un exemple** est ce qui permet d'illustrer une thèse ou une idée en la rendant concrète à travers la mention d'un cas particulier. Ici **MALEBRANCHE**, en bon défenseur de la philosophie cartésienne, mentionne l'exemple d'un individu qui soutient la thèse selon laquelle **DESCARTES** serait un homme mauvais.

▸ **Une preuve** est ce qui sert à établir qu'une chose est vraie. À la différence de l'exemple, qui est particulier, la preuve se veut **universelle** : elle permet d'établir qu'une chose est. Ainsi pour **MALEBRANCHE**, le simple ouï-dire ne constitue jamais la preuve suffisante d'aucune chose : ce n'est pas parce qu'un homme défend avec zèle et gravité la dangerosité de **DESCARTES** que les accusations portées contre ce dernier sont *prouvées*.

▸ Il convient de toujours veiller à ne pas faire passer un exemple pour une preuve. L'exemple n'a en effet aucune valeur argumentative, puisqu'il ne sert qu'à illustrer. Sa vertu est d'abord *pédagogique* : l'exemple vient *après* la preuve, pour la renforcer, mais ne peut s'y substituer. A l'inverse, la preuve peut valoir indépendamment de tout exemple. Mais la possibilité de l'illustrer par un exemple constituera, non pas une preuve de plus, mais un moyen de rendre la preuve plus *sensible*, dans le souci de bien communiquer.

Expliquer/comprendre

« Nous expliquons la nature, nous comprenons la vie psychique. »

DILTHEY, *Le Monde de l'esprit*, I.

▸ Ces deux verbes sont souvent utilisés l'un pour l'autre dans la vie quotidienne : celui qui « explique » veut « comprendre » (ou faire comprendre) quelque chose.

▸ Dans le champ scientifique, ils peuvent être distingués, comme le veut **DILTHEY**, pour insister sur la diversité des objets d'étude et des méthodes d'investigation.

▸ **Expliquer** porte plutôt sur des déterminismes : c'est dégager des causes, reconstituer un mécanisme.

▸ **Comprendre** est plus adapté aux conduites humaines et aux faits culturels qui en sont issus : c'est saisir un sens, reconstituer un univers mental.

▸ Ces deux démarches intellectuelles permettent de faire des distinctions entre les sciences naturelles et les sciences humaines.

En fait/en droit

« De ce que quelque chose est, il ne peut pas s'ensuivre que quelque chose doit être ; non plus que, de ce que quelque chose doit être, il ne peut s'ensuivre que quelque chose est. »

KELSEN, *Théorie pure du droit*, chap. XXXIV.

▸ Ce qui est **de fait** est ce qui est de l'ordre de l'être, de ce qui existe effectivement. Le fait est ce dont nous faisons l'expérience.

▸ Ce qui est **de droit**, à l'inverse, est ce qui est de l'ordre de ce qui doit être, et qui n'existe pas nécessairement.

▸ **KELSEN** explique ainsi que ce qui fonde une norme, par exemple juridique, n'est jamais un fait. En d'autres termes, l'*idée* selon laquelle les individus doivent se comporter de telle ou telle manière (ex. : en droit, les individus ne doivent pas commettre de crimes) ne peut jamais se justifier par un recours au fait, à l'expérience (nous constatons que des individus commettent des crimes).

▸ En philosophie, la distinction du fait et du droit peut s'appliquer au champ de la politique. Pour

Rousseau, la souveraineté appartient en droit au peuple, à qui il revient d'indiquer par la volonté générale une direction au gouvernement. Or on peut s'interroger quant à la question de savoir si, *en fait*, le peuple ne se trouve pas le plus souvent délesté de sa souveraineté.

Formel/matériel

> « ***La substance, c'est en un premier sens, la matière [...] ; en un second sens, c'est la figure et la forme, suivant laquelle, dès lors, la matière est appelée un être déterminé.*** »
>
> Aristote, *De l'âme, II, I.*

- **La forme** d'un objet désigne sa figure, c'est-à-dire son apparence extérieure et son organisation. Par exemple, une sculpture peut avoir la forme d'Apollon.
- **La matière**, quant à elle, désigne ce dont l'objet est fait : une statue, par exemple, peut être faite de marbre. Pour **Aristote**, tout objet est fait d'une matière organisée par une forme.
- La distinction entre ce qui relève de la forme et ce qui relève de la matière a son importance en philosophie, notamment en ce qui regarde l'analyse de nos connaissances. **Kant** distingue ainsi la matière de nos perceptions, qu'il nomme le « divers de l'intuition sensible » et qui correspond aux informations éparses reçues par les sens, de leur mise en forme par le sujet connaissant aux moyens des catégories de l'entendement, telles que l'unité, la causalité, la réalité, la nécessité, etc.

Genre/espèce/individu

> « ***Dans les définitions, ce qui est comme le premier élément constituant, qui est affirmé dans l'essence, c'est le genre.*** »
>
> Aristote, *Métaphysique, Delta, 28.*

- **Le genre** désigne un ensemble d'espèces possédant des propriétés communes. Différentes espèces peuvent appartenir au même genre.
- **Une espèce** désignera ainsi un ensemble d'individus aux propriétés spécifiques, qui se distinguent ainsi d'autres groupes d'**individus** appartenant au même genre. L'individu, enfin, est un être unique, que l'on peut percevoir. Ex. : Socrate est un individu appartenant à l'espèce humaine, et l'espèce humaine appartient au genre animal.
- En philosophie, la distinction entre le genre, l'espèce et l'individu possède un enjeu définitionnel. On peut en effet répondre à la question « qu'est-ce que... ? » en mobilisant ces catégories.
- Qu'est-ce que l'homme ? Un « animal rationnel », répond **Aristote**. En d'autres termes, l'homme se distingue au sein du genre animal par une « différence spécifique », la raison.

Hypothèse/conséquence/conclusion

> « ***J'ai conscience de démontrer parce que j'aperçois un lien nécessaire entre l'ensemble des données qui constituent l'hypothèse et la conclusion que j'en tire.*** »
>
> Merleau-Ponty, *Phénoménologie de la perception.*

- **Une hypothèse** est une proposition (ou un ensemble de propositions) que l'on admet provisoirement. Elle prétend pouvoir expliquer un ensemble de faits ou de phénomènes naturels et doit ainsi être confrontée à l'expérience ou à la déduction pour être validée. Avant sa vérification, l'hypothèse appartient donc au domaine du *probable*.
- **Une conséquence** est d'abord ce qui est postérieur à une autre chose, par quoi elle est aussi produite. D'un point de vue physique, la conséquence s'apparente ainsi à *l'effet* : on dira, par exemple, que la fatigue est la conséquence du travail. Mais d'un point de vue logique, la conséquence, qui désigne une proposition qui découle nécessairement d'une autre, s'apparente plus spécifiquement à la **conclusion**.
- **Une conclusion** désigne une proposition que l'on déduit logiquement d'autres propositions, nommées prémisses : c'est la *conséquence* d'un raisonnement. Ainsi la proposition « Socrate est mortel » est-elle la conclusion des deux prémisses suivantes : « Socrate est un homme » et « tous les hommes sont mortels ». C'est pourquoi **Merleau-Ponty** affirme qu'il y a démonstration quand on peut déduire logiquement la conclusion de l'hypothèse.
- En philosophie des sciences se pose la question de savoir si l'épreuve des faits constitue un critère suffisant pour confirmer une **hypothèse**. Si je peux logiquement *conclure* de la fausseté d'une hypothèse quand les conséquences auxquelles j'aboutis ne sont pas celles qui avaient été prévues, il semble également que je puisse valider mon hypothèse si ces conséquences sont celles qui avaient été anticipées. Cependant, certains estiment (les partisans de la « **falsifiabilité** » en science) qu'une hypothèse peut être seulement **infirmée**, mais **jamais définitivement validée** : le nombre d'expériences réalisées pour valider une hypothèse étant nécessairement limité, rien ne me garantit que cette dernière puisse un jour être infirmée par une nouvelle expérience.

Idéal/réel

> *« Songe au bonheur de celui qui voit le Beau lui-même, simple, pur, sans mélange, plutôt que la beauté chargée de chairs, de couleurs et de cent autres artifices périssables... »*
>
> PLATON, *Banquet*, 212e.

▶ **L'idéal** a deux significations, qui peuvent être complémentaires. Est idéal, d'abord, ce qui n'est pas sensible, ce que nous ne pouvons percevoir que par l'esprit ou l'imagination, et non pas par les sens.

▶ L'idéal, en un second sens, renvoie à ce qui possède un certain **degré de perfection**. C'est en ce sens que nous parlons, par exemple, de la « personne idéale ».

▶ **Le réel**, quant à lui, désigne ce qui existe vraiment. Il faut remarquer que l'idéal ne s'oppose pas nécessairement au réel. Ainsi en va-t-il chez **PLATON**, pour qui l'idée de beauté possède paradoxalement plus de réalité que la beauté sensible.

▶ En philosophie, on cherche à savoir si le bonheur n'est qu'un idéal, c'est-à-dire s'il est bien réel ou si nous nous leurrons en imaginant pouvoir l'atteindre un jour. Pour **SCHOPENHAUER**, père du pessimisme philosophique, le bonheur n'est qu'un idéal inaccessible, puisque la vie ne fait qu'osciller, tel un pendule, entre souffrance et ennui.

Identité/égalité/différence

> *« Il n'y a jamais dans la nature deux êtres qui soient parfaitement l'un comme l'autre, et où il ne soit possible de trouver une différence interne, ou fondée sur une dénomination intrinsèque. »*
>
> LEIBNIZ, *Monadologie*, 9.

▶ On dira de deux choses qu'elles sont **identiques** lorsqu'elles possèdent les mêmes propriétés, au point qu'il est parfois possible de prendre l'une pour l'autre. En ce sens, deux photocopies d'un même texte sont identiques.

▶ En formulant ce que l'on nomme le « principe des **indiscernables** », **LEIBNIZ** soutient que deux choses, pour être rigoureusement identiques, doivent être indiscernables. En ce sens, *il n'existe jamais deux objets strictement identiques* : même deux photocopies d'un même exemplaire sont discernables au moins en ceci qu'elles se distinguent par leur position dans l'espace.

▶ **L'égalité** désigne une identité dans la quantité : deux choses seront dites égales dès lors que l'on isole de ces dernières certaines caractéristiques dont la mesure se révèle identique. Deux photocopies du même exemplaire, par exemple, sont égales en taille.

▶ **La différence** désigne la négation de l'identité. Deux choses sont différentes si, malgré un grand nombre de propriétés communes, on peut trouver au moins un élément qui les distingue. Deux photocopies d'un même exemplaire sont donc toujours différentes parce que, là encore, elles n'occupent pas la même position dans l'espace.

▶ En philosophie, on discute de la question de savoir ce qui fait l'identité d'une personne. En effet, un être humain change tout au long de sa vie, et ce, sous de multiples aspects : non seulement notre apparence physique évolue constamment, mais il en va de même de nos opinions, de nos goûts, etc. Dès lors, l'identité n'est-elle pas une illusion ?

Impossible/possible

> *« [...] le possible n'est que le réel avec, en plus, un acte de l'esprit qui en rejette l'image dans le passé une fois qu'il s'est produit. »*
>
> BERGSON, *La Pensée et le Mouvant*.

▶ **L'impossible** a deux sens. Est d'abord impossible ce qui est logiquement contradictoire. Par exemple, une montagne sans vallée est impossible. Mais l'impossible désigne également ce qui est actuellement impossible, mais qui peut devenir possible car il n'est pas logiquement contradictoire. Par exemple, il était impossible pour les hommes de voler dans l'Antiquité, mais cela est devenu possible par la suite.

▶ Le **possible** désigne ce qui peut être, car il n'est pas contradictoire. Mais s'il peut être, le possible n'est pas nécessairement. Par exemple, il est possible qu'il ne neige pas l'hiver.

▶ En philosophie se pose la question de savoir quelle **forme de réalité** on doit accorder **au possible**. Pour la théorie classique, notamment représentée par **LEIBNIZ**, le possible existe au sens où une chose doit pouvoir être conçue comme possible avant que de pouvoir être réelle (tous les mondes possibles sont conçus dans l'entendement divin avant que l'un soit porté à l'existence).

▶ Mais pour **BERGSON**, le possible ne possède aucune forme de réalité, au sens où il est bien plutôt postérieur au réel : on ne peut parler de possible que rétrospectivement, une fois que les choses ont eu lieu (le monde réel existe d'abord, et l'idée de monde possible lui est postérieure). C'est pourquoi se demander, à la manière de **LEIBNIZ**, « pourquoi y-a-t-il quelque chose plutôt que rien » n'a aucun sens pour **BERGSON**, puisque l'idée de néant ne peut être formée qu'à partir de l'être, qui est déjà.

Intuitif/discursif

> « *Cette proposition : Je suis, j'existe, est nécessairement vraie, toutes les fois que je la prononce ou que je la conçois en mon esprit.* »
>
> Descartes, *Méditations métaphysiques, II.*

- **L'intuition** peut se définir comme une vision immédiate et directe. Cette vision peut s'effectuer par les sens (intuition sensible) ou par l'esprit (intuition intellectuelle). **Descartes** écrit que « chacun peut voir intuitivement qu'il existe, qu'il pense, qu'un triangle est déterminé par trois lignes, ni plus ni moins » (*Règles pour la direction de l'esprit*). Notons que l'intuition, notamment intellectuelle, s'accompagne d'un sentiment subjectif d'évidence.

- Il y a **déduction** quand nous aboutissons à une **conclusion** par la médiation d'un raisonnement. Notre faculté de connaître se résout, pour **Descartes**, en ces deux opérations complémentaires, exemplairement mises en œuvre en mathématiques.

- En philosophie se pose la question de savoir si le recours à l'**intuition** dans les mathématiques n'équivaut pas à un manque de rigueur. Toute démonstration doit en effet reposer sur des principes indémontrables (les axiomes). La vérité de ces derniers ne semble donc pouvoir être établie que par un recours à l'intuition. Mais pourra-t-on fonder une science si rigoureuse sur de simples intuitions ? C'est pour échapper à ces problèmes que les mathématiques ont pris le chemin de l'axiomatisation au XIXe siècle.

Légal/légitime

> « *J'appelle République tout État régi par des lois, sous quelque forme d'administration que ce puisse être : car alors seulement l'intérêt public gouverne, et la chose publique est quelque chose. Tout gouvernement légitime est républicain.* »
>
> Rousseau, *Du contrat social, II, 6.*

- **Le légal** désigne ce qui est conforme au droit positif, c'est-à-dire au droit tel qu'il est établi dans les textes de lois.

- **Le légitime** désigne ce qui est conforme à l'idée de justice, c'est-à-dire à la justice, non pas en tant qu'institution, mais en tant que valeur morale.

- Pour **Rousseau**, un gouvernement n'est légitime qu'à la condition de subordonner son activité à la volonté générale, émanation du peuple souverain.

- Le légal est-il toujours légitime ? Pour **Rawls**, la possibilité de la désobéissance civile (songeons aux manifestations contre la guerre du Vietnam) repose sur la conviction qu'une loi, par définition juste institutionnellement, peut se révéler injuste d'un point de vue moral.

Médiat/immédiat

> « *Par le mot de penser, j'entends tout ce qui se fait en nous de telle sorte que nous l'apercevons immédiatement par nous-mêmes.* »
>
> Descartes, *Principes de la philosophie, I, 9.*

- Est **médiat** ce qui n'est saisi qu'indirectement, à l'aide d'un intermédiaire.

- Est **immédiat** ce qui est saisi directement, sans intermédiaire.

- Pour **Descartes**, la pensée désigne un rapport de soi à soi immédiat : nous n'avons, pour nous connaître, pas besoin de recourir à quelque chose d'extérieur.

- La saisie immédiate est une propriété essentielle de l'intuition, là où la déduction renvoie au thème de la médiation.

- En philosophie se pose la question de savoir si, comme l'affirme **Descartes**, la conscience de soi est immédiate.

- La psychanalyse, qui pose l'existence d'un inconscient, et donc l'impossibilité de réduire la pensée à « ce que nous apercevons immédiatement par nous-même », nous apprend que la médiation de la cure psychanalytique est nécessaire pour prendre conscience de ce qui a été refoulé.

Objectif/subjectif/intersubjectif

> « *La prétention à une universalité subjective doit être liée au jugement de goût.* »
>
> Kant, *Critique de la faculté de juger.*

- Est **objectif** ce qui se rapporte à l'objet de la connaissance. En ce sens, un jugement est objectif quand il ne dépend pas, relativement à son contenu, de la personne qui le prononce ; il tend donc à être universel. Les vérités mathématiques sont un modèle de vérités objectives : quelle que soit la personne qui l'affirme, deux et deux font toujours quatre.

- Est **subjectif** un jugement qui se rapporte au sujet de la connaissance. En ce sens, un jugement est subjectif quand il révèle la personnalité de celui qui le prononce ; il tend donc à être relatif. « Je trouve que ce plat est bon » est un jugement subjectif.

- Est **intersubjectif** tout ce qui concerne les relations de personne à personne. Le fait qu'il y ait intersubjectivité signifie que l'être humain n'est jamais seul au monde, mais toujours déjà en relation avec les autres. Confronter sa pensée à celle des autres, dans la recherche scientifique et philosophique, mais aussi dans le domaine moral ou esthétique, montre le rôle de l'intersubjectivité dans la visée de l'universel.

Dans le domaine de **l'esthétique,** par exemple, la question peut se poser de savoir si le jugement de goût est objectif, ou bien si l'appréciation d'une œuvre d'art relève de la subjectivité, c'est-à-dire des préférences individuelles. Mais à partir du moment où le jugement de goût fait l'objet d'une discussion qui met en relation plusieurs personnes (au moins deux, qui se demandent par exemple si telle œuvre d'art est belle), et que la parole est mobilisée par chacun pour défendre sa position, on entre dans le domaine de l'intersubjectivité.

Obligation/contrainte

« ***Ce qu'il y a d'essentiel et d'inappréciable dans toute la morale, c'est qu'elle est une contrainte prolongée.*** »

NIETZSCHE, *Par-delà le bien et le mal*, 188.

L'obligation désigne ce que l'on doit faire, mais que l'on peut ne pas faire. Ainsi puis-je obéir à l'autorité, non pas parce qu'elle me contraint à le faire, mais parce que je l'estime légitime : en ce sens, je peux m'estimer libre tout en obéissant.

La contrainte désigne ce que l'on doit faire, sans avoir le choix de ne pas le faire. Ainsi la contrainte est-elle physique : du fait de ma nature biologique, je suis, par exemple, contraint de manger quotidiennement pour vivre.

Le respect de la morale, c'est-à-dire l'obéissance au devoir, relève-t-il de la contrainte ou de l'obligation ? Pour KANT, l'action morale est une action pour laquelle je me détermine librement (autonomie). Pour NIETZSCHE, au contraire, la morale se présente d'abord comme une contrainte dont il faut faire la généalogie.

Origine/fondement

« ***Discours sur l'origine et les fondements de l'inégalité parmi les hommes*** »

Titre d'une œuvre célèbre de ROUSSEAU.

L'origine d'une chose désigne sa cause, c'est-à-dire ce qui l'a engendrée. Elle est de l'ordre du fait. Par exemple, ROUSSEAU fait remonter l'origine de l'inégalité à l'avènement de la propriété privée combinée à l'activité de l'amour-propre.

Le fondement d'une chose est ce qui la justifie, la légitime. Elle est de l'ordre du droit. Si l'inégalité parmi les hommes a une origine, cette dernière n'est pas *fondée* pour autant selon ROUSSEAU, puisqu'elle ne devrait pas exister au regard de l'égalité naturelle entre les hommes.

En philosophie, la démarche du généalogiste, c'est-à-dire de celui qui remonte aux origines historiques de son objet d'étude, nous conduit à questionner la légitimité de ce en quoi nous croyons.

NIETZSCHE, adoptant en ce sens une démarche proche de celle de ROUSSEAU, démontre dans *La Généalogie de la morale* que l'examen de ce qui a engendré la morale révèle son caractère contre-nature. Elle est donc infondée.

Persuader/convaincre

« ***On peut convaincre les autres par ses propres raisons ; mais on ne peut les persuader que par les leurs.*** »

JOUBERT, *posthume*, VIII, XLV.

Convaincre consiste à emporter l'assentiment d'autrui par des raisons objectives.

Persuader consiste à emporter l'assentiment d'autrui en mobilisant un ensemble de ressorts affectifs. En écrivant qu'on ne persuade autrui qu'en mobilisant ses raisons, JOUBERT souligne l'efficacité qu'il y a à jouer avec les opinions et les préjugés de son interlocuteur pour le conduire à épouser une idée.

Le sophiste est souvent présenté comme l'ennemi du philosophe. Il serait possible de réduire ce qui les sépare à l'opposition entre convaincre et persuader : le sophiste se soucie moins de dire la vérité que de l'emporter face à son interlocuteur en utilisant tous les registres de l'art de persuader, là où le philosophe cherche à convaincre au moyen du *logos*, c'est-à-dire *via* des raisonnements qui visent toujours à la vérité, parfois au détriment – songeons à SOCRATE – de sa réputation.

Principe/cause/fin

« ***Ainsi l'auteur d'une décision est cause, de même le père est cause de l'enfant et, d'une manière générale, l'efficient est cause de ce qui est fait et ce qui fait changer ce qui change. En un dernier [sens, on appelle cause] la fin, je veux dire la chose que l'on a en vue : ainsi, la santé est cause de la promenade.*** »

ARISTOTE, *Physique*.

La cause désigne ce qui constitue l'origine d'un effet. La cause, en ce sens, est dite *efficiente*. Ainsi, la cause efficiente de la chaussure est le cordonnier.

La fin, quant à elle, désigne ce en vue de quoi un effet existe. Elle désigne donc un but, un objectif. Par exemple, la finalité de la chaussure est de permettre la marche.

Le principe a deux sens. Est principe ce qui est d'abord premier dans l'ordre de l'existence ; ici, principe est synonyme de **cause**. Mais le principe peut également désigner ce qui est premier dans l'ordre de la connaissance : on parle alors de priorité *logique*. En mathématiques, les *prémisses* d'une démonstration, c'est-à-dire les propositions premières à partir desquelles sont déduites toutes les autres, peuvent être qualifiées de *principes* des mathématiques.

En philosophie, on se demande par exemple si la biologie peut expliquer le vivant sans recourir à aucune considération de fin. Si tel est bien le cas, alors on pourra s'appuyer sur le seul registre de la causalité efficiente : il n'existera plus qu'une différence de degré, et non de nature, entre la complexité d'une machine et celle d'un être vivant.

Public/privé

> ***« J'entends par "usage public de notre raison" celui que l'on fait comme savant devant le public qui lit. J'appelle "usage privé" celui qu'on a le droit de faire alors qu'on occupe telle ou telle fonction civile. »***
>
> KANT, *Qu'est-ce que les lumières ?*

Le public renvoie d'abord à ce qui est accessible et ouvert à tous. Ce qui se fait en public est ce qui se fait *au grand jour* : est déclaré « public » tout ce qui peut être vu et entendu de tous. Plus spécifiquement appartiennent au domaine public tous les problèmes qui relèvent de la vie en commun. C'est pourquoi le public est souvent identifié à l'État, qui promeut l'intérêt *général*.

Le privé désigne d'abord tout ce qui concerne la vie personnelle, et qui n'est pas censé être exposé au regard de tous. En ce sens, *privé* est d'abord synonyme *d'intime*, et se trouve normalement caché aux autres. Par extension, le privé désigne ce qui me concerne personnellement, qui a rapport à mes intérêts propres, et qui ne coïncide pas nécessairement avec l'intérêt général.

Pour **KANT**, un même individu peut faire un usage à la fois privé et public de sa raison. En ce qui concerne les diverses activités qui permettent le fonctionnement d'une communauté particulière, une certaine obéissance est nécessaire : ici, le citoyen a des devoirs qu'il doit accomplir, et l'usage de sa raison ne peut être que privé. Mais en tant qu'il se considère comme membre de la société des hommes en général, ce même citoyen dispose d'une certaine liberté d'expression et peut, en tant que savant, exposer publiquement ses raisonnements.

Ressemblance/analogie

> ***« Il y a analogie lorsque le second terme est au premier ce que le quatrième est au troisième. »***
>
> ARISTOTE, *Poétique*, 16.

La ressemblance désigne une similitude entre deux êtres distincts. Si deux individus se ressemblent, c'est donc qu'ils ont des points communs, qui nous les font confondre parfois. C'est en ce sens que des jumeaux « se ressemblent ».

L'analogie désigne une équivalence de rapports entretenue entre des éléments distincts. Pour illustrer sa définition de l'analogie, **ARISTOTE** prend l'exemple suivant : la vieillesse est à la vie ce que le soir est au jour. À la différence de ce qui peut se jouer dans les cas de ressemblance, il est impossible de confondre deux objets analogues : ici, le soir et la vieillesse. Parce qu'elle met en relation des choses qui ne se ressemblent pas, l'analogie dépasse l'apparence et peut avoir pour fonction, en philosophie, de nous aider à saisir le propre d'une réalité complexe. Dans *Le Politique*, **PLATON** propose une analogie entre le politique et le tisserand : comme le tisserand doit manier différents fils pour produire une étoffe souple et solide, l'homme politique doit produire avec des hommes différents une communauté unie et stable.

Théorie/pratique

> ***« Si donc l'intellect est quelque chose de divin par comparaison avec l'homme, la vie selon l'intellect est également divine comparée à la vie humaine. »***
>
> ARISTOTE, *Éthique à Nicomaque*, X.

La théorie renvoie à ce qui est l'objet ou le fruit d'un raisonnement ou plus généralement d'un discours. Pour **ARISTOTE**, c'est la vie contemplative qui constitue le genre de vie le plus à même de procurer le bonheur, par distinction d'avec la vie tournée vers l'action.

La pratique renvoie à la sphère de l'action et de notre confrontation quotidienne avec la réalité.

Ce qui est vrai théoriquement ne l'est pas nécessairement dans la pratique, et inversement. Bien plus, la distinction entre la théorie et la pratique s'accompagne parfois d'un jugement de valeur : ainsi l'homme de la théorie sera-t-il qualifié de savant, mais on lui reprochera tout aussi bien d'être éloigné des réalités du quotidien ; l'exemple de Thalès, tombant dans son puits parce qu'il était occupé à contempler les cieux, en fournit une illustration caricaturale. En revanche, l'homme de la pratique peut certes, quant à lui, manquer de théorie, mais sera crédité d'une certaine capacité à prendre en considération les contraintes du réel.

LES AUTEURS DU PROGRAMME

Aristote
(384 av. J.-C.-322 av. J.-C.)

> « ***L'homme est un animal politique.*** » *(Les Politiques, I, 2)*

▸ Aristote naît à Stagire – d'où son surnom : le « stagirite » – dans une famille de médecins. À 17 ans, il séjourne à Athènes et devient l'élève de **Platon**. Sa formation achevée, Philippe II de Macédoine le choisit pour devenir le précepteur de son fils, le futur Alexandre le Grand. Aristote fondera par la suite sa propre école, le Lycée.

▸ Comme **Platon**, Aristote cherche à **fonder un savoir universel et nécessaire**, qui ne soit pas seulement celui de l'opinion, toujours changeante et relative. Mais à la différence de son maître, il refuse de se détourner du sensible pour saisir les principes de la connaissance. Ainsi Aristote critique-t-il la théorie platonicienne qui situe les idées dans un « monde intelligible», séparé du monde sensible.

▸ Pour Aristote, le **bonheur** constitue le **Souverain Bien**. Pour l'atteindre, l'homme doit réaliser sa nature propre, qu'il désigne comme l'exercice de sa vertu. En situant le propre de l'homme dans le *logos*, c'est-à-dire dans la raison, Aristote nous invite ainsi à faire de la vie raisonnable le moyen de la vie heureuse.

▸ Aristote définit l'**homme** comme un « **animal politique** » : ce dernier ne pourra réaliser sa nature qu'au sein de la Cité. Mais contrairement à Platon, qui hiérarchise les régimes politiques selon leur capacité à réaliser la justice, Aristote se soucie plus, en distinguant différents régimes, de déterminer pour chacun une version juste (lorsque la constitution visera le Bien Commun) et injuste (quand l'intérêt à satisfaire est celui des gouvernants seuls).

Pour une première lecture :
texte 11, p. 56 du manuel

Augustin
(354-430)

> « ***Crois et tu comprendras ; la foi précède, l'intelligence suit.*** » *(Sermons, 118, 1)*

▸ Né à Thagaste (Algérie actuelle), Augustin commence sa carrière comme professeur de rhétorique. Il découvre à Milan le néoplatonisme par l'intermédiaire de l'évêque Ambroise. C'est une révélation : Augustin trouve dans l'exercice de la raison le moyen d'accéder à la vérité. Il se convertit, à l'âge de 32 ans, au christianisme. En 395, il deviendra évêque d'Hippone, alors deuxième ville d'Afrique, où il passera le reste de ses jours.

▸ Pour Augustin, la **connaissance de Dieu** constitue le but de la philosophie, servante de la théologie. Plutôt que dans les biens terrestres, le bonheur authentique (la « béatitude ») réside ainsi dans l'accès à l'Être suprême, qui fournit au désir son véritable objet. L'homme n'y parvient qu'en tâchant de **concilier foi et raison** : s'il faut être intelligent pour croire, il convient de commencer par l'écoute des Écritures, qui appelle la connaissance : « La foi cherche, l'intellect trouve » (*De la trinité*). Ainsi Augustin en vient-il à dissocier la **cité terrestre**, pervertie car fondée sur l'amour de soi, et la **cité céleste** fondée sur l'amour de Dieu. Quoiqu'elles soient mêlées dans l'histoire, les deux cités devront un jour se dissocier, et la cité de Dieu recueillera en son sein tous les peuples.

Pour une première lecture :
texte 5, p. 326 du manuel

Cicéron
(106 av. J.-C.-43 av. J.-C.)

> « ***Rien de ce tout qui est donné par la nature à tous les hommes n'est un mal.*** » *(Des vrais biens et des vrais maux)*

▸ Cicéron est issu d'une grande famille de magistrats et d'officiers romains. Brillant orateur, il consacre une partie de sa carrière à la vie politique, en tâchant d'incarner les plus hautes valeurs républicaines.

▸ Dans la lignée des stoïciens, Cicéron affirme que **la loi** n'est pas conventionnelle, mais **naturelle**, et donc commune à tous les hommes. En ce sens, il peut être considéré comme l'un des précurseurs de l'**universalisme**, c'est-à-dire de l'idée selon laquelle il existerait une opinion à vocation universelle.

Pour une première lecture :
texte 4, p. 325 du manuel

Épictète
(50-125)

> « ***Il ne faut pas vouloir que les choses arrivent comme tu le souhaites, mais il faut les vouloir comme elles arrivent.*** » *(Manuel)*

▸ Né en Grèce, Épictète est esclave avant d'être affranchi à la mort de son maître. Il suit à Rome les leçons du stoïcien **Musonius Rufus**, avant d'enseigner lui-même le **stoïcisme**. Par son œuvre, Épictète (avec **Marc Aurèle**) est devenu un témoin important de cette école de pensée, dont beaucoup des textes fondateurs, qui remontent au IVe siècle avant J.-C., ont été perdus.

▸ Sur le plan théorique, Épictète nous invite à considérer **le monde** comme un « cosmos », c'est-à-dire comme un **tout harmonieux**, **divin**, où chaque chose est à sa place. Pas de hasard, donc, mais une nécessité stricte qui règle le cours des événements, et que l'homme doit connaître puis apprendre à aimer pour trouver le bonheur.

Pour une première lecture :
texte 5, p. 242 du manuel

Épicure
(341 av. J.-C.-270 av. J.-C.)

« ***La mort n'est rien pour nous.*** »
(Lettre à Ménécée)

La vie d'Épicure est marquée par la décadence du monde grec, après la mort d'Alexandre le Grand, en 323 av. J.-C. Alors que les cités déclinent, le philosophe prône un repli sur la vie intérieure : c'est ce qu'illustre la fondation de son école de philosophie en 306 av. J.-C., « le Jardin », qui rassemble une communauté coupée du monde et suivant l'enseignement du maître.

S'inspirant de **Démocrite**, Épicure définit la nature comme un composé d'atomes, minuscules éléments matériels et indivisibles, dont le mouvement initial dans le vide a donné naissance à l'agencement du monde. Il n'existe donc aucune substance immatérielle (même les dieux sont faits de matière) : la philosophie d'Épicure est un **matérialisme**.

La morale d'Épicure est un **hédonisme** : elle assimile le Bien au plaisir. Attention, toutefois, au contre-sens, véhiculé par le langage commun (« être un épicurien ») : l'épicurisme n'est pas une morale de la jouissance effrénée. Bien au contraire, les prescriptions de l'auteur nous invitent à la **tempérance**, c'est-à-dire à la maîtrise de soi, à la mesure.

Pour une première lecture :
texte 6, p. 81 du manuel

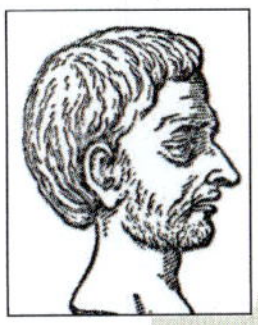

Lucrèce
(94 av. J.-C.-54 av. J.-C.)

« ***Puisque l'esprit se révèle d'une singulière mobilité, il faut qu'il se compose d'atomes tout petits, lisses et ronds.*** »
(De la nature des choses)

Né à Pompéi, Lucrèce vit une époque de troubles (problèmes économiques, guerres civiles) qui préfigurent la chute de la République romaine. Dans la tradition épicurienne, il travaille à exposer la théorie de son maître dans un long poème composé de six livres, le *De natura rerum* (*De la nature des choses*).

Comme **Épicure**, Lucrèce propose une **physique matérialiste** : l'univers est composé d'atomes et de vide. Dans cette perspective, il propose une critique du finalisme : si la nature est déterminée, elle n'est pas finalisée. Ainsi, l'œil, par exemple, n'a pas été créé pour voir, mais a d'abord existé, pour ensuite créer sa fonction. Supposer l'inverse reviendrait à nier que le hasard a présidé à l'agencement du monde.

S'inspirant en très grande partie de la morale d'Épicure, Lucrèce condamne les passions, qui nuisent à la sérénité. Ainsi le sage ne tombera-t-il pas amoureux, et se limitera-t-il aux plaisirs du corps qui, moins enclins à générer le trouble, seront plus propices à **la paix de l'âme (ataraxie)**.

Pour une première lecture :
texte 4, p. 214 du manuel

Marc Aurèle
(121-180)

« ***Qui vit en paix avec lui-même vit en paix avec l'univers.*** »
(Pensées pour moi-même)

Né dans une famille de patriciens romains, il est adopté par l'empereur Antonin, auquel il succédera à l'âge de quarante ans. Son règne est marqué par la guerre contre les Barbares, et par une campagne militaire pour assurer la paix de l'empire. C'est durant cette période qu'il rédige ses *Pensées pour moi-même*, où il propose une **réflexion nourrie de stoïcisme**, tout en insistant sur l'importance du présent, seule réalité temporelle réellement existante.

Comme **Épictète**, Marc Aurèle souligne l'importance de comprendre la nécessité qui régit le cours du monde. Puisque seule la volonté nous appartient, il ne tient qu'à nous d'apprendre à épouser celle-ci pour trouver le bonheur.

Pour une première lecture :
texte 1, p. 130 du manuel

Nāgārjuna
(v. 150-v. 250)

« ***Si j'avais une thèse, je serais en faute. Mais je n'ai aucune thèse. C'est pourquoi il n'est point de faute pour moi.*** »
(Vigrahavyavartani, Pour écarter les vaines discussions, n° 29)

Nāgārjuna est un moine, philosophe et écrivain bouddhiste, originaire de la région correspondant à l'Andhra Pradesh actuel (Sud-Est de l'Inde).

Nāgārjuna est considéré comme le fondateur de l'école *Madhyamala*, également appelée la ***Voie du milieu***, qui prône une approche équilibrée de la vie et la régulation du comportement. Plus précisément, sa théorie porte sur la nature non-substantielle de l'univers, selon laquelle il n'existe aucun « objet » permanent derrière le phénomène en constante évolution de la vie. » À travers une analyse très poussée de la **logique**, et plus précisément la **réfutation du principe du tiers exclu** (qui pose que de deux assertions contradictoires, l'une est nécessairement vraie), Nāgārjuna défend l'idée selon laquelle nous ne pouvons rien dire sur la réalité, ce qui libère ainsi l'homme du découpage artificiel que l'esprit ordinaire applique à toutes choses. C'est pourquoi Nāgārjuna, prétendant ne tenir aucune thèse en particulier, incarne la figure du **sage libéré de toutes les fausses opinions**.

Pour une première lecture :
texte 5, p. 78 du manuel

LES AUTEURS DU PROGRAMME

Platon
(v. 427 av. J.-C.-v. 347 av. J.-C.)

« Si l'on interroge bien les hommes, en posant bien les questions, ils découvrent d'eux-mêmes la vérité sur chaque chose. » *(Phédon)*

▸ Athénien d'origine aristocratique, formé aux lettres et à la poésie, il est porté par son origine sociale à s'occuper de politique. Sa jeunesse est marquée par la guerre de sa cité contre Sparte et par la crise de la démocratie qui s'ensuit. **La rencontre de Socrate**, lorsqu'il a 20 ans, lui donne la conviction que seule la philosophie peut changer la société.

▸ Les causes de toutes choses ne sont pas à chercher dans des éléments matériels : ce sont les « Idées », accessibles seulement à l'esprit. **Le monde sensible est trompeur**, et le philosophe, tout comme le mathématicien, devra détourner son regard du « visible » pour atteindre le savoir véritable.

▸ Pour bien vivre, le philosophe se détournera des plaisirs du corps, et de façon générale, il cherchera à **gouverner ses désirs par sa raison**. Le corps est « un tombeau » pour l'âme.

▸ Le meilleur régime politique est celui qui permet la justice, et donc l'ordre, la paix et la fraternité. La démocratie et la tyrannie sont deux régimes qui ne permettent pas le bon gouvernement des hommes, pour deux raisons opposées, selon Platon : le laxisme et la violence.

Pour une première lecture :
texte 10, p. 55 du manuel

Plotin
(205-270)

« Chaque âme est et devient ce qu'elle contemple. » *(Ennéades)*

▸ Né en Égypte où il fait ses études, Plotin vient s'installer à Rome en 244 pour y ouvrir son école. Largement inspiré par les écrits de PLATON, il fonde, avec son disciple PORPHYRE, ce que l'on nomme le néoplatonisme.

▸ Comme PLATON, Plotin pose l'**existence d'un monde intelligible** au-delà du monde sensible, dont le principe le plus haut, l'Un, fonde l'unité. Avec l'**Intellect et l'Âme, l'Un** constitue l'une des trois hypostases (étymologiquement, « fondement », « support ») contenues dans le monde intelligible et à laquelle l'âme, par un travail intérieur, peut s'élever dans une expérience mystique, ineffable.

Pour une première lecture :
texte 6, p. 58 du manuel

Les présocratiques
(VIIe s. av. J.-C.-Ve s. av. J.-C.)

« Panta rhei. » ***(« Tout coule. »)***
[Héraclite, Fragments]

▸ Originaires, pour la plupart, des **colonies grecques** de l'époque situées dans l'actuelle **Turquie** (Ionie) et l'actuelle **Italie** (Grande-Grèce), les présocratiques sont des philosophes qui ont vécu, comme leur nom l'indique, **avant** SOCRATE.

▸ Il n'existe pas à proprement parler de doctrine commune aux présocratiques, dont il ne nous reste d'ailleurs que quelques fragments. Toutefois, on s'accorde à dire que ces penseurs ont contribué à l'émergence de la philosophie, en proposant une spéculation essentiellement fondée sur la **raison (*logos*)**, plutôt que sur l'autorité et la tradition des mythes que l'on trouve, par exemple, chez Homère et Hésiode.

▸ Les réflexions des présocratiques se sont essentiellement concentrées sur le domaine de la **cosmologie** (domaine d'étude relatif à la genèse du monde), et de l'**épistémologie** (réflexion sur les possibilités et limites de la pensée humaine), influençant grandement les philosophes postérieurs, comme PLATON et ARISTOTE.

▸ Parmi les présocratiques les plus connus, on retiendra, par ordre chronologique : THALÈS, ANAXIMANDRE, PYTHAGORE, HÉRACLITE, PARMÉNIDE, ANAXAGORE, EMPÉDOCLE, GORGIAS, ZÉNON et DÉMOCRITE.

Pour une première lecture :
Texte 15, p. 224 du manuel

Sénèque
(4 av. J.-C.-65 ap. J.-C.)

« On doit apprendre à vivre toute la vie et, ce qui est peut-être surprenant, toute la vie on doit apprendre à mourir. » *(De la brièveté de la vie)*

▸ Très jeune, Sénèque se rend à Rome pour y étudier la **philosophie stoïcienne**. En 49, il devient le précepteur du jeune Néron et participera indirectement, dix ans plus tard, à un complot qui aboutira à la mort d'Agrippine, la mère de ce dernier. En 65, Néron condamnera Sénèque à se suicider.

▸ Sénèque critique la glorification du plaisir telle qu'il croit la trouver dans la doctrine épicurienne. Fidèle en cela aux stoïciens, il **définit la vertu par l'usage de la raison**, seule capable de procurer le bonheur.

Pour une première lecture :
texte 8, p. 405 du manuel

Sextus Empiricus
(IIe-IIIe s. ap. J.-C.)

> ***« Celui qui affirme dogmatiquement que telle chose est naturellement bonne ou mauvaise est dans un trouble continuel. »***
> *(Esquisses pyrrhoniennes)*

Né en Grèce, Sextus Empiricus est philosophe, astronome et médecin (on le surnomme « *empiricus* », du fait de sa pratique fondée sur l'expérience du malade). Il est connu pour avoir été l'un des représentants (avec Pyrrhon, son fondateur) de l'**école sceptique**, qui soutenait l'impossibilité pour l'esprit humain de connaître quelque chose avec certitude.

Pointant les contradictions des autres philosophes, dont les thèses sont renvoyées dos à dos, Sextus Empiricus prône **la suspension du jugement** (« *époché* ») pour atteindre **la paix de l'âme (ataraxie)**.

Pour une première lecture :
texte 7, p. 454 du manuel

Zhuangzi
(IVe s. av. J.-C.)

> ***« Le meilleur usage que l'on puisse faire de la parole est de se taire. »***
> *(Le Zhuangzi)*

Zhuangzi, de son vrai nom Zhang Zhou, est un penseur chinois auquel on attribue la parenté d'un texte éponyme, considéré comme fondateur du **taoïsme** : le *Zhuangzi* (on parlera ainsi tout aussi bien de la philosophie *du* Zhuangzi)

Parmi les différents courants présentés dans cet ouvrage, on retrouve, outre une opposition constante aux Confucéens, la promotion d'une forme d'**individualisme** et d'un certain **anarchisme**. Souvent qualifiée de **sceptique** et de **relativiste**, la philosophie du *Zhuangzi* repose sur le concept central de ***Dao***, cours naturel des choses, sur lequel l'homme n'a aucune prise, et dont il ne peut absolument rien dire. En effet, tout discours visant à dire vrai sur le réel manque sa cible, puisqu'il ne peut qu'y opérer un découpage subjectif.

Il ne reste ainsi à l'homme qu'à adopter une position particulière dans l'univers, celle du **sage cosmique**, en optant pour le **non-agir** (***Wuwei***). Mais loin d'équivaloir à la passivité, ce non-agir désigne bien plutôt le fait de se conformer par son action à la **nature de l'être et des choses**. L'homme, ainsi invité à se débarrasser de son égocentrisme et de sa volonté de plier la réalité à ses fantasmes, ne s'embarrasse plus d'aucune question métaphysique ni d'aucun conflit d'aucune sorte.

Pour une première lecture :
texte 15, p. 277 du manuel

du Moyen Âge, ayant eu une grande influence jusqu'aux mondes arabo-musulman et chrétien (ainsi **Thomas d'Aquin** le surnommait-il « l'Aigle de la Synagogue »).

▸ Dans son œuvre philosophique la plus connue, *Le Guide des égarés*, traduit en hébreu vers 1204, Maïmonide, comme son contemporain **Averroès**, entreprend de **concilier la religion et les vérités scientifiques**, incarnées par le système d'**Aristote**. C'est ainsi que, tâchant d'unifier le monothéisme et la philosophie grecque, celui-ci en vient à articuler la croyance en **un Dieu créateur** avec la doctrine aristotélicienne de l'éternité du monde. De la même manière, Maïmonide soutient que l'observation des **phénomènes naturels**, bien loin de nous éloigner de la foi, nous y ramène au contraire, puisqu'elle nous permet de voir dans la richesse et l'ordonnancement du réel la marque d'une **intelligence ordonnatrice**.

▸ Maïmonide aura une grande influence sur la postérité, des grands métaphysiciens comme **Spinoza** jusqu'à des penseurs plus contemporains comme **Leo Strauss** et **Levinas**.

Pour une première lecture :
texte 12, p. 331 du manuel

Thomas d'Aquin
(1225-1274)

> *« La vérité est dans l'accord entre l'intelligence et les choses. »*
> (*Somme théologique*)

▸ Issu d'une grande famille de l'aristocratie napolitaine, Thomas d'Aquin devient maître en théologie à l'université de Paris en 1257. À l'heure où les musulmans sont installés en Espagne, la chrétienté prend conscience de sa perte d'influence. C'est à cette époque que l'œuvre d'**Aristote** est redécouverte ; Thomas d'Aquin en fera une interprétation chrétienne. À partir du XVIe siècle, la *Somme théologique* devient le manuel de théologie de référence et le **thomisme** devient la doctrine officielle de l'Église catholique.

▸ L'œuvre de Thomas d'Aquin est marquée par la volonté de **concilier philosophie et théologie**. S'il faut distinguer les vérités de la foi des vérités de la raison, l'intelligence peut renforcer la foi en l'éclairant. En articulant les enseignements de la Bible à ceux d'Aristote, Thomas montre ainsi que la raison est une lumière naturelle, qui peut servir à soutenir la religion comme à découvrir des vérités qui n'en relèvent pas.

▸ Thomas d'Aquin se fait **le défenseur de la liberté humaine**, qu'il juge compatible avec la Création. Se réclamant là encore d'Aristote, il définit la sagesse comme « prudence », c'est-à-dire comme intelligence pratique éclairée par la foi.

Pour une première lecture :
texte 5, p. 193 du manuel

3 La philosophie à la Renaissance : XVIe siècle

Une activité qui évolue avec les grandes découvertes et l'humanisme

▶ C'est l'époque des **grandes découvertes** (Vasco de Gama, Christophe Colomb).

▶ Il y a des grandes avancées scientifiques : Copernic défend l'**héliocentrisme**, **Giordano Bruno**, **l'infinité** de l'univers. **Ambroise Paré** réalise les premières dissections (alors interdites), **Vesale** fonde l'**anatomie**. On s'appuie sur l'**expérience** pour fonder les connaissances (naissance de la méthode **expérimentale** avec Bacon).

▶ Le « **magico-métaphysique** » (alchimie et astrologie) influe sur la production des théories.

▶ Un bouleversement technique voit le jour : l'**imprimerie** est inventée vers 1450. Son rôle sera décisif dans la transmission des savoirs.

▶ L'**humanisme** se diffuse. Ce mouvement culturel dominant en Europe, initié en Italie dès le XIVe siècle, s'appuie sur la volonté de renouveler la pensée à la lecture des Anciens et de méditer sur l'homme, aussi infini que l'Univers.

▶ La **Réforme** se met en place : précurseur du protestantisme, **Luther** critique le pouvoir de l'Église et défend un contact direct avec les textes sacrés.

Une activité qui se démarque de plus en plus de la scolastique

▶ L'enseignement de la Sorbonne, essentiellement théologique, est progressivement rejeté.

▶ Le Collège des lecteurs royaux (actuel Collège de France) est créé par François Ier et placé sous l'autorité du roi (et non plus sous tutelle de la Sorbonne). On y enseigne des disciplines ignorées par la faculté de Paris, comme le grec et l'hébreu.

▶ Les humanistes instaurent une nouvelle manière d'enseigner, loin de la sévérité scolastique et des châtiments corporels dans l'apprentissage. Cette nouvelle pédagogie ménage une place au sport et au jeu.

▶ Le contact direct avec les textes de l'Antiquité oriente les études vers l'analyse du langage (philologie) et la méthode critique.

LES GRANDS DÉBATS PHILOSOPHIQUES DE CETTE PÉRIODE

- **Quelle méthode utiliser en science ?**
  - Que faut-il interpréter ? les textes ? la nature ?
  - Quelle place pour l'expérience dans la science ?
  - Quel rôle pour l'induction ?
- **Existe-t-il des valeurs universelles ?**
  - Peut-on condamner des usages différents des nôtres ? Qu'est-ce qui fonde nos opinions ? la raison ? l'habitude ? la société ?
  - Existe-t-il une nature humaine universelle ?
  - Les prétentions de la raison humaine sont-elles fondées ? L'homme peut-il accéder au vrai ?
- **Quel lien existe-t-il entre morale et politique ?**
  - Peut-on utiliser des moyens immoraux pour conserver le pouvoir ?
  - Doit-on fonder la politique sur la science, ou sur l'expérience ?
  - Comment dénoncer les abus d'un pouvoir absolu ?

LES AUTEURS DU PROGRAMME

Francis Bacon
(1561-1626)

> ***« On ne triomphe de la nature qu'en lui obéissant. »***
> *(Nouvel Organon)*

▸ Né à Londres, juriste de formation, Bacon est **philosophe** et **scientifique**.

▸ **Adversaire de la scolastique**, il peut être considéré comme le **père de l'empirisme moderne**, en faisant de l'observation le point de départ de la recherche scientifique. Proche du roi Jacques Ier, il sera nommé **grand chancelier** en 1618.

▸ La philosophie de Bacon vise à refonder l'édifice scientifique en introduisant la **méthode expérimentale dans les sciences de la nature**. Dans cette optique, il redonne toute sa valeur à la **méthode inductive**, qui consiste à procéder par généralisation à partir de l'observation de cas particuliers.

Pour une première lecture :
texte 10, p. 353 du manuel

Nicolas Machiavel
(1469-1527)

> ***« Ainsi est-il nécessaire au Prince qui se veut conserver qu'il apprenne à pouvoir n'être pas bon. »***
> *(Le Prince)*

▸ Né à Florence, Machiavel reçoit une **éducation humaniste** et fait des études de droit. L'époque est politiquement instable. L'Italie, divisée en petits États, suscite la convoitise des puissances étrangères et subira des invasions répétées entre 1494 et 1527. En 1498, alors que les **Médicis** sont chassés de Florence, Machiavel y exerce la fonction de **secrétaire de chancellerie**. La chute de la République en 1512 entraîne sa disgrâce. C'est durant son **exil** qu'il rédigera son œuvre maîtresse, ***Le Prince***, avant de reprendre, quelques mois avant sa mort, ses fonctions officielles.

▸ L'œuvre de Machiavel est tout entière tournée vers la **politique**. Dans la lignée de saint Augustin, le Moyen Âge subordonnait celle-ci à la religion. Machiavel est le premier à critiquer ce rapport, en évacuant toute considération religieuse de la politique. Le problème fondamental sera dès lors celui de savoir **comment prendre, puis conserver le pouvoir**. Dans *Le Prince*, il distingue ainsi morale et politique : si la conservation de l'État l'exige, le prince pourra recourir à des moyens immoraux, comme le mensonge.

Pour une première lecture :
texte 6, p. 167 du manuel

Michel de Montaigne
(1533-1592)

> ***« Chacun appelle barbarie ce qui n'est pas de son usage. »***
> *(Essais)*

▸ Initié très tôt aux grands auteurs de la tradition classique, Montaigne étudie la philosophie et le droit. Devenu **magistrat** à Bordeaux dès l'âge de 24 ans, il y rencontre en 1558 **La Boétie**, qui deviendra son ami. La disparition de ce dernier, en 1563, l'affecte profondément. Contemporain des **guerres de Religion**, Montaigne voyage en Suisse, en Allemagne et en Italie, avant de revenir en France où il poursuivra la rédaction des ***Essais*** jusqu'à sa mort.

▸ Montaigne, en critiquant la prétention de l'homme à connaître la vérité, peut être considéré comme le premier des grands **sceptiques** modernes.

▸ Sur le plan moral, Montaigne est l'un des précurseurs du **relativisme culturel**. Refusant d'admettre la supériorité d'une civilisation sur une autre, il s'attache à rappeler la dépendance sociale de nos opinions qui, plutôt que fondées en raison, sont d'abord causées par l'habitude.

Pour une première lecture :
texte 10, p. 308 du manuel

4 La philosophie à l'époque moderne : XVIIe-XVIIIe siècles

Une activité à l'écoute des bouleversements scientifiques

▶ La philosophie doit tirer les conséquences de la « révolution scientifique » qui a lieu aux XVIIe et XVIIIe siècles. L'élément le plus marquant de cette révolution scientifique est la confirmation de la thèse héliocentrique copernicienne : **la terre n'est plus le centre** de l'univers, ce qui impose une nouvelle compréhension de l'homme et de sa place dans l'univers.

▶ Les **sciences de la nature** voient aussi la systématisation de l'ensemble des progrès accumulés dans une théorie cohérente (**Newton**) ; au siècle suivant, l'assomption de l'anatomie comparée (**Cuvier**) et de la méthode taxinomique (**Linné**) ; Lavoisier fait de la chimie une science rigoureuse.

▶ En **mathématiques**, de nouveaux procédés apparaissent (calcul algébrique, calcul infinitésimal, calcul des probabilités). Puisque monde sublunaire et monde supra lunaire ne sont plus distingués par la physique (comme c'était le cas à l'époque des thèses géocentriques), les mathématiques peuvent y être appliquées uniformément : « La nature est un livre écrit en langage mathématique » (**Galilée**).

▶ **Descartes** est un des premiers à opérer en philosophie la révolution scientifique : chez lui, la nature est conçue comme matière et mouvement, sans référence à une finalité divine.

▶ Le savoir scientifique gagne progressivement en autonomie par rapport au dogme de l'Église. La **rationalité scientifique** culmine au siècle des Lumières, dont les figures de proue mettent en avant les progrès de la connaissance comme armes contre les absolutismes religieux et les tutelles absurdes auxquelles sont soumis les hommes.

Une activité tournée vers de nouvelles méthodes de pensée

▶ Les philosophes rejettent la scolastique médiévale et décident de tout rebâtir sur de nouveaux fondements. **Descartes** met en doute toutes les connaissances qu'on lui a inculquées. Une nouvelle méthode du savoir apparaît : non plus suivre l'autorité des livres ou des professeurs, mais s'en remettre à la **raison** et à la **nature**.

▶ De grands systèmes de pensée (**rationalistes et empiristes**) sont élaborés, et s'affrontent au XVIIe siècle sur des sujets comme la connaissance, la nature, Dieu.

▶ Au XVIIIe siècle, des philosophes des Lumières, sous la direction de **Diderot**, éditent l'*Encyclopédie*, dont le but est de permettre l'émancipation par la connaissance.

LES GRANDS DÉBATS PHILOSOPHIQUES DE CETTE PÉRIODE

- **Esprit ou matière ?**
  - Tout est-il matière ? La matière n'est-elle qu'une représentation de l'esprit ?
  - Qu'est-ce que l'âme, et qu'est-ce que le corps ? Quels rapports entretiennent-ils ?
- **Rationalisme ou empirisme ?**
  - La connaissance vient-elle de l'expérience sensible, ou bien peut-on établir la vérité par la raison indépendamment de toute expérience ?
  - Pouvons-nous tout connaître ? Quelle est la limite de notre pouvoir de connaissance ?
- **Liberté ou nécessité ?**
  - L'homme est-il soumis, comme tout ce qui est, à la nécessité naturelle, ou bien possède-t-il une liberté propre qui lui accorde un statut d'exception ?
- **Pouvoir du souverain ou pouvoir du peuple ?**
  - Le pouvoir doit-il être confié à un seul individu, ou au peuple entier ?
  - Qu'est-ce que le contrat social ?

LES AUTEURS DU PROGRAMME

Jeremy Bentham
(1748-1832)

> « ***La nature a placé l'humanité sous la gouverne de deux maîtres souverains, le plaisir et la douleur*** »
> *(Introduction aux principes de la morale et de la législation)*

- Né à Londres, Bentham est issu d'une famille de haute condition et montre, très jeune, d'extraordinaires capacités, en étudiant le latin dès trois ans, et maîtrisant le français à sept. Il commencera de brillantes études à l'université d'Oxford dès l'âge de douze ans.
- Bentham est connu pour être le père de la **philosophie utilitariste**, selon laquelle l'intérêt de tout individu ne peut être conçu que sous le rapport du plaisir et de la peine. C'est la raison pour laquelle Bentham défend une **morale hédoniste** : toute action devra être jugée en fonction de la **quantité de plaisir** et de peine qu'elle procure, chaque individu cherchant toujours à « maximiser son plaisir ». L'**action morale** sera ainsi celle qui réunira le plus de critères du plaisir, et que le philosophe compte au nombre de sept : durée, intensité, certitude, proximité, étendue, fécondité, pureté.
- Partant donc du principe que, plutôt que l'**intention** qui préside à nos actions, ce sont ses **conséquences** qui importent pour en déterminer la valeur, Bentham est considéré comme un des précurseurs du **conséquentialisme**, et aura une grande influence sur **Mill**.
- Enfin, Bentham est connu pour être **l'un des grands défenseurs de la cause animale**, ayant prononcé : « La question n'est pas de savoir s'ils pensent, s'ils parlent, mais s'ils souffrent ».

Pour une première lecture :
texte 11, p. 86 du manuel

George Berkeley
(1685-1753)

> « ***Être, c'est être perçu.*** »
> *(Principes de la connaissance humaine)*

- Issu d'une famille protestante d'origine anglaise, Berkeley entre dans les ordres en 1709, et sera nommé, en 1735, évêque de **Cloyne**.
- Contre le sens commun qui admet l'existence de la matière, Berkeley défend un **immatérialisme**. Parce que l'être d'une chose ne dépend que de la perception que nous en avons, rien ne saurait exister en dehors de celle-ci. La matière, que l'on conçoit spontanément comme le support de nos perceptions, est donc inconcevable en dehors de sa réalité dans un esprit qui la perçoit.

Pour une première lecture :
texte 13, p. 222 du manuel

Étienne Bonnot de Condillac
(1714-1780)

> « ***Dire que nous avons appris à voir, à entendre, à goûter, à sentir, à toucher, paraît le paradoxe le plus étrange.*** »
> *(Traité des sensations)*

- Condillac naît à Grenoble dans une famille de la noblesse de robe qui le destine à la prêtrise. Après sa formation religieuse, il rencontre et fréquente les encyclopédistes (**Diderot**, **Rousseau**...). Il sera élu à l'Académie française en 1768.
- Héritier de **Locke**, Condillac est un philosophe **empiriste**. Mais alors que Locke décrivait l'origine de nos idées seules, Condillac va plus loin en tentant d'expliquer comment nos facultés mentales (réflexion, mémoire, imagination...) naissent de la même origine, c'est-à-dire de la **sensation**.

Pour une première lecture :
texte 3, p. 213 du manuel

René Descartes
(1596-1650)

> « ***Le bon sens est la chose du monde la mieux partagée... mais le principal est de l'appliquer bien.*** »
> *(Discours de la méthode)*

- Né en Touraine, Descartes entre, en 1606, au collège des jésuites de La Flèche, « l'une des plus célèbres écoles d'Europe », dont il critiquera l'enseignement. Seules les **mathématiques** conservent grâce à ses yeux, ce qui lui donnera l'idée qu'une telle science doit constituer le modèle de toutes les autres. Contemporain de la condamnation de **Galilée**, il renonce à publier ses premiers traités, où il se fait le partisan de la nouvelle physique.
- En choisissant d'appliquer la méthode des mathématiques à l'ensemble des connaissances, Descartes entend déduire toutes les vérités les unes des autres. Le ***cogito***, seule vérité qui résiste au doute, constitue le point de départ de cette « longue chaîne de raisons », dont les premiers maillons, constitués d'un ensemble de vérités métaphysiques, permettront de fonder la nouvelle physique. **Hegel** qualifiera Descartes de « héros de la pensée moderne ».
- La morale doit pouvoir être déduite de la physique. Descartes comprend les passions comme des mouvements involontaires du corps qui agissent sur l'âme. Pour les contrôler, il convient de modifier notre corps en modifiant nos pensées.

Pour une première lecture :
texte 14, p. 88 du manuel

Denis Diderot
(1713-1784)

> **« *Ce qu'on n'a jamais mis en question n'a point été trouvé.* »**
> *(Pensées philosophiques)*

Né à Langres, Diderot mène, jusqu'à son mariage en 1743, une vie de bohême qui lui fait perdre la foi. Dans sa *Lettre sur les aveugles* (1749), il défend un matérialisme qui lui vaudra la prison. Après sa libération, il se consacre au projet encyclopédiste, qu'il coordonne avec **D'Alembert**.

En philosophe **matérialiste**, Diderot, qui s'intéresse aux sciences de la nature, défend l'idée selon laquelle **il n'existe qu'une différence de degré entre tous les êtres**, qui vont du plus simple au plus complexe. Du minéral à la pensée, le processus d'engendrement est continu.

Pour une première lecture :
texte 7, p. 168 du manuel

Thomas Hobbes
(1588-1679)

> **« *L'homme est un loup pour l'homme.* »** *(Léviathan)*

Contemporain des guerres de Religion qui opposent en Angleterre les monarchistes au Parlement et qui conduiront à la décapitation du roi Charles Ier en 1649, Hobbes s'exile en France en 1640, pendant dix ans. Cette expérience sera déterminante pour l'orientation de son œuvre : la question de la paix et de la sécurité y sera centrale.

Hobbes est connu pour être **l'un des premiers théoriciens du « contrat social »**. À l'état de nature, l'homme est un « loup pour l'homme ». Cette condition désastreuse fonde alors la nécessité, pour chacun, d'établir un contrat par lequel il renonce à son droit naturel sur toute chose pour confier l'exercice du pouvoir à un tiers, le Souverain. C'est donc le passage à l'état civil qui permet de mettre un terme à la guerre de tous contre tous.

Pour une première lecture :
texte 1, p. 158 du manuel

David Hume
(1711-1776)

> **« *Une proposition comme celle-ci : le soleil ne se lèvera pas demain, n'est pas moins intelligible et n'implique pas davantage contradiction que cette autre affirmation : il se lèvera.* »**
> *(Enquête sur l'entendement humain)*

Né à Édimbourg en Écosse, Hume fait des études classiques durant lesquelles il s'initie à la physique de **Newton**. Faisant carrière dans la diplomatie, il séjourne en France de 1763 à 1765, où il rencontre les encyclopédistes **Diderot** et **D'Alembert**. **Rousseau** l'accompagne à Londres en 1766.

Hume est un philosophe **empiriste**. Dans la lignée de **Locke**, il soutient que toutes nos idées dérivent des sens. Il revient ensuite à l'esprit d'organiser ces idées selon ses trois principes d'association : la contiguïté, la ressemblance et la causalité. Influencé par le scepticisme, il s'attache à montrer que **nos connaissances prétendument scientifiques, c'est-à-dire objectives, ne sont en fait que des croyances**. Parce qu'aucune cause ne peut être connue *a priori*, l'affirmation de la causalité entre deux phénomènes ne constitue en fait qu'une simple croyance, due à l'habitude que nous avons de voir deux phénomènes se succéder.

Pour une première lecture :
texte 4, p. 49 du manuel

Emmanuel Kant
(1724-1804)

> **« *Ose te servir de ton entendement.* »**
> *(Qu'est-ce que les Lumières ?)*

Né à Königsberg en Prusse, Kant reçoit une éducation rigoureuse, et mène une existence austère dont la régularité n'est que rarement troublée. On raconte qu'il n'interrompit sa promenade quotidienne qu'à deux reprises : la première, quand il découvrit le *Contrat social* de **Rousseau** ; la seconde, quand il alla au-devant du courrier portant les nouvelles de la Révolution française. Grand représentant des **Lumières** allemandes, Kant prend position dans les débats de son temps. S'intéressant aux travaux de **Newton**, il s'interroge sur les conditions de possibilité de la science. Il est ainsi connu pour avoir critiqué la volonté de connaître scientifiquement les objets dont on ne peut faire l'expérience (ceux de la métaphysique : Dieu, l'âme, le monde).

Opérant ce qu'il nomme **une « révolution copernicienne »**, Kant montre que nous ne pouvons pas connaître les choses telles qu'elles sont en elles-mêmes, mais seulement telles qu'elles nous apparaissent. Il oppose « les choses en soi » (inconnaissables) et les « phénomènes ».

Kant prône une **morale de l'autonomie** : pour connaître notre devoir, nous devons consulter notre raison, et respecter l'impératif catégorique que nous y trouvons. Contrairement aux Anciens, Kant **sépare morale et bonheur** : l'action morale ne me rend pas heureux, mais seulement « digne de l'être ».

Pour une première lecture :
texte 5, p. 50 du manuel

LES AUTEURS DU PROGRAMME

Gottfried Wilhelm Leibniz
(1646-1716)

> « ***La première question qu'on a le droit de poser sera pourquoi il y a quelque chose plutôt que rien.*** » *(Principes de la nature et de la grâce)*

Né en Allemagne, Leibniz étudie la **philosophie**, le **droit** et les **mathématiques**. Fréquentant un grand nombre de savants de son époque, il passe de la science à la diplomatie. En 1676, il invente, indépendamment de **Newton**, le calcul infinitésimal. Leibniz est souvent considéré comme étant celui qui **a introduit le thème de l'inconscient** en philosophie, grâce à sa **théorie des « petites perceptions inaperçues »**. Nous n'apercevons pas, démontre-t-il, tout ce que nous percevons, car certaines perceptions sont trop petites pour devenir pleinement conscientes : ainsi en va-t-il de la perception de chacune des vagues qui composent le bruit de la mer.

La philosophie de Leibniz se caractérise par un effort de **conciliation**. Quoiqu'il soit cartésien, en affirmant que l'on peut expliquer l'univers rationnellement, Leibniz s'écarte d'un mécanisme strict. Dénonçant l'insuffisance des règles du choc des corps formulées par **Descartes**, il défend la nécessité d'introduire la notion de **force** en physique. Dans cette perspective, la notion, anti-cartésienne, de **finalité**, se trouve réhabilitée.

En 1710, il écrit la *Théodicée,* œuvre dans laquelle il tente de concilier la bonté divine et l'existence du mal. La thèse du philosophe, plus tard raillée par **Voltaire** dans *Candide,* est que nous vivons dans le meilleur des mondes possibles.

Pour une première lecture :
texte 10, p. 110 du manuel

John Locke
(1632-1704)

> « ***La connaissance de l'homme ne saurait s'étendre au-delà de sa propre expérience.*** » *(Essai philosophique concernant l'entendement humain)*

Issu d'une famille puritaine anglaise, Locke est **médecin** avant de s'intéresser à la philosophie. Il participe à la **vie politique** de son pays, mais séjournera en France et en Hollande, pour être devenu suspect auprès des souverains anglais. De retour en Angleterre, il devient commissaire royal au Commerce.

Héritier de **Bacon**, Locke attribue un grand rôle à l'observation des phénomènes. Partisan de l'**empirisme**, il critique la théorie cartésienne des idées innées en affirmant que toutes nos connaissances dérivent des sens et que l'âme, à l'origine, est « une table rase » (*tabula rasa*).

Sur le plan politique, Locke est un **théoricien du contrat social**. Il s'oppose à **Hobbes** en affirmant que l'individu n'aliène pas tous ses droits au Souverain en passant à l'État civil. Il défend ainsi une forme de libéralisme, qui restreint les prérogatives de l'État à la défense des libertés individuelles.

Pour une première lecture :
texte 4, p. 165 du manuel

Nicolas Malebranche
(1638-1715)

> « ***L'imagination est la folle du logis.*** » *(De la recherche de la vérité)*

Malebranche fait des études de **théologie** à la Sorbonne et devient prêtre en 1644. C'est en entrant la même année dans l'ordre des Oratoriens qu'il découvre le *Traité de l'homme* de **Descartes**, qui le convertit à la science et au mécanisme de son temps.

Partisan de la physique moderne, Malebranche réduit le cours des événements naturels à un enchaînement de causes et d'effets mécaniques. Cependant, c'est Dieu qui constitue la seule cause réellement agissante : les choses créées ne sont que des « causes occasionnelles » qui expriment les lois du mouvement.

Pour une première lecture :
texte 8, p. 455 du manuel

Charles de Secondat de Montesquieu
(1689-1755)

> « ***Les lois inutiles affaiblissent les lois nécessaires.*** » *(De l'esprit des lois)*

Montesquieu devient **avocat** au parlement de Bordeaux en 1708. En 1716, il devient président du même parlement. Il partagera son existence entre ses devoirs de magistrat et son activité littéraire.

Montesquieu s'attache à démontrer le **fondement rationnel des lois**, qui s'expliquent moins par le hasard que par le contexte historique, géographique et social. Contre l'arbitraire et les risques d'abus de pouvoir, Montesquieu est aussi connu pour avoir prôné la **séparation des pouvoirs législatif, exécutif et judiciaire**. Pour qu'un État soit libre, il faut que « le pouvoir arrête le pouvoir ».

Pour une première lecture :
texte 5, p. 166 du manuel

Blaise Pascal
(1623-1662)

« L'homme est un roseau, le plus faible de la nature, mais c'est un roseau pensant. » *(Pensées)*

Pascal a très tôt manifesté son intérêt pour les sciences. Dès l'âge de 17 ans, il publie un essai de géométrie et dessine les plans, en 1642, d'une machine à calculer arithmétique. Sur le plan religieux, il se convertit en 1649 à la doctrine de Port-Royal et devient le défenseur des **jansénistes** face aux jésuites.

Se réclamant de la science moderne, Pascal soutient que **l'univers est infini**. Critiquant l'autorité des Anciens, il promeut la méthode expérimentale dans les sciences, tout en soulignant les faiblesses de la raison : celle-ci rencontre ses limites quand elle prétend accéder à certaines vérités (par exemple les axiomes). Mais les limites de la raison ne sont pas celles de la connaissance : **le recours au cœur**, « lumière naturelle » selon Pascal, peut aussi constituer le moyen d'accéder à la vérité. C'est le sens de l'adage : « le cœur a ses raisons que la raison ne connaît point ».

Sur le plan moral, Pascal souligne la précarité de la condition humaine sans Dieu. C'est pour éviter de penser à sa condition que l'homme fuit dans le **divertissement**, croyant trouver le bonheur dans la poursuite des biens terrestres. Pascal critique cette attitude, qui détourne l'homme de son bien authentique, c'est-à-dire de Dieu.

Pour une première lecture :
texte 8, p. 82 du manuel

Jean-Jacques Rousseau
(1712-1778)

« L'homme est né libre, et partout il est dans les fers. » *(Du contrat social)*

Né à Genève et d'origine modeste, Rousseau arrive à Paris en 1742 où il rencontre les **encyclopédistes**, dont **Diderot**. En 1750, son *Discours sur les sciences et les arts* lui apporte la célébrité, mais en 1762, la parution de l'*Émile ou de l'éducation* et du *Contrat social* le contraignent à l'exil. Il séjournera alors en Suisse puis en Angleterre chez **Hume**, avant de revenir en France, où il finira brouillé avec ses amis. Outre sa production philosophique, on retient de Rousseau son œuvre littéraire : *Julie ou la Nouvelle Héloïse* est un succès d'édition, et les *Confessions* sont considérées aujourd'hui comme une œuvre majeure.

Dans ses premiers écrits, Rousseau s'attache à **comprendre l'origine du mal**. Plutôt que de recourir au dogme du péché originel, il cherche à montrer que c'est la vie en société qui est source de corruption. En affirmant que **l'homme est naturellement bon**, Rousseau s'oppose à **Hobbes**, à qui il reproche d'attribuer à l'homme de l'état de nature un attribut (la méchanceté) qui caractérise, en fait, l'homme déjà défiguré par la société.

Il faut toutefois se garder de penser que Rousseau prône un retour à la vie sauvage. **Théoricien du contrat social**, il cherche plutôt à décrire les conditions dans lesquelles une association juste est possible. C'est ainsi qu'il défend, dans le *Contrat social*, l'idée selon laquelle **il revient au peuple d'être souverain, et aux gouvernants d'exécuter la volonté générale**. La liberté du citoyen résidera donc moins dans la possibilité de faire ce qu'il veut, que dans sa capacité à déterminer lui-même ses propres lois : le citoyen libre est autonome.

Pour une première lecture :
texte 7, p. 82 du manuel

Adam Smith
(1723-1790)

« Ce n'est pas de la bienveillance du boucher, du brasseur ou du boulanger que nous attendons notre dîner, mais plutôt du soin qu'ils apportent à la recherche de leur propre intérêt. » *(Recherche sur la nature et les causes de la richesse des nations)*

Né en Ecosse en 1723, Adam Smith étudie les mathématiques, les sciences naturelles et la philosophie. Professeur durant de longues années à l'université de Glasgow, Smith deviendra en 1764 le précepteur d'un jeune noble écossais, avant de devenir receveur général des Douanes pour l'Écosse.

D'un point de vue moral, la pensée de Smith, telle qu'elle s'articule dans *La Théorie des sentiments moraux* (1759), s'oppose au pessimisme anthropologique ambiant de l'époque qui, directement issu de **Hobbes**, fait de l'**égoïsme** le moteur de toutes nos actions. Bien au contraire pour Smith, la **bienveillance**, comprise comme vertu désintéressée, joue un rôle déterminant dans notre existence.

Mais d'un point de vue économique, c'est bien **l'égoïsme des particuliers** qui, d'après Smith, est **fondamental pour le bon fonctionnement de la société**. Dans son ouvrage majeur intitulé *Recherche sur la nature et les causes de la richesse des nations* (1756), le philosophe défend l'idée, fondatrice de l'économie classique, selon laquelle c'est en étant mus par leur intérêt personnel que les hommes contribuent à l'équilibre et la prospérité générale. Tout se passe comme si, pour le philosophe, une « main invisible » réglait le marché de manière providentielle.

Pour une première lecture :
texte 9, p. 431 du manuel

LES AUTEURS DU PROGRAMME

Alain
(1868-1951)

> « ***C'est un devoir aussi envers les autres que d'être heureux.*** » *(Propos sur le bonheur)*

De son vrai nom Émile Chartier, Alain fut un professeur de philosophie qui suscita l'admiration de ses élèves du lycée Henri-IV, dont Simone **Weil** et Raymond **Aron**. Quoiqu'il fût artilleur durant la Première Guerre mondiale, il épousa la **cause du pacifisme**. Rationaliste, Alain peut être décrit comme un **penseur humaniste**, qui fait dépendre la valeur du monde de celle que le sujet lui confère.

Défenseur du ***cogito*** et de la **liberté**, Alain insiste sur la priorité de la conscience. Si l'hypothèse de **Freud** est une faute, c'est qu'elle conduit à poser l'existence d'un « autre Moi en Moi », et donc à déresponsabiliser le sujet.

Pour une première lecture :
texte 3, p. 76 du manuel

Elizabeth Anscombe
(1919-2001)

> « ***L'intention d'un homme, c'est son action.*** » *(L'Intention)*

Elizabeth Anscombe est une philosophe anglaise. Élève de **Wittgenstein**, elle fut chargée, à la mort de celui-ci, en 1951, d'assurer la publication des notes et des manuscrits du philosophe.

Anscombe s'est beaucoup intéressée à la **philosophie de l'action**, qui consiste à analyser l'agir humain en dehors de toute considération morale. Plus précisément, Anscombe s'est attaquée à l'idée d'**intention**, que nous considérons spontanément comme une sorte de disposition interne distincte et séparée de l'action, qu'elle est supposée causer. Mais pour la philosophe, cette conception aboutit à des incohérences : en effet, si l'intention est un état intérieur qui précède l'action, elle ne peut, pas plus qu'un souhait, garantir la réalisation de l'action future.

Il ne faut donc pas envisager le rapport de l'intention à l'action comme celui d'une cause à son effet. Nous devons plutôt appréhender les **intentions** comme étant les ***« raisons de l'action »*** : l'intention ne doit donc pas être comprise indépendamment des actes, mais bien plutôt à travers les actes eux-mêmes.

Pour une première lecture :
texte 7, p. 139 du manuel

Hannah Arendt
(1906-1975)

> « ***Une crise nous force à revenir aux questions elles-mêmes et requiert de nous des réponses... une crise ne devient catastrophique que si nous y répondons par des idées toutes faites.*** » *(La Crise de la culture)*

Née en Allemagne, Hannah Arendt suit les cours de **Husserl** puis rencontre **Heidegger** qui deviendra son maître. De confession juive, elle s'exile aux États-Unis en 1941, où elle mène une carrière universitaire et journalistique. Très sensible aux événements du XXe siècle, elle mène **une vaste réflexion politique**, qui va de son analyse des **origines du totalitarisme** à sa tentative pour comprendre, à travers le **cas Eichmann** dont elle suit le **procès**, la logique qui pousse un individu banal à commettre de grands crimes.

Hannah Arendt fait le constat, dans *Condition de l'homme moderne*, de la disparition de l'activité politique authentique, qui se voit aujourd'hui réduite à une activité de gestion. Pour Arendt, la société moderne se caractérise ainsi par une confusion du privé et du public. En distinguant les différentes modalités de l'activité humaine (le travail, l'œuvre et l'action), elle propose de **réhabiliter l'activité politique**, proprement humaine, en la définissant par la constitution d'un espace public authentique.

Pour une première lecture :
texte 12, p. 57 du manuel

Raymond Aron
(1905-1983)

> « ***La connaissance historique n'a pas pour objet une collection, arbitrairement composée, des faits seuls réels, mais des ensembles articulés, intelligibles.*** » *(Dimensions de la conscience historique)*

Raymond Aron est un philosophe, sociologue, politologue et historien français. Il est l'ami et condisciple, à l'École normale supérieure, de **Sartre** et de **Nizan**.

Assistant à la montée des totalitarismes, Aron se fera un ardent défenseur du libéralisme. Quoique ayant beaucoup lu **Marx**, et allant parfois se déclarer, non sans ironie, « marxien », Aron dénonce, dans son ouvrage « L'Opium des intellectuels » l'aveuglement de certains intellectuels, comme **Sartre** avec lequel il se brouillera, à l'égard des régimes communistes. Dans la lignée de Hannah **Arendt**, Aron pense que l'histoire ne peut prétendre à l'objectivité univoque, ce qui le conduit à s'opposer au déterminisme marxiste, tout en réfutant cependant le relativisme.

Pour une première lecture :
texte 4, p. 349 du manuel

Gaston Bachelard
(1884-1962)

> **« Il ne saurait y avoir de vérité première. Il n'y a que des erreurs premières. »** *(Études)*

▸ Bachelard réussit le concours d'élève ingénieur des Télégraphes, avant d'obtenir une licence de mathématiques. Enseignant d'abord la physique-chimie, il obtiendra ensuite l'agrégation de philosophie en 1922. Il deviendra professeur de philosophie des sciences à la Sorbonne.

▸ L'œuvre de Bachelard est double, portant à la fois sur la **science** et la **poésie**. Bachelard cherche à déterminer les conditions du progrès scientifique, dont témoignent notamment les avancées du XXe siècle en physique quantique. Il souligne sur ce point la nécessité qu'il y a, pour la connaissance rationnelle, de remettre en question les principes sur lesquels elle s'appuyait. En levant les « obstacles épistémologiques », la science évolue ainsi par **ruptures**. Sur le plan poétique ensuite, il analyse **l'imagination créatrice** : elle est la source du désir et des possibles qui nous permettent d'inventer le monde.

Pour une première lecture :
texte p. 314 du manuel

Simone de Beauvoir
(1908-1986)

> **« On ne naît pas femme, on le devient. »** *(Le Deuxième Sexe)*

▸ Philosophe et romancière, Simone de Beauvoir naît à Paris. Durant ses études à la Sorbonne, elle rencontrera Jean-Paul **Sartre** qui deviendra son compagnon pour la vie, et avec lequel elle passera l'agrégation de philosophie en 1929, lui arrivant premier, elle seconde.

▸ Philosophe **existentialiste**, courant qui postule que « l'existence précède l'essence », et donc que l'homme choisit son destin et ses valeurs, Simone de Beauvoir est connue pour avoir été, avec son livre *Le Deuxième Sexe*, une des grandes figures du **mouvement féministe** naissant.

▸ Pour la philosophe en effet, la femme est d'abord une construction sociale. Autrement dit, il n'existe pas de nature féminine éternelle, puisque le genre féminin est une construction historique et c'est dès la petite enfance, en raison de l'éducation qu'elle reçoit, que la petite fille intériorise les différentes dispositions liées aux canons de la féminité.

▸ En découplant ainsi la nature biologique du genre social, Simone de Beauvoir influencera grandement les actuelles *genders studies*.

Pour une première lecture :
texte 6, p. 403 du manuel

Walter Benjamin
(1892-1940)

> **« À la plus parfaite reproduction il manque toujours quelque chose : l'ici et le maintenant de l'œuvre d'art, – l'unicité de sa présence au lieu où elle se trouve »** *(L'Œuvre d'art à l'époque de sa reproductibilité technique)*

▸ Walter Benjamin est un philosophe, critique d'art et traducteur juif allemand. Exilé en 1933 à Paris, il tentera, en 1940, de rejoindre l'Espagne mais arrêté à la frontière, il se suicidera.

▸ Se réclamant de **Marx**, Benjamin est surtout connu pour la thèse qu'il soutient dans *L'Œuvre d'art à l'époque de sa reproductibilité technique*, où il s'attache à analyser ce qu'il conçoit comme une véritable **mutation dans l'histoire de l'art**.

▸ Parce qu'elles sont désormais produites en séries (du fait des nouvelles techniques de reproduction de masse, comme l'imprimerie, la photographie mais aussi le cinéma), les œuvres d'art ont perdu l'unicité qui faisait à la fois leur magie et leur aura propre.

▸ Toutefois, il faut se garder de penser que Benjamin condamne intégralement cette mutation. L'apparition du cinéma, art de masse, n'aura peut-être pas cette aura, mais constitue cependant un antidote efficace face aux angoisses liées à la violence du capitalisme.

Pour une première lecture :
texte 2, p. 47 du manuel

Henri Bergson
(1859-1941)

> **« En ce qui concerne l'intelligence humaine, on n'a pas assez remarqué que l'invention mécanique a d'abord été sa démarche essentielle. »** *(L'Évolution créatrice)*

▸ Bergson fait sa scolarité à Paris au lycée Fontanes, aujourd'hui nommé lycée Condorcet. Il gagne en 1877 le premier prix du concours général de mathématiques. Étudiant en sciences, Bergson se tournera finalement vers la philosophie. Il obtient l'agrégation en 1881. Après avoir enseigné dans le secondaire puis à l'École normale supérieure, il est nommé au Collège de France en 1900, où ses cours rencontreront un grand succès.

▸ Bergson commence par critiquer les travaux du psychologue allemand **Fechner**, qui prétend pouvoir mesurer l'intensité des sensations. Pour Bergson, c'est confondre ce qui relève de la qualité vécue avec ce qui appartient au domaine de la quantité, mesurable : si la qualité est hétérogène et indivisible, la quantité, quant à elle, est homogène et divisible.

▸ C'est ainsi qu'au temps abstrait et quantifié, fait de la juxtaposition d'instants homogènes compris sur le modèle des points de l'espace, Bergson oppose **le temps**

qualitatif, concret, vécu, qui n'est jamais le même. Ce temps réel, qu'il nomme « durée », est celui de nos états d'âme, dont l'essence toute spirituelle ne peut être saisie que par l'intuition.

Pour une première lecture :
texte 6, p. 138 du manuel

Auguste Comte
(1798-1857)

> ***« Science d'où prévoyance, prévoyance d'où action. »*** *(Cours de philosophie positive)*

▸ Né à Montpellier, Comte fait ses études à l'École polytechnique. Disciple de **SAINT-SIMON**, le « prophète de l'industrialisation », il sera son secrétaire jusqu'en 1824. Marqué par les progrès scientifiques de son époque, Comte est le **fondateur du courant positiviste** qui, en défendant l'usage de la méthode expérimentale pour décrire l'ensemble de la réalité, propose une réorganisation scientifique de l'ensemble du savoir.

▸ Dans une optique de rénovation sociale, Comte propose de comprendre l'histoire de l'humanité par **la « loi des trois états »** : l'esprit humain évolue en passant de l'état théologique à l'état métaphysique, puis à l'état positif où il ne s'agit plus de savoir *pourquoi* les événements se produisent, mais *comment* ils se produisent. En cherchant à proposer une explication scientifique des phénomènes sociaux, Comte peut aussi être considéré comme le **fondateur de la sociologie.**

Pour une première lecture :
texte 9, p. 329 du manuel

Antoine-Augustin Cournot
(1801-1877)

> ***« De même que toute chose doit avoir sa raison, ainsi tout ce que nous appelons événement doit avoir une cause. »*** *(Essai sur les fondements de nos connaissances et sur les caractères de la critique philosophique)*

▸ Philosophe, économiste et mathématicien français, Cournot est l'un des principaux représentants, avec **COMTE**, de la **philosophie des sciences** au XIXe siècle. Commençant par écrire des œuvres mathématiques, Cournot étendra **ses thèses sur la probabilité** aux autres domaines du savoir, dont notamment l'histoire.

▸ Contrairement à **Laplace**, qui formulait la fiction d'une intelligence capable de prédire le devenir entier de l'univers (la fiction du « Démon de Laplace »), Cournot pose l'existence de faits « aléatoires » dus à la conjonction de séries causales nécessaires, mais indépendantes. Les événements fortuits, s'ils sont donc sans raison (sans nécessité), n'en sont toutefois pas moins sans causes. Parce qu'elle ne fait que pointer notre ignorance, la notion de **hasard** ne saurait donc être utilisée pour décrire le cours des événements.

Pour une première lecture :
texte 13, p. 356 du manuel

Émile Durkheim
(1858-1917)

> ***« Il faut traiter les faits sociaux comme des choses. »*** *(Règles de la méthode sociologique)*

▸ Ancien élève de l'École normale supérieure, Durkheim obtient l'agrégation de philosophie en 1882. Parallèlement à son enseignement, il se consacre, influencé par **COMTE**, à la rédaction d'ouvrages de sociologie. Il entre ensuite à l'université de Bordeaux puis, en 1902, à la Sorbonne.

▸ Durkheim est considéré comme l'un des principaux fondateurs de la **sociologie**. Il a dégagé l'existence des « faits sociaux », c'est-à-dire de ces manières d'agir ou de penser qui sont imposées à l'individu de l'extérieur. Dans la perspective sociologique, ce n'est donc pas de l'homme qu'il faut partir pour comprendre la société, mais bien plutôt de la société pour comprendre l'homme.

Pour une première lecture :
texte 1, p. 322 du manuel

Friedrich Engels
(1820-1895)

> ***« Tout nouveau progrès de la civilisation est en même temps, un nouveau progrès de l'inégalité. »*** *(Anti-Dühring)*

▸ Issu d'une famille d'industriels fortunée, Engels naît à Barmen, en Prusse. Philosophe **théoricien du communisme allemand**, militant de la Ligue des communistes et de l'Association internationale des travailleurs, il est connu pour avoir été le plus grand collaborateur de Karl **MARX** qu'il rencontre en 1844, et qu'il contribuera à soutenir financièrement. En 1848, les deux amis publieront un ouvrage, rédigé en l'espace de seulement six semaines, qui entend synthétiser l'ensemble des principes du communisme, et qui n'aura de cesse d'influencer le mouvement ouvrier : *Le Manifeste du parti communiste.*

▸ Largement imprégnée des intuitions marxistes, la philosophie d'Engels s'est notamment attachée à démontrer que le **matérialisme dialectique**, qui cherche à expliquer l'ensemble des processus de la nature et de la société par l'effet de contradictions immanentes au réel, était la doctrine la plus conforme à l'esprit scientifique. Après la mort de Marx en 1883, il réunit différents brouillons de ce dernier pour assurer la publication des livres II et III du *Capital*.

Pour une première lecture :
texte 11, p. 172 du manuel

Ludwig Andreas Feuerbach
(1804-1872)

> ***« L'homme affirme en Dieu ce qu'il nie en lui-même. »***
> *(L'Essence du christianisme)*

▸ Ludwig Andreas Feuerbach est un philosophe allemand né en Bavière. Disciple de **Hegel**, dont il suit les cours à Berlin durant sa jeunesse, il exercera une grande influence sur le courant des hégéliens de gauche, auquel se sont joints notamment **Marx** et **Engels**.

▸ Feuerbach est surtout connu pour avoir été l'un des grands théoriciens de l'**aliénation**, à travers sa critique de la religion dans son œuvre majeure, *L'Essence du christianisme* (1841). Pour celui-ci en effet, l'homme, dans le phénomène religieux, projette sur une réalité supérieure un ensemble de qualités qui n'appartiennent en réalité qu'à lui. Ce faisant, celui-ci se dépossède de prédicats (comme la bonté, qui est le premier attribut divin, mais qui n'a de réalité que chez l'homme) qu'il renonce à réaliser sur terre. Il reviendra à la philosophie de rendre au genre humain ce qui lui appartient, mettant ainsi un terme à cette aliénation.

▸ Initialement fascinés par Feuerbach, **Engels** (qui déclara : « nous devînmes tout d'un coup des feuerbachiens. ») et **Marx** rompront avec ce dernier, dont ils jugeront la conception de l'homme abstraite car totalement détachée des conditions objectives et sociales dans lesquelles il vit.

Pour une première lecture :
texte 3, p. 104 du manuel

Michel Foucault
(1926-1984)

> ***« Une chose en tout cas est certaine: c'est que l'homme n'est pas le plus vieux problème ni le plus constant qui se soit posé au savoir humain. »***
> *(Les Mots et les Choses)*

▸ Né à Poitiers, Michel Foucault est reçu à l'École normale supérieure en 1946. Il obtient quelques années plus tard l'agrégation de philosophie, avant de se lancer dans des travaux, comme *L'Histoire de la folie à l'âge classique* (1961), qui témoignent de son intérêt pour l'histoire. Fortement influencé par **Nietzsche**, il entreprend un travail de généalogiste en cherchant à déterminer comment l'être humain, toujours pris dans des relations de pouvoir, devient l'objet d'une connaissance positive, comme par exemple avec la psychologie ou la médecine clinique. Il sera élu, en 1970, au **Collège de France**, où il occupera la **chaire d'histoire des systèmes de pensée**.

▸ Pour Foucault, le **pouvoir** désigne moins une puissance détenue par une certaine classe qu'un **ensemble stratégique complexe** : omniprésent, le pouvoir est d'abord quelque chose qui s'exerce, parfois là où on ne s'y attend pas. Par le **concept de « biopolitique »**, Foucault cherche par exemple à montrer comment le pouvoir s'est transformé au XIXe siècle, en passant, du fait des nouvelles découvertes en biologie, du simple pouvoir de faire mourir, à celui de « faire vivre » ou de « laisser mourir », c'est-à-dire un pouvoir sur la vie elle-même.

Pour une première lecture :
texte 2, p. 190 du manuel

Sigmund Freud
(1856-1939)

> ***« Le moi n'est pas maître dans sa propre maison. »***
> *(Introduction à la psychanalyse)*

▸ Né à Freiberg en Moldavie, Freud débute sa carrière en tant que médecin neurologue. Exerçant à Vienne, il se trouve confronté à l'énigme de l'hystérie, qui désigne un ensemble de troubles sans cause physiologique. Rejoignant le psychiatre **Charcot** à Paris, il fera la rencontre de **Breuer** puis de Bernheim à Nancy, qui le mettront sur la voie de la psychanalyse.

▸ Les recherches de Freud sur l'hystérie le conduisent à admettre l'existence d'une entité psychique, l'**inconscient**, constituée par l'ensemble des désirs refoulés. À la manière des rêves, les symptômes névrotiques seront dès lors compris comme des réalisations déguisées, quoique pathologiques, de ces pulsions interdites. C'est alors au moyen de la méthode dite des « associations libres », qui consiste à laisser le patient s'exprimer sans retenue, que Freud entend **faire remonter le refoulé à la surface de la conscience**, ce qui doit conduire à la disparition du symptôme névrotique. La réussite de cette pratique amène Freud à formuler deux topiques, c'est-à-dire deux « **géographies de l'inconscient** », où sont énumérées les différentes instances de celui-ci.

Pour une première lecture :
texte 11, p. 111 du manuel

Georg Wilhelm Friedrich Hegel
(1770-1831)

> ***« Tout ce qui effectif est rationnel, tout ce qui est rationnel est effectif. »***
> *(Principes de la philosophie du droit)*

- Né en 1788 en Allemagne, Hegel fréquente les penseurs **Hölderlin** et **Schelling** durant ses études. En 1789, la nouvelle de la Révolution française suscite chez eux un enthousiasme partagé. Devenant précepteur, il est ensuite journaliste, puis professeur à l'université jusqu'à sa mort.
- Père de l'« **idéalisme absolu** », Hegel refuse de considérer, comme le font traditionnellement les philosophes, que la pensée et la réalité sont deux entités séparées. La vérité n'est pas comme une Idée platonicienne, séparée du monde et figée dans une transcendance éternelle. Elle est non seulement **immanente au réel**, dont elle dirige le cours, mais elle **doit aussi se révéler à elle-même progressivement**, à travers un long processus historique.
- Ce long développement de la vérité définit le cours de l'histoire, dont les différentes formes culturelles doivent être comprises comme autant d'« étapes » vers la réalisation de ce que Hegel nomme « l'Esprit », et qui s'incarne définitivement dans l'État moderne.

Pour une première lecture :
texte 13, p. 58 du manuel

Martin Heidegger
(1889-1976)

> ***« L'angoisse est la disposition fondamentale qui nous place face au néant. »***
> *(De l'essence de la vérité)*

- Philosophe allemand, Heidegger s'inscrit dans le **courant phénoménologique** (il écrira à **Husserl** : « Vous et moi, nous sommes la phénoménologie »). Il succède à Husserl en 1928 avant d'accepter, à l'arrivée des nazis, la charge du rectorat de l'université de Fribourg. Malgré cet événement, son influence sur l'existentialisme français d'après-guerre contribuera à sa popularité.
- Pour Heidegger, l'homme se caractérise en ceci qu'il est le seul à pouvoir interroger le sens de l'être, se demandant par exemple, à la manière de Leibniz : « Pourquoi y a-t-il quelque chose plutôt que rien ? » **L'existence humaine est ainsi celle du *Dasein*** (littéralement : « être-là ») et se caractérise, dans son **ouverture au temps**, par un rapport à la mort qu'il ne faut pas fuir, mais assumer.

Pour une première lecture :
texte 8, p. 383 du manuel

Jeanne Hersch
(1910-2000)

> ***« La politique est comme le droit : c'est la nécessité de tenir le mal en échec […] qui leur a donné à tous deux naissance. »***
> *(Idéologies et Réalité)*

- **Jeanne Hersch** est une philosophe suisse, professeur de philosophie à l'université de Genève et directrice de la division philosophique de l'Unesco.
- Reconnaissant sa dette à l'égard de Karl **Jaspers**, Hersch fait de la **liberté** le concept central de sa philosophie. En effet, il ne faut pas comprendre la démocratie comme la loi du nombre, mais bien plutôt comme une manière de limiter le pouvoir qui, très vite, se corrompt. Ainsi, c'est d'abord le **respect de la valeur de la personne** qui est en jeu. Toutefois, la philosophe est sensible à l'impératif d'efficacité que rencontre tout gouvernant, et qui nécessite parfois d'ignorer la morale.
- Cherchant à unir **Kant** et **Machiavel**, Hersch, qui soutient que « le mal existe », voit dans la **politique** l'**art de limiter le mal commis**, tout en se souciant de ménager aux gouvernants la possibilité d'agir.

Pour une première lecture :
texte 5, p. 301 du manuel

Edmund Husserl
(1859-1938)

> ***« Tout état de conscience en général est, en lui-même, conscience de quelque chose. »***
> *(Méditations cartésiennes)*

- Né en Moravie, Husserl fait des études de mathématiques, puis suit à Vienne les cours du psychologue **Brentano**. Il est nommé professeur à Göttingen puis à Fribourg, en 1916. D'origine juive, il devra abandonner son poste en 1928 où son élève, **Heidegger**, lui succédera.
- Contre le psychologisme qui réduit les lois logiques à celles de l'esprit humain, et contre le positivisme qui ne situe la vérité que dans les sciences, Husserl cherche à sauver la philosophie en l'instituant comme **science rigoureuse**. Pour y parvenir, il fonde la **méthode phénoménologique**, qui vise à décrire la manière dont les choses apparaissent à la conscience.
- Cette volonté d'un « retour aux choses mêmes » permet de saisir la structure fondamentale de la conscience, qui est de toujours viser un objet. Husserl nomme cette propriété **intentionnalité**.
- Inversement, tout objet n'existe que pour une conscience : l'analyse de la perception montre ainsi que l'essence d'une chose appartient toujours à l'acte qui la vise. C'est ainsi que la conscience est révélée dans sa dimension originaire face au monde qu'elle constitue.

Pour une première lecture :
texte 2, p. 103 du manuel

William James
(1842-1910)

> ❝ ***Le vrai consiste simplement dans ce qui est avantageux pour la pensée.*** ❞ *(Le Pragmatisme)*

▸ Frère aîné du romancier Henry James, William James est un psychologue et philosophe américain né à New York.

▸ James est considéré comme l'un des fondateurs du **pragmatisme**, qui prône un lien très étroit entre **vérité** et **expérience**. James s'oppose à la position qu'il nomme « intellectualiste », et qui soutient qu'une idée vraie serait une simple copie de la réalité. Pour le philosophe au contraire, **il n'existe pas de vérité « en soi »**, puisque le critère de cette dernière n'est autre que la réussite dans l'action. Autrement dit, une thèse sera considérée comme **vraie**, non pas parce qu'elle exprime l'essence de la réalité, mais d'abord parce qu'elle est **utile**.

▸ Par conséquent, la vérité n'est jamais dissociable de certaines procédures de **vérifications expérimentales**, elles-mêmes relatives à un certain contexte, à une époque. C'est pourquoi, dans cette optique, la vérité n'est pas invariable, mais correspond plutôt un évènement provisoirement vrai, dont la validité pourra être amenée à être révisée ; l'histoire des sciences, avec son lot de théories admises, puis réfutées, en fournit un exemple.

Pour une première lecture :
texte 10, p. 457 du manuel

Karl Jaspers
(1883-1969)

> ❝ ***L'homme ne prend conscience de son être que dans les situations limites.*** ❞ *(Philosophie)*

▸ Karl Jaspers est un philosophe et psychiatre allemand du XIXe siècle. Après un doctorat de médecine, il enseigne la psychologie, consacrant ses premiers travaux à l'étude des maladies mentales.

▸ Mais Karl Jaspers est surtout connu pour être l'un des premiers représentants, en philosophie, du courant **existentialiste**, en s'attachant à analyser les différents sentiments qui traversent l'existence (souffrance, combat, désespoir etc.), nommées parfois **« situations-limites »**, et qui sont, à ses yeux, souvent négligés par la philosophie rationnelle, et notamment par la philosophie systématique et englobante de **Hegel**.

▸ Parce que la science échoue à résoudre tous les problèmes auxquels elle se confronte, mais aussi parce que l'homme ne parvient pas à trouver le bonheur parfait, Jaspers soutient qu'il existe chez celui-ci, qui prend conscience de ses limites, une **nécessaire aspiration à la transcendance**, c'est-à-dire à ce qui est au-delà du monde physique. **Sartre**, grand représentant du courant existentialiste, qualifiera Jaspers d'« existentialiste chrétien ».

Pour une première lecture :
texte 6, p. 242 du manuel

Vladimir Jankélévitch
(1903-1985)

> ❝ ***L'amour, c'est un problème résolu à l'infini.*** ❞ *(Le Je-ne-sais-quoi et le Presque-Rien)*

▸ Vladimir Jankélévitch naît à Bourges de parents russes qui avaient fui les pogroms. Naturalisé français à l'âge d'un an, il entre en 1922 à l'École normale supérieure où il étudie la philosophie, avant d'être reçu premier à l'agrégation en 1926. Après la Libération, il deviendra professeur de philosophie morale à la Sorbonne.

▸ Constatant la précarité de la morale, dont il définit la fugace intention comme un « je-ne-sais quoi », et dont les moyens pour la rendre effective sont limités et hypothétiques, Jankélévitch attache une grande importance à l'**amour**, qu'il définit comme le seul sentiment capable de conférer de la valeur à ce qui est.

▸ Passionné de **musique** (il est l'auteur d'une douzaine d'ouvrages consacrés aux grands compositeurs), Jankélévitch soutient, dans la lignée de **Bergson**, que la mélodie constitue l'image exemplaire de la temporalité, et donc de la condition humaine (cette « mélodie éphémère »), dont ni la mort ni le désespoir ne peuvent, aux yeux du philosophe, effacer les traces.

Pour une première lecture :
texte 10, p. 407 du manuel

Hans Jonas
(1903-1993)

> ❝ ***La technique moderne s'est inversée en menace.*** ❞ *(Le Principe responsabilité)*

▸ Hans Jonas est un philosophe allemand, disciple de **Husserl** et de **Heidegger**, dont il suivit les cours. Considéré comme **l'un des précurseurs de la réflexion écologique**, il est l'auteur du *Principe responsabilité*, qui fut un véritable succès : en effet, il est considéré comme l'œuvre philosophique la plus vendue du XXe siècle.

▸ Selon Jonas, l'éthique des anciens, qu'il nomme « éthique de la proximité », et qui ordonnait de se soucier des conséquences immédiates de nos actions, n'est plus adéquate pour penser les problèmes contemporains. En raison notamment de l'extraordinaire puissance technique dont s'est désormais dotée l'humanité, il convient de repenser une **nouvelle éthique**, que Jonas nomme « **éthique du futur** », et qui invite l'homme à se soucier des conséquences lointaines de son action. Ainsi l'auteur en vient-il à formuler, en imitant la formule kantienne, la nécessité d'un nouvel impératif, qu'il énonce comme suit : « Agis de façon que les effets de ton action soient compatibles avec la permanence d'une vie authentiquement humaine sur terre ».

Pour une première lecture :
texte 18, p. 281 du manuel

LES AUTEURS DU PROGRAMME

Søren Kierkegaard
(1813-1855)

❝ *La haine est l'amour qui a sombré.* ❞ *(Ou bien… ou bien)*

▸ Philosophe danois, Kierkegaard est né dans une famille protestante relativement aisée. Étudiant la théologie à l'université de Copenhague, il interrompt son parcours scolaire pour mener une existence plus mondaine. Il réintègre la faculté en 1838, à la mort de son père. Deux ans après son mariage avec Régine Olsen, il décide de rompre toute relation avec celle-ci. Il s'agit pour Kierkegaard d'un événement marquant : rongé par la mélancolie et le remords, il s'appuie sur une foi plus intense.

▸ Contre la philosophie hégélienne qu'il juge trop abstraite et universalisante, Kierkegaard insiste sur le **vécu de l'existence individuelle**. En insistant sur l'expérience de **l'angoisse** et du **désespoir** qui la caractérise, il entend souligner la difficulté qu'il y a, pour l'être humain, à assumer sa condition. Ce souci constant définit le propre de ce qu'il nomme l'« existence ».

Pour une première lecture :
texte 9, p. 406 du manuel

Claude Lévi-Strauss
(1908-2009)

❝ *Le barbare, c'est celui qui croit à la barbarie.* ❞ *(Race et Histoire)*

▸ Agrégé de philosophie en 1931, Lévi-Strauss commence une carrière d'enseignant au lycée Victor Duruy. Mais en 1935, le directeur de l'École normale supérieure lui propose de participer à une mission universitaire au brésil, qui le conduira à quitter l'enseignement pour se consacrer à l'**ethnologie**.

▸ Lévi-Strauss est connu pour avoir appliqué la **méthode structurale**, issue de la **linguistique**, à l'ethnologie, ce qui revient à aborder les sociétés comme des langues qui produisent des systèmes signifiants (structures de la parenté, organisation sociale, mythologie, art…) par le fait de structures inconscientes et invariables. Lévi-Strauss fonde ainsi le courant de l'**anthropologie structurale**.

▸ D'un point de vue moral et politique, Lévi-Strauss formule une **critique de l'ethnocentrisme**, biais cognitif qui nous fait évaluer les valeurs d'une autre culture à l'aune de celles que nous possédons, souvent pour les mépriser. Pour l'ethnologue, au contraire, toutes les sociétés sont à égalité dans la culture et toutes expriment autant de facettes d'une même humanité.

Pour une première lecture :
texte 5, p. 266 du manuel

Emmanuel Levinas
(1906-1995)

❝ *La responsabilité morale est la structure essentielle, première de la subjectivité.* ❞ *(Totalité et Infini)*

▸ Né en Lituanie, Emmanuel Levinas est naturalisé français en 1930. Se réclamant de la **tradition phénoménologique** qu'il contribue à introduire en France, ses travaux s'orienteront ensuite vers la problématique éthique.

▸ Profondément **religieuse**, la pensée de Levinas insiste sur la **dimension éthique des rapports humains**. La rencontre avec **autrui** est d'abord celle de son **visage**, « ouverture vers l'infini », et constitue donc moins une connaissance qu'un appel au respect et à l'engagement.

Pour une première lecture :
texte 10, p. 198 du manuel

Karl Marx
(1818-1883)

❝ *Ce n'est pas la conscience qui détermine la vie mais plutôt la vie qui détermine la conscience.* ❞ *(L'Idéologie allemande)*

▸ Né à Trèves en Allemagne, Marx fait des études de droit et de philosophie. Il renonce ensuite à l'enseignement pour devenir journaliste. Il s'installe en 1843 à Paris où il se tourne vers le socialisme français. Suite à sa rencontre avec **Engels** qui l'incite à lire les économistes anglais (**Smith**, **Ricardo**, **Mill**), il entreprend de formuler une critique du libéralisme.

▸ Quoiqu'il ait fréquenté les milieux hégéliens, **Marx** entend remettre l'idéalisme allemand « sur les pieds ». Le marxisme, en effet, est un **matérialisme** : les nécessités liées à la vie économique font que l'histoire est d'abord celle de **la « lutte des classes »**, fondée sur l'opposition entre les propriétaires des moyens de production et les travailleurs.

▸ Affirmant la nécessité historique d'une révolution sociale signant la fin de l'État bourgeois, Marx se fait **le critique de l'économie capitaliste** qu'il analyse dans les termes **d'une exploitation de l'homme par l'homme**, basée sur l'extorsion de la plus-value.

Pour une première lecture :
texte 11, p. 172 du manuel

Marcel Mauss
(1872-1950)

❝ *Les dons ne sont jamais gratuits ; ils lient celui qui donne et celui qui reçoit dans une boucle de réciprocité.* ❞ *(Essai sur le don)*

▸ Marcel Mauss est un sociologue et ethnologue français, neveu et disciple d'Émile **Durkheim** avec lequel il rédigera différents travaux.

▸ Marcel Mauss s'est attaché à appliquer la **méthode sociologique à** l'ensemble de la réalité humaine, comme en témoigne son essai sur les techniques du corps, qui défend l'idée selon laquelle certaines pratiques que nous tenons pour naturelles (par exemple, le fait dormir allongé) sont en réalité culturellement déterminées (« Les masaï peuvent dormir debout », écrit Mauss).

▸ Mais, c'est surtout à travers son analyse du **phénomène du don** que Mauss est connu. Dans son *Essai sur le don* (1923), il démontre en effet que tout en créant du lien social, le don est agoniste, au sens où il oblige celui qui le reçoit à rendre. Tout **don**, en somme, implique un **contre-don**. Cette triple obligation de donner, recevoir puis rendre pourra même aller, dans le cas du ***potlatch***, à la destruction volontaire de ses propres richesses, de la part d'un clan, afin de soumettre celui qui y assiste et qui ne pourra rendre.

Pour une première lecture :
texte 2, p. 323 du manuel

Maurice Merleau-Ponty
(1908-1961)

> ***« La science manipule les choses et renonce à les habiter. »***
> *(L'Œil et l'Esprit)*

▸ Ancien élève de l'École normale supérieure, Merleau-Ponty obtient l'agrégation de philosophie avant d'enseigner à Chartres, puis à Paris. Fortement influencé par la phénoménologie et l'existentialisme, Merleau-Ponty cherche à décrire la réalité de l'existence humaine telle qu'elle est vécue. En 1945, il fonde la revue *Les Temps modernes* avec **Sartre** et **Beauvoir**. Il est élu au Collège de France en 1951.

▸ Rejetant le dualisme traditionnel qui sépare le corps et l'esprit, Merleau-Ponty part de l'idée selon laquelle **l'homme n'est ni un simple objet, ni une pure conscience : il est d'abord un être incarné**. Le corps-propre désigne ainsi, non pas le corps-objet qu'étudie le médecin mais, en quelque sorte, le corps-sujet, centre de l'action et lieu du vécu. Cherchant à décrire la structure de la perception, il observe ainsi qu'il revient au corps, producteur de signification, de conditionner l'apparition de toute chose.

▸ Merleau-Ponty cherche également à décrire **la relation à autrui**, qu'il comprend moins dans les termes d'un conflit que d'une **réciprocité**. Il analyse l'expérience du dialogue qui, à ses yeux, permet de révéler l'autre dans sa dimension de sujet.

Pour une première lecture :
texte 2, p. 239 du manuel

John Stuart Mill
(1806-1873)

> ***« La liberté de l'individu doit être ainsi bornée : il ne doit pas se rendre nuisible aux autres. »*** *(De la liberté)*

▸ Philosophe anglais, Mill se réclame à la fois des thèses **empiristes** issues de **Hume** et de l'utilitarisme de **Bentham**.

▸ Mill hérite de la **thèse utilitariste** qui veut qu'une action ne soit bonne qu'en raison de son utilité, c'est-à-dire du plaisir qu'elle procure. Mais à la différence de **Bentham** qui ne prenait en compte que la quantité des plaisirs, Mill s'attache à en distinguer diverses espèces : **les plaisirs de l'esprit seront ainsi jugés préférables à ceux du corps**.

Pour une première lecture :
texte 12, p. 86 du manuel

Iris Murdoch
(1919-1999)

> ***« Les bons romans portent sur le combat entre le bien et le mal. »***

▸ Philosophe de formation, Iris Murdoch fut étudiante à Oxford et disciple de **Wittgenstein**. Essentiellement auteure de romans, elle se fait connaître en publiant, en 1953, un essai sur l'œuvre littéraire de **Sartre** : *Sartre, un rationalisme romantique*.

▸ On peut dire que la philosophie de Murdoch, telle qu'elle se trouve incarnée dans ses romans, s'articule autour de trois axes. Premièrement, Murdoch retient de **Kant** l'idée selon laquelle la pratique artistique doit rendre visibles certaines valeurs morales, en les incarnant dans des comportements. C'est la raison pour laquelle nombre de ses livres mettent en scène des situations de véritables **dilemmes**. Mais c'est également l'existentialisme sartrien qui l'influencera. En effet, Murdoch est sensible à la description que propose **Sartre** de la condition humaine, savoir celle de la solitude de l'individu et des illusions de la mauvaise foi.

▸ Enfin, c'est **le néopositivisme** qui retiendra son attention : en effet, Murdoch retient l'idée selon laquelle la connaissance du monde découle essentiellement de la production d'énoncés sur le monde. Mais pour la romancière, le champ de la connaissance ne peut toutefois se réduire simplement à de tels énoncés, sous peine de tomber dans le relativisme. Pour Murdoch, qui revendique ici de s'inscrire dans la continuité de **Platon**, la morale exige en effet des valeurs stables.

Pour une première lecture :
texte 5, p. 137 du manuel

LES AUTEURS DU PROGRAMME

Friedrich Nietzsche
(1844-1900)

> ***«* Dieu est mort. *»***
> *(Ainsi parlait Zarathoustra)*

▸ Né à Röchen en Saxe, Nietzsche fait des études de philologie classique, avant d'obtenir une chaire de professeur de grec ancien à l'université de Bonn, à 25 ans. Fragile, il cesse de travailler et mène une vie de relative solitude et d'errance entre les Alpes, l'Italie et le sud de la France. En 1889, il sombre dans une crise de folie qui le plonge dans un mutisme complet jusqu'à sa mort, onze ans plus tard.

▸ Nietzsche entendait **faire de la philosophie « à coups de marteau »**. Cette expression est à prendre en différents sens. Il s'agit d'abord du marteau du **médecin** : interprétant la montée du nihilisme comme un symptôme, Nietzsche juge en effet sa **civilisation « malade »**. Ceci le conduit à introduire en philosophie un questionnement nouveau, celui de la « valeur des valeurs ». Il s'agit du deuxième coup, **destructeur** cette fois-ci : alors que nous tenons pour évidente la valeur de nos « idoles » (le vrai est supérieur au bien, le bien au mal), il propose d'en décrire la genèse pour mettre au jour les instincts négatifs dont elles émanent, et qui rendent l'homme malade. La morale qui condamne l'égoïsme et l'usage de la force est, par exemple, fondée sur le ressentiment des faibles : son origine est donc « impure », et fait l'objet d'une critique féroce chez l'auteur.

▸ Prophète de la « mort de Dieu », Nietzsche réhabilite le monde du sensible et du corps, seul existant, et qu'il découvre comme « **volonté de puissance** ». Invitant l'homme à ne pas se réfugier dans un « arrière-monde » rassurant, comme celui de la morale, il prône ainsi l'acceptation d'une vision tragique de l'existence.

Pour une première lecture :
texte 8, p. 53 du manuel

Karl Popper
(1902-1994)

> ***«* Une théorie qui n'est réfutable par aucun événement qui se puisse concevoir est dépourvue de caractère scientifique. *»***
> *(Conjectures et Réfutations)*

▸ Né à Vienne, de parents juifs, Popper fait des études universitaires scientifiques, philosophiques et musicales. Se liant d'amitié avec Albert **Einstein**, son œuvre se présente d'abord comme une **réflexion sur les sciences**, dont il cherche à déterminer le fonctionnement. Ayant dû fuir l'Autriche à cause des persécutions nazies, il enseigne en Nouvelle-Zélande, puis à Londres.

▸ Comment distinguer une science d'une pseudo-science ? Pour répondre, Popper soutient **qu'une hypothèse n'est scientifique qu'à la condition d'être falsifiable** : ainsi l'histoire des sciences peut-elle être lue comme la succession d'une série d'hypothèses provisoirement vraies, toujours potentiellement réfutables par l'expérience. C'est ainsi que Popper en vient à **critiquer la prétention des sciences humaines** à constituer de véritables sciences. Ces dernières, en effet, sont infalsifiables : parce qu'on ne peut, par exemple, jamais imaginer une expérience qui viendrait contredire l'hypothèse du psychanalyste, la théorie freudienne n'est pas scientifique.

▸ Sensible aux traumatismes politiques de son temps, comme la montée des totalitarismes, Popper propose également **une réflexion politique**. Il se fait ainsi **le défenseur du libéralisme**, et critique notamment le marxisme qui prive l'homme de sa liberté, en l'assujettissant au cours de l'histoire.

Pour une première lecture :
texte 7, p. 351 du manuel

Hilary Putnam
(1926-2016)

> ***«* Pourrions-nous, si nous étions des cerveaux dans une cuve, dire ou penser que nous sommes des cerveaux dans une cuve ? *»***
> *(Raison, Vérité et Histoire)*

▸ Philosophe américain, Hilary Putnam occupe une **figure centrale** dans la philosophie occidentale à partir des 1960, particulièrement en **philosophie des sciences, du langage et de l'esprit**. Après avoir enseigné brièvement à l'université Northwestern, il enseigna les mathématiques à Princeton, puis la philosophie des sciences au MIT avant d'occuper un poste de professeur philosophie à Harvard, jusqu'à sa retraite en 2000.

▸ Putnam est célèbre pour avoir proposé, en philosophe, **l'expérience de pensée dite des « cerveaux dans une cuve »**, que l'on a souvent rapproché de l'hypothèse cartésienne du Dieu trompeur. L'argument du philosophe consiste en effet à dire que personne ne peut dire qu'il a le cerveau dans une cuve, dans l'hypothèse où ce serait véritablement le cas. Autrement dit, Putnam défend l'idée de ce qu'il nomme la « théorie causale de la référence », selon laquelle les mots font nécessairement référence à des choses dont nous devons avoir eu l'expérience. En effet, si une personne était un « cerveau dans une cuve », et si chacune de ses expériences n'était que l'effet d'une impulsion électrique, alors son idée de « cerveau », tout comme celle de « cuve », ne pourront faire référence à un vrai cerveau ou à une vraie cuve. C'est pourquoi, selon Putnam, la connaissance ne peut dépendre que de facteurs extérieurs à l'esprit. Cet « externalisme épistémologique », comme il le nomme, nie que la vérité puisse être déterminée de manière seulement interne. Contre le scepticisme, Putnam soutient donc qu'il doit toujours y avoir un rapport entre ce qu'est le monde, et la façon dont nous avons de le penser.

Pour une première lecture :
texte 8, p. 352 du manuel

John Rawls
(1921-2002)

> ***«** La justice est la vertu absolument première des institutions sociales. **»***
> *(Théorie de la justice)*

▸ Successivement professeur à Princeton, Oxford, Cornell et Harvard où il enseignera jusqu'en 1995, John Rawls compte **parmi les philosophes politiques les plus étudiés du XXᵉ siècle**.

▸ Rendu célèbre par son œuvre *Théorie de la justice* (1971), Rawls pose la question de savoir comment instituer une forme juste d'organisation sociale, abstraction faite de toutes les considérations particulières appartenant aux différentes sociétés. C'est ce qui le conduit à imaginer, dans la suite des fictions proposées par les théoriciens du contrat social (comme **Rousseau** ou **Locke**), une situation parfaitement hypothétique (la « situation originelle ») dans laquelle un ensemble de personnes doivent se prononcer sur les principes de justice qu'ils souhaitent adopter pour la société à venir. Mais, point capital, ces individus ignorent quelle sera leur position dans celle-ci (c'est le fameux « voile d'ignorance »). Ces derniers ne peuvent alors pas favoriser qui que ce soit, et sont donc conduits à adopter les principes qui seront les meilleurs pour tous, quelles que soient leurs futures positions sociales.

▸ Cette fiction permet ainsi à Rawls de formuler **deux grands principes de justice**, que l'on pourra résumer ainsi : premièrement, **le droit**, pour chaque personne, **de disposer du plus grand nombre de libertés possibles**. Deuxièmement, **une limitation des inégalités sociales qui** doit permettre le fait qu'elles soient aux avantages de tous, mais également l'ouverture des positions et des fonctions à tous.

Pour une première lecture :
texte 7, p. 195 du manuel

Paul Ricœur
(1913-2005)

> ***«** Le récit fait partie de la vie avant de s'exiler dans l'écriture. **»***
> *(Soi-même comme un autre)*

▸ Paul Ricœur, agrégé de philosophie, a été professeur à la Sorbonne puis à l'université de Chicago. Ricœur a renouvelé le sens de l'**herméneutique**, c'est-à-dire de l'**art d'interpréter**. Pour le philosophe en effet, celle-ci est d'abord est un moyen dont nous disposons pour nous comprendre, à partir notamment de l'interprétation des symboles, qu'il envisage comme des termes médiateurs à partir desquels nous accédons à une représentation de nous-mêmes.

▸ Soutenant que **tout récit est inventif**, Ricœur propose alors une analyse de la fonction narrative, pour soutenir que les variations imaginatives propres aux fictions structurent notre identité, qu'il nomme « **identité narrative** » ; le besoin que nous éprouvons de nous raconter témoignant alors qu'il s'agit bien là d'un moyen de se connaître soi-même.

▸ D'un point de vue **éthique**, Ricœur s'attache à faire la **distinction** entre le **moment de la visée d'une vie bonne** (l'éthique), et celui de **l'obéissance à des normes** au caractère obligatoire : alors que le premier pose la question de l'estime de soi, le second pose celui du respect de soi. Ce sera dans un troisième moment, celui de la sagesse pratique, que viendront s'articuler morale et éthique.

Pour une première lecture :
texte 9, p. 197 du manuel

Bertrand Russell
(1872-1970)

> ***«** L'étroite relation entre logique et mathématiques est devenue manifeste aux yeux de n'importe quel étudiant un peu instruit. **»***
> *(Introduction à la philosophie mathématique)*

▸ Philosophe, mathématicien et logicien anglais, résolument pacifiste, il consacra une partie de sa vie à l'action politique, en créant notamment le « tribunal Russell » pour la défense des droits de l'homme.

▸ Formulant le projet de réduire les problèmes philosophiques à des problèmes logiques, Russell accorde une attention toute particulière aux **structures du langage**. Il est ainsi considéré comme **l'un des fondateurs de la philosophie analytique**, qui cherche à déterminer les conditions qui permettent à tout énoncé d'avoir un sens. Cette philosophie deviendra typique de la **tradition anglo-saxonne**.

Pour une première lecture :
texte 3, p. 348 du manuel

Jean-Paul Sartre
(1905-1980)

> ***«** L'existence précède l'essence. **»***
> *(L'existentialisme est un humanisme)*

▸ Élève de l'École normale supérieure, Sartre est reçu premier à l'agrégation de philosophie en 1929. Il découvre ensuite la phénoménologie de **Husserl**, qui influencera considérablement sa production philosophique. Il publie en 1963 un roman autobiographique, *Les Mots*, et reçoit un an plus tard, en 1964, le prix Nobel de littérature. Sartre ne l'accepte pas, prétextant refuser tout type de distinction.

▸ Sartre est considéré comme **le père de l'existentialisme français**. À la différence des choses qui existent pour une fonction (comme le coupe-papier), chez l'homme,

« l'existence précède l'essence ». Parce qu'il existe d'abord, l'homme se définit ensuite par ses actes. En ce sens, la condition humaine se caractérise par son absolue liberté, et par la responsabilité qui l'accompagne : l'homme est « **condamné à être libre** ».

▸ Sur le plan politique, Sartre se réclame de **Marx**, allant même jusqu'à déclarer que « le marxisme constitue l'horizon indépassable de notre temps » ou « tout anticommuniste est un chien ». Son œuvre politique majeure, la *Critique de la raison dialectique*, est une tentative pour concilier marxisme et existentialisme.

Pour une première lecture :
texte 14, p. 117 du manuel

Arthur Schopenhauer
(1788-1860)

> ***« La vie donc oscille, comme un pendule, de droite à gauche, de la souffrance à l'ennui. »***
> (*Le Monde comme volonté et comme représentation*)

▸ Philosophe allemand, Schopenhauer fait des études de sciences naturelles et de philosophie. Fortement influencée par **Platon** et **Kant**, son œuvre est aussi imprégnée de philosophie hindoue. Enseignant à l'université de Berlin, il souffre d'un manque de reconnaissance qui contraste avec le succès de son collègue **Hegel**, dont il critique la philosophie.

▸ Héritant de la distinction kantienne entre phénomène et chose en soi, Schopenhauer affirme que nous n'avons affaire, dans la perception quotidienne, qu'au monde réglé de la « représentation ». **Derrière les apparences se cache un monde absurde**, sans raison ni causalité, accessible à la seule intuition : le monde de la volonté ou du « vouloir-vivre ».

▸ Si l'existence est **absurde**, elle est aussi **tragique**. Le bonheur est inaccessible puisque la vie de l'homme oscille perpétuellement entre la souffrance du désir, expression consciente du vouloir-vivre, et celle de l'ennui qui succède à la satisfaction. Schopenhauer est ainsi considéré comme le **père du « pessimisme philosophique »**.

Pour une première lecture :
texte 2, p. 75 du manuel

Gilbert Simondon
(1924-1989)

> ***« L'opposition dressée entre la culture et la technique, entre l'homme et la machine, est fausse et sans fondement. »***
> (*Du mode d'existence des objets techniques*)

▸ Ancien élève de l'École Normale Supérieure où il suit les cours de **Hippolyte** et de **Merleau-Ponty**, Simondon devient agrégé de philosophie en 1948. Il rédigera ensuite deux thèses, dont la plus célèbre, *Du mode d'existence des objets techniques*, sous la direction de **Canguilhem**.

▸ Essentiellement orientée vers la question de la technique, la philosophie de Simondon s'inscrit en porte à faux du discours technophobe issu de **Heidegger**, qui voyait dans la technique un des moyens que se donnait l'homme d'arraisonner le réel, contribuant ainsi à oublier la question de l'être.

▸ Pour Simondon, au contraire, il convient de rapprocher culture et technique, tout en envisageant les objets techniques comme de véritables systèmes évolutifs d'eux-mêmes, comparables aux êtres vivants, et dont les progrès doivent être compris en vertu d'une nécessité interne. Mais si l'âge de la technique a mis un terme au rapport magique que l'homme entretenait avec le monde, en réduisant, notamment du fait du machinisme du XIXe siècle, l'homme au simple statut de « porteur d'outils », Simondon anticipe une **alliance possible entre celui-ci et les objets techniques** : faire communiquer les machines entre elles.

Pour une première lecture :
texte 4, p. 378 du manuel

Alexis de Tocqueville
(1805-1859)

> ***« L'individualisme est d'origine démocratique, et il menace de se développer à mesure que les conditions s'égalisent. »***
> (*De la démocratie en Amérique*)

▸ Issu d'une famille noble et royaliste, Tocqueville est un homme politique et historien français. Chargé d'enquêter sur le système pénitentiaire aux États-Unis, Tocqueville publie le premier tome de son *De la démocratie en Amérique*, suite à son voyage. Son œuvre est considérée comme prophétique dans sa description du système démocratique américain.

▸ Pour Tocqueville, **la croyance en l'égalité intellectuelle de tous et l'individualisme sont les traits fondamentaux de la démocratie**. Mais ces deux valeurs ont leur revers : à l'horizon de la société démocratique, Tocqueville entrevoit le risque d'un nouveau despotisme, le « despotisme doux », conséquence de l'individualisme des citoyens qui se soucient plus de préserver leur bien-être que leur liberté politique.

Pour une première lecture :
texte 8, p. 169 du manuel

Max Weber
(1864-1920)

« Un État est une communauté humaine qui revendique le monopole de l'usage légitime de la force physique sur un territoire donné. » *(Le Savant et le Politique)*

▸ Né à Erfurt en Allemagne, Max Weber est un historien du droit, juriste et économiste, qui se consacrera plus tard à la sociologie dont il est considéré comme l'un des fondateurs avec **Durkheim**.

▸ Mais à la différence de ce dernier qui défend un « holisme méthodologique » d'après lequel le « tout » est supérieur et antérieur à la partie, Weber soutient, au contraire, un **« individualisme méthodologique »**, qui s'appuie davantage sur les individus et leurs interactions pour comprendre les faits sociaux.

▸ S'appuyant sur la construction de ce qu'il nomme des **idéaux-types**, obtenus en accentuant les traits caractéristiques d'un phénomène social, Weber est notamment connu pour s'être intéressé, dans *L'Éthique protestante et l'esprit du capitalisme*, aux liens unissant l'émergence de **l'esprit capitaliste en Occident** et les caractéristiques spécifiques du **protestantisme**. D'après Weber en effet, le protestantisme, en incitant au travail régulier, constant et rationnel, a favorisé le capitalisme naissant, en valorisant l'épargne et l'économie nécessaires au réinvestissement du profit.

Pour une première lecture :
texte 12, p. 173 du manuel

Simone Weil
(1909-1943)

« Argent, machinisme, algèbre ; les trois monstres de la civilisation actuelle. »

▸ Simone Weil est une philosophe et écrivaine française. Ancienne élève d'**Alain** dont elle a suivi les cours au lycée Henri-IV, elle entre à l'École Normale Supérieure, puis obtient l'agrégation de philosophie en 1931, à l'âge de 22 ans.

▸ Militante active du **mouvement ouvrier**, elle est proche des groupes révolutionnaires trotskystes et anarchistes, mais n'adhère à aucun parti politique. Pacifiste, elle s'engage cependant dans la guerre d'Espagne contre le régime fasciste, puis dans la Résistance au sein des milieux gaullistes.

▸ D'un point de vue philosophique, Simone Weil s'intéresse de près à la **condition ouvrière** qu'elle décide d'adopter en 1934, abandonnant sa carrière d'enseignante pour devenir fraiseuse chez Renault, à Boulogne Billancourt. Cette expérience la conduira à formuler une **critique du travail aliéné**, en soutenant notamment que dans un travail réellement libre, les tâches de conception et d'exécution ne doivent jamais être séparées.

▸ À partir de 1935, Simone Weil se convertit à la foi chrétienne à la suite de plusieurs expériences mystiques. Déclarée tuberculeuse, elle meurt d'épuisement en Angleterre, en 1943.

Pour une première lecture :
texte 4, p. 136 du manuel

Ludwig Wittgenstein
(1889-1951)

« Ce dont on ne peut parler, il faut le taire. »
(Tractacus logico-philosophicus)

▸ Philosophe autrichien, Wittgenstein fait des études d'ingénieur, puis étudie la philosophie aux côtés de Bertrand **Russell**. Son *Tractatus logico-philosophicus* est le seul ouvrage publié de son vivant.

▸ Pour Wittgenstein, **les éléments du langage doivent se comporter entre eux de la même manière que les éléments du réel** : les noms doivent être articulés entre eux comme le sont les objets dans le monde. Avec cette thèse, il détermine les conditions qui permettent à une proposition de faire sens : qu'elle soit vraie ou fausse, une proposition n'est réelle qu'à la condition de pouvoir représenter un état de chose, non pas forcément réel, mais simplement possible. Pour lui, toutes les propositions qui, comme celles de la métaphysique, sont invérifiables dans l'expérience, sont dénuées de signification : il s'agit alors de « pseudo-propositions », ni vraies ni fausses.

Pour une première lecture :
texte 14, p. 223 du manuel

INDEX DES AUTEURS ET DES ŒUVRES

Les numéros en ***violet*** *renvoient aux notices biographiques, dans « Les auteurs du programme », p. 495-523.*
Les numéros en ***vert*** *renvoient aux pages Focus.*

CRÉDITS PHOTOGRAPHIQUES

Les éditions Nathan remercient les éditions Flammarion de leur aimable autorisation de reproduction à titre gracieux de leurs extraits.

Couverture : Philippe Ramette (né en 1961), *Balcon 2 (Hong-Kong)*, 2001, C-Print, 150 x 120 cm, Photographe : Marc Domage, Courtesy Galerie Xippas, © Philippe Ramette, ADAGP, Paris, 2020. **29** : Jens Ziehe/RMN-GP © Succession Picasso 2020 – **41** : Michel Denance/Piano Renzo/Artedia/Leemage/Bridgeman © ADAGP, Paris 2020 – **42hg** : Bridgeman Images – **42bd** : Digital Image Museum Associated/Lacma/Art Ressource/Scala © Succession Brancusi -All right Reserved - ADAGP, Paris 2020 – **44hg** : Album Oronoz/Akg Images – **44bg** : Yann Doelan/Hemis – **45hd** : Photo RMN GP/Association Marcel Duchamp © ADAGP, Paris 2020 – **45bd** : BIS/Ph © Fondation Maeght, Saint Paul de Vente © Succession Alberto Giacometti, Fondation Giacometti - ADAGP, Paris 2020 – **46** : Oronoz/Photo 12 – **47 (reprise 513)** : Ullstein/Getty Images – **48h** : H. Bamberger – **48b** : Oronoz/Photo 12 – **49 (reprise 107, 507)** : BIS/Ph T Scott © Archives Labor – **50h (reprise 74, 108, 132, 245h, 251, 299h, 353, 398, 507)** : BIS/Ph. Coll. Archives Larbor. – **50b** : Luisa Ricciani/Leemage/Bridgeman Images – **51** : White Images/Leemage/Bridgeman Images – **52hg** : BIS/Ph. Coll. Archives Larbor – **52hd** : RMN-Grand Palais/Thierry Ollivier – **53hg (reprise 88, 143, 459, 520)** : Bridgeman Images – **53b** : Coll Dagli Orti/Aurimages – **54hg** : Archive Photos/Getty Images – **54b** : Photo Josse/Leemage/Bridgeman Images – **55 (reprise 77hg, 131h, 142, 186, 215h, 219h, 374, 384, 448, 498)** : DeAgostini/Leemage/Bridgeman Images – **56 (reprise 85, 264h, 361h, 377h, 458, 496)** : BIS/Ph. Coll. Archives Larbor – **57 (reprise 192h, 266h, 304, 433, 434, 456, 512)** : DPA/Leemage/Bridgeman Images – **58hg (reprise 220h, 420, 498, 516)** : BIS/Ph. Coll. Archives Larbor – **58b** : Museum Folkwang Essen/Arthothek/La Collection – **62** : Erich Lessing/Akg Images – **63hd** : Bianchetti/Leemage/Bridgeman Images – **63b** : Luisa Ricciarini/Leemage/Bridgeman Images © Association Marcel Duchamp/ADAP, Paris 2020 – **64** : Metropolitan Film Export/DR – **69** : Photo DR/ADAGP, Paris 2020 – **70** : China Stringer Network/Reuters – **71h** : Photographee.eu - stock.adobe.com – **71b** : John Foley/Opale/Leemage/Bridgeman Images – **72hg** : BIS/Ph. Coll. Archives Larbor – **72bd** : RMN Grand Palais/Image of MMA – **73** : © Les Films de Mon Oncle Specta films C.E.P.E.C – **75 (reprise 522)** : Leemage/Bridgeman Images – **76 (reprise 116, 512)** : Andre Buffard/Roger Viollet – **77b** : Photo Josse/Leemage/Bridgeman Images – **78hg (reprise 497)** : Akg-images – **78b** : Heritage Images/Leemage/Bridgeman Images – **81** : BIS/Ph. Coll. Archives Larbor – **82hg (reprise 105h, 159, 191, 196h, 213h, 240, 248, 268h, 276, 401b, 496, 509)** : Bridgeman Images – **82bg (reprise 109h, 171h, 274, 298, 401h, 451, 509)** : Leemage/Bridgeman Images – **84 (reprise 161, 245b, 273, 306, 332, 510)** : BIS/Ph. Coll. Archives Larbor – **86 (reprise 506, 519)** : Costa/Leemage/Bridgeman Images – **87 (reprise 272)** : DR – **88h (reprise 506) :** Leemage/Bridgeman Images – **89h (reprise 102, 217, 244h, 294, 346, 382h, 450, 452)** : BIS/Ph Guiley-Lagache © Archives Bordas – **89b** : Bridgeman Images – **90** : Collection Catherine et Jean Camus, reproduction interdite – **91h** : René Saint Paul/RDA/Bridgeman Images – **91b** : Thierry Grun/OnlyFrance – **92** : Argos/DR – **97** : BIS/Ph.N.Hellyn-Archives Bordas © ADAGP, Paris 2020 – **98** : Coll Dagli Orti/Aurimages © Salvadore Dali, Fundacio Gala-Salvadore Dali/ADAGP 2020 – **99** : Eric Feferber/AFP – **100** : Collection Christophe L/Pierre Zucca – **101** : Leemage/Bridgeman Images – **103 (reprise 361b, 516)** : BIS/Ph. Coll. Archives Larbor – **104 (reprise 515)** : Costa/Leemage/Bridgeman Images – **105b** : Migny/Kharbine Tapabor – **106 (reprise 501)** : BIS/Ph. Coll. Archives Larbor – **109b** : Leemage/Bridgeman Images – **110 (reprise 275b, 508)** : BIS/Ph. Coll. Archives Larbor – **111 (reprise 112, 453, 515)** : BIS/Ph. Coll. Archives Larbor – **117hg (reprise 521)** : Henri Martinie/Roger Viollet – **117b** : Everett/RDA/Bridgeman Images – **118hm** : Leemage/Opale/Bridgeman Images – **118bg** : Pasieka/SPL/Phanie – **119** : Spl/Bsip – **120** : DR – **125** : Jurgen Wittenstein/Akg Images – **126** : Wikimedia Vassil Palais des Beaux-Arts de Lille – **127** : Mutuelle/DR – **128** : Wikimedia/Web Gallery of Art Museo Nazionale Capodimonte – **129** : Arthotek/La Collection – **130 (reprise 497)** : Costa/Leemage/Bridgeman Images – **131b** : Cultura/Plainpictures – **136 (reprise 426, 427, 523)** : BIS/Ph. DR Coll. Archives Larbor – **137 (reprise 519)** : John Foley/Opale/Leemage/Bridgeman Images – **137b** : Akg images – **138 (reprise 220b, 300, 357, 400, 513)** : BIS/Ph. Coll. Archives Larbor – **139 (reprise 140, 512)** : DR – **144hg (reprise 381h)** : BIS/Ph. Coll. Archives Larbor – **144 hd (repris de la p. 372)** : Eric Farrelly/Age Fotostock – **145h** : Leemage/Bridgeman Images – **145b** : Universal History Archive/Coll Christophe L – **146** : Bridgeman Images – **147hg** : BIS © Archives Nathan – **147b** : Manuel Cohen/Aurimages – **148** : The Kobal Collection/Aurimages – **153** : Bridgeman Images – **154hg** : Hannah Assouline/Opale/Leemage/Bridgeman Images – **154b** : Carine Schmitt/Hans Lucas/AFP – **155** : Reuters – **156** : Photo RMN Grand Palais/Hervé Lewandowski – **157** : BIS/Ph. Coll. Archives Larbor – **158 (reprise 247, 507)** : BIS/Ph © National Portrait Gallery - Archives Larbor – **160** : Jeanbor/Archives Larbor – **165h (reprise 508)** : BIS/Ph. Jeanbor © Archives Larbor – **165b** : BIS/Ph. Jeanbor © Archives Larbor – **166h (reprise 508)** : BIS/Ph H.Josse © Archives Larbor – **166b** : Coll Archives Nathan – **167 (reprise 504)** : BIS/Ph. Scala © Archives Bordas – **168 (reprise 507)** : BIS © Archives Larbor – **169 (reprise 305, 522)** : BIS/Ph H.Josse © Archives Larbor – **171b** : Hervé Champollion/Gamma Rapho – **172h (reprise 249, 328, 421, 425, 518)** : BIS/Ph J.L.Charmet © Archives Larbor – **172m (reprise 514)** : Akg-images – **173h (reprise 360, 523)** : Akg-images – **173b** : Jeff Wdener/AP/Sipa – **174** : Michael Friedel/Gamma Rapho – **175h** : RDA/Bridgeman Images – **175b** : Aleruaro/Age Fotostock – **176** : Everett Collection/Aurimages – **181** : Niurka Barroso/Afp – **182h** : Jean Luc Bertini/Pasco And Co – **182b** : Andrea Booher/FEMA – **183** : Greenpeace France/Daniel Beltra – **184b** : Oleg Golovnec/Adobe Stock – **185** : BIS © Archives Larbor – **190hg** : Chomsky Underwood Archives/Coll Christophe L – **190mg (reprise 199, 225h, 515)** : Jerry Bauer/Opale/Leemage/Bridgeman Images – **192b** : BNF – **193 (reprise 502)** : BIS © Archives Nathan – **194** : Richard Saker/The Guardian/Sipa – **195 (reprise 521)** : United States Capitol – **196b** : leemage/Bridgeman Images – **197h (reprise 521)** : John Folley/Opale/Leemage/Bridgeman Images – **197b** : Rue des Archives/RDA/Bridgeman Images – **198 (reprise 518)** : Leemage/Bridgeman Images – **200** : E.R Espalieu/Opale/Leemage/Bridgeman Images – **201** : L'Autre Image/Labtop et Lansac – **202** : BIS/Ph. Coll. Archives Larbor – **207** : Bertrand Gardel/Hemis – **208** : Colette Grinevald/DR – **209** : Epa/Maxppp – **210** : Vronicci/Adobe Stock – **211** : Adobe Stock – **212** : Ullstein Bild/Getty Images – **213b (reprise 506)** : White Images/Leemage/Bridgeman Images – **214hg (reprise 275h, 497)** : Bridgeman Images – **214hd** : Corbis Historical/Getty Images – **215b** : Bridgeman Images – **216** : Hannah Assouline/Opale/Leemage/Bridgeman Images – **218h** : Hannah Assouline/Opale/Leemage/Bridgeman Images – **218b** : DPA/Photononstop – **219b (reprise 501)** : BIS © Archives Larbor – **221** : BNF – **222 (reprise 506)** : BIS © Coll Archives Larbor – **223 (reprise 523)** : BIS © Coll Archives Larbor – **224b** : Everett Collection/Aurimages – **226** : Laboratoire LIMSI/CNRS/P.Boula de Mareuil – **227** : Laboratoire LIMSI/CNRS/P.Boula de Mareuil – **228** : Keystone France/Gamma Rapho – **233** : Sergio Larrain/Magnum Photos – **234** : Yami 2/Collection Christophe L – **235** : Yami 2/Collection Christophe L – **236** : BPK, Berlin Dist RMN Grand Palais/Jens Ziehe © Sucession Picasso 2020 – **237h** : BNF – **237b** : Les Films du Carosse/Sedif Production/Collection Christophe L – **238** : BIS/Ph. Coll. Archives Labor – **239 (reprise 264b, 358, 519)** : Topfoto/Roger Viollet – **241** : Everett/RDA/Bridgeman Images – **242h (reprise 496, 517)** : Costa/Leemage/Bridgeman Images – **242b** : DPA/Picture Alliance/Leemage/Bridgeman Images – **243** : FineArtImages/Leemage/Bridgeman Images – **246** : Bridgeman Images – **250** : BIS/Ph. Coll. Archives Labor – **252** : DR – **253h** :

Henri Martinie/Roger Viollet – **253b** : Arthotek/La Collection – **254** : Archipel 33/DR – **259** : Lisa Kristine – **260h** : Frederick Florin/Afp – **260b** : Fotos593/Shutterstock – **261** : Lisa Kristine – **262** : Serge Attal/Onlyfrance – **263** : Bridgeman Images – **265** : Frederic Souloy/Gamma Rapho – **266b (reprise 386, 518)** : PVDE/RDA/Bridgeman Images – **267** : Louis Monier/Bridgeman Images – **268b** : © BIS/Ph. De Selva Coll. Archives Larbor – **277h (reprise 278, 499)** : Leemage/Bridgeman Images – **277b** : Metropolitan Museum – **280h** : © BIS/Ph. Coll. Archives Larbor – **280b** : Denis Canguilhem/Adoc Photos – **281 (reprise 385, 517)** : Effigie/Leemage/Bridgeman Images – **282** : DR – **283** : Saeed Khan/AFP – **284** : Karl Heinz Schmidt/Adobe Stock – **289** : Bridgeman Images – **290h** : Jean-Pierre Couderc/Roger-Viollet – **290b** : Getty Images – **292** : Getty Images – **293** : DR – **299b** : Christie's/Artothek/La Collection ADAGP, Paris 2020 – **301(reprise 302, 516)** : Akg-images – **308 (reprise 504)** : BIS/Ph H.Josse © Archives Larbor – **309** : DRFP/Leemage/Bridgeman images – **310** : Everett/Bridgeman images – **311h** : Julien Faure/Leextra/Leemage/Bridgeman Images – **311b** : Nasa – **312** : Cité des Sciences/DR – **317** : BIS/Museum of Fines Art/Ph. Coll. Archives Labor – **318** : Autrement Paris 2002 – **319** : Bridgeman Images – **320** : Bridgeman Images – **321** : BIS/BritishMuseum Londres – **322 (reprise 354h, 514)** : Leemage/Bridgeman Images – **323h (reprise 380h, 518)** : BIS/Ph. Coll. Archives Larbor – **323b** : PVDE/RDA/Bridgema Images – **324h** : Staff/AFP – **324b** : Corbis/Getty Images – **325 (reprise 496)** : BIS/Ph Scala/Coll. Archives Labor – **326 (reprise 399, 496)** : BIS/Coll. Archives Labor – **327b** : AFP – **329 (reprise 359, 514)** : BIS/Ph Charmet © Archives Labor – **330h (reprise 501)** : Bibliothèque Municipale de Rouen – **331h (reprise 501)** : Bridgeman Images – **331b (reprise 501)** : Fototeca/Leemage/Bridgeman Images – **333** : Bridgeman Images – **334** : Universal History Archive/Getty Images – **335hg (reprise 504)** : BIS/Ph Charmet © Archives Labor – **335hd** : Ullstein Bild/Akg Images – **336** : Luisa Ricciarini/Leemage/Bridgeman Images – **341** : Gery Lavrov/Getty Images – **342** : Getty Images – **343** : CNRS Phototheque/Cyril Fresillon – **344** : Esa/Nasa/Sipa – **345** : Media for Medical/Alamy – **347 (reprise 513)** : Keystone France/Gamma Rapho – **348 (reprise 432, 521)** : Keystone France/Gamma Rapho – **349 (reprise 512)** : Louis Monier/RDA/Bridgeman Images – **350h (reprise 345hg)** : Roger Viollet – **350b** : BIS © Coll. Archives Labor – **351 (reprise 520)** : Roger Viollet – **352h (reprise 520)** : DR – **352b** : Roger Viollet – **354b** : Zuma Press/Aurimages – **355b** : Nasa – **356h (reprise 514)** : Bruno de Mones/Roger Viollet – **356b** : Stocktrek Images/Getty Images – **362h** : CNRS Phototheque/Chrsitophe Lebedinsky – **362b** : K Konrad/Sipa – **363** : Adobe Stock – **364** : Collection Christophe L© BBC Pictures – **368** : Bettmann/Getty Images – **371** : Bettmann/Getty Images – **372** : Museum de Toulouse; Henri Breuil – **373** : Esa/Cnes/Ariane Espace – **376h** : Roger Viollet – **376m** : Akg-images/Universal Images Group – **377b** : Aisa/Leemage/Bridgeman Images – **378hg (reprise 522)** : Roher Violett – **378m** : Bianchetti/Leemage/Bridgeman Images – **379** : Ricardoazoury/E+/Getty Images – **380b** : Keystone France/Gamma Rapho – **381hd** : BIS/Ph. © Archives Nathan – **382b** : Fokke - Adobe Stock – **383 (reprise 516)** : SPPS/RDA/Bridgeman Images – **387** : Gordon Roberton Photography Archive/Bridgeman Images/© Salvadore Dali, Fundacio Gala-Salvadore Dali/ADAGP 2020 – **388** : Netflix/DR – **393** : Arthotek/La Collection – **394h** : Photo E.P/DR – **394b** : Arthotek/La Collection – **395** : Akg Images – **396** : Eric Lessing/Akg Images – **397** : BIS/Archives Nathan – **402** : Henri Cartier Bresson/Magnum Photos – **403h (reprise 513)** : BIS/Ph. © Estate Gisèle Freund/Coll. Archives Bordas. – **405 (reprise 498)** : BIS © Archives Bordas – **406 (reprise 518)** : BIS © Coll. Archives Labor – **407 (reprise 517)** : Philippe Woiazer/AFP – **408** : Leemage/Bridgeman Images – **409h** : H. Assouline/Opale/Leemage/Bridgeman Images – **409b** : ADAGP, Paris 2020/Cliché Pierre Henry/ADAGP Images – **410** : Prod DB © Argos Films/DR – **415** : Heritage Images/Fine Art Image/Akg Images – **416h** : D. R. – **416b** : Plainpicture/Cavan Images – **418** : Leemage/Bridgeman Images – **419** : SMPS/Leemage/Bridgeman Images – **422** : Philippe Davezies – **423** : Roger Viollet – **424h** : Hannah Assouline/Opale/Leemage/Bridgeman Images – **424b** : Lux-in-Fine/Leemage/Bridgeman Images – **429** : Melania Avanzato/Opale/Leemage/Bridgeman Images – **430** : Akg-images – **431 (reprise 509)** : Granger/Bridgeman Images – **436h** : Roy Export Company Establisment – **436b** : DR – **437** : Google – **438** : BBQ_DFY/Aurimages – **443** : Paramount/Collection Christophe L – **444** : Christie's Arthotek/La Collection – **445** : Vincent Mouchel/Ouest France/PhotoPqr/Maxppp – **446hd** : Akg Images – **446bg** : Leemage/Bridgeman Images – **447** : Metropolitan Museum of Art – **449** : Estate Brassai/Photo Rmn Grand Palais © Centre Pompidou MNAM-CCI – **454 (reprise 499)** : BIS/Ph H.Josse © Archives Larbor – **455h (reprise 508)** : BIS/Ph H.Josse © Archives Larbor – **455b** : SSPL/Leemage/Bridgeman Images – **457 (reprise 517)** : Getty Images – **459** : FineArtsImages/Leemage/Bridgeman Images – **460** : Jean Vigne/Kharbine Tapabor – **461h** : Roger Parry/Gallimard/Opale/Leemage/Bridgeman Giraudon – **461b** : Photo J.M. Lejeune – **462** : © Les films du poisson/Collection Christophe L – **510** : Leemage/Bridgeman Images.

Édition : Valérie Antoni
Conception graphique : Frédéric Jély
Mise en page : Laure Gros pour Anne-Danielle Naname
Édition numérique : Alexandra Guidal
Relecture-correction : Nicolas Simon
Iconographie : Katia Davidoff (Booklage)
Infographie : Renaud Scapin
Couverture : Clémentine Largant
Fabrication : Kévin Magar

Pages 4 à 7 : contenus éditoriaux fournis par l'ONISEP :
Coordination : Emmanuel Percq ; **édition :** Isabelle Dussouet.
Pages Grand oral (8-9) : Olivier Jaoui, Directeur de Mission-Admission, spécialiste de la préparation des étudiants à l'oral et aux entretiens

N° d'éditeur : 10266598 - Dépôt légal : mai 2020
Achevé d'imprimer en juillet 2020 par Grafica Veneta S.p.A., Italie